GO 언어 NO.1
유튜버의 기초 탄탄 실무 지향 완벽 가이드

Tucker의 Go 언어 프로그래밍 2판

Must Have 시리즈는 내 것으로 만드는 시간을 드립니다. 명확한 학습 목표와 핵심 정리를 제공하고, 간단명료한 설명과 다양한 그림으로 학습 효과를 극대화합니다. 설명과 예제를 제공해 응용력을 키워줍니다. 할 수 있습니다. 포기는 없습니다. 지금 당장 밑줄 긋고 메모하고 타이핑하세요! Must Have가 여러분의 성장을 돕겠습니다.

"Go 언어 입문자에게 추천할 수 있는 우리나라 책을 알게 되어 기분이 좋습니다. 'A Tour of Go'보다 더 많은 예시를 보고 싶은 현 Go 언어 개발자께도 추천합니다."

권경모 구글 소프트웨어 엔지니어, 〈The Ultimate Go Study Guide〉 한글 번역 프로젝트 기여자

"단순히 Go 문법 공부가 아닌 프로그래밍 세계를 열어주는 입문서. 특히 Go 언어 문법과 개념 설명부터 서버 개발과 성능 테스트 같은 실전에 바로 써먹을 수 있는 내용까지 알차게 담아냈습니다."

서지연 비마이프렌즈 AI 데이터팀 리드

"이보다 쉽고 재미있을 수 없습니다. 아주 쉽지만, Go 언어에 대한 궁금함을 세세하게 잡아주는 책!"

강대명 레몬트리 CTO

"Go 언어의 가능성을 맛볼 수 있는 지침서입니다. 고루틴, 채널 등 동시성 프로그래밍에 대한 개념뿐 아니라 RESTful API와 같은 보편적 개발 지식도 습득할 수 있습니다."

방현우 쿠팡 소프트웨어 엔지니어

"Go 언어를 Go 언어답게 활용하고 싶은 분께 추천합니다. 기본에 충실하며 쉽게 설명하기 때문에 모든 개발자에게 도움이 되는 책입니다."

최용호 AWS 시니어 솔루션즈 아키텍트

"어떤 분이 보셔도 좋을 정도로 쉽고 재미있습니다. 채널, 컨텍스트, 고루틴을 쉽게 설명하고, 토이 프로젝트가 제공되어 익히는 데 더욱 유익했습니다."

변성윤 카일스쿨 대표, 《빅쿼리 완벽 가이드》 역자

"절차지향 언어와 객체지향 언어의 장점만 뽑아놓은 듯한 Go 언어의 매력을 확인할 수 있는 책입니다. 가장 인상 깊었던 Go 언어 장점 3가지만 언급할게요. ❶ 강타입 언어이지만 := 키워드를 사용해 타입을 생략 가능, ❷ 덕 타이핑으로 느슨한 인터페이스 구현 가능, ❸ 고루틴, 채널, 컨텍스트 조합으로 효율적이고 직관적인 병렬 프로그래밍 가능."

황나라 Dunamu 소프트웨어 엔지니어

"Go 언어 입문자에게 좋은 가이드가 되어주는 책입니다. Go 언어 개념을 깊고 자세하게 다루지만, 충분한 예시와 설명이 곁들여져 입문자도 확실히 이해할 수 있을 겁니다."

홍승환 스캐터랩 머신러닝 엔지니어

숫자로 보는 책의 특징

1.22 Go 언어 최신 버전

1.16 버전에서 가장 중요한 변화는 Go 모듈 사용이 기본이라는 점입니다(14.3절). 다른 하나는 embed 기능입니다(A.7절). 1.18 버전에서는 제네릭이 추가되었습니다(24장).

3 단계로 익히는 Go 언어

1단계에서 Go 기본 문법을 익히고, 2단계에서는 고급 기능을 익힙니다. 3단계에서는 다양한 네트워크 서버 프로그래밍 기법과 성능 테스트 및 개선 방법을 배워 전문성을 높여줍니다.

5 가지 난이도 프로젝트 구현

입문 수준의 프로젝트부터 완성된 웹 서비스까지 프로젝트를 제공합니다.

★☆☆☆ 숫자 맞추기 게임 만들기
★★☆☆ 단어 검색 프로그램 만들기
★★☆☆ HTTP 웹 서버 만들기
★★★☆ RESTful API 서버 만들기
★★★★ gnet과 gRPC으로 채팅 앱 만들기

80 연습문제

각 장마다 연습문제를 제공해 놓치기 쉬운 핵심을 되짚어보고 직접 프로그래밍을 해볼 수 있게 했습니다. 직접 만들어보는 횟수만큼 실력이 늘어납니다. 모든 연습문제를 풀어, 이 책을 100% 활용하세요.

200 예제 제공

200개가 넘는 예제를 활용해 설명합니다. 책에 등장하는 예제를 하나씩 따라 할 때마다 프로그래밍 실력이 차곡차곡 쌓이도록 충실히, 때로는 그림을 활용해서 설명했습니다.

이 책을 보는 방법

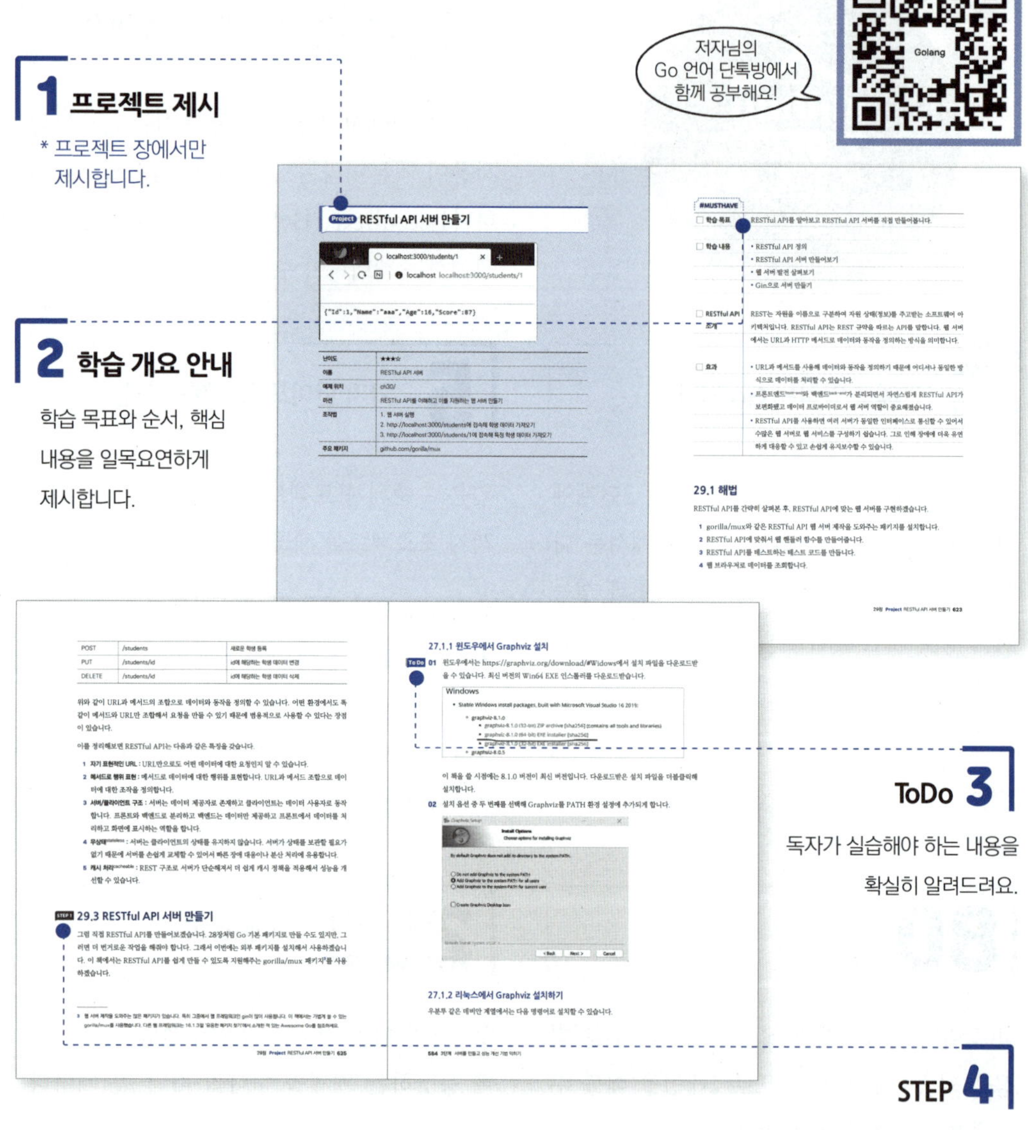

1 프로젝트 제시

* 프로젝트 장에서만
제시합니다.

2 학습 개요 안내

학습 목표와 순서, 핵심
내용을 일목요연하게
제시합니다.

ToDo 3

독자가 실습해야 하는 내용을
확실히 알려드려요.

STEP 4

길고 복잡한 내용도 길을
잃지 않게 단계별로
안내해드립니다.

깊이보기 **5**

동작 원리와 이론을 깊게
설명합니다.

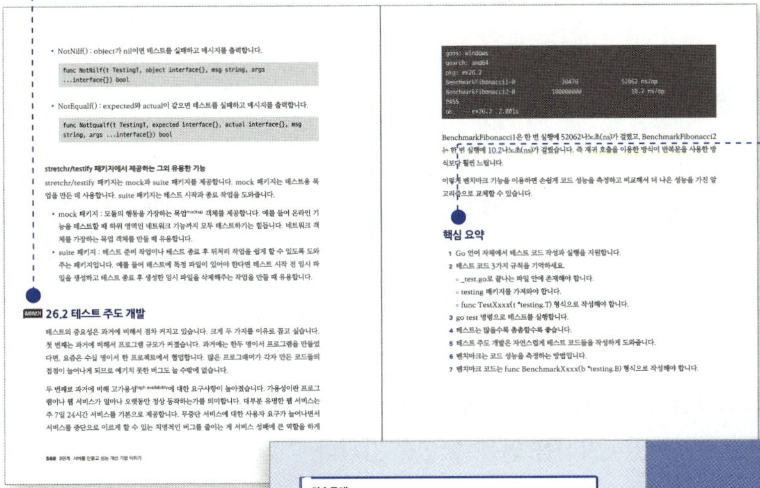

핵심 요약 **6**

핵심 개념
한 방에 정리해드립니다.

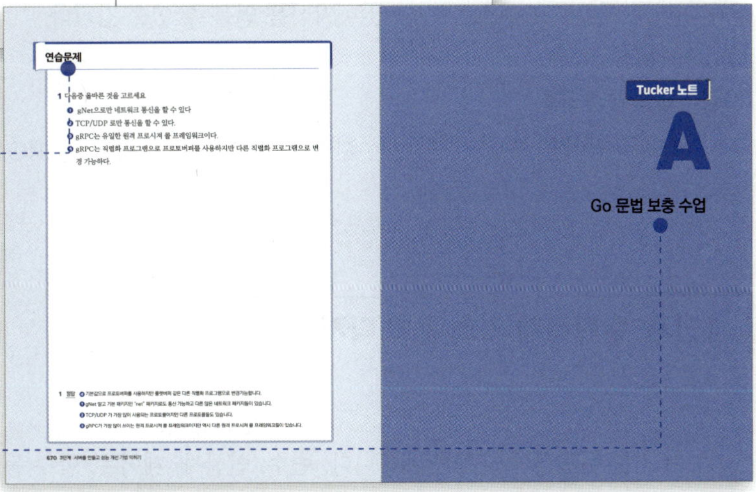

7 연습문제

정말 제대로 익혔는지
연습문제로 확인하세요.

8 Tucker 노트

저자만의 노하우가 듬뿍
담긴 노트를 놓치지
마세요.

Go 언어 1등 유튜버 Tucker가 더 체계적으로 Go 언어를 알려줍니다. 문법만 알려드리는 데 그치지 않습니다. Go 프로그래밍 능력을 길러드리는 것이 목표입니다. Go 언어에 입문해, 네트워크 서버 프로그래밍과 성능 점검과 개선 방법까지 안내해드립니다. 포기하지 않고 예제 하나하나를 타이핑해가며 공부하면 반드시 목표를 달성할 수 있게 구성했습니다.

개정판은 어떻게 달라졌을까요?

이 책의 1판이 출간되고 나서 각종 서점에서 베스트셀러로 등극했습니다. 그해 세종도서 학술 부문에 선정되었습니다. 출간 당시에는 Go 언어가 신생 언어로서 국내에 생소한 편이었으나 이제 세컨드 프로그래밍 언어로 널리 사용되고 있습니다. 이에 기초 설명을 줄이고, 새로 추가된 제네릭 기능과 gin, gnet, gRPC를 사용한 서버 프로그래밍 내용을 보강했습니다. 또한 웹 서비스 성능을 점검하고 개선하는 프로파일링도 소개합니다. 이 책 한 권이면 이제 더 탄탄히 Go 언어에 입문해 서버를 개발하고 테스트할 수 있는 지식을 얻을 수 있을 겁니다.

00장   개발 환경 구축

Go 언어를 프로그래밍하는 환경을 구축합시다. 윈도우, 맥OS, 리눅스를 대상으로 합니다.

1단계 탄탄하게 기초 문법 다지기

Go 언어 기본 문법을 차근차근 배웁니다. 변수, 연산자, 제어문, 함수 등 대부분 언어가 제공하는 기본 문법입니다. Go 언어의 기본 문법과 프로그래밍 방식을 알려드립니다.

01장   Hello Go World

Go 언어의 역사와 특징을 살펴보고, Hello Go World 코드로 Go 언어를 뜯어보겠습니다.

이 책의 구성

10장 배열

배열은 타입이 같은 값 여러 개를 가지는 자료구조입니다. 같은 타입의 값들 각각을 변수로 만들 필요 없이 배열을 이용해서 하나의 변수로 나타내면 효과적으로 관리할 수 있습니다. 배열 개념과 사용법을 알아봅시다.

11장 구조체

구조체는 여러 필드를 묶어놓은 타입입니다. 구조체를 선언하고 사용하는 방법을 알아보고 구조체의 특징을 자세히 알아보겠습니다.

12장 포인터

포인터를 이용해 메모리 공간을 가리킬 수 있습니다. 포인터를 사용하는 방법과 인스턴스 개념을 알아봅시다.

13장 문자열

Go 언어에서 문자열 데이터를 표현하는 타입인 string을 자세히 알아봅니다.

14장 패키지

패키지는 코드를 묶는 가장 큰 단위입니다. Go로 만든 모든 프로그램은 패키지들을 묶어서 만들게 됩니다. 패키지에 대해서 알아보고 자기만의 패키지를 만들어봅니다.

15장 Project 숫자 맞추기 게임 만들기 ★☆☆☆

지금까지 배운 내용을 바탕으로 간단한 예제를 만들어봅시다. 반복문, 키보드 입력, 랜덤 숫자 생성 기능을 활용합니다. 프로그래밍 재미를 만끽하시길 바랍니다.

Go 언어 고급 문법을 알아봅시다. 메서드, 인터페이스, 다양한 함수 활용 방법을 살펴봅니다. 상황에 맞게 자료구조를 선택하는 방법과 예외 상황에 대처하는 방법도 배웁니다. 고루틴, 채널, 컨텍스트를 활용한 Go 언어만의 독특한 동시성 프로그래밍도 배우게 됩니다. 24장에서 1.18버전에 추가된 제네릭을 소개합니다. 마지막 장에서는 ★ 두 개 수준 프로젝트로 파일에서 원하는 단어를 찾는 프로그램을 만들어보며 더 발전된 Go 프로그래머로 레벨업해드립니다.

16장   슬라이스

슬라이스는 Go 언어에서 제공하는 동적 배열입니다. 동적 배열이란 자동으로 배열 크기를 증가시키는 자료구조입니다. 슬라이스의 동작 원리를 이해하고 사용법을 익힙시다.

17장   메서드

메서드는 함수의 일종입니다. 일반 함수와 달리 리시버가 정해져 있습니다. 메서드에 어떤 의미가 있는지, 또 그로 인해서 프로그래밍에서 어떤 변화가 생겼는지 알아보겠습니다.

18장   인터페이스

인터페이스 사용법과 의미를 알아보고, 덕 타이핑이란 무엇인지와 장점을 알아봅니다. 또, 인터페이스 타입 변환 방법도 알아봅니다.

19장   함수 고급편

7장 '함수'에서 다 하지 못했던 가변 인수 함수, defer 지연 실행, 함수 타입 변수, 함수 리터럴 기능을 알아보겠습니다.

20장   자료구조

Go 언어에서 제공하는 자료구조들의 원리를 이해하고 사용 예를 알아보겠습니다.

21장   에러 핸들링

에러 핸들링은 프로그램의 에러를 처리하는 방법을 말합니다. Go 언어에서 에러를 다루는 방법을 살펴봅니다.

이 책의 구성

22장 고루틴과 동시성 프로그래밍

고루틴은 Go 언어에서 관리하는 경량 스레드입니다. 고루틴의 특징과 사용법, 동시성 프로그래밍 시 주의점을 알아봅니다.

23장 채널과 컨텍스트

채널은 고루틴 간 메시지를 전달할 수 있는 메시지 큐입니다. 컨텍스트는 고루틴에 작업을 요청할 때 작업 취소나 작업 시간 등을 설정할 수 있는 작업 명세서 역할을 합니다. 동시성 프로그래밍을 도와주는 채널과 컨텍스트를 학습합니다.

24장 제네릭 프로그래밍

제네릭 프로그래밍은 타입 파라미터를 통해서 하나의 함수나 타입이 여러 타입에 대해서 동작할 수 있도록 해 코드 재사용성을 늘리는 기법입니다. Go 1.18 버전에 새롭게 추가된 제네릭 프로그래밍을 알아봅니다.

25장 Project 단어 검색 프로그램 만들기 ★★☆☆

텍스트 파일 내에 특정 단어가 나오는 위치를 찾는 프로그램을 만들어보겠습니다.

3단계 네트워크 서버 개발 및 성능 개선 기법 익히기

3단계는 어엿한 Go 언어 프로그래머로 첫발을 내딛을 수 있도록 돕는 데 목적이 있습니다. Go 언어 문법은 이미 다 배웠습니다. 문법만 익혀서는 좋은 프로그램을 만들 수 없습니다. 문법을 넘어서 Go 프로그래머로 성장해야 합니다.

지금까지 배운 것을 바탕으로 26장과 27장에서 성능 테스트 및 개선 방법을, 28장에서는 웹 서버를 만듭니다. 그리고 29장에서는 'RESTful API 서버', 30장에서는 '실시간 채팅 프로그램 만들기' 프로젝트를 함께 진행해보고 마무리합니다.

26장 테스트와 벤치마크

테스트 코드는 작성한 코드를 테스트하는 코드입니다. 벤치마크 코드는 코드 로직의 성능을 측정하는 코드입니다. 테스트 코드와 벤치마크 코드를 작성하는 방법을 알아봅니다.

27장 프로파일링으로 성능 개선하기

프로파일링이란 프로그램의 성능 지표를 프로그램이 실행 중에 실시간으로 측정 기록하는 것을 말합니다. 프로파일링으로 측정하는 성능 지표는 프로그램 실행 시간, 메모리 사용량, 함수 호출 시간과 빈도, 메모리가 생성되는 시점과 빈도 등이 있습니다. 프로파일링 도구를 통해서 수집된 데이터는 파일 형태로 저장되어서 분석 툴을 사용해 성능 지표들을 분석합니다.

28장 Project HTTP 웹 서버 만들기 ★★☆☆

Go로 웹 서버를 만들어보고 웹 서버 동작 방식을 이해합니다. HTTP 서버, 파일 서버, HTTPS 서버를 만들고, 테스트하고, JSON 데이터를 전송하는 방법도 알아봅니다.

29장 Project RESTful API 서버 만들기 ★★★☆

RESTful API란 데이터를 표현식으로 나타내는 API를 의미합니다. RESTful API를 알아보고 RESTful API 서버를 직접 만들어봅니다.

30장 Project gnet과 gRPC으로 채팅 앱 만들기 ★★★★

gnet과 gRPC를 이용해 실시간 채팅 프론트엔드와 백엔드를 모두 만들어봅니다.

Tucker 노트

본문에서 미처 다루지 못한 Go 문법, 생각하는 프로그래밍, Go 언어를 Go답게 쓰는 방법을 알려드립니다. 저자 Tucker의 특별한 노트를 만나보세요.

A Go 문법 보충 수업   B 생각하는 프로그래밍

문법만 안다고 Go 언어를 원활히 활용할 수 있는 것은 아닙니다. 간단한 프로그램 예제 2개와, 웹 서비스를 만드는 데 필요한 지식을 배울 수 있는 3가지 서버 네트워킹 프로젝트에서 체계적인 Go 언어 활용법을 익혀보세요.

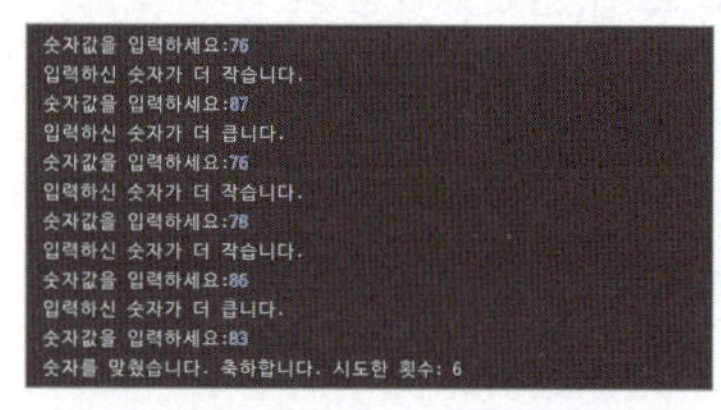

숫자 맞추기 게임 만들기 ★☆☆☆

랜덤한 숫자를 맞추는 간단한 프로그램을 같이 만들어봅니다. 반복문, 키보드 입력, 랜덤 숫자 생성 기능을 활용합니다.

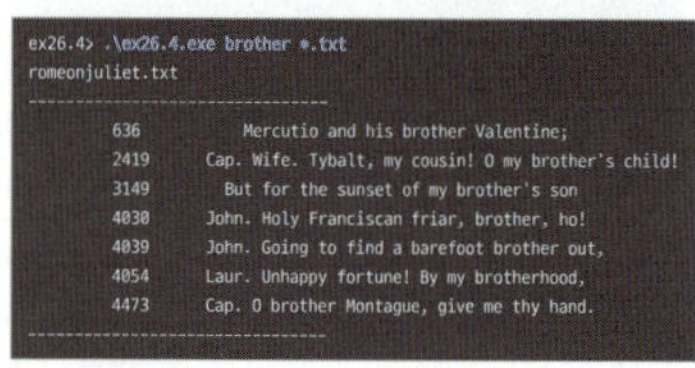

단어 검색 프로그램 만들기 ★★☆☆

텍스트 파일에서 특정 단어가 나오는 위치를 찾는 프로그램을 만들어봅니다. 파일 입출력, 패키지 임포트, 고루틴, 채널 기능을 활용합니다.

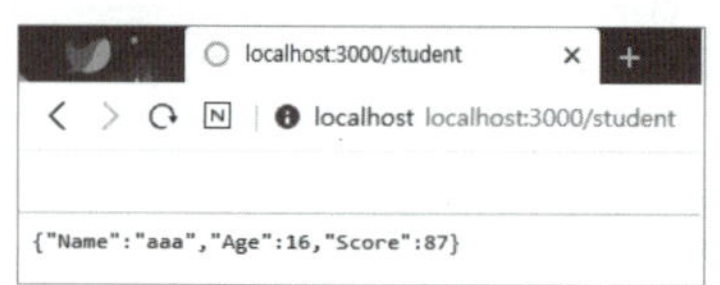

HTTP 웹 서버 만들기 ★★☆☆

Go로 웹 서버를 만들어보고 웹 서버 동작 방식을 이해합니다. HTTP 서버, 파일 서버, HTTPS 서버를 만들고, 테스트하고, JSON 데이터를 전송하는 방법도 알아봅니다.

RESTful API 서버 만들기 ★★★☆

Go로 RESTful API 웹 서버를 만드는 방법을 배웁니다. 현업에서 바로 사용 가능한 기법이니 주목해주세요.

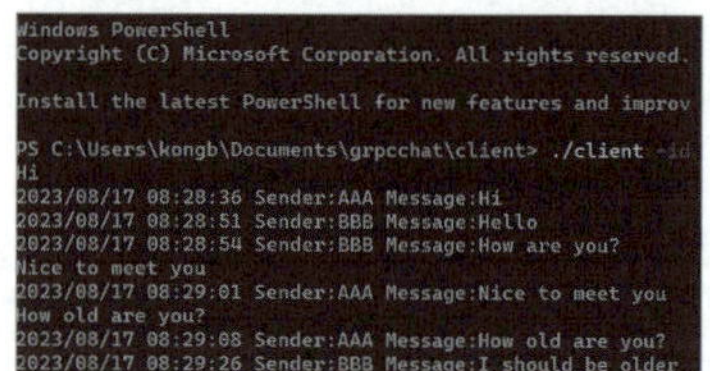

gnet과 gRPC 챗팅 앱 만들기 ★★★★

gnet과 gRPC를 이용해 실시간 채팅 프론트엔드와 백엔드를 모두 만들어봅니다.

목차

목차

목차

목차

개발 환경 구축

☐ **학습 목표**	Go 언어를 프로그래밍하는 환경을 구축합시다. 윈도우, 맥OS, 리눅스를 대상으로 합니다. 본인의 운영체제에 맞는 설명을 참조하세요.
☐ **학습 순서**	• Go 언어 설치 • 비주얼 스튜디오 코드 설치 • Go 확장 프로그램 설치 • 예제 코드 다운로드 및 점검
☐ **테스트 환경 안내**	이 책에 실린 모든 예제는 다음과 같은 환경에서 개발하고 실행 점검을 완료했습니다. • Go 언어 : 1.22 • 비주얼 스튜디오 코드 : 1.9x • 운영체제 : 윈도우 10 / 우분투 20.04 / 맥OS 14.5

0.1 윈도우 개발 환경 구축

먼저 Go 언어를 설치합니다. 그다음 깃을 설치합니다. 통합 개발 환경[IDE]인 비주얼 스튜디오 코드를 다운받고 Go 개발 환경을 설정합니다. 마지막으로 이 책에서 사용할 예제를 다운받고 점검해봅니다.

지금부터 윈도우에서 Go 개발 환경을 구축하는 방법을 살펴보겠습니다. 맥OS 사용자는 0.2절, 리눅스 사용자는 0.3절로 이동하세요.

0.1.1 Go 언어 설치

To Do **01** 웹 브라우저에서 Go 언어 공식 사이트 https://golang.org에 접속합니다.

02 [Download]를 클릭합니다.

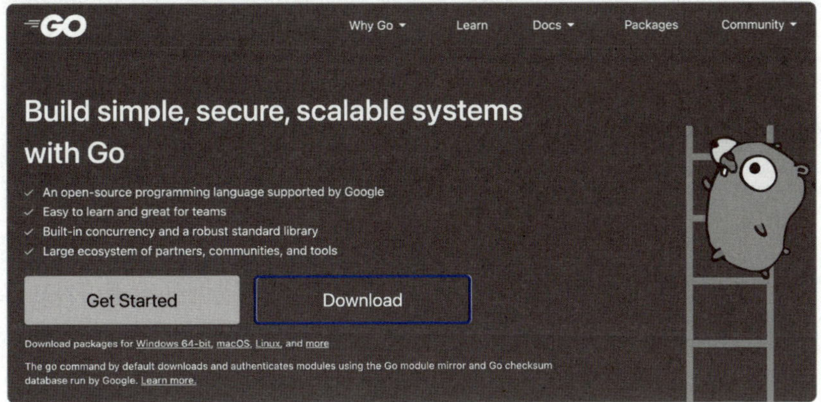

03 윈도우용 파일을 클릭하여 다운로드합니다.

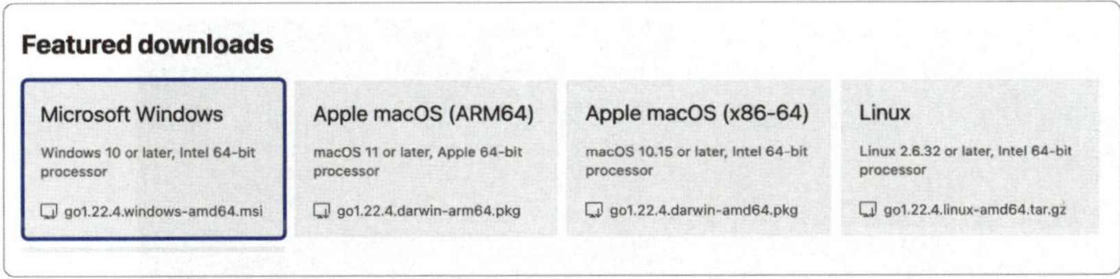

04 다운로드한 설치 파일을 클릭하여 실행합니다.

05 모든 설정을 기본값으로 설치합니다.

06 설치가 완료됐으면 명령 프롬프트를 띄워서 설치가 잘됐는지 확인해보겠습니다. 윈도우+R 키를 눌러서 실행창을 띄웁니다.

07 실행창이 뜨면 cmd를 입력하고 enter 키를 누르세요.

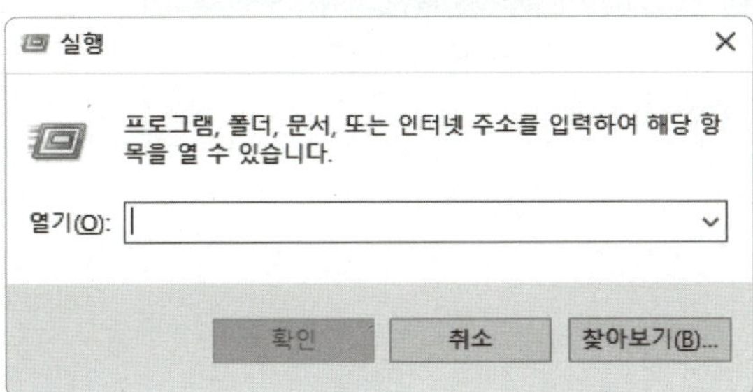

08 명령 프롬프트에 go version을 입력하고 `enter` 키를 누르세요. 그러면 아래 그림과 같이 현재 설치된 Go 언어 버전이 표시됩니다. 버전이 표시되면 Go 언어 설치가 제대로 된 겁니다.[1]

```
> go version
go version go1.22 windows/amd64
```

0.1.2 비주얼 스튜디오 코드 설치

Go 언어와 깃 설치를 마쳤으니 통합 개발 환경 도구를 설치해야 합니다. 통합 개발 환경 도구를 영어로 IDE^{integrated development environment}라 합니다. 코딩, 빌드, 실행, 디버깅을 모두 제공하는 개발용 프로그램을 말합니다. 여러 IDE가 있지만 이 책에서는 모든 플랫폼에서 잘 돌아가고 무료인 비주얼 스튜디오 코드를 사용하겠습니다. 보통 VSCode로 줄여 부릅니다.

To Do **01** 웹 브라우저로 https://code.visualstudio.com에 접속합니다.

02 [Download for Windows Stable Build] 버튼을 눌러 다운로드를 클릭합니다.

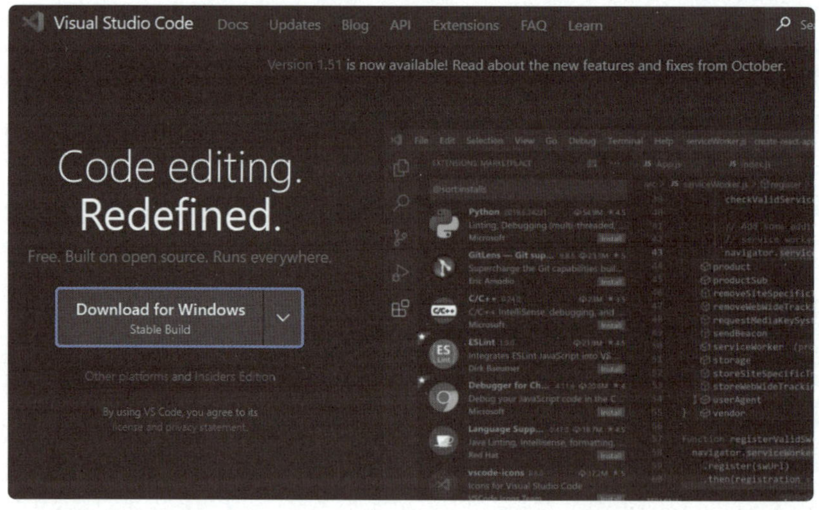

03 다운로드한 설치 파일을 클릭하여 실행합니다.

---

[1] 버전은 다운로드 시점에 따라 달라질 수 있습니다.

04 [동의합니다(A)] 버튼을 눌러 사용자 계약을 수락한 뒤 모든 옵션을 기본 설정으로 설치합니다.

이상으로 비주얼 스튜디오 코드 설치를 마쳤습니다. 이제 0.4절 'Go 확장 프로그래밍 설치'로 이동해 나머지 절차를 진행해주세요.

0.2 맥OS 개발 환경 구축

맥OS에서 개발 환경을 구축하겠습니다.

0.2.1 Go 언어 설치

To Do **01** 웹 브라우저에서 Go 공식 사이트 https://golang.org에 접속합니다.

02 [Download Go]를 클릭합니다.

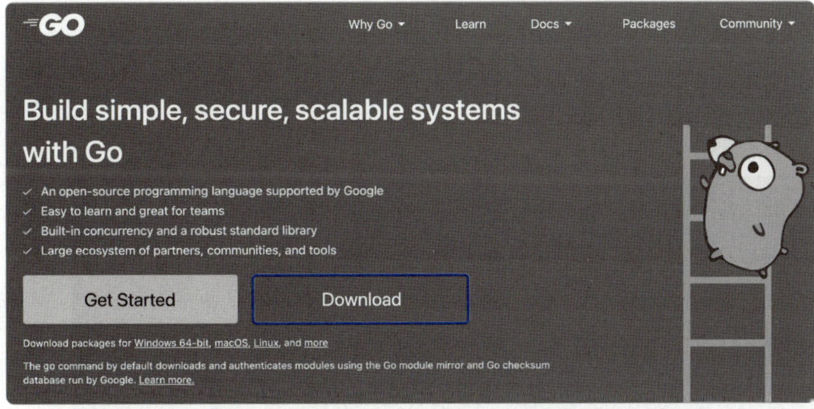

03 다운로드 페이지에서 맥OS용 파일을 내려받습니다.

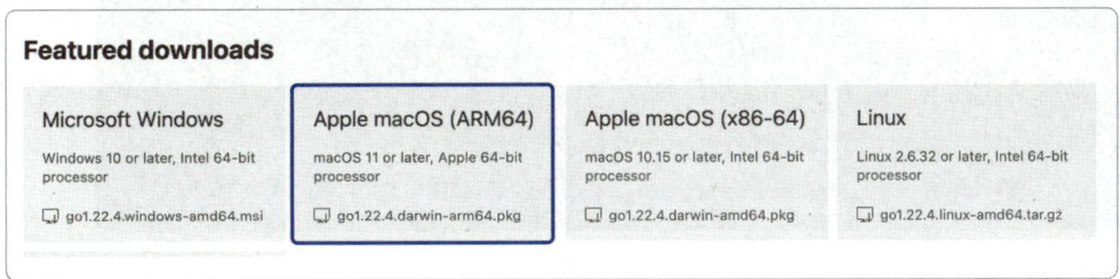

04 다운로드한 설치 파일을 클릭하여 실행합니다.

05 모든 설정을 기본값으로 설치합니다.

06 설치가 완료됐으면 터미널을 띄워서 설치가 잘 됐는지 확인해보겠습니다. 파인더를 열고 [응용 프로그램] → [유틸리티]에서 '터미널'을 찾아 실행합니다.

07 터미널의 명령 프롬프트에 go version을 입력하고 enter 키를 누르세요. 그러면 다음과 같이 현재 설치된 Go 언어 버전이 표시됩니다. 버전이 표시되면 Go 언어 설치가 제대로 된 겁니다.[2]

```
vkong@vkongBookPro ~ % go version
go version go1.22 darwin/amd64
```

0.2.2 비주얼 스튜디오 코드 설치

통합 개발 환경 도구를 설치해야 합니다. 통합 개발 환경 도구를 영어로 IDE^{integrated development environment}라고 합니다. 코딩, 빌딩, 실행, 디버깅을 모두 제공하는 개발용 프로그램을 말합니다. 여러 IDE가 있지만 이 책에서는 모든 플랫폼에서 잘 돌아가고 무료인 비주얼 스튜디오 코드를 사용하겠습니다. 보통 VSCode로 줄여 부릅니다.

To Do **01** 웹 브라우저로 https://code.visualstudio.com에 접속합니다.

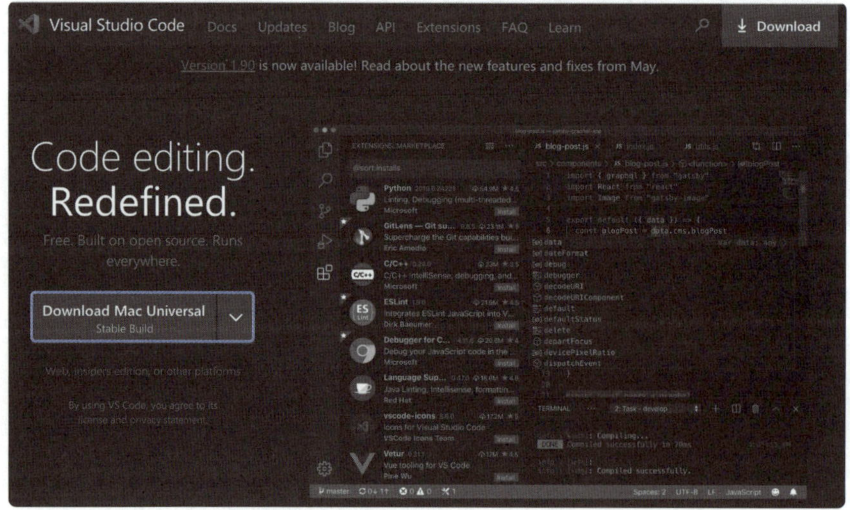

---

2 버전은 다운로드 시점에 따라 달라질 수 있습니다.

02 다운로드 버튼을 눌러서 압축 파일을 다운로드합니다.

03 다운받은 압축 파일을 클릭합니다. 압축이 풀리며 Visual Studio Code 응용 프로그램 파일이 나타납니다.

04 Visual Studio Code 파일을 파인더의 [응용 프로그램]으로 드래그 앤 드롭합니다.

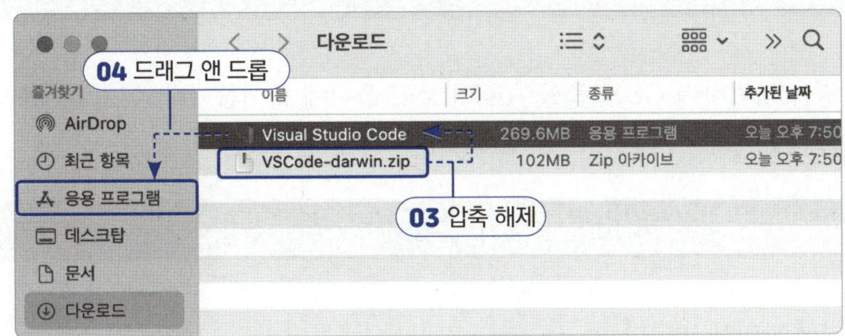

이상으로 비주얼 스튜디오 코드 설치를 마쳤습니다. 이제 0.4절 'Go 확장 프로그래밍 설치'로 이동해 나머지 절차를 진행해주세요.

0.3 리눅스 개발 환경 구축

이 책에서는 인기 리눅스 배포판인 우분투를 기준으로 설명하겠습니다. 우분투는 데비안 리눅스를 기반으로 개발한 사용하기 편한 배포판입니다.

0.3.1 Go 언어 설치

To Do **01** 좌측 하단의 격자 무늬 아이콘 ▦ 을 클릭한 뒤 검색 바에 terminal을 입력해 터미널을 실행합니다.

02 wget 명령어를 실행해서 Go 언어 설치 파일[3]을 다운로드합니다.

```
wget https://go.dev/dl/go1.22.4.linux-amd64.tar.gz
```

---

3 파일 주소는 go 1.16 버전 설치 파일 주소입니다. 최신 주소는 golang.org를 참조하세요.

03 다운로드가 끝나면 ls 명령어를 실행하여 다운로드한 파일을 확인합니다.

```
$ ls
Desktop go    Music   Public
Documents go1.22.linux-amd64.tar.gz
Downloads Pictures sdk
```

04 터미널에 tar 명령을 입력하여 Go 압축을 /usr/local 폴더에 풀어줍니다. 이미 Go를 설치하신 분들은 /usr/local/go 폴더를 미리 삭제해주어야 합니다.

```
sudo tar -C /usr/local -xzf go1.22.4.linux-amd64.tar.gz
```

05 에디터[4]로 .profile[5] 파일을 엽니다.

```
nano .profile
```

06 파일 맨 아래에 다음과 같이 경로를 추가합니다.

```
export GOROOT=/usr/local/go
export GOPATH=$HOME/go
export PATH=$GOPATH/bin:$GOROOT/bin:$PATH
```

GOROOT는 Go가 설치된 경로를, GoPATH는 유저의 Go 워크스페이스 경로를 말합니다. 이곳에 유저가 내려받은 외부 패키지들이 설치됩니다.

07 `Ctrl+O` 를 눌러서 저장합니다.

08 `Ctrl+X` 를 눌러서 에디터를 빠져나옵니다.

09 새로 추가한 PATH를 적용해보겠습니다. 터미널을 종료하고 다시 실행해주세요(또는 터미널 재실행 없이 source ./.profile 명령을 실행해도 됩니다).

---

4 텍스트 에디터는 vi, vim, emac, gedit 등 편하신 것을 쓰세요.

5 현재 셸 환경에 따라 .bashrc 파일에 추가해도 됩니다.

10 go version을 실행해서 설치를 확인합니다. 설치된 버전이 출력되면 Go 언어 설치가 잘 된 겁니다.

```
% go version
go version go1.22. linux-amd64.tar.gz
```

11 마지막으로 mkdir 명령으로 GOPATH에 해당하는 폴더를 만듭니다.

```
mkdir ~/go
```

0.3.2 비주얼 스튜디오 코드 설치

Go 언어와 깃 설치가 끝났다면 통합 개발 환경 도구를 설치해야 합니다. 통합 개발 환경 도구를 영어로 IDE^integrated development environment라 합니다. 코딩, 빌딩, 실행, 디버깅을 모두 제공하는 개발용 프로그램을 말합니다. 여러 IDE가 있지만 이 책에서는 모든 플랫폼에서 잘 돌아가고 무료인 비주얼 스튜디오 코드를 사용하겠습니다. 보통 VSCode로 줄여 부릅니다.

To Do **01** 웹 브라우저로 https://code.visualstudio.com/에 접속합니다.

02 [.deb]을 클릭합니다. 레드햇 계열은 [.rpm]을 클릭하세요.

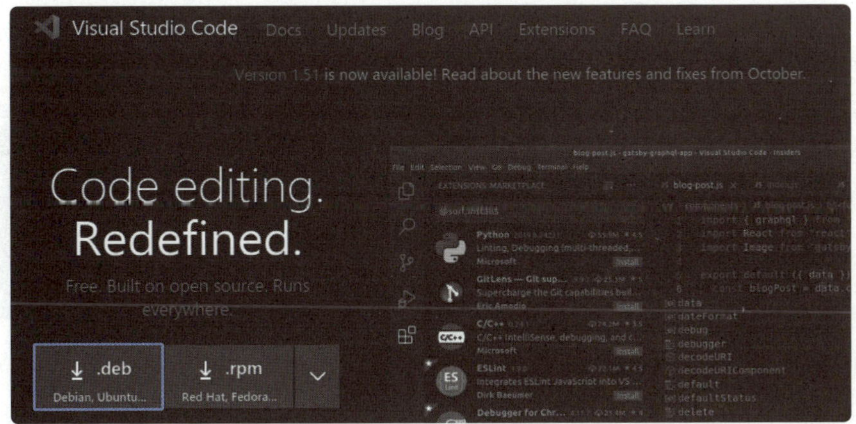

03 창이 뜨면 [Save File]을 클릭해 다운로드합니다.

04 다운로드가 완료되면 다운로드 폴더에서 해당 파일을 더블 클릭하여 기본 설정으로 설치합
니다.

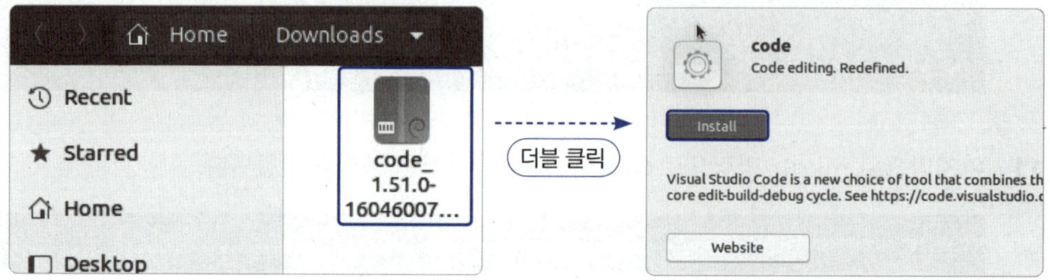

05 설치가 완료되면 격자무늬 어플리케이션 ⊞ 아이콘을 클릭하여 검색 창에 'visual studio
code'를 입력하여 설치가 됐음을 확인합니다.

06 비주얼 스튜디오 코드를 클릭하여 실행합니다. 잘 실행되면 설치가 완료된 겁니다.

이제 0.4절 'Go 확장 프로그래밍 설치'로 이동해 나머지 절차를 진행해주세요.

0.4 Go 확장 프로그램 설치

비주얼 스튜디오 코드에서 Go 프로그래밍을 할 수 있도록 도와주는 Go 확장 프로그램을 설치하
겠습니다.

To Do **01** 비주얼 스튜디오 코드를 실행합니다.

02 비주얼 스튜디오 코드의 [File] 메뉴에서 [Open
Folder]를 클릭합니다.

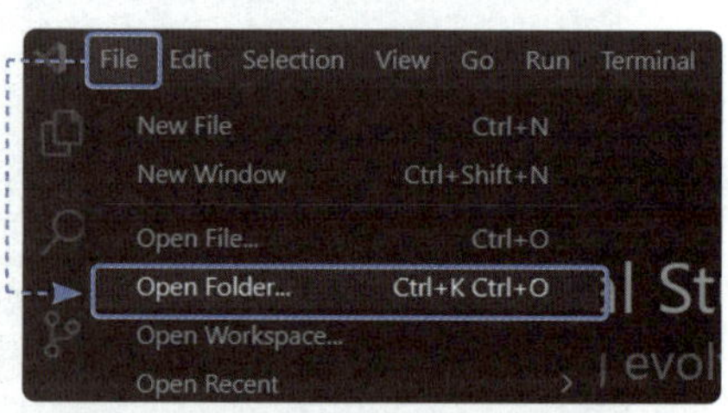

03 Go 프로젝트를 생성할 폴더를 생성합니다(저는 goproject로 만들었습니다). 만든 폴더를
선택합니다.
- **윈도우** : 'C:\사용자\[사용자 이름]\goproject' 또는 'C:\Users\[사용자 이름]\goproject'
- **맥OS, 리눅스** : ~/goproject

04 비주얼 스튜디오 코드의 탐색기에서 GOPROJECT 옆에 있는 폴더 만들기 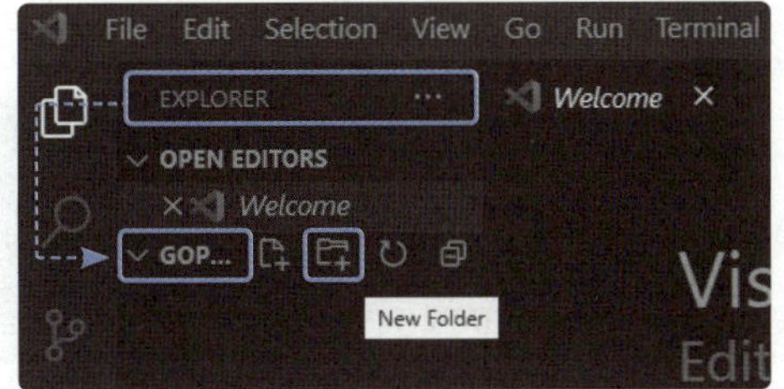 아 이콘을 클릭합니다(이때 VSCode 탐색기 창으로 마우스 커서를 옮겨야 아이콘이 나타납니다).

05 hello를 입력하고 enter 키를 눌러 폴더를 만듭니다.

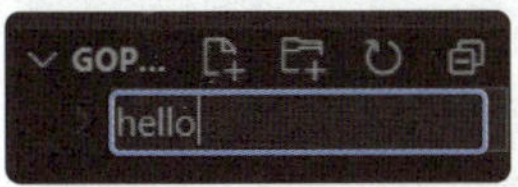

06 View 메뉴 아래 [Extensions]를 클릭합니다.

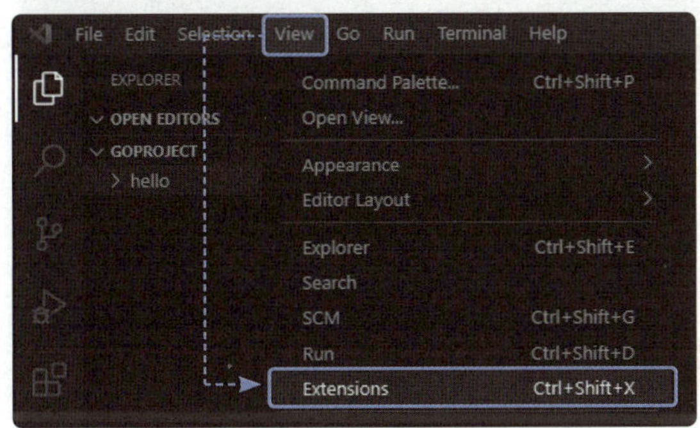

07 검색창에 go를 입력합니다. 가장 상단에 검색된 확장인 Go의 [Install]을 눌러서 설치합니다.[6]

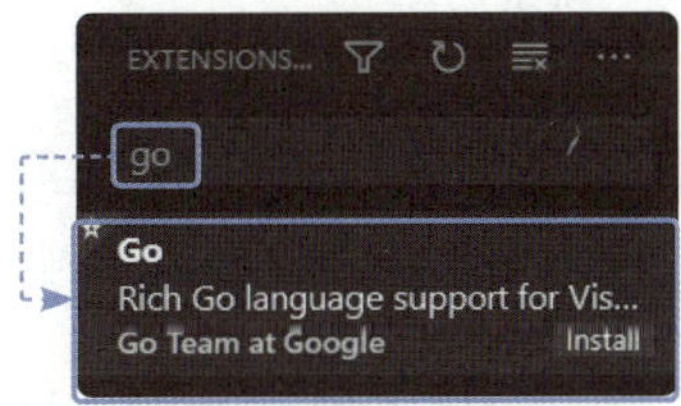

08 좌측 탐색기  아이콘을 클릭하여 폴더 화면으로 돌아갑니다.

09 새로운 파일 아이콘을 클릭하여 hello 폴더 아래 hello. go 파일을 생성합니다.

---

6 확장 패키지 버전은 상이할 수 있습니다.

10 VSCode 우측 하단에 팝업 창이 뜹니다. [Install All]을 클릭합니다.

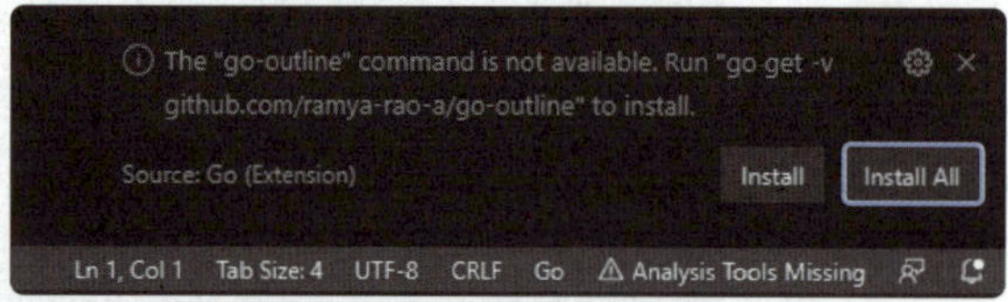

11 하단 OUTPUT 창에서 모든 설치가 완료될 때까지 기다립니다.

```
PROBLEMS   OUTPUT   DEBUG CONSOLE   TERMINAL
Installing github.com/josharian/impl (C:\Users\vkong\go\bin\impl.exe) SUCCEEDED
Installing github.com/davidrjenni/reftools/cmd/fillstruct (C:\Users\vkong\go\bin\fillstruct.exe) SUCCEEDED
Installing github.com/haya14busa/goplay/cmd/goplay (C:\Users\vkong\go\bin\goplay.exe) SUCCEEDED
Installing github.com/godoctor/godoctor (C:\Users\vkong\go\bin\godoctor.exe) SUCCEEDED
Installing github.com/go-delve/delve/cmd/dlv (C:\Users\vkong\go\bin\dlv.exe) SUCCEEDED
Installing github.com/stamblerre/gocode (C:\Users\vkong\go\bin\gocode-gomod.exe) SUCCEEDED
Installing github.com/rogpeppe/godef (C:\Users\vkong\go\bin\godef.exe) SUCCEEDED
Installing github.com/sqs/goreturns (C:\Users\vkong\go\bin\goreturns.exe) SUCCEEDED
Installing golang.org/x/lint/golint (C:\Users\vkong\go\bin\golint.exe) SUCCEEDED

All tools successfully installed. You are ready to Go :).
```

이제 모든 개발 환경 구축이 끝났습니다.

0.5 VSCode로 코드 실행하는 방법

> **알림**
>
> 이제부터 이 책은 윈도우 기준으로 설명합니다. 맥OS와 리눅스 사용자는 테미널에서 폴더를 지칭하는 \를 /로 대체하고, 실행 파일명에서 .exe를 제거해 사용해주세요.
>
> - **윈도우 예** : .\hello.exe
> - **맥OS, 리눅스 예** : ./hello

코드를 실행하는 방법을 알려드릴게요. 간단한 Hello World 프로그램을 만들어서 실습해보겠습니다. 코딩은 눈으로 익히는 게 아니라 손으로 익히는 거라고 생각합니다. 눈으로 아무리 봐도 막상 코딩을 하려 하면 어디서부터 해야 할지 몰라 막막한 경우가 많습니다. 가급적 이 책에 나오는 모든 예제는 직접 손으로 입력해서 손이 기억하도록 해주세요.

To Do **01** 아래 코드를 hello.go 파일에 적어주세요.

```
                                                              ch0/ex0.1/ex0.1.go
package main

import "fmt"

func main() {
    fmt.Println("Hello World!")
}
```

02 `Ctrl+S` 를 눌러서 저장하세요.

03 메뉴에서 [Terminal] → [New Terminal]을 클릭하면 화면 하단에 터미널 창이 생성됩니다.

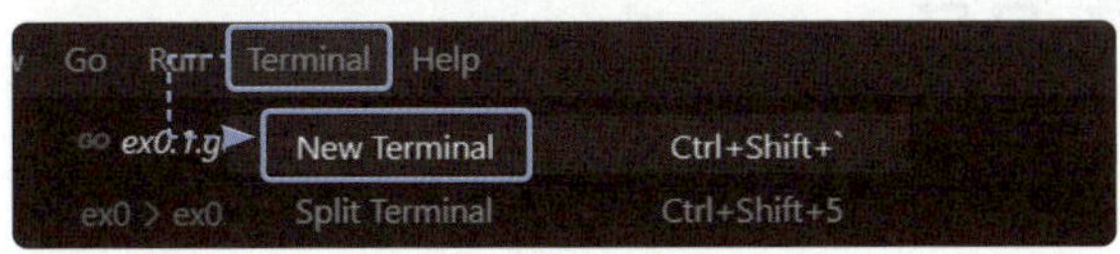

04 cd hello를 입력해서 현재 폴더를 goproject/hello로 변경합니다.

```
cd hello
```

05 Go 1.16 버전부터 Go 모듈 사용이 기본이 됐습니다. 이전까지 Go 모듈을 만들지 않는 Go 코드는 모두 $GOPATH\src 폴더 아래 있어야 했지만 Go 모듈이 기본이 되면서 모든 Go 코드는 Go 모듈 아래 있어야 합니다. 그래서 모든 예제를 빌드하기 전에 go mod init 명령을 실행해서 Go 모듈을 만들어줘야 합니다. 여기서는 모듈 이름을 goproject/hello로 하겠습니다.[7] Go 모듈에 대해서는 14장에서 살펴보겠습니다.

```
go mod init goproject/hello
```

Warning Go 1.16 미만 버전을 사용하실 때는 이 작업이 필요 없습니다.

---

[7] go mod init를 하지 않고 go run hello.go를 해도 됩니다.

06 터미널에서 go build 명령을 입력해서 실행 파일을 만듭니다.

```
go build
```

07 hello.exe[8] 파일을 실행해서 실행 결과를 확인합니다.

```
.\hello.exe
```


"Hello World!"가 출력됩니다.

```
Hello World!
```

0.6 예제 코드 다운로드 및 점검

깃허브에서 예제 코드를 다운로드하고 실행하는 방법을 알아보겠습니다.

예제 저장소 위치

이 책에 등장하는 모든 예제 코드를 깃허브에서 내려받을 수 있습니다. 저장소 위치는 다음과 같습니다.

- 깃허브 : github.com/tuckersGo/musthaveGo2

깃허브에서 내려받기

To Do 01 https://github.com/tuckersGo/musthaveGo2에 접속합니다.

02 [Code] → [Download ZIP]을 클릭해 예제를 내려받습니다.

03 내려받은 파일은 적절한 위치에 압축을 풀어 놓습니다.

---

8   맥, 리눅스에서는 확장자 없이 hello 파일이 생성됩니다.

깃 명령으로 예제 코드 내려받기

To Do **01** 깃이 설치되어 있다면 명령 프롬포트를 실행합니다.

02 다운받길 원하는 폴더에서 다음 명령을 실행해서 예제를 다운받습니다.

```
git clone https://github.com/tuckersGo/musthaveGo2
```

원하는 소스 코드 열기

비주얼 스튜디오 코드에서 원하는 파일을 찾는 방법을 알아보겠습니다.

To Do **01** 메뉴에서 [File] → [Open Folder]를 클릭합니다.

02 예제를 다운받은 musthaveGo 폴더를 선택합니다(깃허브에서 내려받았다면 폴더명이
mustHaveGo2-main입니다. 깃에서 내려받았다고 가정하고 진행합니다).

03 좌측 창에서 ch0/ex0.1/ex0.1.go 파일을 선택해서 코드를 확인할 수 있습니다.

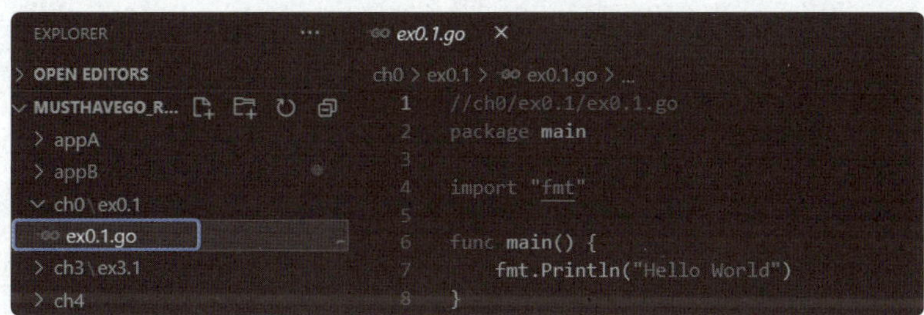

04 메뉴에서 [Terminal] → [New Terminal]을 클릭하여 터미널 창을 엽니다.

05 cd .\ch0\ex0.1를 실행해서 현재 폴더를 ex0.1 폴더로 변경합니다.

06 go build 후 .\ex0.1.exe를 실행해서 결과를 확인합니다.

```
PS C:\Users\vkong\musthaveGo> cd .\ch0\ex0.1\
PS C:\Users\vkong\musthaveGo\ch0\ex0.1> go build
PS C:\Users\vkong\musthaveGo\ch0\ex0.1> .\ex0.1.exe
Hello World
```

제공하는 예제에 이미 Go 모듈을 만들어두었습니다. go mod init를 하지 않아도 빌드가 됩니다.
하지만 직접 예제를 만들 때는 go mod init로 Go 모듈을 만들어야 합니다. 이런 방식으로 이 책
의 모든 예제를 확인하고 실행하실 수 있습니다.

Go 언어 기본 문법을 알아봅시다. 기초가 튼튼해야 견고한 건축물을 지을 수 있듯 기본 문법을 제대로 익혀야 훌륭한 코드를 짤 수 있습니다. 1단계 끝에서는 ★ 하나 수준 초간단 프로젝트로 '숫자 맞추기' 프로그램을 만들어보며 마무리하겠습니다.

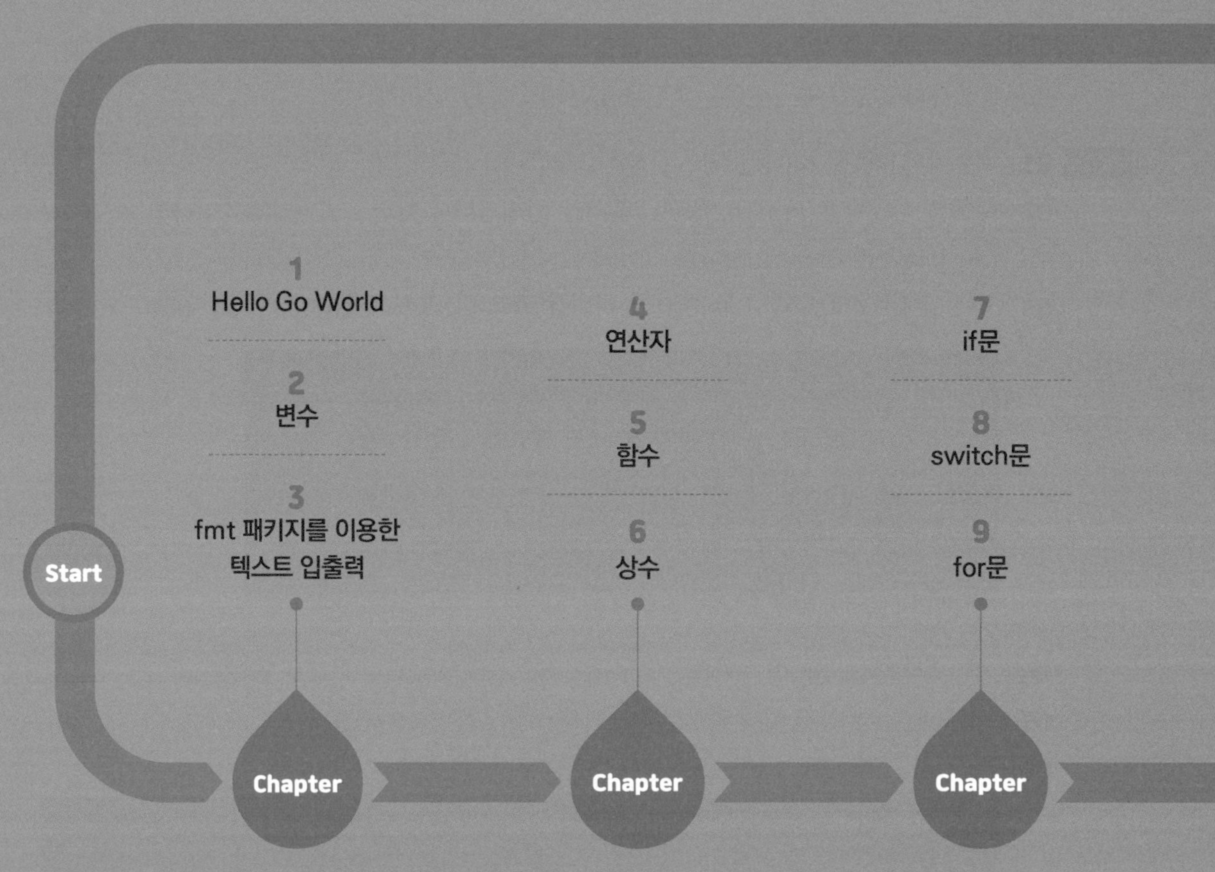

단계 1

탄탄하게 기초 문법 다지기

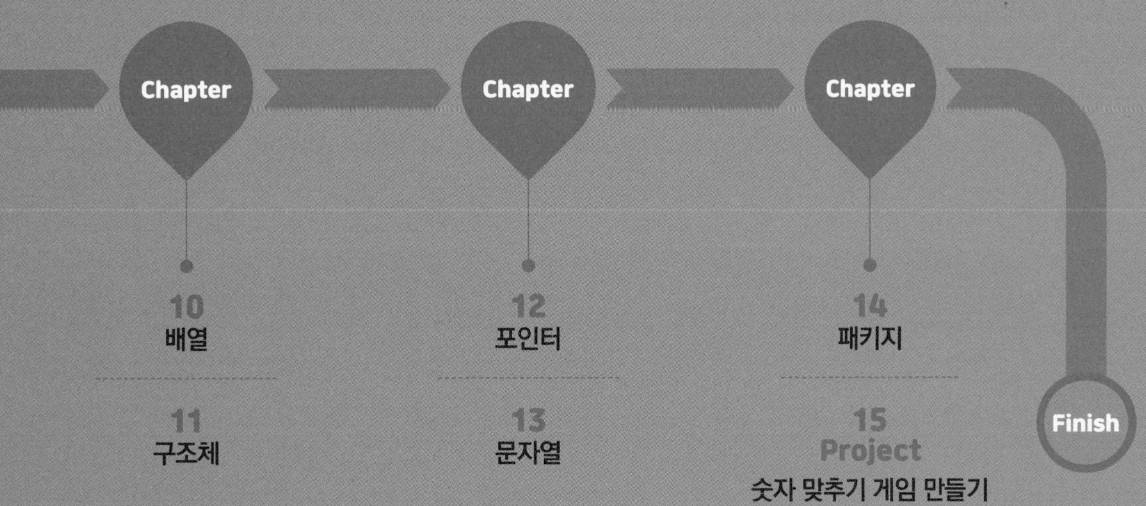

Hello Go World

□ **학습 목표**	Go 언어의 역사와 특징을 살펴보고, Hello Go World 코드를 뜯어보겠습니다.
□ **학습 내용**	• Go 언어 역사 • Go 언어 특징 • Go 언어는 주로 어디에 쓰이나 • Hello Go World 코드 보기
□ **Go 언어 소개**	Go 언어는 로버트 그리스머, 롭 파이크, 켄 톰슨 주축하에 구글에서 만든 오픈 소스 프로그래밍 언어입니다. Golang, 고랭으로 쓰기도 합니다. Go 언어는 심플한 문법 구조를 가지고 있어서 누구나 배우기 쉽고 매우 강력한 성능을 자랑합니다. 적은 코딩으로 빠르고 강력한 성능을 낼 수 있어 2020년 스택오버플로에서 조사한 바에 따르면 개발자가 사랑하는 언어 5위를 기록했습니다.[1] 같은 해 미국에서는 펄Perl, 스칼라 다음으로 많은 연봉을 받는 인기 언어입니다.
□ **장점**	• Go 언어는 매우 심플한 문법 구조를 가지고 있어서 쉽게 배울 수 있습니다. • Go 언어는 모던 프로그래밍 기법을 다수 제공하면서도 매우 강력한 성능을 자랑합니다. • 특히 백엔드 서버와 시스템 개발에 적합하고 강력한 동시성 프로그래밍을 지원합니다.
□ **유용한 곳**	Go 언어는 범용 언어이기 때문에 어떤 용도로도 사용될 수 있지만 주로 백엔드 서버와 시스템 프로그래밍에 사용됩니다. 강력한 성능을 자랑하기 때문입니다.

---

1 Stack Overflow Developer Survey 2020. https://insights.stackoverflow.com/survey/2020

1.1 Go 역사

Go 언어는 2009년 발표된 오픈 소스 프로그래밍 언어입니다. 무료로 사용할 수 있고, 누구나 내부 구조를 살펴볼 수 있고, 누구나 Go 언어 발전에 이바지할 수 있습니다.

- **홈페이지 주소** : https://go.dev

2007년에 개발을 시작해 2009년 11월 10일 세상에 공개됐습니다. 현재 Go 언어는 지속적인 업데이트를 하고 있고 출간 시점 기준 1.22 버전까지 공개됐습니다. 홈페이지에서 최신 배포판을 다운받을 수 있고 다양한 공식 문서를 볼 수 있습니다. 간단한 코드도 돌려볼 수 있습니다. 온라인에서 Go 언어를 작성하고 테스트할 수 있는 사이트도 제공합니다.

- **온라인 Go 언어 컴파일러** : https://go.dev/play

구글에서 Go를 검색할 때 키워드에 golang을 추가하면 Go 언어 관련 내용을 검색할 수 있습니다.

2024년 1분기 기준으로 깃허브에서 풀 리퀘스트가 많은 언어 3위에 랭크될 만큼 많이 사용됩니다. 스타 3위, 푸시 7위, 이슈 6위이며, 매년 순위가 상승 중입니다.

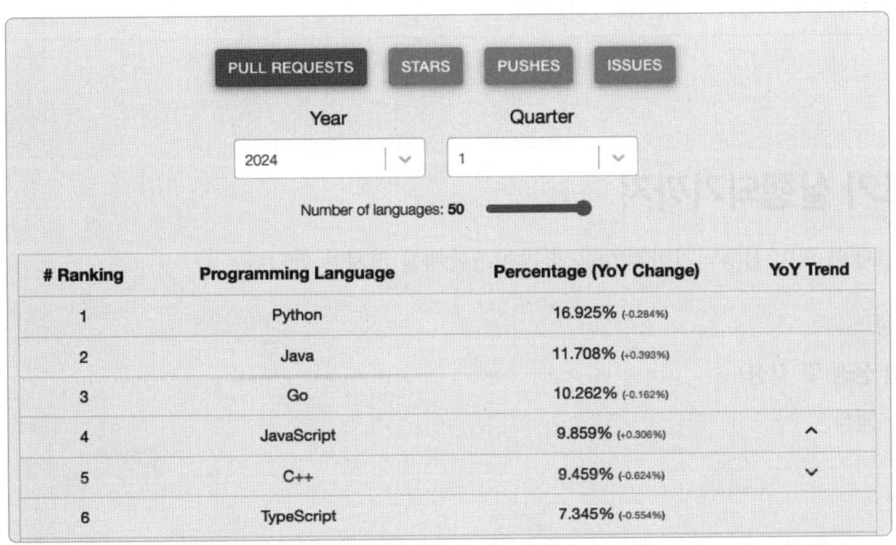

# Ranking	Programming Language	Percentage (YoY Change)	YoY Trend
1	Python	16.925% (-0.284%)	
2	Java	11.708% (+0.393%)	
3	Go	10.262% (-0.162%)	
4	JavaScript	9.859% (+0.306%)	^
5	C++	9.459% (-0.624%)	v
6	TypeScript	7.345% (-0.554%)	

출처 https://madnight.github.io/githut/#/pull_requests/2024/1

1.2 Go 언어 특징

Go 언어의 각 특징을 표로 요약해 살펴보겠습니다.

표 한눈에 보는 모던 언어로서 Go 언어 특징

개념	있다/없다	설명	참고
클래스	없다	클래스는 없지만, 메서드를 가지는 구조체를 지원합니다.	13장
상속	없다	상속을 지원하지 않습니다.	B.1절
메서드	있다	구조체가 메서드를 가질 수 있습니다.	17장
인터페이스	있다	상속이 없지만 인터페이스는 있습니다.	18장
익명 함수	있다	함수 리터럴이라는 이름으로 제공합니다.	21장
가비지 컬렉터	있다	고성능 가비지 컬렉터를 제공합니다.	B.6절
포인터	있다	메모리 주소를 가리키는 포인터가 있습니다.	14장
제네릭 프로그래밍	있다	제네릭 프로그래밍을 1.18 버전부터 지원합니다.	
네임스페이스	없다	네임스페이스를 제공하지 않습니다. 모든 코드는 패키지 단위로 분리됩니다.	16장

1.3 코드가 실행되기까지

코드가 프로그램이 되어 실행되기까지 다음과 같이 5단계를 거쳐야 합니다.

1 폴더 생성

2 .go 파일 생성 및 작성

3 Go 모듈 생성

4 빌드

5 실행

각 단계가 하는 일을 간단히 알아보겠습니다.

❶ 폴더 생성

Go 언어에서 모든 코드는 패키지 단위로 작성됩니다. 같은 폴더에 위치한 .go 파일은 모두 같은 패키지에 포함되고, 패키지명으로 폴더명을 사용합니다.

예를 들어 goproject/hello 폴더를 생성하고 hello 폴더 아래 여러 .go 파일을 생성했다면, 모두 같은 hello 패키지에 포함됩니다. 그렇다면 goproject/hello 아래 extra 폴더를 만들고, extra 폴더 아래 또 .go 파일들을 생성하면 어떻게 될까요? hello와 extra 폴더는 같은 폴더가 아니기 때문에 extra 아래 있는 .go 파일들은 hello 패키지가 아닌 extra 패키지에 포함됩니다.

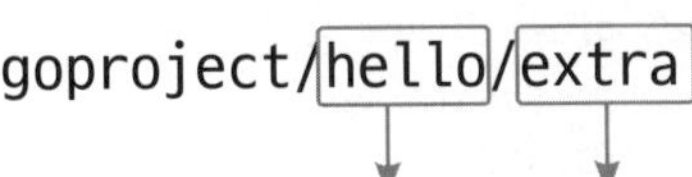

즉 폴더가 다르면 패키지도 달라집니다. 이 부분에 대해서는 14장 '패키지'에서 자세히 다루겠습니다.

❷ .go 파일 생성 및 작성

코딩은 Go 문법을 사용해서 Go 코드를 만드는 과정입니다. 확장자는 반드시 .go로 끝나야 합니다.

❸ Go 모듈 생성

Go 1.16 버전 이후로 Go 모듈이 기본으로 적용됩니다. 따라서 모든 Go 코드는 빌드하기 전에 모듈을 생성해야 합니다.

모듈 생성은 go mod init 명령으로 실행합니다. go mod init 뒤에 모듈 이름을 적어주면 됩니다. 여기서는 폴더명과 같은 goproject/hello를 넣어줍니다.

```
go mod init goproject/hello
```

Go 모듈을 생성하면 go.mod 파일이 생성됩니다. go.mod 파일에는 모듈명과 Go 버전, 필요한 패키지 목록 정보가 담겨 있습니다. 모듈에 대한 자세한 사항은 14장에서 다루겠습니다.

❹ 빌드

go build 명령은 Go 코드를 기계어로 변환하여 실행 파일을 만듭니다. GOOS와 GOARCH 환경변수를 조정해서 다른 운영체제와 아키텍처에서 실행되는 실행 파일을 만들 수 있습니다. 터미널에서 go tool dist list 명령을 실행하면 가능한 운영체제와 아키텍처 목록을 볼 수 있습니다.

아래는 빌드 가능한 운영체제와 아키텍처 목록입니다.

```
Output
aix/ppc64          freebsd/amd64    linux/mipsle     openbsd/386
android/386        freebsd/arm      linux/ppc64      openbsd/amd64
android/amd64      illumos/amd64    linux/ppc64le    openbsd/arm
android/arm        js/wasm          linux/s390x      openbsd/arm64
android/arm64      linux/386        nacl/386         plan9/386
darwin/386         linux/amd64      nacl/amd64p32    plan9/amd64
darwin/amd64       linux/arm        nacl/arm         plan9/arm
darwin/arm         linux/arm64      netbsd/386       solaris/amd64
darwin/arm64       linux/mips       netbsd/amd64     windows/386
dragonfly/amd64    linux/mips64     netbsd/arm       windows/amd64
freebsd/386        linux/mips64le   netbsd/arm64     windows/arm
```

예를 들어 AMD64 계열 칩셋을 사용하는 리눅스 실행 파일을 만들 때는 다음과 같이 옵션을 주면 됩니다.

```
GOOS=linux GOARCH=amd64 go build
```

현재 시스템에서 실행되는 실행 파일을 만들 때는 그냥 go build만 하면 됩니다.

❺ 실행

이렇게 만들어진 실행 파일을 명령어로 실행하면 됩니다.

코드가 실행되는 과정을 알아봤습니다. 그럼 코드가 어떻게 생겼는지 알아볼 차례입니다.

1.4 Hello Go World 코드 뜯어보기

"Hello Go World"를 출력하는 코드를 실행은 해봤지만, 아직 어떤 의미인지 알지 못합니다. 코드 한 줄 한 줄이 의미하는 바를 알아봅시다.

ch3/ex3.1/ex3.1.go

```go
package main                              // ❶

import "fmt"                              // ❷

func main() {                            // ❸
  // Hello Go World 출력                  // ❹
  fmt.Println("Hello Go World")          // ❺
}                                        // ❻
```

❶ package main

패키지 선언은 이 코드가 어떤 패키지에 속하는지 알려줍니다. 패키지는 코드 묶음이고 여러 기능을 제공합니다. Go 언어의 모든 코드는 반드시 패키지 선언으로 시작해야 합니다. ❶ package main은 main 패키지에 속한 코드임을 컴파일러에게 알려줍니다. main 패키지는 프로그램 시작점[2]을 포함하는 특별한 패키지입니다. main() 함수가 없는 패키지는 패키지 이름으로 main을 쓸 수 없습니다. main() 함수가 없기 때문에 실행 파일을 만들 수는 없고, 다른 패키지에서 외부 패키지로 사용됩니다(패키지는 14장 '패키지' 참조).

'Go 언어는 패키지 선언으로 시작되어야 한다'는 점과 'package main은 프로그램 시작점이 있는 패키지다'라는 점만 기억하면 됩니다.

❷ import "fmt"

fmt 패키지를 가져옵니다. 특정 패키지에서 제공하는 기능을 쓰고 싶을 때는 import로 해당 패키지를 불러와야 합니다. fmt 패키지는 표준 입출력을 다루는 내장 패키지입니다. 표준 입출력으로 텍스트를 출력하거나 입력받을 때 사용합니다(표준 입출력은 3장 'fmt 패키지를 이용한 텍스트 입출력' 참조).

---

2 엔트리 포인트(entry point)라고도 합니다.

❸ func main( ) {

main() 함수를 선언하고 중괄호 {로 본문의 시작을 알립니다. main() 함수는 프로그램 진입점 함수입니다. 그래서 프로그램은 항상 main() 함수에서 시작됩니다. 즉 Go 언어로 만든 모든 프로그램은 main() 함수부터 시작되고 main() 함수가 종료되면 프로그램이 종료됩니다. 즉, 프로그램의 시작과 끝이 main() 함수입니다(함수는 5장과 19장 참조).

❹ // Hello Go World 출력

//은 한 줄 주석 예약어입니다. //와 그 오른쪽 내용은 주석 처리가 됩니다. 주석문은 아무런 동작을 하지 않습니다. 코드를 읽는 사람에게 정보를 전달하려는 목적으로 사용됩니다. 예를 들면 다음과 같습니다.

```
// 이 프로그램은 콘솔에 문자열을 출력하는 프로그램입니다.
// 이 줄은 주석이므로 아무런 동작도 하지 않습니다.
func main() {
```

주석은 주로 프로그램 기능, 설계 목적, 주의사항, 코드 작성자의 의도 등을 나타내는 데 사용됩니다. Go 언어에서는 외부로 공개되어 다른 프로그램에서 쓰이는 함수 앞에 함수명으로 시작하는 주석을 달아 함수를 설명하도록 코딩 규약으로 권장하고 있습니다.

```
// CalculateWage는 일한 시간과 성과에 따라 보수를 결정하는 함수입니다.
// workTime은 주 52시간을 넘을 수 없고
// successRate는 백분율로 0~100 사이의 값을 입력해야 합니다.
// 반환값은 만 원 단위 실수로 표시됩니다. 2.5일 경우 2만5천 원이 됩니다.
func CalculateWage(workTime int, successRate float64) float64 {
```

외부로 공개되는 함수의 주석 시작에 "// CalculateWage …"처럼 함수명을 써주고 그 뒤에 설명을 쓰면 됩니다.

주석은 두 종류가 있습니다. 가장 많이 쓰는 방식은 ❶ 한 줄 주석으로 //를 사용합니다. // 오른쪽 내용이 모두 주석입니다. ❷ 두 번째는 /* */을 사용하는 여러 줄 주석입니다. /* 로 주석 시작을, */로 끝을 알립니다. 주석 기호를 포함해 /* */ 사이에 있는 모든 내용이 주석입니다.

```go
// ❶ 한 줄 주석입니다.
/* ❷ 여러 줄 주석입니다.
   블록 안은 모두 주석이므로 아무런 동작을 하지 않습니다. */
func main() {
```

참고로 외부로 공개되는 함수나 객체에 주석을 달고 godoc 프로그램을 실행하면 해당 주석들을 이용해서 HTML 문서를 자동으로 생성해줍니다. Go 언어의 표준 패키지 문서 역시 godoc을 사용해서 작성됐습니다(A.6.1절 'godoc으로 문서 만들기' 참조).

❺ fmt.Println("Hello Go World")

fmt.Println()는 표준 출력으로 문자열을 출력하는 함수입니다. fmt.Println("Hello Go World")는 Hello Go World를 출력합니다. 표준 출력이란 터미널 화면을 말합니다. 자세한 내용은 3장에서 자세히 다룹니다. 지금은 '터미널에 문장을 출력한다'라고 알고 넘어갑시다.

❻ }

}는 코드 블록을 종료합니다. 여기에서는 func main() {에서 시작한 main() 함수 블록을 종료하는 용도로 썼습니다. main() 함수가 종료되기 때문에 프로그램도 종료됩니다. 기억하세요. 프로그램은 main() 함수에서 시작해서 main() 함수에서 종료됩니다.

핵심 요약

1 Go 언어는 2009년 공개됐고 지속적으로 업데이트되고 있습니다.
2 모든 Go 코드는 패키지 선언으로 시작합니다.
3 프로그램 시작을 포함한 패키지에는 반드시 main() 함수가 있어야 합니다.
4 fmt 패키지는 표준 입출력 기능을 제공합니다.
5 모든 Go 프로그램은 main() 함수에서 시작해서 종료됩니다.
6 주석은 아무런 동작을 하지 않고 코드를 읽는 사람에게 정보를 제공합니다.

연습문제

1 다음 중 맞는 보기를 모두 고르시오.

❶ Go는 2009년에 공개된 오픈 소스 프로그래밍 언어입니다.

❷ Go 언어는 심플한 문법 구조를 가지고 있지만 속도가 느린 편입니다.

❸ Go 언어는 실행할 때 기계어로 변환하는 동적 컴파일 언어입니다.

❹ 한 번 만든 실행 파일로 모든 OS와 플랫폼에서 실행할 수 있습니다.

2 goproject 폴더 아래 hello2 폴더를 만들고 "안녕! 고 언어"라고 출력하는 hello2.go 예제를 작성하고 실행해보세요.

1 **정답** ❶

해설 ❷ Go 언어는 매우 빠릅니다. ❸ Go 언어는 미리 기계어로 전환하는 빌드 과정을 거치는 정적 컴파일 언어입니다.
❹ 실행 파일은 각 OS와 아키텍처에 따라 다르게 만들어줘야 합니다.

2 **해설** hello2 폴더를 만듭니다. → hello2.go 파일을 만듭니다. → 다음과 같이 적습니다.

```go
package main

import "fmt"

func main() {
  fmt.Println("안녕! 고 언어")
}
```

터미널을 열고 hello2 폴더로 이동합니다. → 터미널에서 go mod init goproject/hello2 명령으로 Go 모듈을 생성합니다. → 터미널에서 go build를 실행합니다. → 터미널에서 .\hello2.exe 명령을 내려 프로그램을 실행합니다.

변수

☐ **학습 목표**	변수가 갖는 속성과 사용법을 알아봅시다.
☐ **학습 내용**	• 변수 선언 • 변수 속성 • 타입 변환 • 숫자 표현
☐ **변수 소개**	변수란 값을 저장하는 메모리 상의 공간입니다. 값에 접근해 값을 변경하는 데 사용합니다. 변수는 이름, 값, 타입, 주소 속성을 갖습니다. 변수 간 값의 전달은 항상 복사로 일어납니다. **1** 변수는 이름이 있습니다. **2** 변수는 값이 있습니다. **3** 변수는 타입이 있습니다. **4** 변수는 메모리 주소를 나타냅니다.
☐ **장점**	변수를 사용하면 메모리 공간에 이름을 부여하여 쉽고 효과적으로 메모리를 사용할 수 있습니다.

2.1 변수란?

프로그래밍에서 변수variable는 값을 저장하는 메모리 공간을 가리키는 이름입니다.

컴퓨터 입장에서 프로그램은 '메모리에 있는 데이터를 언제 어떻게 변경할지를 나타낸 문서'입니다. 따라서 메모리에 있는 데이터 조작은 프로그래밍에 있어 핵심입니다. 변수를 이용하면 쉽고 효과적으로 메모리에 있는 데이터를 조작할 수 있습니다.

```
ch2/ex2.1/ex2.1.go

package main

import "fmt"
```

```go
func main() {
  var a int = 10                      // ❶ a 변수 선언
  var msg string = "Hello Variable"   // ❷ msg 변수 선언

  a = 20                              // ❸ a값 변경
  msg = "Good Morning"                // ❹ msg값 변경
  fmt.Println(msg, a)                 // ❺ msg와 a값 출력
}
```
```
Good Morning 20
```

❶, ❷에서 각각 a와 msg 변수를 선언했습니다. 변수를 선언한 이후부터 변수를 사용해 값을 저장하거나 변경할 수 있습니다. ❸, ❹에서 각 변숫값을 변경하고 ❺ 두 변숫값을 출력합니다. 위와 같이 프로그램에서 값을 저장하고 변경하고 사용할 때 변수를 사용합니다. 이제 변수를 더 자세히 알아보겠습니다.

2.2 변수 선언

변수를 사용하려면 먼저 변수를 선언해야 합니다. 변수 선언은 컴퓨터에게 값을 저장할 공간을 마련하라고 명령을 내리는 겁니다. 이것을 메모리 할당이라고 부릅니다.

❶ 변수 선언 키워드
❸ 타입

```
var   a   int   = 10
```

❷ 변수명
❹ 초깃값

❶ var는 변수의 영문인 variable의 약자로 변수 선언을 알리는 키워드입니다. ❷ 이어서 변수 이름을 적습니다. ❸ 그다음은 타입을 적습니다. ❹ 대입 연산자 = 오른쪽에 초깃값을 적어서 변수 선언을 마칩니다. 변수 선언의 다른 형태에 대해서는 2.4절 '변수 선언의 다른 형태'에서 설명합니다.

```go
package main

import "fmt"

func main() {
    var minimumWage int = 10    // ❶ 변수 minimumWage 선언 및 초기화
    var workingHour int = 20     // ❷ 변수 workingHour 선언 및 초기화

    // ❸ 변수 income 선언 및 초기화
    var income int = minimumWage * workingHour


    // 변수 minimumWage, workingHour, income 출력
    fmt.Println(minimumWage, workingHour, income)
}
```

```
10 20 200
```


❶, ❷ 정수 타입 변수를 선언하고 초기화합니다. 정수 타입 변수 minimumWage와 workingHour를 선언하고 값으로 각각 10과 20을 대입합니다. 컴퓨터는 ❶을 실행할 때 메모리에 정수 타입 데이터를 저장할 공간을 만들고 → minimumWage라고 지칭한 뒤 → 값 10을 복사합니다. 이제 minimumWage라는 변수명을 이용해서 해당 공간에 접근할 수 있습니다.

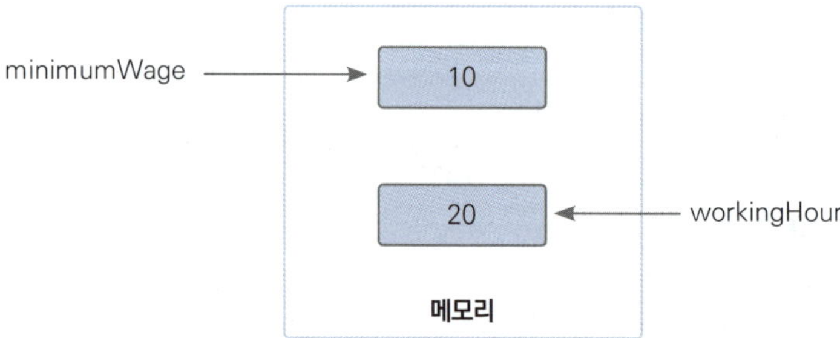

❸ 정수 타입 변수를 선언하고 수식으로 초기화합니다. income이라는 변수를 만들고 값으로 minimumWage * workingHour 연산 결과를 대입했습니다. 이처럼 대입 연산자 오른쪽 항에는 10 같은 값뿐만 아니라 변수명이나 수식도 사용할 수 있습니다.

2.3 변수에 대해 더 알아보기

값을 저장하고 조작하는 데 변수를 사용합니다. 앞서 예제에서 보았듯이 변수를 선언하고 사용하는 건 어렵지 않습니다. 하지만 Go 언어를 더 잘 이해하고 예기치 못한 버그 발생 없이 프로그래밍하려면 변수를 잘 알아야 합니다.

2.3.1 변수의 4가지 속성

변수는 다음 4가지 속성을 가집니다. 각 속성을 자세히 알아보겠습니다.

- **이름** : 프로그래머는 이름을 통해 값이 저장된 메모리 공간에 손쉽게 접근할 수 있습니다.
- **값** : 변수가 가리키는 메모리 공간에 저장된 값입니다.
- **주소** : 변수가 저장된 메모리 공간의 시작 주소를 말합니다.
- **타입** : 변숫값의 형태를 말합니다. 정수 타입, 실수 타입, 문자열 등의 다양한 타입들이 있습니다. 자료형, 데이터 타입이라고도 합니다. 이 책에서는 타입을 사용합니다.

아래 그림과 같이 변수 a를 선언하면 컴퓨터는 메모리에 int 타입 크기에 해당하는 공간을 할당하고 그 공간이 위치한 메모리 시작 주소를 a로 지칭합니다. 그리고 메모리 공간에 10이라는 값을 복사합니다.

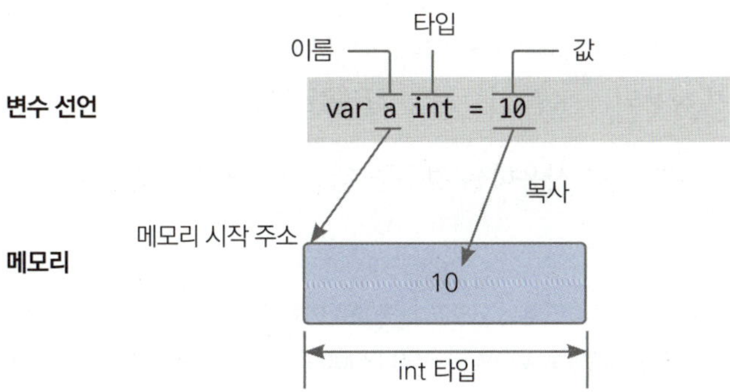

변수 a값을 대입 연산자 =를 이용해 50으로 바꾸면 a의 메모리 시작 주소부터 int 타입만큼의 공간에 값 50을 복사합니다.

2.3.2 변수는 이름을 가지고 있다

변수 이름을 변수명이라고 합니다. 프로그래머는 변수명[1]을 사용해서 변숫값이 저장된 메모리 공간에 접근하고 수정할 수 있습니다.

Go 언어에서 변수명을 지을 때는 다음과 같은 규칙을 따라야 합니다.

- 변수명은 문자, _, 숫자를 사용해 지을 수 있지만 첫 글자는 반드시 문자나 _로 시작해야 합니다(영어뿐 아니라 한글, 한문 같은 다른 언어 문자도 됩니다).
  - **올바른 예** : abc, a123, _abc, 하나, _둘
  - **올바르지 않은 예** : 123, 1abc, %abcd
- _를 제외한 다른 특수문자(space 포함)를 포함할 수 없습니다.
  - **올바른 예** : ab_cd, abc_, _abc
  - **올바르지 않은 예** : ab!cd, ac$dc, 하나 둘, [[haha]]

반드시 지켜야 하는 것은 아니지만, 다음과 같은 권장 사항이 있습니다.

- 변수명은 영문자를 제외한 다른 언어의 문자를 사용하지 않습니다.
  - 하나, 둘 같은 한글이나 한자는 쓰지 않습니다.
- 변수명에 여러 단어가 이어지면 두 번째 단어부터는 대문자로 시작합니다.[2]
  - **올바른 예** : firstName, tuckersGoIsAwesome, doMagic
  - **올바르지 않은 예** : first_name, tuckersgoisawesome, do_Magic
- 변수명은 되도록 짧게 합니다. 잠시 사용되는 로컬 변수는 한 글자를 권장합니다.
- 밑줄 _은 일반적으로 사용하지 않습니다. _를 사용하는 경우를 함수와 패키지 부분에서 설명합니다.

Tip 변수 이름은 숫자밖에 모르는 컴퓨터에게는 무의미합니다. 그래서 코드가 기계어로 변환되면 변수명은 모두 사라지고 대신 메모리 주솟값으로 대체됩니다. 예를 들면 a = 3은 기계어로 MOV [0xc00090003] 3과 같은 형태로 변경됩니다. 0xc00090003은 a 변수가 가리키는 메모리 주소입니다.

---

1 변수가 함수 내부가 아닌 외부에 선언되어 있고 변수명의 첫 번째 글자가 대문자인 변수는 패키지 외부로 공개됩니다(14장 '패키지' 참조).

2 단어의 첫 문자를 대문자로 표현하는 표기법을 MixedCaps 또는 CamelCase라고 합니다.

2.3.3 변수는 타입을 가지고 있다

타입이 왜 필요할까요? 두 가지 이유가 있습니다. 첫 번째로 타입은 공간 크기를 나타냅니다. 변수는 메모리 주소를 가리킵니다. 그런데 메모리 주소는 값이 있는 메모리 시작 주소만을 알려줍니다. 크기를 알아야지 해당 메모리 주소에서 얼만큼 읽을지 결정할 수 있습니다. 타입을 알면 크기를 알 수 있습니다.

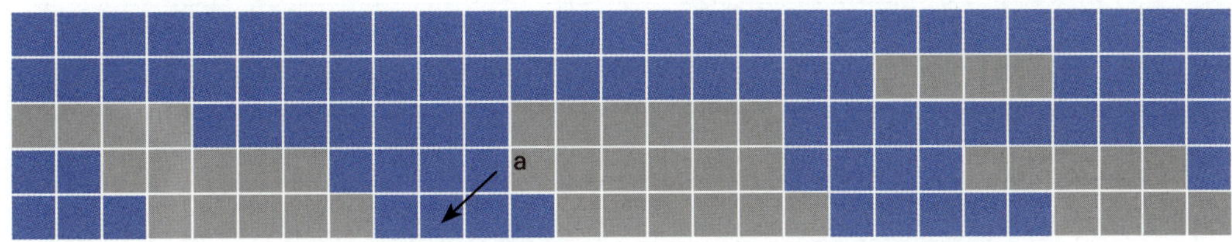

두 번째로는 타입을 알아야 컴퓨터가 데이터를 해석할 수 있습니다. 예를 들어 컴퓨터에 2진수 1000 0000 값은 uint8 타입으로 128, int8 타입으로 -128, float32 타입으로 1.7936620 3434e-43입니다. 따라서 타입을 모르면 실제 어떤 값을 갖는지 알 수 없습니다.

Go 언어는 숫자, 불리언, 문자열, 배열, 슬라이스, 구조체, 포인터, 함수, 인터페이스, 맵, 채널 등의 타입을 제공합니다.

숫자 타입

아래는 Go 언어에서 제공하는 숫자 타입 목록입니다. 부호 없는 정수 숫자는 uint, 부호 있는 정수 숫자는 int, 실수는 float으로 나타내고 뒤에 붙는 숫자는 비트 단위를 나타냅니다. 그래서 int16은 16비트 크기를 갖는 부호 있는 정수 타입입니다. 그기를 신경 쓰지 않는 경우 보통 int, float64를 사용합니다.

표 타입별 값의 범위

이름	설명	값의 범위
uint8	1바이트 부호 없는 정수	0 ~ 255
uint16	2바이트 부호 없는 정수	0 ~ 65535

uint32	4바이트 부호 없는 정수	0 ~ 4294967295
uint64	8바이트 부호 없는 정수	0 ~ 18446744073709551615
int8	1바이트 부호 있는 정수	−128 ~ 127
int16	2바이트 부호 있는 정수	−32768 ~ 32767
int32	4바이트 부호 있는 정수	−2147483648 ~ 2147483647
int64	8바이트 부호 있는 정수	−9223372036854775808 ~ 9223372036854775807
float32	4바이트 실수	IEEE−754 32비트 실수[3]
float64	8바이트 실수	IEEE−754 64비트 실수[4]
complex64	8바이트 복소수(진수, 가수)	진수와 가수 범위는 float32 범위와 같음
complex128	16바이트 복소수(진수, 가수)	진수와 가수 범위는 float64 범위와 같음
byte	uint8의 별칭[5] 1바이트 데이터를 나타낼 때 사용	0 ~ 255
rune	int32의 별칭 UTF−8로 문자 하나를 나타낼 때 사용[6]	−2147483648 ~ 2147483647
int	32비트 컴퓨터에서는 int32 64비트 컴퓨터에서는 int64와 같음[7]	
uint	32비트 컴퓨터에서는 uint32 64비트 컴퓨터에서는 uint64	

Tip 타입 크기가 클수록 표현할 수 있는 값의 범위가 넓지만 그만큼 메모리를 더 차지합니다. 메모리를 절약해 사용해야 하는 경우에는 값의 범위에 딱 맞는 작은 크기의 타입을 사용해야 합니다.

---

3 2.7절 '숫자 표현' 참조

4 2.7절 '숫자 표현' 참조

5 같은 타입이지만 다른 이름을 부여하는 것을 별칭 타입이라고 합니다.

6 13장 '문자열' 참조

7 오늘날 퍼스널 컴퓨터는 대부분 64비트이기 때문에 대부분 8바이트 int64와 같습니다.

그외 타입

- **불리언**^{boolean} : 참과 거짓 두 값만 가지는 타입입니다. bool로 선언하고 참은 true, 거짓은 false로 씁니다.
- **문자열** : 문자열 타입의 키워드는 string입니다(13장 '문자열' 참조).
- **배열**^{array} : 같은 타입의 요소들로 이루어진 연속된 메모리 공간을 나타내는 자료구조입니다(10장 '배열' 참조).
- **슬라이스** : Go 언어에서 제공하는 가변 길이 배열을 말합니다. 배열은 고정 길이로써 한 번 길이가 정해지면 늘리거나 줄일 수 없는 반면 슬라이스는 길이를 늘리거나 줄일 수 있습니다(16장 '슬라이스' 참조).
- **구조체** : 필드(변수)의 집합 자료구조입니다. 보통 상관관계가 있는 데이터를 묶어놓을 때 사용합니다. 예를 들어 회원 구조체는 회원ID, 회원명, 주소 등의 필드로 구성할 수 있습니다(11장 '구조체' 참조).
- **포인터** : 메모리 주소를 값으로 갖는 타입입니다. 포인터를 이용해서 같은 메모리 공간을 가리키는 여러 변수를 만들 수 있습니다(12장 '포인터' 참조).
- **함수 타입** : 함수를 가리키는 타입입니다. 다른 말로 함수 포인터라고 말합니다. 사용할 함수를 동적[8]으로 바꿀 때 유용합니다(19장 '함수 고급편' 참조).
- **인터페이스** : 메서드 정의의 집합입니다(18장 '인터페이스' 참조).
- **맵** : 키^{key}와 값^{value}을 갖는 데이터를 저장해둔 자료구조입니다. 키를 사용해 데이터를 찾는 데 특화된 자료구조입니다. 쉽게 전화번호부나 사전을 생각하시면 됩니다(20장 '자료구조' 참조).
- **채널**^{channel} : 멀티스레드[9] 환경에 특화된 큐 형태 자료구조입니다(멀티스레드는 22장 '고루틴과 동시성 프로그래밍', 채널은 23장 '채널과 컨텍스트' 참조).

Go 언어가 지원하는 타입이 다양해서 복잡하게 느껴질 수 있을 겁니다. 앞으로 각 타입에 대해 자세히 배우게 되니까 이런 게 있구나 정도로 알고 넘어가도 됩니다.

---

8 동적(dynamic)이라는 말은 프로그램 실행 도중을 의미합니다. 런 타임(runtime)이라고 하기도 합니다.

9 멀티스레드란 프로그램 하나에서 여러 실행 흐름(스레드)을 갖는 것을 말합니다. 멀티스레드를 잘 사용하면 프로그램 성능을 향상시킬 수 있습니다.

2.4 변수 선언의 다른 형태

Go 언어에서는 프로그래머의 편의를 위해서 여러 형태의 변수 선언을 지원하고 있습니다. 다양한 선언 형태에 대해서 알아봅니다.

```go
package main

import "fmt"

func main() {
  var a int = 3  // 기본 형태
  var b int       // 초깃값 생략. 초깃값은 타입별 기본값으로 대체
  var c = 4       // 타입 생략. 변수 타입은 우변 값의 타입이 됨
  d := 5          // 선언 대입문 :=을 사용해서 var 키워드와 타입 생략

  fmt.Println(a, b, c, d)
}
```
```
3 0 4 5
```

타입별 기본값

변수를 선언할 때 초깃값을 생략하면 다음과 같은 기본값이 자동 대입됩니다.

표 타입별 기본값

타입	기본값
모든 정수 타입 (int8, int16, int32, int64, uint8, uint16, uint32, uint64, int, uint, byte, rune)	0
모든 실수 타입 (float32, float64, complex64, complex128)	0.0
불리언	false
문자열	"" (빈 문자열)
그외	nil (정의되지 않은 메모리 주소를 나타내는 Go 키워드)

숫자값 기본 타입

타입을 생략하면 우변의 타입으로 좌변(변수)의 타입이 지정됩니다. 만약 우변이 숫자이면 기본 타입으로 결정됩니다. 정수는 int, 실수는 float64가 기본 타입입니다.

선언 대입문 :=

선언 대입문이란 말 그대로 선언과 대입을 한꺼번에 하는 구문입니다. 선언 대입문을 사용하면 var 키워드와 타입을 생략해 변수를 선언할 수 있습니다.

```go
var b = 3.1415        // b는 float64 타입으로 자동 지정됩니다.
c := 365              // c는 int 타입으로 자동 지정됩니다.
s := "hello world"    // s는 string 타입으로 자동 지정됩니다.
```

2.5 타입 변환

프로그래밍 언어를 구분할 때 타입 검사를 하는가 안 하는가에 따라 강 타입 언어와 약 타입 언어로 나눕니다. Go 언어는 강 타입 언어 중에서도 가장 강하게 타입 검사를 하는 최강 타입 언어입니다.[10]

Go 언어에서는 연산이나 대입에서 타입이 다르면 에러가 발생합니다.

```go
a := 3                    // int
var b float64 = 3.5       // float64

var c int = b     // Error - float64 변수를 int에 대입 불가
d := a * b        // Error - 다른 타입인 int 변수와 float64 연산 불가

var e int64 = 7
f := a * e        // Error - a는 int 타입, e는 int64 타입으로 같은 정수값이지만
                  // 타입이 달라서 연산 불가
```

---

10   다른 강 타입 언어에서는 자동으로 변환해주는 타입들도 Go 언어에서는 지원하지 않습니다. 매번 타입 변환을 해야 해서 귀찮게 느껴질 수 있지만, 자동 변환으로 발생하는 예기치 못한 버그를 미연에 방지하는 장점도 있습니다.

```
var g int = b * 3 // Error - 실수가 정수로 자동으로 바뀌지 않습니다.
```

같은 숫자값이라도 타입이 다르면 연산이 안 되기 때문에 타입을 변환해서 연산을 해줘야 합니다. 이것을 타입 변환^{type conversion, 형변환}이라고 합니다. 타입 변환은 원하는 타입명을 적고 ( )로 변화시키고 싶은 변수를 묶어줍니다.

타입 변환을 이용해서 위 예제를 에러 없이 다시 써보면 다음과 같습니다.

```go
package main                                              ch2/ex2.4/ex2.4.go

import "fmt"

func main() {
  a := 3                     // int
  var b float64 = 3.5        // float64

  var c int = int(b)         // ❶ float64에서 int로 변환
  d := float64(a * c)        // int에서 float64로 변환

  var e int64 = 7
  f := int64(d) * e          // float64에서 int64로 변환

  var g int = int(b * 3)     // ❷ float64에서 int로 변환
  var h int = int(b) * 3     // ❸ float64에서 int로 변환. g와 값이 다릅니다.
  fmt.Println(g, h, f)
}
```
```
10 9 63
```

타입 변환 시 두 가지 유의점이 있습니다. 첫째, 실수 타입에서 정수 타입으로 타입 변환하면 소수점 이하 숫자가 없어진다는 점입니다. 그래서 ❶ c값은 3.5에서 소수점 이하 숫자가 사라진 3이 됩니다. 소수점 이하 숫자는 반올림되지 않고 버려집니다. 그래서 ❷와 ❸ 결과가 서로 달라집니다. ❷에서는 3.5 * 3이 먼저 계산되고 int 타입으로 변환되어서 g값이 10이 되는 반면, ❸에서는 3.5가 먼저 int 타입으로 변환되어 3에 3을 곱한 결과인 9가 됩니다.

둘째, 큰 범위를 갖는 타입에서 작은 범위를 갖는 타입으로 변환하면 값이 달라질 수 있다는 겁니다. 아래 예제를 보겠습니다.

```go
package main

import "fmt"

func main() {
  var a int16 = 3456
  var c int8 = int8(a) // ❶ int16 타입에서 int8 타입으로 변환

  fmt.Println(a)
  fmt.Println(c)         // ❷ int8타입인 c값 출력
}
```

```
3456
-128
```

❶ 타입 변환을 했더니 c값이 3456에서 ❷ -128로 변했습니다. 2바이트 정수 int16에서 1바이트 정수 int8로 변환할 때 상위 1바이트가 없어지기 때문입니다.

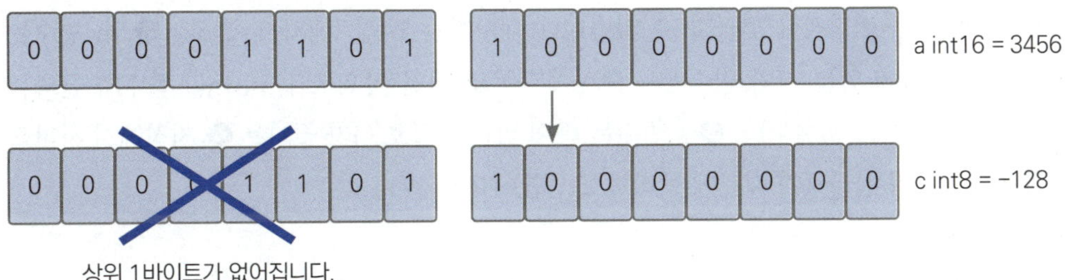

타입 변환 시 이 두 가지를 항상 주의해야 합니다. 숫자 타입이 아닌 타입들의 타입 변환에 대해서는 각 타입을 다루는 장에서 설명하겠습니다.

2.6 변수의 범위

변수는 자신이 속한 중괄호 {} 범위를 벗어나면 사라집니다. 범위 예제를 살펴봅시다.

```go
package main

import "fmt"
```

```go
var g int = 10    // ❶ 패키지 전역 변수 선언 ──────────────────  g 변수 범위

func main() {
  var m int = 20 // ❷ 지역 변수 선언 ──────────  m 변수 범위

  {
    var s int = 50  // ❸ 지역 변수 선언──────  s 변수 범위
    fmt.Println(m, s, g)
  } // ❹ s 지역 변수는 사라짐 ────────

  m = s + 20    // ❺ Error
} // ❻ main 함수 끝
```

```
./ex2.6.go:16:7: undefined: s
```

예제에서 어떤 중괄호에도 속해 있지 않은 ❶ g 변수는 패키지 전역 변수^{global variable, 글로벌 변수}로 같은 패키지 내에서는 어디서나 접근할 수 있습니다(패키지는 14장 '패키지' 참조). ❷ m 변수는 main() 함수에 속해 있는 지역 변수^{local variable, 로컬 변수}로 선언 이후부터 main() 함수가 끝나는 ❻ 부분까지 접근할 수 있습니다. ❸ s 변수는 속해 있는 중괄호 {}가 끝나는 ❹ 지점에서 사라집니다. ❺에서 변수가 사라졌기 때문에 에러가 발생합니다.

2.7 숫자 표현

음수나 실수 같은 숫자를 메모리에 표현하는 방법을 알아봅시다.

2.7.1 정수 표현

부호 있는 정수 타입을 표현하는 방법을 살펴보겠습니다. 부호를 표현해야 하기 때문에 첫 번째 비트를 부호 비트로 정해서 1이면 음수를, 0이면 양수를 나타냅니다. 2바이트 부호 있는 정수에서 양수 15는 다음과 같이 표현됩니다.

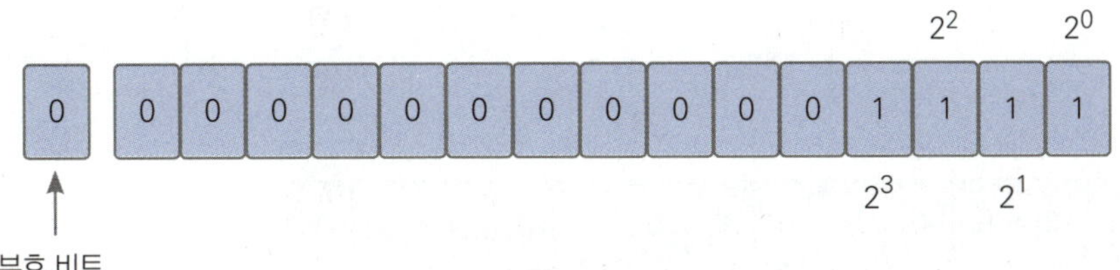

숫자 15를 2진수로 변환하면 1111($2^3 \times 1 + 2^2 \times 1 + 2^1 \times 1 + 2^0 \times 1$)이기 때문입니다. 그럼 음수 15는 어떻게 표현할까요? 양수 15에서 부호 비트를 1로 바꿔서 다음과 같이 표현할까요?

아쉽게도 그렇지 않습니다. 보수로 표현하게 됩니다.

왜냐하면 단순히 최상위 비트가 1이냐 0으로 판단을 하게 되면 +0과 -0이라는 이상한 개념이 생깁니다(0에 플러스와 마이너스는 의미가 없죠).

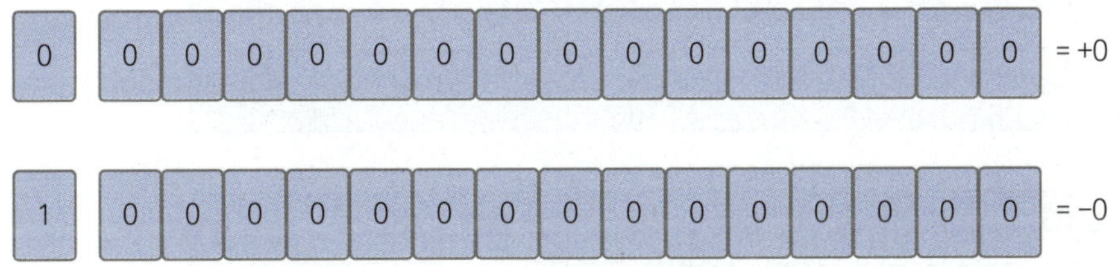

게다가 표현할 수 있는 숫자가 하나 줄어서 낭비가 발생하기 때문에 컴퓨터에서 음수를 절댓값의 2의 보수로 표현합니다. 2의 보수를 만드는 방법은 모든 비트의 0을 1로, 1을 0으로 바꾸고 나서[11], 1을 더하면 됩니다.

2의 보수를 적용해 -15를 표현해봅시다.

---

[11] 비트 반전이라고 합니다.

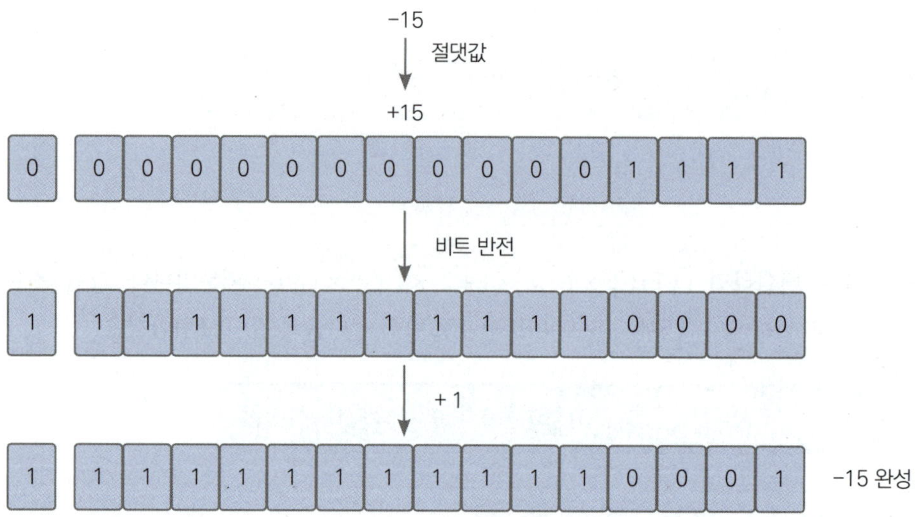

또한 2의 보수로 음수로 표현하면 음수를 별도 처리 없이 바로 더할 수 있는 장점이 있습니다.

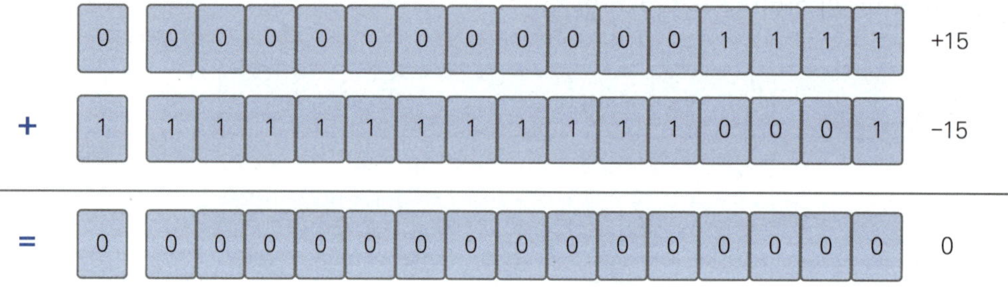

2.7.2 실수의 표현

소수점이 있는 실수는 1과 2 사이에도 무수히 많은 숫자가 있기 때문에 정수 타입처럼 바로 2진수로 변환해서 사용할 수가 없습니다. 그래서 실수를 표현하는 데 특수한 방법을 적용합니다. Go 언어는 IEEE-754 표준을 따라 실수를 표현합니다. 예를 들어 1024.234는 0.1024234×10^4으로 나타낼 수 있고 0.1024234e+04라고 쓰기도 합니다. 이때 1024234가 소수부이고 10의 승수인 4가 지수부입니다. 컴퓨터에서 실수는 이렇게 소수부와 지수부를 나눠서 표현합니다.[12]

---

12 컴퓨터는 2진수이기 때문에 지수부나 소수부를 10진수로 나타내지 않습니다. IEEE-754에서는 더 복잡한 수식을 사용합니다만 여기서는 '지수부와 소수부를 나눠 처리한다'는 사실만 간략히 설명했습니다.

4바이트 실수에서는 제일 왼쪽 1비트가 부호 비트로 1이면 음수, 0이면 양수입니다. 그뒤 8비트는 지수부를 나타내고 나머지 23비트는 소수부를 나타냅니다.

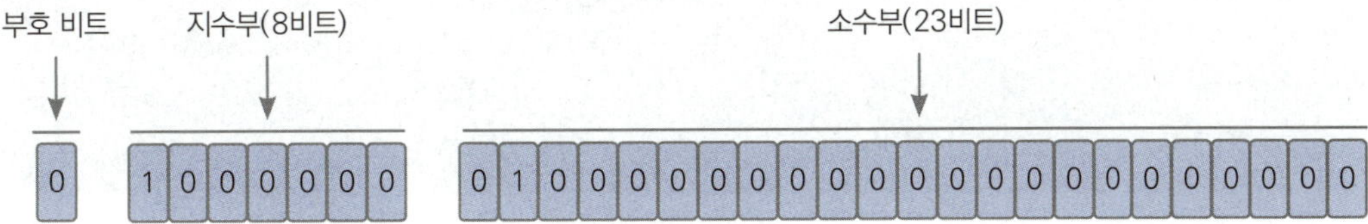

중요한 점은 모든 실수를 표현할 수 없고 한계가 있다는 점입니다. 특히 소수부 비트수가 정해져 있기 때문에 표현할 수 있는 숫자에 한계가 있습니다.

타입	최솟값	최댓값	소수부
float32	1.175494351e-38	3.402823466e38	7자리
float64	2.2250738585072014e-308	1.7976931348623158e308	15자리

실수는 무한히 많은 숫자가 있기 때문에 최솟값, 최댓값보다는 표현할 수 있는 소수부 자릿수에 더 주의를 기울여야 합니다. 일반적으로 float32는 7자리까지 표현하고 float64는 15자리까지 표현할 수 있습니다. 그래서 Go 언어에서 실숫값을 표현할 때 정확한 값이 아닌 타입이 허용하는 범위에서 가장 가까운 근삿값으로 표현하게 됩니다.

이 자릿수를 넘기면 수가 제대로 표현되지 않습니다. 예제를 살펴보겠습니다.

ch2/ex2.7/ex2.7.go

```go
package main

import "fmt"

func main() {
  var a float32 = 1234.523
  var b float32 = 3456.123
  var c float32 = a * b   // ❶
  var d float32 = c * 3

  fmt.Println(a)
  fmt.Println(b)
  fmt.Println(c)
```

```
    fmt.Println(d)
}

1234.523
3456.123
4.266663e+06    ❷
1.2799989e+07   ❸
```

❶ 1234.523 × 3456.123의 정확한 결과는 4266663.334329지만 float32의 7자리 제한에 걸려서 ❷ 실제 c값은 4266663이 됩니다. 문제는 여기서 끝나는 게 아니라 연산이 누적될수록 오차가 점점 커집니다. d의 올바른 값은 12799990.002987이지만 ❸ 127999890이 출력됐습니다. 1 미만의 오차가 곱하기 연산 한 번으로 100에 가까운 큰 차이를 만들었습니다. 따라서 회계나 금융처럼 정확한 수치 연산이 필요한 프로그래밍에서는 실수 타입 사용에 각별히 주의해야 합니다.

핵심 요약

1 변수는 값을 저장하는 메모리 공간입니다. 변수를 사용해서 메모리에 접근하여 값을 조정할 수 있습니다.

2 변수를 사용하려면 먼저 선언을 해야 합니다. 변수 선언은 컴퓨터에게 값을 저장할 공간을 메모리에 마련하라고 명령을 내리는 겁니다. 이를 메모리 할당이라고 합니다.

3 변수는 4가지 속성을 가지고 있습니다. 4가지 속성은 이름, 값, 타입, 주소입니다.

4 변수 선언 방법은 다양합니다. 편의를 고려해 초깃값을 생략하거나 타입을 생략하는 등 다양한 선언 방법을 제공합니다.

5 타입 변환은 한 타입의 값을 변환 가능한 다른 타입으로 변환시키는 겁니다. Go 언어는 자동 변환을 지원하지 않기 때문에 연산이나 대입에서 타입 변환을 해줘야 합니다.

6 숫자 타입은 크기에 따라 표현할 수 있는 값의 범위가 다릅니다. 특히 실수 타입은 유효 자릿수가 정해져 있어 주의해서 사용해야 합니다.

연습문제

1 다음 a, b, c, d, e 변수의 타입을 적어보세요.

```
a := 3
var b = 3.1415
c := "hello world"
d := int32(10)
var e float32 = 3.1415
```

2 다음 프로그램의 출력 결과가 360이 아닌 104인 이유를 설명하세요.

```
package main

import "fmt"

func main() {
  var a int32 = 360
  var b int8 = int8(a)

  fmt.Println(b)
}
104
```

3 다음 프로그램에서 f1과 f2가 서로 다른 값을 갖는 이유를 설명하세요.

```go
package main

import "fmt"

func main() {
  var f1 float32 = 123.546789 * 345.678
  var f2 float32 = float32(123.546789) * 345.678

  fmt.Println(f1)
  fmt.Println(f2)
}
```

```
42707.406
42707.41
```

1 정답 a : int, b : float64, c : string, d : int32, e : float32

2 정답 b는 int8 타입으로 −128~127까지 값을 표현할 수 있습니다. 360은 int8의 범위를 벗어나기 때문에 마지막 1바이트 값만 남고 나머지가 사라져서 올바르지 않은 값이 나옵니다.

3 정답 f1은 123.546789 × 345.678 = 42707.406927942가 float32로 변환되는 과정에서 자릿수 제한으로 값이 42707.406로 변환됐습니다. f2는 123.546789가 먼저 float32로 변환되면서 자릿수 탈락이 되어서 123.54679이 됐고 그 값에 345.678을 곱한 결과는 42,707.407273362이지만, float32, 즉 4바이트로 표현 가능한 근삿값으로 변환되면서 자릿수 탈락이 발생하여 42707.41이 됐습니다.

fmt 패키지를 이용한 텍스트 입출력

☐ **학습 목표**	이번 장에서는 fmt 패키지를 이용해서 터미널 화면에 텍스트를 출력하는 방법과 키보드로부터 값을 입력받는 방법을 설명합니다.
☐ **학습 내용**	• 터미널에 텍스트 출력 • 타입별 텍스트 출력 • 키보드로부터 입력받기
☐ **fmt 패키지 소개**	fmt 패키지는 구조화된 입출력을 제공하는 패키지입니다. fmt 패키지가 제공하는 Print(), Printf(), Println() 함수로 표준 출력을 할 수 있습니다. 또한 표준 입력을 제공하는 Scan(), Scanf(), Scanln() 함수로 값을 입력받을 수 있습니다.
☐ **장점**	• 표준 입력과 출력을 손쉽게 구현할 수 있습니다. • 다양한 서식을 제공해 효과적으로 표준 입출력을 할 수 있습니다.

3.1 표준 입출력

프로그램과 사용자는 입력과 출력을 통해서 상호작용을 합니다. 일반적으로 화면에 출력하고 키보드를 통해 입력받습니다. 때로는 화면이 아니라 파일, 프린터, 네트워크로 전송할 수도 있습니다. 또 입력도 키보드가 아닌 네트워크를 통해 받을 수도 있고 파일에서 읽어올 수도 있습니다. 프로그램마다 이런 출력과 입력을 모두 구현해야 한다면 프로그램이 매우 복잡해질 겁니다. 또 화면에 출력하는 프로그램, 프린터로 출력하는 프로그램 등 각 상황에 맞는 프로그램을 따로 만들어야 해서 사용하기 번거로울 겁니다. 이때 운영체제가 제공하는 표준 입출력 스트림standard input/output stream을 사용하면 프로그램 내부에서 입력과 출력을 간편하게 처리할 수 있습니다. Go 언어에서는 fmt 패키지를 사용해서 간편하게 표준 입출력[1] 처리를 할 수 있습니다.

---

1 표준 입출력스트림은 os 패키지의 Stdin, Stdout, Stderr을 제공합니다. 입출력 스트림 처리는 io.Reader, io.Writer 인터페이스로 처리되는데 fmt 패키지를 이용하면 간단하게 표준 입출력을 사용할 수 있습니다(A.3절 '입출력 처리' 참조).

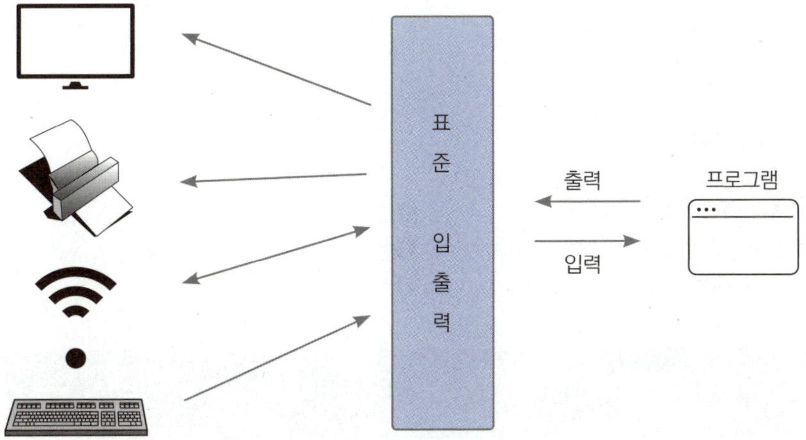

3.1.1 fmt 패키지

표준 입출력 기능은 Go 언어 기본 패키지인 fmt에서 제공합니다. Go 언어는 자주 사용하는 기능을 묶어서 패키지로 제공합니다. 패키지에 대해서는 14장 '패키지'에서 자세히 다루겠습니다. 지금은 fmt 패키지에서 표준 입출력 기능을 제공한다 정도로만 알고 계셔도 됩니다.

패키지를 사용하려면 import를 사용해서 사용할 패키지를 불러와야 합니다.

```go
import "fmt"
```

fmt 패키지는 3가지 표준 출력용 함수를 제공합니다.

Print()	함수 입력값들을 출력합니다.
Println()	함수 입력값들을 출력하고 개행합니다.
Printf()	서식(format)에 맞도록 입력값들을 출력합니다.

이 표준 출력 함수들을 사용하는 예제를 통해서 이들의 기능 차이를 알아보겠습니다.

ch3/ex3.1/ex3.1.go

```go
package main

import "fmt"
```

```go
func main() {
  var a int = 10
  var b int = 20
  var f float64 = 32799438743.8297

  fmt.Print("a:", a, "b:", b)                // ❶
  fmt.Println("a:", a, "b:", b, "f:", f)     // ❷
  fmt.Printf("a: %d b: %d f:%f\n", a, b, f)  // ❸
}
```

```
a:10b:20a: 10 b: 20 f: 3.27994387438297e+10
a: 10 b: 20 f:32799438743.829700
```

❶ Print() 함수를 이용해서 기본 서식에 맞춰 표준 출력을 합니다. "a:", a, "b:", b 이렇게 총 4개 값을 함수에 입력해 호출한 결과 a:10b:20이 출력됐습니다. Print() 함수는 출력이 끝나고 개행을 하지 않기 때문에 바로 Println() 함수 출력 결과가 이어집니다. ❷ Println() 역시 기본 서식에 맞춰서 표준 출력을 합니다. 출력값 사이에 공란을 삽입하고 출력이 끝나면 개행한다는 점이 Print() 함수와 다릅니다.[2] a: 10 b: 20 f: 3.27994387438297e+10을 출력하고 나서 개행했습니다. 주목할 점은 f값이 3.27994387438297e+10 지수 형태로 출력됐다는 겁니다. 그 이유는 실숫값의 기본 서식이 %f가 아닌 %g이기 때문입니다. %f와 %g의 차이는 3.1.4절에서 설명하겠습니다.

❸ Printf() 함수는 주어진 사용자 서식에 맞춰서 입력값을 출력합니다. 첫 번째 입력인 "a: %d b: %d f:%f\n"이 출력 서식을 의미합니다. 출력 서식에 입력값들이 들어갈 자리를 만들어주고 각 입력값이 해당 자리에 들어가게 됩니다. 값이 들어갈 자리는 서식 문자를 적어줍니다.

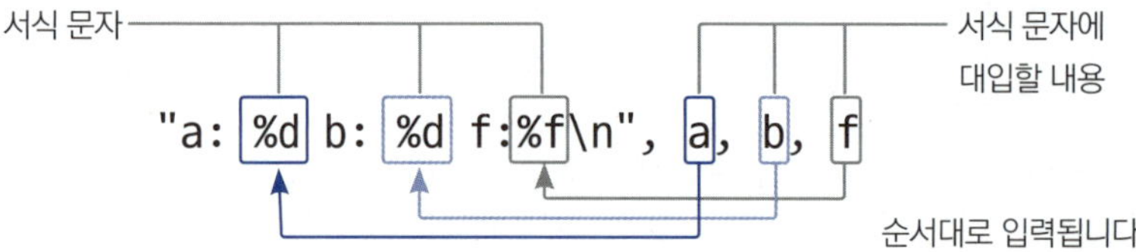

맨 뒤의 \n은 개행 처리를 하는 특수 문자입니다. Printf() 함수는 출력이 끝난 뒤 자동 개행을 제공하지 않습니다.

---

2 Println( ) 함수명은 PrintLine( )의 약자입니다.

3.1.2 서식 문자

Printf() 함수는 다음과 같은 형식으로 사용합니다.

```
Printf(서식 문자열, 인수1, 인수2, ...)
```

첫 번째 인수로 출력할 서식이 옵니다. 서식은 앞 예제와 같이 출력할 내용과 서식 문자의 조합으로 만듭니다. 두 번째 인수부터는 서식에 맞춰 출력할 값들을 넣어줍니다.

서식 문자를 다음 표에 정리해뒀습니다. 서식 문자가 많은데 모두 외울 필요는 없습니다. 자주 사용하는 %d, %f, %s 정도 알면 일단 OK입니다. 어떤 서식 문자를 써야 할지 모를 때는 마법의 서식 문자인 %v를 사용하세요. 그러면 기본 서식에 맞춰서 출력됩니다.

표 서식지정자

구분	설명
%v	데이터 타입에 맞춰서 기본 형태로 출력합니다.
%T	데이터 타입 출력합니다.
%t	불리언을 true/false로 출력합니다.
%d	10진수 정숫값으로 출력합니다(정수 타입만 가능).
%b	2진수로 출력합니다.
%c	유니코드 문자를 출력합니다(정수 타입만 가능).
%o	8진수로 출력합니다.
%O	앞에 8진수임을 표시하는 0o를 붙여서 8진수로 값을 출력합니다.
%x	16진수로 값을 출력합니다. 10 이상 값을 a-f 소문자로 표시합니다.
%X	16진수로 값을 출력합니다. 10 이상 값을 A-F 대문자로 표시합니다.
%e %E	지수 형태로 실숫값을 출력합니다(실수 타입만 가능). 예 : -1.234456e+78
%f %F	지수 형태가 아닌 실숫값 그대로 출력합니다(실수 타입만 가능). 예 : 123.456
%g %G	값이 큰 실숫값은 지수 형태(%e)로 출력하고, 작은 실숫값은 실숫값 그대로(%f) 출력합니다.
%s	문자열을 출력합니다.

%q	특수 문자 기능을 동작하지 않고 문자열 그대로 출력합니다.
	`fmt.Printf("%q", "hello\tWorld\n")`
	위와 같이 하면 \t 와 \n 특수 문자가 동작하지 않고 hello\tworld\n이 출력됩니다.
%p	메모리 주솟값을 출력합니다. 12장 '포인터'에서 설명합니다.

3.1.3 최소 출력 너비 지정

서식 문자를 이용해 출력 너비를 지정하고, 숫자 0으로 빈 칸을 채우고, 왼쪽 정렬을 할 수 있습니다.

- 최소 출력 너비 지정 : 서식 문자의 %와 타입을 나타내는 문자 사이에 숫자를 넣어서 너비를 지정할 수 있습니다. 예를 들어 %5d는 최소 5칸을 사용해서 정숫값을 출력합니다.
- 공란 채우기 : 너비 앞에 0을 붙이면 빈자리를 0으로 채웁니다. %05d는 최소 5칸을 사용하고 공란에 0을 채웁니다.
- 왼쪽 정렬하기 : 마이너스 -를 붙이면 왼쪽을 기준선 삼아 출력합니다. 이를 이용하면 일정 간격으로 숫자들을 출력할 수 있습니다.

서식 문자를 이용해 출력 최소 너비 지정, 0 채우기, 왼쪽 정렬을 해봅시다.

ch3/ex3.2/ex3.2.go

```go
package main

import "fmt"

func main() {
  var a = 123
  var b = 456
  var c = 123456789

  fmt.Printf("%5d, %5d\n", a, b)      // ❶ 최소 너비보다 짧은 값 너비 지정
  fmt.Printf("%05d, %05d\n", a, b)    // ❷ 최소 너비보다 짧은 값 0 채우기
  fmt.Printf("%-5d, %-05d\n", a, b)   // ❸ 최소 너비보다 짧은 값 왼쪽 정렬

  fmt.Printf("%5d, %5d\n", c, c)      // ❹ 최소 너비보다 긴 값 너비 지정
  fmt.Printf("%05d, %05d\n", c, c)    // ❺ 최소 너비보다 긴 값 0 채우기
```

```go
    fmt.Printf("%-5d, %-05d\n", c, c)    // ❻ 최소 너비보다 긴 값 왼쪽 정렬
}
```

```
  123,   456
00123, 00456
123  , 456
123456789, 123456789
123456789, 123456789
123456789, 123456789
```

a와 b는 최소 너비보다 짧은 값입니다. c는 최소 너비보다 긴 값입니다.

❶ 최소 너비를 5로 지정했습니다. a와 b는 3칸을 차지해서 최소 너비 5보다 짧습니다. 그래서 공란 2칸이 추가되어 출력됐습니다.

❷ 최소 너비보다 짧은 수의 공란을 0으로 채웠습니다. a, b 각각 의도한 대로 "00123", "00456"이 출력됐습니다.

❸ 최소 너비보다 짧은 수를 왼쪽 정렬해 출력했습니다. a값 뒤에 공란 2개가 추가되어 "123 "이 출력됐습니다. 과연 b는 기대한 대로 "45600"으로 출력될까요? 예상과 달리 값 뒤에 공란 두 개가 붙어 "456 "으로 출력됐습니다. 숫자 뒤에 0이 붙으면 값이 달라지기 때문입니다.

❹, ❺, ❻은 모두 최소 너비보다 긴 값을 서식에 맞춰 출력해보았습니다. 최소 너비보다 긴 값은 모두 지정한 최소 너비가 무시되어 출력됩니다.

3.1.4 실수 소수점 이하 자릿수

실숫값에는 최소 출력 너비뿐 아니라 소수점 이하 자릿수도 지정할 수 있습니다.

- %f : 실수를 출력합니다. 예를 들어 %5.2f는 최소 너비 5칸에 소수점 이하 값 2개를 출력합니다.
- %g : 실수를 정수부와 소수점 이하 숫자를 포함해 출력 숫자를 제한합니다. 만약 정해진 길이로 정수부 숫자를 모두 표현하지 못하면 지수 표현으로 전환합니다. 기본 숫자 길이는 6개입니다. 예를 들어 %5.3g는 최소 너비 5칸에 소수점 이하 포함해서 총 숫자 3개로 표현합니다.

%f와 %g를 사용해 실수를 출력해봅시다.

```go
package main

import "fmt"

func main() {
	var a = 324.13455
	var c = 3.14

	fmt.Printf("%08.2f\n", a)    // ❶ 최소 너비 8, 소수점 이하 2자리, 0을 채움
	fmt.Printf("%08.2g\n", a)    // ❷ 최소 너비 8, 총숫자 2자리, 0을 채움
	fmt.Printf("%8.5g\n", a)     // ❸ 최소 너비 8, 총숫자 5자리
	fmt.Printf("%f\n", c)        // ❹ 소수점 이하 6자리까지 출력
}
```

```
00324.13
03.2e+02
  324.13
3.140000
```

❶ %08.2f는 최소 너비 8칸에 소수점 숫자는 2개만 표시하고 공란은 0으로 채우는 서식 문자입니다. 그래서 소수점 이하 값은 2개만 표시되고 총 길이가 소수점 포함 6칸이 되므로 앞에 0이 두 개 추가됐습니다.

❷ %08.2g는 총 출력되는 숫자를 2개로 제한합니다. 324.13455의 정수부는 324로 2개로 표현할 수 없기 때문에 지수 표현으로 전환되고 출력되는 숫자는 총 2개만 출력해 3.2e+02로 표현됩니다. 최소 너비는 8칸이지만 3.2e+02는 7칸을 차지해서 한 칸이 남기 때문에 0이 채워집니다.

❸ %8.5g는 총 출력되는 숫자를 5개로 제한합니다. 324.13455의 정수부 숫자는 3개이고 총 5개로 표현 가능하기 때문에 일반적인 실수 형태로 표현되며, 총 출력되는 숫자는 5개로 제한되므로 324.13으로 표현됩니다. 앞에 0이 없기 때문에 0을 채우지 않고 대신 두 칸을 띄웁니다.

❹ %f를 하면 디폴트로 소수점 이하 숫자 6개가 표현됩니다. 즉 %f는 %.6f와 같습니다. 그래서 3.140000이 출력됩니다.

서식 문자, 출력 너비, 소수점 이하 숫자 제한 등이 쉽지 않을 겁니다. 많이 사용되는 기능은 아니므로 지금은 '이런 기능이 있다' 정도로 알고 넘어 갑시다. 나중에 특정 자릿수에 맞춰서 출력해야

하는 경우가 생길 때 fmt 패키지 문서[3]를 참고하기 바랍니다.

3.1.5 특수 문자

\n은 줄바꿈을 하는 특수한 목적의 문자입니다. 특수 문자가 줄바꿈 문자뿐일까요? 탭을 삽입하는 문자 \t, \ 자체를 출력하는 문자 \\, 큰따옴표를 출력하는 특수 문자 \"도 있습니다.

\n	줄바꿈합니다.
\t	탭을 삽입합니다.
\\	\ 자체를 출력합니다.
\"	"를 출력합니다. 큰따옴표로 묶인 문자열 내부에 따옴표를 넣을 때 사용합니다.

특수 문자를 포함한 문자열을 표시합시다.

ch3/ex3.4/ex3.4.go

```go
package main

import "fmt"

func main() {
  str := "Hello\tGo\t\tWorld\n\"Go\"is Awesome!\n" // ❶ 문자열

  fmt.Print(str)           // ❷ 문자열을 기본 서식으로 출력
  fmt.Printf("%s", str)    // ❸ 문자열을 %s 서식으로 출력
  fmt.Printf("%q", str)    // ❹ 문자열을 %q 서식으로 출력
}
```

```
Hello   Go      World
"Go"is Awesome!
Hello   Go      World
"Go"is Awesome!
"Hello\tGo\t\tWorld\n\"Go\"is Awesome!\n"
```

각 출력을 살펴보기에 앞서 ❶ str을 살펴보겠습니다.

---

3 https://golang.org/pkg/fmt/

str값은 다음처럼 여러 개의 특수 문자를 포함합니다. 문자열 자체가 따옴표 " "로 묶여 있기 때문에 문자열 내부에 따옴표를 표시하려면 아래처럼 역슬래시를 쓰고 따옴표를 해야 합니다.

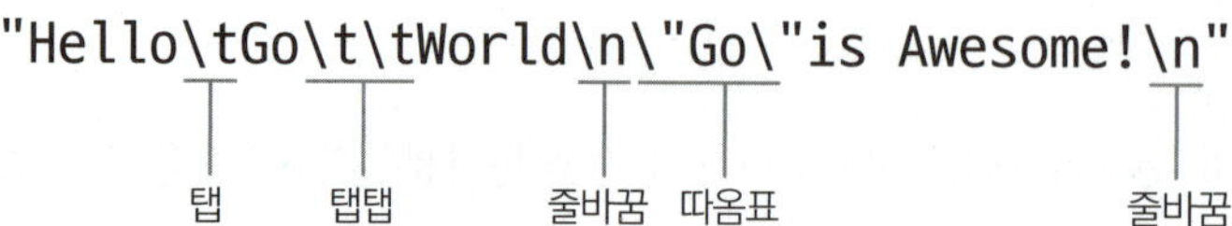

❷ Print(str)은 문자열을 기본 서식에 맞춰서 출력합니다. 문자열의 기본 서식은 %s이기 때문에
❸ Printf("%s", str)과 Print(str)은 똑같이 동작합니다. \t를 사용해서 Hello와 Go 사이에 탭 길이만큼 띄웠습니다. \t\t를 하면 탭이 두 개 들어갑니다. \n을 실행해 개행하고, \"으로 문자열 안에 따옴표 문자를 삽입했습니다.

❹ %q 서식으로 문자열을 출력하면 모든 특수 문자가 기능을 잃고 문자 자체로 동작합니다. 그래서 출력 결과에서 특수 문자가 그대로 출력됐습니다.

3.2 표준 입력

표준 입력은 표준 입력 장치에서 데이터를 얻어옵니다. 일반적으로 표준 입력을 변경하지 않았다면 키보드가 표준 입력 장치입니다. fmt 패키지는 표준 입력으로부터 입력받는 Scan(), Scanf(), Scanln() 함수를 제공합니다.

Scan()	표준 입력에서 값을 입력받습니다.
Scanf()	표준 입력에서 서식 형태로 값을 입력받습니다.
Scanln()	표준 입력에서 한 줄을 읽어서 값을 입력받습니다.

3.2.1 표준 입력 실습 방법 안내

비주얼 스튜디오 코드에서는 키보드 입력을 받는 모든 예제를 터미널에서 실행해야 합니다. 이번 절 예제뿐 아니라 키보드 입력을 받는 모든 예제는 다음 절차를 따라 실행해주세요.

01 비주얼 스튜디오 코드 메뉴 [Terminal] → [New Terminal]을 선택합니다(윈도우 단축키 `Ctrl+Shift+'`).

02 만약 터미널의 현재 폴더가 예제 폴더가 아니면 cd ch3\ex3.5 명령으로 현재 폴더를 예제 폴더로 이동합니다.

03 go mod init ch3/ex3.5 명령으로 모듈을 생성합니다.

04 go build 명령으로 빌드해서 실행 파일을 만듭니다.

05 \ex3.5.exe 명령을 실행해서 예제를 실행합니다.

3.2.2 Scan()

Scan() 함수는 값을 채워넣을 변수들의 메모리 주소를 인수로 받습니다. 한 번에 여러 값을 입력받을 때는 변수 사이를 공란을 두어 구분합니다(`enter` 키도 공란으로 인식합니다).

```go
func Scan(a ...interface{}) (n int, err error)
```

함수 반환값은 성공적으로 입력한 값 개수와 입력 실패 시 에러를 반환합니다.

Scan()을 이용해서 숫자값 2개를 입력받는 예제를 살펴봅시다.

ch3/ex3.5/ex3.5.go

```go
package main

import "fmt"

func main() {
  var a int                        // ❶ 값을 저장할 변수
  var b int

  n, err := fmt.Scan(&a, &b)       // ❷ 입력 두 개 받기
  if err != nil {                  // ❸ 에러가 발생하면 에러 코드 출력
    fmt.Println(n, err)
  } else {                         // ❹ 정상 입력되면 입력값 출력
    fmt.Println(n, a, b)
  }
}
```

```
3 4                ❺ 정상 입력
2 3 4
Hello 4           ❻ 비정상 입력
0 expected integer
4 Hello           ❼ 비정상 입력
1 expected integer
```

❶ 입력받은 값을 저장할 a와 b 두 int 타입 정수를 선언합니다.

❷ fmt.Scan() 함수로 공란으로 구분된 숫자 2개를 입력받아서 정수 타입 변수 a와 b에 채워줍니다. Scan() 함수의 입력으로 쓸 때는 변수 앞에 &를 붙여서 변수의 메모리 주소를 입력으로 넘겨야 합니다(&은 12장 '포인터' 참조). 반환값 n은 성공적으로 입력한 값 개수이고 err은 입력 시 발생한 에러를 반환합니다.

❸ err가 nil이 아니면 에러입니다. 에러가 발생했다면 에러값을 출력합니다.

❹ 정상적으로 입력을 받았다면 받은 값을 출력합니다.

코드를 구현했으니 입력에 따라 출력이 어떻게 처리되는지 살펴봅시다.

❺ 3 4를 입력해 n에 2가 입력되고 a는 3, b는 4가 입력됐습니다.

❻ Hello 4를 입력했습니다. 첫 번째 값이 숫자가 아니기 때문에 n은 0이 되고 에러 메시지는 expected integer가 됩니다. n이 1이 아니고 0인 이유는 첫 번째 입력을 잘못 입력하면 두 번째 입력을 받지 않고 함수가 에러를 반환하기 때문입니다.

❼ 4 Hello를 입력한 경우 첫 번째 값으로 4를 제대로 입력했지만 두 번째 값에 문자열을 입력했기 때문에 n은 1이 되고 역시 에러 메시지는 expected integer가 됩니다.

3.2.3 Scanf()

Scanf() 함수는 서식에 맞춘 입력을 받습니다.

```
func Scanf(format string, a ...interface{}) (n int, err error)
```

예를 들어 fmt.Scanf("%d %d\n", &a, &b)라고 하면 숫자 하나와 공란 그리고 다른 숫자 하나와 한 줄 띄우기에 맞춰진 입력을 받습니다. 서식에 맞춰서 입력하기가 힘들기 때문에 Scan()이나 Scanln() 함수 사용을 추천합니다.

Scanf()를 이용해서 숫자 2개를 입력받는 예제를 살펴봅시다.

```go
package main

import "fmt"

func main() {
  var a int
  var b int

  n, err := fmt.Scanf("%d %d\n",&a, &b) // ❶ 입력 두 개 받기
  if err != nil {
    fmt.Println(n, err)
  } else {
    fmt.Println(n, a, b)
  }
}
```

```
3 4                    ❷ 정상 입력
2 3 4
Hello 4                ❸ 비정상 입력
0 expected integer
4 Hello                ❹ 비정상 입력
1 expected integer
```

ch3/ex3.6/ex3.6.go

❶ Scanf() 함수를 이용해서 정숫값 두 개를 입력 받습니다. 서식에 맞춰서 두 숫자 사이에 공란이 와야 합니다.

❷ 두 정숫값을 제대로 입력한 경우 입력받은 개수인 2와 입력받은 값들을 출력합니다.

❸ 비정상 입력한 경우 입력받은 개수는 0이고 에러 메시지가 출력됩니다.

❹ ex3.5 예제와 마찬가지로 첫 번째 값은 숫자이지만 두 번째 값이 숫자가 아니라서 에러 메시지가 출력됩니다. 첫 번째 값은 정상적으로 읽어서 n값은 1이 됩니다.

3.2.4 Scanln()

Scanln() 함수는 한 줄을 입력받아서 인수로 들어온 변수 메모리 주소에 값을 채워줍니다.

```go
func Scanln(a ...interface{}) (n int, err error)
```

Scan()과 다른 점은 마지막 입력값 이후 반드시 `enter` 키로 입력을 종료해야 한다는 점입니다. 예를 들어 아래 예제처럼 값을 두 개 입력받을 때는 두 값을 입력한 뒤 반드시 `enter` 키로 입력해야 합니다.

Scanln()를 이용해서 숫자 2개를 입력받는 예제를 살펴봅시다.

ch3/ex3.7/ex3.7.go

```go
package main

import "fmt"

func main() {
  var a int
  var b int

  n, err := fmt.Scanln(&a, &b)    // ❶ 값을 입력받습니다.
  if err != nil {                 // 에러 발생 시
    fmt.Println(n, err)           // 에러를 출력합니다.
  } else {
    fmt.Println(n, a, b)
  }
}
```

```
3 4              ❷ 정상 입력
2 3 4
Hello 4          ❸ 비정상 입력
0 expected integer
4 Hello          ❹ 비정상 입력
1 expected integer
```

❶ fmt.Scanln() 함수로 표준 입력으로 한 줄을 입력받아서 공란으로 구분된 값들을 읽습니다. 코드를 구현했으니 입력에 따라 출력이 어떻게 처리되는지 살펴봅시다.

❷ 3 4를 입력해 n에 2가 입력되고 a는 3, b는 4가 입력됐습니다.

❸ Hello 4를 입력했습니다. 첫 번째 값이 숫자가 아니기 때문에 n은 0이 되고 에러 메시지는 expected integer가 됩니다. n이 1이 아니고 0인 이유는 첫 번째 입력을 잘못 입력하면 두 번째 입력을 받지 않고 함수가 에러를 반환하기 때문입니다.

❹ 4 Hello를 입력한 경우 첫 번째 값으로 4를 제대로 입력했지만 두 번째 값에 문자열을 입력했기 때문에 n은 1이 되고 역시 에러 메시지는 expected integer가 됩니다.

깊이보기 3.3 키보드 입력과 Scan() 함수의 동작 원리

사용자가 표준 입력 장치(PC에서는 키보드)로 입력하면 입력 데이터는 컴퓨터 내부에 표준 입력 스트림standard input stream이라는 메모리 공간에 임시 저장됩니다. Scan() 함수들은 그 표준 입력 스트림에서 값을 읽어서 입력값을 처리합니다.

표준 입력 스트림에서 스트림이란 흐름이란 뜻을 가지고 있습니다. 즉, 입력 데이터가 연속된 데이터 흐름 형태를 가지고 있다는 뜻입니다. 흘러간 물이 다시 흘러오지 않듯이 한 번 읽은 데이터를 다시 읽을 수는 없습니다. 데이터가 A 포인트에서 B 포인트로 흘러간다고 해서 파이프pipe라고 부르기도 합니다. 표준 입력 스트림의 작동 원리를 살펴보겠습니다.

```
var a, b int
fmt.Scanln(&a, &b)
```

위와 같이 두 int 타입 입력을 받고자 할 때 사용자가 "Hello 4"를 입력하고 enter 키를 누르면 표준 입력 스트림에는 다음 그림과 같이 데이터가 저장됩니다.

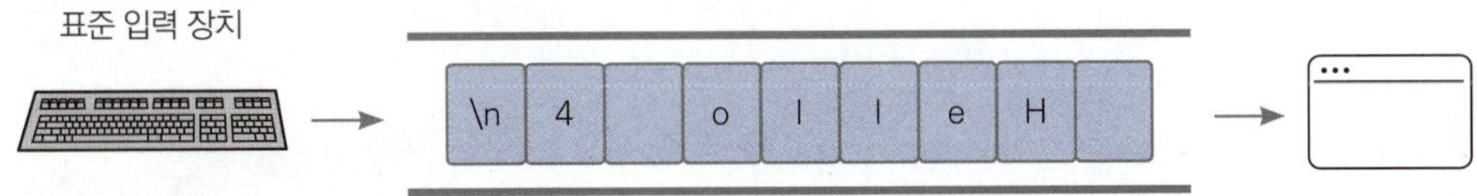

이때 가장 먼저 입력한 데이터부터 읽어오기 때문에 데이터가 거꾸로 저장됩니다. 먼저 입력된 데이터가 먼저 읽히는 데이터 구조를 FIFOFirst In First Out라고 말합니다. 표준 입력 스트림은 바로 FIFO 구조를 가지고 있습니다.

Scan() 함수는 먼저 표준 입력 스트림에서 한 글자를 읽어옵니다. 가장 먼저 입력된 글자가 먼저 읽히기 때문에 'H'를 읽어옵니다. 한 번 읽은 데이터는 다시 읽어올 수 없기 때문에 표준 입력 스트림에서 한 글자를 빼온다고 생각할 수 있습니다.

그런 다음 읽어온 글자가 원하는 타입인지 판단합니다. 이 경우 int 타입을 원했지만 'H'는 숫자가 아니기 때문에 Error를 반환합니다.

표준 입력 스트림에서 한 글자만 읽어왔기 때문에 표준 입력 스트림에는 "ello 4\n" 데이터가 그대로 남아있습니다. 그 상태에서 다시 Scanln()이 호출됐을 때 새로운 입력을 받는 게 아니라 기존에 남아 있는 표준 입력 스트림에서 다시 값을 가져오기 때문에 'e'를 가져오게 되고 역시 숫자가 아니기 때문에 또 다시 바로 에러를 반환하게 됩니다.

그래서 여러 번 Scan() 함수를 호출할 때 위와 같은 문제에서 벗어나려면 입력에 실패한 경우 표준 입력 스트림을 지워야 합니다.

Scanln() 함수가 실패한 경우 표준 입력 스트림을 비워주는 예제를 살펴봅시다.

```go
package main

import (
    "bufio"     // ❶ io를 담당하는 패키지
    "fmt"
    "os"        // 표준 입출력 등을 가지고 있는 패키지
)

func main() {
  stdin := bufio.NewReader(os.Stdin)   // ❷ 표준 입력을 읽는 객체

  var a int
  var b int

  n, err := fmt.Scanln(&a, &b)
```

```go
  if err != nil {                            // 에러 발생 시
    fmt.Println(err)                         // 에러 출력
    stdin.ReadString('\n')                   // ❸ 표준 입력 스트림 지우기
  } else {
    fmt.Println(n, a, b)
  }
  n, err = fmt.Scanln(&a, &b)                // ❹ 다시 입력받기
  if err != nil {
    fmt.Println(err)
  } else {
    fmt.Println(n, a, b)
  }
}
```

```
Hello 4              ❺ 문자열과 숫자 입력
1 expected integer   ❻ 출력 결과
3 4                  ❼ 숫자 두 개 입력
2 3 4                ❽ 출력 결과
```

❶ 표준 입력 스트림에서 한 줄을 읽어오는 데 bufio, os 등의 패키지를 사용했습니다. bufio는 입력 스트림으로부터 한 줄을 읽는 Reader 객체를 제공합니다.

```go
func NewReader(rd io.Reader) *Reader
```

❷ NewReader() 함수는 인수로 입력되는 입력 스트림을 가지고 Reader 객체를 생성해줍니다. 여기서는 표준 입력 스트림을 나타내는 os.Stdin을 사용해서 Reader 객체를 만들겠습니다.

❸ 줄바꿈 문자가 나올 때까지 읽습니다. 이렇게 하면 표준 입력 스트림이 비워집니다.

❹ 이제 다시 키보드 입력을 받을 수 있게 됐습니다.

핵심 요약

1 fmt 패키지를 이용해서 데이터를 표준 입출력을 할 수 있습니다.

2 표준 출력 함수로는 Print(), Printf(), Println()이 있습니다.

3 서식 문자를 이용하면 다양한 형식으로 출력할 수 있습니다. 최소 출력 너비와 소숫점 이하 숫자 개수를 지정할 수 있습니다.

4 서식 문자 %v를 사용하면 모든 타입의 기본 서식으로 출력합니다.

5 표준 입력 함수로는 Scan(), Scanf(), Scanln()이 있습니다.

6 입력받을 때 에러가 발생하면 표준 입력 스트림을 지웁시다.

1 다음 예제 결과를 적어보세요.

```go
package main

import "fmt"

func main() {
  var a = 345
  var b = 3.1415

  fmt.Printf("%05d\n", a)
  fmt.Printf("%5.2f\n", b)
}
```

2 다음 예제가 제대로 동작하지 않는 이유를 적으세요.

```go
package main

import "fmt"

func main() {
  var a int
  var b int

  fmt.Scanln(a, b)
  fmt.Println(a, b)
}
```

3 다음과 같이 출력되도록 fmt.Printf와 서식 문자를 이용한 코드를 채우세요. 이때 출력 결과의 최소 너비를 6으로 지정합니다.

```
          123
       004567
         3.14
```

```go
package main

import "fmt"

func main() {
  var a = 123
  var b int = 4567
  f := 3.14159269

  // a를 이용해 출력하세요.
  // b를 이용해 출력하세요.
  // f를 이용해 출력하세요.
}
```

1 정답

```
 00345
  3.14
```

해설 5칸에 맞춰서 a값을 출력합니다. a값이 숫자 3개이므로 앞에 0을 2개 채워줍니다. 5칸에 맞춰서 b값을 출력하고 소수점 이하 값은 2개로 제한합니다. 3.1415에서 소수점 이하 2개만 출력하므로 3.14만 출력되고 이 값은 4칸을 차지하므로 5칸을 맞추기 위해서 앞에 공란이 채워집니다.

2 정답 Scanln() 인수로 변수의 메모리 주소를 넘겨야 하는데 변수를 넘겨서 제대로 동작하지 않습니다. Scanln(&a, &b)로 바꿔야 합니다.

3 정답

```go
fmt.Printf("%6d\n", a)    // ❶
fmt.Printf("%06d\n", b)   // ❷
fmt.Printf("%6.2f\n", f)  // ❸
```

❶ 의 출력 영역은 총 6칸입니다. 그래서 %6d입니다.

❷ 공란에 0이 채워지기 때문에 %06d입니다.

❸ 소수점 이하 2자리가 표시되기 때문에 %6.2f가 됩니다.

연산자

☐ 학습 목표	연산자 종류와 각 연산자에 대해서 알아봅시다.
☐ 학습 내용	• 산술 연산자　　　　　• 비교 연산자 • 논리 연산자　　　　　• 대입 연산자 • 연산자 우선순위
☐ 연산자 소개	연산자란 말 그대로 연산을 나타내는 문자입니다. 대표적으로 사칙 연산자가 있습니다. 크게 산술, 비교, 논리, 대입 연산자로 구분할 수 있습니다.

4.1 산술 연산자

산술 연산자는 숫자 연산을 하는 연산자입니다. 사칙 연산, 비트 연산, 시프트 연산이 속합니다.

표 산술 연산자

구분	연산자	연산	피연산자 타입
사칙 연산과 나머지	+	덧셈	정수, 실수, 복소수, 문자열
	–	뺄셈	정수, 실수, 복소수
	*	곱셈	정수, 실수, 복소수
	/	나눗셈	정수, 실수, 복소수
	%	나머지	정수
비트 연산	&	AND 비트 연산	정수
	|	OR 비트 연산	정수
	^	XOR 비트 연산	정수
	&^	비트 클리어	정수
시프트 연산	<<	왼쪽 시프트	정수 << 양의 정수
	>>	오른쪽 시프트	정수 >> 양의 정수

4.1.1 연산의 결과 타입

Go 언어에서 모든 연산자의 각 항의 타입은 항상 같아야 합니다(시프트 연산은 예외). 예를 들어 정수 타입과 실수 타입을 서로 더하거나 뺄 수 없습니다. 그래서 타입 변환을 통해서 타입을 같도록 맞춰준 다음에 연산해야 합니다.

또 연산의 결과 타입도 인수 타입과 같습니다. 즉 정수 타입과 정수 타입을 더하면 같은 정수 타입이 반환되고, 실수 타입에서 실수 타입을 나누면 실수 타입이 반환됩니다. 나머지 연산은 정수 타입만 가능합니다.

사칙 연산 결과를 출력하는 예제를 살펴봅시다.

ch4/ex4.1/ex4.1.go

```go
package main

import "fmt"

func main() {
  var x int32 = 7
  var y int32 = 3

  var s float32 = 3.14
  var t float32 = 5

  fmt.Println("x + y = ", x + y)
  fmt.Println("x - y = ", x - y)
  fmt.Println("x * y = ", x * y)
  fmt.Println("x / y = ", x / y)
  fmt.Println("x % y = ", x % y)

  fmt.Println("s * t = ", s * t)
  fmt.Println("s / t = ", s / t)
}
```

```
x + y =  10
x - y =  4
x * y =  21
x / y =  2      ❶
x % y =  1
s * t =  15.700001 ┐
s / t =  0.628      ┘ ❷
```

x = 7, y = 3입니다. ❶ x / y, 즉 7 / 3을 수행한 결과 2가 출력됐습니다. x, y 모두 정수 타입이라서 정수로 값이 반환된 겁니다. 반면 실수 타입 변수 s, t 연산의 결과는 ❷ 실수 타입으로 반환됩니다. 연산의 각 항의 타입은 같아야 하고 연산의 결과 타입도 같다는 점에 주의하세요.

4.1.2 비트 연산자

&, |, ^, &^는 비트 단위로 연산하는 비트 연산자입니다. 정수만 피연산자가 될 수 있습니다. 컴퓨터의 모든 값은 0과 1로 표현되고, 이를 1비트라고 합니다.

비트 연산자는 각 비트 단위로 연산을 수행합니다. 그래서 비트 연산을 위해서는 먼저 정숫값을 2진수로 표현한 뒤 계산해야 합니다.

&(AND 연산자)

A	B	A&B
0	0	0
1	0	0
0	1	0
1	1	1

&는 AND 연산자입니다. 2진수의 각 비트마다 A & B 연산을 수행할 때 A와 B 모두 1인 비트만 1이 됩니다.

예를 들어 10 & 34 = 2입니다. 어떻게 이런 결과가 나온 걸까요? 10진수를 2진수로 만들어야 직관적으로 쉽게 비트 연산을 할 수 있습니다.

```
    10  = 0000 1010
&   34  = 0010 0010
    ─────────────────
     2  = 0000 0010
```

10은 2진수로 0000 1010이고 34는 2진수로 0010 0010[1]입니다. AND는 각 2진수 자릿수에서 양쪽 모두 1인 자리만 1이 됩니다.

---

[1] 2진수에서 숫자를 8개로 표현하는 이유는 데이터 처리 기본 단위가 8비트(1바이트)이기 때문입니다. 4개씩 끊어서 표현하는 이유는 보기 편하기 위함이고 16진수로 표현 시 4개 비트가 16진수 한 자리를 나타내기 때문입니다.

그래서 그 결과 0000 0010이 되고 10진수로 변환하면 2가 됩니다.

|(OR 연산자)

|는 OR 연산자입니다. A | B 연산을 수행할 때 A와 B 중 하나라도 1이면 1이 됩니다.

A	B	A|B
0	0	0
1	0	1
0	1	1
1	1	1

예를 들어 10 | 34 = 42입니다. 2진수로 변환해 계산해봅시다.

```
  10  =  0000 1010
| 34  =  0010 0010
  ─────────────────
  42  =  0010 1010
```

0000 1010과 0010 0010의 OR 연산 결과는 0010 1010이 되고 이 값은 10진수로 42입니다.

^(XOR 연산자)

^는 XOR 연산자입니다. A ^ B 연산을 수행할 때 A와 B가 다르면 1이 됩니다.

A	B	A^B
0	0	0
1	0	1
0	1	1
1	1	0

예를 들어 10 ^ 34 = 40입니다.

```
     10  =  0000 1010

^   34  =  0010 0010
   ─────────────────────
     40  =  0010 1000
```

0000 1010과 0010 0010의 XOR 결과는 0010 1000이 되고 10진수로 40입니다.

^는 ^A처럼 단독으로 사용할 수도 있습니다. ^를 단독으로 사용하면 비트 반전을 합니다(1은 0으로, 0은 1로).

각 정수 타입별 비트 반전 값을 출력하는 예제를 살펴봅시다.

```go
package main

import "fmt"

func main() {
  var x1 int8 = 34     // ❶ 8비트 정수, 00100010
  var x2 int16 = 34    // ❷ 16비트 정수, 00000000 00100010
  var x3 uint8 = 34    // ❸ 8비트 부호가 없는 정수, 00100010
  var x4 uint16 = 34   // ❹ 16비트 부호가 없는 정수,00000000 00100010

  fmt.Printf("^%d = %5d,\t %08b\n", x1, ^x1, uint8(^x1)) // ❺
  fmt.Printf("^%d = %5d,\t %016b\n", x2, ^x2, uint16(^x2))
  fmt.Printf("^%d = %5d,\t %08b\n", x3, ^x3, ^x3)
  fmt.Printf("^%d = %5d,\t %016b\n", x4, ^x4, ^x4)
}
```

```
^34 =   -35,  11011101               ❻
^34 =   -35,  1111111111011101       ❼
^34 =   221,  11011101               ❽
^34 = 65501,  1111111111011101       ❾
```

❶ 1바이트 정수 타입 34의 2진수는 0010 0010입니다. ❻ 비트 반전한 ^34값은 이진수로 1101 1101이고 10진수로 -35입니다. ❸ 부호 없는 34를 비트 반전하면 ❽ 2진수로 11011101, 10진수로 221이 됩니다.

❷ 2바이트 정수 타입 34의 2진수 0000 0000 0010 0010입니다. ❼ 비트 반전하면 2진수로 1111 1111 1101 1101, 10진수로 -35입니다. ❹ 부호 없는 2바이트 정수 34를 반전하면

❾ 2진수로 11111111 11011101, 10진수로 65501이 됩니다.

부호가 있고 없고에 따라 비트 반전한 값이 다를 수 있습니다.

❺ %5d는 다섯 자리에 숫자를 표현합니다. %08b에서 08은 여덟 자리를, b는 2진수로 표현하라고 지정합니다. x1값이 음수 값이기 때문에 그대로 표현하면 마이너스 -가 표시됩니다. 그래서 마이너스를 표시하지 않고 모든 비트를 표시하기 위해서 부호 없는 1바이트 정수 타입인 uint8()로 타입 변환했습니다.

&^(비트 클리어 연산자)

특정 비트를 0으로 바꾸는 연산자입니다. 우변값에 해당하는 비트를 클리어하는 연산자입니다. ^를 먼저 수행하고 나서 &를 수행합니다.

예를 들어 10 &^ 2를 구하는 방법을 살펴볼까요?

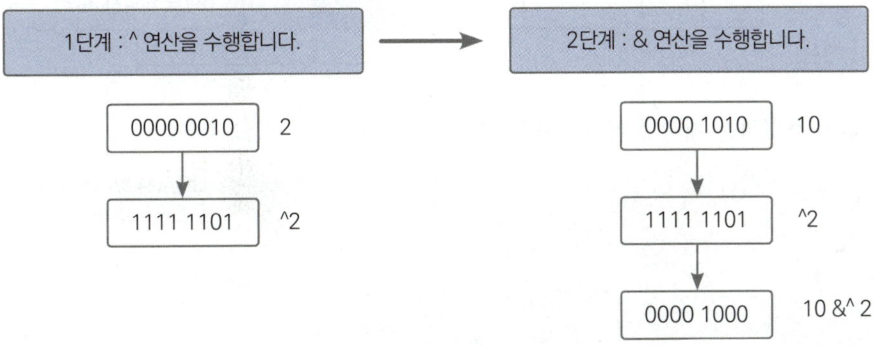

먼저 ^2를 연산하고, 10과 ^2의 결과를 & 연산합니다. 최종 결과는 0000 1000입니다. 10의 2진수 0000 1010와 비교해보니 결과적으로 2번째 비트만 0으로 바뀌었습니다. 이처럼 &^ 비트 클리어 연산자는 특정 비트만 0으로 바꾸고 싶을 때 사용합니다.

4.1.3 시프트 연산자

비트를 왼쪽 또는 오른쪽으로 밀거나 당기는 연산자입니다. 《 왼쪽 시프트와 》 오른쪽 시프트를 지원합니다.

<<(왼쪽 시프트)

오른쪽 피연산자값 만큼 전체 비트를 왼쪽으로 밀어냅니다. 이때 비트가 이동되어 빈 자리는 0이 채워지고, 자릿수를 벗어난 비트는 버려집니다. 이때 비트 수를 나타내는 오른쪽 피연산자는 반드시 양의 정수여야 합니다. 만약 오른쪽 피연산자가 음의 값을 가지는 변수이면 프로그램이 비정상 종료됩니다.

다음은 2비트만큼 왼쪽 시프트를 수행했을 때 버려질 비트 위치와 0으로 채워질 비트 위치를 보여줍니다.

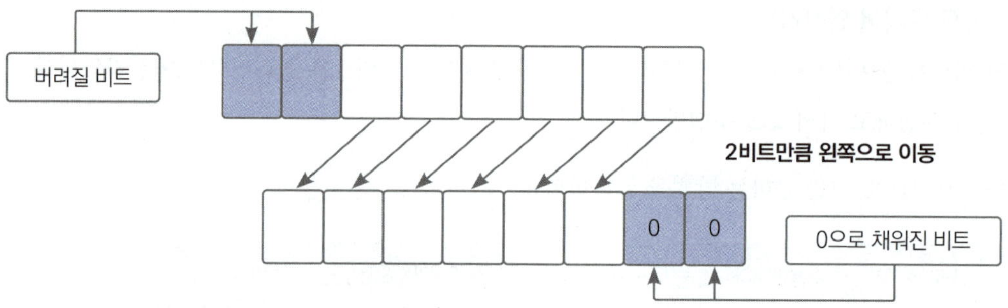

왼쪽 시프트된 값을 출력하는 예제를 살펴봅시다.

```go
package main

import "fmt"

func main() {
  var x int8 = 4      // ① 8비트 정수
  var y int8 = 64     // ② 8비트 정수

  fmt.Printf("x:%08b x<<2: %08b x<<2: %d\n", x, x << 2, x << 2) // ③ 왼쪽 시프트
  fmt.Printf("y:%08b y<<2: %08b y<<2: %d\n", y, y << 2, y << 2) // ④ 왼쪽 시프트
}
```

```
x:00000100 x<<2: 00010000 x<<2: 16  ⑤
y:01000000 y<<2: 00000000 y<<2: 0   ⑥
```

ch4/ex4.3/ex4.3.go

① x = 4, ② y = 64입니다. ③과 ④는 각각 x와 y의 2진수값, 시프트 후 2진수값과 10진수값을 출력합니다.

❺ x ≪ 2한 값은 예상대로 16입니다. 왼쪽 시프트는 2의 승수와 같은 결과가 같습니다. x ≪ 2는 x를 4(2²)배한 결과와 같기 때문에 쉽게 예상할 수 있습니다. 하지만 왼쪽 시프트한 결과가 타입이 표현할 수 있는 범위를 벗어나면 2의 승수배가 나오지 않습니다.

❷ y ≪ 2의 결과는 예상과 달리 256이 아니고 0입니다. 64는 2진수로 0100 0000입니다. 전체 비트를 왼쪽으로 2칸 밀어내면 0001 0000 0000이 되어야지만 y값은 8비트 정수이기 때문에 값의 범위를 벗어난 01은 버려져 0000 0000, 즉 0이 된 겁니다. 시프트 연산을 할 때는 값의 범위를 벗어나지 않는지 항상 주의해야 합니다.

≫(오른쪽 시프트)

비트값을 오른쪽으로 밉니다. 마찬가지로 밀어내는 비트 수를 나타내는 오른쪽 피연산자는 반드시 양의 정수여야 합니다. 이때 왼쪽에 추가되는 비트는 최상위 비트값과 같은 비트값이 추가됩니다. 즉 부호 있는 정수이면 왼쪽 비트에 부호와 같은 값으로, 부호 없는 정수이면 0으로 채워집니다. 음수이면 최상위 비트가 1이므로 1로, 양수이면 0으로 채워집니다.

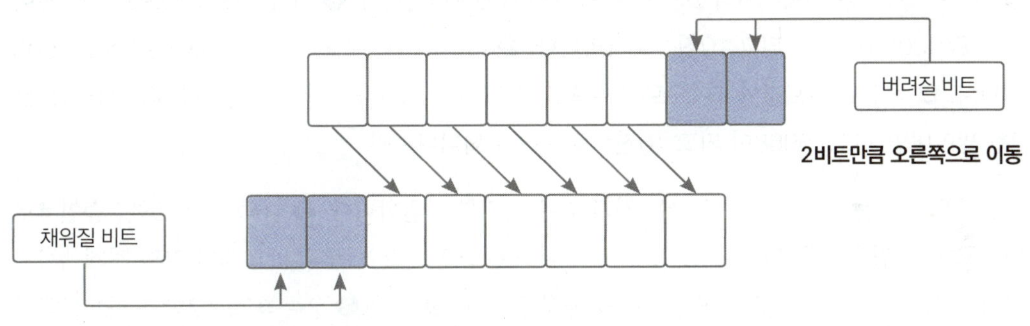

음수, 양수 값에 따라 오른쪽 시프트가 어떻게 작용하는지 예제로 확인합시다.

ch4/ex4.4/ex4.4.go

```go
package main

import "fmt"

func main() {
  var x int8 = 16      // ❶ 부호가 있는 정수, 부호 비트값이 0인 수
  var y int8 = -128    // ❷ 부호가 있는 정수, 부호 비트값이 1인 수
  var z int8 = -1      // ❸ 모든 비트값이 1인 정수
```

```go
    var w uint8 = 128   // ❹ 부호 없는 정수, 최상위 비트값이 1인 양수

    fmt.Printf("x:%08b x>>2: %08b x>>2: %d\n", x, x >> 2, x >> 2)
    // ❺
    fmt.Printf("y:%08b y>>2: %08b y>>2: %d\n", uint8(y), uint8(y >> 2), y >> 2)
    // ❻
    fmt.Printf("z:%08b z>>2: %08b z>>2: %d\n", uint8(z), uint8(z >> 2), z >> 2)
    // ❼
    fmt.Printf("w:%08b w>>2: %08b w>>2: %d\n", uint8(w), uint8(w >> 2), w >> 2)
    // ❽
}
```

```
x:00010000 x>>2: 00000100 x>>2: 4      ❾
y:10000000 y>>2: 11100000 y>>2: -32    ❿
z:11111111 z>>2: 11111111 z>>2: -1     ⓫
w:10000000 w>>2: 00100000 w>>2: 32     ⓬
```

❶ 부호가 있는 정수 x값 16의 2진수 표현은 0001 0000입니다. ❺ 이 값을 오른쪽으로 2칸 밀어내면 ❾ 0000 0100이 되고 10진수로 4입니다. ❷ int8 타입 -128의 2진수 표현은 1000 0000입니다. ❻ 최상위 비트값이 1이므로 오른쪽으로 밀어낼 때마다 1이 채워집니다. ❿ 오른쪽으로 2칸 밀어내면 1110 0000이 되고 10진수로 -32가 됩니다.

오른쪽으로 미는 건 2의 승수로 나눈 것과 같은 결과를 반환합니다. ❺ 16 >> 2는 2의 2승인 4로 나눈 결과와 같습니다. ❻ -128 >> 2 역시 4로 나눈 값인 -32가 됩니다. 하지만 값의 경계에서는 올바른 2의 승수로 나눈 값을 표현하지 못하게 됩니다. ❸ -1을 ❼ 오른쪽으로 2만큼 시프트하면 -1을 4로 나눈값이 아니라 ⓫ 여전히 -1이 됩니다. 그래서 >>를 항상 2의 승수로 나눗셈한 결과와 같다고 생각하면 안 됩니다.

❹ w는 부호 없는 1바이트 정수 타입 uint8입니다. 128은 2진수로 표현하면 1000 0000이고 w >> 2으로 오른쪽으로 2칸 시프트하면 맨 왼쪽에 0이 채워져서 ⓬ 0010 0000이 됩니다.

4.2 비교 연산자

양변을 비교해서 조건에 만족하면 불리언값 true를, 만족하지 못할 경우 false를 반환하는 연산자입니다. ==, !=, 〈 , 〉, 〈=, 〉= 연산자를 제공합니다.

연산자	설명	반환값
==	같다	참이면 true 거짓이면 false
!=	다르다	
〈	작다	
〉	크다	
〈=	작거나 같다	
〉=	크거나 같다	

비교 연산자는 분기문(if문, switch문)과 반복문(for문)에서 주로 사용합니다. 아직 배우지 않았으므로 코드 대신 간단히 사용법과 결과만 예로 살펴보겠습니다(자세한 사용법은 9장 'if문', 10장 'switch문', 11장 'for문' 참조).

비교연산	연산 의미	결과
2 == 2	같은가?	같아서 true
2 != 2	같지 않은가?	같아서 false
3 〈 2	작은가?	3이 2보다 작지 않아 false
4.2 〉 1.3	큰가?	4.2가 1.3보다 커서 true
2 〈= 2	작거나 같은가?	양쪽이 같아서 true
5 〉= 8	크거나 같은가?	5와 8은 다르고 5는 8보다 크지 않아서 false

비교 연산자를 사용할 때 몇 가지 주의할 점이 있습니다. 부호가 있는 정수를 사용할 때 발생하는 오버플로와 언더플로 문제, 실수끼리의 비교입니다.

- 정수 오버플로
- 정수 언더플로
- 실수끼리 비교

4.2.1 정수 오버플로

정수가 정수 타입의 범위를 벗어난 경우 값이 비정상으로 변화하는 현상을 오버플로overflow라고 합니다. 그래서 x가 정수 타입일 때 x < x + 1을 항상 만족(true)하지 못할 수 있습니다.

오버플로가 발생하여 x < x + 1이 false가 되는 경우를 예제로 확인합시다.

```go
package main

import "fmt"

func main() {
  var x int8 = 127      // ❶ 8비트 부호가 있는 정수 최댓값

  fmt.Printf("%d < %d + 1: %v\n", x, x, x < x + 1) // ❷ 비교 연산 수행
  fmt.Printf("x\t= %4d, %08b\n", x, x)
  fmt.Printf("x + 1\t= %4d, %08b\n", x + 1, x + 1)
  fmt.Printf("x + 2\t= %4d, %08b\n", x + 2, x + 2)
  fmt.Printf("x + 3\t= %4d, %08b\n", x + 3, x + 3)

  var y int8 = -128      // 8비트 부호 있는 정수 최솟값
  fmt.Printf("%d > %d - 1: %v\n", y, y, y > y - 1)
  fmt.Printf("y\t= %4d, %08b\n", y, y)
  fmt.Printf("y - 1\t= %4d, %08b\n", y - 1, y - 1)
}
```

```
127 < 127 + 1: false  ❸
x        =  127, 01111111
x + 1    = -128, -10000000
x + 2    = -127, -1111111
x + 3    = -126, -1111110
-128 > -128 - 1: false
y        = -128, -10000000
y - 1    =  127, 01111111
```

❶ 값이 127인 int8 타입 x를 선언합니다. ❷ x < x + 1 연산을 수행합니다. 놀랍게도 ❸ 거짓을 뜻하는 false가 출력됐습니다. 왜 이런 일이 벌어졌을까요?

부호가 있는 정수에서 최상위 비트는 부호를 뜻하는 특수한 기능을 합니다. 그래서 int8 타입은

값의 범위가 -128(1000 0000) ~ 127(0111 1111)입니다. 0111 1111에 1을 더하자 1000 0000이 되어 최상위 비트가 0에서 1로 바뀌게 됐습니다. 이처럼 값의 범위에서 가장 큰 값에 + 1을 할 때 가장 작은 값으로 변화하는 현상이 오버플로입니다. x가 127일 때 1을 더하면 오버플로가 일어나 128이 아니라 -128이 됩니다. 그래서 127 〈 127 + 1은 false가 됩니다.

127	0	1	1	1	1	1	1	1
+ 1	0	0	0	0	0	0	0	1
-128	1	0	0	0	0	0	0	0

❹ 127 + 1은 -128, ❺ 127 + 2는 -127, ❻ 127 + 3은 -126입니다.

4.2.2 정수 언더플로

오버플로와 반대로 정수 타입이 표현할 수 있는 가장 작은 값에서 - 1을 했을 때는 가장 큰 값으로 바뀝니다. 예를 들어 int8 타입에서 -128에서 - 1을 하면 -129가 아니라 127이 됩니다. 이를 언더플로underflow라고 합니다. 그래서 8비트 정수 타입에서 '-128 〉 -128-1'은 false가 됩니다.

-128	1	0	0	0	0	0	0	0
- 1	0	0	0	0	0	0	0	1
127	0	1	1	1	1	1	1	1

정수 타입은 값의 경계에서 오버플로와 언더플로가 발생하기 때문에 연산할 때 항상 경계값에 주의하여야 합니다.

4.2.3 float 비교 연산

실수끼리의 == 연산에서 예기치 않은 결과가 나올 때가 있습니다. 다음 예를 보겠습니다.

```go
package main

import "fmt"

func main() {
  var a float64 = 0.1
  var b float64 = 0.2
  var c float64 = 0.3

  fmt.Printf("%f + %f == %f : %v\n", a, b, c, a + b == c) // ❶
  fmt.Println(a + b)                                      // ❷
}
```

```
0.100000 + 0.200000 == 0.300000 : false  ❸
0.30000000000000004  ❹
```

❶ 0.1 + 0.2 == 0.3을 수행한 결과를 출력합니다. 놀랍게도 ❸ 서로 같지 않습니다. ❷ 0.1 + 0.2 를 수행해보니 ❹ 0.30000000000000004가 출력됐습니다.

왜 이런 일이 벌어졌을까요? float64 표현 방식으로 생긴 오차 때문입니다. float 표현은 이런 오차를 가지고 있기 때문에 같다 == 연산 시 예기치 못한 오류가 발생할 수 있습니다.

깊이보기 4.3 실수 오차

컴퓨터에서 실숫값을 표현할 때 지수부와 소수부로 나눠서 표현합니다(2장 '변수' 참조). 컴퓨터는 지수부와 소수부가 10진수 기준이 아니라 2진수 기준으로 되어 있습니다. 그래서 10진수 실수를 정확히 표현하기 어려운 문제가 있습니다.

예를 들어 0.375는 0.3 + 0.07 + 0.005입니다. 다시 쓰면 $3 \times 10^{-1} + 7 \times 10^{-2} + 5 \times 10^{-3}$입니다. 컴퓨터에서 이렇게 실수를 표현하면 얼마나 좋겠습니까? 근데 문제는 컴퓨터가 2진수 숫자 체계를 사용한다는 겁니다. 2^{-1}은 1/2 즉 0.5입니다. 2^{-2}는 0.25가 되고 2^{-3}은 0.125가 됩니다. 그래서 0.375를 2진수로 나타내면 $1 \times 2^{-2} + 1 \times 2^{-3}$이 됩니다. 모든 숫자가 이렇게 표현할 수 있다면 좋겠지만, 대부분의 소수점 이하 숫자들은 2의 음수 승수로 표현하기 어렵습니다. 0.375에서 0.001만 더한 값인 0.376을 표현하려 해도 2^{-4}, 2^{-5}, …등 아무리 작은 2의 마이너스 승수값을 더해도 절대 0.376값이 나오질 않게 됩니다.

그래서 0.376값은 float32 타입으로 최대한 가깝게 표현한 값이 0.37599998712539
6728515625이 됩니다. 오차가 발생할 수밖에 없습니다.

0.3도 마찬가지입니다. 0.3의 정확한 실숫값을 2진수 체계로는 표현할 수 없습니다. 그래서 컴퓨터에서는 0.1+ 0.2 ≠ 0.3이 됩니다.

그럼 이 문제를 어떻게 해야 할까요?

4.3.1 작은 오차 무시하기

실숫값을 정확히 표현할 수 없기 때문에 오차가 생길 수밖에 없습니다. 그래서 아주 작은 오차는 무시하는 방법으로 값을 비교할 수 있습니다. 예제 코드를 보겠습니다.

ch4/ex4.7/ex4.7.go

```go
package main
import "fmt"

const epsilon = 0.000001          // ❶ 매우 작은 값

func equal(a, b float64) bool {
    if a > b {
        if a - b <=  epsilon {  // ❷ 작은 차이 무시
            return true
        } else {
            return false
        }
    } else {
        if b - a <= epsilon {
            return true
        } else {
            return false
        }
    }
}

func main() {
    var a float64 = 0.1
```

```go
    var b float64 = 0.2
    var c float64 = 0.3

    fmt.Printf("%0.18f + %0.18f = %0.18f\n", a, b, a + b)          // ❸
    fmt.Printf("%0.18f == %0.18f : %v\n", c, a+b, equal(a+b, c)) // ❹

    a = 0.0000000000004          // ❺ 매우 작은 값으로 변경
    b = 0.0000000000002
    c = 0.0000000000007

    fmt.Printf("%g == %g : %v\n", c, a+b, equal(a+b, c))
}
```

```
0.100000000000000006 + 0.200000000000000011 = 0.300000000000000044
0.299999999999999989 == 0.300000000000000044 : true
7e-13 == 6.000000000000001e-13 : true  ❻
```

❶ 매우 작은 상숫값을 선언하고 그 이름을 epsilon이라 했습니다. 이 값은 무시할 오차 한계를 정의한 값입니다.

❷ equal() 함수는 두 값의 차이가 epsilon과 비교해서 작을 경우 두 값이 같다고 간주합니다.

❸ 소수점 이하 18자리짜리 출력하면 0.1이 정확히 0.1이 아니고 0.2가 정확히 0.2가 아닌 것을 알 수 있습니다. 그래서 0.1 + 0.2 역시 정확히 0.3이 아니라 오차가 발생합니다.

❹ c값 역시 0.3이 아니고 0.299999…인 것을 알 수 있습니다. 이 두 값의 차이가 epsilon값보다 작기 때문에 두 값을 같은 값으로 간주하고 true가 출력됐습니다.

4.3.2 오차를 없애는 더 나은 방법

하지만 이게 좋은 방법은 못 됩니다. 문제는 도대체 얼마큼의 오차가 무시할만큼 작은 오차냐는 겁니다. float64의 경우 10^{-308}~10^{308}까지 매우 큰 값의 범위를 갖습니다. 예를 들어 앞서 사용한 epsilon값 0.000001은 200.345 같은 값에 비하면 매우 작지만 0.0000234에 비하면 크게 작지 않습니다. 즉 경우에 따라 epsilon값이 무시할 만큼 작거나, 그렇지 않기도 합니다.

바로 앞에서 다룬 예제의 ❺에서처럼 a, b, c값을 매우 작은 값으로 바꾸면 ❻ 서로 다른 값이 서

로 같다고 나오는 문제가 생깁니다.

그럼 어떻게 해야 할까요? 가장 간편하고 좋은 방법은 1비트 차이만큼 비교하는 겁니다. 실수 표현은 지수부와 소수부로 나눠지기 때문에 해당 지수부 표현에서 가장 작은 차이는 가장 오른쪽 비트값 하나만큼입니다.

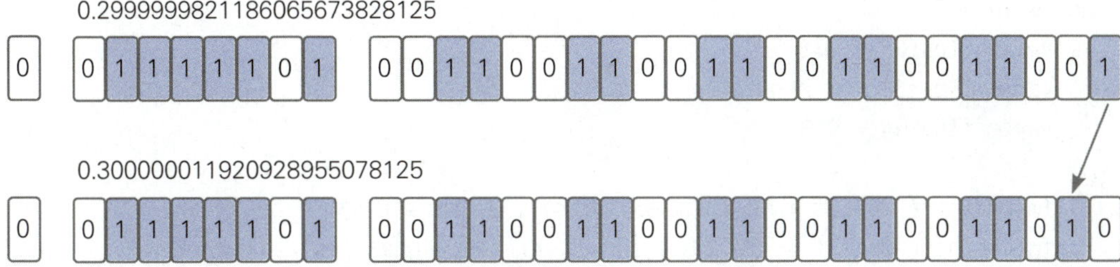

0.3은 float32 타입에서는 위 두 값 중 하나로 표현해야 합니다. 둘 다 0.3과 정확히 같지는 않지만 한 값은 0.3보다 아주 조금 작고 다른 값은 0.3보다 아주 조금 큽니다. 두 값은 가장 마지막 비트 차이밖에 나지 않습니다. 즉 0.3을 표현할 수 있는 값의 실수 타입 범위에서는 가장 작은 차이입니다. 그래서 만약 어떤 값이 이 두 값 사이라면 0.3과 같다고 간주하는 겁니다.

그럼 어떻게 가장 마지막 비트가 1비트만큼 차이 나는지 알 수 있을까요? 고맙게도 Go 언어에서는 math 패키지에서 Nextafter() 함수를 제공합니다.

```
func Nextafter(x, y float64) (r float64)
```

이 함수는 float64 타입 두 개를 받아서 float64 타입 하나를 반환합니다. 이 함수 동작은 x에서 y를 향해서 1비트만 조정한 값을 반환합니다. 만약 x가 y보다 작다면 x에서 1비트만큼 증가시키고 그렇지 않다면 x에서 1비트만큼 감소시킨 값을 반환합니다.

즉, 가장 작은 오차만큼을 y를 향해서 더하거나 빼줍니다. 우리는 이 함수를 이용해서 실숫값 대소 비교를 할 수 있습니다.

Nextafter()를 이용해서 실수 비교하는 예제를 살펴봅시다.

ch4/ex4.8/ex4.8.go

```go
package main
import (
    "fmt"
    "math"
```

```go
)

func equal(a, b float64) bool {
    return math.Nextafter(a, b) == b    // ❶ 값 비교
}

func main() {
    var a float64 = 0.1
    var b float64 = 0.2
    var c float64 = 0.3

    fmt.Printf("%0.18f + %0.18f = %0.18f\n", a, b, a + b)
    fmt.Printf("%0.18f == %0.18f : %v\n", c, a+b, equal(a+b, c)) // ❷

    a = 0.0000000000004          // ❸ 매우 작은 값으로 변경
    b = 0.0000000000002
    c = 0.0000000000007

    fmt.Printf("%g == %g : %v\n", c, a+b, equal(a+b, c))  // ❹
}
```

```
0.100000000000000006 + 0.200000000000000011 = 0.300000000000000044
0.299999999999999989 == 0.300000000000000044 : true
7e-13 == 6.000000000000001e-13 : false
```

❶ 두 실수를 비교하는 함수를 math 패키지의 Nextafter() 함수를 이용하도록 변경했습니다. 그 결과 값의 정밀도에 따라서 가장 작은 비트값만큼의 오차 범위만 인정하게 됐습니다.

❷ 큰 값과 ❹ 작은 값 모두 제대로 처리됐습니다.

하지만 잊지 말아야 할 것은 어디까지나 오차를 무시하는 방법이라는 점입니다. 그 오차가 매우 작을 뿐이지, 정확한 계산은 아닙니다.

만약 제작하는 프로그램이 금융 프로그램이라면 math/big 패키지에서 제공하는 Float 객체를 사용해야 합니다. math/big의 Float를 이용하면 정밀도를 직접 조정할 수 있기 때문에 정밀도를 높여서 더 정확한 수치 계산을 할 수 있습니다.

math/big 패키지의 Float를 이용해서 실수 연산하는 예제를 살펴봅시다.

```go
package main

import (
    "fmt"
    "math/big"
)

func main() {
    a, _ := new(big.Float).SetString("0.1")  // ❶
    b, _ := new(big.Float).SetString("0.2")
    c, _ := new(big.Float).SetString("0.3")

    d := new(big.Float).Add(a, b)            // ❷
    fmt.Println(a, b, c, d)
    fmt.Println(c.Cmp(d))                    // ❸
}
```

```
0.1 0.2 0.3 0.3
0
```

❶ math/big 패키지의 Float 객체를 생성합니다. a는 0.1을 나타내고 b는 0.2, c는 0.3을 나타냅니다.

❷ a와 b값을 더한 값을 d에 저장합니다.

❸ c와 d값을 비교합니다. 형식은 x.Cmp(y)로 사용합니다. 반환값은 -1은 x가 작은 경우, 1은 x가 큰 경우, 0은 두 값이 같을 경우입니다. 0이 출력됐으니 두 값은 같습니다.

지금까지 허용 오차를 줄이는 방법을 살펴보았습니다. 첫 번째로 매우 작은 값을 선정해서 오차를 무시하는 방법, 두 번째로 NextAfter() 함수를 사용하는 방법, 세 번째로 math/Big의 Float를 사용하는 방법을 알아봤습니다.

4.4 논리 연산자

논리 연산자는 불리언 피연산자를 대상으로 연산해 결과로 true나 false를 반환합니다. &&, ||, ! 연산자를 제공합니다. &&와 ||는 피연산자가 둘이고, !는 하나입니다.

&&	AND	양변이 모두 true이면 true를 반환합니다.
||	OR	양변 중 하나라도 true이면 true를 반환합니다.
!	NOT	true이면 false를 반환하고 false이면 true를 반환합니다.

&& (AND 논리 연산자)

양변이 모두 true일 때만 true가 됩니다. A && B 연산 결과는 다음과 같습니다.

A	B	A && B
false	false	false
true	false	false
false	true	false
true	true	true

|| (OR 논리 연산자)

둘 중 하나라도 true이면 true가 됩니다.

A	B	A || B
false	false	false
true	false	true
false	true	true
true	true	true

! (NOT 논리 연산자)

NOT은 피연산자가 하나가 오는 단항 연산자입니다. true이면 false를 false이면 true를 반환합니다.

A	!A
false	true
true	false

몇 가지 예를 보겠습니다.

5 < 8 && 2 >= 3	5 < 8은 true, 2 >= 3이 false이므로 결과는 false
5 < 8 && 2 <= 3	5 < 8은 true, 2 <= 3도 true이므로 결과는 true
5 < 8 || 2 >= 3	5 < 8은 true, 2 >= 3이 false이므로 결과는 true
!(2 < 5 || 10 < 5)	2 < 5는 true이고 10 < 5는 false. true || false는 true. 그후 !true를 하면 최종 결과는 false

4.5 대입 연산자

= 대입 연산자는 우변값을 좌변(메모리 공간)에 복사합니다. 좌변은 반드시 저장할 공간이 있는 변수가 와야 합니다.

```
var a int
a = 10               // 대입 연산자
```

변수 a를 선언하고 대입 연산자를 통해서 a(가 가리키는 메모리 공간)에 10을 복사합니다. 대입 연산자는 아무런 값을 반환하지 않습니다. 예를 들어보겠습니다.

```
var a int
var b int
a = b = 10               // 오류 발생 - 대입 연산자는 결과를 반환하지 않습니다.
```

a = b = 10 구문은 오류를 발생합니다. b = 10 구문은 어떤 결과도 반환하지 않기 때문에 다시 a 에 대입할 수 없습니다. 위와 같은 동작을 하려면 다음과 같이 두 줄로 나타내야 합니다.

```
var a int
var b int
b = 10
a = b
```

4.5.1 복수 대입 연산자

여러 값을 한 번에 대입할 수 있습니다. 우변 개수에 맞춰서 좌변 변수 개수도 맞춰줘야 합니다.

첫 번째 우변값은 첫 번째 좌변 주소에, 두 번째 우변값은 두 번째 좌변 주소에 대입됩니다.

```
a, b = 3, 4
```

a 변수에는 3이 대입되고 b 변수에는 4가 대입됩니다.

복수 대입 연산자를 사용해서 두 변수의 값을 서로 바꾸는 예제를 살펴봅시다.

```go
                                                    ch4/ex4.10/ex4.10.go
package main

import "fmt"

func main() {
  var a int = 10
  var b int = 20

  a, b = b, a          // ❶ a와 b값을 서로 바꿉니다.

  fmt.Println(a, b)
}
```
```
20 10
```

❶ a 변수에는 b값을 b 변수에는 a값을 대입합니다. 즉 a와 b의 값을 서로 바꿉니다.

4.5.2 복합 대입 연산자

대입 연산자 앞에 다른 산술 연산자를 붙여서 변수의 값과 연산의 결과를 다시 변수에 대입하는 복합 대입 연산자를 쓸 수 있습니다. 예제를 살펴보겠습니다.

```
var a = 10
a = a + 2
```

변수 a를 선언하고 a값을 10으로 초기화합니다. a값에 2를 더한 결과를 다시 변수 a에 대입했습니다. a = a + 2는 줄여서 a += 2로 쓸 수 있습니다. +=를 복합 대입 연산자라고 합니다.

모든 산술 연산자는 다 복합 대입 연산자로 쓸 수 있습니다. 즉, +=, -=, *=, /=, %=, &=, |=, ^=, <<=, >>= 등이 가능합니다.

복합 대입 연산자 역시 어떠한 값도 반환하지 않습니다. 즉 아래와 같은 구문은 불가능합니다.

```
var a = 10
var b
b = a += 2              // 오류! 복합 대입 연산자는 값을 반환하지 않습니다.
```

4.5.3 증감 연산자

변숫값을 1 증가하거나 1 감소하는 구문은 자주 사용되어 특별히 증감문을 제공합니다. ++와 --
두 종류를 제공합니다.

- ++ : 정수 타입 변수 뒤에 붙여쓰며, 해당 변숫값을 1 증가시킵니다.
- -- : 정수 타입 변수 뒤에 붙여쓰며, 해당 변숫값을 1 감소시킵니다.

```
var a int = 10

// 아래 세 구문은 모두 a값을 1 증가시킵니다.
a = a + 1              // a값을 1 증가시킵니다.
a += 1                 // a값을 1 증가시킵니다.
a++                    // a값을 1 증가시킵니다.

// 아래 세 구문은 모두 a값을 1 감소시킵니다.
a = a - 1              // a값을 1 감소시킵니다.
a -= 1                 // a값을 1 감소시킵니다.
a--                    // a값을 1 감소시킵니다.
```

증감문 역시 값을 반환하지 않습니다. 따라서 b = a++는 오류가 발생합니다. Go 언어에서는 전위 증감 연산자를 지원하지 않습니다. 즉 ++a는 사용하지 못하고 a++만 가능합니다.

4.5.4 그 외 연산자

그 외 연산자는 다른 장에서 다룹니다. 다음 표를 참조하세요.

표 다른 장에서 다루는 연산자

연산자	설명	참조
[ ]	배열의 요소에 접근할 때 사용합니다.	10장
.	구조체나 패키지 요소에 접근할 때 사용합니다.	11, 14장
&	변수의 메모리 주솟값을 반환합니다.	12장
*	포인터 변수가 가리키는 메모리 주소에 접근합니다.	12장
...	슬라이스 요소들에 접근하거나 가변 인수를 만들 때 사용합니다.	16, 19장
:	배열의 일부분을 집어올 때 사용합니다.	16장
<-	채널에서 값을 빼거나 넣을 때 사용합니다.	23장

4.6 연산자 우선순위

우선순위가 높은 연산자가 먼저 계산됩니다. 우선순위가 같으면 좌측부터 우측으로 연산됩니다.

표 연산자 우선순위

우선순위	연산자
5	* / % 《 》 & &^
4	+ - | ^
3	== != 〈 〈= 〉 〉=
2	&&
1	||

복잡한 수식이 연산된 결과를 예제로 살펴봅시다.

```go
package main
import "fmt"

func main() {
    fmt.Println(3 * 4 ^ 7 << 2 + 3 * 5 == 7)          // ❶
}
```
```
false
```
ch4/ex4.11/ex4.11.go

❶ 3 * 4 ^ 7 << 2 + 3 * 5 == 7은 연산자 우선순위에 의해 다음과 같이 계산됩니다.

```
3 * 4 ^ 7 << 2 + 3 * 5 == 7
12 ^ 7 << 2 + 3 * 5 == 7
12 ^ 28 + 3 * 5 == 7
12 ^ 28 + 15 == 7
16 + 15 == 7
31 == 7
false
```

Tip 연산자 우선순위가 있다고 해도 소괄호 ( )로 묶어서 보기 편하기 만들어주는 게 좋습니다. (((3 * 4) ^ (7 << 2)) + (3 * 5)) == 7이라고 쓰는 게 가독성을 위해서 더 좋은 코드입니다.

핵심 요약

1 산술 연산자로는 사칙 연산, 비트 연산, 시프트 연산이 있습니다.

2 정수 타입으로 값의 경계에서 연산할 때는 항상 주의해야 합니다.

3 실수 타입은 서로 값이 같은지 비교하는 == 연산자가 비정상 동작할 수 있습니다.

4 비교 연산자와 논리 연산자를 결합하여 다양한 조건을 만들 수 있습니다.

5 대입 연산자는 값을 반환하지 않습니다.

6 복합 대입 연산자를 사용하면 연산을 간편하게 줄여 쓸 수 있습니다.

1 다음 예제의 결과를 쓰세요.

```go
package main

import "fmt"

func main() {
  var a int8 = 30

  a <<= 2
  a += 8
  fmt.Println(a)
}
```

2 다음 예제의 결과를 쓰세요.

```go
package main

import "fmt"

func main() {
  var a uint8    // ❶
  a |= 2         // ❷
  a |= 4         // ❸
  a |= 8         // ❹

  var b uint8
  b = 4          // ❺

  a &^= b        // ❻
  fmt.Println(a)
}
```

3 다음 예제의 결과를 쓰세요.

```go
package main

import "fmt"

func main() {
  var x int8 = 1  // ❶
  x <<= 7         // ❷
  x >>= 7         // ❸
  fmt.Printf("%d\n", x)
}
```

1 **정답** −128

해설 a <<= 2는 a = a << 2와 같습니다. 왼쪽 시프트 2는 a값을 4배한 것과 같습니다. 그래서 a는 120이 됩니다. a += 8은 a = a + 8입니다. 그 결과 a = 128이 되지만 int8의 최대값인 127을 넘어가므로 오버플로가 발생해서 −128이 됩니다.

2 **정답** 10

해설 이 문제는 비트 단위로 계산하면 보기 편합니다. ❶ a는 uint8 타입이고 기본값은 0입니다. 즉 0000 0000입니다. ❷ a |= 2는 a = a | 2이고 0과 2를 OR 연산하면 0000 0000과 0000 0010을 OR 연산하게 됩니다. OR은 둘 중 하나라도 1이면 1이 되므로 0000 0010이 됩니다. 즉 0 | 2 = 2입니다. ❸ a |= 4를 수행합니다. 현재 a값은 2이므로 0000 0010 | 0000 0100을 합니다. 둘 중 하나만 1이라도 1이 되기 때문에 결과는 0000 0110이 됩니다. 이 값은 6이 됩니다. ❹ a |= 8을 합니다. 현재 a값은 6이므로 0000 0110 | 0000 1000을 합니다. 그 결과는 0000 1110이 됩니다. 이 값은 14입니다. ❺ b 역시 uint8 타입이고 값은 4입니다. 4는 2진수로 0000 0100입니다. ❻ a값은 14이므로 a &^= b는 b값에서 1인 비트를 클리어하기 때문에 3번째 비트만 클리어됩니다. 14는 0000 1110이고 3번째 비트만 클리어한 값은 0000 1010이 됩니다. 이 값은 10입니다.

3 **정답** −1

해설 7비트를 왼쪽으로 시프트하고 다시 오른쪽으로 7비트 시프트하는 예제입니다. ❶ x는 1, 즉 0000 0001입니다. ❷ x를 7비트만큼 왼쪽으로 밀면 1000 0000이 됩니다. 이 값은 부호 있는 1바이트 정수 타입 int8에서는 −128이 됩니다. ❸ 오른쪽으로 다시 7비트 밀면 맨 왼쪽에 같은 부호 비트가 채워집니다. 이 값은 음숫값이므로 오른쪽으로 밀 때마다 1이 채워집니다. 그 결과 −128 >> 7은 1111 1111이 되고 이 값은 −1입니다.

함수

☐ **학습 목표**	자주 사용되는 코드를 묶어서 함수로 만듭시다. 그러면 같은 기능을 매번 다시 만들 필요 없이 재사용할 수 있습니다. 함수를 만들어 사용하는 방법을 알아봅시다.
☐ **학습 내용**	• 함수 선언 • 멀티 반환 • 재귀 함수
☐ **함수 소개**	함수란 특별한 목적의 작업을 수행하는 코드 묶음입니다. 일정 범위의 코드를 묶어서 함수를 만들면 같은 코드를 여러 번 작성하지 않고 한 번만 작성해 재활용할 수 있습니다.
☐ **효과**	• 코드 재사용성이 높아집니다. • 코드 가독성이 높아집니다. • 코드를 유지보수하기 편해집니다.

5.1 함수 정의

함수는 ❶ 함수 키워드, ❷ 함수명, ❸ 매개변수, ❹ 반환 타입, ❺ 함수 코드 블록으로 구성됩니다.

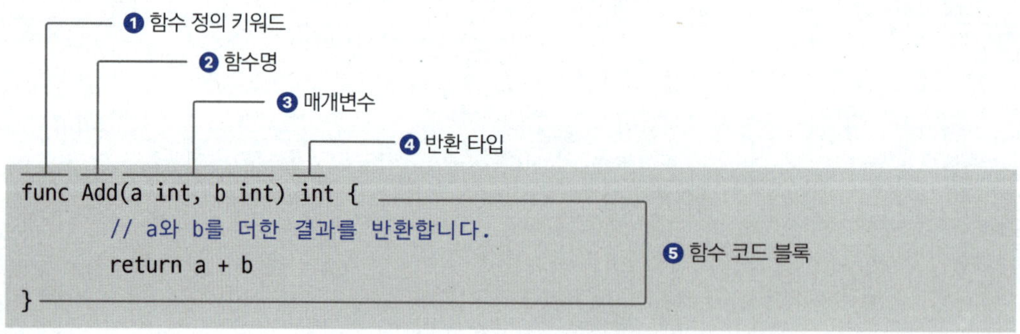

❶ func 키워드를 사용해서 함수 정의를 알립니다. ❷ 그 뒤에 함수명이 옵니다. 함수명의 명명 규

칙은 변수명과 같습니다. 첫 글자가 대문자인 함수는 패키지 외부로 공개되는 함수입니다(14장 '패키지' 참조). ❸ 소괄호 안에 매개변수를 넣습니다. 매개변수는 함수 코드 수행 시 필요한 입력값입니다. 매개변수가 필요하지 않으면 비워둡니다. ❹ 반환 타입이 옵니다. 반환하는 값이 있으면 적고, 아니면 비워둡니다. ❺ 중괄호로 함수 코드 블록을 표시합니다. Go 언어에는 함수 코드 블록의 시작을 알리는 중괄호 {가 함수를 정의하는 라인과 항상 같은 줄에 있어야 합니다.

정수 타입 매개변수 2개를 입력으로 받아서 그 합을 반환하는 함수를 구현해봅시다.

```go
package main

import "fmt"

func Add(a int, b int) int { // ❶
    return a + b             // ❷
}

func main() {
    c := Add(3, 6)  // ❸
    fmt.Println(c)  // ❹
}
```

ch5/ex5.1/ex5.1.go

9

❶ Add() 함수를 정의합니다. 두 정수 타입 매개변수 a와 b를 입력으로 받아서 ❷ 그 둘의 합을 반환합니다. ❸ Add() 함수를 호출합니다. 반환값을 c에 저장합니다. ❹ c를 출력합니다.

5.2 함수를 호출하면 생기는 일

함수를 호출할 때 입력하는 값을 argument라고 합니다. 아규먼트 혹은 인수라고 합니다. 반면 함수가 외부로부터 입력받는 변수를 parameter라고 부릅니다. 매개변수 혹은 파라미터라고 합니다. 이 책에서는 한글 표현인 인수와 매개변수로 부르겠습니다.

함수를 호출하며 입력한 값은 실제 함수에 어떻게 전달될까요? 보낸 값을 그대로 사용하는 것이 아니라 값을 복사해 사용하게 됩니다. 다음은 Add() 함수를 호출할 때 인수가 매개변수에 복사되어 전달되는 과정을 보여줍니다.

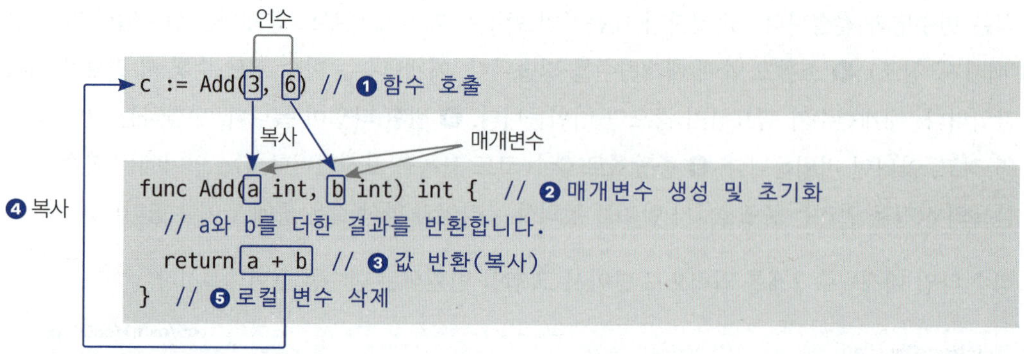

❶ Add() 함수를 호출합니다. ❷ 매개변수를 선언하고 입력한 인숫값을 복사합니다. 여기서는 3과 6이 a와 b에 값으로 복사됩니다. 이건 마치 함수 내에서 선언한 a, b 두 변수에 초깃값으로 3과 6을 대입하는 것과 같습니다.

❸ return 키워드를 사용해서 함수 결과가 반환됩니다. 반환은 값을 전달합니다. ❹ 반환된 값은 함수가 호출된 곳을 대체하는 것과 같습니다. ❺ 호출한 함수가 종료되면 함수에서 사용한 지역 변수에 접근할 수 없습니다. return으로 함수 결과가 반환되면서 함수가 즉시 종료되어 함수를 호출했던 호출 위치로 명령 포인터[1]가 되돌아가서 수행됩니다.

❻ c에 반환값이 대입(복사)됩니다.

핵심 포인트

여기서 핵심은 '인수는 매개변수로 복사된다.[2] 매개변수와 함수 내에서 선언된 변수는 함수가 종료되면 변수 범위를 벗어나서 접근하지 못한다'입니다.

---

1 instruction pointer. 명령 포인터 혹은 프로그램 카운터로 불리는 것으로 다음 명령을 수행할 위치를 나타내는 내부 레지스터입니다.

2 다른 언어는 값전달과 레퍼런스전달 두 가지를 지원하기도 하지만, Go 언어는 값전달만 지원합니다. Go를 심플하고 일관적인 언어라고 말하는 이유 중 변수 전달이 항상 복사로만 이뤄지기 때문도 있습니다.

5.3 함수는 왜 쓰나?

함수를 사용해서 반복 사용되는 코드를 묶을 수 있습니다. 함수를 이용해서 중복 코드를 제거하여 코드를 간결하게 만들 수 있습니다.

수학, 영어, 역사 시험 성적의 평균 점수를 출력하는 예제를 살펴봅시다.

ch5/ex5.2/ex5.2.go

```go
package main

import "fmt"

func main() {
  math := 80
  eng := 74
  history := 95     // ❶
  fmt.Println("김일등 님 평균 점수는", (math + eng + history)/3, "입니다.") // ❷

  math = 88
  eng = 92
  history = 53

  fmt.Println("송이등 님 평균 점수는", (math + eng + history)/3, "입니다.")

  math = 78
  eng = 73
  history = 78

  fmt.Println("박삼등 님 평균 점수는",  (math + eng + history)/3, "입니다.")
}
```

```
김일등 님 평균 점수는 83 입니다.
송이등 님 평균 점수는 77 입니다.
박삼등 님 평균 점수는 76 입니다.
```

각 변수에 점수를 입력하는 ❶과 점수를 출력하는 ❷ 코드가 3번 반복됐습니다. 학생이 3명이니 망정이지 100명이나 1,000명이라면 이 코딩 방식은 효율적이지 못할 겁니다. 갑자기 국어 점수가 추가될 수도 있으니까요!

위 예제를 함수를 사용해서 만들면 학생과 과목이 늘어나는 문제에 손쉽게 대처할 수 있습니다.

일단 함수로 만들어보시죠.

평균 점수를 출력하는 함수를 생성해서 중복 코드를 없애는 예제를 살펴봅시다.

```go
package main

import "fmt"

func PrintAvgScore(name string, math int, eng int, history int) {  // ❶
  total := math + eng + history
  avg := total / 3
  fmt.Println(name, "님 평균 점수는", avg, "입니다.")
}


func main() {
  PrintAvgScore("김일등", 80, 74, 95)     // ❷
  PrintAvgScore("송이등", 88, 92, 53)
  PrintAvgScore("박삼등", 78, 73, 78)
}
```

```
김일등 님 평균 점수는 83 입니다.
송이등 님 평균 점수는 77 입니다.
박삼등 님 평균 점수는 76 입니다.
```

❶ PrintAvgScore() 함수를 정의합니다. 이름과 각 성적을 입력받아서 이름과 평균 점수를 출력하는 함수입니다. ❷ 매번 코드를 다시 작성할 필요 없이 PrintAvgScore() 함수를 반복 호출하여 처리합니다.

이렇듯 자주 사용되거나 변경 가능성이 있는 코드 블록을 묶어서 함수를 만들면 효율적으로 코딩할 수 있고 추후 프로그램 변경 요구에도 간단히 대처할 수 있습니다. 또 관련된 코드를 묶어서 이름을 부여하기 때문에 코드를 읽기에도 훨씬 편해집니다.

5.3.1 멀티 반환 함수

함수는 값을 여러 개 반환할 수 있습니다. 반환값이 여럿일 때는 반환 타입들을 소괄호로 묶어서 표현합니다. 예제를 살펴보겠습니다.

```go
package main

import "fmt"

func Divide(a, b int) (int, bool) { // ❶ 함수 선언
  if b == 0 {
    return 0, false                 // ❷ 제수가 0일 때 반환
  }
  return a / b, true                // ❸ 제수가 0이 아닐 때 반환
}

func main() {
  c, success := Divide(9, 3)        // ❹ 제수가 0이 아닌 경우
  fmt.Println(c, success)
  d, success := Divide(9, 0)        // ❺ 제수가 0인 경우
  fmt.Println(d, success)
}
```

```
3 true
0 false
```

❶ Divide() 함수를 정의합니다. 이 함수는 int 타입 a, b를 매개변수로 받고 int 타입과 bool 타입을 반환합니다. (a int, b int) 같이 매개변수 타입이 같으면 간단히 (a, b int)처럼 표현할 수 있습니다.

❷ 나눗셈 제수가 0이면 0과 false를 반환합니다. ❸ 제수가 0이 아닐 때는 나눗셈 결과와 true를 반환합니다. ❹ ❺ Divide() 함수를 호출하고, 그 결과를 변수 c와 success로 받습니다. 첫 번째 반환값은 c에, 두 번째 반환값은 success에 대입됩니다.

Divide( ) 함수를 호출한 결괏값이 c와 success에 대입되는 과정은 다음과 같습니다.

```
c, success := Divide(9, 3)  // ❶ 호출
                              ❷ 반환
c, success := 3, true  // ❸ 변경
            ❹ 대입
```

5.3.2 변수명을 지정해 반환하기

함수 선언부에 반환 타입을 적을 때 변수명까지 지정해주면, return문으로 해당 변수를 명시적으로 반환하지 않아도 값을 반환할 수 있습니다. 앞의 Divide() 함수 예제를 수정해보겠습니다.

```go
package main

import "fmt"

func Divide(a, b int) (result int, success bool) {    // ❶ 반환할 변수명 명시
  if b == 0 {
    result = 0
    success = false
    return // ❷ 명시적으로 반환할 값을 지정하지 않은 return문
  }
  result = a / b
  success = true
  return
}

func main() {
  c, success := Divide(9, 3)
  fmt.Println(c, success)
  d, success := Divide(9, 0)
  fmt.Println(d, success)
}
```
```
3 true
0 false
```

ch5/ex5.5/ex5.5.go

❶ 함수 선언부입니다. 첫 번째 반환할 변수로 result를, 두 번째는 success를 지정했습니다. 이렇게 지정한 result, success는 함수 내부에서 변수로 동작합니다. ❷ 함수 결과를 반환할 때 명시적으로 result, success를 지정하지 않았지만 두 값이 반환됩니다.

Warning 반환할 변수에 이름을 지정할 경우 모든 반환 변수에 이름을 지정해야 합니다. 모두 지정하거나, 모두 지정하지 않거나요!

5.4 재귀 호출

재귀 호출^{recursive call}이란 함수 안에서 자기 자신 함수를 다시 호출하는 것을 말합니다.

3부터 1까지 재귀 호출을 이용해서 출력하는 예제를 살펴봅시다.

```go
package main

import "fmt"

func printNo(n int) {
  if n == 0 {                // ❶ 재귀 호출 탈출 조건
    return
  }
  fmt.Println(n)
  printNo(n-1)               // ❷ 재귀 호출
  fmt.Println("After", n)    // ❸ 재귀 호출 이후 출력
}

func main() {
  printNo(3)                 // ❹ 함수 호출
}
```

```
3
2
1
After 1
After 2
After 3
```

❹ printNo() 함수를 호출합니다. ❶ 탈출 조건인지 확인합니다. n이 0이 아니면 ❷ printNo() 함수를 다시 호출합니다.

이렇게 함수 안에서 같은 함수를 다시 호출하는 것을 재귀 호출이라고 합니다. 호출 순서를 보면 printNo(3)이 먼저 호출되고 이어서 printNo(2), printNo(1), printNo(0) 순으로 호출됩니다. 최종적으로 printNo(0)이 호출됐을 때 ❶ 탈출 조건인 n == 0을 만족해 return되어 종료됩니다.

재귀 호출된 printNo() 함수가 종료되면 호출자인 printNo()의 ❸ 위치로 반환되고 거기에서 명령을 수행해서 "After" 메시지가 출력됩니다.

그림으로 재귀 호출이 어떻게 일어나는지 살펴보겠습니다. n이 0이 될 때까지 printNo() 함수를 호출하다가, 만족되면 호출된 지점으로 연속해서 되돌아가면서 재귀 호출에서 탈출합니다.

printNo() 함수 호출 순서를 그림으로 살펴보시죠.

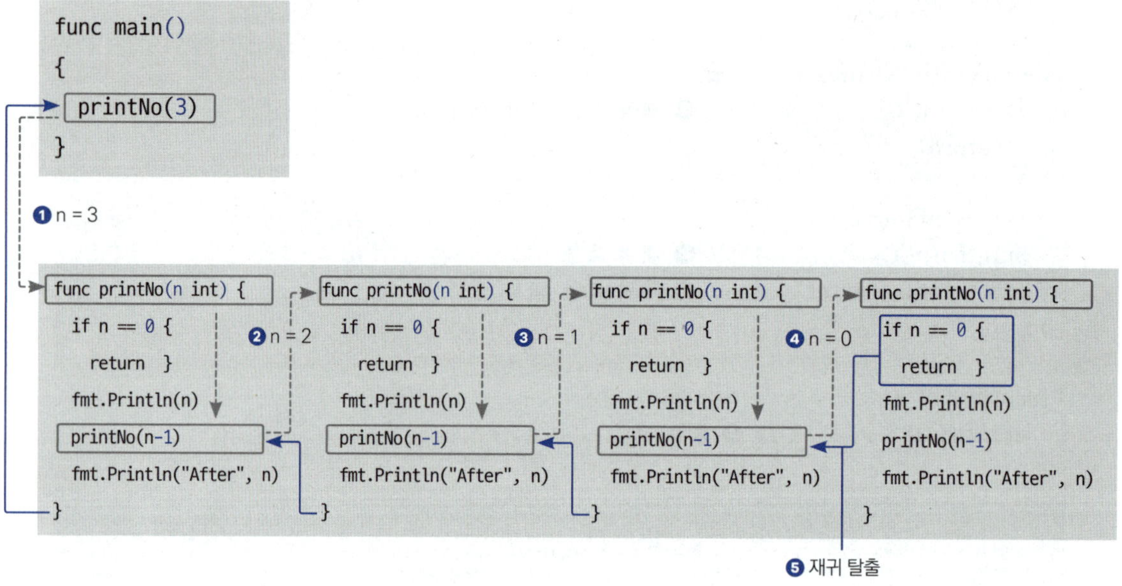

위 그림처럼 printNo( ) 함수 내에서 printNo(n-1)을 호출하면, main( ) 함수에서 printNo(3)을 호출한 뒤 printNo(2), printNo(1), printNo(0)을 차례로 호출합니다(점선 흐름을 참조하세요). printNo(0)에서는 재귀 호출 탈출 조건(n == 0)을 만족하므로 자신을 호출한 위치로 차례대로 연속해서 돌아가게 되어 최종적으로 최초 호출했던 main() 함수 위치로 되돌아갑니다(실선 흐름을 참조하세요).

Warning 재귀 호출을 사용할 때는 항상 탈출 조건을 정해야 합니다. 앞 예제의 ❶처럼 재귀 호출이 종료되는 시점을 명확히 합시다. 그렇지 않으면 재귀 호출이 무한히 반복되어 프로그램이 비정상 종료됩니다.

핵심 요약

1 함수란 특수한 코드 묶음을 말합니다. 함수를 만들면 코드를 재사용할 수 있습니다.

2 함수 정의

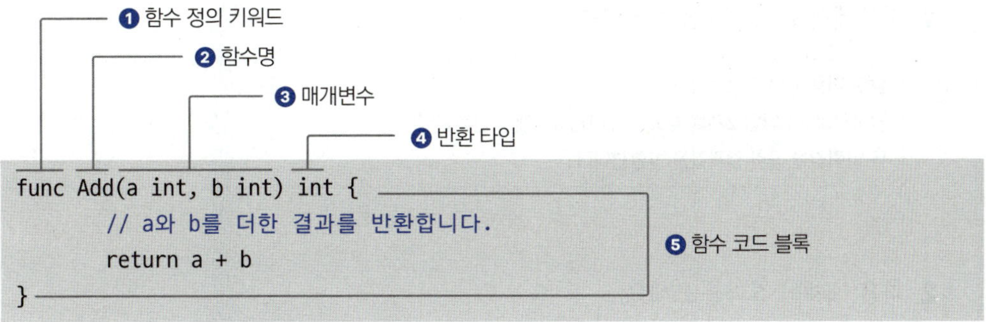

3 멀티 반환 함수는 값을 여러 개 반환할 수 있습니다. 반환 타입 자리에 소괄호로 여러 반환 타입을 묶어서 표시합니다.

4 재귀 호출은 함수 안에서 같은 함수를 또 호출하는 기법을 말합니다. 재귀 호출 시에는 항상 탈출 조건을 명확히 해야 합니다.

1 다음에서 설명하는 함수 정의를 작성하세요.

> 함수 이름은 Multiple입니다.
> 입력으로 int 타입 2개를 받고, int 타입값 1개를 반환합니다.
> 두 입력값을 곱한 결괏값을 반환합니다.

2 다음 예제의 결과를 쓰세요.

```go
package main

import "fmt"

func AAA() {
  fmt.Println("start AAA()")
  BBB()
  fmt.Println("end AAA()")
}

func BBB() {
  fmt.Println("BBB()")
}

func main() {
  AAA()
}
```

3 다음은 피보나치 수열의 정의와 재귀 호출을 이용해서 구현한 예제입니다. 주석 부분에 탈출 조건을 명시해서 함수를 완성하세요.

> N번째 피보나치 수열 값을 F(N)이라고 합니다.
> F(0) 값은 0입니다.
> F(1) 값은 1입니다.
> F(N) 값은 F(N-2) + F(N-1)입니다.

```go
package main

import "fmt"

func F(n int) int {
  // 여기에 탈출 조건을 채우세요.



  return F(n - 2) + F(n - 1)
}

func main() {
  // 피보나치 수열 9번째 값을 출력합니다.
  fmt.Println(F(9))
}
```

1 정답
```go
func Multiple(a, b int) int {
  return a * b
}
```

2 정답
```
start AAA()
BBB()
end AAA()
```

3 정답
```go
func F(n int) int {
  // 여기에 탈출 조건을 채우세요.
  if n < 2 {
    return n
  }
  return F(n - 2) + F(n - 1)
}
```

상수

☐ **학습 목표**	상수를 선언하고 사용하는 방법을 알아봅시다.
☐ **학습 내용**	• 상수의 정의 • 상수 선언법 • 상수 사용법 • 열거값 사용법
☐ **상수 소개**	상수는 변하지 않는 값을 표현할 때 사용됩니다. 변수는 프로그램이 실행되면서 그 값이 수시로 변경될 수 있지만, 상수는 한 번 값이 정해지면 절대 변하지 않습니다. 그래서 자주 사용되는 변경되지 않는 숫자값이나 문자열값에 주로 사용됩니다. 예를 들어 삼각함수를 자주 사용하는 프로그램에서는 원주율 π^{파이}, 즉 3.141592653589793238가 자주 사용될 겁니다. 매번 3.141592를 반복하기 힘들고 실수로 값을 다르게 쓸 수 있기 때문에 애초에 상수로 지정해 사용하면 편리하고 안전합니다.
☐ **효과**	• π와 같이 변하지 않는 값을 상수로 선언하면 간편하게 사용할 수 있습니다. • 절대로 변경되면 안 되는 값의 변경을 효과적으로 막아 안전하게 사용할 수 있습니다.

6.1 상수 선언

상수는 변하지 않는 값을 말합니다. 변수는 대입문을 통해서 값을 수시로 바꿀 수 있지만 상수는 초기화된 값이 변하지 않습니다. 정수, 실수, 문자열 등 기본 타입값들만 상수로 선언될 수 있습니다. 구조체, 배열 등 기본 타입^{primitive}이 아닌 타입^{complex}에는 상수를 사용할 수 없습니다. Go 언어에서 상수로 사용될 수 있는 타입은 다음과 같습니다.

- **불리언**
- **정수**
- **복소수**
- **룬(rune)**
- **실수**
- **문자열**

상수 선언 방식은 변수와 비슷합니다. 변수^{variable}를 뜻하는 var 대신 상수^{constant}를 뜻하는 const 키워드를 사용한다는 점이 다릅니다.

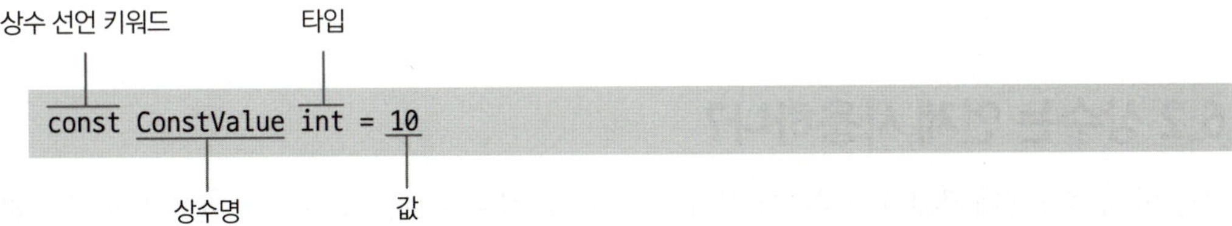

상수명 규칙은 변수명과 같습니다. 함수 외부에 선언되어 있고 첫 글자가 대문자인 상수는 패키지 외부로 공개되는 상수입니다. 이 부분은 14장에서 설명하겠습니다. 상수는 한 번 선언되면 그 값을 바꿀 수 없습니다. 상수는 값으로만 동작하기 때문에 대입문의 좌변에 올 수 없습니다.

정수 타입 상수를 선언해서 값을 변경하는 예제를 살펴봅시다.

ch6/ex6.1/ex6.1.go

```go
package main
import "fmt"

func main() {
  const C int = 10          // ❶ 상수 선언

  var b int = C * 20        // ❷ 대입문 우변에서는 값
  C = 20                    // ❸ 에러 발생 - 상수는 대입문 좌변에 올 수 없음
  fmt.Println(&C)           // ❹ 상수 주소 출력
}
```

```
./ex6.1.go:8:5: cannot assign to C     ❺ 에러 발생
```

❶ 상수 C를 20으로 선언합니다.

❷ 대입문 우변에서 C를 사용했습니다.

❸ 상수 C를 대입문 좌변에 두어 ❺ 에러가 발생했습니다. 왜냐하면 상수는 값으로만 동작하기 때문입니다.

❹ &연산자를 변수 앞에 사용하면 그 변수의 메모리 주솟값을 반환합니다. 하지만 상수 앞에 사용하면 상수의 메모리 주솟값을 접근할 수 없기 때문에 출력하면 에러가 발생합니다.

상수는 값으로만 동작합니다. 그래서 변수가 값, 이름, 타입 , 메모리 주소 4가지 속성을 가지는 반면 상수는 값, 이름, 타입 3가지 속성만 가집니다(6.4절 '상수와 리터럴' 참조).

6.2 상수는 언제 사용하나?

그럼 이 상수를 언제 주로 사용하는지 살펴보겠습니다. 상수는 보통 첫 번째로 변하면 안 되는 값에 사용하고, 두 번째로 코드값을 통해서 숫자에 의미를 부여할 때 사용합니다. 이 두 경우를 예제로 살펴보겠습니다.

6.2.1 변하면 안 되는 값에 상수 사용하기

상수로 변하지 않는 값에 이름을 부여하면 매번 값을 쓰지 않고 편리하게 이용할 수 있습니다. 예를 들어 원주율 π는 3.141592653589793238로 고정된 숫자입니다. 이 숫자를 여러 번 사용한다면 매번 같은 값을 써야 해서 귀찮고 실수할 수 있겠죠? 상수로 선언하면 편합니다. 물론 변수에 대입해 사용해도 되지만 π는 고정 불변의 것이라, 혹시나 값을 실수로 변경하면 계산 값이 틀리게됩니다. 따라서 상수로 정의해 사용하는 것이 더 안전하고 확실한 방법입니다.

파이값을 상수와 변수로 선언해서 사용하는 예제를 살펴봅시다.

ch6/ex6.2/ex6.2.go

```go
package main

import "fmt"

func main() {
  const PI1 float64 = 3.141592653589793238 // ❶ 상수
  var PI2 float64 = 3.141592653589793238    // ❷ 변수

  // PI1 = 4  // ❸
  PI2 = 4      // ❹

  fmt.Printf("원주율: %f\n", PI1)
  fmt.Printf("원주율: %f\n", PI2) // ❺
}
```

```
원주율: 3.141593
원주율: 4.000000
```

원주율을 값으로 하는 ❶ 상수 PI1과 ❷ 변수 PI2를 정의했습니다.

❸ 상수인 PI1에 4를 넣으려는 시도입니다. 주석으로 막지 않으면 "./ex6.2.go:9:6: cannot assign to PI1" 에러가 납니다. 동작하는 모습을 보여드리고자 주석으로 막아뒀습니다.

❹ 변수 PI2에 4를 대입했습니다. 그랬더니 ❺ PI2값이 4로 바뀌어 출력됐습니다.

이처럼 상수를 사용하면 상수를 변경하는 시도를 할 때 컴파일 단계에서 에러가 출력되므로 의도치 않은 결과를 미연에 방지할 수 있습니다.

6.2.2 코드값으로 사용하기

상수를 코드값으로 사용할 수 있습니다. 코드값이란 어떤 숫자에 의미를 부여하는 것을 말합니다. 컴퓨터에서 코드는 매우 다양하게 사용되고 있습니다. 예를 들어 ASCII 문자 코드에서 'A'는 65입니다. 65와 'A' 사이에는 아무런 개연성이 없지만 'A'를 표현하는 숫자로 65를 사용하기로 약속하는 겁니다. 또 월드와이드웹의 통신 프로토콜인 HTTP에서 응답코드 200번은 OK를 의미하고 404번은 NOT FOUND 즉 웹 주소에 해당하는 문서를 찾을 수 없을 때 반환됩니다. 사실 200번과 404번 숫자 자체에 어떤 의미가 있는 게 아닙니다. 통신을 편하게 하기 위해서 숫자값에 의미를 부여한 겁니다.

프로그래밍에서도 이러한 코드를 사용해야 하는 경우가 많습니다. 예를 들어 돼지, 소, 닭 등 동물을 나타내야 하는 경우를 보겠습니다.

```
animal := "Pig"
```

이와 같이 "Pig", "Cow", "Chicken"와 같이 문자열로 나타낼 수도 있습니다. 하지만 문자열로 나타내면 번거롭기도 하고 스펠링을 틀리는 등 실수가 발생할 수도 있고, 문자열 처리가 숫자값보다 성능이나 메모리에 더 안 좋은 문제도 있습니다. 그래서 Pig는 1번, Cow는 2번, Chicken은 3번과 같이 숫자값에 의미를 부여하는 코드로 처리하면 더욱 편리합니다.

동물 코드값에 따라서 다른 문자열을 출력하는 예제를 살펴봅시다.

```go
package main

import "fmt"

// ❶ 상숫값에 코드를 부여합니다.
const Pig int = 0
const Cow int = 1
const Chicken int = 2

// ❸ 코드값에 따라서 다른 텍스트를 출력합니다.
func PrintAnimal(animal int) {
  if animal == Pig {
    fmt.Println("꿀꿀")
  } else if animal == Cow {
    fmt.Println("음메")
  } else if animal == Chicken {
    fmt.Println("꼬끼오")
  } else {
    fmt.Println("...")
  }
}

func main() {
  // ❷ PrintAnimal() 함수를 호출하여 동물 소리를 출력합니다.
  PrintAnimal(Pig)
  PrintAnimal(Cow)
  PrintAnimal(Chicken)
}
```

```
꿀꿀
음메
꼬끼오
```

❶ Pig, Cow, Chicken을 상수로 선언해 나만의 코드값을 부여했습니다. ❷ PrintAnimal() 함수를 호출하여 동물에 해당하는 텍스트를 출력합니다.

6.2.3 iota로 간편하게 열거값 사용하기

코드값으로 사용하기 때문에 값이 그냥 1, 2, 3...처럼 1씩 증가하도록 정의할 때 iota[1] 키워드를 사용하면 편리합니다. 예를 들어 아래 코드에서 빨강, 파랑, 초록 세 색에 숫자 코드를 부여하기 때문에 어떤 숫자가 사용되는지는 의미가 없습니다. 그래서 0, 1, 2라는 숫자를 부여했습니다. 이럴 때 iota가 유용합니다. iota는 0부터 시작해 1씩 증가합니다. iota는 소괄호를 벗어나면 다시 초기화됩니다.

```
const (
  Red   int = iota        // 0
  Blue  int = iota        // 1
  Green int = iota        // 2
)
```

상수 목록을 const와 소괄호 ( )로 묶고 iota를 사용하면 0부터 1씩 차례로 증가하며 값이 초기화됩니다. 만약 첫 번째 값과 똑같은 규칙이 계속 적용된다면 타입과 iota를 생략할 수 있습니다.

몇 가지 예를 더 보겠습니다.

```
const (
    C1 uint = iota + 1      // 1 = 0 + 1
    C2                      // 2 = 1 + 1
    C3                      // 3 = 2 + 1
)
```

C2는 타입과 iota를 생략했기 때문에 C1과 마찬가지로 C2 uint = iota + 1로 적용됩니다. iota가 1로 증가해서 C2값은 2가 됩니다. C3값은 iota가 2로 증가해서 3이 됩니다.

또는 다음과 같이 쓸 수 있습니다.

```
const (
    BitFlag1 uint = 1 << iota   // ❶ 1 = 1 << 0
    BitFlag2                    // ❷ 2 = 1 << 1
    BitFlag3                    // ❸ 4 = 1 << 2
```

---

[1] iota는 그리스 알파벳의 9번째 글자로, 아주 작은 양을 뜻한다고 합니다.

```go
    BitFlag4                    // 8 = 1 << 3
)

const (
    A int = iota                // ❹ 0
    B                           // 1
)
```

❶ BitFlag1 = 1 << 0이라서 값은 1이 되고, ❷ BitFlag2 = 1 << 1이 되어서 2, ❸ BitFlag3 = 1 << 2가 되어서 4가 됩니다.[2] iota는 소괄호를 벗어나면 다시 초기화됩니다. 그래서 ❹ A는 다시 0입니다.

6.3 타입 없는 상수

상수 선언 시 타입을 명시하지 않을 수 있습니다. 그러면 타입 없는 상수가 됩니다. 타입 없는 상숫값은 타입이 정해지지 않은 상태로 사용됩니다. 다음 예제를 보겠습니다.

ch6/ex6.4/ex6.4.go

```go
package main

import "fmt"

const PI = 3.14                 // ❶ 타입 없는 상수
const FloatPI float64 = 3.14    // ❷ float64 타입 상수

func main() {
  var a int = PI * 100          // ❸ 오류가 발생하지 않습니다.
  var b int = FloatPI * 100     // ❹ 타입 오류 발생

  fmt.Println(a)
  fmt.Println(b)
}
```

---

2 <<는 시프트 연산으로 비트를 왼쪽으로 밀어내는 연산자입니다(6장 '연산자' 참조).

```
./ex6.4.go:12:6: cannot use FloatPI * 100 (type float64) as type int in
assignment
```

❶ PI값은 타입이 없기 때문에 3.14 숫자로만 동작합니다. ❷ FloatPI는 float64 타입 상수입니다. 값은 3.14입니다. ❸ PI * 100은 3.14 * 100으로 치환되어 계산된 결과 314입니다. 314는 정수 타입 변수에 대입할 수 있습니다. ❹ FloatPI는 float64 타입이기 때문에 타입 오류가 발생합니다.

타입 없는 상수는 변수에 복사될 때 타입이 정해지기 때문에 여러 타입에 사용되는 상숫값을 사용할 때 편리합니다.

6.4 상수와 리터럴

컴퓨터에서 리터럴이란 고정된 값, 값 자체로 쓰인 문구라고 볼 수 있습니다.

```
var str string = "Hello World"
var i int = 0
i = 30
```

위 코드에서 "Hello World", 0, 30과 같이 고정된 값 자체로 쓰인 문구가 바로 리터럴입니다. Go 언어에서 상수는 리터럴과 같이 취급합니다. 그래서 컴파일될 때 상수는 리터럴로 변환되어 실행 파일에 쓰입니다.

상수 표현식 역시 컴파일 타임에 실제 결괏값 리터럴로 변환하기 때문에 상수 표현식 계산에 CPU 자원을 사용하지 않습니다.

```
const PI = 3.14
var a int = PI * 100
```

그래서 위 구문은 컴파일 타임에 아래와 같이 변환됩니다.

```
var a int = 314
```

상수의 메모리 주솟값에 접근할 수 없는 이유 역시 컴파일 타임에 리터럴로 전환되어서 실행 파일에 값 형태로 쓰이기 때문입니다. 그래서 동적 할당 메모리 영역[3]을 사용하지 않습니다.

핵심 요약

1 상수는 변하지 않는 값입니다.

2 자주 쓰는 고정값에 이름을 부여해서 편리하게 사용할 수 있습니다.

3 상수를 코드값으로 사용할 수 있습니다.

4 iota를 이용하면 증가하는 상수를 편리하게 선언할 수 있습니다.

5 타입 없는 상수를 선언하면 타입이 다른 여러 변수에서 사용할 수 있습니다.

---

3 프로그램이 로드될 때 실행 파일이 올라간 영역을 코드 영역이라 하고 프로그램 실행을 위해서 실행 중 할당해서 사용되는 영역을 동적 할당 메모리 영역이라고 합니다. 상수는 리터럴로 코드 영역에 포함되기 때문에 동적 할당 영역을 사용하지 않습니다.

1 다음과 같은 상수를 선언하세요.

> 상수 이름은 Gravity입니다.
> 상숫값은 9.80665입니다.
> 타입 없는 상수로 선언하세요.

2 다음 예제의 결과를 쓰세요.

```go
package main

import "fmt"

const (
  C1 = iota  // ❶
  C2         // ❷
  C3         // ❸
)

const (
  D1 = iota + 1  // ❹
  D2             // ❺
  D3             // ❻
)

func main() {
    fmt.Println(C3, D3)
}
```

1 <u>정답</u>

```go
const Gravity = 9.80665
```

2 <u>정답</u> 2 3

<u>해설</u> ❶ C1은 iota 시작값이기 때문에 0입니다. ❷ C2는 1, ❸ C3는 2가 됩니다. ❹ D1에서 iota가 다시 초기화되어서 0 + 1이기 때문에 D1은 1입니다. ❺ D2는 iota가 1 증가해서 1 + 1로 2가 됩니다. ❻ D3는 3입니다.

if문

☐ **학습 목표**	프로그램 명령 흐름을 분기하는 if문 사용법을 알아봅시다.
☐ **학습 내용**	• 기본 if 조건문 • if...else, if else 조건문 • 조건문 중첩 • 논리 연산자(&&, ||) • if 초기문
☐ **if문 소개**	if문은 조건에 따라 프로그램 명령 흐름을 분기하는 구문입니다. if문을 사용하면 다양한 상황에 대응해 처리를 할 수 있습니다. if문만 사용할 수도 있고, else if 또는 else 조건문과 함께 사용할 수도 있습니다. 조건문에서 &&와 || 논리 연산자를 사용할 수 있습니다.
☐ **효과**	• 프로그램의 수행을 의도에 따라 바꾸는 데 사용합니다.

7.1 if문 기본 사용법

if문은 조건에 따라 분기하는 구문입니다.

```
if 조건문 {
    문장
} else if 조건문 {
    문장
} else {
    문장
}
```

만족하는 조건문의 { } 안에 있는 문장[1]을 실행합니다. 만족하는 조건문이 없으면 else 구문 { } 안에 있는 문장을 실행합니다. else if와 else 구문은 생략할 수 있습니다.

---

1 statements. 명령어 묶음을 나타냅니다. 한 줄 이상의 코드 로직을 말합니다.

if...else 예제를 살펴봅시다.

ch7/ex7.1/ex7.1.go

```go
package main

import "fmt"

func main() {
  light := "red"

  if light == "green" {
    fmt.Println("길을 건넌다")
  } else {
    fmt.Println("대기한다")
  }
}
```

```
대기한다
```

신호등이 초록색일 경우 길을 건넙니다. 그렇지 않다면 대기합니다. light의 값이 "green"이 아니기 때문에 else 문장인 "대기한다"가 출력됩니다.

else문은 생략 가능합니다. else if 구문까지 사용하는 온도 조절장치 예제를 살펴봅시다.

ch7/ex7.2/ex7.2.go

```go
package main

import "fmt"

func main() {
  temp := 33                  // ❶

  if temp > 28 {              // ❷
    fmt.Println("에어컨을 켠다")
  } else if temp <= 3 {
    fmt.Println("히터를 켠다")
  } else {
    fmt.Println("대기한다")
  }
}
```

```
에어컨을 켠다
```

온도가 28도를 넘으면 에어컨을 켜고, 3도 이하로 내려가면 히터를 켭니다. 그렇지 않으면 대기합니다.

❶ 현재 온도가 33도니까 ❷에 있는 조건식을 만족해 "에어컨을 켠다"가 출력됐습니다.

7.2 그리고 &&, 또는 ||

&&과 ||는 논리 연산자입니다. &&는 AND를 의미하고 '그리고'로 해석하며, ||는 OR을 의미하고 '또는'으로 해석합니다. A와 B 두 불리언 값이 있을 때 &&는 양쪽이 모두 true인 경우에만 true가 되고 ||은 둘 중 하나만 true여도 true입니다.

예문을 통해 살펴보겠습니다.

```go
                                                    ch7/ex7.3/ex7.3.go
package main

import "fmt"

func main() {
  var age = 22                    // ❶



  if age >= 10 && age <= 15 {
    // age가 10 이상 15 이하인 경우
    fmt.Println("You are young")
  } else if age > 30 || age < 20 {
    // age가 30보다 크거나 20보다 작은 경우. 즉 20대가 아닌 경우
    fmt.Println("You are not 20s")
  } else {                        // ❷
    fmt.Println("Best age of your life")
  }
}
```

```
Best age of your life
```

age값의 범위에 따라서 다른 메시지를 출력합니다.

❶ age가 22이므로 조건 ❷를 만족해 "Best age of your life"를 출력했습니다.

7.2.1 쇼트서킷

&& 연산은 좌변이 false이면 우변을 검사하지 않고 false 처리를 합니다. || 연산 역시 좌변이 true이면 우변은 검사하지도 않고 true 처리를 합니다. 이를 쇼트서킷^{short-circuit}이라고 합니다. 따라서 조건문 우변이 실행되지 않을 수 있으므로 이를 염두에 두고 코드를 구현해야 합니다.

&&의 좌변이 false이면 우변은 무시되고 결과가 false가 됩니다.

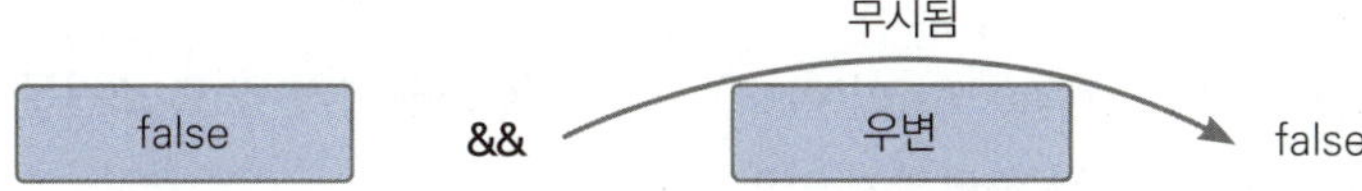

||의 좌변이 true이면 우변은 무시되고 결과가 true가 됩니다.

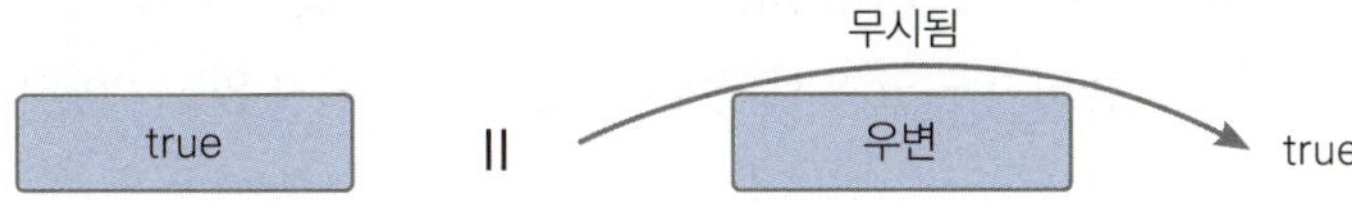

쇼트서킷이 작동해서 뜻하지 않은 결과를 얻는 예제를 살펴보겠습니다.

ch7/ex7.4/ex7.4.go

```go
package main

import "fmt"

var cnt int = 0

func IncreaseAndReturn() int {
  fmt.Println("IncreaseAndReturn()", cnt)
  cnt++
  return cnt
}

func main() {
  if false && IncreaseAndReturn() < 5 {  // ❶ 함수가 호출되지 않습니다.
    fmt.Println("1 increase")
  }
```

```
if true || IncreaseAndReturn() < 5 {    // ❷ 함수가 호출되지 않습니다.
  fmt.Println("2 increase")
}


  fmt.Println("cnt:", cnt)
}
```
```
2 increase
cnt: 0
```

쇼트서킷에 의해서 IncreaseAndReturn() 함수가 호출되지 않습니다.

❶은 && 좌변이 false이기 때문에 우변 IncreaseAndReturn() 함수를 호출하지 않고 조건문 결과가 false가 됩니다. 그래서 "1 increase"는 출력되지 않았습니다.

❷에서는 || 좌변이 true이기 때문에 역시 우변 IncreaseAndReturn() 함수를 호출하지 않고 조건문 결과가 true가 됩니다. 그래서 "2 increase" 메시지가 출력됐습니다. 결국 IncreaseAndReturn() 함수는 한 번도 호출되지 않았기 때문에 cnt값은 증가되지 않고 0에서 변화되지 않았습니다.

Tip 앞서 살펴본 &&, ||의 특징 때문에 if문 조건에 들어가는 함수는 조건 검사만 하고 다른 로직은 실행하지 않는 게 안전합니다. 그렇지 않을 경우 의도치 않은 버그가 발생할 수 있습니다.

7.2.2 소괄호 ( ) 활용

소괄호를 활용하여 더욱 다양한 조건문을 쉽게 만들 수 있습니다.

```
// 예약을 했거나, 가진 돈이 200이 넘고 빈자리가 있으면 통과
```

위의 예를 조건문을 만들면 다음과 같습니다.

```
if hasBooked() || (money > 200 && hasEmptySeat())
```

hasBooked( ) 함수 결과가 true이면 조건이 true가 되고, hasBooked() 함수 결과가 false

여도 money가 200보다 크고 hasEmptySeat( ) 함수 결과가 true이면 조건이 true가 됩니다.

7.3 중첩 if

if문 안에 if문을 중첩해 사용할 수도 있습니다. 복잡한 경우를 표현할 때 사용합니다. 예를 들어 아래 예문은 if문 하나로 표현하기가 조금 어렵습니다.

> 음식값이 오만 원이 넘고 친구 중에 부자가 있다면 신발끈을 묶는다. 부자가 없다면 돈을 나눠 낸다. 음식값이 3만 원 이상 오만 원 이하이고 같이 간 친구 수가 3명이 넘으면 신발끈을 묶는다. 3명 이하면 돈을 나눠 낸다. 3만 원 미만이면 내가 낸다.

ch7/ex7.5/ex7.5.go

```go
package main

import "fmt"

// 친구 중 부자가 있는가 반환 - 무조건 true 반환
func HasRichFriend() bool {
  return true
}

// 같이 간 친구 숫자를 반환 - 무조건 3을 반환
func GetFriendsCount() int {
  return 3
}

func main() {
  price := 35000

  if price > 50000 {                                  // ❶
    if HasRichFriend() {
      fmt.Println("앗 신발끈이 풀렸네")
    } else {
      fmt.Println("나눠내자")
    }
  } else if price >= 30000 && price <= 50000 {    // ❷
```

```go
  if GetFriendsCount() > 3 {                        // ❸
    fmt.Println("어이쿠 신발끈이..")
  } else {
    fmt.Println("사람도 얼마 없는데 나눠 내자")
  }
} else {
  fmt.Println("오늘은 내가 쏜다")
}
```

사람도 얼마 없는데 나눠 내자

오만 원이 넘을 때 또 다시 판단해야 하는 조건이 있습니다. 이럴 때는 if문을 중첩해서 사용하는 게 효율적입니다.

price가 50000보다 크지 않기 때문에 ❶ 조건문은 false 되어서 ❶ 문장을 실행하지 않고 ❷ 조건문을 검사합니다. price값이 35000이라서 ❷ 조건문을 만족합니다. 그래서 안쪽 if문의 ❸ 조건문을 검사합니다. GetFriendsCount() 함수는 3을 반환하기 때문에 ❸ 조건문은 false가 됩니다. 그래서 else 문장이 실행되어서 "사람도 얼마 없는데 나눠 내자"가 출력됐습니다.

Tip if문은 계속 중첩할 수 있지만 중첩이 심할 경우 코드를 이해하기 힘들기 때문에 되도록 3중첩 이상은 하지 않도록 권장합니다.

7.4 if 초기문; 조건문

if문 조건을 검사하기 전에 초기문을 넣을 수 있습니다. 초기문은 검사에 사용할 변수를 초기화할 때 주로 사용합니다. 형식은 다음과 같습니다.

```go
if 초기문; 조건문 {
    문장
}
```

초기문 자리에 하나의 구문이 올 수 있으며 끝에 ;를 붙여서 구문이 끝남을 표시합니다. 그리고 조건문을 넣습니다.

```go
if filename, success := UploadFile(); success {
  fmt.Println("Upload success", filename)
} else {
  fmt.Println("Failed to upload")
}
```

먼저 UploadFile() 함수를 실행하고 filename과 success 변수에 반환값을 저장합니다. 그리고 그 함수 성공 여부에 따라 다른 메시지를 출력합니다. 이렇게 if 초기문은 어떤 함수를 실행하고 그 함수의 결과를 검사할 때 주로 사용합니다.

초기문에서 선언한 변수의 범위는 if문 안으로 한정된다는 사실에 주의해야 합니다. 아래 예를 보겠습니다.

ch7/ex7.6/ex7.6.go

```go
package main

import "fmt"

func getMyAge() (int, bool) {
  return 33, true
}

func main() {

  if age, ok := getMyAge(); ok && age < 20 {
    fmt.Println("You are young", age)
  } else if ok && age < 30 {
    fmt.Println("Nice age", age)                // ❶ age값에 접근 가능
  } else if ok {
    fmt.Println("You are beautiful", age)
  } else {
    fmt.Println("Error")
  }

  fmt.Println("Your age is", age)               // ❷ Error - age는 소멸되었음
}
```

```
./ex7.6.go:20:30: undefined: age
```

일반적으로 변수는 변수가 선언된 중괄호를 벗어나면 소멸되지만 if 초기문에 선언된 변수는 if문이 종료되기 전까지 유지됩니다. 그래서 ❶에서는 age에 접근할 수 있지만 ❷에서는 if문이 종료된 이후이기 때문에 접근할 수 없습니다.

핵심 요약

if문은 조건에 따라 프로그램 실행을 분기하는 구문입니다. 다음과 같은 형태가 있습니다.

```
if 조건문 {
   문장                      // 조건문이 true일 때 수행됩니다.
}
```

```
if 조건문 {
   문장                      // 조건문이 true일 때 수행됩니다.
} else {
   문장                      // 조건문이 false일 때 수행됩니다.
}
```

```
if 조건문1 {
   문장                      // 조건문1이 true일 때 수행됩니다.
} else if 조건문2 {
   문장                      // 조건문2가 true일 때 수행됩니다.
} else if 조건문3 {
   문장                      // 조건문3이 true일 때 수행됩니다.
} else {
   문장                      // 모든 조건이 false일 때 수행됩니다.
                            // else는 항상 맨 마지막에 와야 하고 생략 가능합니다.
}
```

```
// 초기문을 먼저 실행하고 조건 검사를 합니다.
if 초기문; 조건문 {
   문장                      // 조건문이 true일 때 수행됩니다.
}
```

연습문제

1 다음 공란에 들어갈 키워드를 적으세요.

```go
package main

import "fmt"

func main() {
  age := 22

            age < 10 {
    fmt.Println("You are a child")
  }          age >= 20 && age < 30 {
    fmt.Println("Best age of your life")
  }          {
    fmt.Println("You are beautiful")
  }
}
```

2 다음 예제의 결과를 적어주세요.

```go
package main

import "fmt"

func main() {
  score := 78
  count := 20

  if count < 10 {
    fmt.Println("평가 수가 모자랍니다.")
```

```go
  } else if count < 20 {
    if score > 80 {
      fmt.Println("긍정적인 평가")
    } else {
      fmt.Println("판단할 단계가 아닙니다.")
    }
  } else {
    if score > 90 {
      fmt.Println("좋은 평가입니다.")
    } else if score > 80 {
      fmt.Println("살만한 물건입니다.")
    } else if score > 70 {
      fmt.Println("신중히 생각해보세요.")
    } else {
      fmt.Println("좋은 물건이 아닙니다.")
    }
  }
}
```

3 다음 예시를 if문을 사용해서 완성하고 출력 결과를 적어보세요. temp 변수는 낮 최고 기온을 나타내고 rain 변수는 강수확률을 나타냅니다. 출력은 fmt 패키지의 Println을 사용합니다.

일기예보에서 낮 최고 기온이 25도 이상이고 강수확률이 80% 이상이면 "덥고 비가 옵니다." 출력, 낮 최고 기온이 25도 이상이고 강수확률이 20% 이상이면 "덥고 습합니다.", 낮 최고 기온이 25도 이상이고 강수확률이 20% 미만이면 "야외 활동하기 좋습니다."를 출력하세요.
기온이 25도 이상이 아니고 기온이 10도 미만이거나 강수확률이 80% 이상이면 "야외 활동하기 좋지 않습니다."를 출력하세요. 그렇지 않다면 "좋은 날씨입니다."를 출력하세요.

```go
package main

import "fmt"

func main() {
  temp := 30
  rain := 40


  // 여기를 채워보세요.


}
```

1 정답 if, else if, else

2 정답 신중히 생각해보세요.

3 정답

```go
if temp >= 25 {
  if rain >= 80 {
    fmt.Println("덥고 비가 옵니다.")
  } else if rain >= 20 {
    fmt.Println("덥고 습합니다.")
  } else {
    fmt.Println("야외 활동하기 좋습니다.")
  }
} else if temp < 10 || rain >= 80 {
  fmt.Println("야외 활동하기 좋지 않습니다.")
} else {
  fmt.Println("좋은 날씨입니다.")
}
```

```
덥고 습합니다.
```

switch문

☐ **학습 목표**	switch문은 값에 따라서 다른 로직을 수행하는 구문입니다. switch문을 사용하는 방법을 알아봅시다.
☐ **학습 내용**	• switch문 동작 원리 • switch문은 언제 쓰는가? • 다양한 switch문 형태 • 열거값과 switch문
☐ **switch문 소개**	switch문은 비굣값과 같은 case에 해당하는 문장을 수행합니다. 변숫값에 따라서 다른 명령을 수행해야 하는 경우 유용합니다.
☐ **장점**	• 여러 조건을 검사할 때 유용합니다. • 열거값에 따라서 다른 명령을 수행할 때 사용하기 편합니다.

8.1 switch문 동작 원리

switch문은 값에 따라 다른 로직을 수행할 때 사용합니다. switch문 구조는 다음과 같습니다.

```
switch 비굣값 {            // 검사하는 값이 옵니다.
case 값1:                 // 비굣값과 값1이 같을 때 수행합니다.
   문장
case 값2:                 // 비굣값과 값2가 같을 때 수행합니다.
   문장
default:                 // 만족하는 case가 없을 때 수행합니다.
   문장
}
```

switch 키워드 다음에 비굣값이 옵니다. 첫 번째 case부터 값을 검사합니다. 만약 비굣값과 case값이 같으면 해당 case 문장을 수행하고 switch문을 종료합니다. 같은 값이 없으면 default 문장을 수행합니다. default는 생략 가능합니다.

간단한 예제를 통해서 동작을 확인하겠습니다.

```go
package main

import "fmt"

func main() {

  a := 3

  switch a {              // ❶
  case 1:
    fmt.Println("a == 1")
  case 2:
    fmt.Println("a == 2")
  case 3:                 // ❷
    fmt.Println("a == 3")
  case 4:
    fmt.Println("a == 4")
  default:
    fmt.Println("a > 4")
  }
}
```

```
a == 3
```

a값에 따라서 다른 메시지를 출력합니다.

❶ a의 값 즉 3이 비굣값이 됩니다. 각 case의 값들과 비교해서 같은 경우에 case 로직을 수행합니다. ❷ case 3에 해당하는 문장을 실행해서 "a == 3"이 출력됩니다.

8.2 switch문을 언제 쓰는가?

switch문을 이용하면 복잡한 if else 문을 보기 좋게 정리할 수 있습니다.


```go
package main

import "fmt"
```

```go
func main() {

  day := 3

  if day == 1 {
    fmt.Println("첫째 날입니다.")
    fmt.Println("오늘은 팀미팅이 있습니다.")
  } else if day == 2 {
    fmt.Println("둘째 날입니다.")
    fmt.Println("새로운 팀원 면접이 있습니다.")
  } else if day == 3 {
    fmt.Println("셋째 날입니다.")
    fmt.Println("설계안을 확정하는 날입니다.")
  } else if day == 4 {
    fmt.Println("넷째 날입니다.")
    fmt.Println("예산을 확정하는 날입니다.")
  } else if day == 5 {
    fmt.Println("다섯째 날입니다.")
    fmt.Println("최종 계약하는 날입니다.")
  } else {
    fmt.Println("프로젝트를 진행하세요.")
  }
}
```

```
셋째 날입니다.
설계안을 확정하는 날입니다.
```

if else문을 사용하여 날짜별로 다른 메시지를 출력하는 이 예제에 else if가 너무 많아서 동작이 한 눈에 보이지 않는 문제가 있습니다.

switch문을 사용하면 다음과 같이 깔끔하게 변경할 수 있습니다.

ch8/ex8.3/ex8.3.go

```go
package main

import "fmt"

func main() {
```

```go
day := 3

switch day {
case 1:
  fmt.Println("첫째 날입니다.")
  fmt.Println("오늘은 팀미팅이 있습니다.")
case 2:
  fmt.Println("둘째 날입니다.")
  fmt.Println("오늘은 면접이 있습니다.")
case 3:
  fmt.Println("셋째 날입니다.")
  fmt.Println("설계안을 확정하는 날입니다.")
case 4:
  fmt.Println("넷째 날입니다.")
  fmt.Println("예산을 확정하는 날입니다.")
case 5:
  fmt.Println("다섯째 날입니다.")
  fmt.Println("최종 계약하는 날입니다.")
default:
  fmt.Println("프로젝트를 진행하세요")
  }
}
```

```
셋째 날입니다.
설계안을 확정하는 날입니다.
```

두 예제는 같은 동작을 하지만 if문을 사용한 예제보다 switch문을 사용한 예제가 가독성이 더 좋습니다. switch문을 이용하면 복잡한 if문을 깔끔하게 정리할 수 있습니다.

8.3 다양한 switch문 형태

switch문의 다양한 형태에 대해서 알아보겠습니다.

8.3.1 한 번에 여러 값 비교

하나의 case는 하나 이상의 값을 비교할 수 있습니다. 각 값은 쉼표 ,로 구분합니다.

```go
package main

import "fmt"

func main() {

  day := "thursday"

  switch day {
  case "monday", "tuesday":                    // ❶
    fmt.Println("월, 화요일은 수업 가는 날입니다.")
  case "wednesday", "thursday", "friday":  // ❷
    fmt.Println("수, 목, 금요일은 실습 가는 날입니다.")
  }
}
```

```
수, 목, 금요일은 실습 가는 날입니다.
```

월, 화요일은 수업 가는 날임을 알리고 수, 목, 금요일은 실습 가는 날임을 알립니다.

❶과 ❷에서처럼 하나의 case에 여러 값을 검사할 수 있습니다.

8.3.2 조건문 비교

switch문의 동작을 응용하면 단순히 값만 비교하는 게 아닌 if문처럼 true가 되는 조건문을 검사할 수 있습니다.

온도에 따라 다른 메시지를 출력하는 예제를 살펴봅시다.

```go
package main

import "fmt"

func main() {
```

```go
    temp := 18                          // ❶

    switch true {
    case temp < 10, temp > 30:       // ❷
      fmt.Println("바깥 활동하기 좋은 날씨가 아닙니다.")
    case temp >= 10 && temp < 20:    // ❸
      fmt.Println("약간 추울 수 있으니 가벼운 겉옷을 준비하세요.")
    // 이미 두 번째 case를 실행했기 때문에 검사하지 않습니다.
    case temp >= 15 && temp < 25:    // ❹
      fmt.Println("야외 활동하기 좋은 날씨입니다.")
    default:
      fmt.Println("따뜻합니다.")
    }
}
```

```
약간 추울 수 있으니 가벼운 겉옷을 준비하세요.
```

switch문은 비굣값과 case의 값이 같아지는 경우를 찾는 구문이기 때문에 비굣값을 true로 할 경우 case의 조건문이 true가 되는 경우가 실행됩니다.

❶ temp값이 18입니다. ❷ temp < 10 || temp > 30을 만족하지 못해 false가 되어서 실행하지 않습니다. ❸과 ❹ 모두 true가 되지만 두 번째 조건에서 이미 case 로직이 실행되어서 switch문이 종료되기 때문에 ❹ 조건은 검사하지 않습니다.

switch 다음에 비굣값을 적지 않는 경우 default값으로 true를 사용합니다.

```go
switch true {
  ...
}
```

위 식을 다음과 같이 줄여 쓸 수 있습니다.

```go
switch {
  ...
}
```

8.3.3 switch 초기문

if문과 마찬가지로 switch문에서도 초기문을 넣을 수 있습니다. 형식은 다음과 같습니다.

```
switch 초기문; 비굣값 {
case 값1:
  ...
case 값2:
  ...
default:
}
```

예제를 살펴보며 알아보겠습니다.

ch8/ex8.6/ex8.6.go

```go
package main

import "fmt"

func getMyAge() int {
  return 22
}

func main() {
  switch age := getMyAge(); age { // ❶ getMyAge() 결괏값 비교
  case 10:
    fmt.Println("Teenage")
  case 33:
    fmt.Println("Pair 3")
  default:
    fmt.Println("My age is", age) // age값 사용
  }

  fmt.Println("age is", age)       // ❷ Error - age 변수는 사라졌습니다.
}
```

```
.\ex8.6.go:20:24: undefined: age
```

초기문으로 age값을 초기화하고 age값에 따라 다른 메시지를 출력합니다.

먼저 ❶ age := getMyAge()가 실행되어서 age가 초기화됩니다. 그리고 switch문의 비교값으로 age가 사용됩니다. age는 switch문에서 선언된 변수이기 때문에 switch문이 종료되기 전까지 접근할 수 있습니다. 하지만 switch문이 종료되면 age도 사라지기 때문에 ❷에서 에러가 발생합니다.

초기문으로 age 변수를 초기화하고 비굣값을 true로 하여서 조건문을 통해 age에 해당하는 세대를 표시하는 예제를 살펴봅시다.

```go
// ch8/ex8.7/ex8.7.go
package main

import "fmt"

func getMyAge() int {
  return 22
}

func main() {
  // age 변수 선언 및 초기화
  switch age := getMyAge(); true { // ❶
  case age < 10:
    fmt.Println("Child")
  case age < 20:
    fmt.Println("Teenager")
  case age < 30:
    fmt.Println("20s")
  default:
    fmt.Println("My age is", age) // age값 사용
  }
}
```

```
20s
```

❶ age 변수를 초기문을 통해서 선언 및 대입하고 switch의 비굣값으로 true를 사용해서 case 조건문이 true가 되는 경우를 찾습니다. 비굣값이 true일 경우 생략할 수 있습니다. 따라서 ❶을 다음과 같이 쓸 수 있습니다.

```go
switch age := getMyAge(); {
```

8.4 const 열거값과 switch

const 열거값에 따라 수행되는 로직을 변경할 때 switch문을 주로 사용합니다.

색깔을 나타내는 열거값을 문자열로 바꾸는 함수를 switch문을 사용해 만듭시다.

```go
package main

import "fmt"

type ColorType int              // ❶ 별칭 ColorType을 선언하고 const 열거값 정의
const (
  Red ColorType = iota
  Blue
  Green
  Yellow
)

// 각 ColorType 열거값에 따른 문자열을 반환하는 함수
func colorToString(color ColorType) string { // ❷
  switch color {
  case Red:
    return "Red"
  case Blue:
    return "Blue"
  case Green:
    return "Green"
  case Yellow:
    return "Yellow"
  default:
    return "Undefined"
  }
}

func getMyFavoriteColor() ColorType {
  return Blue
}

func main() {
```

```go
    fmt.Println("My favorite color is", colorToString(getMyFavoriteColor()))
}
```

```
My favorite color is Blue
```

switch문을 사용해 색깔을 나타내는 열거값을 문자열로 바꾸는 함수입니다.

❶ ColorType 별칭 타입을 정의하고 ColorType의 열거값을 정의했습니다. ❷ switch문을 이용해 각 열거값에 따른 문자열을 반환하는 함수를 만들었습니다.

이렇듯 열거값은 switch문과 잘 어울립니다.

Warning 위 예에서 Violet 같은 새로운 색깔을 추가하면 colorToString() 함수도 수정해줘야 합니다. 이런 경우를 커플링됐다고 하거나 결합되어 있다고 말합니다. 열거값이 수정될 때 연관된 모든 switch case문도 수정해줘야 합니다. 그래서 열거값에 연관된 switch case가 많아질수록 작은 수정에도 많은 코드가 변경되어야 하는 산탄총 수술 문제[1]가 발생합니다. 그래서 하나의 열거값에 연관된 switch case는 최대한 줄이는 게 좋습니다.

8.5 break와 fallthrough 키워드

일반적으로 다른 언어에서는 switch문의 각 case 종료 시에 break문을 사용해야 다음 case로 코드가 이어서 실행되지 않습니다. 하지만 Go 언어에서는 break를 사용하지 않아도 case 하나를 실행 후 자동으로 switch문을 빠져나가게 됩니다.

break를 사용하는 case와 그렇지 않은 case를 비교하는 예제를 살펴봅시다.

ch8/ex8.9/ex8.9.go

```go
package main

import "fmt"

func main() {

  a := 3
```

---

[1] 작은 변화에도 산탄총을 맞은 듯 많은 코드 영역을 수정하는 경우를 말합니다. 17장에서 더 다루겠습니다.

```
switch a {
case 1:
  fmt.Println("a == 1")
  break                    // ❶ break 사용
case 2:
  fmt.Println("a == 2")
  break
case 3:
  fmt.Println("a == 3")
case 4:                    // ❷ break 사용 안함
  fmt.Println("a == 4")
default:
  fmt.Println("a > 4")
  }
}
```

```
a == 3
```

❶ case 1과 case 2의 경우 break문을 사용해서 switch문을 빠져나갔습니다. ❷ case 3과 case 4는 사용하지 않았습니다. Go 언어에서는 break를 사용하든 사용하지 않든 상관없이 case 하나를 실행 후 switch문을 빠져나갑니다.

그런데 만약 하나의 case문 실행 후 다음 case문까지 같이 실행하고 싶을 땐 어떻게 할까요? 그럴 때는 fallthrough 키워드를 사용합니다. case 마지막에 fallthrough 키워드를 사용하면 다음 case까지 같이 실행됩니다.

fallthrough 키워드 동작을 확인해봅시다.

ch8/ex8.10/ex8.10.go

```go
package main

import "fmt"

func main() {
  a := 3

  switch a {
  case 1:
```

```go
    fmt.Println("a == 1")
    break
  case 2:
    fmt.Println("a == 2")
  case 3:
    fmt.Println("a == 3")
    fallthrough                 // fallthrough 사용
  case 4:
    fmt.Println("a == 4")
  case 5:
    fmt.Println("a == 5")
  default:
    fmt.Println("a > 5")
  }
}
```

```
a == 3
a == 4
```

case 3 구문 마지막에 fallthrough 키워드를 사용했습니다. 그 결과 case 4까지 실행됐습니다.

Warning fallthrough 키워드는 코드를 보는 사람에게 혼동을 일으킬 수 있으니 되도록 사용하지 않기를 권장합니다.

핵심 요약

switch문은 값에 따라서 다른 문장을 실행할 때 사용되는 구문입니다.

```
switch 비굣값 {
case 값1:
  문장                          // 비굣값과 값1이 같을 때 수행합니다.
case 값2:
  문장                          // 비굣값과 값2가 같을 때 수행합니다.
default:
  문장                          // 만족하는 case가 없을 때 수행합니다.
                                // default 구문은 생략 가능합니다.
}
```

```go
switch {                           // 비곳값을 생략하면 비곳값은 true가 됩니다.
case 조건문1:
    문장                           // 조건문1이 true이면 실행합니다.
case 조건문2:
    문장                           // 조건문2가 true이면 실행합니다.
default:
    문장                           // 모든 case의 조건문이 false이면 실행합니다.
                                   // default 구문은 생략 가능합니다.
}
```

```go
// 초기문이 먼저 실행되고 비곳값을 case들과 비교합니다.
switch 초기문; 비곳값 {
case 값1:
    문장                           // 비곳값과 값1이 같으면 실행합니다.
case 값2:
    문장                           // 비곳값과 값2가 같으면 실행합니다.
default:
    문장                           // 만족하는 case가 없을 때 수행합니다.
                                   // default 구문은 생략 가능합니다.
}
```

1 다음 공란에 들어갈 키워드를 적으세요.

```go
package main

import "fmt"

func main() {
  day := 1

  ████████████ day {
  ████████ 1:
    fmt.Println("First day")
  ████████ 2:
    fmt.Println("Second day")
  ████████ :
    fmt.Println("Another day")
  }
}
```

2 다음 예제의 결과를 적어주세요.

```go
package main

import "fmt"

func main() {
  score := 85
  count := 15
  switch {
  case count < 10:
    fmt.Println("평가 수가 모자랍니다.")
  case count < 20 && score > 80:
      fmt.Println("긍정적인 평가")
```

```go
    case count < 20:
        fmt.Println("판단할 단계가 아닙니다.")
    case score > 90:
        fmt.Println("좋은 평가입니다.")
    case score > 80:
        fmt.Println("살 만한 물건입니다.")
    case score > 70:
        fmt.Println("신중히 생각해보세요.")
    default:
        fmt.Println("좋은 물건이 아닙니다.")
    }
}
```

3 switch문을 사용하여 다음 조건에 만족하도록 함수를 작성하세요.

함수명은 GetDirection

함수 매개변수는 angle float64를 받음

함수 결과는 Direction 타입 반환

angle이 315 이상이면 North 반환

angle이 0 이상 45보다 작으면 North 반환

angle이 45 이상 135보다 작으면 East 반환

angle이 135보다 크고 225보다 작으면 South 반환

angle이 225 이상 315보다 작으면 West 반환

모든 조건이 만족하지 않으면 None 반환

```go
package main

import "fmt"

type Direction int
```

```go
const (
  None Direction = iota
  North
  East
  South
  West
)

func DirectionToString(d Direction) string {
  switch d {
  case North:
    return "North"
  case East:
    return "East"
  case South:
    return "South"
  case West:
    return "West"
  default:
    return "None"
  }
}

// 이곳에 GetDirection 함수를 만드세요.

func main() {
  fmt.Println(DirectionToString(GetDirection(38.3)))
  fmt.Println(DirectionToString(GetDirection(235.8)))
  fmt.Println(DirectionToString(GetDirection(94.2)))
  fmt.Println(DirectionToString(GetDirection(-30)))
}
```

```
North
West
East
None
```

1 정답 switch, case, case, default

2 정답 긍정적인 평가

3 정답

```go
func GetDirection(angle float64) Direction {
  switch {
  case angle >= 315, angle >= 0 && angle < 45:
    return North
  case angle >= 45 && angle < 135:
    return East
  case angle >= 135 && angle < 225:
    return South
  case angle >= 225 && angle <= 315:
    return West
  default:
    return None
  }
}
```

for문

☐ **학습 목표**	for문은 코드 블록을 반복해서 실행할 때 사용합니다. 기본 사용법과 다양한 형태의 for문 사용법을 알아봅시다.
☐ **학습 내용**	• for문 동작 원리 • 다양한 for문 형태 • break와 continue • 중첩 for문
☐ **for문 소개**	for문은 반복된 일을 수행할 때 유용한 구문입니다. for 종료 조건을 제대로 설정하지 않으면 무한히 반복될 수 있으니 주의해야 합니다.
☐ **장점**	• 반복되는 연산을 효과적으로 수행할 수 있습니다. • 코드 반복을 줄여줍니다.

9.1 for문 동작 원리

프로그램에서 반복 작업은 빈번하게 발생합니다. Go 언어는 반복문으로 for문 하나만 지원하지만, 여러 형태가 있기 때문에 각 형태를 적재적소에 잘 사용해야 합니다.

기본 형태는 다음과 같습니다.

```
for 초기문; 조건문; 후처리 {
  코드 블록                   // 조건문이 true인 경우 수행됩니다.
}
```

for문이 실행될 때 초기문이 먼저 실행됩니다. 그리고 조건문을 검사를 합니다. 만약 조건문 결과가 true이면 for문 { } 안쪽 코드 블록을 수행합니다. 그리고 후처리 구문을 실행합니다. 그리고 다시 조건문을 검사를 합니다. 조건문 결과가 true이면 '조건문 결과 → { } 코드 블록 수행 → 후처리'를 순서대로 반복합니다. 만약 조건문이 false이면 후처리 없이 for문을 종료합니다. 이 과정을 순서도로 나타내면 다음과 같습니다.

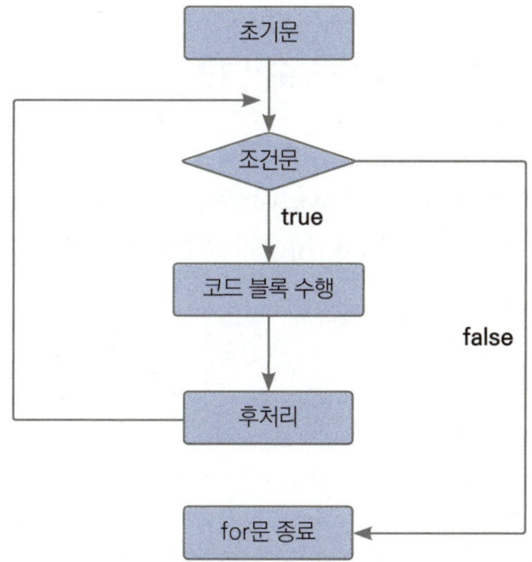

예제를 통해서 for문의 동작을 살펴보겠습니다.

```go
package main

import "fmt"

func main() {
  for i := 0; i < 10; i++ {      // ❶ 초기문; 조건문; 후처리
    fmt.Print(i, ", ")           // ❷ i값을 출력합니다.
  }

// fmt.Println(i)                 // ❸ Error - i는 이미 사라졌습니다.
}
```

```
0, 1, 2, 3, 4, 5, 6, 7, 8, 9,
```

ch9/ex9.1/ex9.1.go

0부터 9까지 숫자를 for문 이용해 출력합니다.

먼저 ❶ i 변수[1]를 선언하고 0으로 초기화합니다. i를 10과 비교합니다. i값은 10보다 작기 때문에 조건문이 true가 됩니다.

---

[1] i는 iterator의 첫 글자로 for 반복문의 반복 횟수 지정용 변수명으로 관용적으로 사용됩니다.

❷ {} 안쪽 코드 블록이 실행되고 나서 후처리 i++가 실행됩니다. i++는 i값을 1 증가시키기 때문에 i값이 1이 됩니다. 이후 조건문이 true인 동안 조건문 {} 코드 블록, 후처리를 반복하다가 i가 10이 되면 조건문 10 < 10은 false가 되어 for문이 종료됩니다.

여기서 문제! 그런데 주석 처리된 ❸ 행에서 주석을 풀면 어떻게 될까요? for문이 종료되고 변수 i가 사라졌기 때문에 ❸ 에러가 발생합니다. for문 안에서 선언된 i가 for문이 종료되면서 메모리에서 제거됐기 때문입니다.

9.1.1 초기문 생략

다음은 초기문을 생략한 형태입니다.

```
for ; 조건문; 후처리 {
   코드 블록
}
```

초기문을 생략해도 ;를 붙여서 조건문 자리를 표시해줘야 합니다.

9.1.2 후처리 생략

후처리를 생략할 수 있습니다.

```
for 초기문; 조건문; {  // 후처리 생략
   코드 블록
}
```

후처리를 생략해도 조건문 뒤에 ;를 붙여줘야 합니다.

9.1.3 조건문만 있는 경우

초기문과 후처리를 모두 생략하면 다음과 같이 쓸 수 있습니다.

```
for ; 조건문; {
   코드 블록
}
```

더 단순하게 ;를 모두 없앨 수도 있습니다.

```
for 조건문 {
  코드 블록
}
```

9.1.4 무한 루프

조건문이 true이면 코드 블록이 무한히 반복되는 무한 루프loop가 됩니다(또는 무한 반복문).

```
for true {
  코드 블록
}
```

switch문에서 조건문을 생략하면 true가 되듯이 for문에서도 true를 생략할 수 있습니다. 그래서 위 예는 아래와 같습니다.

```
for {
  코드 블록
}
```

무한 루프는 프로그램이 강제 종료되거나 아래 설명할 break를 사용해 for문을 종료하지 않으면 계속 반복되니 사용에 주의를 기울여야 합니다.

1초마다 한 번씩 1씩 증가하는 숫자를 무한히 출력하는 예문을 하나 살펴봅시다.

ch9/ex9.2/ex9.2.go
```go
package main

import (
  "fmt"
  "time"
)

func main() {
  i := 1
  for {
```

```
      time.Sleep(time.Second)
      fmt.Println(i)
      i++
    }
}
```

```
1
2
3
...
```

 위 예제는 프로그램을 강제 종료하지 않으면 종료되지 않고 계속 숫자를 출력합니다. `Ctrl+C` 를 눌러 어서 강제 종료하세요!

9.1.5 정숫값으로 순회

Go 버전 1.22부터 정숫값으로 순회할 수 있습니다. 예제를 통해 알아보겠습니다.

ch9/ex9.3/ex9.3.go

```go
package main

import "fmt"

func main() {
  for i := range 10 {
    fmt.Println(i)
  }
}
```

위와 같이 i 변수 선언대입문 이후 range 키워드를 하고 숫자값을 넣으면 0부터 숫자값까지 (숫자값은 포함되지 않습니다) i값이 1씩 증가하면서 순회됩니다. 위 예제를 실행하면 0부터 9까지 출력됩니다.

9.2 continue와 break

continue와 break는 반복문을 제어하는 키워드입니다. continue는 이후 코드 블록을 수행하지 않고 곧바로 후처리를 하고 조건문 검사부터 다시 하고, break는 for문에서 곧바로 빠져 나옵니다.

```go
for i := 0; i < 10; i++ {
  if i == 3 {
    continue            후처리로 건너뜁니다.
  }
  if i == 6 {
    break
  }
  fmt.Println("6 *", i, "=", 6*i)     for문을 종료합니다.
}
```

continue와 break를 이용한 다른 예제를 살펴보겠습니다.

```go
                                        ch9/ex9.3/ex9.4.go
package main

import (
    "bufio"
    "fmt"
    "os"
)

func main() {
    stdin := bufio.NewReader(os.Stdin)
    for {                           // ❶ 무한 루프
        fmt.Println("입력하세요.")
        var number int
        _, err := fmt.Scanln(&number)   // ❷ 한 줄 입력을 받습니다.
        if err != nil {                 // ❸ 숫자가 아닌 경우
            fmt.Println("숫자를 입력하세요.")

            // 키보드 버퍼를 비웁니다.
            stdin.ReadString('\n')      // ❹ 키보드 버퍼를 지워줍니다.
```

```go
        continue                        // ❺ ❶로 돌아갑니다.
    }
    fmt.Printf("입력하신 숫자는 %d입니다.\n", number)
    if number%2 == 0 {                  // ❻ 짝수 검사를 합니다.
        break                           // ❼ for문을 종료합니다.
    }
}
fmt.Println("for문이 종료됐습니다.")
}
```

```
입력하세요.
ff
숫자를 입력하세요.
입력하세요.
31
입력하신 숫자는 31입니다.
입력하세요.
32
입력하신 숫자는 32입니다.
for문이 종료됐습니다.
```

입력받은 수가 짝수일 때까지 계속 입력을 받아서 출력하는 예제입니다.

❶ 무한 루프를 사용했습니다. ❷ 키보드로부터 숫자를 입력받습니다. 만약 입력이 숫자가 아닌 경우에는 err에 에러값이 들어갑니다. ❸ err != nil이라면 에러가 발생했다는 뜻입니다. ❹ 줄바꿈까지 문자열을 다시 읽어서 키보드 버퍼를 없애줘야 합니다.

❺ continue를 통해서 이후 코드 블록을 건너뜁니다. 무한 루프라서 후처리와 조건검사가 없기 때문에 바로 다음 반복을 시작합니다. ❻ 짝수인지 검사합니다. 2로 나눈 나머지가 0이라는 얘기는 짝수라는 뜻입니다. ❼ 입력한 값이 짝수이면 break로 for문을 종료합니다.

9.3 중첩 for문

for문을 중첩해서 사용할 수 있습니다. 한 번 이상 중첩해 사용한 for문을 중첩 for문이라고 합니다. 중첩된 for문 예제를 살펴보겠습니다.

```go
package main

import "fmt"

func main() {
  for i := 0; i < 3; i++ {       // ❶ 3번 반복합니다.
    for j := 0; j < 5; j++ {     // ❷ 5번 반복합니다.
      fmt.Print("*")             // ❸ *을 출력합니다.
    }
    fmt.Println()                // ❹ 줄바꿈합니다.
  }
}
```

```
*****
*****
*****
```

❶ i가 3보다 작으면 반복하는 for문입니다. ❷ j가 5보다 작으면 반복하는 for문입니다. j를 0으로 초기화하므로 총 5회 반복되어 *를 5번 출력합니다. ❸ 5회 실행되면 j가 5가 되어서 안쪽 반복문이 종료되고 다음 행인 ❹ fmt.Println() 함수를 호출하여 줄바꿈을 합니다.

❶ i가 3보다 작은 동안 이 작업을 반복하므로 *****를 세 번 출력하고 프로그램이 종료됩니다.

Tip 이중 중첩된 for문에서 각 for문이 i번, j번 반복하면 i × j번 반복하게 됩니다. 만약 삼중 중첩 for문을 사용하면 어떻게 될까요? 각 for문에서 i, j, k번 반복하면 총 i × j × k번 반복하게 됩니다. 중첩 반복문을 사용하면 연산량을 크게 증가시키므로 반복 횟수가 많을 때는 사용에 특히 더 주의해야 합니다.

조금 복잡하므로 이중 for문을 사용한 다른 예제를 살펴보겠습니다.

```go
package main

import "fmt"
```

```go
func main() {
  for i := 0; i < 5; i++ {            // ❶ 5번 반복합니다.
    for j := 0; j < i+1; j++ {        // ❷ 현재 i값+1만큼 반복합니다.
      fmt.Print("*")                  // ❸ *을 출력합니다.
    }
    fmt.Println()                     // ❹ 줄바꿈합니다.
  }
}
```

```
*
**
***
****
*****
```

1개부터 5개까지 각 줄마다 하나씩 증가하는 별을 출력합니다.

❶ i < 5가 참인 동안 반복하는 바깥 for문입니다. ❷ j < i+1이 참인 동안 반복하는 안쪽 for문입니다. i값이 0일 때 안쪽 for문의 조건문은 j < 0+1이 됩니다. 그래서 1번만 실행되어 *을 한 번만 출력합니다. ❶ i < 5가 참인 동안 5회 결과적으로 안쪽 for문의 조건문은 j가, 1, 2, 3, 4, 5보다 작을 때 참이게 되어 각각 *를 1, 2, 3, 4, 5개 출력하게 됩니다. ❹ 안쪽 for문이 끝나면 1회 실행되어 줄바꿈을 합니다.

중첩 for문에서 break와 continue를 사용하면 continue와 break가 속한 코드 블록의 for문 끝으로 가거나 곧바로 for문을 빠져나가게 됩니다. 예제를 살펴보겠습니다.

ch9/ex9.6/ex9.7.go

```go
package main

import "fmt"

func main() {
  dan := 2
  b := 1
  for {                                         // 바깥쪽 for문
    for {                                       // 안쪽 for문
      fmt.Printf("%d * %d = %d\n", dan, b, dan*b)
      b++
      if b == 10 {            // ❶
```

```go
      break                    // 안쪽 for문을 종료합니다.
    }
  }
  b = 1
  dan++
  if dan == 10 {             // ❷
    break                    // 바깥쪽 for문을 종료합니다.
  }
}
fmt.Println("for문이 종료됐습니다.")
}
```

```
2 * 1 = 2
2 * 2 = 4
2 * 3 = 6
2 * 4 = 8
2 * 5 = 10
2 * 6 = 12
2 * 7 = 14
2 * 8 = 16
2 * 9 = 18
3 * 1 = 3
... 중략 ...
9 * 1 = 9
9 * 2 = 18
9 * 3 = 27
9 * 4 = 36
9 * 5 = 45
9 * 6 = 54
9 * 7 = 63
9 * 8 = 72
9 * 9 = 81
for문이 종료됐습니다.
```

for문을 중첩해서 구구단을 출력합니다. ❶ b값이 10이 되면 break를 통해서 안쪽 for문을 종료합니다. 바깥쪽 for문은 종료되지 않습니다. 그러면 dan을 증가하여 다음 단수를 출력하게 됩니다. ❷ dan값이 10이 되면 break문으로 for문을 종료합니다. 이때 break문은 바깥쪽 for문에 속하기 때문에 바깥쪽 for문이 종료됩니다.

9.4 중첩 for문과 break, 레이블

앞서 예제에서 보면 중첩 for문에서 break를 사용하면 break가 속한 for문에서만 빠져나옵니다. 모든 for문을 빠져나가고 싶을 때는 어떻게 해야 할까요? 첫 번째 방법은 불리언 변수를 사용하는 겁니다. 예제를 보겠습니다.

ch9/ex9.7/ex9.8.go

```go
package main

import "fmt"

func main() {
  a := 1
  b := 1
  found := false
  for ; a <= 9; a++ {
    for b = 1; b <= 9; b++ {
      if a * b == 45 {
        found = true        // ❶ 찾았음을 표시하고 break
        break
      }
    }
    if found {              // ❷ 바깥쪽 for문에서 찾았는지 검사해서 break
      break
    }
  }
  fmt.Printf("%d * %d = %d\n", a, b, a*b)
}
```

```
5 * 9 = 45
```

1~9 사이의 두 수를 곱했을 때 45가 되는 수를 찾습니다. ❶ 안쪽 for문에서 두 수의 곱이 45가 되는 경우를 찾았다면 found 변숫값을 true로 바꾸고 break해서 안쪽 for문을 종료합니다. 이 때 바깥쪽 for문은 종료되지 않은 상태이기 때문에 found가 true인지 검사해서 바깥쪽 for문까지 검사해줘야 합니다. 이런 형태로 불리언 변수를 사용하는 것을 깃발처럼 올라갔는지 내려갔는지를 표시한다고 해서 플래그flag 변수라고 합니다.

플래그 변수를 사용하는 게 때로는 번거로울 수 있습니다. 이중 for문이 아니라 삼중 사중이면 더 복잡할 겁니다. 다른 방법은 없을까요? 바로 레이블을 이용한 방법입니다. for문을 시작할 때 레이블을 정의하고 break할 때 앞서 정의한 레이블을 적어주면 그 레이블에서 가장 먼저 속한 for문까지 모두 종료하게 됩니다. 예제로 살펴보겠습니다.

ch9/ex9.8/ex9.9.go

```go
package main

import "fmt"

func main() {
    a := 1
    b := 1

OuterFor:                              // ❶ 레이블 정의
    for ; a <= 9; a++ {
        for b = 1; b <= 9; b++ {
            if a*b == 45 {
                break OuterFor  // ❷ 레이블에 가장 먼저 포함된 for문까지 종료
            }
        }
    }
    fmt.Printf("%d * %d = %d\n", a, b, a*b)
}
```

```
5 * 9 = 45
```

플래그 변수가 아닌 레이블을 사용해서 for문을 종료하는 코드입니다. ❶ 레이블을 정의했습니다. 레이블은 레이블 이름을 적고 콜론 :을 적어서 정의합니다. ❷ break할 때 레이블 이름을 적어주면 그 레이블에서 가장 먼저 포함된 for문까지 종료하게 됩니다. 그래서 이 예제에서는 바깥쪽 for문까지 모두 종료하게 됩니다.

레이블을 사용하는 방법이 편리할 수 있으나 혼동을 불러일으킬 수 있고 자칫 잘못 사용하면 예기치 못한 버그가 발생할 수 있습니다. 그래서 되도록 플래그를 사용하고 레이블은 꼭 필요한 경우에만 사용하기를 권장합니다. 클린 코드를 지향하려면 중첩된 내부 로직을 함수로 묶어 중첩을 줄이고, 플래그 변수나 레이블 사용을 최소화해야 합니다.

함수를 사용해 반복문 중첩과 레이블이 없는 깔끔한 코드로 수정합시다.

```go
package main

import "fmt"

func find45(a int) (int, bool) {     // ❶ 곱해서 45가 되는 값을 찾음
    for b := 1; b <= 9; b++ {
        if a*b == 45 {
            return b, true
        }
    }
    return 0, false
}

func main() {
    a := 1
    b := 0

    for ; a <= 9; a++ {
        var found bool
        if b, found = find45(a); found {  // ❷ 함수 호출
            break
        }
    }
    fmt.Printf("%d * %d = %d\n", a, b, a*b)
}
```

```
5 * 9 = 45
```

❶ 중첩된 for문 내부 코드를 find45() 함수로 묶었습니다. 두 번째 반환값으로 1~9 사이의 숫자 중 a와 곱해서 45가 되는 값을 찾았는지 여부를 반환합니다. ❷ for문 내부에서 다른 for문을 중첩하지 않고 함수를 호출하기 때문에 플래그 변수나 레이블이 필요 없고 중첩 for문을 사용하지 않아서 코드를 읽기에도 편합니다.

핵심 요약

for문은 조건문이 true이면 코드 블록을 반복 수행합니다. continue와 break를 통해서 for문 후처리로 가거나 해당 반복문을 빠져나갈 수 있습니다.

```
// 기본 형태
for 초기문; 조건문; 후처리 {
   코드 블록                         // 조건문이 true이면 반복 수행됩니다.
}
```

```
// 초기문 생략
for ; 조건문; 후처리 {
   코드 블록                         // 조건문이 true이면 반복 수행됩니다.
}
```

```
// 초기문, 후처리 생략
for ; 조건문; {
   코드 블록
}

// 또는 다음 처럼 ;를 생략할 수 있습니다.
for 조건문 {
   코드 블록
}
```

```
// 초기문, 조건문, 후처리 모두 생략
for {
   코드 블록    // 무한 반복됩니다(break를 이용해 for문을 탈출할 수 있습니다).
}
```

1 숫자를 한 번에 하나씩 출력하는 for문을 이용해서 아래 결과를 출력하는 프로그램을 작성하세요.

```
10 9 8 7 6 5 4 3 2 1
```

2 다음은 구구단을 출력하는 프로그램입니다. 주석 부분을 채워서 3단부터 6단까지는 출력하지 않도록 바꿔보세요.

```go
package main

import "fmt"

func main() {
  for i := 2; i < 10; i++ {
    // 여기를 채워보세요

    for j := 1; j < 10; j++ {
      fmt.Println(i, "*", j, "=", i*j)
    }
    fmt.Println()
  }
}
```

3 다음 출력 결과가 나오도록 9까지 홀수의 제곱값을 출력하는 프로그램을 작성하세요.

Hint 후처리는 꼭 ++나 --를 쓰지 않고 다른 연산자를 쓰셔도 됩니다.

```
1 * 1 = 1
3 * 3 = 9
5 * 5 = 25
7 * 7 = 49
9 * 9 = 81
```

4 이중 for문을 사용해서 다음 모양의 별을 출력하는 프로그램을 작성하세요.

```
*****
****
***
**
*
```

1 정답

```go
package main

import "fmt"

func main() {
  for i := 10; i > 0; i-- {
    fmt.Print(i, " ")
  }
}
```

2 정답

```go
if i >= 3 && i <= 6 {
  continue
}
```

3 정답

```go
package main

import "fmt"

func main() {
  for i := 1; i < 10; i += 2 {
    fmt.Println(i, "*", i, "=", i * i)
  }
}
```

4 정답

```go
package main

import "fmt"

func main() {
  for i := 0; i < 5; i++ {
    for j := 0; j < 5-i; j++ {
      fmt.Print("*")
    }
    fmt.Println()
  }
}
```

해설 이 문제는 생각보다 쉽진 않습니다. 각 줄의 출력되는 별의 개수가 줄어드는 규칙을 발견해야 합니다. 첫 번째 줄은 별을 5개 출력하고 두 번째 줄은 4개를 세 번째 줄은 3를 출력합니다. 총 '5 - 줄수 + 1'만큼의 별을 출력합니다.

배열

☐ **학습 목표**	배열 개념과 사용법을 알아봅시다.
☐ **학습 내용**	• 배열 선언　　　• 배열값 접근　　　• 배열 순회
☐ **배열 소개**	배열은 타입이 같은 값 여러 개를 가지는 자료구조입니다. 배열에 저장된 값을 element, 우리말로는 요소, 원소, 항목이라고 합니다. 이 책에서는 요소로 사용하겠습니다. 첫 번째 요소의 위치는 0번째이고, 1씩 늘어납니다. 이 위치를 인덱스라고 합니다.
☐ **장점**	• 배열을 사용하면 타입이 같은 여러 데이터를 변수 하나로 묶어서 효과적으로 다룰 수 있습니다. • 배열에 담을 수 있는 최대 요소 개수는 생성할 때 고정되어 중간에 늘리거나 줄일 수 없습니다.

10.1 배열

배열array은 같은 타입의 데이터들로 이루어진 타입입니다. 배열을 이루는 각 값은 요소라고 하고 요소element를 가리키는 위치값을 인덱스index라고 합니다.

인덱스	0	1	2	3	4	5	6	7	8	9	10
배열 요소	53	65	23	89	13	53	54	23	76	45	89

배열은 같은 타입의 여러 데이터를 하나의 변수로 효과적으로 사용할 수 있도록 해줍니다.

예를 들어 다음과 같이 최근 5일간 기온 데이터가 있다고 합시다.

24.0	25.9	27.8	26.9	26.2

날짜마다 변수 하나를 사용해도 되겠지만 배열을 사용하면 변수를 하나만 할당해도 됩니다. 배열은 데이터 타입 앞에 [ ]를 붙여 만듭니다.

```
var 변수명 [요소 개수]타입
```

날짜별 온도가 소수점까지 제공되므로 최근 5일 온도 데이터를 저장하는 배열 변수 t를 다음과 같이 선언할 수 있습니다.

```
var t [5]float64
```

예제를 살펴보며 사용법을 익혀봅시다.

ch10/ex10.1/ex10.1.go

```go
package main

import "fmt"

func main() {
  var t [5]float64 = [5]float64{24.0, 25.9, 27.8, 26.9, 26.2} // ❶

  for i := 0; i < 5; i++ { // ❷
    fmt.Println(t[i])        // ❸
  }
}
```

```
24
25.9
27.8
26.9
26.2
```

❶ float64 배열을 선언하고 초기화합니다. 중괄호 { }를 이용해서 각 요소의 값을 초기화했습니다. ❷ 배열 길이가 5이므로 5회 반복하는 for문을 만들었습니다. ❸ i값에 따라 배열 요소에 접근해 값을 출력합니다. for문에서 i는 0부터 4까지 1씩 증가하며 t[0]부터 t[4]까지 출력합니다.

다른 값과 달리 24.0은 24로 출력됐습니다. 포맷을 지정하지 않은 경우 실수는 최소 소숫점 자릿수로 표시됩니다. 그래서 24.0은 24로 출력됩니다. 특정 소숫점 자릿수까지 표시하는 방법은

5.1.4절 '실수 소수점 이하 자릿수'를 참조하세요.

배열의 인덱스는 0부터 시작하므로 t[0]이 첫 번째 값입니다. 그래서 배열의 마지막 요소 인덱스는 배열 길이 − 1입니다. 배열 t의 길이는 5이므로 마지막 인덱스는 4입니다. 따라서 마지막 값을 t[4]로 구할 수 있습니다.

Warning 배열의 인덱스 범위를 벗어나서 접근하면 에러가 발생합니다. 앞의 예제에서 t 길이가 5이므로 t[5] 또는 t[6]에 접근하면 에러가 발생합니다.

10.2 배열 사용법

배열 변수의 선언, 초기화, 각 요소의 읽기, 쓰기 등에 대해서 알아봅니다.

10.2.1 배열 변수 선언 및 초기화

배열 변수 선언과 초기화 방법에 대해서 알아봅니다.

```
var nums [5]int
```

int 타입 요소를 5개 갖는 배열 nums를 할당합니다. 별도로 초깃값을 지정하지 않아 각 요솟값은 int 타입의 기본값인 0으로 초기화됩니다.

nums[0]	nums[1]	nums[2]	nums[3]	nums[4]
0	0	0	0	0

```
days := [3]string{"monday", "tuesday", "wednesday"}
```

string 타입 요소를 3개 갖는 배열 days를 할당합니다. 각 요솟값을 "monday", "tuesday", "wednesday"로 초기화했습니다.

days[0]	days[1]	days[2]
"monday"	"tuesday"	"wednesday"

```
var temps [5]float64 = [5]float64{24.3, 26.7}
```

float64 타입 요소를 5개 갖는 배열 temps를 할당합니다. 첫 번째 요솟값과 두 번째 요솟값은 각각 24.3과 26.7로 초기화됩니다. 나머지는 float64 타입의 기본값인 0.0으로 초기화됩니다.

temps[0]	temps[1]	temps[2]	temps[3]	temps[4]
24.3	26.7	0.0	0.0	0.0

```
var s = [5]int{1:10, 3:30}
```

int 타입 요소를 5개 갖는 배열 s를 할당합니다. 인덱스가 1인 요솟값을 10으로, 3인 요솟값을 30으로 초기화합니다. 나머지는 int 타입의 기본값인 0으로 초기화됩니다.

s[0]	s[1]	s[2]	s[3]	s[4]
0	10	0	30	0

```
x := [...]int{10, 20, 30}
```

...를 사용해 배열 요소 개수를 생략할 수 있습니다. 이때 배열 요소 개수는 초기화되는 요소 개수와 같습니다. 초기화 개수가 3개이므로 x의 요소 개수는 3개가 되고 각각 10, 20, 30으로 초기화됩니다.

x[0]	x[1]	x[2]
10	20	30

10.2.2 배열 선언 시 개수는 항상 상수

배열 선언 시 개수는 항상 상수로 써야 합니다. 변숫값을 배열 개수로 사용할 수 없습니다.

변수로 배열 길이를 지정해 오류가 발생하는 예제를 살펴봅시다.

```go
package main                                    ch10/ex10.2/ex10.2.go

const Y int = 3                    // ❶ 상수

func main() {
  x := 5                          // ❷ 변수
  a := [x]int{1, 2, 3, 4, 5} // ❸

  b := [Y]int{1, 2, 3}          // ❹

  var c [10]int                  // ❺
}
```
```
./ex10.2.go:11:8: non-constant array bound x
```

❸에서 에러가 발생합니다. ❷ 변수로 선언된 x는 배열 길이로 사용할 수 없기 때문입니다. 하지만 ❶ Y는 상수로 선언됐기 때문에 ❹ 에러가 발생하지 않습니다. ❺ 상수 10을 배열 길이를 지정하는 데 사용했기 때문에 역시 에러가 발생하지 않습니다.

10.2.3 배열 요소 읽고 쓰기

배열 요소에 접근하여 값을 읽고 쓰려면 배열 변수에 대괄호 [ ]를 쓰고 그 사이에 접근하고자 하는 요소의 인덱스를 적습니다.

```go
package main                                    ch10/ex10.3/ex10.3.go

import "fmt"

func main() {
  nums := [...]int{10, 20, 30, 40, 50} // ❶

  nums[2] = 300 // ❷

  for i := 0; i < len(nums); i++ {    // ❸
    fmt.Println(nums[i])              // ❹
  }
}
```

```
10
20
300
40
50
```

❶ 요소가 5개인 nums 배열을 할당합니다. ❷ nums[2]에 300을 대입합니다. ❸ nums 길이보다 i가 작은 동안 반복하는 for문입니다. len() 함수를 이용해서 배열의 길이를 구했습니다. ❹ nums[i]에 해당하는 요소를 출력합니다. nums[2]가 300으로 바뀐 것을 알 수 있습니다.

len() 함수로 배열 길이를 알 수 있습니다. len() 함수 입력으로 배열 변수를 넣으면 배열 길이를 반환합니다. 따라서 ❸ len(nums)는 nums 배열의 길이인 5를 반환합니다.

10.2.3 range 순회

for 반복문에서 range 키워드를 이용하면 배열 요소를 순회할 수 있습니다.

ch10/ex10.4/ex10.4.go

```go
package main

import "fmt"

func main() {
  var t [5]float64 = [5]float64{24.0, 25.9, 27.8, 26.9, 26.2} // ❶

  for i, v := range t { // ❷ 모든 배열 요소 순회
    fmt.Println(i, v)   // ❸
  }
}
```

```
0 24
1 25.9
2 27.8
3 26.9
4 26.2
```

❶ float64 타입 요소 5개를 갖는 배열 t를 할당합니다. ❷ range를 사용해 모든 배열 요소를 순

회하는 for문입니다. range는 배열의 각 요소를 순회하면서 인덱스와 요솟값 두 값을 반환합니다. 선언 대입문을 사용하여 i 변수에는 인덱스값을 대입하고 v 변수에는 요솟값을 대입했습니다.

인덱스
원솟값

```go
for i, v := range t {
  fmt.Println(v)
}
```

❸ i와 v값을 출력합니다.

인덱스가 필요없고 요솟값만 필요하면 밑줄 _을 이용해서 인덱스를 무효화할 수 있습니다.

```go
for _, v := range t {
  fmt.Println(v)
}
```

Warning 선언하고 사용하지 않는 변수가 있으면 컴파일 에러를 발생합니다. 따라서 range을 사용할 때 인덱스를 사용하지 않는다면 밑줄 _을 사용해서 첫 번째 값을 반드시 무효화합시다.

Tip range 순회는 배열뿐 아니라 문자열, 슬라이스, 맵, 채널 등에도 사용할 수 있습니다. 각 타입에 따른 range 사용법은 각 타입을 다루는 곳에서 설명하겠습니다(A.2절 'for range' 참조).

10.3 배열은 연속된 메모리

컴퓨터가 배열을 어떻게 처리하는지 자세히 알아보겠습니다.

배열을 선언하면 컴퓨터는 연속된 메모리 공간을 확보합니다. 예를 들어 var a [10]int32 배열을 선언하면 컴퓨터는 int32값 10개를 저장할 수 있는 연속된 메모리 공간을 찾아 할당합니다(int32 타입은 4바이트므로 연속된 40바이트를 찾아 할당합니다).

```go
var a [10]int32
```

메모리 공간에 다음과 같이 배열 a가 할당됩니다.

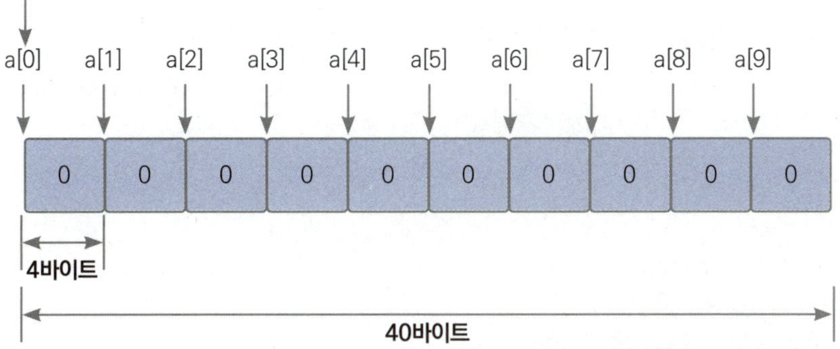

컴퓨터가 인덱스에 해당하는 요소를 찾아가는 방법을 알아보겠습니다.

컴퓨터는 배열의 시작 주소에 '인덱스 × 타입 크기'를 더해서 찾아갑니다.

요소 위치 = 배열 시작 주소 + (인덱스 × 타입 크기)

예를 들어 a 배열 시작 주소가 100번지라면 a[3] 주소는 int32 타입 크기는 4바이트이므로 100 + (3 * 4) = 112번지가 됩니다. 다음과 같은 명령을 내리려면 어떻게 될까요?

```
a[3] = 300
```

112번지부터 4바이트 메모리 공간에 300을 대입합니다.

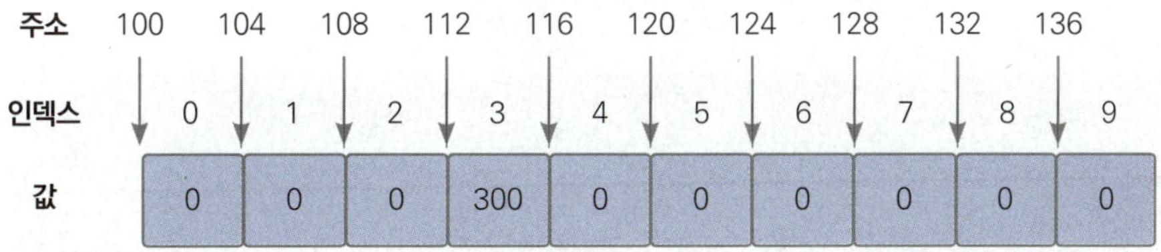

배열의 핵심은 다음 두 가지입니다.

1 배열은 연속된 메모리다.
2 컴퓨터는 인덱스와 타입 크기를 사용해서 메모리 주소를 찾는다.

10.3.1 배열 복사

대입 연산자를 사용하면 배열 대 배열 복사를 할 수 있습니다. 예제를 통해서 살펴보겠습니다.

```go
package main

import "fmt"

func main() {
  a := [5]int{1, 2, 3, 4, 5}
  b := [5]int{500, 400, 300, 200, 100}

  for i, v := range a { // ❶ 배열 a 요소 출력
    fmt.Printf("a[%d] = %d\n", i, v)
  }

  fmt.Println()          // ❷ 개행
  for i, v := range b {  // ❸ 배열 b 요소 출력
    fmt.Printf("b[%d] = %d\n", i, v)
  }

  b = a       // ❹ a 배열을 b 변수에 복사

  fmt.Println()          // 개행
  for i, v := range b {  // ❺ 배열 b 요소 출력
    fmt.Printf("b[%d] = %d\n", i, v)
  }
}
```

```
a[0] = 1
a[1] = 2
a[2] = 3
a[3] = 4
a[4] = 5

b[0] = 500
b[1] = 400
b[2] = 300
b[3] = 200
b[4] = 100
```

```
b[0] = 1
b[1] = 2
b[2] = 3
b[3] = 4
b[4] = 5
```

❶ a 배열의 모든 요소를 출력합니다. ❷ 한 줄을 띄웁니다. ❸ 복사하기 전의 b 배열의 모든 요소를 출력합니다. ❹ a 배열의 모든 요솟값을 b 배열에 복사합니다. ❺ 변경된 b 배열의 값을 모두 출력합니다.

Go 언어에서 대입 연산자는 우변의 값을 좌변의 메모리 공간에 복사합니다. 이때 복사되는 크기는 타입 크기와 같습니다. 배열의 대입 역시 마찬가지입니다.

```go
var a [5]int
var b [5]int


b = a
```

a 타입은 [5]int 타입으로 요소당 8바이트씩, 총 크기는 40바이트입니다. b 타입도 [5]int입니다. b = a를 하면 a의 값을 b의 메모리 공간에 복사합니다. 이때 복사하는 크기는 타입 크기인 40바이트입니다. 이때 a의 값은 변수 a가 가리키는 메모리 공간의 값 즉 배열 전체를 말합니다. 그래서 Go 언어에서 배열 간 대입은 전체 배열의 복사로 동작합니다.

```go
var a = [5]int{1, 2, 3, 4, 5}
var b = [5]float32{100, 200, 300, 400, 500}


b = a           // 에러 발생
```

Go 언어에서 모든 연산자의 각 항의 타입은 항상 같아야 합니다. 대입 연산자도 마찬가지입니다. 그래서 b = a 코드는 a와 b의 타입이 같지 않기 때문에 에러가 발생합니다.

10.4 다중 배열

다중 배열은 중첩된 배열을 말합니다. 이중 배열, 삼중 배열처럼 여러 번 중첩해서 사용할 수 있습니다.

이중 배열은 X, Y 좌표계의 위치 데이터들을 위해 주로 사용되어서 이차원 배열이라고 부르고, 삼중 배열을 삼차원 공간상의 좌표 데이터들을 위해 주로 사용되어서 삼차원 배열이라고 부르기도 합니다(개념으로는 차원으로 부르는 것이 적당합니다. 그런데 컴퓨터는 차원 형태로 데이터를 저장하지 않고 차원에 상관없이 전체 요소 개수만큼 연속된 메모리 형태로 저장합니다. 그러한 이유로 이 책에서는 다차원 대신 다중으로 부르겠습니다).

간단하게 다중 배열은 배열을 요소로 가지는 배열이라고 이해하면 쉽습니다.

var a [5]int는 int값을 5개 가지는 배열입니다.

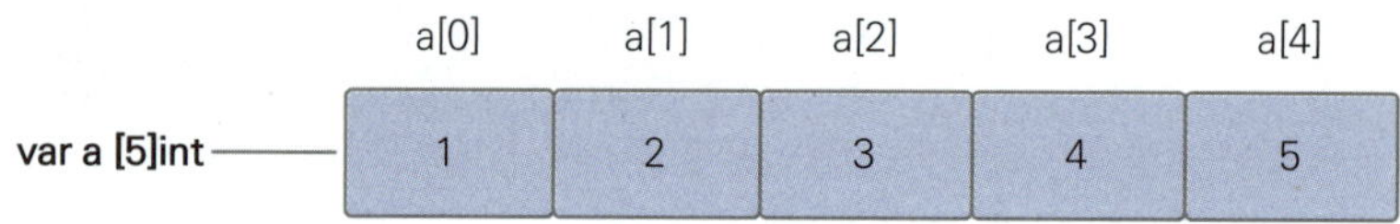

그렇다면 var b [2][5]int는 어떤 모양일까요? 간단히 생각하면 [5]int가 두 개인 배열입니다. 그래서 b[0]은 첫 번째 [5]int 배열이 되고, b[1]은 두 번째 [5]int 배열이 됩니다.

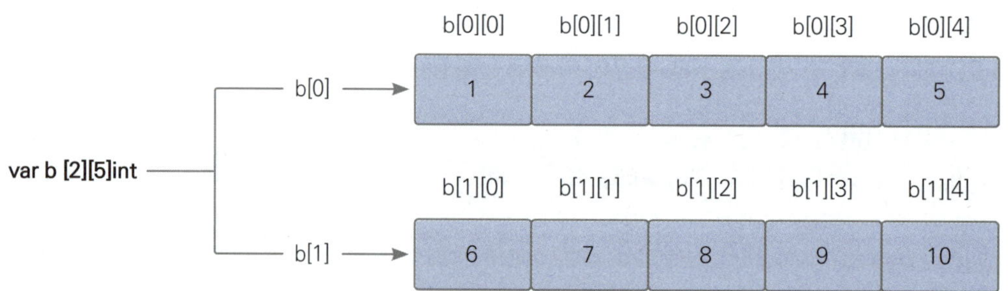

b[1][2]가 무엇인가 알아볼까요? b 배열의 두 번째 요소인 [5]int 배열에서 3번째 요소를 찾으면 되겠네요. 따라서 값은 8입니다.

즉 정리하면 배열은 몇 개가 중첩됐든 **[개수] 타입** 형태로 이해하면 됩니다.

[2][5][100][200]int와 같이 복잡한 다중 배열이라도 뒷부분 [5][100][200]int를 A 타입이라고 보고 A 타입이 2개 있는 배열이라고 생각할 수 있습니다. [5][100][200]int는 다시 [100][200] int가 5개 있는 배열입니다.

배열에 초깃값을 넣는 데 {}를 사용합니다.

```go
var a = [5]int{ 1, 2, 3, 4, 5 }
```

이중 배열에서는 어떻게 할까요? var b [2][5]int는 [5]int가 두 개인 배열이라고 말씀드렸죠? b[0]과 b[1]을 각각 {}를 사용해 초기화하고, 그 둘을 다시 {}로 묶으면 됩니다.

```go
var b = [2][5]int{     // b 배열용 { }
  { 1, 2, 3, 4, 5 },   // b[0] 초기화용 { }
  { 6, 7, 8, 9, 10 },  // b[1] 초기화용 { }
}
```

이중 배열을 초기화하는 예제를 살펴봅시다.

ch10/ex10.6/ex10.6.go

```go
package main

import "fmt"

func main() {
  a := [2][5]int{          // ❶ 이중 배열 선언
    {1, 2, 3, 4, 5},
    {5, 6, 7, 8, 9},       // ❷ 여러 줄에 걸쳐 초기화할 때는 쉼표를 찍자!
  }
  for _, arr := range a {  // ❸ arr값은 순서대로 a[0]의 배열 a[1]의 배열
    for _, v := range arr {  // ❹ v값은 순서대로 a[0]과 a[1] 배열의 각 요소
      fmt.Print(v, " ")    // ❺ v값 출력
    }
```

```go
    fmt.Println()
  }
}
```

```
1 2 3 4 5
5 6 7 8 9
```

❶ [2][5]int로 이중 배열 a를 선언하고 초기화합니다. a[0]은 첫 번째 [5]int 배열이고, a[1]은 두 번째 [5]int 배열이 됩니다.

❷ 초기화 시 닫는 중괄호 }가 마지막 요소와 같은 줄에 있지 않은 경우 마지막 항목 뒤에 쉼표 ,를 찍어줘야 합니다.

```go
a := [2][5]int{ {1, 2, 3, 4, 5}, {5, 6, 7, 8, 9} }  // 쉼표 없음
```

닫는 중괄호가 마지막 항목과 같은 줄에 있기 때문에 쉼표를 찍지 않습니다.

```go
a := [2][5]int {
  {1, 2, 3, 4, 5},
  {5, 6, 7, 8, 9} }        // 쉼표 없음
```

닫는 중괄호가 마지막 항목과 같은 줄에 있기 때문에 쉼표를 찍지 않습니다.

```go
a := [2][5]int {
  {1, 2, 3, 4, 5},
  {5, 6, 7, 8, 9},         // 쉼표를 찍어줘야 함
}
```

닫는 중괄호가 마지막 항목과 같은 줄에 있지 않기 때문에 쉼표를 찍어야 합니다.

```go
a := [2][5]int {
  {1, 2, 3, 4, 5},
  {5, 6, 7, 8, 9,          // 닫는 중괄호가 같은 줄에 있지 않아서 쉼표
  } }                      // 닫는 중괄호가 같은 줄에 있어서 쉼표 없음
```

언뜻 이상해 보일 수 있지만 추후 항목이 늘어날 경우 쉼표를 찍지 않아서 생길 수 있는 오류를 방지하기 위해 존재하는 규칙입니다. 이 규칙은 배열 초기화뿐 아니라 다음 장에서 배울 구조체 초기화에도 똑같이 적용됩니다.

❸ range를 이용해서 a 배열 요소들을 순회합니다. a 배열의 요소는 a[0]과 a[1]입니다. 처음에는 arr 변수에 a[0] 배열이 옵니다. 그다음은 a[1]이 옵니다. ❹ range로 순회합니다. 첫 arr은 a[0] 배열이기 때문에 v 변수에 1, 2, 3, 4, 5가 차례대로 대입됩니다. 두 번째 반복 때는 a[1]이니까 5, 6, 7, 8, 9가 대입됩니다. ❺ v에 대입된 값을 출력합니다.

10.4.1 배열 크기

배열이 선언되면 컴퓨터는 배열의 모든 요소를 연속되게 저장할 수 있는 메모리 공간을 할당합니다. [5]int에는 메모리 공간이 얼마나 필요할까요? int 타입 크기는 8바이트입니다. 요소가 총 5개이므로 40(8 × 5)바이트 공간이 필요합니다. 그래서 배열 크기는 타입 크기 요소 개수가 됩니다.

배열 크기 = 타입 크기 × 항목 개수

[2][5]int와 같은 이중 배열 크기는 어떻게 구할까요? [2][5]int는 [2]([5]int)라고 볼 수 있습니다. 즉 [5]int 배열이 2개 있는 배열입니다. [5]int 크기는 40바이트이니까, [2][5]int 크기는 80(40 × 2)바이트가 됩니다.

[2][5]int = 2 × 5 × 8 = 80바이트

삼중 배열 [3][2][5]int 크기 역시 이와 같이 계산할 수 있습니다.

[3][2][5]int = 3 × 2 × 5 × 8 = 240바이트

 배열을 이중, 삼중으로 선언하는 건 데이터를 프로그래머가 다루기 편하기 위함이지 컴퓨터 입장에서는 메모리 크기만 중요하고 이중 배열이냐 삼중 배열이냐는 중요하지 않습니다. 그래서 컴퓨터 입장에서는 [3][2][5]int이나 [30]int이나 처리하는 방법은 같습니다. 단 배열 내 항목을 접근할 때 [0][1][3]과 같이 여러 차수로 접근할 수 있느냐 [8]과 같이 하나의 차수로 접근하냐가 다를 뿐입니다.

핵심 요약

1 배열은 값을 여러 개 저장하는 연속된 메모리 공간입니다.

2 배열 변수는 다음과 같이 선언합니다.

3 대괄호 [ ] 사이에 인덱스를 넣어서 배열 요소에 접근할 수 있습니다. a[3]은 a 배열에서 인덱스가 3인 요소에 접근합니다.

4 배열의 인덱스는 0부터 시작합니다.

5 내장 함수 len()으로 배열 길이를 알 수 있습니다.

6 range를 이용하면 for문에서 배열을 순회할 수 있습니다.

연습문제

1 다음 예제의 결과를 쓰세요.

```go
package main

import "fmt"

func main() {
  a := [5]int{1, 2, 3, 4, 5}

  for i,v := range a {
    a[i] = v * 2
  }

  fmt.Println(a[2])
}
```

2 다음 배열의 크기를 쓰세요.

```go
[3][2][5]float64
```

3 다음 예제의 결과를 쓰세요.

```go
package main
import "fmt"

func ChangeArray(arr [5]int) {
  arr[3] = 3000
}
```

```go
func main() {
  a := [5]int{1, 2, 3, 4, 5}

  ChangeArray(a)

  fmt.Println(a[3])
}
```

1 **정답** 6

해설 a 배열의 각 요소를 순회하면서 각 요소 값의 2배 값으로 요솟값을 바꿨기 때문에 a[2] 요솟값은 3의 2배인 6이 됩니다.

2 **정답** 3 * 2 * 5 * 8 = 240바이트

3 **정답** 4

해설 ChangeArray() 함수의 인수로 a값이 복사되기 때문에 arr와 a는 서로 다른 메모리 주소를 가진 다른 배열입니다. 그래서 arr[3]의 값을 바꿔도 a[3]의 값은 바뀌지 않습니다.

구조체

☐ **학습 목표**	구조체를 선언하고 사용하는 방법을 알아보고 구조체의 특징에 대해서 자세히 알아보겠습니다.
☐ **학습 내용**	• 구조체 선언　　　• 구조체 변수 사용　　　• 구조체 특징
☐ **구조체 소개**	구조체는 여러 필드를 묶어서 사용하는 타입입니다. 구조체를 통해서 연관된 여러 데이터를 하나의 이름으로 묶을 수 있습니다. 예를 들어 이름, 나이 등을 묶어서 학생 구조체 데이터를 만들어 처리할 수 있습니다.
☐ **장점**	• 구조체를 사용하면 관련 데이터를 묶어서 하나의 변수로 다룰 수 있습니다. • 개별 데이터보다는 관련 데이터가 묶인 객체 단위로 코딩할 수 있게 해줍니다. • 구조체를 사용하면 여러 값을 손쉽게 다른 함수로 전달할 수 있습니다.

11.1 선언 및 기본 사용

여러 필드^{field}를 묶어서 하나의 구조체^{structure}를 만듭니다. 배열이 같은 타입의 값들을 변수 하나로 묶어줬던 것과 달리 구조체는 다른 타입의 값들을 변수 하나로 묶어주는 기능입니다.

구조체는 다음과 같은 형식으로 정의합니다.

```
type 타입명 struct {
    필드명  타입
    ...
    필드명  타입
}
```

❶ type 키워드를 적어서 새로운 사용자 정의 타입을 정의할 것임을 알립니다. ❷ 그런 뒤 타입명을 적습니다. 타입명의 첫 번째 글자가 대문자이면 패키지 외부로 공개되는 타입입니다(14장 '패

키지' 참조). ❸ 타입 종류인 struct를 적습니다. 그리고 ❹ 중괄호 {} 안에 이 구조체에 속한 필드들을 적어줍니다. 각 필드는 필드명과 타입을 적습니다.

예를 들어 이름, 반, 번호, 성적 등으로 학생 데이터를 만들 때 각각을 변수로 선언하는 것보다 학생이라는 구조체로 묶으면 더 쉽게 다룰 수 있습니다.

학생 구조체를 정의해보겠습니다.

```go
type Student struct {
  Name    string
  Class   int
  No      int
  Score   float64
}
```

Student 구조체를 정의했습니다. 이제 Student 타입을 int나 float64 같은 내장 타입처럼 선언해 사용할 수 있습니다.

Student 타입 구조체 변수를 선언해보겠습니다.

```go
var a Student
```

Student 타입 a 변수를 선언했습니다. a는 Student의 필드들인 Name, Class, No, Score 같은 필드들을 포함합니다. a에 속한 각 필드에는 a.Name처럼 a 뒤에 점 .을 찍어서 접근할 수 있습니다.

구조체를 정의하고 사용하는 예제를 살펴보겠습니다.

ch11/ex11.1/ex11.1.go

```go
package main

import "fmt"
```

```go
type House struct {                           // ❶ House 구조체를 정의합니다.
  Address string
  Size int
  Price float64
  Type string
}

func main() {
  var house House                             // ❷ House 구조체 변수를 선언합니다.
  house.Address = "서울시 강동구 ..."          // ❸ 각 필드값을 초기화합니다.
  house.Size = 28
  house.Price = 9.8
  house.Type = "아파트"

  fmt.Println("주소:", house.Address)          // ❹ 필드값을 출력합니다.
  fmt.Printf("크기: %d평\n", house.Size)
  fmt.Printf("가격: %.2f억 원\n", house.Price)  // ❺ 소수점 2자리까지 출력합니다.
  fmt.Println("타입:", house.Type)
}
```

```
주소: 서울시 강동구 ...
크기: 28평
가격: 9.80억 원
타입: 아파트
```

❶ House 구조체를 정의합니다. House 구조체는 주소, 크기, 가격 등의 부동산 정보를 가진 구조체입니다. ❷ House 구조체의 변수 house를 선언합니다. house는 House 구조체의 모든 필드를 포함합니다. ❸ house 변수의 각 필드값을 설정합니다. ❹ house의 주소 필드값을 출력합니다. 구조체 변수의 필드에 접근할 때는 .을 사용했습니다. ❺ 가격을 출력할 때 소수점 이하 두 번째 자리까지 출력하도록 합니다(3장 'fmt 패키지를 이용한 텍스트 입출력' 참조).

11.2 구조체 변수 초기화

구조체 변수를 선언하고 각 필드를 초기화하는 방법을 알아보겠습니다. 초깃값 생략, 모든 필드 초기화, 일부 필드 초기화 방법이 있습니다. 앞에서 살펴본 예제를 계속 활용해보겠습니다.

11.2.1 초깃값 생략

초깃값을 생략하면 모든 필드가 기본값으로 초기화됩니다.

```
var house House
```

string 타입의 기본값은 빈 문자열 ""이고, int는 0, float64는 0.0이기 때문에 변수 house의 필드값은 다음과 같이 초기화됩니다.

- Address: ""
- Size: 0
- Price: 0.0
- Type: ""

11.2.2 모든 필드 초기화

모든 필드값을 중괄호 사이에 넣어서 초기화합니다. 모든 필드가 순서대로 초기화됩니다.

```
var house House = House{ "서울시 강동구", 28, 9.80, "아파트" }
```

첫 필드는 Address입니다. "서울시 강동구"가 입력됩니다, 나머지도 필드 순서와 입력한 순서에 맞춰 일대일 매칭되어 초기화됩니다.

- Address: "서울시 강동구"
- Size: 28
- Price: 9.80
- Type: "아파트"

아래와 같이 여러 줄에 걸쳐서 초기화할 수 있습니다.

```
var house House = House {
  "서울시 강동구",
  28,
  9.80,
  "아파트", // 여러 줄로 초기화할 때는 제일 마지막 값 뒤에 꼭 쉼표를 달아주세요.
}
```

11.2.3 일부 필드 초기화

일부 필드값만 초기화할 때는 '필드명: 필드값' 형식으로 초기화합니다. 초기화되지 않은 나머지 변수에는 기본값이 할당됩니다.

```go
var house House = House{ Size: 28, Type: "아파트" }
```

- Address: ""
- Size: 28
- Price: 0.0
- Type: "아파트"

Size와 Type 필드값만 초기화했습니다. Address와 Price는 기본값인 빈 문자열과 0.0이 할당됩니다. 아래처럼 여러 줄에 걸쳐서 초기화할 수 있습니다.

```go
var house House = House {
  Size: 28,
  Type: "아파트", // 여러 줄로 초기화할 때는 제일 마지막 값 뒤에 꼭 쉼표를 달아주세요.
}
```

11.3 구조체를 포함하는 구조체

구조체의 필드로 다른 구조체를 포함할 수 있습니다. 일반적인 내장 타입처럼 포함하는 방법과 포함된 필드Embedded Field[1] 방식이 있습니다.

11.3.1 내장 타입처럼 포함하는 방식

예를 들어보겠습니다.

```go
type User struct {    // ❶ 일반 고객용 구조체
  Name string
```

---

[1] 다른 언어에서는 embedded struct라고도 씁니다. Go 언어 공식 문서에서 Embedded Field로 명시되어 있습니다.

```go
  ID    string
  Age   int
}

type VIPUser struct { // ❷ VIP 고객용 구조체
  UserInfo User
  VIPLevel int
  Price    int
}
```

위와 같이 ❶ 일반 고객 정보를 나타내는 User 구조체와 ❷ VIP 고객 정보를 나타내는 VIPUser 구조체가 있다고 합시다.

VIP 고객도 고객이므로 이름, ID, 연령 정보를 입력할 변수를 각각 선언하지 않고 이미 만들어 사용하는 일반 고객 정보용 User 구조체를 활용하는 방법이 더 깔끔해 보이네요. 방법은 간단합니다. VIPUser 구조체 필드로 User 구조체를 포함하도록 정의하면 그만입니다.

일반 고객과 VIP용 고객 정보 구조체를 만들고 출력해봅시다.

ch11/ex11.2/ex11.2.go

```go
package main

import "fmt"

type User struct {        // 일반 고객용 구조체
  Name string
  ID   string
  Age  int
}

type VIPUser struct {    // VIP 고객용 구조체
  UserInfo User
  VIPLevel int
  Price    int
}

func main() {
  user := User{ "송하나", "hana", 23 }
  vip := VIPUser{
```

```go
        User{ "화랑", "hwarang", 40 },
        3,
        250,   // 여러 줄로 초기화할 때는 제일 마지막 값 뒤에 꼭 쉼표를 달아주세요.
    } // ❶ User를 포함한 VIPUser 구조체 변수를 초기화합니다.

    fmt.Printf("유저: %s ID: %s 나이: %d\n", user.Name, user.ID, user.Age)
    fmt.Printf("VIP 유저: %s ID: %s 나이: %d VIP 레벨: %d VIP 가격: %d만 원\n",
        vip.UserInfo.Name,            // ❷ UserInfo 안의 Name
        vip.UserInfo.ID,              // ❸ UserInfo 안의 ID
        vip.UserInfo.Age,
        vip.VIPLevel,                 // ❹ VIPUser의 VIPLevel
        vip.Price,                    // ❺ 마지막에 쉼표
    )
}
```

```
유저: 송하나 ID: hana 나이: 23
VIP 유저: 화랑 ID: hwarang 나이: 40 VIP 레벨: 3 VIP 가격: 250만 원
```

❶ VIPUser 구조체를 초기화합니다. VIPUser는 User를 포함하기 때문에 내부에 User 구조체 초기화를 포함합니다. ❷ Name 필드는 vip 변수의 UserInfo 필드 안에 속하기 때문에 vip.UserInfo.Name으로 접근해야 합니다. ❸ 마찬가지로 vip 변수의 UserInfo 필드 안의 ID값으로 접근해야 합니다. ❹ VIPLevel 필드는 VIPUser 구조체의 필드이기 때문에 바로 접근합니다. ❺ 초기화와 마찬가지로 함수 호출 역시 닫는 소괄호)가 마지막 인수와 다른 줄에 있으면 마지막 인수 다음에 쉼표를 찍어야 합니다.

11.3.2 포함된 필드 방식

vip에서 Name이나 ID와 같이 UserInfo 안에 속한 필드를 접근하려면 vip.UserInfo.Name과 같이 두 단계를 걸쳐 접근해야 합니다. 구조체에서 다른 구조체를 필드로 포함할 때 필드명을 생략하면 .을 한 번만 찍어 접근할 수 있습니다. 이것을 이용해서 앞의 예제를 다시 써보겠습니다.

ch11/ex11.3/ex11.3.go

```go
package main

import "fmt"

type User struct {        // 일반 고객용 구조체
```

```go
    Name    string
    ID      string
    Age     int
}

type VIPUser struct {    // VIP 고객용 구조체
    User                 // ❶ 필드명 생략
    VIPLevel int
    Price    int
}

func main() {
    user := User{ "송하나", "hana", 23 }
    vip := VIPUser{
        User{ "화랑", "hwarang", 40 },
        3,
        250,
    }

    fmt.Printf("유저: %s ID: %s 나이: %d\n", user.Name, user.ID, user.Age)
    fmt.Printf("VIP 유저: %s ID: %s 나이: %d VIP 레벨: %d VIP 가격: %d만 원\n",
        vip.Name,                         // ❷ . 하나로 접근할 수 있습니다.
        vip.ID,
        vip.Age,
        vip.VIPLevel,
        vip.Price, // 여러 줄로 초기화할 때는 제일 마지막 값 뒤에 꼭 쉼표를 달아주세요.
    )
}
```

```
유저: 송하나 ID: hana 나이: 23
VIP 유저: 화랑 ID: hwarang 나이: 40 VIP 레벨: 3 VIP 가격: 250만 원
```

❶ VIPUser 구조체가 필드로 User 구조체를 포함하고 있지만 필드명을 생략했습니다.

❷ 점 .을 한 번만 사용해 접근했습니다.

이처럼 구조체 안에 포함된 다른 구조체의 필드명을 생략하는 경우를 '포함된 필드'라고 부릅니다. 포함된 필드를 이용하면 점 .을 두 번 찍을 필요 없이 한 번만으로 바로 접근할 수 있어서 편리합니다.

필드 중복 해결

만약 포함된 필드 안에 속한 필드명과 포함한 상위 구조체의 필드명이 서로 겹치는 경우는 어떻게
될까요? 필드명이 서로 겹치는 예제를 보겠습니다.

ch11/ex11.4/ex11.4.go

```go
package main

import "fmt"

type User struct {
  Name  string
  ID    string
  Age   int
  Level int                        // ❶ User의 Level 필드
}

type VIPUser struct {
  User                             // ❷ Level 필드를 갖는 구조체
  Price    int
  Level    int                     // ❸ VIPUser의 Level 필드
}

func main() {
  user := User{ "송하나", "hana", 23, 10 }
  vip := VIPUser{
    User{ "화랑", "hwarang", 40, 10 },
    250,
    3,  // 여러 줄로 초기화할 때는 제일 마지막 값 뒤에 꼭 쉼표를 달아주세요.
  }

  fmt.Printf("유저: %s ID: %s 나이: %d\n", user.Name, user.ID, user.Age)
  fmt.Printf("VIP 유저: %s ID: %s 나이: %d VIP 레벨: %d 유저 레벨:%d\n",
    vip.Name,
    vip.ID,
    vip.Age,
    vip.Level,                     // ❹ VIPUser의 Level
    vip.User.Level,                // ❺ 포함된 구조체명을 쓰고 접근
  )
}
```

❶ 구조체 User와 ❸ VIPUser 모두 Level 필드를 가지고 있습니다. ❷ 구조체 VIPUser가 같은 Level 필드명을 가진 User를 포함된 필드로 갖습니다. 이름이 겹칠 경우 현재 변수 타입에 해당하는 구조체의 필드에 접근합니다. 따라서 ❹ 점 .을 한 번만 사용하면 VIPUser 구조체의 필드에 접근합니다.

```
vip.User.Level
```

❸ User 구조체에 포함된 이름이 같은 Level 필드에 접근하려면 위와 같이 User 구조체명을 쓰고 다시 점 .을 찍어줘야 합니다.

11.4 구조체 크기

구조체 변수가 선언되면 컴퓨터는 구조체 필드를 모두 담을 수 있는 메모리 공간을 할당합니다. 구조체가 차지하는 메모리 크기는 어떻게 알 수 있을까요? 구조체 크기를 구하는 방법을 알아봅니다.

```
type User struct {
  Age    int
  Score  float64
}
```

위와 같은 구조체 User가 정의되어 있다고 합시다.

```
var user User
```

User 구조체의 user 변수가 선언되면 컴퓨터는 Age와 Score 필드를 연속되게 담을 수 있는 메모리 공간을 찾아 할당합니다. int 타입 Age는 8바이트, float64 타입 Score 역시 8바이트이므로 총 16바이트 크기가 필요합니다. 즉 구조체 변수 user의 크기는 16바이트가 됩니다(따라서

User도 16바이트).

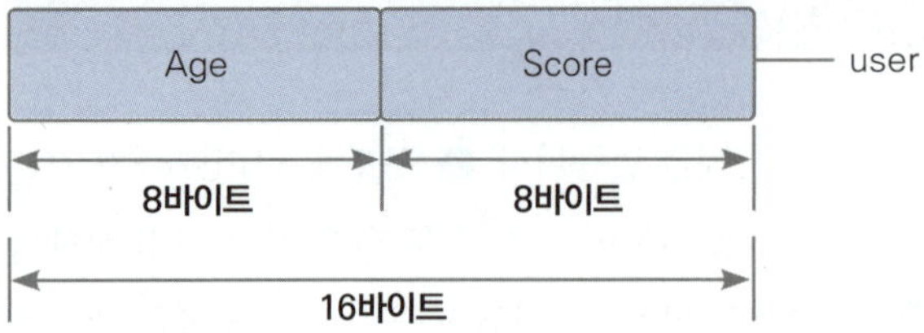

11.4.1 구조체 값 복사

구조체 변숫값을 다른 구조체에 대입하면 모든 필드값이 복사됩니다. 예제를 살펴보겠습니다.

```go
package main

import "fmt"

type Student struct {
  Age     int                // ❶ 대문자로 시작하는 필드는 외부로 공개됩니다.
  No      int
  Score   float64
}

func PrintStudent(s Student) {
  fmt.Printf("나이:%d 번호:%d 점수:%.2f\n", s.Age, s.No, s.Score)
}

func main() {
  var student = Student{15, 23, 88.2}

  // ❷ student 구조체 모든 필드가 student2로 복사됩니다.
  student2 := student

  PrintStudent(student2)     // ❸ 함수 호출 시에도 구조체가 복사됩니다.
}
```

```
나이:15 번호:23 점수:88.20
```

❶ 필드명이 대문자로 시작하는 경우 패키지 외부로 공개되는 필드입니다. 이 부분에 대해서는 14장 패키지에서 자세히 설명합니다.

❷ student의 모든 필드값이 student2로 복사됩니다. Age, No, Score의 모든 필드값이 복사됩니다.

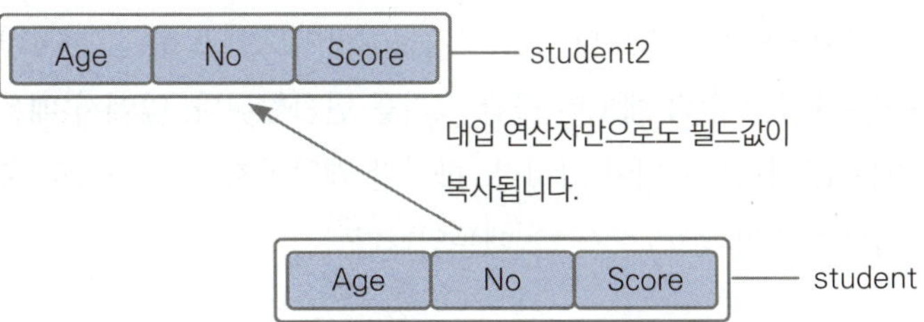

❸ PrintStudent() 함수는 Student 타입을 인수로 받기 때문에 역시 마찬가지로 student2의 모든 필드값이 PrintStudent() 함수내 s 인수로 복사됩니다.

Notice Go 내부에서는 필드 각각이 아닌 구조체 전체를 한 번에 복사합니다. 대입 연산자가 우변 값을 좌변 메모리 공간에 복사할 때 '복사되는 크기'는 '타입 크기'와 같습니다. 구조체 크기는 모든 필드를 포함하므로 구조체 전체 필드가 복사되는 겁니다.

11.4.2 필드 배치 순서에 따른 구조체 크기 변화

구조체 크기에 대해서 더 알아보겠습니다.

```
ch11/ex11.6/ex11.6.go
package main

import (
  "fmt"
  "unsafe"
)

type User struct {
  Age   int32                  // ❶ 4바이트
  Score float64                // 8바이트
}

func main() {
```

```
  user := User{ 23, 77.2 }
  fmt.Println(unsafe.Sizeof(user))
}
16
```

❶ Age를 기존 int 타입에서 int32 타입으로 바꿨습니다. int 크기는 8바이트이고 int32는 4바이트입니다. unsafe.Sizeof() 함수는 해당 변수의 메모리 공간 크기를 반환합니다. 앞에서 배운 대로라면 이번 구조체 User의 크기는 12바이트이어야 합니다. 하지만 웬일인지 16바이트로 출력되네요. 왜 이렇게 될까요? 바로 메모리 정렬^{Memory Alignment} 때문입니다.

11.4.3 메모리 정렬

메모리 정렬이란 컴퓨터가 데이터에 효과적으로 접근하고자 메모리를 일정 크기 간격으로 정렬하는 것을 말합니다. 레지스터는 실제 연산에 사용되는 데이터가 저장되는 곳이라고 설명했습니다. 레지스터 크기가 4바이트인 컴퓨터를 32비트 컴퓨터라 부르고 레지스터 크기가 8바이트인 컴퓨터를 64비트 컴퓨터라고 부릅니다. 레지스터 크기가 8바이트라는 얘기는 한 번 연산에 8바이트 크기를 연산할 수 있다는 얘기입니다. 따라서 데이터가 레지스터 크기와 똑같은 크기로 정렬되어 있으면 더욱 효율적으로 데이터를 읽어올 수 있습니다.

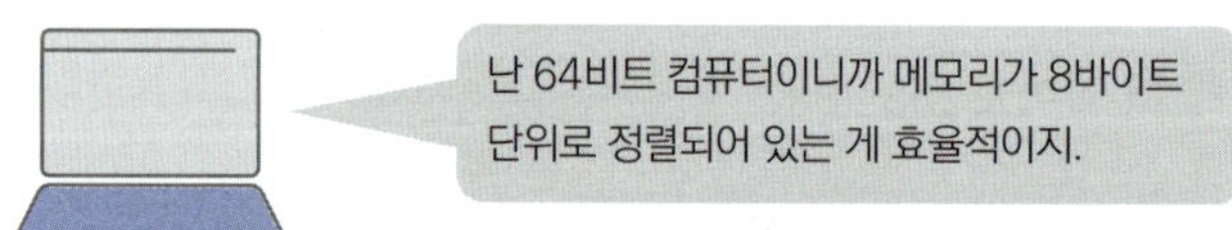

예를 들어보겠습니다. 64비트 컴퓨터에서 int64 데이터의 시작 주소가 100번지일 경우 100은 8의 배수가 아니기 때문에 레지스터 크기 8에 맞게 정렬되어 있지 않습니다. 이럴 경우 데이터를 메모리에서 읽어올 때 성능을 손해보기 때문에 처음부터 프로그램 언어에서 데이터를 만들 때 8의 배수인 메모리 주소에 데이터를 할당합니다. 이 경우 100번지가 아니라 8의 배수인 104번지에 할당됩니다.

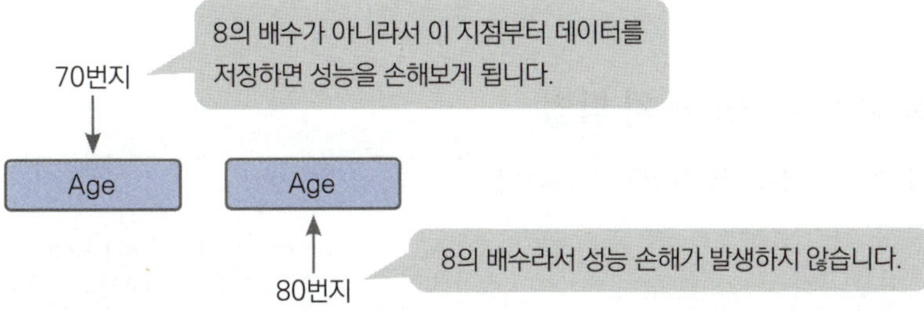

앞의 예를 다시 살펴보겠습니다.

```
type User struct {
  Age    int32
  Score  float64
}


var user User
```

Age는 4바이트 Score는 8바이트입니다. User 구조체 변수 user의 시작 주소가 240번지이면 Age의 시작 주소 역시 240번지가 됩니다. Age는 4바이트 공간을 차지하기 때문에 바로 붙여서 Score를 할당하면 Score의 시작 주소는 244번지가 됩니다. 244는 8의 배수가 아니라서 성능을 손해봅니다. 그래서 프로그램 언어에서 User 구조체를 할당할 때 Age와 Score 사이를 4바이트 만큼 띄워서 할당합니다.

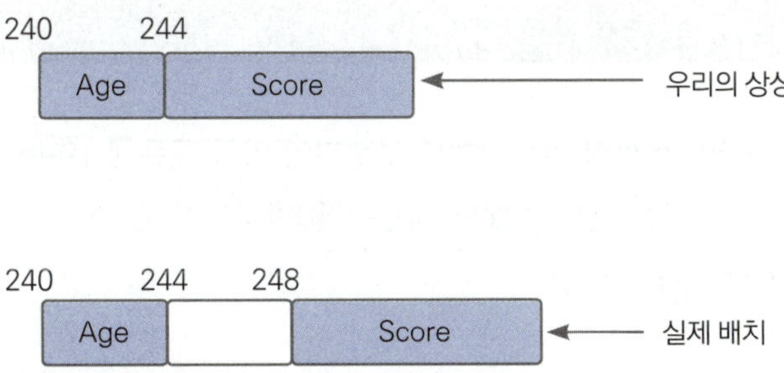

이렇게 메모리 정렬을 위해서 필드 사이에 공간을 띄우는 것을 메모리 패딩Memory Padding이라고 합니다. 참고로 4바이트 변수의 시작 주소는 4의 배수로 맞추고 2바이트 변수의 시작 주소는 2의 배수로 맞춰서 패딩합니다.

이렇게 맞추는 게 컴퓨터 내부에서 처리하기에 더 효율적이기 때문입니다.

11.4.4 메모리 패딩을 고려한 필드 배치 방법

메모리 패딩으로 인해 생길 수 있는 문제를 알아보겠습니다.

```go
package main

import (
  "fmt"
  "unsafe"
)

type User struct {
  A    int8            // 1바이트
  B    int             // 8바이트
  C    int8            // 1바이트
  D    int             // 8바이트
  E    int8            // 1바이트
}

func main() {
  user := User{ 1, 2, 3, 4, 5 }
  fmt.Println(unsafe.Sizeof(user))
}
```

```
40
```

User 구조체는 1바이트짜리 필드 3개와 8바이트짜리 필드 2개로 구성되어 있기 때문에 19바이트 크기를 차지합니다. 하지만 실제 구조체 크기는 메모리 패딩 때문에 40바이트가 됩니다. 1바이트 변수 A, C, E 모두에 7바이트씩 패딩됐기 때문입니다.

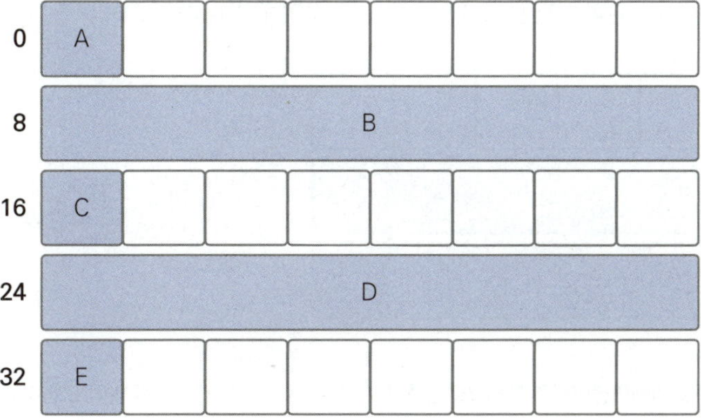

이 같은 메모리 낭비를 줄일 방법이 없을까요?

"8바이트보다 작은 필드는 8바이트 크기(단위)를 고려해서 몰아서 배치하자."

위 규칙에 맞춰서 구조체 필드 순서를 조정해보겠습니다.

```go
// ch11/ex11.8/ex11.8.go
package main

import (
  "fmt"
  "unsafe"
)

type User struct {
  A   int8                // 1바이트
  C   int8                // 1바이트
  E   int8                // 1바이트
  B   int                 // 8바이트
  D   int                 // 8바이트
}

func main() {
  user := User{ 1, 2, 3, 4, 5 }
  fmt.Println(unsafe.Sizeof(user))
}
```

24

구조체 크기가 24바이트로 줄었습니다. 40바이트보다 16바이트를 절약했습니다.

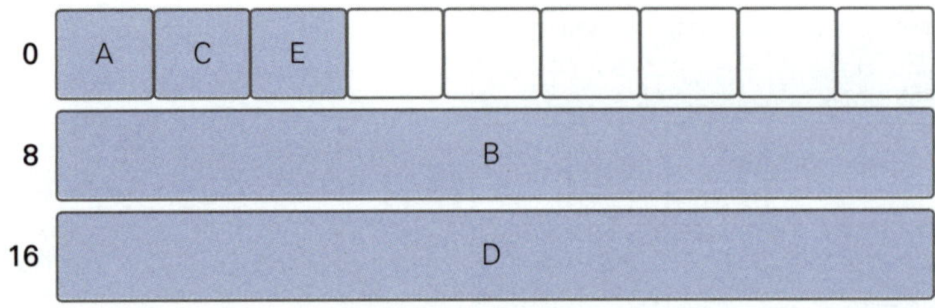

Warning 메모리 용량이 충분한 데스크톱 애플리케이션이라면 패딩으로 인한 메모리 낭비를 크게 걱정하지 않아도 됩니다. 하지만 매우 메모리 공간이 작은 임베디드 하드웨어에서 돌아가는 프로그램이라면 패딩을 고려하는 것이 좋습니다.

11.5 프로그래밍에서 구조체의 역할

프로그래밍 역사는 객체 간 결합도(객체 간 의존관계)는 낮추고 연관있는 데이터 간 응집도를 올리는 방향으로 흘러왔습니다. 지금까지 배운 함수, 배열, 구조체 모두 응집도를 증가시키는 역할을 합니다.

- 함수는 관련 코드 블록을 묶어서 응집도를 높이고 재사용성을 증가시킵니다.
- 배열은 같은 타입의 데이터들을 묶어서 응집도를 높입니다.
- 구조체는 관련된 데이터들을 묶어서 응집도를 높이고 재사용성을 증가시킵니다.

구조체를 사용해서 관련 데이터들을 묶으면 프로그래머는 설계 과정에서 개별 데이터에 신경쓰지 않고 더 큰 범위에서 프로그램을 설계할 수 있습니다. 예를 들어 쇼핑몰을 제작할 때, 상품명, 가격, 제조사와 같은 개별 데이터에 신경쓰지 않고 상품, 고객, 장바구니, 공급자와 같은 쇼핑몰 내 주요 구조체 위주로 설계할 수 있습니다. 상품 가격이나 상품명과 같은 개별 데이터들은 나중에 상품 구조체 안의 필드 형태로 추가/삭제할 수 있기 때문에 설계 과정에는 크게 신경쓰지 않아도 되는 원리입니다.

구조체가 등장함으로써 프로그래머는 코딩을 시작할 때 개별 데이터에 집중하지 않고 큰 범위에서 생각할 수 있게 됐습니다. 그럼으로써 자연스럽게 코딩의 중심이 개별 데이터의 조작/연산보다는 구조체 간의 관계와 상호작용 중심으로 변화하게 됐습니다. 그 연장선에서 이후 설명할 메서드, 인터페이스 개념이 추가되면서 객체지향 프로그래밍으로 발전했습니다.

> ### 결합도와 응집도
>
> 결합도와 응집도의 용어를 이해하는 것이 중요합니다. 결합도Coupling는 모듈간 상호 의존
> 관계를 형성해서 서로 강하게 결합되어 있는 정도를 나타내는 용어로 의존성이라고 말하
> 기도 합니다.
>
> 응집도Cohesion는 모듈의 완성도를 말하는 것으로 모듈 내부의 모든 기능이 단일 목적에 충
> 실하게 모여 있는지를 나타내는 용어입니다.

핵심 요약

1 구조체는 여러 필드들을 묶은 타입입니다.

2 구조체 정의는 아래와 같습니다.

```
type 타입명 struct {
  필드명 타입
  필드명 타입
  ...
}
```

3 포함된 필드를 사용하면 편리하게 점 하나로 접근할 수 있습니다.

4 메모리 정렬을 위해서 필드 간 간격을 띄우는 것을 패딩이라고 합니다.

5 불필요한 메모리 낭비를 줄이려면 작은 크기 필드값을 앞에 배치합시다.

6 구조체를 이용하면 개별 데이터의 조작/연산보다는 구조체 간의 관계와 상호작용 중심으로
  프로그래밍할 수 있습니다. 구조체에 메서드, 인터페이스가 추가되면서 객체지향 프로그래
  밍으로 발전했습니다.

1 다음에서 설명하는 구조체를 정의하세요.

> 구조체 이름은 Product입니다.
> string 타입 Name 필드가 있습니다.
> int 타입의 Price 필드가 있습니다.
> float64 타입의 ReviewScore 필드가 있습니다.

2 다음 예제의 결과를 쓰세요.

```go
package main

import "fmt"

type Actor struct {
  Name   string
  HP     int
  Speed float64
}

type Monster struct {
  Actor
  Attack int
  Speed   int
}

func main() {
  var monster = Monster{
    Actor{ "NPCA", 100, 8.7 },
    500,
    200,
  }
  fmt.Println(monster.Speed)
  fmt.Println(monster.Actor.Speed)
}
```

3 다음 구조체의 패딩을 최대한 줄이고 구조체 크기를 적으세요.

```go
type Padding struct {
  A int8
  B int
  C float64
  D uint16
  E int
  F float32
  G int8
}
```

1 정답

```go
type Product struct {
  Name        string
  Price       int
  ReviewScore float64
}
```

2 정답　200, 8.7

포함된 필드와 필드명이 겹칠 경우 점 하나로 접근할 경우 상위 구조체 필드에 접근합니다. 포함된 필드를 접근할 때는 포함된 구조체명을 쓰고 점 .을 찍어서 접근합니다.

3 정답

```go
type Padding struct {
  A int8
  G int8
  D uint16
  F float32
  B int
  C float64
  E int
}
```

구조체 크기 : 32바이트

해설　이와 같이 줄이면 패딩 없이 만들 수 있습니다.

0	A	G	D	F
8	B			
16	C			
24	E			

포인터

☐ 학습 목표	포인터를 사용하는 방법과 인스턴스 개념을 알아봅시다.
☐ 학습 내용	• 포인터 정의　　　• 포인터 사용법　　　• 인스턴스 개념
☐ 포인터 소개	포인터는 메모리 주소를 값으로 갖는 타입입니다. 포인터를 이용하면 동일한 메모리 공간을 여러 변수가 가리킬 수 있습니다.
☐ 장점	• 포인터를 이용하면 메모리 복사를 줄일 수 있습니다. • 포인터를 이용하면 반환값 없이 변숫값을 바꿀 수 있습니다.

12.1 포인터란?

포인터는 메모리 주소를 값으로 갖는 타입입니다. 예를 들어 int 타입 변수 a가 있을 때 a는 메모리에 저장되어 있고 속성으로 메모리 주소를 가지고 있습니다. 변수 a의 주소가 0x0100번지라고 했을 때 메모리 주솟값 또한 숫자값이기 때문에 다른 변수의 값으로 사용될 수 있습니다. 이렇게 메모리 주솟값을 변숫값으로 가질 수 있는 변수를 포인터 변수라고 합니다.

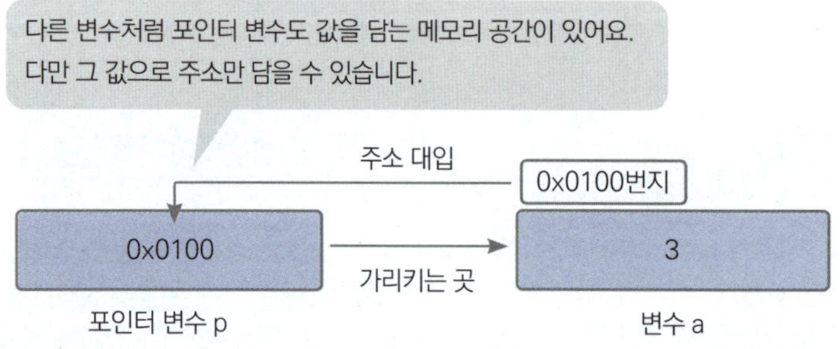

그림에서 int 타입 변수 a의 메모리 주소는 0x0100번지이고, 값으로 3을 갖습니다.

```
p = &a
```

위 구문은 포인터 변수 p에 a의 주소를 대입하는 구문입니다. 포인터 변수 p의 값은 변수 a의 주소인 0x0100이 되고, 이것을 '포인터 변수 p가 변수 a를 가리킨다'고 말합니다. 이렇게 메모리 주소를 값으로 가져 메모리 공간을 가리키는 타입을 포인터라고 합니다.

포인터를 이용하면 여러 포인터 변수가 하나의 메모리 공간을 가리킬 수도 있고 포인터가 가리키고 있는 메모리 공간의 값을 읽거나 변경할 수 있습니다.

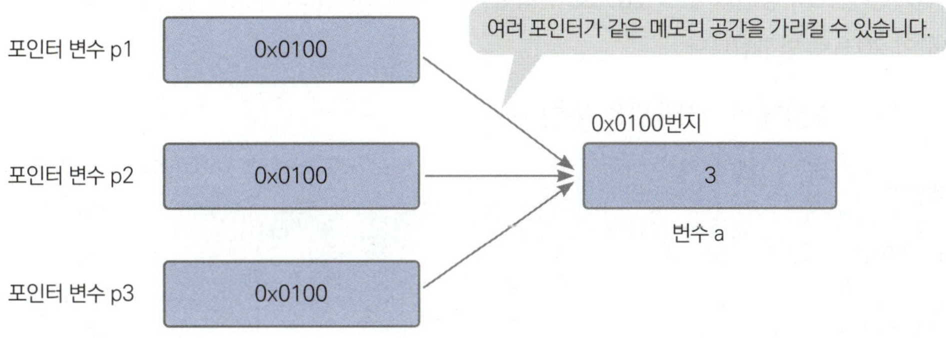

12.1.1 포인터 변수 선언

포인터 변수는 가리키는 데이터 타입 앞에 *을 붙여서 선언합니다. int 타입 변수를 가리키는 포인터 변수를 선언해볼까요?

```
var p *int
```

p는 int 타입 데이터의 메모리 주소를 가리키는 포인터 변수입니다. float64 타입을 가리키면 *float64, User 구조체를 가리키면 *User라고 선언하면 됩니다.

이제 포인터 변수를 선언하는 법을 알았으니 포인터 변수에 값을 채워보겠습니다. 포인터는 메모리 주소를 값으로 갖습니다. 그러면 어떻게 메모리 주소를 알아올까요? 데이터 앞에 &를 붙이면 됩니다.

```
var a int
var p *int
p = &a          // ❶ a의 메모리 주소를 포인터 변수 p에 대입합니다.
```

❶ 변수 a의 메모리 주소를 포인터 변수 p의 값으로 대입합니다. 포인터 변수 p가 변수 a의 메모리 주소를 값으로 가집니다. 이제 p를 이용해서 변수 a의 값을 변경할 수 있습니다. 포인터 변수 앞에 *를 붙이면 그 포인터 변수가 가리키는 메모리 공간에 접근할 수 있습니다.

```
*p = 20
```

p가 가리키는 메모리 공간의 값을 20으로 변경합니다. p가 변수 a의 메모리 공간을 가리키기 때문에 a값이 20으로 변경됩니다.

예제를 살펴보며 포인터 변수 사용법을 익혀봅시다.

ch12/ex12.1/ex12.1.go

```go
package main

import "fmt"

func main() {
  var a int = 500
  var p *int                 // ❶ int 포인터 변수 p 선언

  p = &a                     // ❷ a의 메모리 주소를 변수 p의 값으로 대입(복사)

  fmt.Printf("p의 값: %p\n", p)  // ❸ 메모리 주솟값 출력
  fmt.Printf("p가 가리키는 메모리의 값: %d\n", *p)
      // ❹ p가 가리키는 메모리의 값 출력
  *p = 100                   // ❺ p가 가리키는 메모리 공간의 값을 변경합니다.
  fmt.Printf("a의 값: %d\n", a)  // ❻ a값 변화 확인
}
```

```
p의 값: 0xc00002c008
p가 가리키는 메모리의 값: 500
a의 값: 100
```

❶ int 타입 포인터 변수 p를 선언합니다. ❷ 변수 a의 주소를 p에 대입합니다. ❸ p값을 출력합니다. 메모리 주솟값은 %p로 출력합니다. ❹ p가 가리키는 메모리 주소에 담긴 값을 출력합니다. 포인터 변수 앞에 *를 붙여서 접근했습니다. p는 a 변수의 메모리 주소를 값으로 가지고 있기 때문에 *p는 a의 값(500)이 됩니다.

❺ 포인터 변수 p가 가리키는 메모리 공간의 값을 100으로 변경합니다. p는 a의 메모리 주소를 가리키기 때문에 *p = 100은 곧 a값을 100으로 변경하는 것과 같습니다. ❻ a값이 변경된 것을 알 수 있습니다.

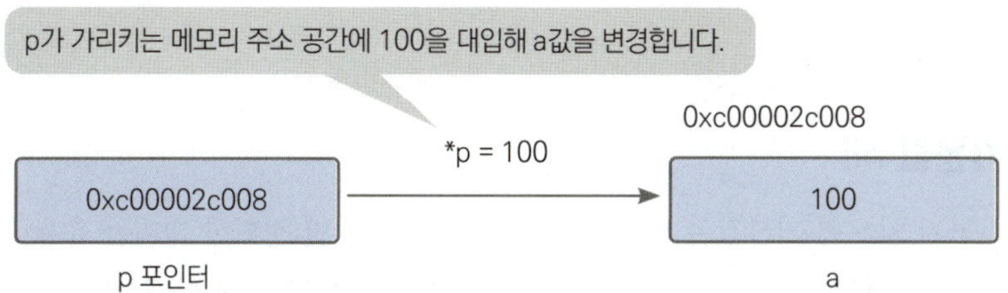

12.1.2 포인터 변숫값 비교하기

== 연산을 사용해 포인터가 같은 메모리 공간을 가리키는지 확인할 수 있습니다. 다음 예제를 보겠습니다.

```go
package main

import "fmt"

func main() {
  var a int = 10
  var b int = 20

  var p1 *int = &a           // ❶ p1은 a의 메모리 공간을 가리킵니다.
  var p2 *int = &a           // ❷ p2는 a의 메모리 공간을 가리킵니다.
  var p3 *int = &b           // ❸ p3는 b의 메모리 공간을 가리킵니다.

  fmt.Printf("p1 == p2 : %v\n", p1 == p2)
  fmt.Printf("p2 == p3 : %v\n", p2 == p3)    ❹
}
```
```
p1 == p2 : true
p2 == p3 : false
```

ch12/ex12.2/ex12.2.go

❶ p1은 a의 메모리 공간을 가리킵니다.

❷ p2도 역시 a의 메모리 공간을 가리킵니다. 즉 p1과 p2는 같은 메모리 주소를 값으로 가집니다. ❸ p3는 b의 메모리 공간을 가리킵니다. ❹ p1과 p2는 같은 메모리 주솟값으로 가지고 있기 때문에 p1 == p2는 true가 되고 p3는 다른 메모리 주소를 가지고 있기 때문에 p2 == p3는 false가 됩니다.

12.1.3 포인터의 기본값 nil

포인터 변숫값을 초기화하지 않으면 기본값은 nil입니다. 이 값은 0이지만 정확한 의미는 유효하지 않는 메모리 주솟값 즉 어떤 메모리 공간도 가리키고 있지 않음을 나타냅니다. 아래 예는 포인터 변수 p가 유효한 메모리 주소를 가리키는지 검사하는 구문입니다.

```go
var p *int
if p != nil {
    // p가 nil이 아니라는 얘기는 p가 유효한 메모리 주소를 가리킨다는 뜻입니다.
}
```

12.2 포인터는 왜 쓰나?

그럼 포인터를 언제 써야 할까요? 변수 대입이나 함수 인수 전달은 항상 값을 복사하기 때문에 많은 메모리 공간을 사용하는 문제와 큰 메모리 공간을 복사할 때 발생하는 성능 문제를 안고 있습니다. 또한 다른 공간으로 복사되기 때문에 변경 사항이 적용되지도 않습니다. 포인터를 사용하지 않는 예를 살펴보겠습니다.

ch12/ex12.3/ex12.3.go

```go
package main

import "fmt"

type Data struct {  // ❶ Data 타입 구조체
    value int
    data  [200]int
}

func ChangeData(arg Data) {    // ❷ 매개변수로 Data를 받습니다.
```

```go
    arg.value = 999
    arg.data[100] = 999        // ❸ arg 데이터를 변경합니다.
}


func main() {
  var data Data

  ChangeData(data)                // ❹ 인수로 data를 넣습니다.
  fmt.Printf("value = %d\n", data.value)
  fmt.Printf("data[100] = %d\n", data.data[100])   // ❺ data의 두 필드 출력
}
```

```
value = 0
data[100] = 0
```

❷ ChangeData() 함수는 ❶ Data 타입 구조체를 매개변수로 받습니다. ❸ ChangeData() 함수를 호출하면서 data 변숫값을 인수로 넣습니다. ❷ data 변숫값이 모두 복사되기 때문에 ChangeData() 함수의 매개변수 arg와 data는 서로 다른 메모리 공간을 갖는 변수입니다.

❸ arg 매개변숫값을 변경합니다. data 변수와는 다른 메모리 공간을 가지기 때문에 ❷ arg값을 변경해도 data값은 변경되지 않습니다.

❹ data값을 출력하지만 값이 변경되지 않았습니다.

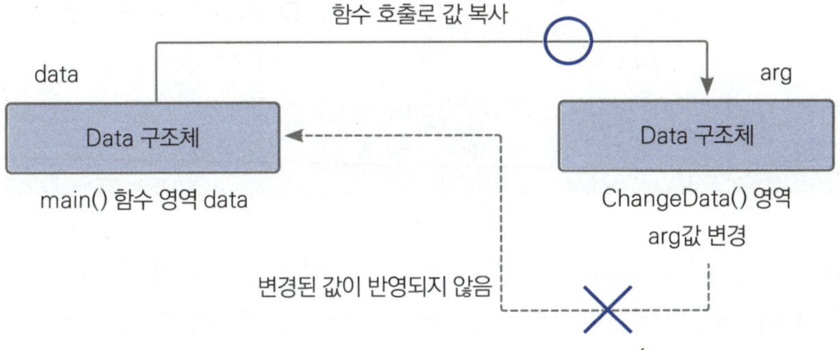

이 예제에서 문제점을 다시 한번 살펴봅시다.

ChangeData() 함수 호출 시 data 변숫값이 모두 복사되기 때문에 구조체 크기만큼 복사됩니다. Data 구조체는 int 타입 value와 크기가 200인 int 타입 배열 data로 구성되어 있어 총 1608

바이트입니다. ChangeData() 함수를 한 번 호출할 때마다 1608바이트가 복사됩니다. 만약 ChangeData() 함수가 짧은 시간에 많이 호출되면 성능 문제가 발생할 수 있습니다.

이 문제를 한방에 해결해주는 해결사가 포인터입니다. 포인터를 이용해서 앞 예제를 다시 만들어 보겠습니다.

```go
package main

import "fmt"

type Data struct {
  value int
  data  [200]int
}

func ChangeData(arg *Data) {  // ❶ 매개변수로 Data 포인터를 받습니다.
  arg.value = 999
  arg.data[100] = 999         // ❷ arg 데이터를 변경합니다.
}

func main() {
  var data Data

  ChangeData(&data)                // ❸ 인수로 data의 주소를 넘깁니다.
  fmt.Printf("value = %d\n", data.value)
  fmt.Printf("data[100] = %d\n", data.data[100])   // ❹ data의 두 필드 출력
}
```

```
value = 999
data[100] = 999
```

❶ ChangeData() 함수 매개변수로 Data 구조체의 포인터를 받는 것으로 변경했습니다. ❷ 이제 data 변숫값이 아니라 data의 메모리 주소를 인수로 전달합니다. 메모리 주소는 8바이트 숫자값[1]이기 때문에 1608바이트의 구조체 전부가 복사되는 게 아닌 8바이트만 복사됩니다.

---

[1] 64비트 컴퓨터에서 메모리 주소는 8바이트이고 32비트 컴퓨터에서는 4바이트 크기를 갖습니다.

❸ arg 포인터 변수가 가리키는 구조체의 값을 변경합니다. arg 포인터의 값은 main() 함수의 data 구조체 주솟값이기 때문에 arg 포인터가 main() 함수의 data 변수를 가리키게 됩니다. 그래서 data값이 변경됩니다.[2]

❹ data의 value와 data 배열의 101번째 값이 변경됐습니다.

포인터를 이용하면 data 변수의 메모리 주소만 복사되기 때문에 메모리 주솟값인 8바이트만 복사됩니다. 또, arg 포인터 변수가 data 변수의 메모리 주소를 값으로 가지고 있어서 Data 구조체의 내부 필드값을 변경할 수 있습니다. 이처럼 포인터를 이용하면 더 효율적으로 데이터를 조작할 수 있습니다.

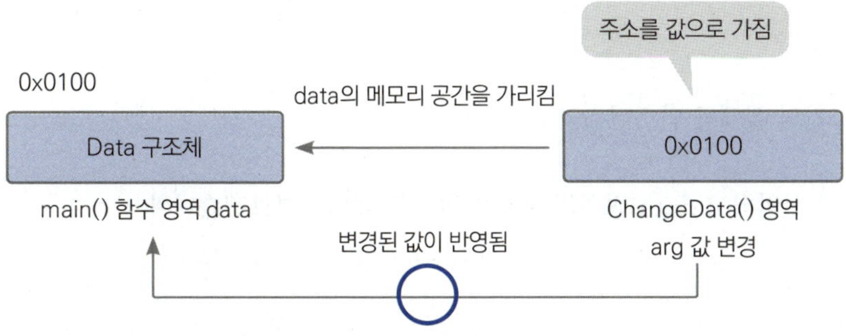

12.2.1 Data 구조체를 생성해 포인터 변수 초기화하기

구조체 변수를 별도로 생성하지 않고, 곧바로 포인터 변수에 구조체를 생성해 주소를 초깃값으로 대입하는 방법을 알아보겠습니다.

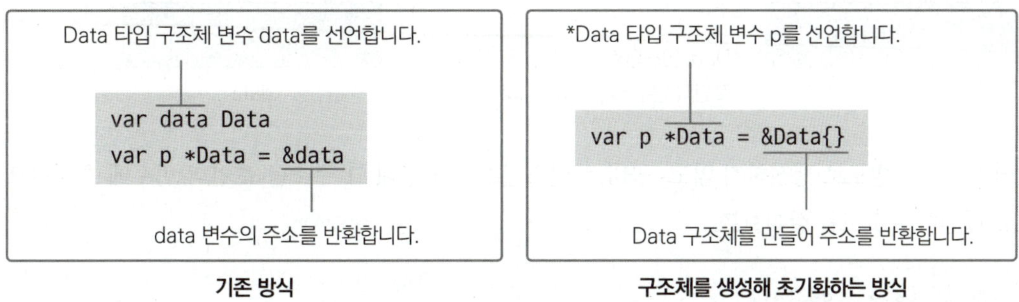

---

2 arg는 포인터 변수이기 때문에 (*arg).value = 999라고 써야 하지만 Go 언어에서는 arg.value라고만 써도 동작합니다.

Data 타입 포인터 변수 p에 Data 구조체를 생성해 그 주소를 대입했습니다. 이렇게 하면 (메모리에 실제로 있는 구조체 데이터의 실체를 가리키게 되므로) 포인터 변수 p만 가지고도 구조체의 필드값에 접근하고 변경할 수 있습니다.

12.3 인스턴스

인스턴스란 메모리에 할당된 데이터의 실체를 말합니다. 예를 들어 다음 코드는 Data 타입값을 저장할 수 있는 메모리 공간을 할당합니다.

```go
var data Data
```

이렇게 할당된 메모리 공간의 실체를 인스턴스라고 부릅니다.

Data 타입 포인터 변수를 선언하고 data 변수의 주소를 값으로 대입시켜보겠습니다.

```go
var data Data
var p *Data = &data
```

Data 타입 포인터 변수 p를 선언하고 data의 주소를 대입했습니다. 이때 포인터 변수 p는 data를 가리킨다고 말합니다. 이때 p가 생성될 때 새로운 Data 인스턴스가 만들어진 게 아닙니다. 기존에 있던 data 인스턴스를 가리킨 겁니다. 즉 만들어진 총 Data 인스턴스 개수는 한 개입니다.

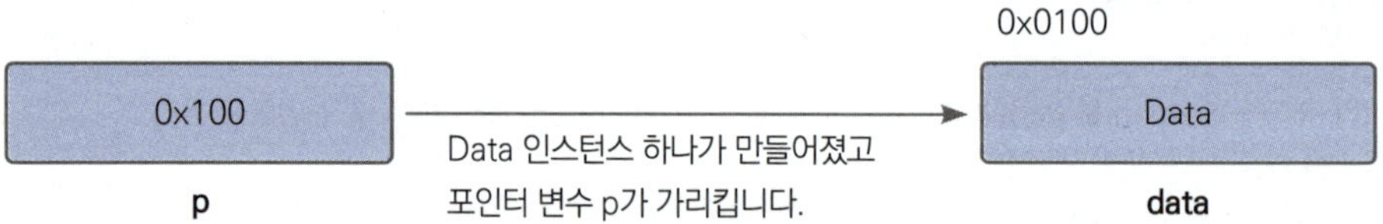

인스턴스를 별도로 생성하지 않고, 곧바로 인스턴스를 생성해 그 주소를 포인터 변수에 초깃값으로 대입하는 코드를 살펴보죠.

```go
var p *Data = &Data{}
```

Data 인스턴스를 만들고 그 메모리 주소를 포인터 변수 p가 가리킵니다. 이번에도 인스턴스는 하나만 생성됩니다.

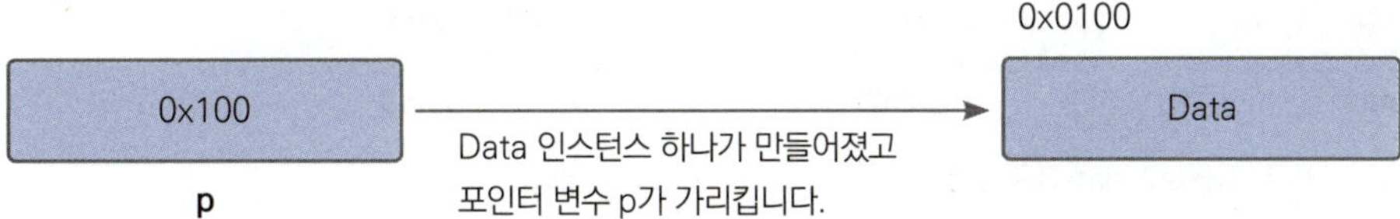

포인터 변수가 아무리 많아도 인스턴스가 추가로 생성되는 것은 아닙니다.

```
var p1 *Data = &Data{}
var p2 *Data = p1
var p3 *Data = p1
```

Data 인스턴스 하나를 만들고, 포인터 변수 p1, p2, p3가 가리킵니다. 가리키는 포인터 변수 개수는 인스턴스 개수와 무관합니다.

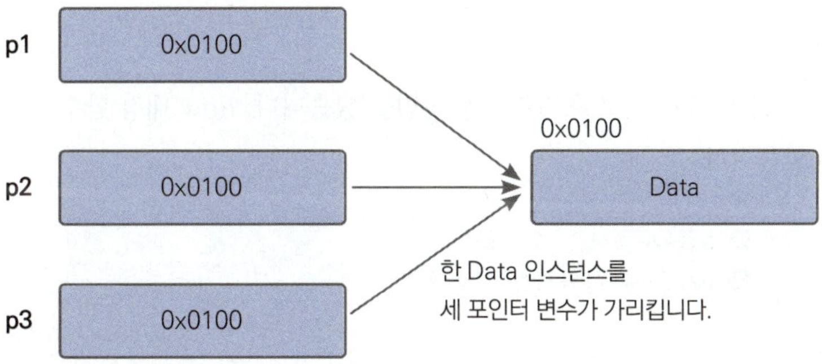

그럼 다음 코드에서 인스턴스는 몇 개일까요?

```
var data1 Data
var data2 Data = data1
var data3 Data = data1
```

data1, data2, data3 모두 인스턴스입니다. data1값이 data2, data3에 복사되어서 값만 같을 뿐입니다. 그래서 인스턴스 3개가 생성됩니다.

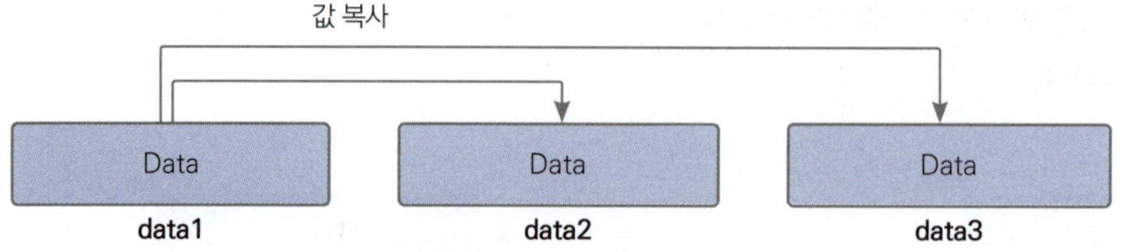

data1, data2, data3은 값만 같을 뿐 서로 다른 인스턴스입니다.

12.3.1 인스턴스는 데이터의 실체다

인스턴스는 메모리에 존재하는 데이터의 실체입니다. 인스턴스 개념을 잘 이해해야 앞으로 나올 메서드나 인터페이스 개념도 쉽게 이해할 수 있습니다. 포인터를 이용해서 인스턴스에 접근할 수 있습니다. 구조체 포인터를 함수 매개변수로 받는다는 말은 구조체 인스턴스로 입력을 받겠다는 얘기와 같습니다.

12.3.2 new() 내장 함수

앞서 포인터값을 별도의 변수를 선언하지 않고 초기화하는 방법을 봤습니다. new 내장 함수를 이용하면 더 간단히 표현할 수 있습니다.

```
p1 := &Data{}          // ❶ &를 사용하는 초기화
var p2 = new(Data)     // ❷ new()를 사용하는 초기화
```

new() 내장 함수는 인수로 타입을 받습니다. 타입을 메모리에 할당하고 기본값으로 채워 그 주소를 반환합니다. ❷ new를 이용해서 내부 필드값을 원하는 값으로 초기화할 수는 없습니다. 반면 ❶ 방식은 p1 := &Data{ 3, 4 }처럼 사용자 초기화가 가능합니다.

Tip &Data{} 과 new(Data) 방식 모두 다 자주 사용하는 방식이기 때문에 잘 알아두셔야 합니다.

12.3.3 인스턴스는 언제 사라지나

메모리는 무한한 자원이 아닙니다. 만약 메모리에 데이터가 할당만 되고 사라지지 않는다면 프로그램은 금세 메모리가 고갈되어 프로그램이 비정상 종료될 것입니다. 그래서 쓸모없는 데이터를

메모리에서 해제하는 기능이 필요합니다. Go 언어는 가비지 컬렉터Garbage Collector라는 메모리 청소부 기능을 제공합니다. 이 가비지 컬렉터가 일정 간격으로 메모리에서 쓸모없어진 데이터를 청소합니다(B.6절 'Go 언어 가비지 컬렉터' 참조).

그럼 사용되는 데이터인지 아닌지 어떻게 알 수 있을까요? 간단하게 '아무도 찾지 않는 데이터는 쓸모없는 데이터이다'라고 볼 수 있습니다. 간단하게 예를 보겠습니다.

```go
func TestFunc() {
  u := &User{}        // ❶ u 포인터 변수를 선언하고 인스턴스를 생성합니다.
  u.Age = 30
  fmt.Println(u)
}                     // ❷ 내부 변수 u는 사라집니다. 더불어 인스턴스도 사라집니다.
```

❶ u 포인터 변수를 선언하고 인스턴스를 생성했습니다. 메모리에 User 데이터가 할당됐고 u 포인터 변수가 가리킵니다. 이때 이 인스턴스는 u 포인터 변수로 사용되는 인스턴스이기 때문에 지워지면 안 됩니다.

하지만 TestFunc()이 종료되면 함수 내부 변수 u는 사라져 User 인스턴스를 가리키는 포인터 변수가 없게 됩니다. 이제 User 인스턴스는 쓸모가 없게 됐습니다. 드디어 가비지 컬렉터가 나설 차례입니다. 다음번 청소를 할 때 쓸모 없어진 이 User 인스턴스를 지우게 됩니다.

가비지 컬렉터가 알아서 메모리를 청소해주니 편리합니다. 하지만 세상에 공짜는 없다고 가비지 컬렉터도 공짜가 아닙니다. 메모리는 굉장히 크기 때문에 이 메모리 영역을 모두 검사해서 쓸모없는 데이터를 지워주는 데 성능을 많이 씁니다. 가비지 컬렉터를 사용하면 메모리 관리에서 이득을 보지만 성능에서 손해가 발생하는 거죠. 정리하겠습니다. 다음 네 가지만 기억하세요.

- 인스턴스는 메모리에 생성된 데이터의 실체입니다.
- 포인터를 이용해서 인스턴스를 가리키게 할 수 있습니다.
- 함수 호출 시 포인터 인수를 통해서 인스턴스를 입력받고 그 값을 변경할 수 있게 됩니다.
- 쓸모 없어진 인스턴스는 가비지 컬렉터가 자동으로 지워줍니다.

 # 12.4 스택 메모리와 힙 메모리

대부분 프로그래밍 언어는 메모리를 할당할 때 스택 메모리 영역 또는 힙 메모리 영역을 사용합니다. 이론상 스택 메모리 영역이 힙 메모리 영역보다 훨씬 효율적이기 때문에 스택 메모리 영역에서 메모리를 할당하는 게 더 좋지만, 스택 메모리는 함수 내부에서만 사용 가능한 영역입니다. 그래서 함수 외부로 공개되는 메모리 공간은 힙 메모리 영역에서 할당합니다. C/C++ 언어에서는 malloc() 함수를 직접 호출해서 힙 메모리 공간을 할당합니다. 자바에서는 클래스 타입을 힙에, 기본 타입을 스택에 할당합니다. Go 언어는 탈출 검사escape analysis를 해서 어느 메모리에 할당할지를 결정합니다.

함수 외부로 공개되는 인스턴스의 경우 함수가 종료되어도 사라지지 않습니다. 예제 코드를 보겠습니다.

```
                                                       ch12/ex12.5/ex12.5.go
package main

import "fmt"

type User struct {
  Name string
  Age int
}

func NewUser(name string, age int) *User {
  var u = User{name, age}
  return &u                        // ❶ 탈출 분석으로 u 메모리가 사라지지 않음
}

func main() {
  userPointer := NewUser("AAA", 23)

  fmt.Println(userPointer)
}
```
```
&{AAA 23}
```

❶ NewUser() 함수에서 선언한 u 변수를 반환했습니다. 함수 내부에서 선언된 변수는 함수가 종료되면 사라집니다. 이 코드는 이미 사라진 메모리를 가리키는 댕글링dangling 오류가 발생해야

합니다. 그런데 프로그램이 멀쩡하게 잘 동작하네요?

Go 언어에서는 탈출 검사를 통해서 u 변수의 인스턴스가 함수 외부로 공개되는 것을 분석해내서 u를 스택 메모리가 아닌 힙 메모리에서 할당하게 됩니다. 즉 Go 언어는 어떤 타입이나 메모리 할당 함수에 의해서 스택 메모리를 사용할지 힙 메모리를 사용할지를 결정하는 게 아닙니다. 메모리 공간이 함수 외부로 공개되는지 여부를 자동으로 검사해서 스택 메모리에 할당할지 힙 메모리에 할당할지 결정합니다.

또 Go 언어에서 스택 메모리는 계속 증가되는 동적 메모리 풀입니다. 일정한 크기를 갖는 C/C++ 언어와 비교해 메모리 효율성이 높고, 재귀 호출 때문에 스택 메모리가 고갈되는 문제도 발생하지 않습니다.

핵심 요약

1 포인터는 메모리 주소를 값으로 갖는 타입입니다.
2 &를 이용해서 데이터의 메모리 주소를 알 수 있습니다.
3 포인터를 이용하면 메모리 주솟값으로 메모리를 조작할 수 있습니다.
4 인스턴스는 메모리에 있는 데이터 실체이고 포인터로 조작할 수 있습니다.
5 Go는 탈출 분석을 통해 인스턴스를 스택 메모리에 할당할지 힙 메모리에 할당할지 결정합니다.

1 다음 예제의 결과를 쓰세요.

```go
package main

import "fmt"

func add(p1, p2, p3 *int) {
  *p3 = *p1 + *p2    // ❸ 더하기 연산
}

func main() {
  a := 3
  b := 5         // ❶
  c := 0

  add(&a, &b, &c)    // ❷ 함수 호출
  fmt.Println(c)
}
```

2 Actor 구조체를 생성하고 주어진 인수를 이용해서 값을 초기화해서 반환하는 NewActor() 함수를 완성하세요.

```go
package main

import "fmt"

type Actor struct {
  Name  string
  HP    int
  Speed float64
}
func NewActor(name string, hp int, speed float64) *Actor {
  // 여기를 채우세요.
}
```

```go
func main() {
  var actor = NewActor("금토끼", 99, 100)
  fmt.Println(actor.Speed)
  fmt.Println(actor.Name)
}
```

3 다음 예제에서 총 몇 개의 User 인스턴스가 존재하는지 쓰세요.

```go
package main

import "fmt"

type User struct {
  Name string
  Age    int
}

func NewUser(name string, age int) *User {
  var u = User{name, age}
  return &u
}

func main() {
  newUser := NewUser("AAA", 23)
  var p *User = newUser
  p.Age += 10

  fmt.Println(p.Age)
}
```
33

1 정답 8

해설 ❶ a, b, c 메모리 주소를 인수 ❷로 add() 함수를 호출합니다. ❸ add() 함수의 p1, p2, p3는 인수로 전달된 a, b, c를 각각 가리킵니다. *p1, *p2, *p3는 각 포인터가 가리키는 메모리 공간의 값 즉 a, b, c값을 나타냅니다. *p3 = *p1 + *p2는 다시 말해 c = a+ b가 됩니다. 실제 p3가 c의 메모리 공간을 가리키기 때문에 c값이 변경됩니다.

2 정답

```
1.    return &Actor{name, hp, speed}


2.    var a = Actor{name, hp, speed}
      return &a


3.    a := new(Actor)
      a.Name = name
      a.HP = hp
      a.Speed = speed
      return a
```

위와 같이 다양한 방법으로 Actor 인스턴스를 생성해서 값을 초기화할 수 있습니다.

3 정답 1개

해설 NewUser() 함수 안에서 하나의 인스턴스가 만들어집니다. 나머지는 모두 *User 타입 포인터 변수로 만들어진 인스턴스를 가리킬 뿐입니다.

문자열

☐ 학습 목표	Go 언어에서 문자열 데이터를 표현하는 타입인 string을 자세히 알아봅니다.
☐ 학습 내용	• 문자열 표현법　　• UTF-8 구조　　• 문자열 동작 원리
☐ 문자열 소개	문자열이란 문자의 집합입니다. Go 언어는 UTF-8 문자코드[1]를 사용합니다. UTF-8 문자코드는 유니코드의 일종으로 가변 길이 문자 인코딩 방식입니다. string 타입은 문자열을 나타내는 배열과 길이로 문자열을 가리킵니다.
☐ 장점	• 하나 이상의 문자를 담을 수 있어서 텍스트 데이터를 간편하게 표현할 수 있습니다. • 기본 문자코드가 UTF-8이기 때문에 한글이나 한자 사용에 문제가 없습니다.

13.1 문자열

문자열은 말 그대로 문자 집합입니다. 문자열의 타입명은 string입니다. 문자열은 큰따옴표나 백쿼트back quote로 묶어서 표시합니다(그레이브grave라고도 부릅니다. 키보드에서 물결 표시 아래에 있습니다). 이 책에서는 백쿼트라고 부르겠습니다. 큰따옴표와 백쿼트는 그 쓰임이 다릅니다. 백쿼트로 문자열을 묶으면 문자열 안의 특수 문자가 일반 문자처럼 처리됩니다.

큰따옴표와 백쿼트를 사용하여 문자열을 출력합시다.

```go
ch13/ex13.1/ex13.1.go
package main

import "fmt"

func main() {
    // ❶ 큰따옴표로 묶으면 특수 문자가 동작합니다.
```

---

[1] Universal Coded Character Set + Transformation Format – 8-bit. UTF-8 인코딩은 유니코드 한 문자를 나타내는 데 1바이트에서 3바이트까지 사용합니다.

```go
    str1 := "Hello\t'World'\n"

    // ❷ 백쿼트로 묶으면 특수 문자가 동작하지 않습니다.
    str2 := `Go is "awesome"!\nGo is simple and\t'powerful'`
    fmt.Println(str1)
    fmt.Println(str2)
}
```

```
Hello   'World'    ❸

Go is "awesome"!\n Go is simple and\t'powerful'
```

❶ str1은 큰따옴표로 문자열을 묶었습니다. 하지만 ❷ str2는 백쿼트로 묶었습니다. ❸ 특수 문자 \t와 \n가 인식되어 탭길이 만큼 띄우고 행내림을 했습니다. ❹ 특수 문자인 \t와 \n이 문자 그대로 출력됐습니다. 큰따옴표나 작은따옴표 문자도 출력했습니다.

또 백쿼트로 묶을 경우 여러 줄에 걸쳐서 문자열을 쓸 수 있지만 큰따옴표로는 한 줄만 묶을 수 있습니다.

큰따옴표와 백쿼트를 사용하여 여러 줄 문자열을 출력합시다.

ch13/ex13.2/ex13.2.go

```go
package main

import "fmt"

func main() {

    // 큰따옴표에서 여러 줄을 표현하려면 \n을 사용해야 합니다.
    poet1 := "죽는 날까지 하늘을 우러러\n한 점 부끄럼이 없기를,\n잎새에 이는 바람에도\n나는 괴로워했다.\n"

    // 백쿼트에서는 여러 줄 표현에 특수 문자가 필요 없습니다.
    poet2 := `죽는 날까지 하늘을 우러러
한 점 부끄럼이 없기를,
잎새에 이는 바람에도
나는 괴로워했다.`

    fmt.Println(poet1)
```

```
    fmt.Println(poet2)
}
```

```
죽는 날까지 하늘을 우러러
한 점 부끄럼이 없기를,
잎새에 이는 바람에도
나는 괴로워했다.

죽는 날까지 하늘을 우러러
한 점 부끄럼이 없기를,
잎새에 이는 바람에도
나는 괴로워했다.
```

이처럼 백쿼트를 이용하면 여러 줄에 걸친 문자열과 특수 문자를 간편히 출력할 수 있습니다.

Tip 큰따옴표로 문자열을 묶을 때 특수 문자를 문자 그대로 출력하고 싶을 때는 어떻게 해야 할까요? "Hello\\tWorld\\n" 처럼 역슬래시를 두 번 적어줍니다. 이 문자열을 출력하면 Hello\tWorld\n이라고 출력됩니다.

13.1.1 UTF-8 문자코드

Go는 UTF-8 문자코드를 표준 문자코드로 사용합니다. UTF-8은 다국어 문자를 지원하고 문자열 크기를 절약할 목적으로 Go 언어 창시자인 롭 파이크와 켄 톰슨이 고안한 문자코드입니다. UTF-16이 한 문자에 2바이트를 고정 사용하는 것과 달리 UTF-8은 자주 사용되는 영문자, 숫자, 일부 특수 문자를 1바이트로 표현하고 그외 다른 문자들은 2~3바이트로 표현합니다. 영문자, 숫자 등을 1바이트로 표현해 UTF-16에 비해 크기를 절약할 수 있고, ANSI 코드와 1:1 대응이 되어 ANSI로 바로 변환된다는 장점이 있습니다. Go는 UTF-8을 표준 문자코드로 사용하기 때문에 별다른 변환없이 한글이나 한자 등을 사용할 수 있습니다.

13.1.2 rune 타입으로 한 문자 담기

문자 하나를 표현하는 데 rune 타입을 사용합니다. UTF-8은 한 글자가 1~3바이트 크기이기 때문에 UTF-8 문자값을 가지려면 3바이트가 필요합니다. 하지만 Go 언어 기본 타입에서 3바이트 정수 타입은 제공되지 않기 때문에 rune 타입은 4바이트 정수 타입인 int32 타입의 별칭 타입입니다.

```go
type rune int32    // rune 타입과 int32는 이름만 다를 뿐 같은 타입입니다.
```

문자 한 개는 작은따옴표로 묶어서 표시합니다. 아래 예제를 보겠습니다.

ch13/ex13.3/ex13.3.go
```go
package main

import "fmt"

func main() {
  var char rune = '한'

  fmt.Printf("%T\n", char)          // ❶ char 타입 출력
  fmt.Println(char)                 // ❷ char값 출력
  fmt.Printf("%c\n", char)          // ❸ 문자 출력
}
```
```
int32
54620
한
```

❶ %T를 이용해서 char 변수의 타입을 출력합니다. rune 타입은 int32 타입과 같기 때문에 int32가 출력됩니다. ❷ char값을 출력합니다. char 타입이 int32라서 숫자로 출력됩니다. ❸ %c 포맷을 사용해서 문자 하나를 출력할 수 있습니다.

13.1.3 len()으로 문자열 크기 알아내기

len() 내장 함수를 이용해서 문자열 크기를 알 수 있습니다. 이때 크기는 문자 수가 아니라 말 그대로 문자열이 차지하는 메모리 크기입니다. 다음 예제를 보겠습니다.

ch13/ex13.4/ex13.4.go
```go
package main

import "fmt"

func main() {
  str1 := "가나다라마"              // ❶ 한글 문자열
  str2 := "abcde"                 // ❷ 영문 문자열
```

```
    fmt.Printf("len(str1) = %d\n", len(str1)) // 한글 문자열 크기
    fmt.Printf("len(str2) = %d\n", len(str2)) // 영문 문자열 크기
}
```

```
len(str1) = 15
len(str2) = 5
```

❶ 한글 문자열 str1과 ❷ 영문 문자열 str2입니다. 둘 다 글자 수는 5개이지만 ❶ 한글 문자열 크기는 15입니다.

❷ 영문 문자열 크기는 5입니다. UTF-8에서 한글은 글자당 3바이트를 차지하기 때문에 총 3 x 5를 하면 15바이트가 나오게 됩니다. 또 UTF-8에서 영문자는 글자당 1바이트라서 총 5바이트가 됩니다. 이처럼 len() 함수를 사용해 문자열 바이트 크기를 알 수 있습니다. 그럼 글자 수는 어떻게 알 수 있을까요?

13.1.4 []rune 타입 변환으로 글자 수 알아내기

string 타입, rune 슬라이스 타입인 []rune 타입은 상호 타입 변환이 가능합니다. 슬라이스는 이 장에서는 자세히 설명하지 않고 16장 '슬라이스'에서 설명하겠습니다. 여기서는 슬라이스는 길이가 변할 수 있는 배열이라고만 알고 있으면 됩니다.

ch13/ex13.5/ex13.5.go

```
package main

import "fmt"

func main() {
  str := "Hello World"

  // ❶ 'H', 'e', 'l', 'l', 'o', ' ', 'W', 'o', 'r', 'l', 'd' 문자코드 배열
  runes := []rune{ 72, 101, 108, 108, 111, 32, 87, 111, 114, 108, 100
}

  fmt.Println(str)
  fmt.Println(string(runes))
}
```

"Hello World" 문자열은 'H', 'e', 'l', 'l' 등의 문자들의 집합이고 각 문자들은 UTF-8 코드로 0x48, 0x65, 0x6c, 0x6c[2] 등의 값을 갖습니다. 즉 문자열은 ❶처럼 각 문자의 코드값의 배열인 rune 배열로 나타낼 수 있습니다.

string 타입과 []rune 타입은 모두 문자들의 집합을 나타내기 때문에 상호 타입 변환이 가능합니다. 이렇게 타입 변환을 할 경우 rune 배열의 각 요소에는 문자열의 각 글자가 대입됩니다. 이를 통해서 문자열의 글자 수를 알 수 있습니다. 다음 예제를 보겠습니다.

ch13/ex13.6/ex13.6.go

```go
package main

import "fmt"

func main() {
  str := "Hello 월드"        // ❶ 한글과 영문자가 섞인 문자열
  runes := []rune(str)       // ❷ []rune 타입으로 타입 변환

  fmt.Printf("len(str) = %d\n", len(str))       // ❸ string 타입 길이
  fmt.Printf("len(runes) = %d\n", len(runes)) // ❹ []rune 타입 길이
}
```

```
len(str) = 12
len(runes) = 8
```

❶ 한글과 영문이 섞인 문자열 str을 선언합니다. ❷ str을 []rune으로 타입 변환 합니다. 각 글자들이 배열의 요소로 바뀝니다. ❸ len(str)은 문자열의 총 바이트 길이인 12를 반환합니다. ❹ len(runes)은 배열의 요소 개수인 8을 반환합니다.

한글은 문자당 3바이트를 차지하고 영문은 1바이트를 차지합니다. 그래서 "Hello 월드"의 총 바이트 길이는 12바이트가 됩니다. len(str)과 같이 string 타입 변수의 길이는 문자열의 바이트 길이가 반환됩니다. string 타입을 []rune으로 타입 변환을 하면 각 글자들로 이뤄진 배열로 변환됩

---

2 0x를 붙이면 16진수 숫자값을 의미합니다.

니다. 그래서 len(runes)와 같이 len()의 인수로 배열을 넣으면 배열의 요소 개수를 반환합니다.

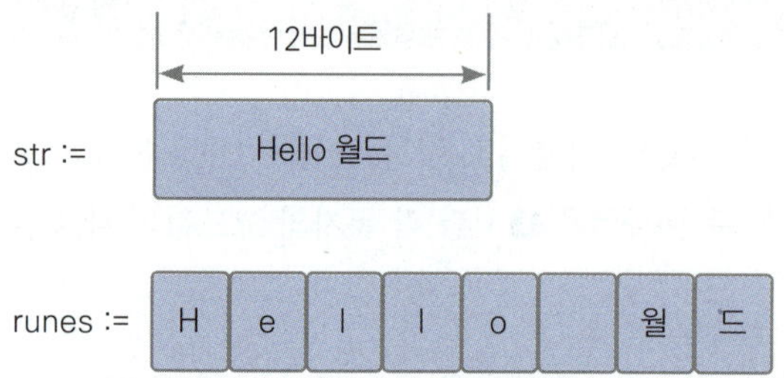

string 타입은 연속된 바이트 메모리라면 []rune 타입은 글자들의 배열로 이뤄져 있습니다. 그래서 이 둘은 완전히 다른 타입이지만 편의를 위해서 Go 언어는 둘의 상호 타입 변환을 지원하고 있습니다.

13.1.5 string 타입을 []byte로 타입 변환할 수 있다

string 타입과 []byte 타입은 상호 타입 변환이 가능합니다. []byte는 byte 즉 1바이트 부호 없는 정수 타입의 가변 길이 배열입니다. 문자열이란 것도 결국 메모리에 있는 데이터이고, 메모리는 1바이트 단위로 저장되기 때문에 모든 문자열은 1바이트 배열로 변환 가능합니다. 파일을 쓰거나 네트워크로 데이터를 전송하는 경우 io.Writer 인터페이스를 사용하고 io.Writer 인터페이스는 []byte 타입을 인수로 받기 때문에 []byte 타입으로 변환해야 합니다. 그래서 문자열을 쉽게 전송하고자 string에서 []byte 타입으로 변환을 지원합니다. 이 부분에 대해서는 18장 '인터페이스'와 A.3절 '입출력 처리'에서 다룹니다. 지금은 string과 []byte 타입 간 상호 변환이 가능하다는 것만 아시고 넘어가도 됩니다.

13.2 문자열 순회

문자열에 들어있는 글자들을 순회하는 방법을 알아봅시다. 문자열을 순회하는 방법은 크게 3가지입니다.

1 인덱스를 사용한 바이트 단위 순회
2 []rune으로 타입 변환 후 한 글자씩 순회

3 range 키워드를 이용한 한 글자씩 순회

각 방법이 조금씩 다르게 동작하므로 차이를 잘 알아야 합니다.

13.2.1 인덱스를 사용해 바이트 단위 순회하기

첫 번째 방법은 인덱스를 사용해 직접 접근하는 방법입니다.

영어 알파벳과 한글이 섞인 문자열을 인덱스를 사용해 순회하는 예제를 살펴봅시다.


```go
package main

import "fmt"

func main() {
  str := "Hello 월드!"                    // ❶ 한영이 섞인 문자열

  for i := 0; i < len(str); i++ {  // ❷ 문자열 크기를 얻어 순회
    // ❸ 바이트 단위로 출력
    fmt.Printf(" 타입:%T 값:%d 문자값:%c\n", str[i], str[i], str[i])
  }
}
```

```
타입:uint8 값:72 문자값:H  ┐
타입:uint8 값:101 문자값:e │
타입:uint8 값:108 문자값:l ├─ ❹
타입:uint8 값:108 문자값:l │
타입:uint8 값:111 문자값:o │
타입:uint8 값:32 문자값:   ┘
타입:uint8 값:236 문자값:ì ┐
타입:uint8 값:155 문자값:  │
타입:uint8 값:148 문자값:  │
타입:uint8 값:235 문자값:ë ├─ ❺
타입:uint8 값:147 문자값:  │
타입:uint8 값:156 문자값:  │
타입:uint8 값:33 문자값:!  ┘
```

❶ 한영 문자가 섞인 문자열입니다. ❷ i < len(str)을 만족하는 동안 순회하는 for문입니다. len()

은 문자열 글자 개수가 아닌 바이트 크기를 반환했습니다. ❸ 인덱스를 사용해 각 바이트값을 출력합니다. ❹ 영문과 공백 문자는 제대로 출력했습니다. ❺ 한글은 그렇지 못하고 깨졌습니다.

str[i]처럼 인덱스로 접근하면 요소의 타입은 uint8 즉 byte입니다.[3] 그래서 1바이트 크기인 영문자는 잘 표시되는데 3바이트 크기인 한글은 깨져 표시된 겁니다.

그럼 어떻게 한 글자씩 순회할 수 있을까요? 두 가지 방법이 있습니다. '[]rune으로 타입 변환 후 순회하는 방법'과 'range 키워드를 이용해 순회하는 방법'입니다.

13.2.2 []rune으로 타입 변환 후 한 글자씩 순회하기

한글이 섞인 문자열을 []rune 타입으로 변환한 다음에 순회합시다.

ch13/ex13.8/ex13.8.go

```go
package main

import "fmt"

func main() {
  str := "Hello 월드!"                   // ❶ 한영 문자가 섞인 문자열
  arr := []rune(str)                    // ❷ 문자열을 []rune으로 타입 변환

  for i := 0; i < len(arr); i++ {       // ❸ 문자열 크기를 얻어 순회
    fmt.Printf(" 타입:%T 값:%d 문자값:%c\n", arr[i], arr[i], arr[i])
  }
}
```

```
 타입:int32 값:72 문자값:H
 타입:int32 값:101 문자값:e
 타입:int32 값:108 문자값:l
 타입:int32 값:108 문자값:l
 타입:int32 값:111 문자값:o
 타입:int32 값:32 문자값:
 타입:int32 값:50900 문자값:월
 타입:int32 값:46300 문자값:드
 타입:int32 값:33 문자값:!
```

---

3 byte와 uint8은 이름만 다르고 같은 별칭 타입입니다. rune와 int32 관계와 같습니다.

❶ 한영 문자가 섞인 문자열입니다. ❷ str 문자열을 []rune으로 타입 변환한 다음에 arr 변수에 대입했습니다. ❸ i < len(str)을 만족하는 동안 순회하는 for문입니다. 변수 arr은 한 문자씩 이 뤄진 배열이기 때문에 len()은 문자열 글자 개수를 반환합니다. 이렇게 변환한 arr 배열을 for문 을 이용하면 각 글자를 돌면서 순회합니다. 그 결과 원하는 (문자 단위로) 결과가 출력됩니다.

이렇게 []rune으로 변환한 다음에 순회하면 한 글자씩 순회할 수 있지만 []rune으로 변환되는 과 정에서 별도의 배열을 할당하므로 불필요한 메모리를 사용하게 됩니다. range 키워드를 사용해 순회하면 이를 방지할 수 있습니다.

13.2.3 range 키워드를 이용해 한 글자씩 순회하기

한글이 섞인 문자열을 range 키워드를 이용해서 순회합시다.

ch13/ex13.9/ex13.9.go

```go
package main

import "fmt"

func main() {
  str := "Hello 월드!"          // ❶ 한영 문자가 섞인 문자열
  for _, v := range str {      // ❷ range를 이용한 순회
    fmt.Printf(" 타입:%T 값:%d 문자:%c\n", v, v, v) // ❸ 출력
  }
}
```

```
타입:int32 값:72 문자:H
타입:int32 값:101 문자:e
타입:int32 값:108 문자:l
타입:int32 값:108 문자:l
타입:int32 값:111 문자:o
타입:int32 값:32 문자:
타입:int32 값:50900 문자:월
타입:int32 값:46300 문자:드
타입:int32 값:33 문자:!
```

❶ 한영 문자가 섞인 문자열입니다. ❷ range를 이용해서 문자열을 순회합니다. 인덱스값은 이 예제에서는 사용하지 않기 때문에 밑줄 _을 통해 무효화했습니다. ❸ 타입, 값, 문자를 출력합니

다. 모든 문자 타입이 int32, 즉 rune입니다. rune은 기본적으로 숫자값이기 때문에 어떤 수인지 출력하고, %c를 이용해 해당 문자를 출력했습니다.

이처럼 range를 이용하면 추가 메모리 할당 없이 문자열을 한 글자씩 순회할 수 있어서 불필요한 메모리 낭비를 없앨 수 있습니다.

13.3 문자열 합치기

문자열 간의 연산을 알아봅시다. 문자열은 **+**과 **+=** 연산을 사용해서 문자열을 이을 수 있습니다.

두 문자열을 이어봅시다.

```go
package main

import "fmt"

func main() {
  str1 := "Hello"
  str2 := "World"

  str3 := str1 + " " + str2     // ❶ str1, " ", str2를 잇습니다.
  fmt.Println(str3)

  str1 += " " + str2            // ❷ str1에 " " + str2 문자열을 붙입니다.
  fmt.Println(str1)
}
```
```
Hello World
Hello World
```

ch13/ex13.10/ex13.10.go

❶ str1과 " ", str2 문자열을 합쳐서 새로운 문자열을 만들고 그 값을 str3 변수에 대입 연산자 =를 사용해 대입합니다.

❷ str1에 " " + str2 합한 결과를 붙여서 str1값을 += 연산자를 사용해 변경합니다.

Warning 문자열 연산으로 + 연산자만 제공되고 - 나 * 연산자는 제공되지 않습니다.

13.3.1 문자열 비교하기

연산자 ==, !=를 사용해서 문자열이 같은지 같지 않은지 비교합니다. 두 문자열이 완전히 같을 때 == 연산 결과가 true가 되고 != 연산은 false가 됩니다. 두 문자열이 한 글자라도 다르거나 길이가 다르면 != 연산 결과가 true가 되고 == 연산은 false가 됩니다. 두 문자열이 같은지 다른지 예제로 보겠습니다.

```go
package main

import "fmt"

func main() {
  str1 := "Hello"
  str2 := "Hell"
  str3 := "Hello"

  fmt.Printf("%s == %s : %v\n", str1, str2, str1 == str2)
  fmt.Printf("%s != %s : %v\n", str1, str2, str1 != str2)
  fmt.Printf("%s == %s : %v\n", str1, str3, str1 == str3)
  fmt.Printf("%s != %s : %v\n", str1, str3, str1 != str3)
}
```

```
Hello == Hell : false
Hello != Hell : true
Hello == Hello : true
Hello != Hello : false
```

연산자 ==는 그나마 익숙할 텐데, !=은 익숙하지 않을 겁니다. '== 연산과 반대 결과를 알려준다' 정도로 알아두시면 됩니다.

13.3.2 문자열 대소 비교하기 : ﹥, ﹤, ﹤=, ﹥=

﹥, ﹤, ﹥=, ﹤= 연산자를 이용해서 문자열 간 대소를 비교를 합니다. 문자열 대소 비교는 첫 글자부터 하나씩 값을 비교해서 그 글자에 해당하는 유니코드 값이 다를 경우 대소를 반환합니다. 값이 같을 경우 다음 글자를 비교합니다.

```go
package main

import "fmt"

func main() {
  str1 := "BBB"
  str2 := "aaaaAAA"
  str3 := "BBAD"
  str4 := "ZZZ"

  fmt.Printf("%s > %s : %v\n", str1, str2, str1 > str2)   // ❶
  fmt.Printf("%s < %s : %v\n", str1, str3, str1 < str3)   // ❷
  fmt.Printf("%s <= %s : %v\n", str1, str4, str1 <= str4) // ❸
}
```

```
BBB > aaaaAAA : false
BBB < BBAD : false
BBB <= ZZZ : true
```

ch13/ex13.12/ex13.12.go

문자열 대소 비교는 문자열 앞 글자부터 대소 비교를 합니다.

❶ "BBB"와 "aaaaAAA" 대소 비교를 할 때 'B'의 UTF-8값이 66번이고 'a'의 UTF-8값이 97번이기 때문에 'B'보다 'a'가 더 큰 값입니다. 그래서 "BBB" 〉 "aaaaAAA"는 false입니다. ❷ "BBB"와 "BBAD"를 비교합니다. "BB"까지는 같지만 'B'값이 66번이고 'A'값이 65번이기 때문에 "BBB"가 "BBAD"보다 더 큽니다. 그래서 "BBB" 〈 "BBAD"는 false입니다. ❸ "B"는 66번 "Z"는 90번이기 때문에 "BBB" 〈= "ZZZ"는 true입니다.

문자열 대소 비교 시 문자열 길이와 상관없이 앞글자부터 (같은 위치에 있는 글자끼리) 비교합니다.

깊이보기 13.4 문자열 구조

Go 언어는 문자열을 어떻게 처리할까요? 이번 절에서는 string 타입의 구조를 더 자세히 알아보겠습니다. 사실 문자열을 사용하는 데 있어서 string 자료구조까지 알 필요는 없습니다. 하지만 내부 구조를 이해하면 Go 프로그래밍을 이해하는 데 큰 도움이 됩니다.

13.4.1 string 구조 알아보기

먼저 string 구조를 알아보겠습니다. string 타입은 Go 언어에서 제공하는 내장 타입으로 그 내부 구현은 감춰져 있습니다. 하지만 StringHeader 구조체로 강제 타입 변환을 하면 내부 구현을 엿볼 수 있습니다. 그 구조는 다음과 같습니다.

```go
type StringHeader struct {
    Data uintptr
    Len  int
}
```

string은 필드가 2개인 구조체입니다. 첫 번째 필드 Data는 uintptr 타입으로 문자열의 데이터가 있는 메모리 주소를 나타내는 일종의 포인터입니다. 두 번째 필드 Len은 int 타입으로 문자열의 길이를 나타냅니다.

"안녕하세요. 한글 문자열입니다."이라는 문자열을 가리키는 string 타입 str1이 있다고 합시다. str1이 문자열을 다음 그림과 같이 가리키게 됩니다.

13.4.2 string끼리 대입하기

string 변수가 대입되면 어떻게 되는지 확인해보겠습니다.

ch13/ex13.13/ex13.13.go

```go
package main

import "fmt"



func main() {
  str1 := "안녕하세요. 한글 문자열입니다."
  str2 := str1
```

```go
    fmt.Printf(str1) // ❶
    fmt.Printf("\n")
    fmt.Printf(str2) // ❷
}
```

```
안녕하세요. 한글 문자열입니다.
안녕하세요. 한글 문자열입니다.
```

str2 변수에 str1 변수를 대입하니 기대한 대로 문자열이 잘 출력되네요. 어떤 일이 벌어진 걸까요? 방법은 두 가지일 겁니다.

1 str1 문자열을 하나 복사해서 str2가 가리키게 한다.

2 str1의 Data와 Len값만 str2에 복사한다.

구조체 변수가 복사될 때 구조체 크기만큼 메모리가 복사됩니다. str1과 str2는 모두 구조체이므로 각 필드 즉 Data 포인터값과 Len값이 복사됩니다. 정답은 2번이었습니다.

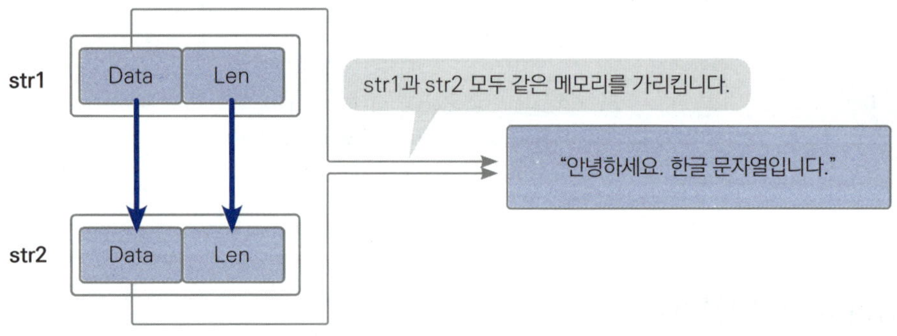

문자열 주솟값인 Data까지 복사되므로 당연히 문자열 자체는 복사되지 않습니다. 정말로 str1의 Data와 Len이 복사됐는지 확인해보겠습니다.

ch13/ex13.14/ex13.14.go

```go
package main

import (
    "fmt"
    "unsafe"
)
```

```go
type StringHeader struct {
    Data uintptr
    Len  int
}

func main() {
  str1 := "Hello World!"
  str2 := str1                              // ❶ str1 변숫값을 str2에 복사

  stringHeader1 := (*StringHeader)(unsafe.Pointer(&str1))
  // ❷ Data값 추출
  stringHeader2 := (*StringHeader)(unsafe.Pointer(&str2))
  // ❸ Data값 추출

  fmt.Println(stringHeader1)                // ❹ 각 필드값을 출력합니다.
  fmt.Println(stringHeader2)
}
```

```
&{4983854 12}
&{4983854 12}
```

❶ str1 변숫값을 str2에 복사합니다. 이제 str1의 모든 필드값이 str2에 복사되어 같은 메모리 데이터를 가리키게 됩니다.

❷ ❸ string 타입 str1과 str2를 *StringHeader 타입으로 변환합니다. Go는 string 타입에서 *StringHeader 타입으로 변환을 막고 있기 때문에 string 타입 변수를 StringHeader 타입으로 강제 변환을 하려고 unsafe.Pointer(&str1)를 사용해서 unsafe.Pointer 타입으로 변환한 다음에 이어서 *StringHeader 타입으로 변환합니다. 내부 필드값을 접근하고자 강제로 타입 변환한다고 이해하면 됩니다.

❹ 각 필드값을 출력합니다. 출력 결과 예상한 바와 같이 두 string 변수의 Data값이 같네요. 이같은 이유로 string 변수가 가리키는 문자열이 아무리 길어도 string 변수끼리 대입 연산에서는 16바이트 값만 복사될 뿐 문자열 데이터는 복사되지 않습니다. 혹시나 문자열 전체가 복사되어서 긴 문자열의 경우 메모리나 성능 문제가 생기지 않을까 하는 걱정을 하실 필요가 없습니다.

 # 13.5 문자열은 불변이다

문자열은 불변^{immutable}입니다. 불변이라는 말은 string 타입이 가리키는 문자열의 일부만 변경할 수 없다는 말입니다. 그래서 아래 코드는 컴파일 에러가 발생됩니다.

```go
var str string = "Hello World"
str = "How are you?"          // ❶ 전체 바꾸기는 가능
str[2] = 'a'                  // ❷ Error!! 일부 바꾸기는 불가능
```

❶ str값을 다른 문자열로 바꾸기는 가능합니다. 그러면 str은 "How are you?" 문자열이 있는 메모리 주소로 Data 포인터값을 변경하고 Len값도 문자열 길이에 맞게 변경합니다.

❷ 하지만 문자열의 일부를 바꿀 수는 없습니다. 문자열은 불변이기 때문입니다.

다른 예를 보겠습니다.

ch13/ex13.15/ex13.15.go

```go
package main

import "fmt"

func main() {
    var str string = "Hello World"
    var slice []byte = []byte(str)  // ❶ 슬라이스로 타입 변환

    slice[2] = 'a'                  // ❷ 3번째 문자 변경

    fmt.Println(str)
    fmt.Printf("%s\n", slice)
}
```

```
Hello World
Healo World
```

❶ []byte 슬라이스로 타입 변환했습니다. 문자열은 결국 byte 배열이므로 []byte로 타입 변환하면 같은 메모리 공간을 가리킬 것이라고 생각할 수 있습니다. 하지만 str이 가리키는 메모리 공간과 slice가 가리키는 메모리 공간은 서로 다릅니다. ❷ slice의 3번째 요솟값을 변경했습니다. 출력 결과를 보면 slice는 3번째 문자가 a로 변경된 "Healo"인데, str은 여전히 "Hello"입니다.

str과 slice가 다른 메모리 주소를 가리키고 있기 때문입니다.

다른 예제로 실제 주솟값을 확인해보겠습니다.

```
                                                        ch13/ex13.16/ex13.16.go
package main

import (
    "unsafe"
    "fmt"
)

func main() {
    var str string = "Hello World"
    var slice []byte = []byte(str)


    fmt.Printf("str:\t%p\n", unsafe.StringData(str))        // ❶
    fmt.Printf("slice:\t%p\n", unsafe.SliceData(slice))
}

str:        4beb6f                    ❷
slice:      c00006af10⁴
```

❶ 실제 string과 슬라이스의 내부 구조체 값을 접근하고자 unsafe.StringData() 함수를 통해서 str 내부의 데이터 주소값을 출력합니다.

❷ 출력 결과를 확인하니 서로 다른 주소를 가리키고 있습니다. Go 언어는 슬라이스로 타입 변환을 할 때 문자열을 복사해서 새로운 메모리 공간을 만들어 슬라이스가 가리키도록 합니다. 그래야 불변 원칙을 지킬 수 있기 때문입니다.

13.5.1 문자열 합산

Go 언어에서 string 타입 간 합 연산을 지원합니다. 합 연산을 하면 두 문자열이 하나로 합쳐지게 됩니다. 이때 합산이 어떻게 일어나는지 살펴보겠습니다.

---

4 실제 주솟값은 실행할 때마다 다를 수 있습니다.

```go
package main

import (
    "unsafe"
    "fmt"
)

func main() {
    var str string = "Hello"
    addr1 := unsafe.StringData(str) // ❶
    str += " World"                 // ❷
    addr2 := unsafe.StringData(str) // ❸
    str += " Welcome!"              // ❹
    addr3 := unsafe.StringData(str) // ❺
    fmt.Println(str)
    fmt.Printf("addr1:\t%p\n", addr1)
    fmt.Printf("addr2:\t%p\n", addr2)  ┐── ❻
    fmt.Printf("addr3:\t%p\n", addr3)  ┘
}
```

```
Hello World Welcome!
addr1:  4bde6e
addr2:  c000100010  ┐── ❼
addr3:  c00010c000  ┘
```

먼저 str값을 "Hello"로 초기화합니다. ❶ 합 연산을 하기 전에 str 내부 Data 필드값을 addr1 변수로 저장합니다. ❷ str 문자열 뒤에 " World" 문자열을 붙여 "Hello World" 문자열로 바꿉니다. ❸ Data 필드값을 addr2 변수로 저장합니다. ❹ "Welcome!" 문자열을 붙입니다. ❺ Data 필드값을 addr3 변수로 저장합니다. ❻ 메모리 주솟값을 출력합니다. ❼ 모든 주소가 다르게 출력됐습니다.

Go 언어는 기존 문자열 메모리 공간을 건드리지 않고, 새로운 메모리 공간을 만들어서 두 문자열을 합치기 때문에 string 합 연산 이후 주솟값이 변경됩니다. 따라서 문자열 불변 원칙이 준수됩니다.

string 합 연산을 빈번하게 하면 메모리가 낭비됩니다. 그래서 string 합 연산을 빈번하게 사용하는 경우에는 strings 패키지의 Builder를 이용해서 메모리 낭비를 줄일 수 있습니다. 다음 예제를 보겠습니다.

```go
package main

import (
    "strings"
    "fmt"
)

func ToUpper1(str string) string {
    var rst string
    for _, c := range str {
        if c >= 'a' && c <= 'z' {
            rst += string('A' + (c - 'a'))        // ❶ 합 연산 사용
        } else {
            rst += string(c)
        }
    }
    return rst
}

func ToUpper2(str string) string {
    var builder strings.Builder
    for _, c := range str {
        if c >= 'a' && c <= 'z' {
            builder.WriteRune('A' + (c - 'a'))    // ❷ strings.Builder 사용
        } else {
            builder.WriteRune(c)
        }
    }
    return builder.String()
}

func main() {
    var str string = "Hello World"

    fmt.Println(ToUpper1(str))
    fmt.Println(ToUpper2(str))
}
```

ToUpper1() 함수와 ToUpper2() 함수 모두 소문자를 대문자로 바꿉니다. ❶ ToUpper1() 함수는 합 연산을 사용해서 문자를 더합니다. Go 언어 내부에서는 합 연산을 사용할 때마다 새로운 메모리 공간을 할당해서 두 문자열을 더합니다. 즉 합 연산을 할 때마다 메모리 공간이 버려집니다. 따라서 메모리 공간 낭비와 성능 문제를 발생시킵니다.

❷ ToUpper2()는 strings.Builder 객체를 이용해서 문자를 더합니다. strings.Builder는 내부에 슬라이스를 가지고 있기 때문에 WriteRune() 메서드를 통해 문자를 더할 때 매번 메모리를 새로 생성하지 않고 기존 메모리 공간에 빈자리가 있으면 그냥 더하게 됩니다. 그래서 메모리 공간 낭비를 없앨 수 있습니다.

13.5.2 왜 문자열은 불변 원칙을 지키려 할까?

그럼 왜 Go 언어는 빈번한 합 연산 시 메모리가 낭비되는 데도 문자열 불변 원칙을 지키려 할까요? 가장 큰 이유는 예기치 못한 버그를 방지하기 위해서입니다.

만약 문자열 불변 원칙이 없다면 문자열이 언제라도 변화할 수 있게 되어서 string 타입 변수를 안심하고 사용할 수 없는 경우가 발생합니다. 다음 코드를 보겠습니다.

```go
func ChangeString(str3 string) {
    str3[4] = 'T'
}


func main() {
    str := "Hello World"
    str2 := str

    ChangeString(str)
}
```

string 타입이 복사될 때 문자열 전체가 복사되는 것이 아닌 Data, Len 필드값만 복사됩니다. 그래서 str, str2, str3 모두 같은 문자열을 가리키게 됩니다. 만약 문자열 불변 원칙이 없어서

str3[4] = 'T'와 같이 문자열 일부 값을 변경하면 str, str2, str3 모두 변경된 문자열을 가리키게 됩니다. 만약 string 변숫값이 코드 전반에 걸쳐서 여러 곳으로 복사됐다면 언제 어디에서 문자열이 변경되는지 알 수 없어서 많은 버그를 양산할 수 있습니다.

물론 프로그래머가 잘 추적해 사용하면 되지만 쉬운 일은 아닙니다. 그래서 Go 언어에서는 문자열 불변 원칙을 지켜 안심하고 string 타입을 사용할 수 있게 하는 겁니다. 'string 합 연산이 빈번하면 strings.Builder를 사용하라'만 기억해주세요.

핵심 요약

1 문자열은 문자의 집합이고 타입명은 string입니다.
2 문자열은 큰따옴표나 백쿼트로 묶어서 표현합니다.
3 UTF-8 문자코드를 사용해서 문자열을 표현합니다.
4 range를 이용해 글자 단위로 순회할 수 있습니다.
5 +로 문자열을 합치고 사전식으로 대소 비교합니다.
6 문자열 내부는 포인터와 길이 필드로 구성됩니다.

1 다음 예제의 결과를 쓰세요.

```go
package main

import "fmt"

func main() {
  str1 := "학교종이 "
  str2 := "땡땡땡"
  str1 += str2

  fmt.Println(str1)
}
```

2 다음은 소문자를 대문자로 바꾸는 함수입니다. 공란을 채우세요.

```go
package main

import "fmt"
func ToUpper(str string) string {
  var builder strings.Builder
  for _, v :=            str {         // 한글자씩 순회합니다.
    if v >= 'a' && v <= 'z' {          // 소문자인지 확인합니다.
      builder.WriteRune('A' + (c - 'a'))  // 대문자로 바꿉니다.
    } else {
      builder.WriteRune(c)             // 소문자가 아니면 그대로 추가합니다.
    }
  }
  return builder.String()

}
```

```go
func main() {
  str := "hello World!"

  fmt.Println(ToUpper(str))
}
```

```
HELLO WORLD!
```

3 64비트 컴퓨터에서 다음 구조체의 크기를 적어보세요.

```go
type User struct {
  FirstName string
  LastName  string
  Age       int
}
```

1 **정답** 학교종이 땡땡땡

해설 str1 += str2는 str1 = str1 + str2와 같습니다. 즉 str1과 str2를 합친 문자열을 다시 str1에 대입합니다.

2 **정답** range

3 **정답** 40바이트

해설 string 구조체는 포인터 필드와 길이 필드 두 개를 가지고 있어서 16바이트 크기를 갖습니다. User 구조체는 string 2개와 8바이트 int로 되어 있어서 총 40바이트 크기를 갖습니다.

패키지

☐ **학습 목표**	패키지에 대해서 알아보고 자기만의 패키지를 만들어봅니다.
☐ **학습 내용**	• 패키지 정의　　　• 외부 패키지 사용하기　　　• Go 모듈 알아보기
☐ **패키지 소개**	패키지는 코드를 묶는 가장 큰 단위입니다. Go로 만든 모든 프로그램은 패키지들을 묶어서 만들게 됩니다. 패키지는 함수, 구조체, 상수를 외부로 노출시킬 수 있습니다. 패키지를 이용해서 연관된 코드를 묶어서 배포할 수 있습니다. 예를 들어 수학과 관련된 기능들은 math 패키지로 배포되고, 인터넷 웹 프로토콜과 연관된 기능들은 http 패키지로 배포됩니다.
☐ **장점**	• 타입, 필드 함수에 대한 접근을 제공할 수 있습니다. • 연관된 함수, 타입 등의 코드를 패키지로 묶어서 배포할 수 있습니다.

14.1 패키지

패키지[package]란 Go 언어에서 코드를 묶는 가장 큰 단위[1]입니다.

프로그램

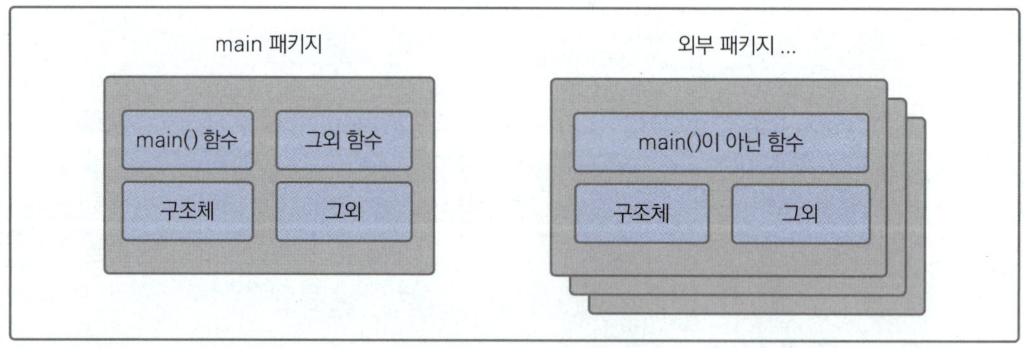

---

1 다른 언어에서는 네임스페이스(namespace)라는 키워드를 사용해서 코드 영역을 분리하기도 하지만, Go 언어에서는 다른 언어와 같은 네임스페이스를 지원하지 않고 패키지를 사용합니다.

함수로 코드 블록을, 구조체로 데이터를, 패키지로 함수와 구조체와 그외 코드를 묶습니다. main 패키지는 특별한 패키지로 프로그램 시작점을 포함한 패키지입니다. 프로그램은 main 패키지(필수 요소) 하나와 여러 외부 패키지(선택 요소)로 구성됩니다.

14.1.1 main 패키지

main 패키지는 특별한 패키지로 프로그램 시작점을 포함한 패키지입니다. 프로그램 시작점이란 main() 함수를 의미합니다. 프로그램이 실행되면 (대부분) 운영체제는 프로그램을 메모리로 올립니다. 이것을 로드^{Load}라고 합니다. 그런 다음 프로그램 시작점부터 한 줄씩 코드를 실행합니다. 바로 이 프로그램 시작점이 main() 함수이고, main() 함수를 포함한 패키지가 main 패키지입니다.

14.1.2 그외 패키지

한 프로그램은 main 패키지 외에 다수의 다른 패키지를 포함할 수 있습니다. 예를 들어 게임에 그래픽, 사운드, 네트워크, AI 기능들을 제공한다고 해봅시다. 이런 기능을 처음부터 끝까지 모두 만들어야 한다면 시간과 비용이 엄청나게 들 겁니다. 그런데 각 기능을 제공하는 패지키가 있다면 그저 가져다 쓰면 됩니다(유료라면 돈을 지불하고).

표준 입출력은 fmt 패키지를, 암호화 기능은 crypto 패키지를, 네트워크 기능은 net 패키지를 임포트해^{import} 사용하면 됩니다. 이미 세상에는 수많은 패키지가 제공되므로 프로그램을 만들 때는 원하는 기능을 제공하는 패키지를 먼저 찾아보는 습관이 들이는 것이 좋습니다.

14.1.3 유용한 패키지 찾기

모든 걸 처음부터 혼자 코딩할 필요는 없습니다. 여러분이 생각하는 대부분의 기능들은 이미 패키지로 배포되고 있습니다. 시간이 곧 돈이고 기회입니다. 레고를 조립하듯 필요한 기능을 담은 패키지를 조합해서 빠르게 원하는 서비스를 구현하는 것이 최선의 길입니다.

새로 만들기 전에 먼저 표준 패키지에서 같은 기능을 제공하는지 찾아봐야 합니다.

- https://golang.org/pkg/

위 링크를 통해서 표준 패키지 목록을 확인할 수 있습니다. 만약 표준 패키지에서 제공하지 않는 기능이라면 공개된 외부 패키지에서 원하는 기능을 제공하는지 찾아보시는 게 좋습니다. Go 언어에서 많이 사용되는 패키지를 'Awesome Go'에서 찾아보세요.

- https://github.com/avelino/awesome-go

카데고리별로 프로그래머들이 많이 사용되는 패키지들을 찾아보실 수 있습니다.

14.2 패키지 사용하기

패키지를 사용하려면 import 예약어로 임포트를 하고 원하는 패키지 경로를 따옴표로 묶어서 써줍니다. 다른 패키지를 가져오면 해당 패키지에서 외부로 노출하는 함수, 구조체, 변수, 상수 등을 사용할 수 있습니다. 외부 노출 여부는 변수명, 함수명, 구조체명의 첫 글자가 대문자인지 소문자인지로 구분합니다. 대문자로 시작하면 노출되고, 소문자로 시작하면 노출되지 않습니다. 패키지명은 가져오는 패키지 경로의 가장 마지막 폴더명입니다.

14.2.1 임포트하기

import 뒤에 패키지명을 큰따옴표로 묶어서 적으면 됩니다.

```
import "fmt"
```

소괄호로 패키지들을 묶어 여러 패키지를 임포트시킬 수 있습니다.

```
import (
  "fmt"
  "os"
)
```

14.2.2 패키지 멤버에 접근하기

패키지를 가져오면 해당 패키지명을 쓰고 점 . 연산자를 사용해 패키지에서 제공하는 함수, 구조체 등에 접근할 수 있습니다.

이제는 너무나 익숙한 fmt 패키지에서 제공하는 Println() 함수 사용법을 살펴볼까요?

```
fmt.Println("Hello World")
```

위와 같이 fmt 패키지명을 쓰고 점 .을 찍어서 패키지 내부의 함수를 호출하면 됩니다.

14.2.3 경로가 있는 패키지 사용하기

경로가 있는 패키지를 사용하는 방법도 알아봅시다.

```go
                                                              ch14/ex14.1/ex14.1.go
package main

import (                   // ❶ 둘 이상의 패키지는 소괄호로 묶어줍니다.
  "fmt"
  "math/rand"             // ❷ 패키지명은 rand입니다.
)

func main() {
  fmt.Println(rand.Int())  // ❸ 랜덤한 숫자값을 출력합니다.
}

5577006791947779410²
```

❶ 소괄호로 묶어 fmt와 math/rand 패키지를 가져왔습니다. ❷ 경로가 있는 패키지에 접근할 때는 마지막 폴더명인 rand만 사용합니다. ❸ rand 패키지에서 제공하는 Int() 함수를 사용하고 있습니다. rand 패키지의 Int() 함수를 호출하면 랜덤한 int 타입 정수를 반환합니다.

---

2 랜덤 시드(random seed)가 0이기 때문에 항상 일정한 값이 나옵니다. 다른 값이 나오게 하려면 랜덤 시드를 바꿔줘야 합니다(15.2.1절 'math/rand 패키지' 참조).

14.2.4 겹치는 패키지 문제 별칭으로 풀기

만약 패키지명이 겹치면 어떻게 할까요? 그럴 땐 별칭aliasing을 줘서 구별해줍니다.

```go
import (
    "text/template" // template 패키지
    "html/template" // 역시 같은 이름의 template 패키지
)
```

마지막 폴더명이 같아 결국 패키지명이 같습니다. 별칭을 붙여줘 해결해봅시다. 별칭은 패키지 명 앞에 쓰면 됩니다.

```go
import (
    "text/template" // template 패키지
    htemplate "html/template" // 별칭 htemplate
)
```

이제 "html/template" 패키지는 htemplate 이름으로 사용할 수 있습니다.

```go
template.New("foo").Parse(`{{define "T"}}Hello`)  // ❶
htemplate.New("foo").Parse(`{{define "T"}}Hello`) // ❷
```

❶은 "text/template" 패키지의 함수를 호출하고 ❷는 "html/template" 패키지의 함수를 호출합니다.

14.2.5 사용하지 않는 패키지 포함하기

패키지를 가져오면 반드시 사용해야 합니다. 패키지를 임포트하고 나서 사용하지 않으면 에러가 발생합니다. 패키지를 직접 사용하지 않지만 부가효과를 얻고자 임포트하는 경우에는 밑줄 _을 패키지명 앞에 붙여주면 됩니다.

```go
import (
    "database/sql"
    _ "github.com/mattn/go-sqlite3"    // 밑줄 _을 이용해서 오류 방지
)
```

"github.com/mattn/go-sqlite3" 패키지를 가져왔지만 이 패키지를 직접 사용하지 않고 "database/sql" 패키지에 sqlite3를 사용하겠다는 부가효과[3]를 얻고자 가져왔기 때문에 앞에 밑줄 _을 써서 사용하지 않는 패키지라는 오류를 방지했습니다.

14.2.6 패키지 설치하기

import로 패키지를 포함시키면 go build를 통해서 빌드할 때 해당하는 패키지를 찾아서 포함한 다음 실행 파일을 생성합니다. 그럼 Go는 import된 패키지를 어떻게 찾을까요? 세 가지 방법으로 패키지를 찾습니다.

1 Go 언어에서 기본 제공하는 패키지는 Go 설치 경로에서 찾습니다. Go를 설치할 때 Go 언어에서 제공하는 기본 패키지들까지 같이 설치됩니다. 그래서 기본 패키지들은 Go 설치 경로에 포함되어 있습니다.
2 깃허브와 같은 외부 저장소에 저장된 패키지의 경우 외부 저장소에서 다운받아서 GOPATH\pkg 폴더에 설치합니다. 이때 Go 모듈에 정의된 패키지 버전에 맞게 다운로드하게 됩니다.
3 현재 모듈 아래 위치한 패키지인지 검사합니다. 현재 모듈 아래 위치한 패키지는 현재 폴더 아래 있는 패키지를 찾습니다.

14.3 Go 모듈

Go 모듈은 Go 패키지들을 모아놓은 Go 프로젝트 단위입니다. Go 1.16 버전부터 Go 모듈 사용이 기본이 됐습니다. 이전까지 Go 모듈을 만들지 않는 Go 코드는 모두 GOPATH/src 폴더 아래 있어야 했지만 Go 모듈이 기본이 되면서 모든 Go 코드는 Go 모듈 아래 있어야 합니다.

go build를 하려면 반드시 Go 모듈 루트 폴더에 go.mod 파일이 있어야 합니다. go.mod 파일은 모듈 이름과 Go 버전, 필요한 외부 패키지 등이 명시되어 있습니다. Go 언어에서는 go build를 통해 실행 파일을 만들 때 go.mod와 외부 저장소 패키지 버전 정보를 담고 있는 go.sum 파일을 통해 외부 패키지와 모듈 내 패키지를 합쳐서 실행 파일을 만들게 됩니다.

---

3 여기서 말하는 부가효과란 패키지가 초기화되면서 실행되는 코드에 따른 효과를 말합니다(패키지 초기화는 14.5절 '패키지 초기화' 참조).

Go 모듈은 go mod init 명령을 통해 만들 수 있습니다.

```
go mod init [패키지명]
```

위 명령을 실행하면 go.mod 파일이 생성됩니다. Go 모듈을 만드는 법을 배워보겠습니다.

To Do Go 모듈을 만들고 외부 패키지 활용하기

01 비주얼 스튜디오 코드를 실행해서 프로젝트 폴더를 열어줍니다. 여기서는 goproject\
usepkg 폴더를 만들어서 열겠습니다.

02 새 터미널을 실행한 다음 goproject\usepkg 폴더에서 go mod init goproject/usepkg
명령으로 새로운 Go 모듈을 만들어줍니다.

```
goproject\usepkg> go mod init goproject/usepkg
```

03 폴더 만들기 버튼을 클릭해서 usepkg 폴더 아래 custompkg 폴더를 만들어줍니다.

04 custompkg 폴더 안에 custompkg.go 파일을 만들어줍니다. 다음과 같이 타이핑합니다.

```
                                        goproject/usepkg/custompkg/custompkg.go
package custompkg

import "fmt"

func PrintCustom() {
    fmt.Println("This is custom package!")
}
```

05 상위 폴더인 usepkg 폴더에 usepkg.go 파일을 생성해서 다음과 같이 타이핑합니다.

```
                                        goproject/usepkg/usepkg.go
package main

import (
    "fmt"                                   // ❶ 표준 패키지
    "goproject/usepkg/custompkg"            // ❶ 모듈 내 패키지

    "github.com/guptarohit/asciigraph"      // ❸ 외부 저장소 패키지
    "github.com/tuckersGo/musthaveGo2/ch14/expkg"
)
```

```go
func main() {
    custompkg.PrintCustom()
    expkg.PrintSample()

    data := []float64{3, 4, 5, 6, 9, 7, 5, 8, 5, 10, 2, 7, 2, 5, 6}
    graph := asciigraph.Plot(data)
    fmt.Println(graph)
}
```

❶ fmt 패키지는 Go 설치 시 같이 설치되는 표준 패키지입니다. ❷ custompkg는 현재 모듈에 속한 패키지입니다. 패키지 경로가 우리가 만든 Go 모듈 이름인 goproject\usepkg 아래인 것을 주의하세요. 이렇게 같은 Go 모듈 아래 있는 패키지는 Go 모듈명 아래 위치하도록 해줘야 제대로 import됩니다. ❸ 외부 저장소인 깃허브에 있는 외부 패키지들입니다.

06 터미널에서 go mod tidy를 실행합니다. go mod tidy 명령은 Go 모듈에 필요한 패키지를 찾아서 다운로드해주고 필요한 패키지 정보를 go.mod 파일과 go.sum 파일에 적어주게 됩니다.

```
goproject\usepkg> go mod tidy
go: finding module for package github.com/guptarohit/asciigraph
go: finding module for package github.com/tuckersGo/musthaveGo2/ch14/expkg
go: downloading github.com/guptarohit/asciigraph v0.5.1
go: found github.com/guptarohit/asciigraph in github.com/guptarohit/
asciigraph v0.5.1
go: found github.com/tuckersGo/musthaveGo2/ch14/expkg in github.com/
tuckersGo/musthaveGo2/ch14/expkg v0.0.0-20210206225336-fd7f8ea77b60
```

실행 결과를 통해서 외부 저장소인 깃허브에서 github.com/guptarohit/asciigraph 패키지와 github.com/tuckersGo/musthaveGo2/ch14/expkg 패키지를 찾아서 다운로드한 것을 알 수 있습니다. 그리고 go.mod 파일이 변경됐고 go.sum[4] 파일이 생성된 것을 알 수 있습니다.

4　go.sum에는 패키지 위조 여부를 검사하기 위한 체크섬(checksum) 결과가 담겨 있습니다.

아래는 변경된 go.mod 파일 내용입니다.

```
module goproject/usepkg                    // ❶ 모듈명

go 1.22                                     // ❷ Go 버전

require (                                    // ❸ 외부 패키지들
    github.com/guptarohit/asciigraph v0.5.1
    github.com/tuckersGo/musthaveGo2/ch14/expkg v0.0.0
)
```

❶ 모듈명이 정의되어 있습니다. 모듈명은 다른 외부 패키지 이름과 겹치지 않도록 주의해야 합니다. 모듈명의 마지막 이름은 되도록 폴더명과 맞춰주세요.

❷ 이 모듈이 빌드된 Go 버전이 명시되어 있습니다.

❸ require에는 필요한 외부 패키지 정보가 적혀있습니다. 보시면 asciigraph 패키지는 버전 v0.5.1을 사용하고 expkg는 v0.0.0이 필요한 것을 알 수 있습니다.

07 자 이제 go build 명령으로 실행 파일을 만든 다음 실행해보겠습니다.

```
PS C:\Users\vkong\goproject\usepkg> go build
PS C:\Users\vkong\goproject\usepkg> .\usepkg.exe
This is custom package!
This is Github expkg Sample


 10.00 ┤            ╓
  9.00 ┤      ╓    ║║
  8.00 ┤     ║║ ╓║║
  7.00 ┤    │╙║║║║╓
  6.00 ┤   ╜ ║║║║║║║ ┌
  5.00 ┤  ╜ ╙╙║║║║╜
  4.00 ┤╓╜        ║║║║
  3.00 ┼╜         ║║║║
  2.00 ┤          ╙╙
```

위와 같이 Go 프로젝트를 위해서 Go 모듈을 만들고 기본 패키지, 모듈 내부 패키지, 외부 저장소 패키지들을 조합하여 프로그램을 만들어봤습니다.

그럼 우리가 다운받은 외부 패키지인 asciigraph 패키지와 expkg 패키지는 어디에 저장되어 있을까요? 다운받은 외부 패키지들은 GOPATH[5]/pkg/mod 폴더에 버전별로 저장되어 있습니다.

그래서 이미 한 번 다운받은 패키지들은 다른 모듈에서 사용되더라도 같은 버전이라면 다시 다운로드하지 않고 사용하게 됩니다.

go.mod와 go.sum에 필요한 패키지의 버전 정보가 기입되어서 항상 같은 버전의 패키지가 사용되므로 버전 업데이트에 따른 문제가 발생하지 않게 됩니다.

14.4 패키지명과 패키지 외부 공개

Go 언어에서 패키지명은 쉽고 간단하게 이름지을 것을 권장합니다. 그리고 모든 문자를 소문자로 할 것을 권장하고 있습니다. 패키지 전역으로 선언된 첫 글자가 대문자로 시작되는 모든 변수, 상수, 타입, 함수, 메서드는 패키지 외부로 공개됩니다. 구조체 이름의 첫 글자가 대문자이고 필드명 역시 첫 글자가 대문자인 구조체의 필드 역시 패키지 외부로 공개됩니다.

패키지 외부로 공개되는 것과 공개되지 않는 것을 예제로 알아봅시다.

To Do **외부 공개 비공개 알아보기**

01 ch14/ex14.2 폴더를 생성합니다.

02 해당 폴더에서 go mod init ch14/ex14.2을 실행해 Go 모듈을 생성합니다.

03 ex14.2 폴더 아래 publicpkg 폴더를 생성합니다.

04 publicpkg 폴더 안에 publicpkg.go 파일을 생성해서 아래 코드를 씁니다.

ch14/ex14.2/publicpkg/publicpkg.go

```go
package publicpkg

import "fmt"

const (
    PI = 3.1415     // ❶ 공개되는 상수
    pi = 3.141516   // ❷ 공개되지 않는 상수
```

---

[5] GOPATH는 일반적으로 C:\Users\본인계정\go입니다. 맥, 리눅스는 ~/go입니다.

```go
)

var ScreenSize int = 1080 // 공개되는 변수
var screenHeight int      // 공개되지 않는 변수

func PublicFunc() { // 공개되는 함수
    const MyConst = 100   // ❸ 공개되지 않습니다.
    fmt.Println("This is a public function", MyConst)
}

func privateFunc() { // 공개되지 않는 함수
    fmt.Println("This is a private function")
}

type MyInt int       // 공개되는 별칭 타입
type myString string // 공개되지 않는 별칭 타입

type MyStruct struct { // 공개되는 구조체
    Age  int     // ❹ 공개되는 구조체 필드
    name string // ❺ 공개되지 않는 구조체 필드
}

func (m MyStruct) PublicMethod() { // ❻ 공개되는 메서드
    fmt.Println("This is a public method")
}

func (m MyStruct) privateMethod() { // 공개되지 않는 메서드
    fmt.Println("This is a private method")
}

type myPrivateStruct struct { // 공개되지 않는 구조체
    Age  int     // ❼ 공개되지 않는 구조체 필드
    name string // 공개되지 않는 구조체 필드
}

func (m myPrivateStruct) PrivateMethod() { // 공개되지 않는 메서드
    fmt.Println("This is a private method")
}
```

❶ 대문자로 시작하는 패키지 전역 상수는 패키지 외부로 공개됩니다. ❷ 소문자로 시작하기 때문에 패키지 외부로 공개되지 않습니다. ❸ 공개되는 함수 내부의 상수는 대문자로 시작하더라도 함수 내부에서 선언됐기 때문에 패키지 외부로 공개되지 않습니다.

❹ 공개되는 구조체 내부의 대문자로 시작하는 필드는 패키지 외부로 공개됩니다. ❺ 공개되는 구조체라고 하더라도 대문자로 시작하지 않는 필드는 패키지 외부로 공개되지 않습니다. ❻ 공개되는 구조체에 포함된 대문자로 시작하는 메서드는 패키지 외부로 공개됩니다(메서드는 17장 '메서드' 참조). ❼ 대문자로 시작하더라도 포함된 구조체가 소문자로 시작해서 패키지 외부로 공개되지 않는다면 패키지 외부로 공개되지 않습니다.

publicpkg를 사용하는 예제를 살펴봅니다.

05 ex14.2 폴더 아래 ex14.2.go 파일을 생성합니다.

06 아래 코드를 작성한 후 컴파일하고 실행합니다.

ch14/ex14.2/ex14.2.go

```go
package main

import (
    "fmt"
    "ch14/ex14.2/publicpkg"
)

func main() {
    fmt.Println("PI:", publicpkg.PI)        // ❶ 공개되는 상수 접근
    publicpkg.PublicFunc()                  // ❷ 공개되는 함수 호출

    var myint publicpkg.MyInt = 10          // ❸ 공개되는 별칭 타입 사용
    fmt.Println("myint:", myint)

    var mystruct = publicpkg.MyStruct{Age: 18} // ❹ 구조체 사용
    fmt.Println("mystruct:", mystruct)
}
```

```
PI: 3.1415
This is a public function 100
myint: 10
mystruct: {18 }
```

❶ 외부로 공개되는 상숫값을 사용합니다. publicpkg.pi는 소문자로 시작하기 때문에 패키지 외부에서 접근할 수 없습니다. ❷ 공개되는 함수를 호출합니다. 역시 privateFunc( ) 함수는 외부로 공개되지 않기 때문에 패키지 외부에서 호출할 수 없습니다. ❸ 공개되는 별칭 타입을 사용합니다. ❹ 공개되는 구조체를 사용합니다. Age 필드는 대문자로 시작하기 때문에 접근할 수 있지만 name 필드는 접근할 수 없습니다.

14.5 패키지 초기화

패키지를 임포트하면 어떤 일이 벌어질까요? ❶ 패키지를 임포트하면 컴파일러는 패키지 내 전역 변수를 초기화합니다. ❷ 그런 다음 패키지에 init() 함수가 있다면 호출해 패키지를 초기화합니다. init() 함수는 반드시 입력 매개변수가 없고 반환값도 없는 함수여야 합니다. 만약 어떤 패키지의 초기화 함수인 init() 함수 기능만 사용하기 원할 경우 밑줄 _을 이용해서 임포트합니다.

```
import (
    "database/sql"
    _ "github.com/mattn/go-sqlite3"    // 밑줄 _을 이용해서 init() 함수 호출
)
```

위와 같이 코드에서 go-sqlite3 패키지를 사용하진 않지만, init() 함수 기능이 필요한 경우에 밑줄 _을 이용해서 임포트합니다.

패키지 초기화 순서를 예제를 통해 확인해보겠습니다.

To Do **01** ch14/ex14.3 폴더를 생성합니다.

02 ex14.3에서 go mod init ch14/ex14.3 명령을 실행해서 Go 모듈을 만듭니다.

03 ex14.3 폴더 아래 exinit 폴더를 생성합니다.

04 exinit 폴더 안에 아래 파일을 생성합니다.

ch14/ex14.3/exinit/exinit.go

```
package exinit

import "fmt"
```

```go
var (
    a = c + b                              // ❶ a값은 c와 b가 초기화된 다음 초기화됩니다.
    b = f()                                // ❷ b값은 4가 됩니다.
    c = f()                                // ❸ c값은 5입니다.
    d = 3                                  // ❹ d값은 초기화가 끝난 뒤 6이 됩니다.
)

func init() {                              // ❺
    d++                                    // ❻
    fmt.Println("init function", d)        // ❼
}

func f() int {                             // ❽
    d++                                    // ❾
    fmt.Println("f() d:", d)               // ❿
    return d                               // ⓫
}

func PrintD() {
    fmt.Println("d:", d)
}
```

05 이제 exinit 패키지를 이용하는 아래 예제 코드를 ex14.5 폴더 안에 만듭니다. 그후 컴파일한 다음 실행하세요.

ch14/ex14.3/ex14.3.go

```go
package main

import (
  "fmt"
  "ch14/ex14.3/exinit"          // ⓬ exinit 패키지 임포트
)

func main()                      // ⓭ main() 함수
  fmt.Println("main function")
  exinit.PrintD()
}
```

```
f() d: 4
f() d: 5
init function 6
main function
d: 6
```

⓬ main 패키지에서 exinit 패키지가 임포트되어 초기화됩니다. 먼저 전역 변수가 초기화됩니다. 일반적으로 위에서 아래로 초기화되지만 ❶ a는 c + b이므로 c와 b 변수가 초기화되고 난 다음에 초기화됩니다. 그래서 ❷ b 변수가 초기화됩니다. b에는 ❺ f() 함수의 반환값이 대입됩니다.

❺ f() 함수는 ❻ d를 1 증가시키고 ❼ 출력합니다. ❷ d는 4이므로 b는 4가 됩니다. ❸ 다음 c를 초기화합니다. c 역시 ❺ f() 함수 결과이므로 ❻ d가 1증가해 반환되니 ❸ c는 5입니다. b와 c값이 초기화됐으니 ❶ a가 초기화됩니다. a는 4 + 5의 결과인 9가 됩니다.

이제 모든 전역 변수들이 초기화됐으니 ❽ init() 함수가 호출됩니다. ❾ d를 1 증가시켜 6이 됐습니다. 비로소 exinit 패키지 초기화가 끝났습니다.

⓭ main() 함수를 호출하여 프로그램을 시작합니다. exinit 패키지의 PrintD() 함수를 호출하여 d를 출력했습니다.

다소 복잡한 예제를 소개했기 때문에 헷갈릴 수 있지만, 패키지를 임포트하면 패키지 초기화가 시작되는데, 이때 먼저 패키지의 모든 전역 변수들이 초기화되고, 그다음에 init() 함수가 호출된다는 점은 기억해주세요.

핵심 요약

1 패키지는 코드를 묶는 가장 큰 단위입니다.

2 main 패키지는 프로그램 시작점인 main() 함수를 포함한 패키지입니다.

3 대소문자로 패키지 외부로 공개 여부를 정할 수 있습니다.

4 패키지는 전역 변수, 전역 상수, 함수, 구조체, 별칭 등을 공개할 수 있습니다.

5 새 패키지를 만들기 전에 필요한 기능을 제공하는 패키지가 있는지 검색해보세요.

6 Go 모듈을 통해서 자신만의 프로젝트 폴더를 만들 수 있습니다.

연습문제

1 다음 패키지에서 외부로 공개되는 항목을 모두 쓰세요.

```go
package screen
var ScreenX = 680
var ScreenY = 720
var width = 1080

const ColorDepth = 16
const velocity = 8

func ResizeScreen(x, y int) {
  ScreenX, ScreenY = x, y
}

func changeWidth(w int) {
  width = w
}
```

2 다음 패키지를 임포트했을 때 출력 결과를 쓰세요.

```go
package custom

import "fmt"

var (
  a = b + f() // ❶
  b = c       // ❷
  c = f()     // ❸
  d = 3       // ❹
)

func init() {  // ❺
  fmt.Printf("init function a:%d b:%d c:%d d:%d\n", a, b, c, d)
}
```

연습문제

```go
func f() int {               // ❻
  d++                        // ❼
  fmt.Println("f() d:", d)   // ❽
  return d                   // ❾
}
```

1 <u>정답</u> 변수 ScreenX, ScreenY
상수 ColorDepth
함수 ResizeScreen()

2 <u>정답</u>
```
f() d: 4
f() d: 5
init function a:9 b:4 c:4 d:5
```

<u>해설</u> ❶ a가 초기화되려면 b가 먼저 초기화되어야 합니다. ❷ b는 c가 먼저 초기화되어야 합니다. ❸ c는 f() 함수의 결과입니다. ❻ f() 함수는 d값을 1 증가시키고 반환합니다. d값은 3이고 ❼ ++ 연산을 수행하면 4가 됩니다. ❽ d값을 출력하고 ❾ f() 함수가 종료되며 d를 반환합니다. ❸ 반환값은 c에 저장되므로 c는 4입니다.

❶ a는 b + f() 결과입니다. 그래서 ❻ f() 함수가 호출됩니다. ❻ f() 함수 호출 결과는 ❼ d값을 1 증가시킨 값이므로 5입니다. ❺ f() d: 5를 출력하고 ❾ d를 반환합니다. ❶ a는 4 + 5이므로 9입니다. 이로써 모든 전역 변수가 초기화되어 ❺ init() 함수가 호출됩니다.

Project
숫자 맞추기 게임 만들기

Project 숫자 맞추기 게임 만들기

```
숫자값을 입력하세요:76
입력하신 숫자가 더 작습니다.
숫자값을 입력하세요:87
입력하신 숫자가 더 큽니다.
숫자값을 입력하세요:76
입력하신 숫자가 더 작습니다.
숫자값을 입력하세요:78
입력하신 숫자가 더 작습니다.
숫자값을 입력하세요:86
입력하신 숫자가 더 큽니다.
숫자값을 입력하세요:83
숫자를 맞췄습니다. 축하합니다. 시도한 횟수: 6
```

난이도	★☆☆☆
이름	숫자 맞추기
예제 위치	ch15/ex15.3/ex15.3.go
미션	프로그램에서 임의로 선정한 숫자를 맞춰라.
조작법	1. 프로그램 실행 2. 콘솔에 예상 숫자 입력 3. 정답이면 프로그램 종료 4. 더 작거나, 더 크면 해당 메시지 출력 5. 메시지를 보고 2번부터 반복
주요 패키지	math/rand, time, bufio, os

□ **학습 목표**	지금까지 배운 내용을 바탕으로 간단한 게임을 만들어봅시다. 반복문, 키보드 입력, 랜덤 숫자 생성 기능을 활용합니다. 프로그래밍 재미를 만끽하시길 바랍니다.
□ **학습 내용**	• 해법 • 사전지식 • STEP 1 랜덤한 숫자 생성하기 • STEP 2 숫자값 입력받기 • STEP 3 숫자 맞추기 완성하기
□ **프로젝트 소개**	이번 장은 랜덤하게 숫자를 얻는 방법을 익혀 간단한 숫자 맞추기 게임을 만들 겁니다. 그 과정에서 시간 함수도 사용해봅니다. 별 하나짜리 쉬운 프로젝트니까 가벼운 마음으로 함께 만들어봅시다.

15.1 해법

어떻게 구현해야 할지 생각해봅시다. 랜덤하게 숫자를 얻고, 입력받은 숫자와 비교하면 되는 간단한 게임입니다.

1 먼저 0~99 사이의 랜덤한 숫자 하나를 정합니다.

2 사용자 입력을 받습니다.

3 입력값과 랜덤값을 비교합니다. 만약 사용자 입력 숫자가 더 크다면 "입력하신 숫자가 더 큽니다."를 출력하고 작으면 "입력하신 숫자가 더 작습니다."를 출력합니다. 다시 사용자 입력을 받아서 반복합니다.

4 만약 숫자가 맞으면 "축하합니다. 숫자를 맞추셨습니다. 시도횟수: 13번" 같이 메시지를 출력합니다.

5 프로그램을 종료합니다.

순서도로 그려보면 다음과 같습니다.

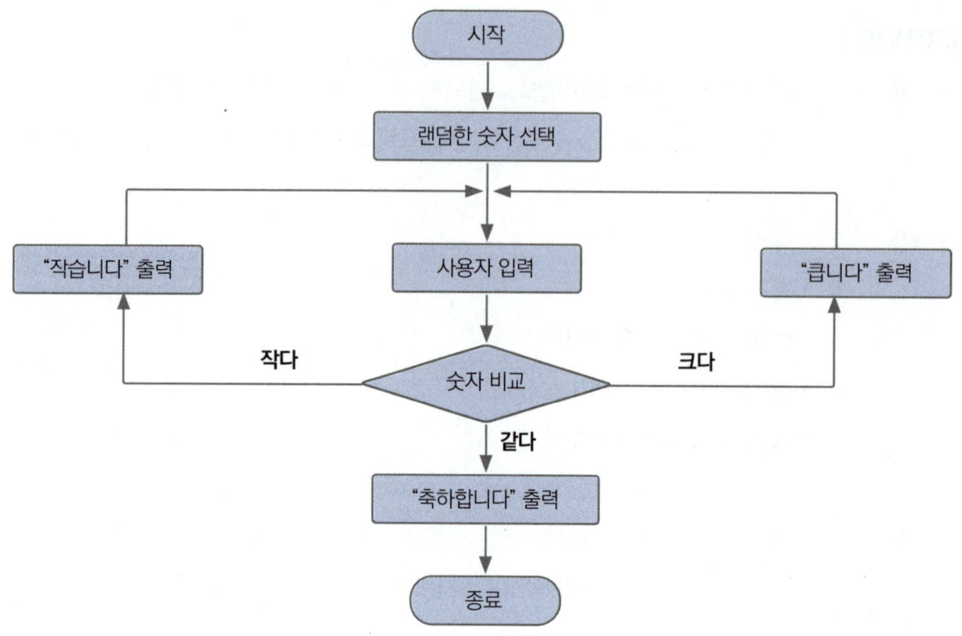

15.2 사전지식

랜덤 숫자를 얻으려면 rand.Intn(range) 함수를 사용하게 됩니다. 매번 같은 숫자를 출력하지 않으려면 현재 시각을 인수로 주어야 합니다. 그래서 이번 절에서는 랜덤 함수를 지원하는 math/rand 패키지와 현재 시각을 지원하는 time 패키지를 알아보겠습니다.

15.2.1 math/rand 패키지

랜덤한 숫자를 얻으려면 math/rand 패키지를 임포트해야 합니다. 특정 범위에서 int 타입 랜덤값을 생성하는 rand.Intn(range) 함수를 사용하면 됩니다. range 인수는 생성되는 값의 범위입니다. 이 값은 0보다 커야 합니다. 이때 랜덤값은 0부터 범위에서 1을 뺀 값 사이에서 생성됩니다. 예를 들어 범위를 100으로 해서 rand.Intn(100)을 호출하면 0~99 사잇값이 생성됩니다.

```
func Intn(n int) int
```

이때 생성되는 랜덤값은 완전한 랜덤이 아닌 유사 랜덤값입니다. 유사 랜덤이란 어떤 알고리즘에 의해서 마치 랜덤처럼 보이는 값들을 만들어준다는 뜻입니다. 컴퓨터의 논리 회로와 산술 연산은 랜덤값을 만들기에 적합하지 않습니다. 왜냐하면 어떤 수식을 쓰든 같은 입력이면 같은 결괏값을 출력하기 때문입니다. 현재 컴퓨터로는 완전한 랜덤값을 만들 수가 없어 마치 랜덤처럼 보이는 유사 랜덤 알고리즘을 사용합니다. 그래서 단순히 rand.Intn() 함수만 사용하면 매번 똑같은 값이 생성되는 문제가 있습니다. 랜덤값이 산출되는 초깃값이 같기 때문입니다. 이 초깃값을 랜덤 시드 seed라고 말합니다. 프로그램이 실행할 때마다 다른 랜덤값이 산출되려면 매번 랜덤 시드를 다른 값으로 설정해줘야 합니다. 랜덤 시드는 rand.Seed() 함수를 이용해서 설정할 수 있습니다.

```
func Seed(seed int64)
```

15.2.2 time 패키지

time 패키지는 날짜, 시각, 시간 등을 다루는 패키지입니다. 프로그램이 실행될 때마다 매번 다른 랜덤값을 생성하려면 프로그램이 실행될 때마다 다른 랜덤 시드값을 설정해줘야 합니다. 가장 많이 사용되는 방법이 현재 시각 값을 설정해주는 겁니다. 시간은 항상 증가하기 때문에 프로그램 실행 시 현재 시각 값을 랜덤 시드값으로 설정해주면 매번 다른 랜덤값을 생성할 수 있습니다. 현재 시각은 time 패키지의 Now() 함수를 통해서 알 수 있습니다.

```
func Now() Time
```

이 값은 Time 객체를 반환하는데 랜덤 시드값은 int64 타입이므로 Time 객체의 메서드인 UnixNano() 메서드를 통해서 int64값으로 변환합니다. UnixNano() 메서드는 UTC 시간 기준인 1970년 1월 1일부터 Time 객체가 나타내는 시각까지 경과한 시간을 나노초 단위로 나타낸 값을 반환해줍니다.

```
func (t Time) UnixNano() int64
```

15.3 랜덤한 숫자 생성하기

앞서 살펴본 math/rand와 time 패키지를 통해 프로그램 시작 시마다 변경되는 랜덤값을 생성해보겠습니다.

```go
                                                    ch15/ex15.1/ex15.1.go
package main

import (
    "fmt"
    "math/rand"
    "time"
)

func main() {
    rand.Seed(time.Now().UnixNano())        // ❶ 시간 값을 랜덤 시드로 설정

    n := rand.Intn(100)
    fmt.Println(n)
}
```

위 예제의 출력은 0~99 사이의 숫자로 매번 다른 값이 출력됩니다. ❶ 시간 값을 랜덤 시드 값으로 설정합니다. 이때 Seed() 함수의 입력값 타입이 int64이므로 Time 객체의 UnixNano() 메서드를 이용해서 현재 시각을 int64 타입으로 변경했습니다.

15.4 숫자값 입력받기

숫자값 입력받기는 6장에서 설명한 바와 같이 fmt.Scan() 계열 함수를 이용하면 됩니다. 숫자 대신 문자를 입력하면 Scan() 함수가 에러를 반환하고 다시 입력을 받아야 합니다. 이때 제대로 입력을 받으려면 표준 입력 스트림을 비워줘야 합니다.

int 타입값을 표준 입력으로 입력받고 에러 발생 시 표준 입력 스트림을 지워주는 예제를 살펴봅시다.

```go
                                                    ch15/ex15.2/ex15.2.go
package main

import (
```

```go
    "bufio"
    "fmt"
    "os"
)

var stdin = bufio.NewReader(os.Stdin)

func InputIntValue() (int, error) {
    var n int
    _, err := fmt.Scanln(&n)   // ❶ int 타입값을 입력받음
    if err != nil {
        stdin.ReadString('\n') // ❷ 에러 발생 시 입력 스트림을 비움
    }
    return n, err
}

func main() {
    for {
        fmt.Printf("숫자값을 입력하세요:")
        n, err := InputIntValue()
        if err != nil {
            fmt.Println("숫자만 입력하세요.")
        } else {
            fmt.Println("입력하신 숫자는 ", n, " 입니다.")
        }
    }
}
```

```
숫자값을 입력하세요:fg
숫자만 입력하세요.
숫자값을 입력하세요:43
입력하신 숫자는  43  입니다.
숫자값을 입력하세요:23
입력하신 숫자는  23  입니다.
숫자값을 입력하세요:
```

❶ fmt.Scanln() 함수를 이용해서 int 타입값을 표준 입력으로부터 읽어옵니다. ❷ int 타입값을 읽는 데 숫자가 아닌 문자를 만나서 에러를 반환합니다. 따라서 입력 스트림을 비워줘야 합니다.

15.5 숫자 맞추기 완성하기

숫자 맞추기 예제를 만들 준비를 마쳤습니다. 순서를 알아봤고 각 부분을 만드는 방법도 알아봤습니다. 이제 조합해서 프로그램을 만들면 됩니다.

완성된 코드를 보기 전에 먼저 스스로 한번 만들어 보시고 나중에 아래 코드와 비교해보면 실력 향상에 큰 도움이 될 겁니다. 누누이 강조하지만 본인 스스로 코드를 만드는 만큼 실력이 향상되기 때문에 스스로 해보는 연습을 많이 해야 합니다.

0~99 사이 임의의 숫자를 맞추는 예제를 완성해봅시다.

```go
                                                    ch15/ex15.3/ex15.3.go
package main

import (
    "bufio"
    "fmt"
    "math/rand"
    "os"
    "time"
)

var stdin = bufio.NewReader(os.Stdin)

func InputIntValue() (int, error) {
    var n int
    _, err := fmt.Scanln(&n)
    if err != nil {
        stdin.ReadString('\n')
    }
    return n, err
}

func main() {
    rand.Seed(time.Now().UnixNano())

    r := rand.Intn(100)             // ❶ 랜덤값 생성
    cnt := 1
    for {
```

```go
        fmt.Printf("숫자값을 입력하세요:")
        n, err := InputIntValue()      // ❷ 숫자값 입력
        if err != nil {
            fmt.Println("숫자만 입력하세요.")
        } else {
            if n > r {                      // ❸ 숫자값 비교
                fmt.Println("입력하신 숫자가 더 큽니다.")
            } else if n < r {
                fmt.Println("입력하신 숫자가 더 작습니다.")
            } else {
                fmt.Println("숫자를 맞췄습니다. 축하합니다. 시도한 횟수:", cnt)
                break              // ❹ 같을 경우 메시지를 출력하고 break로 종료
            }
            cnt++
        }
    }
}
```

```
숫자값을 입력하세요:544
입력하신 숫자가 더 큽니다.
숫자값을 입력하세요:3
입력하신 숫자가 더 작습니다.
숫자값을 입력하세요:45
입력하신 숫자가 더 작습니다.
숫자값을 입력하세요:65
입력하신 숫자가 더 작습니다.
숫자값을 입력하세요:76
입력하신 숫자가 더 작습니다.
숫자값을 입력하세요:87
입력하신 숫자가 더 큽니다.
숫자값을 입력하세요:76
입력하신 숫자가 더 작습니다.
숫자값을 입력하세요:78
입력하신 숫자가 더 작습니다.
숫자값을 입력하세요:86
입력하신 숫자가 더 큽니다.
숫자값을 입력하세요:83
숫자를 맞췄습니다. 축하합니다. 시도한 횟수: 9
```

❶ 0~99 사이의 랜덤값을 생성합니다. ❷ 표준 입력으로 숫자값을 입력받습니다. ❸ 두 값을 비교합니다. 서로 다를 경우 크거나 작다는 메시지를 출력합니다. ❹ 두 값이 같을 경우 메시지를 출력하고 break로 for문을 빠져나가서 프로그램을 종료합니다.

핵심 요약

1 rand()는 랜덤값 생성을 지원하는 패키지입니다.
2 rand.Intn() 함수는 0~N-1 사이의 값을 생성해줍니다.
3 seed값을 현재 시각으로 주어 유사 랜덤값을 산출할 수 있습니다.
4 숫자 대신 문자가 입력되면 버퍼를 비워야 합니다.

1 프로그램이 실행될 때마다 다른 랜덤값이 생성되도록 다음 공란을 채우세요.

```go
package main

import (
    "fmt"
    "math/rand"
    "time"
)

func main() {
    rand.___________(time.Now().___________()) // ❶ 시간값을 랜덤 시드로 설정

    n := rand.Intn(100)
    fmt.Println(n)
}
```

2 간단한 슬롯머신 게임을 만들어보겠습니다. 가진 돈은 1000원으로 시작합니다. 1~5 사이의 값을 입력받습니다. 그런 뒤 1~5 사이 랜덤한 값을 선택합니다. 만약 입력한 값과 랜덤한 값이 같으면 가진 돈에 500원을 추가하고 축하한다는 메시지와 잔액을 표시합니다. 다를 경우 가진 돈에서 100원을 빼고 아쉽다는 메시지와 잔액을 표시합니다. 다시 1~5 사이의 값을 입력받는 것을 반복하다가 가진 돈이 0원 이하가 되거나 5000원 이상이 되면 게임을 종료합니다.

연습문제

1 정답 Seed, UnixNano

2 정답

```go
package main

import (
    "bufio"
    "fmt"
    "math/rand"
    "os"
    "time"
)

const (
    // 초기 잔액
    Balance       = 1000
    // 맞췄을 때 버는 양
    EarnPoint     = 500
    // 틀렸을 때 잃는 양
    LosePoint     = 100
    // 게임 승리 포인트
    VictoryPoint  = 5000
    // 게임 오버 포인트
    GameoverPoint = 0
)

var stdin = bufio.NewReader(os.Stdin)

func InputIntValue() (int, error) {
    var n int
    _, err := fmt.Scanln(&n) // int 타입값을 입력받음
    if err != nil {
        stdin.ReadString('\n') // 에러 발생 시 입력 스트림을 비움
    }
    return n, err
}

func main() {
    rand.Seed(time.Now().UnixNano())
    balance := Balance
```

```go
for {
    fmt.Print("1~5 사이의 값을 입력하세요:")
    n, err := InputIntValue()
    if err != nil {
        fmt.Println("숫자만 입력하세요.")
    } else if n < 1 || n > 5 {
        fmt.Println("1~5 사이의 값만 입력하세요.")
    } else {
        r := rand.Intn(5) + 1
        if n == r {
            balance += EarnPoint
            fmt.Println("축하합니다. 맞추셨습니다. 남은 돈:", balance)
            if balance >= VictoryPoint {
                fmt.Println("게임 승리")
                break
            }
        } else {
            balance -= LosePoint
            fmt.Println("꽝 아쉽지만 다음 기회를.. 남은 돈:", balance)
            if balance <= GameoverPoint {
                fmt.Println("게임 오버")
                break
            }
        }
    }
}
```

Go 언어 고급 문법을 알아봅시다. 메서드, 인터페이스, 다양한 함수 활용 방법을 살펴봅니다. 상황에 맞게 자료구조를 선택하는 방법과 예외 상황에 대처하는 방법도 배웁니다. 고루틴, 채널, 컨텍스트를 활용한 Go 언어만의 독특한 동시성 프로그래밍도 배우게 됩니다. 24장에서 1.18버전에 추가된 제네릭을 소개합니다. 마지막 장에서는 ★ 두 개 수준 프로젝트로 파일에서 원하는 단어를 찾는 프로그램을 만들어보며 더 발전된 Go 프로그래머로 레벨업해드립니다.

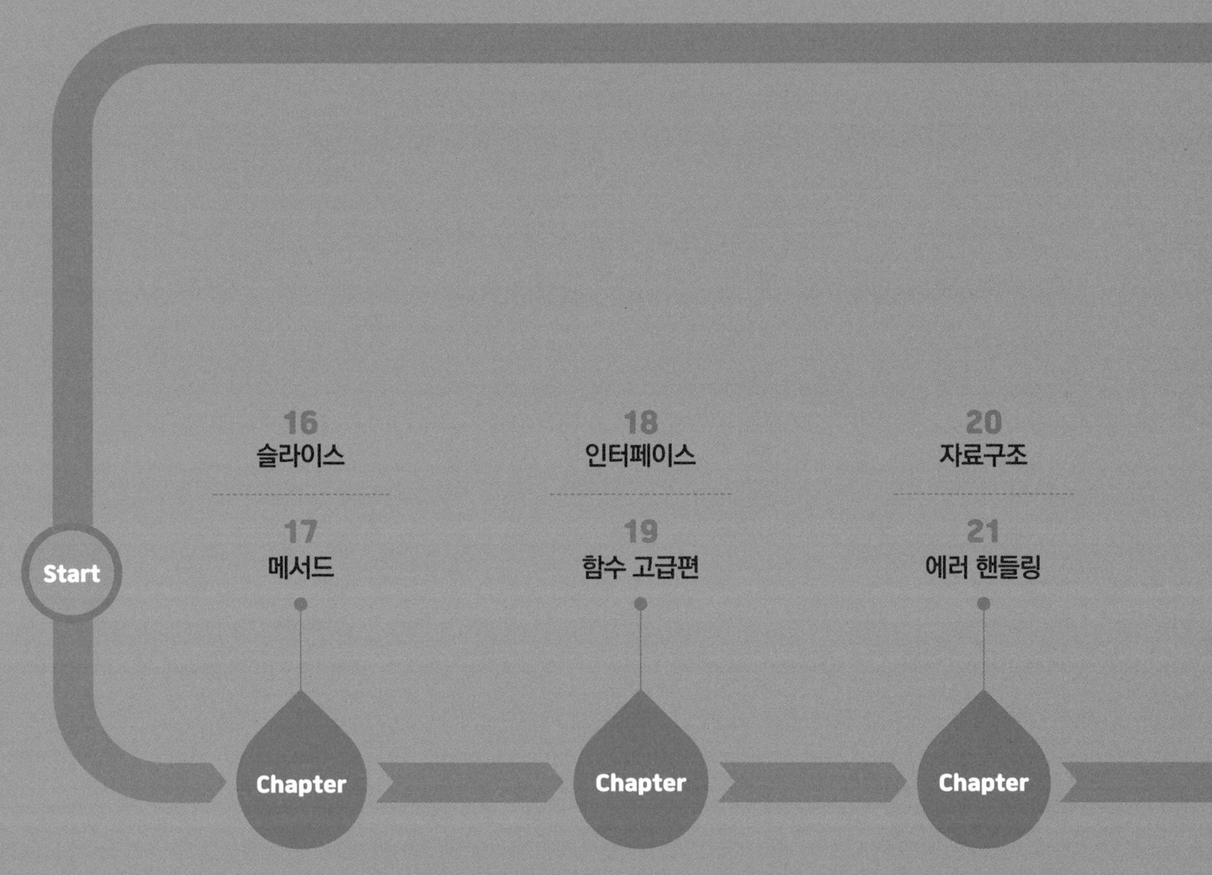

슬라이스

☐ **학습 목표**	동적 배열인 슬라이스의 동작 원리를 이해하고 사용법을 익힙시다.
☐ **학습 내용**	• 슬라이스 동작 원리　　　　　• 슬라이싱 사용법
☐ **슬라이스 소개**	슬라이스는 Go 언어에서 제공하는 동적 배열입니다. 동적 배열이란 자동으로 배열 크기를 증가시키는 자료구조입니다. 또 슬라이싱 기능을 이용해 배열의 일부를 나타내는 슬라이스를 만들 수 있습니다.
☐ **장점**	• 길이가 요소 개수에 따라 자동으로 증가해 관리가 편리합니다. • 슬라이싱 기능을 사용해 배열의 일부를 나타내는 슬라이스를 만들 수 있어 유용합니다.

16.1 슬라이스

슬라이스를 선언하고, 요소에 접근하고 순회하고 요소를 추가하는 방법을 알아보겠습니다.

16.1.1 슬라이스 선언

일반적인 배열은 처음 배열을 만들 때 정한 길이에서 더 이상 늘어나지 않는 문제가 있습니다.

```
var array [10]int
```

만약 위와 같이 int값 10개를 저장하는 배열을 만들면 최대 10개까지 값을 저장할 수 있습니다. 10개보다 많은 값을 저장하려면 더 큰 배열을 만들어서 값을 하나씩 복사해야 합니다(10.3절 '배열은 연속된 메모리' 참조).

슬라이스를 사용하면 이런 불편함에서 탈출할 수 있습니다. 슬라이스는 배열과 비슷하지만 [ ] 안에 배열의 개수를 적지 않고 선언합니다.

```
var slice []int
```

슬라이스를 초기화하지 않으면 길이가 0인 슬라이스가 만들어집니다. 그래서 슬라이스 길이를 초과해서 접근하면 런 타임 에러가 발생합니다.

```go
                                                        ch16/ex16.1/ex16.1.go
package main

import "fmt"

func main() {
  var slice []int

  if len(slice) == 0 {       // ❶ slice 길이가 0인지 확인
    fmt.Println("slice is empty", slice)
  }

  slice[1] = 10              // ❷ 패닉 발생
  fmt.Println(slice)
}
```

```
slice is empty []
panic: runtime error: index out of range [1] with length 0

goroutine 1 [running]:
main.main()
        C:/Users/tucker/go/src/musthaveGo2/ch16/ex16.1/ex16.1.go:13 +0xba
```

❶ slice의 길이를 검사합니다. 내장 함수 len()을 이용하면 슬라이스 길이를 알 수 있습니다. 슬라이스가 초기화되지 않아 길이가 0이기 때문에 조건문은 true가 되어서 "slice is empty [ ]"가 출력됐습니다. ❷ 길이가 0인 slice의 두 번째 요솟값을 접근할 때 패닉이 발생합니다. 패닉에 대해서는 21.3절 '패닉'에서 설명하겠습니다. 여기서는 할당되지 않은 메모리 공간에 접근해서 프로그램이 비정상 종료된 걸로 이해하시면 됩니다. 길이가 0이기 때문에 '인덱스 1은 길이를 넘었다'는 에러 메시지가 출력됩니다.

{}를 이용해 초기화하기

첫 번째 초기화 방법은 배열처럼 { }를 사용해 요솟값을 지정하는 방법입니다.

```
var slice1 = []int{1, 2, 3}  // 대괄호 안에 길이를 넣지 않은 것을 주의하세요.
var slice2 = []int{1, 5:2, 10:3}  // [1 0 0 0 0 2 0 0 0 0 3]
```

위와 같이 초기화하면 slice1은 1, 2, 3을 값으로 갖는 슬라이스가 됩니다.

slice2는 첫 번째 요소는 1이 되고 인덱스 5인 요소는 2, 인덱스 10인 요소는 3이 되어서 총 11 개의 요소를 갖는 슬라이스 [1 0 0 0 0 2 0 0 0 0 3]가 됩니다.

Warning 아래 두 구문은 서로 다른 타입을 만듭니다. 첫 번째는 길이가 3인 고정 길이 배열을 만들고 두 번째는 슬라이스를 만듭니다. 이 부분을 헷갈리지 마세요.

```
var array = [...]int{1,2,3} // 배열 선언
var slice = []int{1, 2, 3}  // 슬라이스 선언
```

make()를 이용한 초기화

두 번째 초기화 방법은 make() 내장 함수를 사용하는 방법입니다.

make() 함수의 첫 번째 인수로 만들고자 하는 타입을 적어줍니다. 두 번째 인수로 길이를 적어줍니다.

```
var slice = make([]int, 3)
```

위와 같이 하면 slice 변수는 길이 3개짜리 int 슬라이스값을 갖습니다. 각 슬라이스 요솟값은 int 타입의 기본값인 0이 됩니다.

16.1.2 슬라이스 요소 접근

슬라이스 요소에 접근하는 방법은 배열과 똑같습니다. 즉 대괄호 [ ] 사이에 인덱스를 써서 각 요 소에 접근합니다.

```
var slice = make([]int, 3)
slice[1] = 5
```

위와 같이 하면 길이 3짜리 int 슬라이스를 만들고 인덱스 1, 즉 두 번째 값을 5로 변경하게 됩니다.

16.1.3 슬라이스 순회

슬라이스값 순회 역시 배열과 같습니다. 동적으로 길이가 늘어나는 점만 제외하면 배열과 사용법이 같다고 보면 됩니다.

```go
var slice = []int{1, 2, 3}

for i := 0; i < len(slice); i++ { // ❶ 각 요소에 10 더하기

  slice[i] += 10
}


for i, v := range slice {          // ❷ 각 요소에 2 곱하기
  slice[i] = v * 2
}
```

❶ len() 내장 함수를 이용해 slice 길이를 알아내어 순회하면서 각 요소의 값을 증가시켰습니다.

❷ range 키워드를 사용해 각 요소를 순회합니다. range의 첫 번째 값은 인덱스, 두 번째 값은 요솟값입니다. 이를 사용해서 각 요솟값을 2배로 증가시켰습니다.

16.1.4 슬라이스 요소 추가 - append()

자 이제 슬라이스만의 기능인 요소를 추가하는 방법을 보겠습니다. 기존 배열은 한 번 길이가 정해지면 늘릴 수 없지만 슬라이스는 요소를 추가해 길이를 늘릴 수 있습니다. 요소 추가에는 append() 내장 함수를 사용합니다. append()는 첫 번째 인수로 추가하고자 하는 슬라이스를 적고, 그 뒤에 요소를 적어주면 슬라이스 맨 뒤에 요소를 추가해 만든 새로운 슬라이스를 결과로 반환하게 됩니다.

append()를 사용해 슬라이스에 요소를 추가하는 예제를 살펴봅시다.

```go
package main

import "fmt"

func main() {

	var slice = []int{1, 2, 3}      // ❶ 요소가 3개인 슬라이스

	slice2 := append(slice, 4)      // ❷ 요소 추가

	fmt.Println(slice)
	fmt.Println(slice2)
}
```

```
[1 2 3]
[1 2 3 4]
```

❶ 3개짜리 슬라이스를 만들어서 slice 변수를 초기화했습니다.

❷ append() 함수를 사용해서 slice 맨 뒤에서 값이 4인 새로운 요소를 추가해 반환한 슬라이스 값을 slice2에 대입합니다. append() 함수는 첫 번째 인수인 slice에 두 번째 인수인 4를 추가해서 새로운 슬라이스를 만들어서 반환합니다. slice2는 요소 4개를 갖는 새로운 슬라이스가 됩니다.

16.1.5 여러 값 추가

append()를 사용해서 값을 하나 이상 추가할 수 있습니다.

```go
slice = append(slice, 3, 4, 5, 6, 7)
```

위와 같이 첫 번째 인수로 추가하고자 하는 슬라이스를 적어주고, 두 번째 인수 이후로 추가하고 싶은 값들을 적어주면 이후 값들이 슬라이스에 추가된 뒤 만들어진 새로운 슬라이스를 반환합니다.

append()는 첫 번째 인수로 들어온 슬라이스의 값을 변경하는 게 아니라 요소가 추가된 새로운 슬라이스를 반환합니다. 그렇기 때문에 기존 슬라이스에 요소를 추가하고 싶을 땐 append() 결과를 기존 슬라이스에 대입하여서 변경해야 합니다.

1부터 15까지 값을 추가한 슬라이스를 만들어봅시다.

```go
package main

import "fmt"

func main() {
  var slice []int

  for i := 1; i <= 10; i++ {  // ① 요소를 하나씩 추가
    slice = append(slice, i)
  }

  slice = append(slice, 11, 12, 13, 14, 15)  // ② 한 번에 여러 요소 추가
  fmt.Println(slice)
}
```
```
[1 2 3 4 5 6 7 8 9 10 11 12 13 14 15]
```

❶ 1부터 10까지 for문을 사용해 slice에 하나씩 추가했습니다. 요소를 추가해 만든 슬라이스를 기존 슬라이스 변수에 대입해 기존 슬라이스를 추가된 슬라이스로 교체했습니다.

❷ 11부터 15까지는 한 번에 추가했습니다.

슬라이스는 이와 같이 배열과 사용법이 비슷하면서 동적으로 요소를 추가할 수 있는 동적 배열로 동작합니다. 하지만 슬라이스와 배열은 중요한 차이점이 있습니다. 이 차이점을 잘 이해해야지만 슬라이스를 잘 사용할 수 있습니다. 이에 대해서 다음 절부터 살펴보겠습니다.

깊이보기 16.2 슬라이스 동작 원리

슬라이스 사용법은 배열과 비슷해서 어렵지 않습니다. 하지만 슬라이스의 원리를 제대로 이해하지 않으면 예기치 못한 버그가 발생할 수 있습니다. 슬라이스 동작 원리를 알아보겠습니다.

슬라이스는 내장 타입으로 내부 구현이 감춰져 있지만 SliceHeader 구조체를 사용해 내부 구현을 살펴볼 수 있습니다. 슬라이스 내부 정의는 다음과 같습니다.

```go
type SliceHeader struct {
    Data uintptr          // 실제 배열을 가리키는 포인터
    Len  int              // 요소 개수
    Cap  int              // 실제 배열의 길이
}
```

슬라이스 구현은 배열을 가리키는 포인터와 요소 개수를 나타내는 len[1], 전체 배열 길이를 나타내는 cap[2] 필드로 구성된 구조체입니다. 슬라이스가 실제 배열을 가리키는 포인터를 가지고 있어서 쉽게 크기가 다른 배열을 가리키도록 변경할 수 있고, 슬라이스 변수 대입 시 배열에 비해서 사용되는 메모리나 속도에 이점이 있습니다.[3]

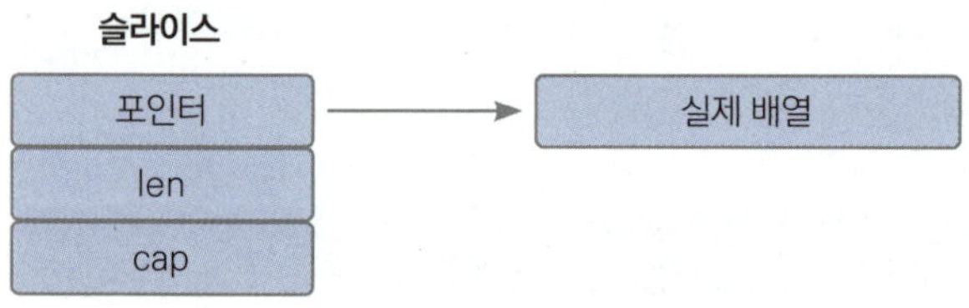

16.2.1 make() 함수를 이용한 선언

make() 함수를 사용해 슬라이스를 만들 때, 인수를 2개 혹은 3개를 넣습니다. 어떻게 다르게 동작하는지 알아보겠습니다.

```go
var slice = make([]int, 3)
```

slice는 len이 3이고, cap이 3입니다. 즉 총 배열 길이가 3, 요소 개수도 3입니다.

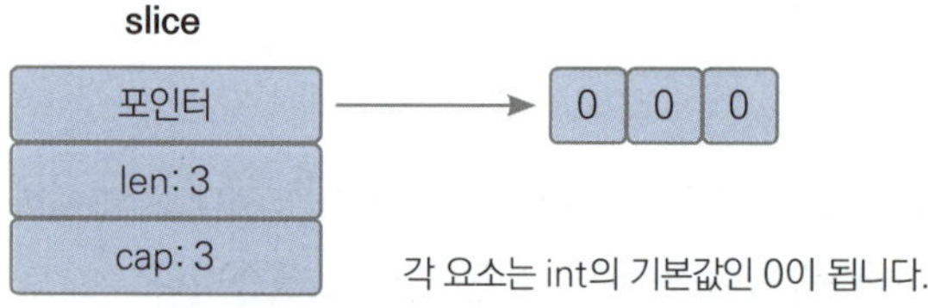

각 요소는 int의 기본값인 0이 됩니다.

---

1 length의 약자입니다.

2 capacity의 약자입니다.

3 A.1절 '배열과 슬라이스' 참조

```go
var slice2 = make([]int, 3, 5)
```

slice2는 len: 3 cap: 5인 슬라이스가 만들어집니다. 즉 배열 길이는 5, 요소 개수는 3입니다. 말하자면 총 5개 중 3개만 사용하고 나머지 2개는 나중에 추가될 요소를 위해서 비워뒀다고 보시면 됩니다.

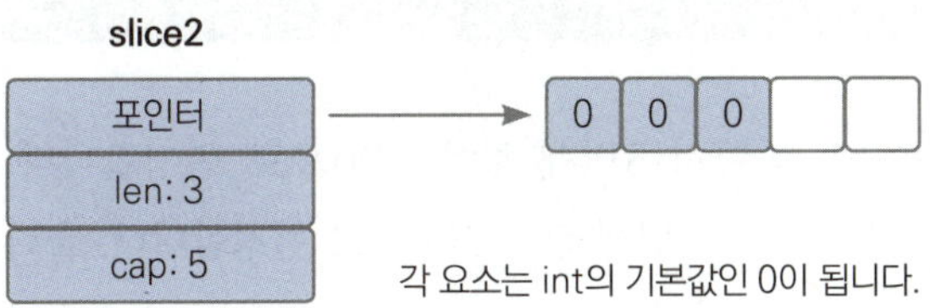

16.2.2 슬라이스와 배열의 동작 차이

슬라이스 내부 구현이 배열과 다르기 때문에 동작도 배열과 매우 다릅니다. 따라서 슬라이스와 배열이 사용법이 비슷하다고 해서 똑같이 사용하면 예기치 못한 버그를 만날 수 있습니다.

예를 살펴보겠습니다.

ch16/ex16.4/ex16.4.go

```go
package main

import "fmt"

func changeArray(array2 [5]int) { // ❶ 배열을 받아서 세 번째 값 변경
  array2[2] = 200
}

func changeSlice(slice2 []int) { // ❷ 슬라이스를 받아서 세 번째 값 변경
  slice2[2] = 200
}

func main() {
  array := [5]int{ 1, 2, 3, 4, 5 }
  slice := []int{ 1, 2, 3, 4, 5 }

  changeArray(array)
```

```
    changeSlice(slice)

    fmt.Println("array:", array)
    fmt.Println("slice:", slice)
}
```

```
array: [1 2 3 4 5]       ❸
slice: [1 2 200 4 5]     ❹
```

❶ changeArray() 함수는 배열을 매개변수로 받아서 3번째 값을 200으로 변경합니다.
❷ changeSlice() 함수는 슬라이스를 매개변수로 받아 3번째 값을 200으로 변경합니다. 출력 결과를 보면 ❹ slice의 3번째 값은 200으로 바뀌었는데 ❸ changeArray()의 인수로 사용한 array 배열의 3번째 값이 바뀌지 않았습니다. 왜 이런 일이 벌어진 걸까요? 배열과 슬라이스 구조가 서로 다르기 때문입니다.

16.2.3 동작 차이의 원인

Go 언어에서는 모든 값의 대입은 복사로 일어납니다. 함수에 인수로 전달될 때나 다른 변수에 대입할 때나 값의 이동은 복사로 일어납니다. 복사는 타입의 값이 복사됩니다. 포인터는 포인터의 값인 메모리 주소가 복사되고 구조체가 복사될 때는 구조체의 모든 필드가 복사됩니다. 배열은 배열의 모든 값이 복사됩니다.

changeArray() 함수가 호출될 때를 살펴보겠습니다. array 타입은 [5]int입니다. int 5개짜리 배열이고 그 크기는 40바이트입니다(8 × 5 = 40). changeArray() 함수의 인수로 array를 입력해서 호출하면 array값이 array2로 복사됩니다. 즉 총 40바이트가 복사됩니다.

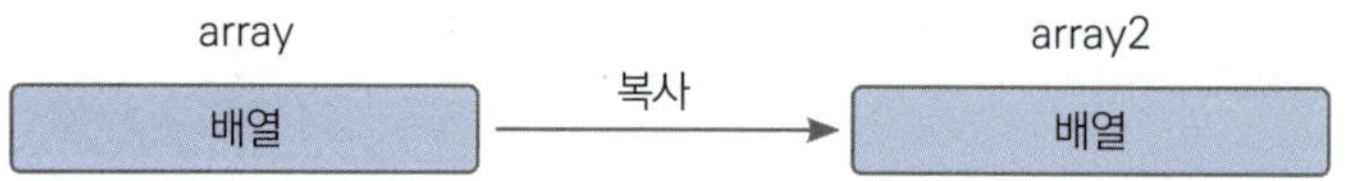

위 그림처럼 array 배열의 모든 값이 array2로 복사됩니다. array와 array2는 메모리 공간이 다른, 즉 완전히 다른 배열이기 때문에 array2의 세 번째 값을 200으로 변경해도 array 배열은 변경되지 않습니다.

changeSlice() 함수가 호출되는 경우를 살펴보겠습니다. slice 타입은 []int입니다. []int 타입의 내부는 포인터, len, cap 세 개의 필드를 갖는 구조체입니다. 포인터는 메모리 주소로 8바이트 길이이고, len과 cap은 각각 int 타입으로 역시 8바이트 길이이기 때문에 슬라이스 크기는 24바이트입니다. changeSlice() 함수의 인수로 slice가 입력되어 호출되면 slice 내부의 포인터가 가리키는 배열 크기에 상관없이 항상 총 24바이트 값이 복사됩니다.

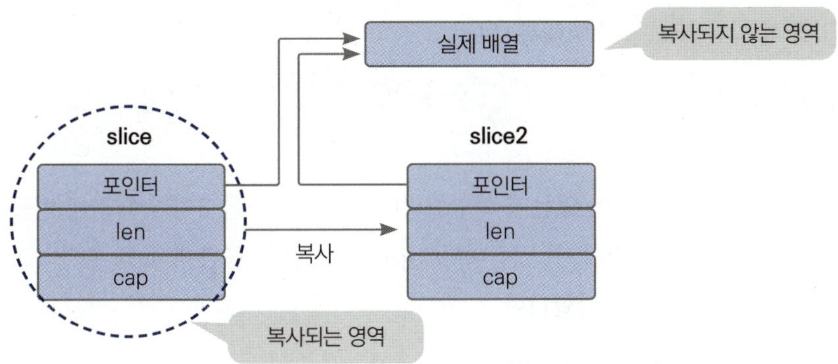

위와 같이 slice값이 slice2로 복사되면 구조체의 각 필드값이 복사되기 때문에 포인터의 메모리 주솟값도 복사되고 len, cap값도 복사됩니다. 똑같은 메모리 주솟값을 가지기 때문에 slice와 slice2 모두 같은 배열 데이터를 가리키게 됩니다.

그래서 changeSlice() 함수에서 slice2의 세 번째 요솟값을 200으로 바꾸면 slice 역시 같은 배열을 가리키기 때문에 slice[2]값 또한 바뀌게 됩니다.

이제 append() 동작 원리를 살펴보고 그로 인해 발생할 수 있는 문제를 살펴보겠습니다.

16.2.4 append()를 사용할 때 발생하는 예기치 못한 문제 1

이제 append() 함수의 동작을 알아보겠습니다. append() 함수가 호출되면 먼저 슬라이스에 값을 추가할 수 있는 빈 공간이 있는지 확인합니다. 남은 빈 공간은 실제 배열 길이 cap에서 슬라이스 요소 개수 len을 뺀 값입니다.

```
남은 빈 공간 = cap - len
```

남은 빈 공간의 개수가 추가하는 값의 개수보다 크거나 같은 경우 배열 뒷부분에 값을 추가한 뒤 len값을 증가시킵니다.

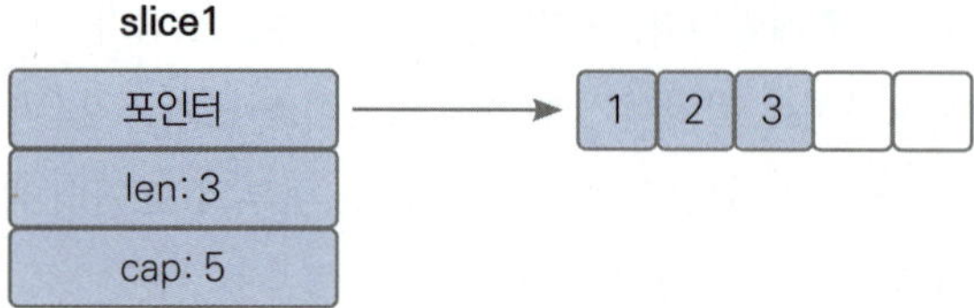

위와 같은 slice1이 있을 때 다음 코드를 수행해봅시다.

```
slice2 := append(slice1, 4, 5)
```

append() 함수는 먼저 slice1에 빈공간이 있는지 확인합니다. cap - len은 2이기 때문에 빈공간이 두 곳 있습니다. 그래서 4, 5를 추가할 수 있습니다. append()는 빈공간에 값을 추가하고 len값을 2 증가시킨 슬라이스 구조체를 반환합니다.

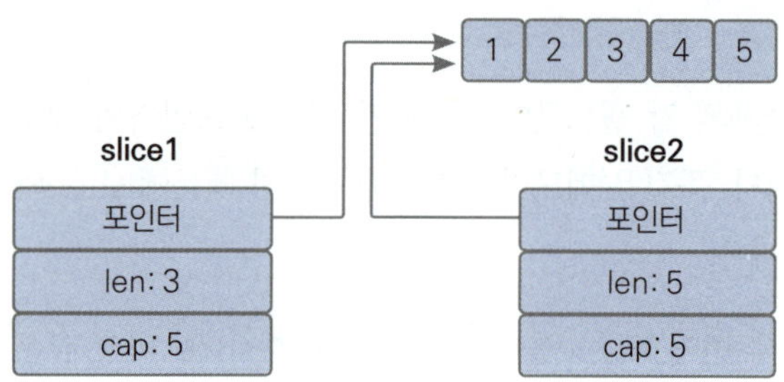

slice1과 slice2는 같은 배열을 가리키고 있습니다. slice1 요소 개수는 3개이고 전체 배열의 길이는 5입니다. slice2 요소 개수는 5개이고 전체 길이는 5입니다.

```
slice1[1] = 100
```

위와 같이 slice1 배열의 두 번째 값을 100으로 변경하면 어떻게 될까요? slice1과 slice2 모두 같은 배열을 가리키기 때문에 slice2 배열의 두 번째 값도 100으로 변경됩니다.

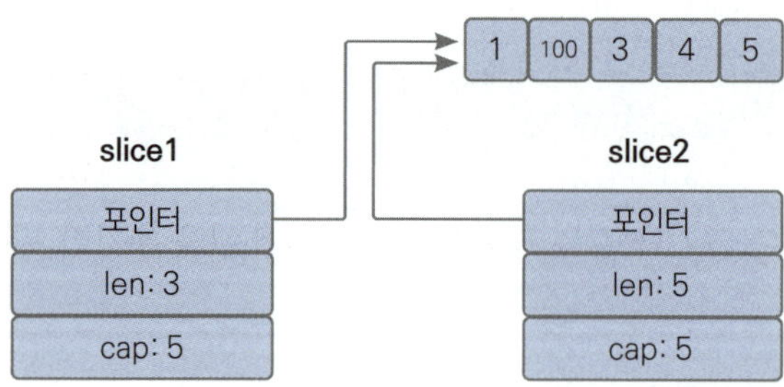

자 여기서 slice1에 500을 추가해보겠습니다.

```
slice1 = append(slice1, 500)
```

역시 append() 함수는 slice1에 빈공간이 있는지 확인합니다. cap - len은 여전히 2이기 때문에 빈공간이 2개 있습니다. append() 함수는 slice1[len] 자리에 500을 쓰고 len을 1 증가시킨 슬라이스 구조체를 반환합니다.

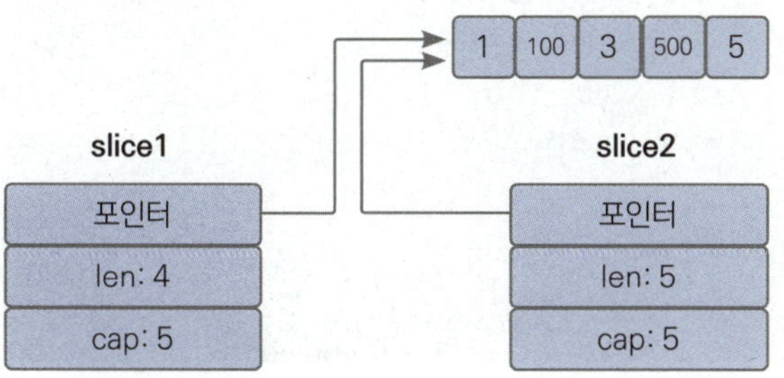

slice1에 값을 추가했는데 slice2의 배열 값이 바뀌게 됩니다. 왜냐하면 slice1과 slice2가 모두 같은 배열을 가리키기 때문입니다.

위 과정을 코드로 살펴보겠습니다.

ch16/ex16.5/ex16.5.go

```go
package main

import "fmt"

func main() {
  slice1 := make([]int, 3, 5)      // ❶ len:3 cap:5 슬라이스를 만듭니다.

  slice2 := append(slice1, 4, 5)
  // cap() 함수를 이용해 슬라이스 capacity 값을 알 수 있습니다.
  fmt.Println("slice1:", slice1, len(slice1), cap(slice1))
  fmt.Println("slice2:", slice2, len(slice2), cap(slice2))

  slice1[1] = 100                  // ❷ slice2까지 바뀝니다.

  fmt.Println("After change second element")
  fmt.Println("slice1:", slice1, len(slice1), cap(slice1))
  fmt.Println("slice2:", slice2, len(slice2), cap(slice2))
```

```
    slice1 = append(slice1, 500)   // ❸ 역시 slice2까지 바뀝니다.

    fmt.Println("After append 500")
    fmt.Println("slice1:", slice1, len(slice1), cap(slice1))
    fmt.Println("slice2:", slice2, len(slice2), cap(slice2))
}
```

```
slice1: [0 0 0] 3 5
slice2: [0 0 0 4 5] 5 5
After change second element
slice1: [0 100 0] 3 5
slice2: [0 100 0 4 5] 5 5
After append 500
slice1: [0 100 0 500] 4 5
slice2: [0 100 0 500 5] 5 5
```

❶ make([]int, 3, 5)를 하면 요소 3개를 갖지만 전체 배열의 길이는 5인 슬라이스를 만듭니다.
즉 빈공간이 두 곳인 슬라이스입니다.

❷ slice1에 100을 추가했는데 slice2까지 덩달아 바꼈습니다.

❸ slice1에 500을 추가했는데 역시 slice2까지 바꼈습니다.

이렇듯 슬라이스의 특징을 잘 이해하지 못하면 예기치 못한 문제가 생길 수 있습니다.

16.2.5 append()를 사용할 때 발생하는 예기치 못한 문제 2

만약 빈공간이 없을 때 값을 추가하면 어떻게 되는지 살펴보죠.

append() 함수가 호출되면 먼저 빈공간이 충분한지 확인합니다. 만약 빈공간이 충분하지 않으
면 새로운 더 큰 배열을 마련합니다. 일반적으로 기존 배열의 2배 크기로 마련합니다. 그런 뒤 기
존 배열의 요소를 모두 새로운 배열에 복사합니다. 그리고 새로운 배열의 맨 뒤에 새 값을 추가합
니다. cap은 새로운 배열의 길이 값이 되고 len은 기존 길이에 추가한 개수만큼 더한 값이 되고
포인터는 새로운 배열을 가리키는 슬라이스 구조체를 반환합니다.

```go
slice1 := []int{1, 2, 3}
slice2 := append(slice1, 4, 5)
```

위와 같이 하면 slice1은 len:3 cap:3 슬라이스입니다. 여기에 4, 5를 추가하면 빈공간이 없어 길이 6개짜리 새로운 배열을 만든 뒤 slice 배열의 모든 값을 복사하고 맨 뒤에 4, 5를 추가해서 len:5 cap:6 슬라이스를 반환합니다. 따라서 새 슬라이스를 대입한 slice2는 slice1과 서로 다른 배열을 가리키게 됩니다.

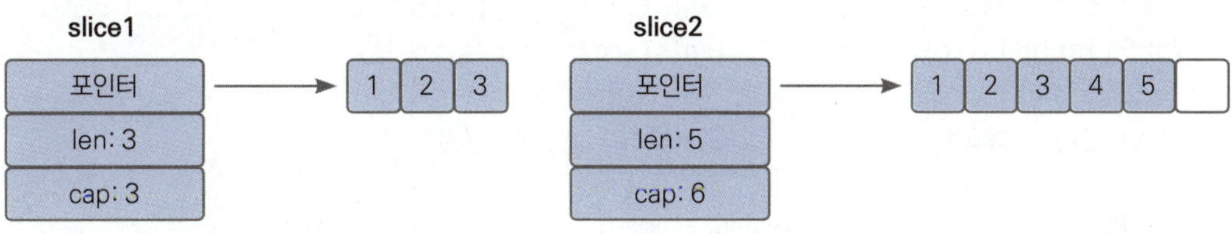

다음과 같은 코드를 실행하면 어떻게 될까요?

```go
slice1[1] = 100
```

slice1과 slice2는 서로 다른 배열을 가리키기 때문에 slice1 배열의 두 번째 값만 100으로 변하고 slice2 배열의 값은 변화하지 않습니다.

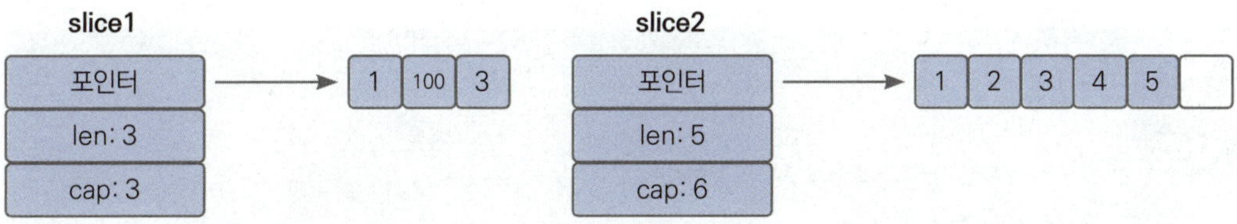

append() 함수를 사용해 slice1에 요소를 추가해도 볼까요?

```go
slice1 = append(slice1, 500)
```

이 역시 slice1과 slice2는 서로 다른 배열을 가리키기 때문에 slice2에는 영향이 없습니다. 코드를 사용해 알아보겠습니다.

```go
package main

import "fmt"

func main() {
  slice1 := []int{1, 2, 3}      // ❶ len:3 cap:3 슬라이스 생성

  slice2 := append(slice1, 4, 5) // ❷ append() 함수로 요소 추가

  fmt.Println("slice1:", slice1, len(slice1), cap(slice1))
  fmt.Println("slice2:", slice2, len(slice2), cap(slice2))

  slice1[1] = 100               // ❸ slice1 요솟값 변경

  fmt.Println("After change second element")
  fmt.Println("slice:", slice1, len(slice1), cap(slice1))   // ❹ 슬라이스
  fmt.Println("slice2:", slice2, len(slice2), cap(slice2))  //   정보 출력

  slice1 = append(slice1, 500) // ❺ slice1 요솟값 변경

  fmt.Println("After append 500")
  fmt.Println("slice1:", slice1, len(slice1), cap(slice1))  // ❻ 슬라이스
  fmt.Println("slice2:", slice2, len(slice2), cap(slice2))  //   정보 출력
}
```

```
slice1: [1 2 3] 3 3
slice2: [1 2 3 4 5] 5 6
After change second element
slice1: [1 100 3] 3 3
slice2: [1 2 3 4 5] 5 6
After append 500
slice1: [1 100 3 500] 4 6
slice2: [1 2 3 4 5] 5 6
```

❶ slice1을 1, 2, 3으로 초기화된 len:3 cap:3 슬라이스로 초기화합니다. ❷ append() 함수로 slice1에 요소 두 개를 추가한 뒤 반환된 슬라이스를 slice2에 대입합니다. ❸ slice1 배열의 두 번째 값을 변경했는데 ❹ slice2에는 영향이 없습니다.

❻의 출력 결과를 보시면 ❺ slice1 배열에 append() 함수를 사용해 값을 추가해도 slice2에는

영향이 없습니다.

이렇듯 슬라이스 내부에는 배열을 가리키는 포인터가 있고, append()는 슬라이스가 가리키는 배열에 빈 공간이 충분하다면 추가하고 그렇지 않다면 더 큰 배열을 만들어서 추가한다는 점을 잘 아셔야 합니다. 이 부분을 잘 인지해서 슬라이스 사용 시 예기치 못한 버그가 발생하지 않기를 바랍니다.

16.3 슬라이싱

슬라이싱slicing은 배열의 일부를 집어내는 기능을 말합니다. 슬라이싱 기능을 사용하면 그 결과로 슬라이스를 반환합니다. 말하자면 슬라이싱은 동사이고 슬라이스는 그 결과인 명사라고 보면 됩니다. 슬라이싱 기능 사용법에 대해서 살펴봅니다.

배열의 일부를 집어낼 때는 대상이 되는 배열을 쓰고 대괄호 [ ] 사이에 집어내고자 하는 **시작인덱스 : 끝인덱스**를 씁니다. 그러면 배열의 **시작인덱스**부터 **끝인덱스-1**까지의 배열 일부를 나타내는 슬라이스가 반환됩니다. 주의할 점은 끝인덱스를 포함하지 않고 끝인덱스 하나 전까지 포함한다는 점입니다.

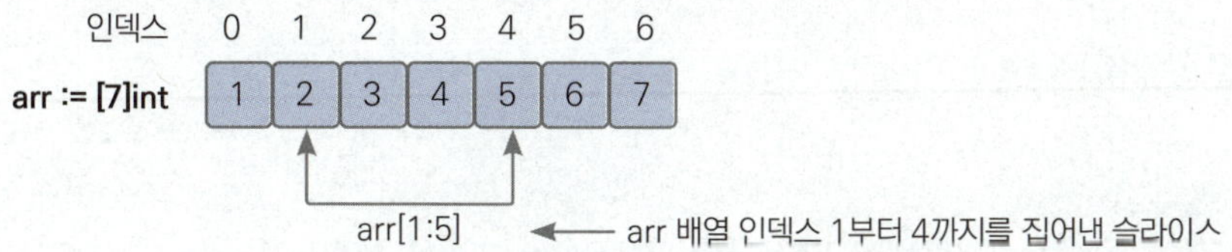

Warning 슬라이싱하면 그 결과로 배열 일부를 가리키는 슬라이스를 반환합니다. 즉, 새로운 배열이 만들어지는 게 아니라 배열의 일부를 포인터로 가리키는 슬라이스를 만들어낼 뿐입니다.

슬라이싱 기능을 사용해 배열의 일부를 나타내는 슬라이스를 만드는 예제를 사용해 자세히 살펴보겠습니다.

```go
package main

import "fmt"

func main() {
  array := [5]int{1, 2, 3, 4, 5}

  slice := array[1:2]                 // ❶ 슬라이싱

  fmt.Println("array:", array )
  fmt.Println("slice:", slice, len(slice), cap(slice))

  array[1] = 100                      // ❷ array의 두 번째 값 변경

  fmt.Println("After change second element")
  fmt.Println("array:", array )
  fmt.Println("slice:", slice, len(slice), cap(slice))

  slice = append(slice, 500)   // ❸ slice에 값 추가

  fmt.Println("After append 500")
  fmt.Println("array:", array)
  fmt.Println("slice:", slice, len(slice), cap(slice))
}
```

```
array: [1 2 3 4 5]
slice: [2] 1 4
After change second element
array: [1 100 3 4 5]
slice: [100] 1 4
After append 500
array: [1 100 500 4 5]
slice: [100 500] 2 4
```

❶ slice[1:2]로 array 배열 일부를 집어냈습니다. 시작인덱스는 1이고 끝인덱스는 2이지만 끝

인텍스를 포함하지 않고 하나 전까지 집어내기 때문에 2번째 값만 집어내게 됩니다.

❷ array의 두 번째 값을 변경했습니다. slice가 array의 두 번째 값을 가리키기 때문에 array 두 번째 값이 바뀌면 slice값도 바뀌게 됩니다.

❶에서 array를 슬라이싱할 때 cap 길이는 array의 인텍스 1에서부터 배열의 마지막 인텍스까지 길이를 갖게 됩니다. array가 요소 5개를 갖는 배열이고 인텍스 1부터 마지막까지 배열을 사용할 수 있으므로 cap은 4가 됩니다. ❸ 그래서 append()를 수행하면 새로운 배열을 만들지 않고 array의 인텍스 2의 값을 변경하게 됩니다.

이 부분이 헷갈릴 수 있기 때문에 슬라이스 동작 원리를 차근차근 살펴보겠습니다.

16.3.1 슬라이싱으로 배열 일부를 가리키는 슬라이스 만들기

슬라이스는 배열의 일부를 나타내는 타입입니다. 슬라이스는 배열을 가리키는 포인터와 len, cap 필드로 구성되어 있습니다. 포인터는 값으로 메모리 주소를 갖기 때문에 얼마든지 배열의 중간을 가리킬 수 있고 len은 포인터가 가리키는 메모리부터 일정 개수를 나타냅니다. cap은 포인터가 가리키는 배열이 할당된 크기 즉 안전하게 사용할 수 있는 남은 배열 개수를 나타냅니다.

```
array := [5]int{1, 2, 3, 4, 5}
slice := array[1:2]
```

위 구문을 그림으로 표시하면 아래와 같습니다.

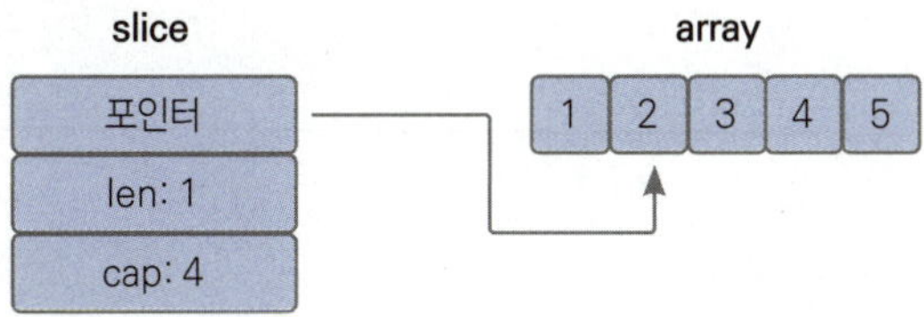

array[1:2]는 배열인 array 변수를 슬라이싱하겠다는 구문이고 그 결과로 슬라이스가 반환됩니다. slice의 포인터는 배열 시작인텍스 1의 두 번째 요소 메모리 주소를 가리킵니다. 끝인텍스가 2이기 때문에 2 - 1인 1 인텍스까지만 나타냅니다. 즉 len이 1이므로 요소가 하나인 슬라이스입니다.

그래서 slice는 2값을 갖는 요소 하나만 갖는 슬라이스가 됩니다. 저장 공간 크기를 나타내는 cap은 배열의 총길이에서 시작인덱스를 뺀 만큼을 가지게 됩니다. array의 길이가 5이고 시작인덱스가 1이기 때문에 cap은 4가 됩니다. array에는 모든 값이 채워져 있지만 slice는 1개 요소만 있고 cap이 4개이므로 3개는 비워져 있는 걸로 간주합니다.

slice가 array의 두 번째를 가리키므로 array 두 번째 값이 바뀌면 slice값도 바뀝니다.

```
array[1] = 100
```

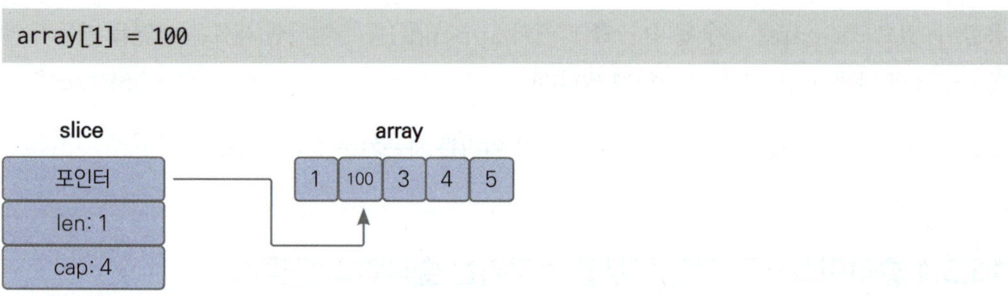

slice에 요소를 추가하게 되면 slice의 len은 1이고, cap은 4이기 때문에 빈공간이 남았다고 간주해서 array[2] 요솟값이 변경됩니다.

```
slice = append(slice, 500)
```

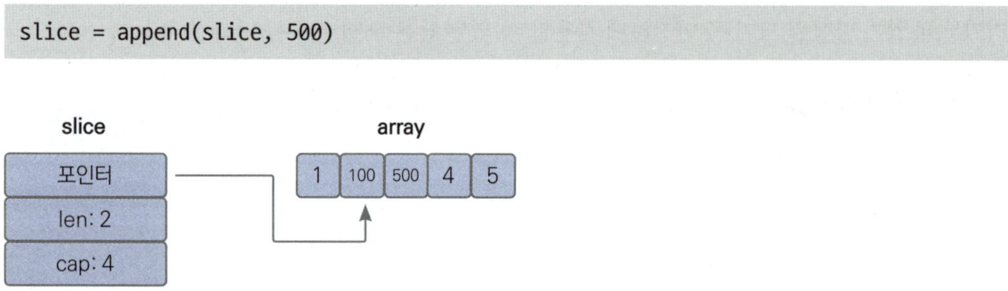

array의 세 번째 값이 변경됩니다.

16.3.2 슬라이스를 슬라이싱하기

슬라이싱 기능은 배열뿐 아니라 슬라이스 일부를 집어낼 때도 사용할 수 있습니다.

```
slice1 := []int{1, 2, 3, 4, 5}
slice2 := slice1[1:2]  // slice2는 [2]
```

위 구문은 slice1 일부를 슬라이싱 기능 통해 표시한 예입니다.

slice1은 [1, 2, 3, 4, 5]의 5개 요소를 갖는 배열을 가리키는 슬라이스이고 slice2는 slice1이 가리키는 배열의 시작인덱스 1인 두 번째 요소를 가리키는 슬라이스가 됩니다. ex16.7 예제와 마찬가지로 끝인덱스가 2이기 때문에 len은 1이 되어서 slice2는 2값을 갖는 요소 하나만 가지게 됩니다. cap은 배열의 총길이에서 시작인덱스를 뺀 값이 되어서, slice1이 요소 5개를 갖는 배열을 가리키기 때문에 cap은 4가 됩니다.

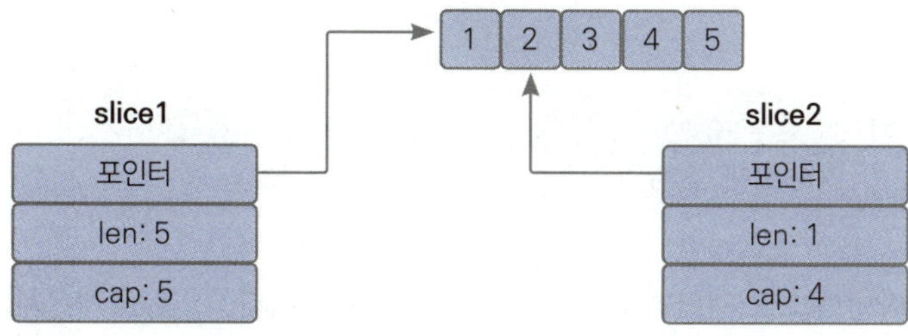

처음부터 슬라이싱

```
slice1 := []int{1, 2, 3, 4, 5}
slice2 := slice1[0:3]  // slice2는 [1, 2, 3]
```

slice2는 slice1의 첫 번째부터 세 번째까지 집어냅니다. 그 결과 slice2는 [1, 2, 3] 세 요소를 가지게 됩니다. cap값은 'slice1이 가리키는 배열의 전체 길이 5에서 시작인덱스인 0을 뺀 결과'인 5가 됩니다. 만약 첫 번째부터 슬라이싱하면 시작인덱스를 생략할 수 있습니다. 따라서 다음 두 구문은 같습니다.

```
slice2 := slice1[0:3]
slice2 := slice1[:3]
```

끝까지 슬라이싱

```
slice1 := []int{1, 2, 3, 4, 5}
slice2 := slice1[2:len(slice1)]  // slice2는 [3, 4, 5]
```

slice2는 slice1의 세 번째부터 끝까지 집어냅니다. 그래서 slice2는 [3, 4, 5] 세 요소를 갖습니다. cap은 배열 전체 길이 5에서 시작인덱스 2를 뺀 3을 갖습니다. 끝까지 슬라이싱하는 경우 끝인덱스를 생략할 수 있습니다. 따라서 다음 두 구문은 같습니다.

```go
slice2 := slice[2:len(slice1)]
slice2 := slice[2:]
```

전체 슬라이싱

```go
array := [5]int{1, 2, 3, 4, 5}
slice := array[:]                  // 전체 슬라이스
```

array 배열을 슬라이싱하는데 시작인덱스도 생략하고 끝인덱스도 생략했습니다. 이것은 처음부터 끝까지 슬라이싱하는 것을 의미합니다. 전체 슬라이싱은 배열 전체를 가리키는 슬라이스를 만들고 싶을 때 주로 사용합니다.

인덱스 3개로 슬라이싱해 cap 크기 조절하기

인덱스를 2개만 사용할 때 cap은 배열의 전체 길이에서 시작인덱스를 뺀 값이 됩니다. 슬라이싱할 때 인덱스를 3개 사용해서 cap까지 조절할 수 있습니다. 구문은 다음과 같습니다.

```go
slice[ 시작인덱스 : 끝인덱스 : 최대인덱스 ]
```

시작인덱스부터 끝인덱스 하나 전까지 집어내고 최대인덱스까지만 배열을 사용합니다. 즉 집어낸 슬라이스의 cap값은 최대인덱스 - 시작인덱스가 됩니다. 예를 보겠습니다.

```go
slice1 := []int{1, 2, 3, 4, 5}
slice2 := slice1[1:3:4]
```

인덱스 1부터 인덱스 2까지 집어냅니다. 그래서 slice2는 [2, 3]이 됩니다. cap은 최대인덱스가 4이므로 4에서 시작인덱스값인 1을 뺀 값인 3이 됩니다.

정리하면 슬라이싱할 때 세 번째 인덱스를 생략하면 배열의 전체 길이를 다 사용하게 되고 세 번째 인덱스를 적어주면 그 인덱스까지만 배열을 사용하게 됩니다.

slice1[1:3:4]를 한 경우 slice1이 가리키는 전체 배열 길이(즉 5개)를 다 쓰는 게 아니라 인덱스 4까지만 배열을 사용하겠다는 구문이 됩니다. 즉 배열의 두 번째부터 네 번째까지만 배열을 사용하게 됩니다. 그래서 cap 크기를 조절하고 싶을 때 세 개의 인덱스를 사용합니다(A.1절 참조).

16.4 유용한 슬라이싱 기능 활용

슬라이싱과 append() 기능을 활용해 슬라이스 복제, 요소 추가, 요소 삭제하는 방법을 살펴보겠습니다.

16.4.1 슬라이스 복제

앞서 우리는 예제를 사용해서 두 슬라이스가 서로 같은 배열을 가리켜서 발생하는 문제를 살펴봤습니다. 그럼 이런 문제가 생기지 않도록 항상 다른 배열을 가리키도록 어떻게 만들 수 있을까요? 이 문제를 해결하는 방법은 슬라이스를 복제하는 겁니다. slice1이 가리키는 배열과 똑같은 배열을 복제한 뒤 slice2가 가리키게 한다면 slice1과 slice2가 서로 다른 배열을 가리키기 때문에 slice1의 요솟값을 변경해도 slice2값은 변경되지 않습니다.

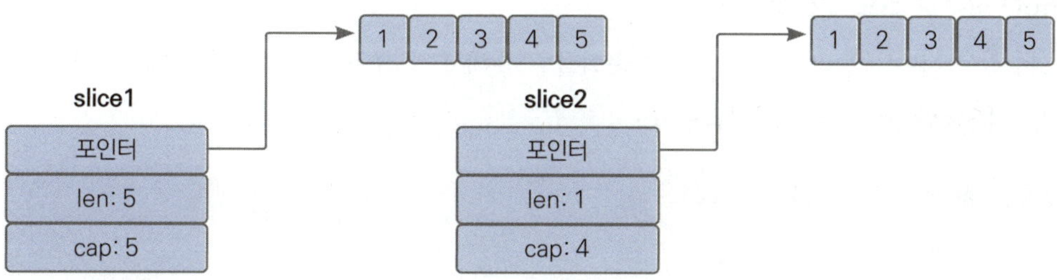

슬라이스를 그대로 복사해서 새로운 슬라이스를 만들면 두 슬라이스가 서로 영향을 주지 않습니다.

슬라이스를 복제하는 방법을 예제로 살펴봅니다.

```
                                                    ch16/ex16.8/ex16.8.go
package main

import "fmt"

func main() {
  slice1 := []int{1, 2, 3, 4, 5}
```

```go
slice2 := make([]int, len(slice1)) // ❶ slice1과 같은 길이의 슬라이스 생성

for i, v := range slice1 {  // ❷ slice1의 모든 요솟값 복사
  slice2[i] = v
}


slice1[1] = 100             // ❸ slice1 요솟값 변경
fmt.Println(slice1)
fmt.Println(slice2)
}
```

```
[1 100 3 4 5]
[1 2 3 4 5]
```

❶ slice1과 똑같은 길이의 다른 슬라이스를 만듭니다. ❷ slice1의 모든 요솟값을 하나씩 slice2로 복사합니다. ❸ slice1[1]값을 100으로 변경합니다. slice1과 slice2가 서로 다른 배열을 가리키기 때문에 slice1의 요솟값을 변경해도 slice2의 요솟값은 변경되지 않습니다.

append() 함수로 코드 개선하기

위 코드는 같은 길이의 슬라이스를 만들고 순회를 사용해서 각 요솟값을 복사하기 때문에 복잡합니다. 이 구문을 한 줄로 줄일 수 있습니다.

```go
slice2 := append([]int{}, slice1...)
```

append() 함수를 사용해 slice1의 모든 값을 복제한 새로운 슬라이스를 만들어서 slice2에 대입합니다. 배열이나 슬라이스 뒤에 ...를 하면 모든 요솟값을 넣어준 것과 같게 됩니다.

즉 위 구문은 아래와 같습니다.

```go
slice2 := append([]int{}, slice1[0], slice1[1], slice1[2], slice1[3], slice1[4])
```

copy() 함수로 코드 개선하기

내장 함수 copy()를 사용하는 방법이 있습니다.

```
func copy(dst, src []Type) int
```

copy() 함수는 위와 같이 정의되는데, 첫 번째 인수로 복사한 결과를 저장하는 슬라이스 변수를 넣고, 두 번째 인수로 복사 대상이 되는 슬라이스 변수를 넣습니다. 반환값은 실제로 복사된 요소 개수입니다.

실제 복사되는 요소 개수는 목적지의 슬라이스 길이와 대상의 슬라이스 길이 중 작은 개수만큼 복사됩니다.

copy() 함수를 이용해 슬라이스를 복사하는 예제를 살펴봅시다.

ch16/ex16.9/ex16.9.go

```go
package main
import "fmt"

func main() {
    slice1 := []int{1, 2, 3, 4, 5}
    slice2 := make([]int, 3, 10)       // ❶ len:3, cap:10 슬라이스
    slice3 := make([]int, 10)          // ❷ len:10, cap:10 슬라이스

    cnt1 := copy(slice2, slice1)       // ❸ slice1을 slice2에 복사합니다.
    cnt2 := copy(slice3, slice1)       // ❹ slice1을 slice3에 복사합니다.

    fmt.Println(cnt1, slice2)
    fmt.Println(cnt2, slice3)
}
```

```
3 [1 2 3]
5 [1 2 3 4 5 0 0 0 0 0]
```

❶ slice2는 len:3, cap:10인 슬라이스입니다. 총 배열의 길이는 10이지만 요소는 3개인 슬라이스입니다. ❷ slice3는 len:10, cap:10인 슬라이스입니다. 총 배열 길이와 요소 개수 모두 10인 슬라이스입니다. ❸ slice1을 slice2에 복사합니다. slice1의 요소는 5개이고 slice2의 요소는 3개입니다. 그래서 둘 중 작은 값인 3개만 복사합니다. cap 개수는 영향을 주지 않는 것을 주의하세요. ❹ slice1을 slice3에 복사합니다. slice1의 요소는 5개이고 slice3의 요소는 10개입니다. 그래서 둘 중 작은 값인 5개만 복사합니다.

이를 이용해서 slice를 복사하는 ex16.8 예제를 다음과 같이 바꿀 수 있습니다.

```
slice2 := make([]int, len(slice1))
copy(slice2, slice1)
```

먼저 같은 길이의 슬라이스를 만든 뒤 복사합니다. append()를 이용한 구문은 한 줄인 반면 copy()를 이용하면 두 줄이 됩니다. 성능상 차이는 없기 때문에 편한 방법을 사용하면 됩니다.

16.4.2 요소 삭제

슬라이스 중간의 요소를 삭제하는 방법을 살펴보겠습니다. 간단히 하나만 삭제하는 경우를 예로 들어보겠습니다. 슬라이스 ❶ 중간 요소를 삭제하고 ❷ 중간 요소 이후의 값을 앞당겨서 삭제된 요소를 채웁니다. 그런 뒤 맨 마지막값을 지워줘야 합니다.

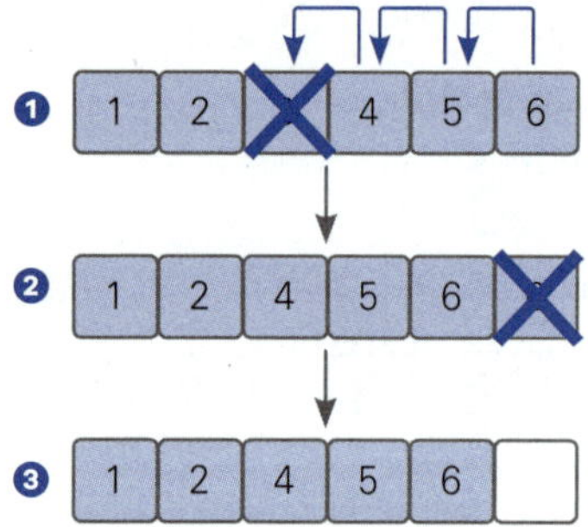

이를 코드로 나타내면 다음과 같습니다.

```
                                                    ch16/ex16.10/ex16.10.go
package main

import "fmt"

func main() {
  slice := []int{1, 2, 3, 4, 5, 6}
  idx := 2;          // 삭제할 인덱스

  for i := idx+1; i < len(slice); i++ { // ❶ 요소 앞당기기
    slice[i-1] = slice[i]
  }
```

```go
    slice = slice[:len(slice)-1]        // ❷ 슬라이스로 마지막 값을 잘라줍니다.

    fmt.Println(slice)
}
```
```
[1 2 4 5 6]
```

❶ 삭제하는 위치가 3번째라면 4번째부터 값을 하나씩 앞으로 옮겨줘야 합니다.

❷ 위치를 옮겨준 결과 슬라이스는 [1, 2, 4, 5, 6, 6]이 됩니다. 그래서 슬라이스 기능을 사용해서 마지막 요소를 잘라내야 합니다.

append() 함수로 코드 개선하기

이 방법 역시 순회를 사용해서 값을 하나씩 옮겨야 하는 번거러움이 있으니 ❶과 ❷를 한 줄로 줄여보겠습니다.

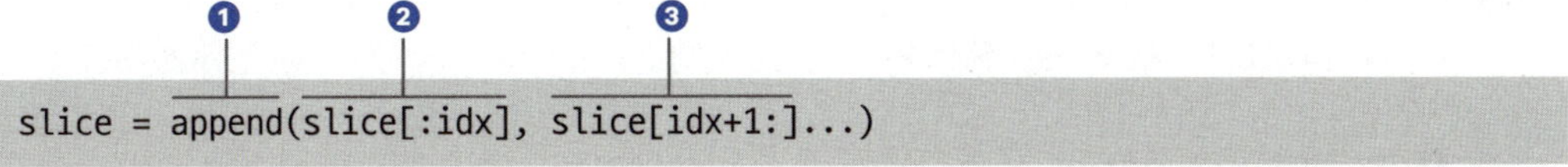

❷ slice[:idx]는 slice 처음부터 idx 하나 전까지 집어낸 슬라이스입니다. 즉 지우고자 하는 인덱스의 요소는 포함하지 않습니다. slice[:idx]는 [1, 2]가 됩니다.

❸ slice[idx+1:]는 idx 하나 뒤의 값부터 끝까지 슬라이스한 겁니다. slice[idx+1:]는 [4, 5, 6]이 됩니다. ❶ append() 함수로 [1, 2] 슬라이스 뒤에 [4, 5, 6]을 붙이면 [1, 2, 4, 5, 6]이 됩니다.

16.4.3 요소 추가

슬라이스 중간에 요소를 추가하려면 먼저 ❶ 슬라이스 맨 뒤에 요소를 하나 추가해줍니다.

그리고 ❷ 맨 뒤값부터 삽입하려는 위치까지 한 칸씩 뒤로 밀어줍니다.

❸ 삽입하는 위치의 값을 바꿔줍니다.

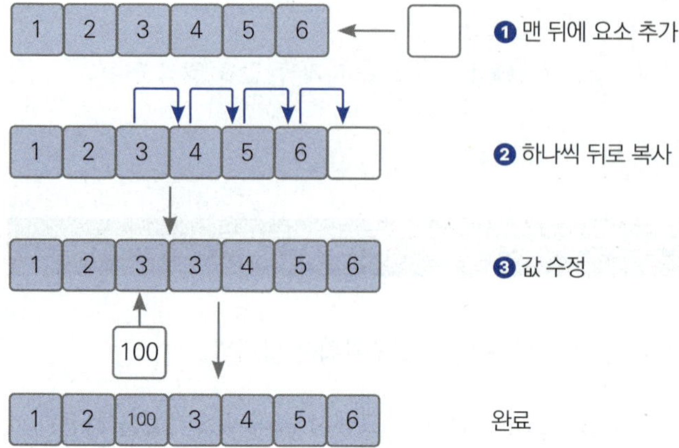

이것을 코드로 나타내면 다음과 같습니다.

ch16/ex16.11/ex16.11.go

```go
package main

import "fmt"

func main() {
  slice := []int{1, 2, 3, 4, 5, 6}

  // ❶ 맨 뒤에 요소 추가
  slice = append(slice, 0)

  idx := 2           // 추가하려는 위치

  // ❷ 맨 뒤부터 추가하려는 위치까지 값을 하나씩 옮겨줍니다.
  for i := len(slice)-2; i >= idx; i-- {
    slice[i+1] = slice[i]
  }

  // ❸ 값 변경
  slice[idx] = 100

  fmt.Println(slice)
}
```

```
[1 2 100 3 4 5 6]
```

❶ 맨 뒤에 요소를 추가합니다. 추가하는 값은 중요하지 않아 임의로 0을 추가했습니다.

❷ 맨 뒤부터 삽입하는 자리까지 하나씩 뒤로 밀어줍니다.

❸ idx 위치의 값을 바꿉니다.

append() 함수로 코드 개선하기

앞에서 사용한 ❶ ❷ ❸ 구문은 복잡하므로 한 줄로 바꿔보겠습니다.

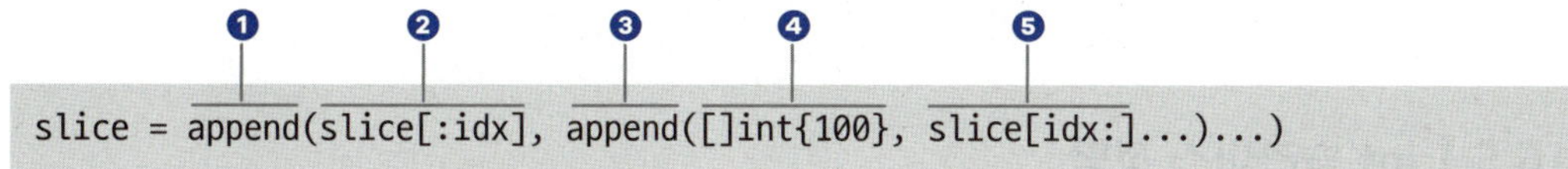

```
slice = append(slice[:idx], append([]int{100}, slice[idx:]...)...)
```

❸에서 append()를 중첩으로 사용했습니다. ❷ slice[:idx]는 처음부터 삽입하는 위치까지의 슬라이스입니다. [1, 2]가 됩니다. ❸ []int{100}은 삽입하려는 값으로 100 한 개만 갖는 슬라이스입니다. ❺ slice[idx:]는 삽입하려는 위치부터 끝까지의 슬라이스입니다. slice[idx:]는 [3, 4, 5, 6]입니다. ❸ append() 함수로 []int{100}에 이 슬라이스를 합쳐서 [100, 3, 4, 5, 6]을 만듭니다.

❶ append() 함수로 [1, 2]에 [100, 3, 4, 5, 6]을 합쳐서 [1, 2, 100, 3, 4, 5, 6]을 만듭니다.

불필요한 메모리 사용이 없도록 코드 개선하기

앞에서 다룬 구문에서 생성한 [100, 3, 4, 5, 6] 슬라이스는 임시 슬라이스입니다. 다음 번 메모리 청소 때 사라지기는 하지만 불필요한 메모리가 사용됐습니다. 다음 구문을 사용하면 불필요한 메모리를 사용하지 않을 수 있습니다.

```
slice = append(slice, 0)    // ❶ 맨 뒤에 요소 추가
copy(slice[idx+1:], slice[idx:]) // ❷ 값 복사
slice[idx] = 100       // ❸ 값 변경
```

❶ slice 맨 뒤에 요소를 추가합니다. ❷ 내장 함수 copy()를 사용해서 슬라이스값을 복사했습니다.

첫 번째 인수는 복사하는 위치, 두 번째 인수는 복사하려는 대상입니다. slice[idx+1:] 즉 삽입하

려는 위치 하나 다음부터 끝까지를 slice[idx:] 위치부터 복사합니다. 즉 한 칸씩 밀려서 복사가
됩니다. ex16.11 예제의 for 구문과 같다고 보면 됩니다. ❸ idx 위치에 100을 대입합니다.

16.5 슬라이스 정렬

Go 언어에서 기본 제공하는 sort 패키지를 사용해 슬라이스를 정렬하는 방법을 알아보겠습니다.
int 슬라이스와 구조체 슬라이스를 정렬해보겠습니다.

16.5.1 int 슬라이스 정렬

int 슬라이스를 정렬하는 예제를 살펴봅시다.

ch16/ex16.12/ex16.12.go

```go
package main

import (
    "fmt"
    "sort"
)

func main() {
    s := []int{5, 2, 6, 3, 1, 4}     // ❶ 정렬되지 않은 슬라이스
    sort.Ints(s)                     // ❷ 정렬
    fmt.Println(s)
}
```

```
[1 2 3 4 5 6]
```

❶ 정렬되지 않은 int 슬라이스를 만듭니다.

❷ sort 패키지의 Ints() 함수를 이용해 간단하게 []int 슬라이스를 정렬합니다.

이처럼 간단하게 정렬할 수 있습니다. sort 패키지의 Ints() 함수 대신 Float64s() 함수를 이용하
면 float64 슬라이스를 정렬할 수 있습니다.

16.5.2 구조체 슬라이스 정렬

앞서 Sort() 함수를 이용하기 위해서는 Len(), Less(), Swap() 세 메서드가 필요합니다. 이들 메서드만 구현하면 우리가 정의한 구조체도 정렬을 할 수가 있습니다. 메서드는 다음 장에서 다룹니다.

구조체 슬라이스를 어떻게 정렬할지 살펴보겠습니다.

ch16/ex16.13/ex16.13.go

```go
package main
import (
    "fmt"
    "sort"
)

type Student struct {
    Name string
    Age int
}

// ❶ []Student의 별칭 타입 Students
type Students []Student

func (s Students) Len() int { return len(s) }
func (s Students) Less(i, j int) bool { return s[i].Age < s[j].Age }
// ❷ 나이 비교
func (s Students) Swap(i, j int) { s[i], s[j] = s[j], s[i] }

func main() {
    s := []Student{
        {"화랑", 31}, {"백두산", 52}, {"류", 42},
        {"켄", 38}, {"송하나", 18} }

    sort.Sort(Students(s))          // ❸ 정렬
    fmt.Println(s)
}
```

```
[{송하나 18} {화랑 31} {켄 38} {류 42} {백두산 52}]
```

구조체 슬라이스를 나이순으로 정렬하는 예제입니다.

❶ []Student의 별칭 타입인 Students를 만들었습니다. Len(), Less(), Swap() 메서드를 만들

어 sort.Interface를 사용할 수 있게 해줬습니다.

❷ Less() 메서드로 각 요소의 Age값을 비교하도록 했습니다.

❸ []Student를 Students 타입으로 타입 변환한 뒤 sort.Sort() 함수를 호출했습니다. Students는 이미 sort.Interface 메서드들을 포함하고 있기 때문에 sort.Sort() 인수로 사용할 수 있습니다.

Students(s)는 []Student 타입인 s를 정렬 인터페이스를 포함한 타입인 Students 타입으로 변환하는 구문입니다. []Student 타입은 정렬에 필요한 Len(), Less(), Swap() 메서드를 가지고 있지 않기 때문에 sort.Sort() 함수의 인수로 사용될 수 없습니다. 그래서 []Student의 별칭 타입을 만들어서 정렬 인터페이스를 포함하도록 했습니다. 처음부터 Students 타입으로 만들지 않은 이유는 실제 코딩하다 보면 슬라이스 타입으로 만들어서 사용하다가 정렬이 필요한 경우에 별도 타입을 만들어서 변환하는 경우가 빈번하기 때문입니다. 또 이 방식이 sort.Ints() 함수가 내부에서 동작하는 방식이기도 합니다. 그 결과 Age순으로 정렬됐습니다.

아직 메서드와 인터페이스를 다루지 않았기 때문에 여기서는 구조체 슬라이스를 정렬하기 위해서는 위 예제와 같이 해야 한다는 정도만 알아두시면 됩니다.

핵심 요약

1 슬라이스는 Go 언어에서 제공하는 동적 배열 자료구조입니다.
2 append()를 이용해서 슬라이스에 값을 추가합니다.
3 슬라이스가 같은 배열을 가리킬 경우 예기치 못한 문제가 발생할 수 있습니다.
4 슬라이싱은 배열 일부를 집어내는 기능이고 그 결과로 슬라이스가 반환됩니다.
5 슬라이싱 기능을 사용해 배열의 일부를 집어낼 수 있습니다.
6 append()와 슬라이싱 기능을 이용해 다양한 활용이 가능합니다.
7 sort 패키지를 사용해서 슬라이스를 정렬할 수 있습니다.
8 슬라이스는 실제 배열 메모리를 가리키는 포인터를 가지고 있어서 배열에 비해서 메모리 사용량이나 속도에서 이점이 있습니다.

연습문제

1 다음 예제의 결과를 쓰세요.

```go
package main
import "fmt"

func main() {
  array := [5]int{1, 2, 3, 4, 5}
  slice := array[1:3]

  slice = append(slice, 100)
  fmt.Println(array)
}
```

2 다음 슬라이스가 있을 때 처음부터 마지막 두 번째 전까지 잘라내는 구문을 쓰세요.

```go
slice := []int{1, 2, 3, 4, 5, 6, 7, 8, 9, 10}
```

3 다음 예제의 결과를 쓰세요.

```go
package main
import "fmt"

func main() {
  slice := []int{1, 2, 3, 4, 5, 6}
  t, slice := slice[len(slice)-1], slice[:len(slice)-1]

  fmt.Println(t, slice)
}
```

4 다음 선수 데이터를 표현하는 구조체를 만든 뒤 높은 득점부터 낮은 순으로 정렬하세요.

이름	나이	득점수	패스 성공률
나통키	13	45	78.4
오맹태	16	24	67.4
오동도	18	54	50.8
황금산	16	36	89.7

1 정답

```
[1 2 3 100 5]
```

해설 array[1:3]을 하면 인덱스 1부터 인덱스 2까지 잘라냅니다. slice는 [2, 3]이 됩니다. cap은 배열 전체를 사용하므로 4입니다.

append()를 하면 slice에 빈 공간이 있는지 확인합니다. slice의 cap:4이고 len:2이므로 빈 공간이 2개 남았다고 판단합니다. 맨 뒤에 100을 추가합니다. 따라서 slice가 array를 가리키고 있어 array값은 [1, 2, 3, 100, 5]가 됩니다.

2 정답

```
slice[:len(slice)-2]
```

3 정답

```
6 [1 2 3 4 5]
```

해설 이 예제는 마지막 요소를 가져오면서 없애는 Pop 기능을 나타냅니다. slice[len(slice)-1]은 슬라이스의 맨 마지막 값을 반환합니다. 따라서 t는 slice의 맨 마지막 값인 6이 됩니다. slice[:len(slice)-1]은 slice의 처음부터 마지막 한 개 전까지 집어냅니다. 그래서 slice는 마지막 요소를 뺀 [1, 2, 3, 4, 5]가 됩니다.

4 정답

```go
package main
import (
    "fmt"
    "sort"
)

type Player struct {
    Name string
    Age    int
    Goal   int
    Pass   float64
}

type Players []Player

func (s Players) Len() int { return len(s) }
func (s Players) Less(i, j int) bool { return
s[i].Goal < s[j].Goal }
func (s Players) Swap(i, j int) { s[i], s[j]
= s[j], s[i] }

func main() {
    s := []Player{
        { "나통키", 13, 45, 78.4 },
        { "오맹태", 16, 24, 67.4 },
        { "오동도", 18, 54, 50.8 },
        { "황금산", 16, 36, 89.7 },
    }

    sort.Sort(sort.Reverse(Players(s)))
    fmt.Println(s)
}
```

메서드

☐ **학습 목표**	메서드에 대해서 알아보고 메서드에 어떤 의미가 있는지, 또 그로 인해서 프로그래밍에서 어떤 변화가 생겼는지 알아보겠습니다.
☐ **학습 내용**	• 메서드 선언 • 리시버 타입 • 메서드를 사용해야 하는 이유 • 포인터 메서드 vs 값 타입 메서드
☐ **메서드 소개**	메서드method는 함수의 일종입니다. Go 언어에는 클래스가 없습니다. 그래서 구조체 밖에 메서드를 지정합니다. 구조체 밖에 메소드를 정의할 때 리시버라는 특별한 기능을 사용합니다.
☐ **리시버 소개**	구조체 밖에 메서드가 있으므로 메서드가 어느 구조체에 속하는지 표시할 방법이 필요합니다. 리시버를 사용하면 됩니다. 즉 리시버는 메서드가 속하는 타입을 알려주는 기법입니다.
☐ **효과**	• 메서드를 사용해서 데이터와 기능을 묶어 응집도를 높입니다. • 코드 재사용성을 높입니다. • 모듈화로 코드의 가독성이 좋아집니다.

17.1 메서드 선언

메서드를 선언하려면 리시버를 func 키워드와 함수 이름 사이에 소괄호로 명시해야 합니다. 리시버를 사용해서 메서드를 정의하는 코드를 살펴봅시다.

```
              리시버      메서드명

func (r Rabbit) info() int {
    return r.width * r.height
}
```

info() 메서드를 정의했습니다. (r Rabbit) 부분이 리시버입니다. 리시버 덕분에 info() 메서드 가 Rabbit 타입에 속한다는 것을 알게 됐네요. 이때 구조체 변수(r)는 해당 메서드에서 매개변수 처럼 사용됩니다.

리시버로는 모든 로컬 타입들이 가능한데, 로컬 타입이란 해당 패키지 안에서 type 키워드로 선언 된 타입들을 말합니다. 그래서 패키지 내 선언된 구조체, 별칭 타입들이 리시버가 될 수 있습니다.

account 구조체의 메서드를 선언하고 사용합니다.

```go
package main

import "fmt"

type account struct {
  balance  int
}

func withdrawFunc(a *account, amount int) {        // 일반 함수 표현
  a.balance -= amount
}

func (a *account) withdrawMethod(amount int) {        // ❶ 메서드 표현
  a.balance -= amount
}

func main() {
  a := &account{ 100 }                // balance가 100인 account 포인터 변수 생성

  withdrawFunc(a, 30)                // 함수 형태 호출

  a.withdrawMethod(30)                // ❷ 메서드 형태 호출

  fmt.Printf("%d \n", a.balance)
}
```

40

❶ 메서드를 선언합니다. func 키워드와 함수명 사이에 리시버 타입과 그 리시버 값을 갖는 변수가 있으면 메서드, 없으면 함수입니다.

리시버　　　메서드명

```go
func (a *account) withdrawMethod(amount int) {
  a.balance -= amount
}
```

Tip 메서드 정의는 같은 패키지 내 어디에도 위치할 수 있습니다. 하지만 리시버 타입이 선언된 파일 안에 정의하는 게 일반적인 규칙입니다. 예를 들어 type Student struct 구조체를 student.go 파일에 정의했으면 Student의 메서드들도 모두 student.go 파일에 모아놓습니다.

❷ 메서드 함수를 호출합니다. 예제에서 withdrawFunc()와 withdrawMethod()는 완전히 똑같은 동작을 합니다. 하지만 withdrawFunc()는 일반 함수이고 withdrawMethod()는 메서드입니다. 그에 따라 호출 방법이 다릅니다. 구조체에서 필드가 해당 구조체에 속하듯이 메서드는 해당 리시버 타입에 속합니다. 따라서 withdrawMethod()는 리시버 타입인 *account 타입에 속한 메서드입니다. 그래서 구조체의 필드에 접근할 때처럼 점 . 연산자를 사용해 해당 타입에 속한 메서드를 호출할 수 있습니다.

```go
a.withdraw2(30)
```

점 .을 찍어 호출합니다.

17.1.1 별칭 리시버 타입

모든 로컬 타입이 리시버 타입으로 가능하기 때문에 별칭 타입도 리시버가 될 수 있고 메서드를 가질 수 있습니다. 즉 int와 같은 내장 타입들도 별칭 타입을 활용해서 메서드를 가질 수가 있습니다.

int 타입의 별칭 타입을 만들고 그 타입의 메서드를 선언하여 사용하는 예제를 살펴봅시다.

```go
package main

import "fmt"

// ❶ 사용자 정의 별칭 타입
type myInt int

// ❷ myInt 별칭 타입을 리시버로 갖는 메서드
func (a myInt) add(b int) int {
    return int(a) + b
}

func main() {
    var a myInt = 10            // myInt 타입 변수
    fmt.Println( a.add(30) )    // ❸ myInt 타입의 add() 메서드 호출
    var b int = 20
    fmt.Println(myInt(b).add(50)) // ❹ int 타입을 타입 변환
}
```

```
40
70
```

❶ int 타입의 별칭인 myInt 타입을 선언했습니다. myInt는 int와 이름만 다를뿐 같은 타입이지만 메서드를 가질 수 있습니다. ❷ myInt 타입의 메서드 add()를 선언합니다. 단순히 두 값을 더합니다. ❸ myInt 변수 a를 선언하고 메서드 add()를 호출했습니다.

❹ b 변수는 int 타입입니다. myInt 타입이 int의 별칭 타입이지만 엄연히 다른 타입이기 때문에 myInt의 add() 메서드를 사용할 수 없습니다. 대신 별칭 타입 간 타입 변환을 지원하기 때문에 myInt 타입으로 변환 후 add() 메서드를 사용했습니다.

이처럼 모든 사용자 정의 타입이 리시버 타입이 될 수 있기 때문에 기본 내장 타입도 별칭 타입으로 변환하여 메서드를 선언할 수 있습니다.

17.2 메서드는 왜 필요한가?

매개변수 하나를 함수명 앞으로 옮겼을 뿐 메서드 동작이 특이해 보이지 않는군요? 그렇다면 왜 복잡하게 메서드라는 걸 만든 걸까요?

그저 함수의 다른 표현이라고 볼 수도 있지만 이 둘은 중요한 차이가 있습니다. 바로 소속입니다. 일반 함수는 어디에도 속하지 않지만 메서드는 리시버에 속합니다. 예를 들어 [예제 ex17.1.go]에서 withdrawFunc() 함수는 *account 타입과 분리되어 있지만 withdrawMethod() 메서드는 *account 타입에 속한 메서드입니다. 즉, withdrawMethod() 메서드는 account의 기능[behaviour]입니다. 메서드를 사용해서 account의 데이터와 기능을 묶을 수 있게 됩니다. 예를 들어 성적 입력 프로그램을 만들 때 Student라는 구조체가 있다고 가정할 때, Student 구조체의 필드로 이름, 반, 번호, 성적 등의 데이터가 있을 겁니다. 메서드는 성적 입력, 반 배정 등의 Student 구조체의 기능을 나타냅니다.

좋은 프로그래밍이라면 결합도[coupling][1]를 낮추고 응집도[cohesion][2]를 높여야 합니다. 메서드는 데이터와 관련 기능을 묶기 때문에 코드 응집도를 높이는 중요한 역할을 합니다.

물론 과거에는 메서드를 사용하지 않고도 아폴로11호를 달에 착륙시켰고 은행 업무를 전산화했습니다. 하지만 문제는 데이터와 기능이 서로 결합되지 않고 이곳 저곳에 흩어져 있으면, 즉 응집도가 낮으면 새로운 기능을 추가할 때 흩어진 모든 부분을 검토하고 고쳐야 하는 산탄총 수술 문제[3]가 발생합니다.

코드 수정 범위가 늘어나면 관리가 복잡해지기 때문에 예기치 못한 실수가 늘어나고 더 많은 버그를 만들게 됩니다. 그래서 흩어진 코드 조각들을 관련된 데이터로 한 곳에 묶어 응집도를 높일 필요가 있는 겁니다.

예를 들어 통장을 입금과 출금이라는 기능과 묶고, 게임 속 플레이어를 스킬 사용과 아이템 획득이라는 기능과 묶어두면 응집도가 높아집니다. 이렇게 데이터와 기능을 묶어두면 새로운 기능 추가 시 전체를 검토하고 수정할 필요 없이 관련된 코드 부분만 수정할 수 있습니다. 메서드는 바로 기능과 데이터를 묶어주는 역할, 즉 응집도를 높이는 역할을 합니다.

---

1 객체 간 의존관계를 나타냅니다.

2 모듈 내 요소들의 상호 관련성을 나타냅니다.

3 작은 변화에도 산탄총을 맞은 듯 많은 코드 영역을 수정하는 경우를 말합니다.

17.2.1 객체지향 : 절차 중심에서 관계 중심으로 변화

메서드가 등장하기 이전에는 절차 중심의 프로그래밍이었습니다. 데이터와 기능이 분리되어서 기능들을 어떤 순서로 실행하는지를 정의한 게 프로그램 코드였습니다. 그래서 과거에는 코드 설계 시 기능 호출 순서를 나타내는 순서도flowchart를 중요하게 여겼습니다.

메서드라는 기능이 생기고 메서드를 통해서 데이터와 기능을 묶을 수 있게 됨으로써 데이터와 기능이 묶인 단일 객체object로써 동작하게 됐습니다. 객체란 데이터와 기능을 갖는 타입을 말하고 이 타입의 인스턴스를 객체 인스턴스object instance라고 말합니다. 이러한 객체 인스턴스들이 서로 유기적으로 소통하고 관계 맺게 됨에 따라 절차보다 **객체 간 관계 중심**으로 프로그래밍 패러다임이 변화했습니다. 이것을 **객체지향 프로그래밍**object oriented programming, 줄여서 OOP라고 부릅니다. 그래서 이제는 순서도보다는 객체 간의 관계를 나타내는 클래스 다이어그램class diagram을 더 중시하게 됐습니다.

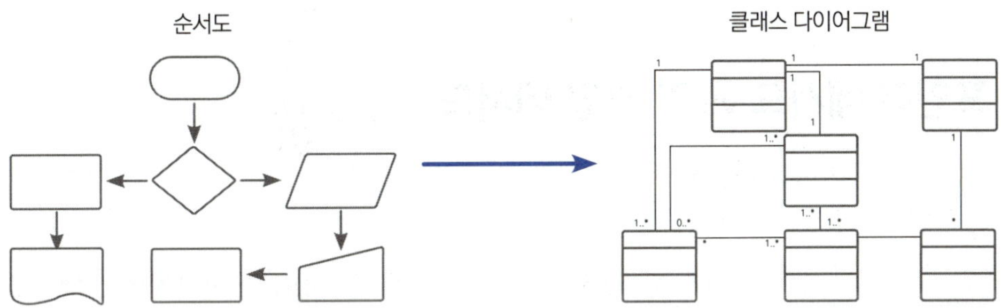

다음 예제를 통해서 살펴보겠습니다.

```go
type Student struct {
    FirstName string
    LastName string
    Age int
}


func (s *Student) EnrollClass(c *Subject) {
    ...
}


func (s *Student) SendReport(p *Professor, r *Report) {
    ...
}
```

EnrollClass()와 SendReport()의 리시버로 Student 구조체가 명시되어 있습니다. 이제 두 메서드는 Student 구조체에 속하게 됩니다.이제 Student는 단순히 이름과 나이 정보를 가지고 있는 데이터가 아니라 과목을 등록하고 리포트를 보낼 수 있는 기능이 추가된 (그래서 Subject, Professor, Report 모두와 관계를 맺는) 객체가 됐습니다.

현대 프로그래밍에서는 함수 호출 순서보다 객체를 만들고 다른 객체와 상호관계를 맺는 것이 더 중요해졌습니다. 그리고 그 객체 간 상호관계는 메서드로 표현됩니다.

Tip Go 언어에서는 클래스와 상속을 지원하지 않고 메서드와 인터페이스만을 지원합니다. 그래서 일부는 Go 언어는 OOP 언어가 아니라고 말합니다. 하지만 필자는 OOP 언어의 구분은 클래스와 상속 지원 유무가 아닌 객체 간의 상호관계 중심으로 프로그래밍할 수 있는가 없는가에 있다고 봅니다. 그런 의미에서 Go 언어는 충분한 OOP 언어이고 다른 언어보다 더 OOP를 잘 구현한 언어라고 생각합니다. 이 부분에 대해서는 18장 '인터페이스'와 B.1절 'Go는 객체지향 언어인가?'에서 더 자세히 다루겠습니다.

17.3 포인터 메서드 vs 값 타입 메서드

리시버를 값 타입과 포인터로 정의할 수 있습니다. 이 둘의 차이점을 다음 예제에서 알아보겠습니다.

```
ch17/ex17.3/ex17.3.go
package main

import "fmt"

type account struct {
  balance   int
  firstName string
  lastName  string
}

// ❶ 포인터 메서드
func (a1 *account) withdrawPointer(amount int) {
  a1.balance -= amount
}

// ❷ 값 타입 메서드
```

```go
func (a2 account) withdrawValue(amount int) {
  a2.balance -= amount
}

// 변경된 값을 반환하는 값 타입 메서드
func (a3 account) withdrawReturnValue(amount int) account {
  a3.balance -= amount
  return a3
}

func main() {
  var mainA *account = &account{ 100, "Joe", "Park" }
  mainA.withdrawPointer(30)          // ❸ 포인터 메서드 호출
  fmt.Println(mainA.balance)         // 70 출력

  mainA.withdrawValue(20)            // ❹ 값 타입 메서드 호출
  fmt.Println(mainA.balance)         // 여전히 70 출력

  var mainB account = mainA.withdrawReturnValue(20)
  fmt.Println(mainB.balance)         // 50 출력

  mainB.withdrawPointer(30)          // ❺ 포인터 메서드 호출
  fmt.Println(mainB.balance)         // 20 출력
}
```

```
70
70
50
20
```

❶ withdrawPointer() 메서드는 리시버로 포인터를, ❷ withdrawValue(), withdraw ReturnValue() 메서드는 값 타입을 갖습니다. 즉 withdrawPointer() 메서드는 *account 타입에 속하고, withdrawValue()와 withdrawReturnValue()는 account 타입에 속합니다.

포인터 메서드를 호출하면 포인터가 가리키고 있는 메모리의 주솟값이 복사됩니다. 반면 값 타입 메서드를 호출하면 리시버 타입의 모든 값이 복사됩니다. 리시버 타입이 구조체이면 구조체의 모든 데이터가 복사됩니다.

다음 그림은 포인터 메서드를 호출할 때 메모리에서 주소가 복사되는 모습을 보여줍니다(mainA 포인터 변수의 값, 즉 메모리 주솟값만 a1으로 복사됩니다).

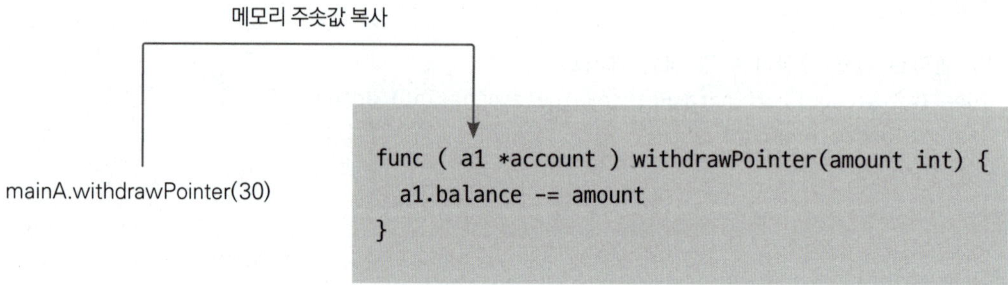

❸ withdrawPointer() 메서드가 호출되면 mainA 포인터 변수가 갖는 값 즉 메모리 주소가 복사되기 때문에 a1과 mainA는 같은 인스턴스를 가리킵니다. 그래서 withdrawPointer() 메서드 내부에서 a1의 balance를 변경하면 mainA도 같은 인스턴스를 가리키기 때문에 mainA의 balance도 변경됩니다(a1과 mainA는 같은 인스턴스를 가리킵니다).

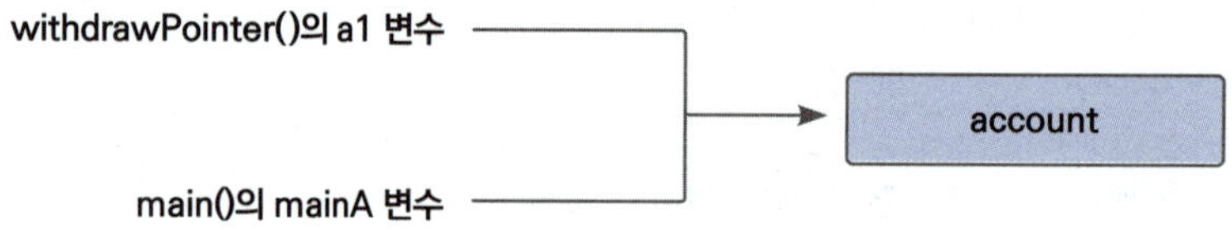

다음 그림은 ❹ withdrawValue() 메서드를 호출할 때 메모리에서 값이 전달되는 모습을 보여줍니다.

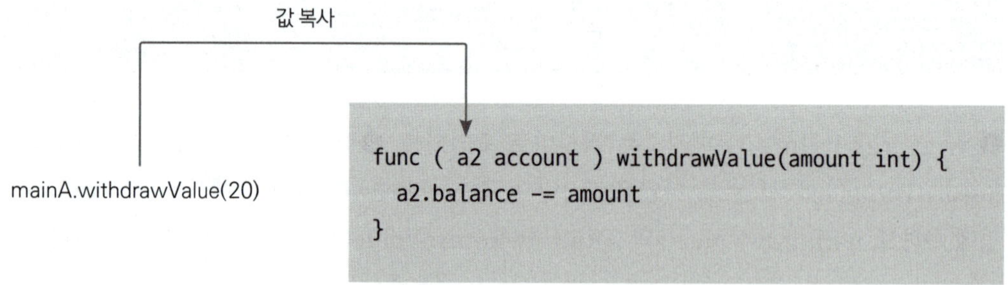

mainA의 모든 값, 즉 account 구조체의 balance, firstName, lastName 모두 a2로 복사됩니다.

호출되는 과정에서 mainA의 모든 내용이 복사되기 때문에 withdrawValue() 내의 a2 변수와 main() 함수 내의 mainA 변수는 서로 다른 메모리 주소를 가지게 됩니다. 즉 mainA와 a2는 서로 다른 인스턴스입니다.

그래서 withdrawValue() 메서드에서 a2의 balance를 변경해도 mainA의 balance는 변경되지 않습니다. 이를 해결하려면 withdrawReturnValue() 메서드처럼 변경된 값을 다시 반환해야 합니다. 다음은 withdrawReturnValue() 메서드 호출 과정입니다.

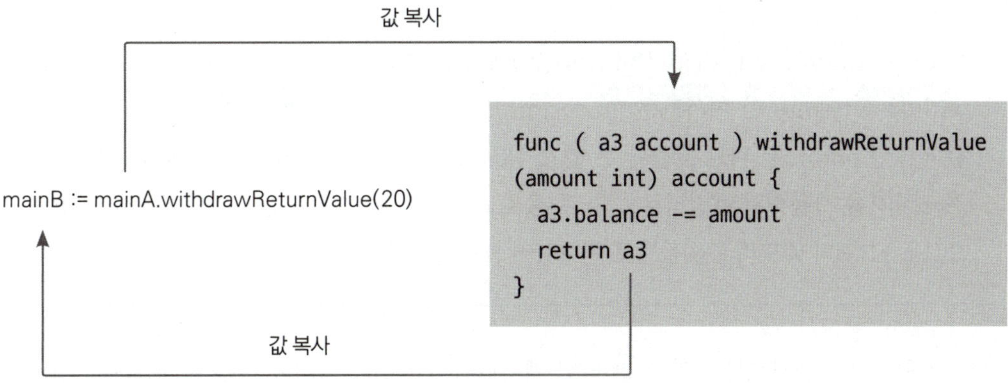

account 구조체의 모든 값이 메서드 호출 시와 메서드 결괏값 반환 시 두 번 복사됩니다. mainB는 메서드 호출 이후 변경된 값을 갖는 새로운 객체를 나타냅니다.

a3, mainA, mainB 모두 다른 메모리를 주소를 갖는 서로 다른 객체입니다.

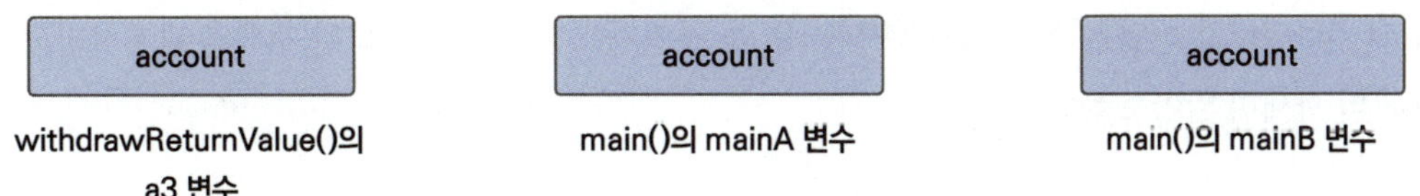

mainA.withdrawValue(20)에서 mainA는 *account 포인터 변수이고 withdrawValue()는 account 값 타입을 리시버로 받는 메서드입니다. 포인터인 mainA로 바로 호출할 수 없고 (*mainA).withdrawValue(20)과 같이 값 타입으로 변환하여 호출하여야 합니다. 하지만 Go 언어에서는 이럴 때는 자동으로 mainA의 값으로 변환하여 호출합니다.

비슷하게 mainB.withdrawPointer(30)에서 mainB는 account 값 타입 변수이고 withdrawPointer() 메서드는 *account 포인터를 리시버로 받는 메서드입니다. 역시 값 타입인 mainB로 바로 호출할 수 없고, (&mainB).withdrawPointer(30)와 같이 주소 연산자를 사용해서 포인터로 변환 후에 호출해야 합니다. 하지만 Go 언어에서는 자동으로 mainB의 메모리 주솟값으로 변환하여 호출합니다.

그럼 언제 포인터 메서드를 만들고 값 타입 메서드를 만들어야 할까요? 포인터 메서드는 메서드 내부에서 리시버의 값을 변경시킬 수 있습니다. 하지만 값 타입 메서드는 호출하는 쪽과 메서드 내부의 값은 별도 인스턴스로 독립되기 때문에 메서드 내부에서 리시버의 값을 변경시킬 수 없습니다.

정리하면 포인터 메서드는 인스턴스 중심이고 값 타입 메서드는 값 중심이 됩니다. 이 부분에 대해서는 B.4절 '값 타입을 쓸 것인가? 포인터를 쓸 것인가?', B.5절 '구체화된 객체와 관계하라고?'에서 더 자세히 알아보겠습니다.

핵심 요약

1 리시버가 있으면 메서드, 없으면 일반 함수입니다.

2 리시버는 메서드를 호출하는 주체로써 메서드는 리시버를 통해서만 호출할 수 있습니다. 따라서 메서드는 리시버에 속한 기능을 표현합니다. 모든 로컬 타입은 리시버가 될 수 있습니다.

3 메서드를 통해서 데이터와 기능이 묶임으로써 객체라는 개념이 생겼고, 프로그래밍 패러다임은 순서도 위주의 절차 중심에서 객체 사이의 관계 중심으로 변화했습니다.

4 포인터 메서드는 인스턴스 중심으로 메서드에서 호출자 인스턴스에 접근하여 값을 변경할 수 있습니다.

5 값 타입 메서드 호출 시 값이 모두 복사됩니다. 인스턴스가 아닌 값 중심의 메서드를 만들 때 사용합니다. 호출자 인스턴스에 접근할 수 없고 복사되는 양에 따라서 성능상 문제가 될 수 있습니다.

1 다음은 상품 카트에 상품을 담는 로직을 나타낸 코드입니다. 공란에 공통으로 들어가는 단어를 맞춰주세요.

```go
package main

import "fmt"

type Cart struct {
  productList string
}

func (c            ) AddProduct(product string) {
  if c.productList != "" {
    c.productList += ", "
  }
  c.productList += product
}

func (c            ) Clear() {
  c.productList = ""
}

func (c Cart) GetProductList() string {
  return c.productList
}

func main() {
  c := &Cart{}
  c.AddProduct("apple")
  c.AddProduct("kimchi")

  fmt.Println(c.GetProductList())

  c.Clear()
  c.AddProduct("watermelon")
  fmt.Println(c.GetProductList())
}
```

2 ParkCar() 함수를 메서드로 변경하세요.

```go
package main

import "fmt"

// 주차장
type ParkingLot struct {
  LotSize int            // 총 주차 가능한 자동차 대수
}

func ParkCar(lot *ParkingLot, carSize int) {
  lot.LotSize -= carSize
}

// 여기에 ParkCar() 함수와 같은 동작을 하는 ParkCar() 메서드를 만드세요.


func main() {
  lot := &ParkingLot{ 100 }
  ParkCar(lot, 10)

  lot.ParkCar(10) // 이 라인이 동작하도록 ParkCar() 메서드를 만드세요.
}
```

3 다음은 myString이라는 string의 별칭 타입 메서드를 정의한 예제입니다. 다음 예제의 결과를 맞춰주세요.

```go
package main

import (
  "fmt"
  "strings"
)

type myString string

func (m myString) ToLower() myString  {
  str := strings.ToLower(string(m))
  return myString(str)
}

func (m myString) ToUpper() myString  {
  str := strings.ToUpper(string(m))
  return myString(str)
}

func main() {
  msg := myString("hello Go World")

  msg2 := msg.ToLower()
  fmt.Println(msg2)

  msg3 := msg.ToUpper()
  fmt.Println(msg3)
}
```

4 다음은 택배 프로그램을 설명하고 있습니다. 여기서 설명하는 택배 구조체를 구현하세요.

- 택배회사(Courier) 구조체를 선언하세요.
  - Courier는 string 타입 Name을 필드로 가지고 있습니다.
- 물품(Product) 구조체를 선언하세요.
  - Product는 string 타입 Name과 int 타입 Price, int 타입 ID를 필드로 가지고 있습니다.
- 소포(Parcel) 구조체를 선언하세요.
  - Parcel은 *Product 타입 Pdt, time.Time 타입 ShippedTime, time.Time 타입 DeliveredTime을 가지고 있습니다.
- Courier의 메서드로 SendProduct()를 정의하세요.
  - 리시버 타입은 *Courier입니다.
  - 인수로 *Product 타입을 받습니다.
  - 반환 타입으로 *Parcel을 반환합니다.
  - 메서드가 호출되면 Parcel 객체를 생성하고 ShippedTime을 현재 시간으로 설정합니다. Parcel의 product 변수는 메서드 인수로 들어온 값을 사용합니다.
  - 생성된 Parcel을 반환합니다.
- Parcel의 메서드로 Delivered()를 정의하세요.
  - 리시버 타입은 *Parcel입니다.
  - 인수는 없습니다.
  - 반환값은 *Product입니다.
  - 메서드가 호출되면 리시버의 DeliveredTime을 현재 시각으로 설정합니다.
  - 리서버의 Pdt를 함수 결과로 반환합니다.

  > **Hint** 현재 시각은 time.Now()를 사용합니다.

연습문제

1 정답 *Cart

2 정답
```go
func (lot *ParkingLot) ParkCar(carSize int) {
    lot.LotSize -= carSize
}
```

3 정답
```
hello go world
HELLO GO WORLD
```

4 정답
```go
type Courier struct {
    Name string
}

type Product struct {
    Name  string
    Price int
    ID    int
}

type Parcel struct {
    Pdt           *Product
    ShippedTime   time.Time
    DeliveredTime time.Time
}

func (c *Courier) SendProduct(pdt *Product) *Parcel {
    p := &Parcel{}
    p.Pdt = pdt
    p.ShippedTime = time.Now()
    return p
}

func (p *Parcel) Delivered() *Product {
    p.DeliveredTime = time.Now()
    return p.Pdt
}
```

인터페이스

☐ **학습 목표**	인터페이스 사용법과 의미를 알아보고, 덕 타이핑이란 무엇인지와 장점을 알아봅니다. 또, 인터페이스 변환 방법도 알아봅니다.
☐ **학습 내용**	• 인터페이스 정의 • 인터페이스 사용법 • 덕 타이핑이란 무엇인가 • 인터페이스 변환
☐ **인터페이스 소개**	인터페이스란 구현을 포함하지 않는 메서드 집합입니다. 구체화된 타입이 아닌 인터페이스만 가지고 메서드를 호출할 수 있어 추후 프로그램 요구사항 변경 시 유연하게 대처할 수 있습니다. Go 언어에서는 인터페이스 구현 여부를 그 타입이 인터페이스에 해당하는 메서드를 가지고 있는지로 판단하는 덕 타이핑을 지원합니다.
☐ **효과**	• 인터페이스를 이용해서 객체 간 상호작용을 정의할 수 있습니다. • 덕 타이핑을 사용하면 서비스 사용자 중심의 코딩이 가능합니다. • 인터페이스를 타입 변환해 구체화된 타입으로 변환할 수 있습니다.

18.1 인터페이스

인터페이스interface를 우리말로 '상호작용면'으로 직역할 수 있습니다.[1] 우리말 이름에서 유추할 수 있듯이 인터페이스를 이용하면 메서드 구현을 포함한 구체화된 객체concrete object가 아닌 추상화된 객체로 상호작용할 수 있습니다.

18.1.1 인터페이스 선언

인터페이스 선언은 ❶ type을 쓴 뒤 ❷ 인터페이스명을 쓰고 ❸ interface 키워드를 씁니다. 그

---

1 흔하게 사용하는 영문이다보니, 우리말보다는 음차 그대로 사용합니다. 이 책에서도 음차로 사용하겠습니다.

런 뒤 중괄호 ❹ { } 블록 안에 인터페이스에 포함된 메서드 집합을 써줍니다.

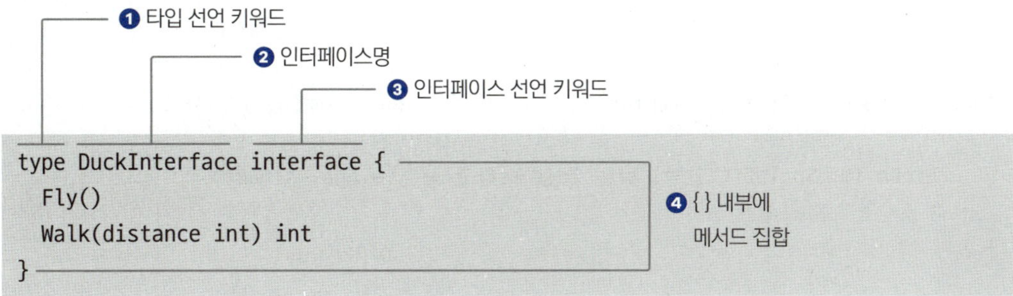

타입 선언에 사용하는 type 키워드가 가장 먼저 나오니 좀 의아할 겁니다. 인터페이스도 구조체처럼 타입 중 하나이기 때문에 type을 써줘야 합니다. 이 말은 인터페이스 변수 선언이 가능하고 변수의 값으로 사용할 수 있다는 뜻입니다. 중괄호 블록 안에 인터페이스에 포함된 메서드 집합을 써줄 때 세 가지 유의 사항이 있습니다.

1 메서드는 반드시 메서드명이 있어야 합니다.

2 매개변수와 반환이 다르더라도 이름이 같은 메서드는 있을 수 없습니다.

3 인터페이스에서는 메서드 구현을 포함하지 않습니다.

```go
type Sample interface {
    String() string
    String(int) string  // ❶ 에러 : String 메서드명이 겹칩니다.
    _(x int)            // ❷ 에러 : 메서드는 반드시 이름이 있어야 합니다.
}
```

Stringer 인터페이스를 선언해서 사용해보겠습니다.

ch18/ex18.1/ex18.1.go

```go
package main
import "fmt"


type Stringer interface {            // ❶ Stringer 인터페이스 선언
    String() string
}


type Student struct {
```

```go
    Name string
    Age     int
}

func (s Student) String() string {      // ❷ Student의 String() 메서드

    return fmt.Sprintf("안녕! 나는 %d살 %s라고 해", s.Age, s.Name)
    // ❸ 문자열 만들기
}

func main() {
    student := Student{ "철수", 12 }    // Student 타입
    var stringer Stringer               // Stringer 타입

    stringer = student                          // ❹ stringer값으로 student 대입

    fmt.Printf("%s\n", stringer.String()) // ❺ stringer의 String() 메서드 호출
}
```

```
안녕! 나는 12살 철수라고 해
```

❶ Stringer[2] 인터페이스를 선언합니다. Stringer 인터페이스는 매개변수 없이 string 타입을 반환하는 String() 메서드를 포함합니다. 이제 매개변수 없이 string 타입을 반환하는 String() 메서드를 포함한 모든 타입은 Stringer 인터페이스로 사용될 수 있습니다.

❷ Student 타입은 String() 메서드를 포함합니다. 그렇기 때문에 Student 타입은 Stringer 인터페이스로 사용될 수 있습니다.

---

2 Go 언어에서는 ~er을 붙여서 인터페이스명을 만드는 것을 권장하고 있습니다. String() 메서드를 가진 인터페이스란 뜻으로 Stringer라고 만들었습니다. Stringer 원뜻과는 관계 없습니다.

❸ fmt 패키지의 Sprintf() 함수를 사용해서 문자열을 만듭니다. Sprintf() 함수는 서식에 따라 문자열을 만들어서 반환하는 함수입니다. Printf() 함수가 서식에 따라 문자열을 터미널에 출력하는 함수라면 Sprintf()는 화면에 출력하는 것이 아닌 string 타입으로 반환한다는 점이 다릅니다.

❹ stringer값으로 Student 타입 변수 student를 대입합니다. stringer는 Stringer 인터페이스이고 Student 타입은 String() 메서드를 포함하고 있기 때문에 stringer값으로 student를 대입할 수 있습니다.

❺ stringer 인터페이스가 가지고 있는 메서드 String()을 호출합니다. stringer값으로 Student 타입 student를 가지고 있기 때문에 student의 메서드 String()이 호출되어서 "안녕! 나는 12살 철수라고 해"가 반환된 것을 알 수 있습니다.

18.2 인터페이스 왜 쓰나?

인터페이스는 객체지향 프로그래밍에서 아주 중요한 역할을 합니다. 인터페이스를 이용하면 구체화된 객체가 아닌 인터페이스만 가지고 메서드를 호출할 수 있기 때문에 큰 코드 수정 없이 필요에 따라 구체화된 객체를 바꿔서 사용할 수 있게 됩니다. 그럼으로써 프로그램의 변경 요청에 유연하게 대처할 수 있게 됐습니다.

예제로 온라인 쇼핑몰 택배 전송 프로그램을 살펴보겠습니다.

우체국, CJ, DHL, Fedex, UPS 등 수많은 택배 회사가 있습니다. 처음에는 Fedex 패키지를 이용하는 택배 전송 프로그램을 만들었습니다. 그런데 우체국 택배가 더 비용이 저렴하고 시간도 단축되는 것을 알게 됐습니다. 그래서 서비스 중에 우체국을 이용하도록 프로그램을 변경하려고 합니다. 그런데 Fedex와 우체국에서 제공하는 각 패키지에서 제공하는 타입이 달라서 기존에 만들었던 모든 코드가 동작하지 않는 문제가 생겼습니다. 이 문제를 알아보고, 인터페이스로 풀어봅시다.

아래는 Fedex에서 제공한 fedex 패키지 코드입니다.

ch18/fedex/fedex.go
```go
// Fedex에서 제공한 패키지입니다.
package fedex
import "fmt"

// Fedex에서 제공한 패키지 내 전송을 담당하는 구조체입니다.
type FedexSender struct {
}

func (f *FedexSender) Send(parcel string) {
  fmt.Printf("Fedex sends %v parcel\n", parcel)
}
```

아래 코드는 fedex 패키지를 이용해서 상품배송을 만든 프로그램 코드입니다.

ch18/ex18.2/ex18.2.go
```go
package main

import "github.com/tuckersGo/musthaveGo2/ch18/fedex"

func SendBook(name string, sender *fedex.FedexSender) {
  sender.Send(name)
}

func main() {
  // Fedex 전송 객체를 만듭니다.
  sender := &fedex.FedexSender{}
  SendBook("어린 왕자", sender)
  SendBook("그리스인 조르바", sender)
}
```

Fedex에서 제공한 fedex 패키지를 사용해서 FedexSender 객체를 만들어서 책을 배송하는 예제입니다. 이것을 우체국에서 제공하는 패키지로 변경해보겠습니다.

아래는 우체국에서 제공한 koreaPost 패키지입니다.

ch18/koreaPost/post.go

```go
// 우체국에서 제공한 패키지입니다.
package koreaPost

import "fmt"

// 우체국에서 제공한 패키지 내 전송을 담당하는 구조체입니다.
type PostSender struct {
}

func (k *PostSender) Send(parcel string) {
  fmt.Printf("우체국에서 택배 %v를 보냅니다.\n", parcel)
}
```

우체국 패키지를 사용하도록 아래와 같이 koreaPost 패키지를 가져와서 프로그램을 수정하면 koreaPost.PostSender와 기존 fedex.FedexSender 타입이 서로 달라서 에러가 발생합니다.

ch18/ex18.3/ex18.3.go

```go
package main

import (
  "github.com/tuckersGo/musthaveGo2/ch18/koreaPost"
  "github.com/tuckersGo/musthaveGo2/ch18/fedex"
)

func SendBook(name string, sender *fedex.FedexSender) {
  sender.Send(name)
}

func main() {
```

```go
  // 우체국 전송 객체를 만듭니다.
  sender := &koreaPost.PostSender{} // ❶ *koreaPost.PostSender 타입
  SendBook("어린 왕자", sender)        // ❷ 타입이 맞지 않습니다.
  SendBook("그리스인 조르바", sender)
}
```

```
.\ex18.3.go:16:11: cannot use sender (type *koreaPost.PostSender) as type
*fedex.FedexSender in argument to SendBook
.\ex18.3.go:17:11: cannot use sender (type *koreaPost.PostSender) as type
*fedex.FedexSender in argument to SendBook
```

❶ sender 변수는 *koreaPost.PostSender 타입입니다.

❷ SendBook() 함수는 *fedex.FedexSender 타입을 두 번째 인수로 받지만 sender는 *koreaPost.PostSender 타입이기 때문에 에러가 발생합니다.

지금은 예제이기 때문에 SendBook() 함수의 인수 타입만 바꾸면 되지만 만약 코딩 전반에 걸쳐서 수정해야 한다면 수정 범위가 넓어지고 버그 발생율도 높아질 겁니다. 또 택배 회사가 바뀔 때마다 코드 전반을 찾아서 수정해야 하는 문제도 있습니다. 인터페이스를 사용해서 이 문제를 해결할 수 있습니다.

```go
                                                    ch18/ex18.4/ex18.4.go
package main

import (
  "github.com/tuckersGo/musthaveGo2/ch18/koreaPost"
  "github.com/tuckersGo/musthaveGo2/ch18/fedex"
)

// ❶ Sender 인터페이스를 만들었습니다.
type Sender interface {
  Send(parcel string)
}

// ❷ Sender 인터페이스를 입력으로 받습니다.
func SendBook(name string, sender Sender) {
  sender.Send(name)
}
```

```go
func main() {
    // ❸ 우체국 전송 객체, Fedex 전송 객체 모두 SendBook 인수로 사용할 수 있습니다.
    // 우체국 전송 객체를 만듭니다.
    koreaPostSender := &koreaPost.PostSender{}
    SendBook("어린 왕자", koreaPostSender)
    SendBook("그리스인 조르바", koreaPostSender)

    // Fedex 전송 객체를 만듭니다.
    fedexSender := &fedex.FedexSender{}
    SendBook("어린 왕자", fedexSender)
    SendBook("그리스인 조르바", fedexSender)
}
```

```
우체국에서 택배 어린 왕자를 보냅니다.
우체국에서 택배 그리스인 조르바를 보냅니다.
Fedex sends 어린 왕자 parcel
Fedex sends 그리스인 조르바 parcel
```

❶ Sender 인터페이스입니다. Sender 인터페이스는 Send() 메서드만 포함합니다. ❷ 이제 SendBook() 함수는 Sender 인터페이스를 입력으로 받습니다. Sender 인터페이스는 Send() 메서드를 포함하고 있기 때문에 SendBook() 함수 내부에서 Send() 메서드를 호출합니다.

❸ *koreaPost.PostSender, *fedex.FedexSender 모두 Send(string) 메서드를 가지고 있어서 Sender 인터페이스로 사용 가능하고, 그래서 SendBook() 함수의 인수로 사용될 수 있습니다. 이제 두 전송 객체를 모두 사용해서 책을 배송할 수 있습니다.

SendBook() 함수 입장에서는 Sender 인수가 Fedex인지, 우체국인지, CJ인지 관심이 없습니다. 또는 택배 회사가 아니라 오토바이퀵이라도 상관없습니다. 어떤 타입이든지 상관없이 Send() 인덱스만 제공하면 모두 OK입니다. 메서드 내부 구현을 알 수도 알 필요도 없습니다. 즉 보낼 수만 있다면 코드를 유연하게 사용할 수 있는 편리함을 인터페이스가 제공합니다. 향후 다른 택배 회사로 변경하더라도 코드 전체를 다시 살펴보고 수정할 필요 없이 해당 구조체 인스턴스로 변경만 해주면 됩니다.

18.2.1 추상화 계층

내부 동작을 감춰서 서비스를 제공하는 쪽과 사용하는 쪽 모두에게 자유를 주는 방식을 추상화abstraction라고 합니다. 인터페이스는 추상화를 제공하는 추상화 계층abstraction layer입니다.

앞서 예제에서 Sender 인터페이스라는 추상화 계층을 만듦으로써 택배 서비스를 사용하는 쪽도 택배 서비스를 제공하는 쪽도 서로 구현에 신경 쓰지 않고 추상화된 관계 중심으로 코딩할 수 있게 됐습니다.

은행 창구에서 통장을 만든다고 가정합시다. 우리는 어떤 절차로 승인을 얻어 어떤 시스템을 사용해 통장이 나오는지 알 수도 없고 알 필요도 없습니다. 그저 통장만 잘 나오면 됩니다.

통장을 만드는 사람은 마음에 드는 은행을 선택한 후 창구에 가서 "통장을 만들고 싶다"고 말하면 됩니다. 은행을 이용하는 사람 입장에서는 어떤 절차에 의해서 통장이 만들어지는지 알 필요가 없고 은행 입장에서는 결과적으로 고객이 원하는 통장만 발급해주면 되니까 언제든지 자유롭게 내부 시스템의 절차를 간소화하거나 효율적으로 변경할 수 있습니다.

이렇게 추상화 계층을 이용해 의존 관계를 끊는 것을 디커플링decoupling이라 말합니다. 의존성은 낮을수록 좋습니다!

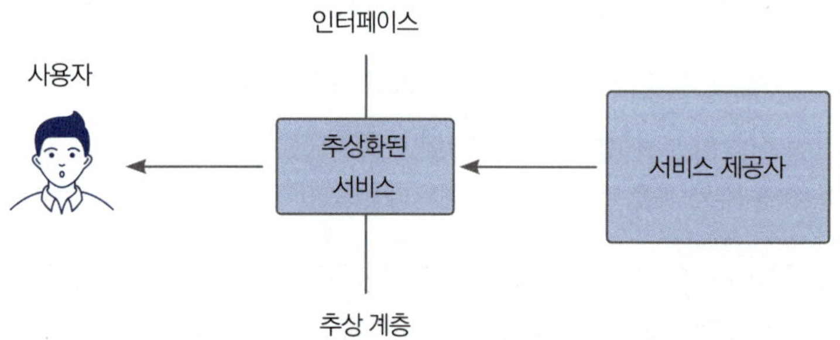

인터페이스를 상호작용면이라고 직역할 수 있다고 언급했습니다. 즉 서비스 제공자와 사용자 간의 추상화된 상호작용을 정의한 게 바로 인터페이스입니다. 은행 통장 개설 사례처럼 추상화 계층을 거치면 내부 구현은 알 수 없고, 오직 인터페이스 즉 메서드 집합만 알 수 있습니다. 이것을 객체 간 관계라고 정의할 수 있습니다. 택배 회사와 택배 이용자는 택배 전송 관계로, 은행과 은행 이용자는 입금과 인출 관계로 상호작용합니다. 은행 이용자는 입금과 인출이 은행 내부에서 어떻게 일어나는지 알 수도 없고 알 필요도 없습니다. 구체화된 타입[3]으로 상호작용하는 게 아니라 관계로 상호작용합니다. 그 관계를 정의한 추상화 계층이 바로 인터페이스입니다.

18.3 덕 타이핑

Go 언어에서는 어떤 타입이 인터페이스를 포함하고 있는지 여부를 결정할 때 덕 타이핑^{duck typing} 방식을 사용합니다. 덕 타이핑 방식이란 타입 선언 시 인터페이스 구현 여부를 명시적으로 나타낼 필요 없이 인터페이스에 정의한 메서드 포함 여부만으로 결정하는 방식입니다.

앞서 ex18.1 예제에서 Stringer 인터페이스를 정의했습니다.

```
type Stringer interface {
    String() string
}
```

Student나 myAge 타입 선언 시 Stringer 인터페이스 포함 여부를 명시적으로 나타내지 않아도 String() 메서드를 포함하고 있는 것만으로 Stringer 인터페이스를 사용할 수 있었습니다.

```
type Student struct {
    ...
}

func (s *Student) String() string {
    ...
}
```

위와 같이 Stringer 인터페이스를 구현한다는 별다른 명시 없이 String() 메서드를 포함한 것만으로 Stringer 인터페이스로 사용될 수 있었습니다. 이런 방식을 덕 타이핑이라고 합니다. 만약 Go 언어에서 덕 타이핑을 지원하지 않았다면 다음과 같이 타입 선언 시 인터페이스 구현 여부를 명시해야 Stringer 인터페이스를 사용할 수 있었을 겁니다.

---

3 concrete type. 모든 메서드가 구현된 타입. 즉 내부 구현이 모두 있는 타입을 말합니다.

```go
// implements와 같은 키워드를 써서 Stringer 구현 여부를 표시해야 했을 겁니다.
type Student struct implements Stringer {
    ...
}
```

덕 타이핑을 지원하지 않는 많은 다른 언어는 위와 같이 인터페이스 구현 여부를 타입 선언 시 명시합니다.

> ### 덕 타이핑 유례
>
> 덕 타이핑이라는 이름은 미국 시인 제임스 윗콤 릴리(James Whitcomb Riley, 1849-1916)가 썼던 다음 글귀에서 유래가 됐습니다.
>
> "만약 어떤 새를 봤는데 그 새가 오리처럼 걷고 오리처럼 날고 오리처럼 소리내면 나는 그 새를 오리라고 부르겠다."
>
> 이 말이 덕 타이핑 동작 원리를 아주 잘 설명합니다. 덕 타이핑이란 특정 타입의 인터페이스 구현 여부를 타입 선언 시 미리 명시하지 않아도 그 타입이 인터페이스에서 정의한 메서드들을 모두 포함하고 있다면 그 인터페이스로 간주하는 방식이기 때문입니다. 자세한 사항은 위키백과에서 "덕 타이핑"을 검색해보세요.

18.3.1 서비스 사용자 중심 코딩

덕 타이핑의 장점은 한 마디로 서비스 사용자 중심의 코딩을 할 수 있다는 점입니다. 앞서 ex18.4 예제에서 Sender 인터페이스를 만들어서 사용했습니다. 중요한 점은 Sender 인터페이스를 서비스 제공자인 Fedex나 우체국에서 제공한 게 아닌, 패키지를 이용하는 쪽에서 만들었다는 점입니다.

덕 타이핑에서는 인터페이스 구현 여부를 타입 선언에서 하는 게 아니라 인터페이스가 사용될 때 해당 타입이 인터페이스에 정의된 메서드를 포함했는지 여부로 결정합니다. 따라서 서비스 제공자가 인터페이스를 정의할 필요 없이 구체화된 객체만 제공하고 서비스 이용자가 필요에 따라 그때그때 인터페이스를 정의해서 사용할 수 있습니다.

예를 들어 보겠습니다.

> 프로그래밍 회사 A, B, C가 있습니다. A 회사는 B 회사가 만든 프로그램을 사용합니다. B 회사는 데이터베이스 관련 프로그램을 제작합니다. 프로그램은 Get(), Set() 두 메서드를 제공합니다. A 회사에서는 B 회사 제품의 성능을 C 회사의 제품과 비교해보고 싶습니다. 그래서 성능을 비교하는 프로그램을 만들었습니다.

```go
func TotalTime(db Database) int {
  db.Get() ──┐      // 성능 측정 예시를 보여주는 예라서
  db.Set() ──┘      // 자세한 내용(연산 내용과 반환값)을 생략합니다.
}


func Compare() {
  BDB := &BDatabse{}      // B 회사의 데이터베이스
  CDB := &CDatabase{}      // C 회사의 데이터베이스

  if TotalTime(BDB) < TotalTime(CDB) {
    fmt.Println("B 회사 제품이 더 빠릅니다.")
  } else {
    fmt.Println("C 회사 제품이 더 빠릅니다.")
  }
}
```

BDatabase 구조체와 CDatabase 구조체가 달라 한 함수의 인수로 쓸 수 없습니다. 그래서 인터페이스를 사용해 두 구조체를 한 함수의 인수로 쓸 수 있도록 만들고자 합니다.

덕 타이핑을 지원하지 않는다면 A 회사는 B 회사에 인터페이스를 만들고 그 타입을 알려달라고 요청한 뒤, B 회사가 만든 인터페이스를 지원하도록 C 회사에 요청해야 합니다. 왜냐하면 덕 타이핑을 제공하지 않는 언어에서는 인터페이스 지원 여부를 사용자가 아닌 대상이 스스로 명시해야 하기 때문입니다. 즉, B 회사와 C 회사가 인터페이스를 명시하고 그 인터페이스를 알려줘야 사용할 수 있습니다.

하지만 덕 타이핑을 사용하면 그럴 필요가 없습니다. 인터페이스 지원 여부를 사용하는 쪽에서 판단하기 때문입니다.

```go
// Get(), Set() 메서드를 가진 어떤 타입도 Database 인터페이스로
// 사용될 수 있습니다.
type Database interface {
  Get()
  Set()
}
```

덕 타이핑을 사용하면 인터페이스 판단을 사용자가 할 수 있어 서비스 사용자 중심의 코딩이 가능합니다. B와 C 회사 입장에서도 고객의 요청에 따라서 이미 구현한 객체를 수정할 필요 없이 고객들이 알아서 인터페이스를 사용할 수 있으니 더 편합니다. 즉 덕 타이핑을 이용해서 서비스 제공자와 사용자 모두 자유롭게 코딩할 수 있게 됩니다(B.5절 '구체화된 객체와 관계하라고?' 참조).

18.4 인터페이스 기능 더 알기

인터페이스의 기본 기능 외 아래 3가지 인터페이스의 다른 기능에 대해서 알아보겠습니다.

- 포함된 인터페이스
- 빈 인터페이스
- 인터페이스 기본값

18.4.1 인터페이스를 포함하는 인터페이스

구조체에서 다른 구조체를 포함된 필드로 가질 수 있듯이 인터페이스도 다른 인터페이스를 포함할 수 있습니다. 이를 포함된 인터페이스라고 부릅니다.

Reader와 Writer 인터페이스를 선언하고 이 둘을 포함한 ReadWriter 인터페이스를 선언하는 예제를 살펴봅시다.

```go
// ❶ Read()와 Close() 메서드를 포함한 Reader 인터페이스
type Reader interface {
    Read() (n int, err error)
    Close() error
}
```

```go
// ❷ Write() 메서드와 Close() 메서드를 포함한 Writer 인터페이스
type Writer interface {
    Write() (n int, err error)
    Close() error
}


// ❸ Reader, Writer 인터페이스의 메서드 집합을 모두 포함한 ReadWriter 인터페이스
// Read(), Write(), Close() 메서드를 가지게 됩니다.
type ReadWriter interface {
    Reader  // Reader의 메서드 집합을 포함합니다.
    Writer  // Writer의 메서드 집합을 포함합니다.
}
```

❸ ReadWriter 인터페이스는 ❶ Reader와 ❷ Writer 인터페이스 메서드 집합을 포함합니다. 원래 인터페이스를 선언할 때 메서드 이름이 겹치면 안 되지만, 이 경우 Close() error가 같은 메서드 형식이므로 합쳐져서 하나의 Close() error 메서드만 ReadWriter 인터페이스에 포함됩니다.

아래와 같은 타입들이 있을 때 어떤 인터페이스로 사용될 수 있는지 살펴보겠습니다.

1 **Read(), Write(), Close() 메서드를 포함한 타입**

   → Reader, Writer, ReadWriter 모두 사용 가능

2 **Read(), Close() 메서드를 포함하는 타입**

   → Reader만 사용 가능

3 **Write(), Close() 메서드를 포함하는 타입**

   → Writer만 사용 가능

4 **Read(), Write() 메서드를 포함한 타입**

   → Close() 메서드가 없기 때문에 Reader, Writer, ReadWriter 모두 사용 불가능

18.4.2 빈 인터페이스 interface{}를 인수로 받기

interface{ }는 메서드를 가지고 있지 않은 빈 인터페이스입니다. 가지고 있어야 할 메서드가 하나도 없기 때문에 모든 타입이 빈 인터페이스로 쓰일 수 있습니다. 빈 인터페이스는 어떤 값이든

받을 수 있는 함수, 메서드, 변숫값을 만들 때 사용합니다.

빈 인터페이스를 사용해 타입에 따라서 다른 결과를 출력하는 예제를 살펴봅시다.

```go
package main

import "fmt"

func PrintVal(v interface{}) {  // ❶ 빈 인터페이스를 인수로 받는 함수
  switch t := v.(type) {
  case int:
    fmt.Printf("v is int %d\n", int(t))
  case float64:
    fmt.Printf("v is float64 %f\n", float64(t))
  case string:
    fmt.Printf("v is string %s\n", string(t))
  default:
    // 그외 타입인 경우 타입과 값을 출력합니다.
    fmt.Printf("Not supported type: %T:%v\n", t, t)
  }
}

type Student struct {
  Age int
}

func main() {
  PrintVal(10)            // int
  PrintVal(3.14)          // float64
  PrintVal("Hello")       // string
  PrintVal(Student{15})   // Student
}
```

`ch18/ex18.5/ex18.5.go`

// ❷ v의 타입에 따라서 다른 로직을 수행합니다.

```
v is int 10
v is float64 3.140000
v is string Hello
Not supported type: main.Student:{15}
```

❶ PrintVal() 함수 인수로 빈 인터페이스인 interface{ }를 인수로 받습니다. 빈 인터페이스이

기 때문에 모든 타입을 인수로 쓸 수 있습니다. ❷ switch 구문으로 타입별로 다른 로직을 수행합니다. int 타입은 %d를, float64 타입은 %f를, string 타입은 %s를 사용해서 값을 출력합니다. 그 외 타입은 타입과 %v를 사용해서 값을 출력했습니다.

18.4.3 인터페이스 기본값 nil

인터페이스 변수의 기본값은 유효하지 않은 메모리 주소를 나타내는 nil입니다.

```go
// ch18/ex18.6/ex18.6.go
package main

type Attacker interface {
  Attack()
}

func main() {
  var att Attacker         // ❶ 기본값은 nil입니다.
  att.Attack()             // ❷ att가 nil이기 때문에 런 타임 에러가 발생합니다.
}
```

```
panic: runtime error: invalid memory address or nil pointer dereference
[signal 0xc0000005 code=0x0 addr=0x0 pc=0x45ac06]

goroutine 1 [running]:
main.main()
        C:/Users/tucker/go/src/musthaveGo2/ch18/ex18.6/ex18.6.go:10
```

❶ 변수 att는 Attacker 인터페이스입니다. att의 초깃값이 없기 때문에 att값은 기본값인 nil이 됩니다. ❷ att.Attack()에서 att값이 유효하지 않은 메모리 주솟값인 nil이기 때문에 실행 중에 에러가 발생합니다. 프로그램 실행 중 발생하는 에러를 런 타임 에러[runtime error]라고 합니다. 그래서 인터페이스를 사용할 때 항상 인터페이스값이 nil이 아닌지 확인해야 합니다.

> **Warning** 인터페이스뿐만 아니라 nil값을 기본으로 갖는 다른 타입 변수 역시 사용하기 전에 값이 nil인지 확인해야 합니다. 기본값을 nil로 갖는 타입은 포인터, 인터페이스, 함수 타입, 슬라이스, 맵, 채널 등이 있습니다.

참고로 nil 때문에 발생한 에러라면 에러 메시지에서 'invalid memory address' 문구를 찾을 수 있을 겁니다. 비정상적인 메모리 주소에 접근하다가 에러가 발생했다는 이야기입니다.

'musthaveGo2/ch18/ex18.6/ex18.6.go:10'는 ex18.6.go 파일의 10번째 줄에서 에러가 발생했음을 알려줍니다.

> ### 컴파일 타임 에러와 런 타임 에러
>
> 에러는 크게 컴파일 타임 에러^{compile time error}와 런 타임 에러로 나눕니다. 컴파일 타임 에러는 코드를 기계어로 전환하여 실행 파일로 만드는 중에 발생한 에러로 주로 문법 오류에서 발생합니다. 런 타임 에러는 실행 도중 예기치 않은 문제로 발생하는 에러로 문법에는 문제가 없으나 앞의 예제와 같이 값이 비정상적인 경우에 발생합니다.

18.5 인터페이스 변환하기

인터페이스 변수를 타입 변환을 통해서 구체화된 다른 타입이나 다른 인터페이스로 변환할 수 있습니다. 이번 절에서는 인터페이스 변환 사용법과 주의점에 대해서 알아보겠습니다.

- 구체화된 다른 타입으로 타입 변환하기
- 다른 인터페이스로 타입 변환하기

18.5.1 구체화된 다른 타입으로 타입 변환하기

인터페이스 변수를 다른 구체화된 타입으로 타입 변환할 수 있습니다. 이 방법은 인터페이스를 본래의 구체화된 타입으로 복원할 때 주로 사용합니다. 사용 방법은 인터페이스 변수 뒤에 점 .을 찍고 소괄호 () 안에 변경하려는 타입을 써주면 됩니다.

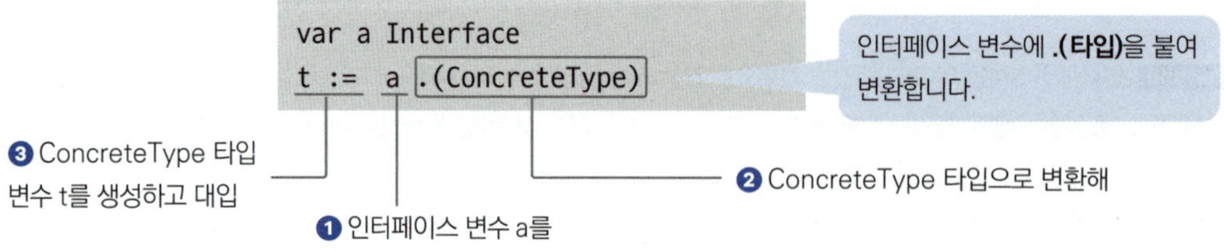

❶ a.(ConcreteType)는 인터페이스 변수 a를 ❷ ConcreteType 타입으로 변경한 다음 그 값을 t에 반환합니다. ❸ 선언대입문을 사용했기 때문에 t의 타입은 ConcreteType 타입이 됩니다. 인터페이스 변환을 사용하는 예제를 살펴보겠습니다.

```go
                                                          ch18/ex18.7/ex18.7.go
package main

import "fmt"

type Stringer interface { // ❶ 인터페이스
    String() string
}

type Student struct {      // ❷ 구조체
    Age int
}

func (s *Student) String() string {  // ❸ Student 타입의 String() 메서드
    return fmt.Sprintf("Student Age:%d", s.Age)
}

func PrintAge(stringer Stringer) { // ❹

    s := stringer.(*Student)        // ❺ *Student 타입으로 타입 변환
    fmt.Printf("Age: %d\n", s.Age) // ❻ s.Age 출력

}

func main() {
    s := &Student{15}  // ❼ *Student 타입 변수 s 선언 및 초기화

    PrintAge(s)         // ❽ 변수 s를 인터페이스 인수로 PrintAge() 함수 호출
}
```
```
Age: 15
```

❶ Stringer 인터페이스는 String() 메서드를 가지고 있습니다.

❷ 구조체 포인터 *Student 타입은 ❸ String() 메서드를 가지고 있습니다. 그래서 PrintAge() 함수의 stringer 인터페이스 인수로 사용할 수 있습니다.

Stringer 인터페이스, Student 구조체, PrintAge() 함수를 그림으로 다음과 같이 그릴 수 있습니다.

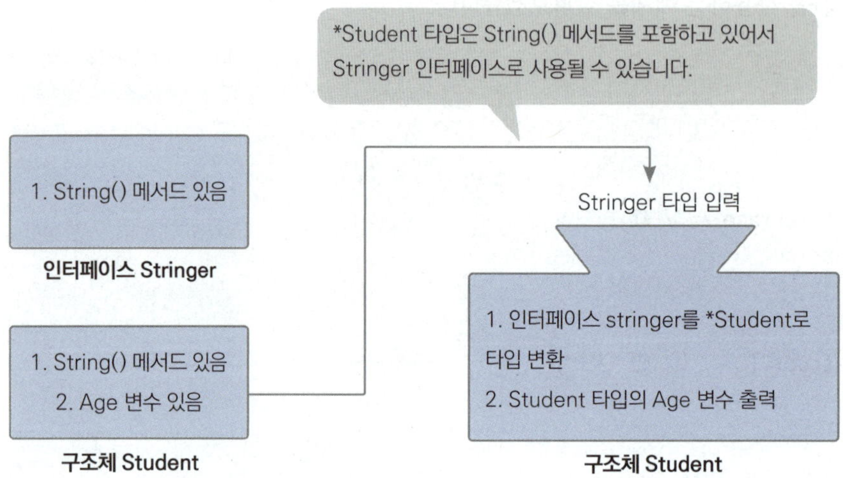

main() 함수의 흐름을 따라가보겠습니다. ❼ *Student 타입 변수 s를 선언하고, s의 Age값을 15로 초기화합니다. ❽ s를 Stringer 인터페이스 인수로 제공해 PrintAge() 함수를 호출합니다. ❹ PrintAge() 함수는 매개변수로 받은 Stringer 인터페이스 변수를 ❺ *Student 타입으로 타입 변환하고, ❻ Age값을 출력하려 듭니다.

Stringer 인터페이스는 String() 메서드만 포함하고 있기 때문에 Stringer 인터페이스 변수로는 Age값에 접근할 수가 없습니다. 그래서 ❺ Age값에 접근하기 위해서 stringer를 *Student 타입으로 타입 변환합니다. stringer 인스턴스 변수 내부에 *Student 타입 인스턴스를 가리키고 있어 *Student 타입으로 에러 없이 변환됩니다.

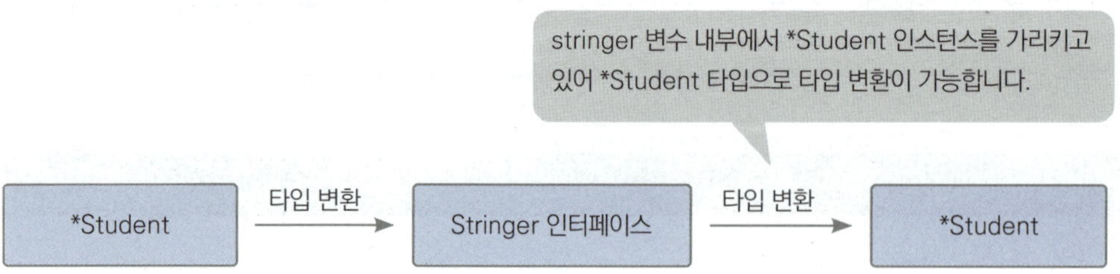

❻ 이제 *Student 타입 s를 사용할 수 있고, 이를 통해 Student 구조체 필드인 Age값에 접근할 수 있습니다.

인터페이스 변수를 구체화된 타입으로 타입 변환하려면 해당 타입이 인터페이스 메서드 집합을
포함하고 있어야 합니다. 그렇지 않을 경우 컴파일 타임 에러가 발생합니다.

구조체 변환으로 컴파일 타임 에러가 발생하는 경우를 확인합시다.

```go
package main

type Stringer interface {
    String() string
}

type Student struct {
}

func main() {
    var stringer Stringer
    stringer.(*Student)          // ❶ 컴파일 타임 에러 발생
}
```

```
go build
./ex18.8.go:13:13: impossible type assertion:
        *Student does not implement Stringer (missing String method)
```

❶ Student 구조체는 String() 메서드를 포함하고 있지 않기 때문에 *Student 타입은 Stringer
인터페이스를 구현하고 있지 않습니다. 그래서 stringer에서 *Student로 타입 변환이 불가능합
니다. Go 컴파일러는 불가능한 타입 변환을 감지하고 go build 명령 실행시 컴파일 타임 에러가
발생해서 실행 파일을 생성하지 않습니다.

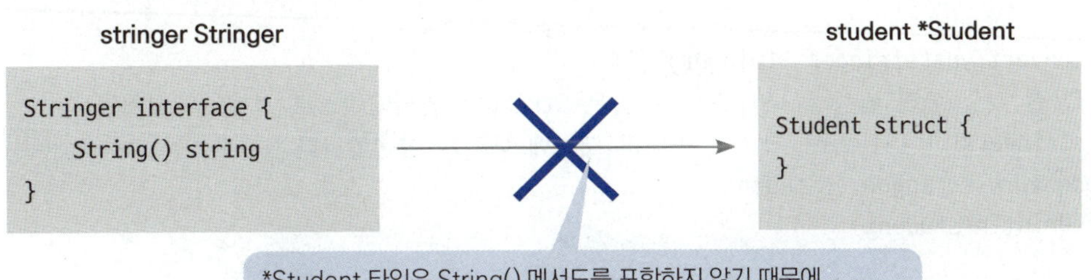

또 변환하려는 타입이 인터페이스를 이미 포함하고 있다고 하더라도 실제 인터페이스 변수가 가리키는 인스턴스가 변환하려는 타입이 아닌 경우에는 컴파일 타임 에러가 아니라 실행 중에 발생하는 에러인 런 타임 에러가 발생합니다. 그래서 go build를 통해 실행 파일은 생성되지만 실행 중 에러가 발생합니다.

구체적으로 타입 변환 시 런 타임 에러가 나는 경우를 확인합시다.

```go
package main

import "fmt"

type Stringer interface {
  String() string
}

type Student struct {
}

func (s *Student) String() string {
    return "Student"
}

type Actor struct {
}

func (a *Actor) String() string {
    return "Actor"
}

func ConvertType(stringer Stringer) {
    // ❷ 런 타임 에러 발생 : *Student 타입은 Stringer 인터페이스로 쓰일 수 있지만
    // stringer값이 *Student 타입이 아니기 때문에 에러가 발생합니다.
    student := stringer.(*Student)
    fmt.Println(student)
}

func main() {
    // ❶ *Actor 구조체 값을 ConvertType() 함수의 인수로 사용합니다.
    actor := &Actor{}
```

ch18/ex18.9/ex18.9.go

```
    ConvertType(actor)
}

panic: interface conversion: main.Stringer is *main.Actor, not *main.Student

goroutine 1 [running]:
main.ConvertType(0x4db220, 0x583a00)
        C:/Users/tucker/go/src/musthaveGo2/ch18/ex18.9/ex18.9.go:27 +0xb3
main.main()
        C:/Users/tucker/go/src/musthaveGo2/ch18/ex18.9/ex18.9.go:34 +0x39
```

이번 예제는 컴파일 타임 에러가 발생하지 않습니다. 문법적인 오류가 없기 때문에 빌드에 성공하고 실행 파일을 생성합니다. 하지만 이 프로그램을 실행하면 런 타임 에러가 발생합니다.

*Student 타입과 *Actor 타입은 모두 String() 메서드를 가지고 있기 때문에 Stringer 인터페이스로 사용할 수 있습니다.

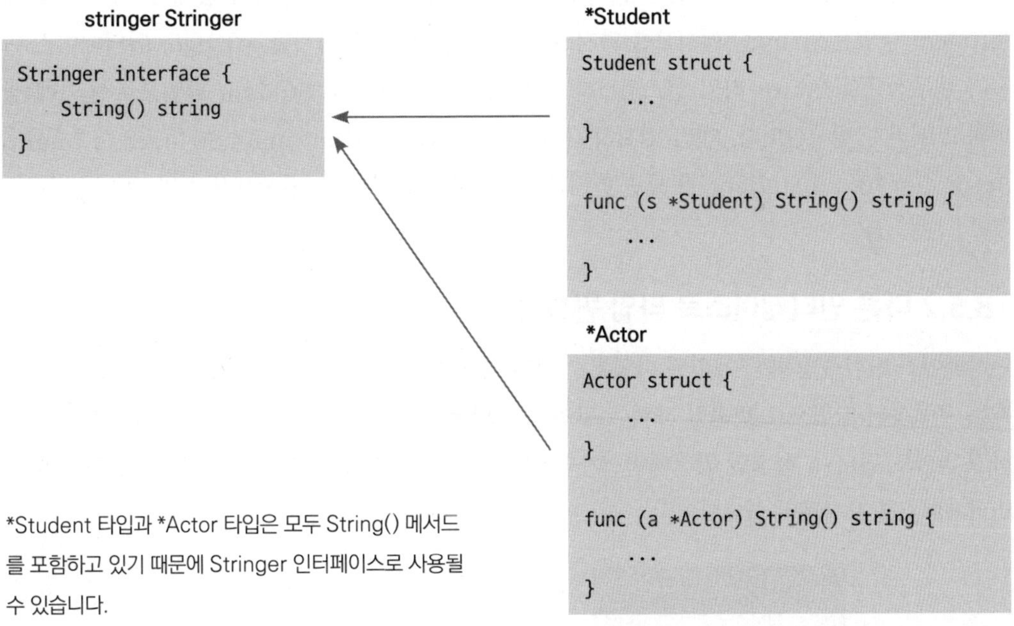

*Student 타입과 *Actor 타입은 모두 String() 메서드를 포함하고 있기 때문에 Stringer 인터페이스로 사용될 수 있습니다.

하지만 ConvertType() 함수 인수인 stringer 인터페이스 변수는 *Actor 타입 인스턴스를 가리키고 있기 때문에 *Student 타입으로 변환을 시도하면 런 타임 에러가 발생합니다.

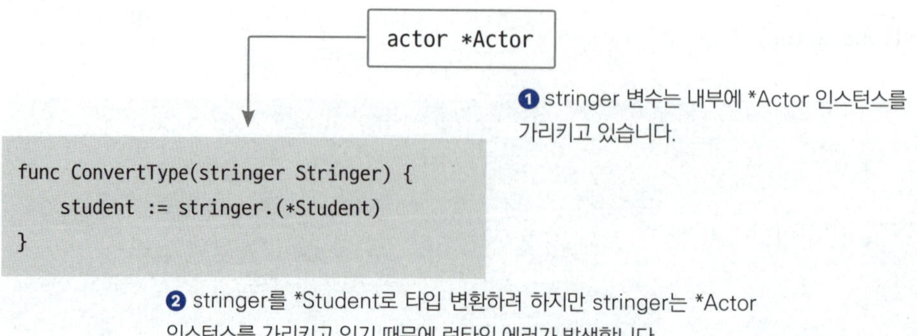

❶ *Actor 타입 인스턴스를 만들어서 ConvertType() 함수 인수로 사용합니다. *Actor 타입이 String() 메서드를 포함하고 있기 때문에 Stringer 인터페이스로 사용할 수 있습니다.

이제 ConvertType() 함수의 stringer 인터페이스는 내부에 actor 인스턴스를 가리키고 있습니다.

❷ student := stringer.(*Student) 구문에서 런 타임 에러가 발생합니다. 문법적으로 볼 때 *Student 타입은 String() 메서드를 가지고 있어서 변환이 가능하지만, stringer 인터페이스 변수가 내부적으로 *Actor 타입 인스턴스를 가리키고 있기 때문에 *Student 타입으로 변환에 실패하고 에러가 발생합니다. 에러 메시지 "interface conversion: main.Stringer is *main.Actor, not *main.Student"를 보면 인터페이스로 변경 시 에러가 발생했음을 알 수 있습니다.

18.5.2 다른 인터페이스로 타입 변환하기

인터페이스 변환을 통해 구체화된 타입뿐 아니라 다른 인터페이스로 타입 변환할 수 있습니다. 이 때는 구체화된 타입으로 변환할 때와는 달리 변경되는 인터페이스가 변경 전 인터페이스를 포함하지 않아도 됩니다. 하지만 인터페이스가 가리키고 있는 실제 인스턴스가 변환하고자 하는 다른 인터페이스를 포함해야 합니다.

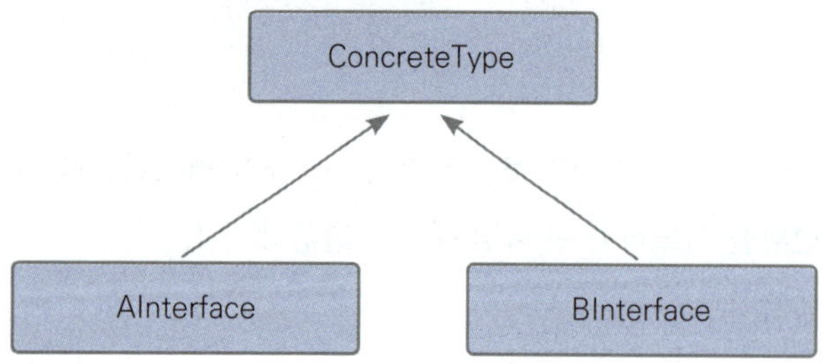

ConcreteType이 AInterface와 BInterface 인터페이스를 모두 포함하고 있는 경우에 다음과
같이 ConcreteType 인스턴스를 가리키고 있는 AInterface 변수 a는 BInterface로 타입 변
환이 가능합니다. 그 이유는 a가 가리키고 있는 ConcreteType 인스턴스는 BInterface도 포함
하고 있기 때문입니다.

```go
var a AInterface = ConcreteType{}
b := a.(BInterface)
```

다른 인터페이스로 타입 변환이 실패하는 경우를 예제로 확인해봅시다.

```go
package main

type Reader interface {
    Read()
}

type Closer interface {
    Close()
}

type File struct {
}

func (f *File) Read() {
}

func ReadFile(reader Reader) {
    // ❷ Reader 인터페이스 변수를 Closer 인터페이스로 타입 변환합니다.
    // 런 타임 에러가 발생합니다.
    c := reader.(Closer)
    c.Close()
}

func main() {
    // ❶ File 포인터 인스턴스를 ReadFile() 함수의 인수로 사용합니다.
    file := &File{}
    ReadFile(file)
}
```

ch18/ex18.10/ex18.10.go

```
panic: interface conversion: *main.File is not main.Closer: missing method Close

goroutine 1 [running]:
main.ReadFile(...)
        C:/Users/tucker/go/src/musthaveGo2/ch18/ex18.10/ex18.10.go:21
main.main()
        C:/Users/tucker/go/src/musthaveGo2/ch18/ex18.10/ex18.10.go:28 +0x45
```

Reader 인터페이스는 Read() 메서드를 가지고 있고, Closer 인터페이스는 Close() 메서드를 가지고 있습니다. ❶ *File값을 ReadFile() 함수 인수로 사용합니다. *File은 Read() 메서드를 포함하고 있기 때문에 Reader 인터페이스로 사용 가능합니다.

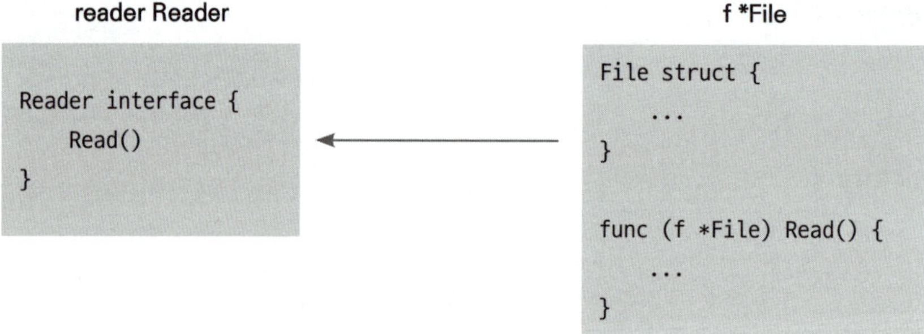

*File 타입은 Read() 메서드를 포함하고 있기 때문에 Reader 인터페이스로 사용될 수 있습니다.

❷ Reader 인터페이스 변수를 Closer 인터페이스로 변경합니다. 이렇게 다른 인터페이스로 타입 변환 시에는 서로 다른 메서드 집합을 가지고 있어도 문법적으로 문제 없습니다.

문제는 reader 인터페이스 변수가 *File 타입을 가리키고 있고 *File 타입은 Close() 메서드를 포함하고 있지 않기 때문에 Closer 인터페이스로 사용할 수 없다는 점입니다.

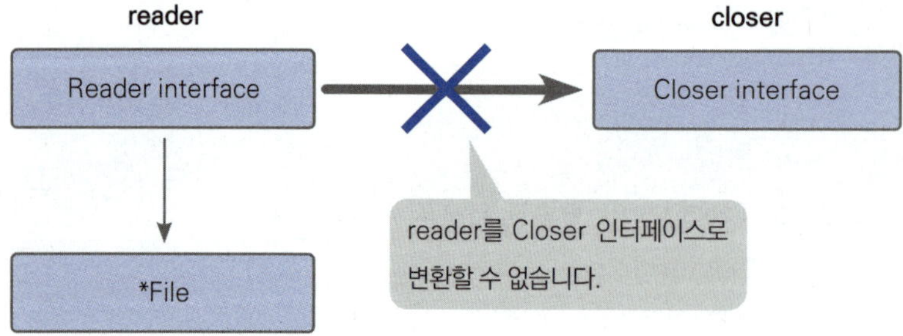

타입 변환에 실패했기 때문에 런 타임 에러가 발생합니다.

간단히 정리하면 타입 변환이 아예 불가능한 타입이라면 컴파일 타임 에러가 발생하고 문법적으로 문제 없지만, 실행 도중 타입 변환에 실패하는 경우에는 런 타임 에러가 발생합니다.

만약 타입 변환 가능 여부를 실행 중에 검사할 수 있다면 런 타임 에러가 발생하지 않도록 할 수 있을 겁니다. 타입 변환 가능 여부를 확인하여 런 타임 에러가 발생하지 않는 타입 변환 방법에 대해서 알아보겠습니다.

18.5.3 타입 변환 성공 여부 반환

방법은 간단합니다. 타입 변환 반환값을 두 개의 변수로 받으면 타입 변환 가능 여부를 두 번째 반환값(불리언 타입)으로 알려줍니다. 이때 타입 변환이 불가능하더라도 두 번째 반환값이 false로 반환될 뿐 런 타임 에러는 발생하지 않습니다.

```
var a Interface
t, ok := a.(ConcreteType)
```

타입 변환한 결과 ──────┘   └────── 변환 성공 여부

형식은 위와 같습니다. 앞서 살펴본 인터페이스 변환과 같지만, 타입 변환 결괏값을 하나가 아니라 두 변수로 받는 점만 다릅니다. 첫 번째 값은 타입 변환한 결과가 반환되고 두 번째 값은 변환 성공 여부가 옵니다. 만약 변환에 실패한 경우 런 타임 에러를 발생하지 않고 첫 번째 값은 ConcreteType의 기본값이 오고 두 번째 성공 여부는 false가 됩니다. 런 타임 에러를 미연에 방지할 수 있기 때문에 인터페이스 변환 시 항상 변환 여부를 확인하시길 추천합니다.

```go
func ReadFile(reader Reader) {
    // 타입 변환 가능 여부를 체크해서 Close() 메서드를 호출합니다.
    c, ok := reader.(Closer)
    if ok {
        c.Close()
    }
}
```

앞서 예제의 ReadFile() 함수를 위와 같이 변경하면 런 타임 에러가 발생하지 않고 안전하게 Closer 인터페이스로 타입 변환할 수 있습니다.

타입 변환 결과를 반환받아서 변환 성공 여부를 검사하는 if문을 살펴봅시다.

```go
c, ok := reader.(Closer)
if ok {
    ...
}
```

아래와 같이 한 줄로 표현할 수 있습니다.

```go
if c, ok := reader.(Closer); ok {
    ...
}
```

많은 프로그래머가 이렇게 한 줄로 줄여서 표현하는 것을 더 선호하니까 잘 알아두세요.

핵심 요약

1 인터페이스는 메서드 집합체입니다.

2 인터페이스에서 정의한 메서드 집합을 가진 모든 타입은 인터페이스로 쓰일 수 있습니다.

3 덕 타이핑이란 인터페이스 구현 여부를 명시적으로 선언하는 게 아닌 인터페이스에서 정의한 메서드 포함 여부로 판단합니다.

4 인터페이스를 사용해 추상화 계층을 만들고 관계를 통한 상호작용을 정의합니다.

5 모든 타입이 빈 인터페이스 변숫값으로 쓰일 수 있습니다.

6 인터페이스 변환을 사용하면 인터페이스 변수를 구체화된 타입이나 다른 인터페이스로 변경할 수 있습니다.

1 다음 예제에서 컴파일 에러가 발생하는 이유를 쓰세요.

```go
package main
type ReadWriter interface {
  Read()
  Write()
}

type File struct {
}

func (f *File) Read() {
}

func ReadWrite(rw ReadWriter) {
  rw.Read()
  rw.Write()
}

func main() {
  f := &File{}
  ReadWrite(f)
}
```

2 다음 패키지의 OurDB 구조체의 모든 공개된 메서드를 이용하는 인터페이스를 만들어보
세요.

```go
package AwesomeDB

type OurDB struct {
  Name string
}

func (db *OurDB) GetData() string {
  ...
}
```

```go
func (db *OurDB) WriteData(data string) {
  ...
}


func (db *OurDB) Close() error {
  ...
}
```

3 어떤 경우에도 런 타임 에러가 발생하지 않도록 CheckAndRun() 함수를 수정하세요.

```go
type Stringer interface {
  String()
}

type Reader interface {
  Read()
}

func CheckAndRun(stringer Stringer) {
  r := stringer.(Reader)
  r.Read()
}
```

1 정답 *File 타입은 Read() 메서드만 가지고 있어 Read()와 Write()가 정의된 ReadWriter 인터페이스로 사용할 수 없어 에러가 발생합니다.

2 정답
```go
type DB interface {
  GetData() string
  WriteData(data string)
  Close() error
}
```

3 정답
```go
func CheckAndRun(stringer Stringer) {
  if r, ok := stringer.(Reader); ok {
    r.Read()
  }
}
```

함수 고급편

☐ 학습 목표	5장 '함수'에서 다 하지 못했던 함수 고급 기능을 살펴봅니다.
☐ 학습 내용	• 가변 인수 함수　　　　　• defer 지연 실행 • 함수 타입 변수　　　　　• 함수 리터럴
☐ 소개	함수는 다양한 기능을 제공합니다. 5장에서 다룬 함수 기본 기능 외 가변 인수 함수, defer 지연 실행, 함수 타입 변수, 함수 리터럴 기능을 알아보겠습니다.
☐ 효과	• 가변 인수 기능을 사용하면 인수 개수를 고정하지 않고 받을 수 있습니다. • 함수 타입은 함수를 값으로 갖는 타입입니다. • defer를 사용하면 함수 종료 전에 반드시 실행해야 하는 코드를 실행할 수 있습니다. • 함수 리터럴을 사용해서 이름 없는 함수를 정의하고 함수 타입 변수에 대입할 수 있습니다.

19.1 가변 인수 함수

fmt 패키지의 Println 함수는 인수 개수가 정해져 있지 않습니다.

```
fmt.Println()                        // 인수가 없을 수도 있고
fmt.Println(1)                       // 인수가 1개일 수도 있고
fmt.Println(1, 2, 3, 4, 5, 6, 7, 8, 9) // 인수가 많을 수도 있습니다.
```

위와 같이 함수 인수 개수가 고정적이지 않은 함수를 가변 인수 함수variadic function라고 합니다. 이와 같은 함수를 어떻게 만들 수 있는지 살펴보겠습니다.

19.1.1 ... 키워드 사용

... 키워드를 사용해서 가변 인수를 처리할 수 있습니다. 인수 타입 앞에 ...를 붙여서 해당 타입 인수를 여러 개 받는 가변 인수임을 표시하면 됩니다. 다음 예제를 보겠습니다.

```go
package main

import "fmt"

func sum(nums ...int) int { // ❶ 가변 인수를 받는 함수
  sum := 0

  fmt.Printf("nums 타입: %T\n", nums) // ❷ nums 타입 출력
  for _, v := range nums {
    sum += v
  }
  return sum
}

func main() {
  fmt.Println(sum(1, 2, 3, 4, 5))     // 인수 5개를 사용합니다.
  fmt.Println(sum(10, 20))            // 인수 2개를 사용합니다.
  fmt.Println(sum())                  // 인수 0개를 사용합니다.
}
```

```
nums 타입: []int
15
nums 타입: []int
30
nums 타입: []int
0
```

정수 여러 개를 받아서 합을 반환하는 함수 예제입니다.

❶ 인수 타입인 int 앞에 ...를 붙여서 가변 인수 타입을 선언합니다. ❷ nums 타입을 출력합니다. sum() 함수 내부에서 nums는 int 슬라이스 타입 [ ]int로 처리됩니다. 즉 가변 인수는 함수 내부에서 해당 타입의 슬라이스로 처리됩니다.

nums는 [ ]int{ 1, 2, 3, 4, 5}와 같습니다.

인수 타입 앞에 점 .을 3개 찍어서 ...으로 가변 인수를 표시하고 함수 내부에서는 슬라이스 타입으로 동작함을 기억하세요.

이미 많이 사용해 눈감고도 코딩할 수 있는 Println() 함수를 잠깐 살펴봅시다.

```go
fmt.Println(2, "hello", 3.14)      // 여러 타입 인수를 섞어쓸 수 있습니다.
```

Println() 함수를 호출하며 여러 타입을 인수로 한꺼번에 섞어 썼군요. 어떻게 여러 타입을 섞어 쓰도록 가변 인수 함수를 구현할 수 있을까요?

비밀은 빈 인터페이스 interface{}에 있습니다. 모든 타입이 빈 인터페이스를 포함하고 있기 때문에 빈 인터페이스 가변 인수 ...interface{} 타입으로 받으면 모든 타입의 가변 인수를 받을 수 있습니다. 그리고 함수 내부에서 인터페이스 변환 기능을 이용해 타입별로 다르게 동작시키는 겁니다.

```go
func Print(args ...interface{}) string { // ❶ 모든 타입을 받는 가변 인수
    for _, arg := range args {            // ❷ 모든 인수 순회
        switch f := arg.(type) {          // ❸ 인수의 타입에 따른 동작
        case bool:
            val := arg.(bool)             // ❹ 인터페이스 변환
            // val값 출력 로직 생략
        case float64:
            val := arg.(float64)
            // val값 출력 로직 생략
        case int:
            val := arg.(int)
            // val값 출력 로직 생략
        // 다른 타입들도 위와 같이 반복
        }
    }
}
```

❶ ...interface{}를 사용해 모든 타입의 가변 인수를 받습니다. ❷ for문에서 range를 사용해 모든 인수를 순회하면서 처리합니다. ❸ switch문을 사용해 타입별로 다른 구문을 실행했습니다. 각 case에서 각기 다른 타입을 처리합니다. ❹ 인터페이스 변환을 사용해 각 타입별로 변환해 처리합니다.

이와 같이 빈 인터페이스, 가변 인수, 인터페이스 변환을 사용해 다양한 타입의 인수를 타입에 맞게 처리할 수 있습니다.

19.2 defer 지연 실행

때론 함수가 종료되기 직전에 실행해야 하는 코드가 있을 수 있습니다. 대표적으로 파일이나 소켓 핸들처럼 OS 내부 자원을 사용하는 경우입니다. 파일을 생성하거나 읽을 때 OS에 파일 핸들을 요청합니다. 그러면 윈도우, 리눅스, 맥 같은 OS는 파일 핸들을 만들어서 프로그램에 알려줍니다. 하지만 이 같은 자원은 OS 내부 자원이기 때문에 반드시 쓰고 나서 OS에 되돌려줘야 합니다. 프로그램에서 OS 내부 자원을 되돌려주지 않으면 내부 자원이 고갈되어 더는 파일을 만들지 못하거나 네트워크 통신을 하지 못할 수 있습니다.[1]

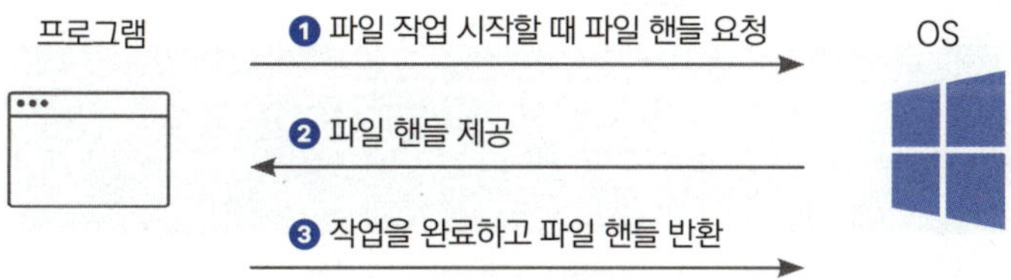

파일 작업 이후 반드시 파일 핸들을 반환해야 하기 때문에 이렇게 잊지 않고 함수 종료 전에 처리해야 하는 코드가 있을 때 defer를 사용해 실행할 수 있습니다. 사용법은 간단합니다.

```
defer  명령문
```

이와 같이 적으면 명령문이 바로 실행되는 게 아닌 해당 함수가 종료되기 직전에 실행되도록 지연됩니다. 명령문은 한 줄의 코드로 일반적으로 함수 호출을 사용합니다. 아래 예제를 통해 알아보겠습니다.

---

[1] 프로그램이 종료되면 자동으로 모든 자원이 반환되지만 실행 중에는 프로그램에서 직접 반환해줘야 합니다.

```go
package main

import (
    "fmt"
    "os"
)

func main() {

    f, err := os.Create("test.txt") // ➊ 파일 생성
    if err != nil {                  // ➋ 에러 확인
        fmt.Println("Failed to create a file")
        return
    }

    defer fmt.Println("반드시 호출됩니다.")      // ➌ 지연 수행될 코드
    defer f.Close()                             // ➍ 지연 수행될 코드
    defer fmt.Println("파일을 닫았습니다.")       // ➎ 지연 수행될 코드

    fmt.Println("파일에 Hello World를 씁니다.")
    fmt.Fprintln(f, "Hello World")              // ➏ 파일에 텍스트를 씁니다.
}
```

```
파일에 Hello World를 씁니다.
파일을 닫았습니다.
반드시 호출됩니다.
```

➊ os 패키지에서 제공하는 Create() 함수를 사용해서 파일을 생성합니다. ➋ Create() 함수가 에러 없이 제대로 실행됐는지 확인합니다. ➌~➎ defer로 함수 종료 전에 반드시 호출되어야 할 코드를 지정합니다. 출력 결과를 봤더니 defer로 지정된 코드가 역순으로 호출었습니다(➌ → ➍ → ➎ 순으로 defer를 지정했지만 호출 순서는 ➎ → ➍ → ➌이 됩니다). 이처럼 defer는 역순으로 호출됨을 기억하세요.

➏ fmt.Fprint() 함수는 첫 번째 인수인 파일 핸들에 텍스트를 쓰는 함수입니다. 정확히는 첫 번째 인수는 파일 핸들이 아니라 io.Writer 인터페이스를 받기 때문에 io.Writer 인터페이스 메서드를 포함한 모든 객체는 Fprint() 함수를 사용할 수 있습니다. 이에 대해서는 A.3절 '입출력 처리'에서 자세히 알아보겠습니다.

19.3 함수 타입 변수

함수 타입 변수란 함수를 값으로 갖는 변수를 의미합니다. 어떻게 함수를 값으로 가질 수 있을까요? 컴퓨터는 0, 1로 나타낼 수 있는 숫자값만 가질 수 있고, 포인터는 숫자로 나타낼 수 있는 메모리 주소를 값으로 가집니다. 그럼 함수를 숫자로 표현하면 되겠군요!

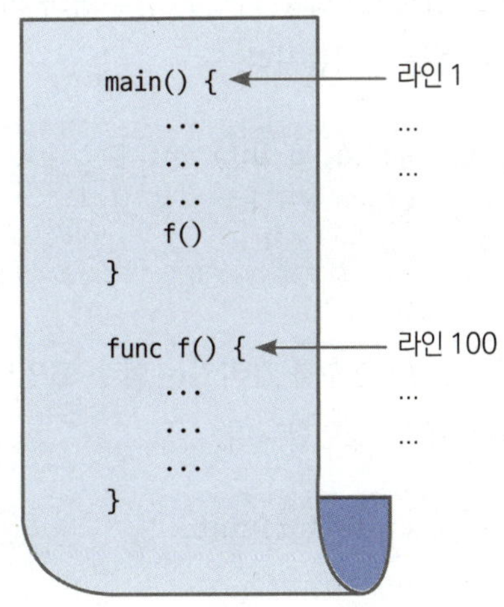

타임머신을 타고 컴퓨터 초창기로 돌아가봅시다. 초창기 프로그램은 천공카드의 연속, 즉 명령어를 적은 긴 종이 다발로 볼 수 있습니다. 이 종이 다발에는 프로그램 코드가 잔뜩 적혀 있고 함수 역시 코드 블록이기 때문에 이 종이 다발에 적혀 있습니다.

1번 라인에서 main() 함수가 시작되고 100번 라인에서 f() 함수가 시작된다고 가정합시다. 컴퓨터 내부(정확히는 CPU 내부)에는 프로그램 카운터program counter가 있습니다. 프로그램 카운터는 다음 실행할 라인을 나타내는 레지스터입니다. 1번 라인 명령을 실행하면 프로그램 카운터는 1이 증가하여 2를 가리키고 다음에 2번 라인을 실행하게 됩니다. 만약 f() 함수가 호출되면 프로그램 카운터는 f() 함수의 시작 포인트 즉, 100번 라인으로 변경되어서 다음 번에 100번 라인부터 명령을 실행하게 됩니다. 이것이 바로 함수 호출 과정입니다.

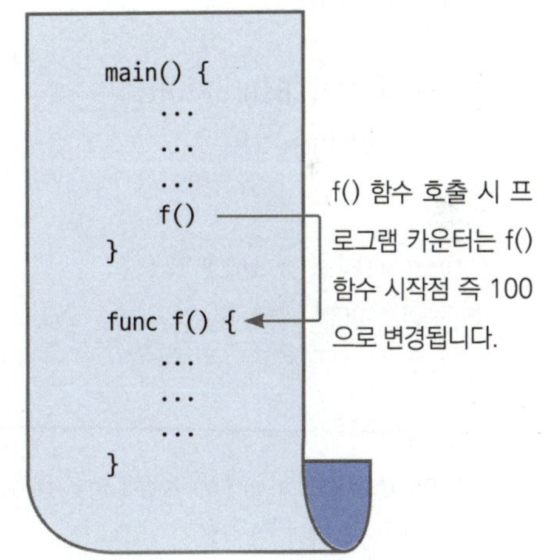

즉 함수 시작 지점 역시 숫자로 표현할 수 있습니다. 이 함수 시작 지점이 바로 함수를 가리키는 값이고, 마치 포인터처럼 함수를 가리킨다고 해서 함수 포인터function pointer라고 부릅니다.

이처럼 함수 역시 숫자로 표현될 수 있어 변수의 값이 될 수 있습니다. 그럼 함수 타입은 어떻게 표시할까요? 함수 타입은 함수명과 함수 코드 블록을 제외한 함수 정의^{function signature}로 표시합니다. 예를 들어봅시다.

```go
func add(a, b int) int {
    return a + b
}
```

위 add() 함수를 가리키는 함수 포인터는 함수명인 add와 코드 블록인 { … } 사이를 제외하고 다음과 같이 표현합니다.

```go
func (int, int) int
```

함수 타입 변수를 활용한 예제를 살펴보겠습니다.

ch19/ex19.3/ex19.3.go

```go
package main

import "fmt"

func add(a, b int) int {
    return a + b
}

func mul(a, b int) int {
    return  a * b
}

func getOperator(op string) func (int, int) int { // ❶ op에 따른 함수 타입 반환
    if op == "+" {
        return add
    } else if op == "*" {
        return mul
    } else { // ❷ +나 *가 아니면 nil 반환
        return nil
    }
}
```

```go
func main() {
    // ❸ int 타입 인수 2개를 받아서 int 타입을 반환하는 함수 타입 변수
    var operator func (int, int) int
    operator = getOperator("*")

    var result = operator(3, 4) // ❹ 함수 타입 변수를 사용해서 함수 호출
    fmt.Println(result)
}
```

❶ 인수로 오는 op값에 따라서 다른 함수를 반환합니다. op가 "+"이면 add() 함수를 반환하고 "*"이면 mul() 함수를 반환합니다.

잠깐 getOperator() 함수 정의를 살펴볼까요?

```go
func getOperator(op string) func (int, int) int
```

반환 타입이 특이하군요! func (int, int) int 부분이 바로 함수 타입 정의입니다. int 타입 인수 2개를 받고 int 타입을 반환하는 함수 타입을 나타냅니다.

❷ op가 "+"나 "*"가 아니면 nil을 반환합니다. 함수 타입 역시 유효하지 않은 메모리 주소를 나타내는 nil을 값으로 가질 수 있습니다(어떤 함수도 가리키지 않음을 나타냅니다). ❸ func (int, int) int 타입 즉 int 인수를 2개를 받고 int를 반환하는 함수 타입 변수 operator를 선언합니다. 초기화를 안 했기 때문에 함수 타입 기본값인 nil을 값으로 가집니다. operator값을 getOperator("*") 호출 결괏값으로 복사합니다. "*"를 입력으로 넣으면 mul() 함수를 반환하기 때문에 operator값은 mul() 함수를 가리키게 됩니다.

❹ 함수 타입 변수 operator에 소괄호로 묶어서 operator가 가리키는 함수를 호출할 수 있습니다. operator가 mul() 함수를 가리키므로 operator(3, 4)는 mul(3, 4)와 같습니다.

> ### 별칭으로 함수 정의 줄여 쓰기
>
> 함수 정의는 일반적으로 깁니다. 따라서 매번 함수 정의를 쓰면 코드 가독성이 떨어집니다. 이럴 때는 별칭 타입을 써서 함수 정의를 짧게 줄일 수 있습니다.
>
> ```go
> type opFunc func (int, int) int
> ```
>
> 위와 같이 func (int, int) int 함수 정의를 opFunc으로 짧게 재정의하면 getOperator() 함수 정의도 짧게 적을 수 있습니다.
>
> ```go
> func getOperator(op string) opFunc
> ```

> ### 함수 정의에서 매개변수명 생략하기
>
> 함수 정의에서 매개변수명은 적어도 되고 적지 않아도 됩니다. 즉,
>
> ```go
> func (int, int) int
> ```
>
> 라고 해도 되고
>
> ```go
> func (a int, b int) int
> ```
>
> 라고 해도 됩니다.

19.4 함수 리터럴

함수 리터럴function literal은 이름 없는 함수로 함수명을 적지 않고 함수 타입 변숫값으로 대입되는 함숫값을 의미합니다. 함수명이 없기 때문에 함수명으로 직접 함수를 호출할 수 없고 함수 타입 변수로만 호출됩니다. 다른 프로그래밍 언어에서는 익명 함수 또는 람다Lambda라고 불리기도 합니다만 이 책에서는 Go 언어에서 부르는 용어인 함수 리터럴이라고 하겠습니다.

함수 리터럴을 사용해서 함수를 호출하는 예제를 만들어봅시다.


```go
package main

import "fmt"

type opFunc func(a, b int) int

func getOperator(op string) opFunc {
    if op == "+" {

        return func(a, b int) int {
        // ❶ 함수 리터럴을 사용해서 더하기 함수를 정의하고 반환
            return a + b
        }
    } else if op == "*" {

        return func(a, b int) int {
        // ❷ 함수 리터럴을 사용해서 곱하기 함수를 정의하고 반환
            return a * b
        }
    } else {
        return nil
    }
}

func main() {
    fn := getOperator("*")

    result := fn(3, 4)  // ❸ 함수 타입 변수를 사용해서 함수 호출
    fmt.Println(result)
}
```

12

❶ 함수명을 적지 않고 함수를 정의한 함수 리터럴을 사용해서 두 int 타입값을 더하는 함수를 정의하고 반환합니다.

❷ 역시 함수 리터럴로 두 int 타입값을 곱하는 함수를 정의하고 반환합니다.

❸ 함수 타입 변수를 이용해서 op값에 알맞게 연산하는 함수를 호출하고 그 결과를 출력합니다.

```go
fn := func(a, b int) int {
    return a + b
}
result := fn(3, 4)
```

함수 리터럴은 위와 같이 호출하거나 아래와 같이 직접 호출할 수 있습니다.

```go
result  := func(a, b int) int {
    return a + b
}(3,4)
```

19.4.1 함수 리터럴 내부 상태

함수 리터럴은 필요한 변수를 내부 상태로 가질 수 있습니다. 함수 리터럴 내부에서 사용되는 외부 변수는 자동으로 함수 내부 상태로 저장됩니다. 예제를 살펴보겠습니다.

```go
                                              ch19/ex19.5/ex19.5.go
package main

import "fmt"

func main() {
    i := 0

    f := func() {
        i += 10        // ❶ i에 10 더하기
    }

    i++

    f()                // ❷ f 함수 타입 변수를 사용해서 함수 리터럴 실행

    fmt.Println(i)
}
```

11

❶ i 변수는 함수 내부에 있지 않는 외부 변수입니다. 함수 리터럴 내부에서 외부 변수인 i에 접근합니다. 이렇게 함수 리터럴 내부에서 외부 변수에 접근할 때 필요한 변수를 내부 상태로 가져와서 접근할 수 있게 합니다. ❷ f 함수 타입 변수를 통해서 함수 리터럴을 실행했습니다. 그러면 i값을 10 증가시킵니다. 앞서 i값을 1 증가시켰기 때문에 i는 11이 됩니다.

Warning i값이 함수 리터럴이 정의되는 시점이 아닌 함수가 호출되는 시점 값으로 사용되는 것을 주의하세요. 함수 리터럴이 정의되는 시점에 i는 0이지만 함수가 호출되는 시점은 i++가 실행된 다음이기 때문에 함수 리터럴 내부의 i는 0이 아니라 1이 됩니다. 함수 리터럴에서 외부 변수를 내부 상태로 가져올 때 값 복사가 아닌 인스턴스 참조로 가져오게 됩니다. 포인터 형태로 가져온다고 보시면 편할 것 같습니다.

19.4.2 함수 리터럴 내부 상태 주의점

함수 리터럴 외부 변수를 내부 상태로 가져오는 것을 캡쳐^{capture}라고 합니다. 캡쳐는 값 복사가 아닌 참조 형태로 가져오게 되니 주의해야 합니다. 캡쳐로 발생할 수 있는 문제를 살펴봅니다.

```go
package main

import "fmt"

func CaptureLoop() {
    f := make([]func(), 3)      // ❶ 함수 리터럴 3개를 가진 슬라이스
    fmt.Println("ValueLoop")
    for i := 0; i < 3; i++ {
        f[i] = func() {
            fmt.Println(i)      // ❷ 캡쳐된 i값 출력
        }
    }

    for i := 0; i < 3; i++ {
        f[i]()
    }
}

func CaptureLoop2() {
    f := make([]func(), 3)
    fmt.Println("ValueLoop2")
    for i := 0; i < 3; i++ {
        v := i                  // ❸ v 변수에 i값 복사
```

```go
        f[i] = func() {
            fmt.Println(v)          // ❹ 캡쳐된 v값 출력
        }
    }

    for i := 0; i < 3; i++ {
        f[i]()
    }
}

func main() {
    CaptureLoop()    // ❺
    CaptureLoop2()   // ❻
}
```

```
CaptureLoop
3
3
3
CaptureLoop2
0
1
2
```

위 예제는 for문 안쪽에서 i 변수를 함수 리터럴 내부 상태로 캡쳐한 다음에 함수 리터럴을 호출해서 출력하는 예제입니다. ❺ CaptureLoop() 함수는 3, 3, 3을, ❻ CaptureLoop2() 함수는 0, 1, 2를 제대로 출력했습니다. CaptureLoop2()가 의도대로 출력된 겁니다. 왜 이런 차이가 발생했는지 살펴보겠습니다.

```go
f := make([]func(), 3)   // ❶ 함수 리터럴 3개를 가진 슬라이스
```

f는 func() 타입 함수 리터럴을 3개 갖는 슬라이스입니다. 함수 리터럴 또한 타입이기 때문에 함수 리터럴을 갖는 슬라이스를 만들 수 있습니다.

```go
for i := 0; i < 3; i++ {
    f[i] = func() {
        fmt.Println(i)              // ❷ 캡쳐된 i값 출력
```

```
    }
}
```

for 루프 안에서 i 변수를 캡쳐한 함수 리터럴을 f 슬라이스 값으로 저장합니다.

```
for i := 0; i < 3; i++ {
    f[i]()
}
```

이렇게 저장된 f 슬라이스 각 항목을 호출해줍니다. 그 결과로 3, 3, 3이 호출됐습니다. 그 이유는 ❷에서 i 변수를 캡쳐할 때 캡쳐하는 순간의 i값이 복사되는 게 아니라 i 변수가 참조로 캡쳐되기 때문입니다. for문이 진행될 때마다 i값이 증가하고 최종적으로 i = 3에서 for문이 종료되기 때문에 함수 리터럴이 호출되는 시점의 캡쳐된 i값은 3이 됩니다.

이 문제를 어떻게 해결할 수 있을까요? 아래와 같이 i값을 저장하는 변수를 새로 만들어서 그 변수를 캡쳐하면 됩니다.

```
for i := 0; i < 3; i++ {
    v := i                   // ❸ v 변수에 i값 복사
    f[i] = func() {
        fmt.Println(v)       // ❹ 캡쳐된 v값 출력
    }
}
```

❸ v 변수를 선언해서 i값을 복사합니다. 함수 리터럴에서 v 변수를 캡쳐합니다. v 변수는 for문 내부에서 선언됐기 때문에 매 루프마다 새로운 v 변수가 생성됩니다. 따라서 f 슬라이스의 각 함수 리터럴 요소는 서로 다른 v 변수를 캡쳐하게 됩니다. 이제 f 슬라이스의 각 함수 리터럴 요소를 호출하면 1, 2, 3이 출력되게 됩니다.

참조로 변수를 가져온다는 게 뭘까요?

변수의 주소를 포인터 값으로 복사한다고 보면 됩니다. 함수 리터럴 외부의 변수 i를 캡쳐할 때 변수 i의 주솟값을 포인터 형태로 함수 리터럴 내부 상태로 가져와 나중에 캡쳐된 내부

상태를 사용할 때 메모리 주솟값을 통해 외부 변수 i에 접근하게 됩니다.

이 점을 염두하지 않으면 예기치 못한 버그가 발생할 수 있습니다. 특히 24장에서 설명할 고루틴에 의해서 함수 리터럴이 여러 고루틴에서 실행될 때 주의해야 합니다.

19.4.3 파일 핸들을 내부 상태로 사용하는 예

함수 리터럴을 이용해서 원하는 함수를 그때그때 정의해서 함수 타입 변숫값으로 사용할 수 있습니다. 또 필요한 외부 변수를 내부 상태로 가져와서 편리하게 사용할 수 있습니다. 파일 핸들을 내부 상태로 가지는 예를 살펴보겠습니다.

ch19/ex19.7/ex19.7.go

```go
package main
import (
    "os"
    "fmt"
)

type Writer func(string)

func writeHello(writer Writer) {    // ❷ writer 함수 타입 변수 호출
    writer("Hello World")
}

func main() {
    f, err := os.Create("test.txt")
    if err != nil {
        fmt.Println("Failed to create a file")
        return
    }
```

```go
    defer f.Close()

    writeHello(func(msg string) {
        fmt.Fprintln(f, msg)        // ❶ 함수 리터럴 외부 변수 f 사용
    })
}
```

❶ 파일에 msg를 쓰는 함수 리터럴을 만들어서 writeHello() 함수의 인수로 사용했습니다.
❷ writeHello() 함수는 ❶에서 만든 함수 리터럴을 "Hello World" 문자열을 인수로 호출했기 때문에 위 예제를 실행하면 test.txt 파일이 생성되고 파일 내용으로 "Hello World"가 저장됩니다.

> ### 의존성 주입
>
> writeHello() 함수 입장에서 생각해보겠습니다. writeHello()는 인수로 Writer 함수 타입을 받습니다. writeHello() 함수 입장에서 보면 인수로 온 writer를 호출했을 때 그게 파일에 씌여질지 네트워크로 전송될지, 프린터로 찍힐지 그게 아니면 아무 상관없는 로직이 수행될지 알 수 없습니다. 이렇게 외부에서 로직을 주입하는 것을 의존성 주입[2]이라고 합니다.

핵심 요약

1 인수 타입 앞에 마침표 3개 ...를 찍어서 가변 인수를 표현합니다.

2 defer를 사용해 함수 종료 전 처리해야 하는 로직을 수행합니다.

3 함수 타입 변수를 통해 함수를 변수의 값으로 저장할 수 있습니다.

4 함수 리터럴을 사용해서 간편하게 내부 상태를 갖는 함수를 정의해서 사용할 수 있습니다.

---

2 dependency injection. 꼭 함수 리터럴로만 할 수 있는 건 아닙니다. 인터페이스를 통해서도 구현할 수 있습니다. 외부에서 로직을 주입하는 형태로 구현된다는 것이 중요합니다.

연습문제

1 다음 공란을 채우세요.

```go
package main
import "fmt"

func sum(nums          int) int {
    result := 0
    for _, v := range nums {
        result += v
    }
    return result
}

func main() {
    fmt.Printf("1부터 5까지 합은 %d입니다.\n", sum(1, 2, 3, 4, 5))
}
```

2 다음 예제의 출력 결과를 쓰세요.

```go
package main
import "fmt"

type OpFunc func(int, int) int

func Process(a, b int, op OpFunc) {
    fmt.Println("Result:", op(a, b))
}

func main() {
    op := func (a, b int) int {
        return a * b
    }
    Process(5, 6, op)
}
```

1 정답 …

해설 점 .을 3개 찍어서 가변 인수를 표시합니다.

2 정답
```
Result: 30
```

해설 함수 리터럴과 함수 타입 변수 사용에 주의하세요.

자료구조

☐ **학습 목표**	이번 장에서는 Go 언어 컨테이너 패키지에서 제공하는 리스트와 링 자료구조를 살펴보고, Go 내장 타입 자료구조인 맵을 알아보겠습니다. 각 자료구조의 특징과 원리도 살펴보겠습니다.
☐ **학습 내용**	• 리스트 • 링 • 맵
☐ **자료구조 소개**	자료구조란 여러 데이터를 저장하는 구조를 말합니다. 앞서 배운 배열, 슬라이스도 자료구조의 일종입니다.
☐ **종류**	• **리스트** : 비연속 메모리를 사용해 요소를 저장합니다. 요소 삽입과 삭제가 배열보다 빠릅니다. • **큐** : FIFO 구조로 먼저 입력한 요소가 먼저 출력됩니다. • **스택** : FILO 구조로 가장 마지막에 입력한 요소가 먼저 출력됩니다. • **링** : 처음과 끝이 연결된 리스트로 크기가 고정된 구조입니다. • **맵** : 키와 값 형태로 자료가 저장되는 자료구조입니다.
☐ **효과**	• 각 데이터에 맞는 자료구조를 사용하면 더 빠른 성능을 가질 수 있습니다.

20.1 리스트

리스트[list]는 기본 자료구조로서 여러 데이터를 보관할 수 있습니다. 배열과 가장 큰 차이점은 배열은 연속된 메모리에 데이터를 저장하는 반면, 리스트는 불연속된 메모리에 데이터를 저장한다는 겁니다.

20.1.1 포인터로 연결된 요소

리스트는 각 데이터를 담고 있는 요소들을 포인터로 연결한 자료구조입니다. 요소들이 포인터로
연결됐다고 해서 링크드 리스트^{linked list}라고 부르기도 합니다. 리스트를 구현하는 구조체 코드를
살펴봅시다.

```go
type Element struct {      // ❶ 구조체
    Value interface{ }     // ❷ 데이터를 저장하는 필드
    Next  *Element         // ❸ 다음 요소의 주소를 저장하는 필드
    Prev  *Element         // ❹ 이전 요소의 주소를 저장하는 필드
}
```

❶ Element는 리스트의 각 요소 데이터를 저장하는 구조체입니다. ❷ Value는 실제 요소
의 데이터를 저장한 필드입니다. interface{ } 타입이므로 어떤 타입값도 저장할 수 있습니다.
❸ Next는 *Element 타입으로 다음 Element 인스턴스의 메모리 주소를 가지고 있습니다.
Next를 사용해 다음 요소 인스턴스로 접근할 수 있습니다. 이것을 포인터를 통해 연결했다고 말
합니다. ❹ 다음 요소뿐 아니라 이전 요소도 Prev 포인터로 가지고 있습니다. 그래서 다음 요소뿐
아니라 이전 요소도 접근할 수 있습니다. 이것을 양방향 리스트라고 합니다.

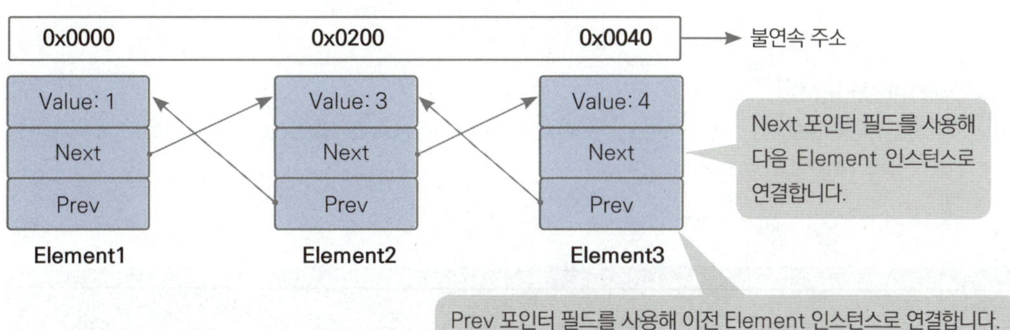

각 Element 주소가 0x000, 0x0200, 0x0040으로 일관성이 없습니다. 이처럼 리스트는 서로
떨어진 Element 인스턴스들이 Next 포인터로 연결된 불연속 자료구조입니다. 반면 배열은 연
속된 메모리를 사용하는 자료구조입니다.

20.1.2 리스트 기본 사용법

list 사용법을 알아보겠습니다.

리스트를 생성하여 값을 추가하고 각 요소를 순회하는 예제를 살펴봅시다.

```go
package main                                          // ch20/ex20.1/ex20.1.go

import (
    "container/list"
    "fmt"
)

func main() {
    v := list.New()                    // ❶ 새로운 리스트 생성
    e4 := v.PushBack(4)                 // ❷ 리스트 뒤에 요소 추가
    e1 := v.PushFront(1)                // ❸ 리스트 앞에 요소 추가
    v.InsertBefore(3, e4)              // ❹ e4 요소 앞에 요소 삽입
    v.InsertAfter(2, e1)              // ❺ e1 요소 뒤에 요소 삽입

    for e := v.Front(); e != nil; e = e.Next() { // ❻ 각 요소 순회
        fmt.Print(e.Value, " ")
    }

    fmt.Println()
    for e := v.Back(); e != nil; e = e.Prev() {  // ❼ 각 요소 역순 순회
        fmt.Print(e.Value, " ")
    }
}
```

```
1 2 3 4
4 3 2 1
```

❶ 새로운 리스트 인스턴스를 만듭니다. 리스트는 list.New() 함수로 새로운 인스턴스를 만들어서 사용해야 합니다. ❷ PushBack() 메서드는 리스트 맨 뒤에 요소를 추가합니다. Value가 4인 새 요소를 추가합니다. 추가된 요소를 나타내는 Element 인스턴스를 e4 변수로 나타냅니다.

❸ PushFront() 메서드는 리스트 맨 앞에 요소를 추가합니다. Value가 4인 e4 요소 앞에 Value가 1인 새 요소를 추가합니다. 역시 추가된 요소를 나타내는 Element 인스턴스를 e1 변

수로 나타냅니다. e1의 Next 포인터는 다음 요소인 e4 인스턴스를 가리키고 e4의 Prev 포인터는 이전 요소인 e1 인스턴스를 가리키게 됩니다.

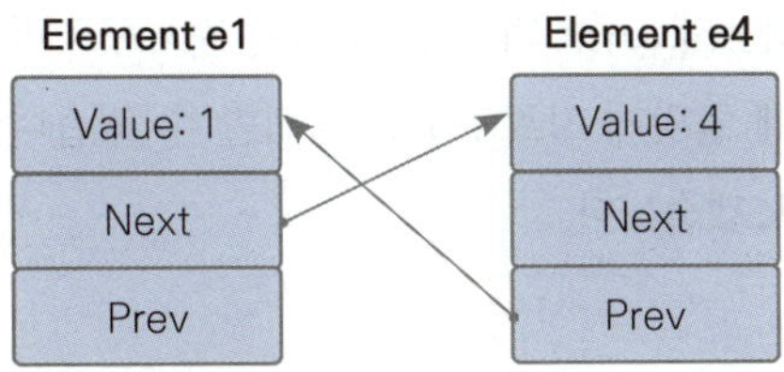

리스트 맨 앞에 추가됩니다.

❹ InsertBefore() 메서드는 두 번째 인수로 입력된 요소 앞에 새 요소를 추가합니다. e4를 인수로 받았으므로 e4 앞에 3이 추가됩니다.

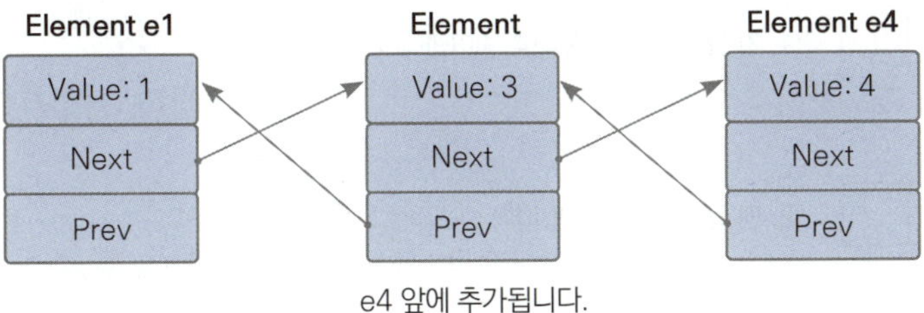

e4 앞에 추가됩니다.

❺ InsertAfter() 메서드는 두 번째 인수로 입력된 요소 뒤에 값을 추가합니다. e1 뒤에 추가됩니다.

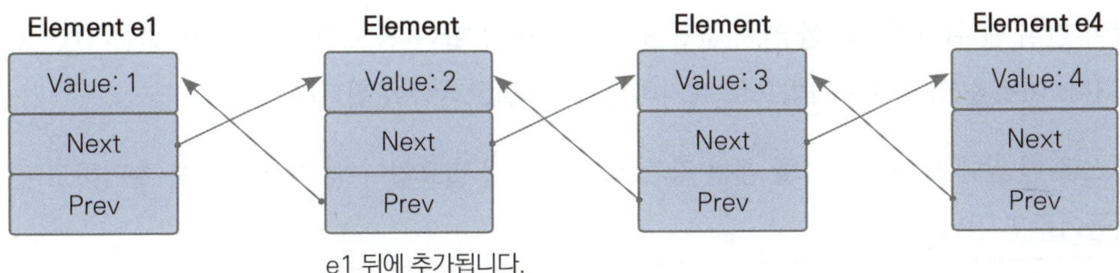

e1 뒤에 추가됩니다.

❻ 각 요소들을 순회합니다. Front() 메서드는 가장 첫 번째 요소를 반환합니다. Element의 Next() 메서드는 현재 요소의 다음 요소를 반환합니다. 만약 다음 요소가 없다면 nil을 반환합니다.

❼ 각 요소들을 역순으로 순회합니다. Back() 메서드는 가장 마지막 요소를 반환합니다. Element의 Prev() 메서드는 현재 요소의 이전 요소를 반환합니다. 만약 이전 요소가 없다면 nil을 반환합니다.

20.1.3 배열 vs 리스트

배열과 리스트는 모두 여러 요소들을 저장할 수 있는 자료구조입니다. 또 이 둘은 스택, 큐, 트리 등 다른 자료구조의 기본적인 형태로 사용되기 때문에 모든 자료구조의 기본이 되는 자료구조라고 볼 수 있습니다. 그래서 둘의 차이점을 이해하면 상황에 알맞게 자료구조를 선택할 수 있습니다. 데이터의 삽입, 삭제, 접근 등에서 어떻게 다른지 살펴보겠습니다.

맨 앞에 데이터 추가하기

배열과 리스트 맨 앞에 요소를 추가할 때 차이를 알아보겠습니다. 먼저 배열의 맨 앞에 값을 추가하는 경우를 살펴보겠습니다.

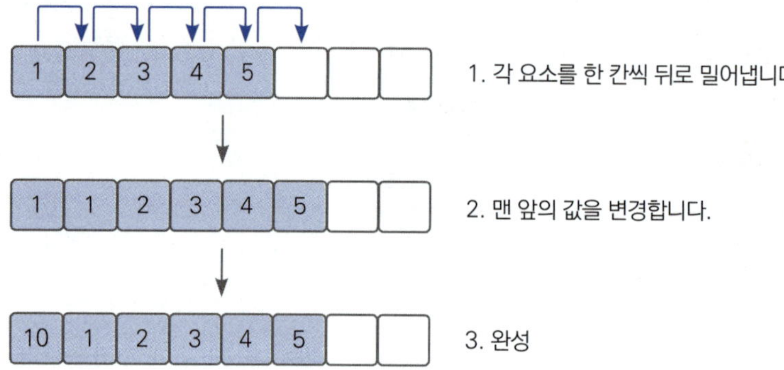

이와 같이 먼저 맨 뒤에서부터 한 칸씩 값들을 뒤로 밀어야 합니다. 그런 뒤 맨 앞의 값을 10으로 변경합니다. 이것을 Big-O 표기법으로 표기하면 $O(N)$ 알고리즘이 됩니다.

반면 리스트 맨 앞에 요소를 추가할 때는 각 요소를 밀어낼 필요없이 맨 앞에 요소를 추가하고 연결만 만들어주면 됩니다.

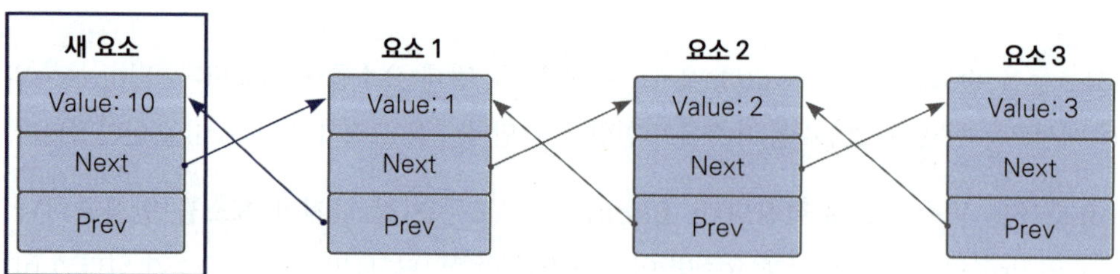

새 요소를 생성해 연결만 해주면 됩니다.

Big-O 표기법

Big-O 표기법은 알고리즘이 걸리는 시간의 최악의 경우를 나타내는 표기법입니다.

N개 요소를 처리하는 알고리즘의 처리 시간이 aN^3+bN^2+c[1]와 같은 방정식으로 표현된다면 상수인 a, b, c를 생략하고 가장 높은 차수인 $O(N^3)$으로 표기합니다.

aN^3+bN^2+c 시간 방정식을 갖는 알고리즘은 시간이 가장 많이 걸리는 최악의 경우에도 $aN^3+bN^2+c \leq dN^3$과 같이 나타낼 수 있습니다. 즉 $O(N^3)$는 최악의 경우 N^3의 실수 배만큼 소요된다는 의미입니다.

배열 맨 앞에 값을 추가할 때는 맨 뒤 요소부터 하나씩 뒤로 밀기 때문에 요소 개수가 많을수록 더 많은 시간이 걸립니다. 그래서 $aN+b$ 관계를 갖습니다. 이런 경우 Big-O 표기법으로는 상수 a, b를 생략해 $O(N)$으로 표기합니다.

이 경우는 Big-O 표기법으로 $O(1)$이라고 표기합니다. $O(1)$은 상수 시간이 걸린다는 의미입니다. 충분히 큰 요소 개수 N에 대해서 $O(1) \leq O(N)$을 보장하기 때문에 배열보다 리스트가 맨 앞에 요소를 추가할 때 더 빠릅니다.

특정 요소에 접근하기

배열과 리스트에서 특정 요소에 접근할 때 차이를 알아보겠습니다. 가령 네 번째 요소에 접근하는 경우 배열에서는 arr[3]라고 접근합니다.

배열에서 인덱스 이동 공식 ➡ 배열 시작 주소 + (인덱스 × 타입 크기)

그러면 컴퓨터는 위 공식에 따라 메모리 위치를 찾아서 요소에 접근합니다. 위 공식은 요소 개수와 상관없이 상수 시간이 걸리기 때문에 Big-O 표기법으로 $O(1)$입니다.

---

[1] 일반적으로 각 요소 개수만큼 이중 for문을 사용하면 N의 제곱 알고리즘이 됩니다. 삼중 for문을 사용하면 N의 세제곱 알고리즘이 됩니다.

그럼 리스트에서는 어떨까요? 리스트에서는 각 요소가 포인터로 연결되어 있기 때문에 앞 요소들을 모두 거쳐야 네 번째 요소에 접근할 수 있습니다.

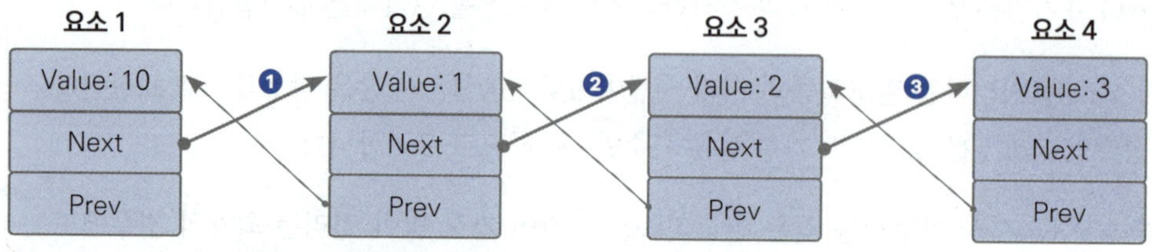

맨앞에서 뒤로 링크를 타고 가야만 특정 요소에 접근할 수 있습니다.

네 번째 요소에 접근하려면 첫 번째부터 링크를 3번 타고 가야만 요소에 접근할 수 있습니다. 특정 요소에 접근하려면 N-1번 링크를 타야 하기 때문에 Big-O 표기법으로 $O(N)$ 만큼 시간이 걸린다고 표현합니다.

배열과 리스트의 각 상황별 Big-O 표기는 아래와 같습니다.

행위	배열, 슬라이스	리스트
요소 삽입	O(N)	O(1)
요소 삭제	O(N)	O(1)
인덱스 요소 접근	O(1)	O(N)

표에서 알 수 있듯이 인덱스를 활용한 접근에서는 배열이, 인덱스를 사용한 접근이 거의 없고 삽입과 삭제가 빈번하게 일어나면 리스트가 더 빠릅니다.

데이터 지역성

데이터 지역성data locality은 데이터가 밀집한 정도를 말합니다. 데이터 로컬리티라고도 합니다. 배열과 리스트를 선택할 때 데이터 지역성을 고려해야 합니다. 컴퓨터는 연산할 때 읽어온 데이터를 캐시라는 임시 저장소에 보관합니다. 이때 정확히 필요한 데이터만 가져오는 게 아니라 그 주변 데이터를 같이 가져옵니다. 그 이유는 보통 연산이 일어난 다음에 높은 확률로 주변 데이터에 대한 연산이 이어지기 때문입니다.

그래서 필요한 데이터가 인접해 있을수록 처리 속도가 빨라지는데, 이를 데이터 지역성이 좋다고 말합니다. 배열은 연속된 메모리로 이뤄진 자료구조이고 리스트는 불연속이기 때문에 배열이 리스트에 비해서 데이터 지역성이 월등하게 좋습니다.

그래서 삽입과 삭제가 빈번하면 리스트가 배열보다 좋다고 말하지만, 요소 수가 적으면 데이터 지역성 때문에 오히려 배열이 리스트보다 더 효율적입니다. 삽입 삭제가 빈번할 때 요소 수에 따른 배열과 리스트 선택은 컴퓨터 성능과 프로그램 성격에 따라 다릅니다. 26장에 설명할 벤치마크를 참조해 성능 체크를 하며 알아나가야 합니다.

20.1.4 실습 : 큐 구현하기

리스트로 큐queue를 만들어보겠습니다. 큐는 먼저 입력된 값이 먼저 출력되는 FIFOfirst in first out 자료구조입니다. 대표적으로 대기열waiting queue이 있습니다. 예를 들어 빨대에 구슬을 넣는다고 합시다. 맨 뒤에 추가하고, 맨 앞에서부터 차례대로 빠져나갈 겁니다.

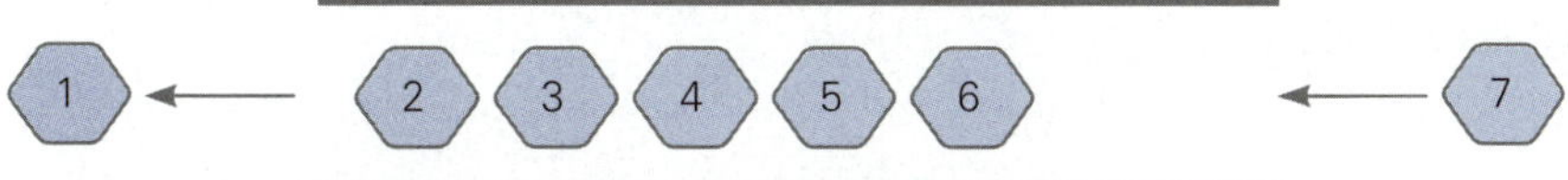

들어간 순서대로 나오는 구조가 큐입니다.

큐는 다음과 같은 특징이 있습니다.

- 들어간 순서 그대로 빠져나오기 때문에 순서가 유지됩니다.
- 새로운 요소는 항상 맨 마지막에 추가됩니다.
- 출력값은 맨 앞에서 하나씩 빼내게 됩니다.

큐는 대기열 작업이나 명령 큐처럼 순서가 유지되어야 하는 경우에 자주 사용됩니다. 큐는 배열과 리스트 중 무엇으로도 만들 수 있습니다. 하지만 출력값이 맨 앞에서 발생하기 때문에 배열로 만들면 요소를 뺄 때마다 $O(N)$ 성능이 필요합니다. 반면 리스트로 만들면 $O(1)$ 성능을 보장하기 때문에 더 빠르게 처리할 수 있어서 리스트가 큐를 만들 때 더 효율적입니다.[2]

---

2 앞서 설명한 데이터 로컬리티로 인해 항상 리스트가 더 효율적인 건 아닙니다만 이 예제에서는 리스트를 이용한 큐를 살펴보겠습니다.

리스트를 이용한 큐를 만들어봅시다.


```go
package main
import (
    "fmt"
    "container/list"
)

type Queue struct {                      // ❶ Queue 구조체 정의
    v *list.List
}

func (q *Queue) Push(val interface{}) { // ❷ 요소 추가
    q.v.PushBack(val)
}

func (q *Queue) Pop() interface{} {      // ❸ 요소를 반환하면서 삭제
    front := q.v.Front()
    if front != nil {
        return q.v.Remove(front)
    }
    return nil
}

func NewQueue() *Queue {
    return &Queue{ list.New() }
}

func main() {
    queue := NewQueue()                  // ❹ 새로운 큐 생성

    for i := 1; i < 5; i++ {             // ❺ 요소 입력
        queue.Push(i)
    }
    v := queue.Pop()
    for v != nil {                       // ❻ 요소 출력
        fmt.Printf("%v -> ", v)
        v = queue.Pop()
    }
}
```

❶ 리스트를 이용한 큐 구조체를 정의합니다. 내부 필드로 리스트를 가지고 있어서 요소를 추가하거나 삭제할 때 리스트를 사용합니다. ❷ Push() 메서드는 요소를 추가합니다. 리스트의 PushBack() 메서드를 이용해서 맨 뒤에 요소를 추가합니다. 빈 인터페이스를 이용하여 모든 타입의 데이터를 저장할 수 있게 했습니다.

❸ Pop() 메서드는 맨 앞의 요소를 반환하고 삭제합니다. 리스트의 Front() 메서드는 맨 앞의 요소 인스턴스를 반환합니다. 만약 이 값이 nil이라면 리스트가 모두 비었다는 뜻입니다. 리스트가 모두 비었으면 nil을 반환하고 그렇지 않다면 리스트의 Remove() 메서드를 호출합니다. Remove() 메서드는 리스트 내에 요소를 삭제하고 그 요소의 값을 반환합니다.

❹ NewQueue() 함수를 이용해서 새로운 큐 인스턴스를 만듭니다. 큐 인스턴스를 만들 때 내부 리스트 필드도 list.New() 함수를 이용해서 같이 초기화합니다. ❺ for문을 이용해서 큐에 요소를 추가합니다. 1부터 4까지 추가됩니다. ❻ 리스트에서 요소를 하나씩 빼내서 출력합니다. 리스트가 비어있지 않다면 Pop() 결과가 nil이 아니기 때문에 리스트가 모두 빌 때까지 반복하게 됩니다.

20.1.5 실습 : 스택 구현하기

스택stack은 큐와 달리 FILOfirst in last out 자료구조입니다. 즉 첫 번째 입력한 요소가 가장 마지막에 출력됩니다. 예를 들면 박스에 책을 하나씩 차곡차곡 쌓으면 맨 마지막으로 넣은 책부터 하나씩 빼게 되는 거랑 같은 이치입니다.

스택은 다음과 같은 특징을 갖습니다.

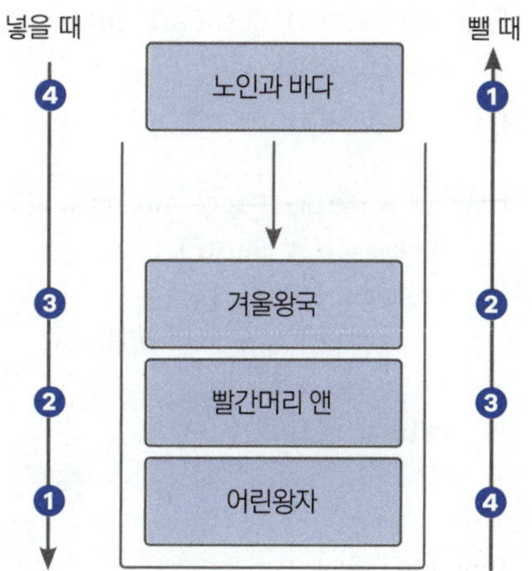

- 가장 최근에 넣은 것부터 역순으로 나오게 됩니다.
- 요소는 맨 뒤로 추가합니다.
- 요소를 뺄 때도 맨 뒤에서 빼냅니다.

스택은 순서가 반대가 되기 때문에 가장 최신 것부터 하나씩 되돌릴 때 주로 사용됩니다. 예를 들어 함수 호출에 스택을 사용합니다. a() -> b() -> c() 순서로 함수를 호출하면, c() 함수가 종료되면 이전 호출된 b() 함수로 돌아가야 합니다. 호출 순서와 역순으로 진행되어야 하기 때문에 스택을 사용합니다.

큐는 새로운 요소를 맨 뒤로 추가하고 요소를 뺄 때는 맨 앞에서 빼는 반면, 스택은 새로운 요소를 맨 뒤로 추가하고 요소를 뺄 때도 맨 뒤에서 빼는 게 다릅니다.

리스트를 이용한 스택을 만들어봅시다.

```go
                                                        ch20/ex20.3/ex20.3.go
package main
import (
    "fmt"
    "container/list"
)

type Stack struct {
    v *list.List
}

func NewStack() *Stack {
    return &Stack{ list.New() }
}

func (s *Stack) Push(val interface{}) {
    s.v.PushBack(val)                   // ❶ 맨 뒤에 요소 추가
}

func (s *Stack) Pop() interface{} {
    back := s.v.Back()                  // ❷ 맨 뒤에서 요소 반환
    if back != nil {
        return s.v.Remove(back)
    }
    return nil
}

func main() {
    stack := NewStack()
```

```go
for i := 1; i < 5; i++ {
    stack.Push(i)
}


val := stack.Pop()
for val != nil {
    fmt.Printf("%v -> ", val)
    val = stack.Pop()
}
}
```

```
4 -> 3 -> 2 -> 1 ->
```

스택은 큐와 구현이 흡사합니다. 다른 점은 Pop() 메서드에서 맨 앞에서 요소를 가져오는 게 아니라 맨 뒤에서 요소를 가져옵니다. ❶ 새로운 요소를 추가하는 Push() 메서드는 큐와 마찬가지로 PushBack() 메서드를 사용해서 맨 뒤에 요소를 추가합니다. ❷ 요소를 반환하는 Pop() 메서드는 맨 앞에서 가져오는 큐와 달리 Back() 메서드를 사용해서 맨 뒤에서 요소를 반환하게 됩니다.

스택 구현 방법 역시 배열과 리스트를 모두 이용할 수도 있습니다. 스택은 요소의 추가와 삭제가 항상 맨 뒤에서 발생하기 때문에 배열로 만들어도 성능에 손해가 없습니다. 그래서 보통 큐는 리스트로, 스택은 배열로 구현합니다.

20.2 링

링^{ring}은 맨 뒤의 요소과 맨 앞의 요소가 서로 연결된 자료구조입니다. 리스트를 기반으로 만들어진 자료구조로, 원형으로 연결되어 있기 때문에 환형 리스트라고 부릅니다. 그래서 링 자료구조에서는 시작도 없고 끝도 없습니다. 다만 현재 위치가 있을 뿐입니다.

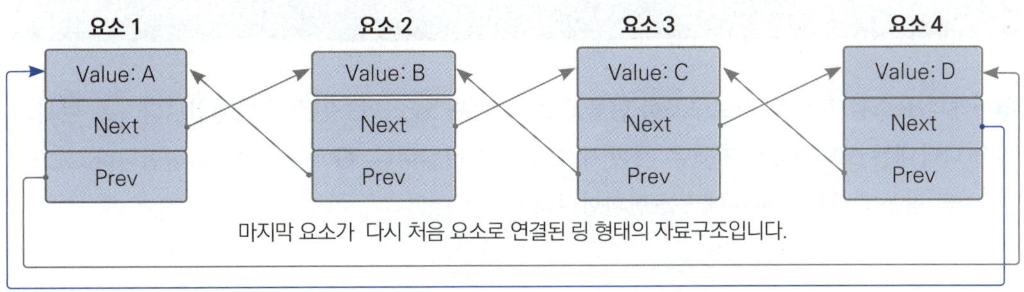

링 자료구조를 사용해서 값을 저장하고 출력하는 예제를 살펴봅시다.

```go
package main                                          ch20/ex20.4/ex20.4.go

import (
    "container/ring"
    "fmt"
)

func main() {
    r := ring.New(5)              // ❶ 요소가 5개인 링 생성

    n := r.Len()                  // ❷ 링 길이 반환

    for i := 0; i < n; i++ {
        r.Value = 'A' + i         // ❸ 순회하면 모든 요소에 값 대입
        r = r.Next()
    }

    for j := 0; j < n; j++ {
        fmt.Printf("%c ", r.Value)  // ❹ 순회하며 값 출력
        r = r.Next()
    }

    fmt.Println() // 한 줄 띄우기

    for j := 0; j < n; j++ {
        fmt.Printf("%c ", r.Value)  // ❺ 역순하며 값 출력
        r = r.Prev()
    }
}
```

```
A B C D E
A E D C B
```

❶ 5개의 요소를 가진 링 자료구조를 만들고 그 첫 번째 요소 인스턴스를 반환합니다. r은 현재 위치를 나타내는 포인터로서 지금은 첫 번째 요소를 가리킵니다. ❷ 링 길이를 반환합니다. 요소가 5개짜리 링을 만들었기 때문에 5를 반환합니다.

❸ 각 요솟값을 알파벳 A부터 E까지 설정합니다. 링의 Next() 메서드는 다음 요소 인스턴스를 반환합니다. 전체 요소 개수가 5이고 5번 이동하기 때문에 각 요소를 순회하고 현재 위치 r은 다시 첫 번째 요소로 돌아옵니다.

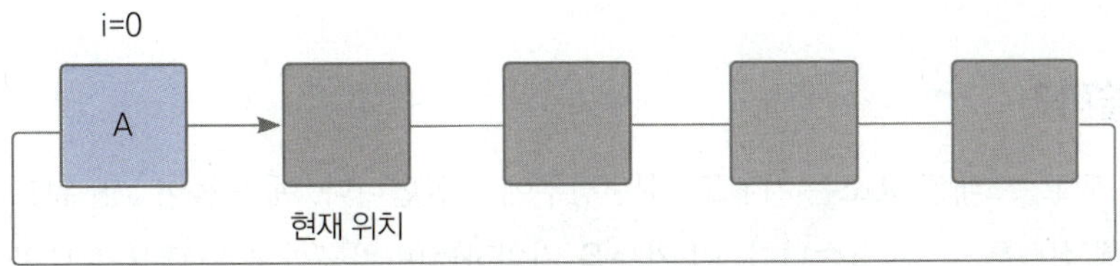

첫 번째 요솟값을 'A'로 설정하고 다음 요소로 현재 위치 변경

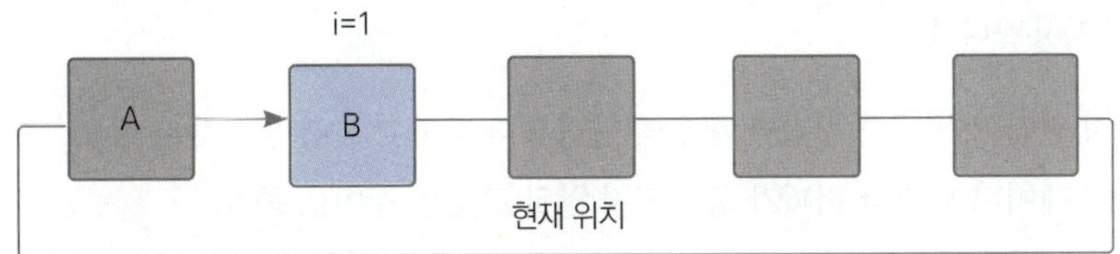

두 번째 요솟값을 'B'로 설정하고 다음 요소로 현재 위치 변경

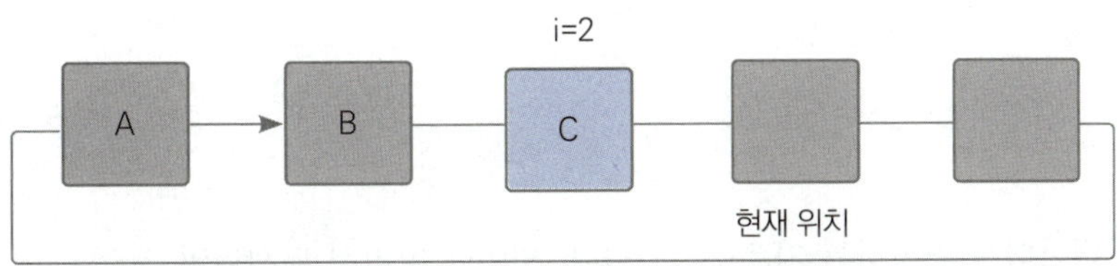

세 번째 요솟값을 'C'로 설정하고 다음 요소로 현재 위치 변경

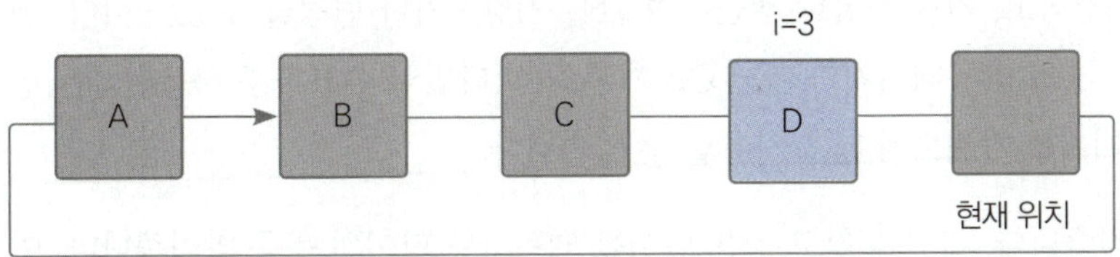

네 번째 요솟값을 'D'로 설정하고 다음 요소로 현재 위치 변경

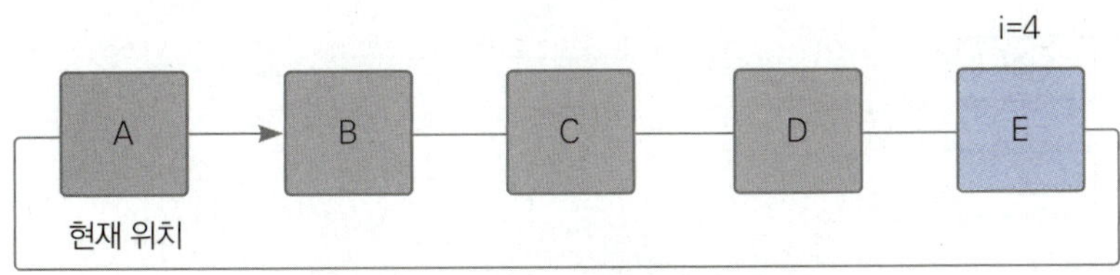

다섯 번째 요솟값을 'E'로 설정하고 다음 요소로 현재 위치 변경

현재 위치는 한바퀴 돌아서 다시 'A' 요소를 가리킵니다.

❹ 각 요소를 돌면서 값을 출력합니다. 역시 현재 위치 r은 한 바퀴 돌아서 다시 첫 요소로 돌아옵니다. ❺ 이번에는 이전 요소들을 돌면서 값을 출력합니다. 현재 위치가 A이므로 A부터 출력하고 그 이전 요소인 E, D, C, B 순서로 출력됩니다.

20.2.1 링은 언제 쓸까?

링은 저장할 개수가 고정되고, 오래된 요소는 지워도 되는 경우에 적합합니다. 예를 들어 MS 워드는 Ctrl+Z 를 눌러서 실행 취소를 할 수 있습니다. 이 기능을 지원하려면 지금까지 쓴 내용을 보관하고 있어야 합니다(워드가 무한정 실행 취소를 지원하는 건 아닙니다).

링은 다음과 같은 경우에 사용됩니다.

1 실행 취소 기능 : 문서 편집기 등에서 일정한 개수의 명령을 저장하고 실행 취소하는 경우
2 고정 크기 버퍼 기능 : 데이터에 따라 버퍼가 증가되지 않고 고정된 길이로 쓸 때
3 리플레이 기능 : 게임 등에서 최근 플레이 10초를 다시 리플레이할 때와 같이 고정된 길이의 리플레이 기능을 제공할 때

20.3 맵

맵map은 키와 값 형태로 데이터를 저장하는 자료구조입니다. 언어에 따라서 딕셔너리dictionary, 해시테이블hash table, 해시맵hash map 등으로 부릅니다. Go 언어에서는 맵이라고 부릅니다. 맵은 키와 값의 쌍으로 데이터를 저장하고, 키를 사용해 접근하여 값을 저장하거나 변경할 수 있습니다. 맵은 리스트나 링과 달리 container 패키지가 아닌 Go 기본 내장 타입입니다(자주 사용된다는 방증이죠). 그래서 다른 패키지를 가져오지 않고 사용할 수 있습니다.

예를 들어 맵은 사전과 같습니다. 사전에 찾고 싶은 단어를 입력하면 단어의 뜻을 알려줍니다. 여기서 단어를 키, 단어의 의미를 값으로 볼 수 있습니다.

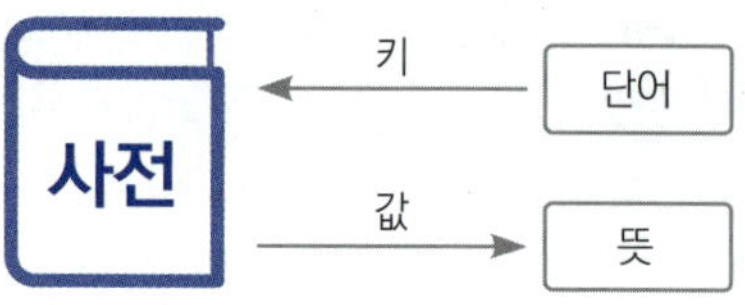

그럼 맵의 사용법을 코드로 알아보겠습니다.

```go
package main                                        // ch20/ex20.5/ex20.5.go
import "fmt"

func main() {
    m := make(map[string]string)           // ❶ 맵 생성
    m["이화랑"] = "서울시 광진구"
    m["송하나"] = "서울시 강남구"
    m["백두산"] = "부산시 사하구"           // ❷ 키와 값 추가
    m["최번개"] = "전주시 덕진구"

    m["최번개"] = "청주시 상당구"           // ❸ 값 변경

    fmt.Printf("송하나의 주소는 %s입니다.\n", m["송하나"])
    fmt.Printf("백두산의 주소는 %s입니다.\n", m["백두산"])  // ❹ 값 출력
}
```

```
송하나의 주소는 서울시 강남구입니다.
백두산의 주소는 부산시 사하구입니다.
```

맵을 사용해 이름으로 주소를 찾는 예제입니다.

❶ make() 함수로 맵을 만듭니다. 인수로 map[string]string을 주었습니다.

```
map[key]value
```
키 타입 ──┘   └── 값 타입

map[ ] 안에 사용한 string은 키 타입입니다. 맨 뒤에 있는 string은 값 타입입니다. 이름으로 주소를 찾으므로 둘 다 문자열로 지정했습니다.

❷ 맵에 키와 값을 추가합니다. 좌항 [ ] 안에 키 값을 넣고, 우항에 값을 지정합니다. ❸ 값을 변경하는 방법은 값을 추가할 때와 같습니다. 키에 해당하는 요소가 없으면 추가되고 이미 요소가 있으면 값이 변경됩니다. ❹ 맵에서 키에 해당하는 값을 읽어올 때 역시 [ ] 안에 키 값을 넣으면 됩니다.

이번에는 맵을 순회하는 예제를 살펴보겠습니다.

```go
package main
import "fmt"

type Product struct {
    Name string
    Price  int
}

func main() {
    m := make(map[int]Product)    // ❶ 맵 생성

    m[16] = Product{ "볼펜", 500 }
    m[46] = Product{ "지우개", 200 }
    m[78] = Product{ "자", 1000 }           // ❷ 요소 추가
    m[345] = Product{ "샤프", 3000 }
    m[897] = Product{ "샤프심", 500 }


    for k, v := range m {     // ❸ 맵 순회
        fmt.Println(k, v)
    }
}
```

```
345 {샤프 3000}        ❹ 정렬되지 않은 값이 출력됩니다.
897 {샤프심 500}
16 {볼펜 500}
46 {지우개 200}
78 {자 1000}
```

❶ int 타입을 키로 Product 타입을 값으로 갖는 맵을 만듭니다. 이처럼 키와 값 타입으로 어떤 타입도 사용할 수 있습니다. ❷ 맵에 요소를 추가합니다. ❸ range 키워드를 사용해 맵을 순회합니다. range 키워드로 순회하면 첫 번째 값으로 키가, 두 번째 값으로 값이 반환됩니다(참고로 배열이나 슬라이스에서는 첫 번째 값으로 인덱스, 두 번째 값으로 값이 반환됩니다).

```
키 ──────┐  ┌────── 값

for k, v := range m {
        fmt.Println(k, v)
}
```

❹ 출력 결과를 보면 순서가 입력한 순서와도 다르네요. 그렇다고 키 값으로 정렬되지도 않았습니다. 맵은 내부에서 요소를 보관할 때 입력한 순서와도 키 값과도 상관 없이 데이터를 보관합니다 (원리는 20.4절 '깊이보기 맵의 원리'에서 살펴보세요).

20.3.1 요소 삭제와 없는 요소 확인

delete() 함수로 요소를 삭제합니다. 맵 변수와 삭제할 키 값을 차례로 넣으면 해당 요소를 맵에서 삭제합니다. 요소를 조회할 때 키에 알맞는 요소가 없으면 값 타입의 기본값을 반환합니다(타입별 기본값은 2.4절 표 '타입별 기본값' 참조).

```
delete(m, key)
```
맵 변수 ┘   └ 삭제 키

요소를 삭제하고 출력하는 예제를 살펴봅시다.

ch20/ex20.7/ex20.7.go

```go
package main
import "fmt"

func main() {
    m := make(map[int]int)        // ❶ 맵 생성
    m[1] = 0                      // ❷ 요소 추가
    m[2] = 2
    m[3] = 3

    delete(m, 3)                  // ❸ 요소 삭제
    delete(m, 4)                  // ❹ 없는 요소 삭제 시도
    fmt.Println(m[3])             // ❺ 삭제된 요솟값 출력
    fmt.Println(m[1])             // ❻ 존재하는 요솟값 출력
}
```
```
0
0
```

❶ 키와 값 모두가 int 타입인 맵을 생성합니다. ❷ 맵에 요소를 추가합니다. m[1]에 값으로 0을 추가했습니다. 주목해서 봐주세요. ❸ 키가 3인 m[3]을 삭제합니다. ❹ 존재하지 않는 m[4]에

접근했습니다. 이럴 때는 아무런 동작도 하지 않습니다. ❺ 이미 삭제된 m[3]을 출력합니다. 값이 int 타입이라서 int 타입 기본값인 0을 출력합니다. ❻ m[1]을 출력합니다. 값이 0이므로 0을 출력합니다.

값이 0일 때와 아예 요소가 없을 때 둘 다 0이 출력됩니다. 어떻게 이 둘을 구분할 수 있을까요? 해답은 복수 반환에 있습니다. 맵은 반환값을 하나 혹은 둘로 받을 수 있습니다. 반환값을 하나만 받으면 값을 반환하고, 둘로 받으면 값뿐 아니라 요소가 존재하는지 알려주는 불리언도 반환합니다. 반환값을 두 개 받아 불리언을 확인하면 요소가 존재하는지 여부를 알 수 있습니다.

```
v, ok := m[3]
```

값 ──── └── 존재 여부

20.3.2 맵, 배열, 리스트 속도 비교

맵은 속도가 매우 빠릅니다. 삭제, 추가, 읽기에서 요소 개수와 상관없이 속도가 일정합니다. 반면 배열은 추가, 삭제에서 요소 개수가 많아질수록 오래 걸리고, 리스트는 요소 읽기에서 요소 개수가 많아질수록 오래 걸립니다. 하지만 맵은 키와 값의 쌍으로만 동작하기 때문에 인덱스를 사용해서 접근할 수 없고 입력한 순서가 보장되지 않습니다. 또 배열과 리스트에 비해 상대적으로 메모리를 많이 차지합니다.

아래 표는 배열, 리스트, 맵의 속도를 Big-O 표기법으로 표시한 결과입니다.

	배열, 슬라이스	리스트	맵
추가	O(N)	O(1)	O(1)
삭제	O(N)	O(1)	O(1)
읽기	O(1) – 인덱스로 접근	O(N) – 인덱스로 접근	O(1) – 키로 접근

어떤 자료구조가 어떤 동작에서 더 빠른지를 알면 더 효과적으로 프로그램을 작성할 수 있습니다. 단순히 외우면 까먹습니다. 원리를 알면 외우지 않아도 됩니다. 그런 의미에서 맵이 왜 추가, 삭제, 읽기에서 빠른 속도를 자랑하는지 원리를 살펴보겠습니다.

 # 20.4 맵의 원리

맵을 이해하려면 먼저 해시 함수^{hash function}의 동작을 이해해야 합니다. 맵[3]을 다른 말로 해시맵 또는 해시테이블이라고 부를 만큼 맵과 해시는 뗄레야 뗄 수 없습니다.

20.4.1 해시 함수

해시^{hash}란 잘게 부순다는 뜻입니다. 감자를 잘게 부셔서 튀긴 음식인 해시브라운을 연상하면 쉽습니다. 다음과 같은 3가지 특징을 만족해야 해시 함수라 부를 수 있습니다.

1 같은 입력이 들어오면 같은 결과가 나온다.

2 다른 입력이 들어오면 되도록 다른 결과가 나온다.

3 입력값의 범위는 무한대이고 결과는 특정 범위를 갖는다.

예를 들어 삼각함수는 해시 함수 조건을 만족합니다.

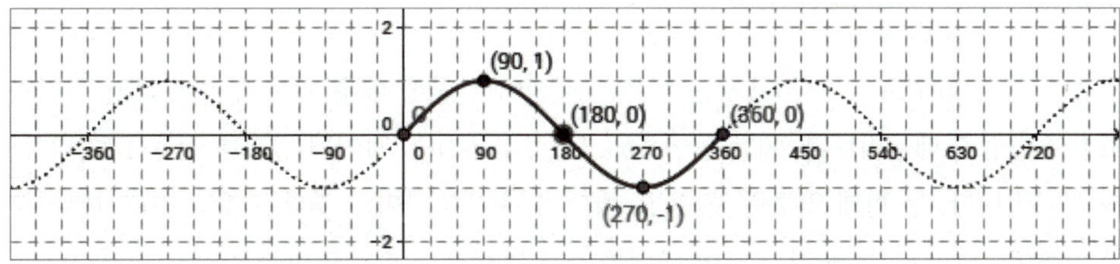

위 그림은 $f(x) = sin(x)$ 함수의 결과입니다. 해시 함수 조건에 부합하는지 순서대로 확인해보겠습니다.

1 같은 입력이 들어오면 같은 결과가 반환됩니다. 예를 들어 sin(90)은 언제나 1을 반환합니다.

2 서로 다른 값을 넣으면 되도록 다른 결과가 나옵니다. 예를 들어 sin(90)과 sin(91)은 반환값이 다릅니다. sin(90)과 sin(450), sin(-90), sin(-450)은 모두 1이지만 일반적인 경우 다른 결괏값이 나옵니다.

3 입력값 x의 범위는 무한대입니다. 반면 결괏값은 -1 ~ 1 사이로 고정되어 있습니다.

---

3 맵은 크게 해시맵과 소티드맵(sorted map)이 있지만 Go 언어에서는 해시맵을 사용하기 때문에 이 책에서는 소티드맵은 다루지 않습니다.

따라서 sin(x)는 해시 함수로 쓰일 수 있습니다. 하지만 삼각함수는 계산이 복잡하고 결과가 실수로 나오기 때문에 해시 함수로 사용하지 않고 일반적으로 나머지 연산을 주로 사용합니다.

x를 10으로 나눈 나머지를 결괏값으로 갖는 $f(x) = Mod(x, 10)$ 그래프를 살펴봅시다. 이 함수는 x%10 나머지 연산을 합니다.

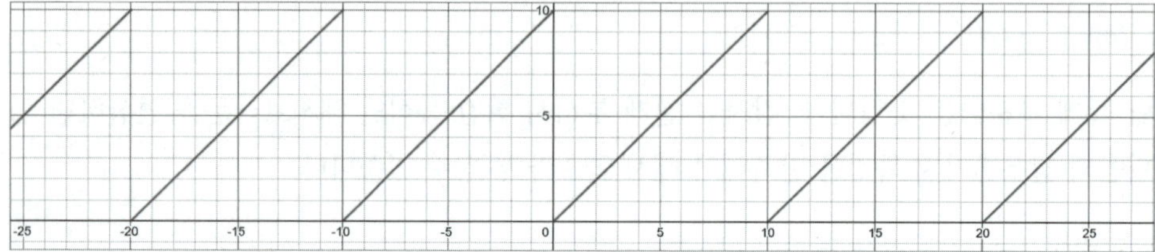

1 같은 입력값이면 항상 같은 결괏값을 갖습니다.

2 입력값이 다르면 왠만하면 다른 결괏값을 갖고, 10마다 같은 결괏값을 갖습니다. 즉 f(5), f(15), f(25)는 같은 결괏값을 갖습니다.

3 입력값은 무한대이지만 결괏값은 0~9 사이 정수입니다.

나머지 연산이 해시 함수로 자주 사용되는 이유는 계산이 간단해 매우 빠르고, 결괏값의 범위와 간격을 조절하기 쉽기 때문입니다. 예를 들어 Mod(x, 10)은 0~9 사이의 결과를 갖고 10마다 같은 결과를 반복합니다. 두 번째 인수를 3971로 하면 0~3970 사이의 결과를 갖고 3971마다 같은 결과를 반복합니다. 나누는 숫자가 크면 클수록 결괏값 범위도 커지고 반복 간격도 커집니다.

20.4.2 해시로 맵을 만들자

해시 함수로 맵을 만들어봅시다. 해시 함수는 결괏값이 항상 일정한 범위(개수)를 가집니다. 같은 입력에서는 같은 결과를 보장하고, 일정 범위에서 반복됩니다. 이런 특징을 고려하면 범위와 같은 요소 개수를 갖는 배열이 적합하겠네요.

다음과 같은 해시 함수를 정의하겠습니다.

```go
const M = 10
func hash(d int) int {
    return d % M
}
```

그런 다음에 10개 요소를 갖는 배열을 정의합니다.

```
var m [M]int    // M은 10
```

그런 뒤 아래와 같이 키값 23을 사용해서 값 10을 넣습니다.

```
m[hash(23)] = 10
```

해시 함수 hash(23)의 결과는 23%10인 3이 반환되므로 배열 인덱스가 3인 위치에 값 10을 대입합니다.

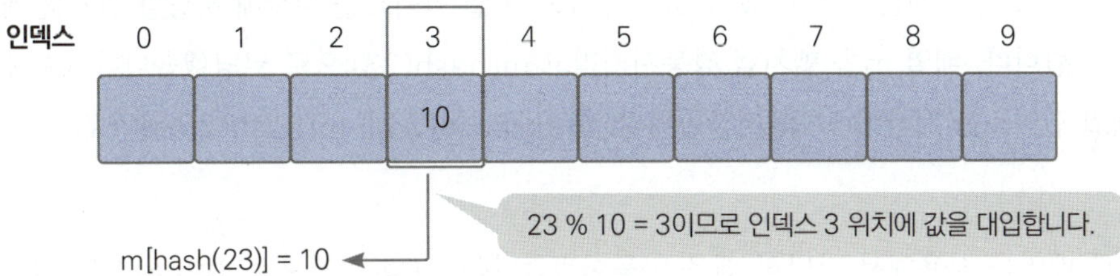

키값으로 값을 읽어올 때도 마찬가지로 hash() 함수 결과에 해당하는 인덱스의 배열값을 반환하면 됩니다.

나머지 연산을 이용한 맵을 만듭시다.

ch20/ex20.8/ex20.8.go

```go
package main
import "fmt"

const M = 10            // ❶ 나머지 연산의 분모

func hash(d int) int {
    return d % M        // ❷ 나머지 연산
}

func main() {
    m := [M]int{}       // ❸ 값을 저장할 배열 생성

    m[hash(23)] = 10    // ❹ 키 23에 값 설정
    m[hash(259)] = 50   // ❺ 키 259에 값 설정
```

```go
        fmt.Printf("%d = %d\n", 23, m[hash(23)])
        fmt.Printf("%d = %d\n", 259, m[hash(259)])   // ❻ 값 출력
}
```

```
23 = 10
259 = 50
```

❶ 나머지 연산에 사용될 나누는 수를 설정합니다. 이 값을 배열 크기로 삼습니다. ❷ 맵에서 사용할 해시 함수를 정의합니다. 나머지 연산을 한 결과를 반환합니다.

❸ 값을 저장할 배열을 만듭니다. 배열 크기는 해시 함수에서 나누는 수와 같습니다. 해시 함수 결과가 0~M-1 범위를 갖기 때문입니다. ❹ hash() 함수로 배열 인덱스를 계산해 저장할 위치를 계산해 10을 저장합니다. 배열 m을 맵처럼 작동시키려고 m[hash(23)]으로 코딩했습니다. ❺ 해시 함수로 배열 인덱스를 계산해 50을 저장합니다. ❻ m[hash(23)], m[hash(259)]의 값을 읽어옵니다.

나머지 연산과 배열을 사용해서 간단히 맵을 만들어봤습니다. 그럼 이것으로 맵이 완성된 걸까요? 아닙니다. 우리가 만든 맵은 해시 충돌이라는 치명적인 단점을 가지고 있습니다. 해시 함수는 다른 입력임에도 같은 결과가 낼 수 있습니다. 바로 앞 예제에서 M이 10이므로 값이 10마다 반복됩니다. 즉, hash(23)과 hash(33)은 (같은 위치에 저장되므로) 출력값이 같습니다.

```
m[hash(23)] = 10
m[hash(33)] = 50  // 기존 m[hash(23)] 값이 50으로 덮어쓰여집니다.
```

hash(23)과 hash(33) 모두 인덱스 위치가 3이므로 m[hash(23)]은 50이 되어버립니다. 이 같은 현상을 해시 충돌이라고 합니다. 그럼 해시 충돌은 어떻게 해결할 수 있을까요? 가장 단순한 방법은 인덱스 위치마다 값이 아니라 리스트를 저장하는 겁니다.

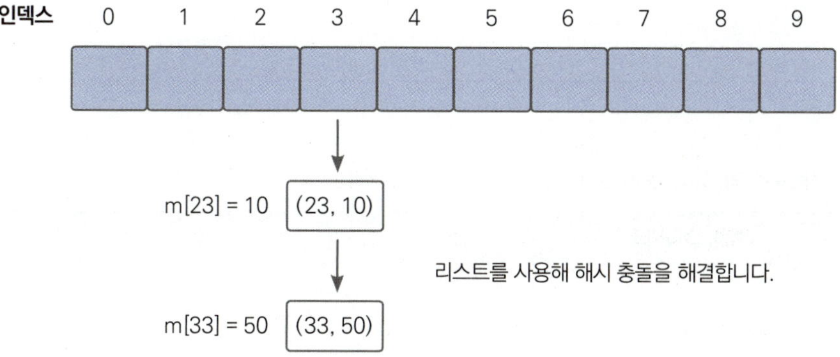

이렇게 리스트로 저장하면 기존 값을 보존할 수 있습니다. 따라서 값을 읽을 때 해당 인덱스에 링크된 모든 리스트를 조사해 매칭되는 키의 값을 반환하면 해시 충돌 문제에서 벗어나게 됩니다.

이상으로 간단하게 맵의 동작 원리를 봤습니다. 해시 함수는 암호화, 비트코인 등에서 광범위하게 쓰이고 있습니다. 나머지 연산만 살펴보았지만 실제로는 매우 복잡하고 다양한 해시 함수가 사용되고 있습니다.

해시 함수는 요소 개수와 상관없이 고정된 시간을 갖는 함수이기 때문에 해시 함수를 사용하는 맵이 읽기, 쓰기에서 $O(1)$의 시간값을 갖게 됩니다. 또 키가 크다고 해시 함수 결괏값이 커지는 게 아니기 때문에 맵은 키와 무관하고 입력 순서와도 무관한 순서로 순회하게 됩니다.

핵심 요약

1 배열은 연속된 메모리를 사용하고 리스트는 불연속 메모리를 사용합니다.

2 리스트는 요소 추가와 삭제 속도가 $O(1)$입니다. 배열에 비해서 빠릅니다.

3 링은 처음과 끝이 연결된 원형 구조입니다.

4 맵을 사용하면 키, 값 쌍으로 되어 있는 데이터를 매우 빠르게 처리할 수 있습니다.

1 다음 표에 각 요소의 성능을 Big-O 표기법으로 채우세요.

	배열, 슬라이스	리스트	맵
추가			
삭제			
읽기			

2 다음은 ID를 키로 학생 데이터를 값으로 갖는 맵을 만든 뒤 38번에 해당하는 학생 데이터를 출력하는 프로그램입니다. 빈 칸을 채우세요.

번호	이름	성적
5	최번개	67
17	송하나	89
23	화랑	97
38	백두산	78
45	김갑환	56

```go
package main
import "fmt"

type Student struct {
    Name string
    Score int
}

func main() {
    m := make( ❶              )
```

```go
    m[5] = Student{ "최번개", 67 }
    m[17] = Student{ "송하나", 89 }
    m[❷            ] = Student{ "화랑", 97 }
    m[38] = Student{ "백두산", 78 }
    m[45] = Student{ "김갑환", 56 }

    fmt.Println("38번:", m[❸            ])
}
```

```
38번: {백두산 78}
```

3 다음 각 경우에 어떤 자료구조를 써야 할지 적어보세요.

❶ 은행 대기열을 만듭니다. 먼저 온 순서대로 상담을 진행할 수 있어야 합니다.

❷ 마트 계산대 프로그램을 만듭니다. 상품 코드에 따른 상품 가격을 조회할 수 있어야 합니다.

❸ 바둑 프로그램을 만듭니다. 바둑판의 칸 수와 줄 수는 19입니다. 사용자가 입력한 줄과 칸에 맞는 곳에 바둑알이 놓여져야 합니다.

❹ 게임 리플레이 기능을 만듭니다. 현재부터 7초 이전까지 기억하고 언제든지 리플레이 될 수 있어야 합니다.

---

1 정답

	배열, 슬라이스	리스트	맵
추가	O(N)	O(1)	O(1)
삭제	O(N)	O(1)	O(1)
읽기	O(1) – 인덱스로 접근	O(N) – 인덱스로 접근	O(1) – 키로 접근

2 정답 ❶ map[int]Student, ❷ 23, ❸ 38

3 정답 ❶ 큐, 선입선출 구조는 큐를 사용합니다.

❷ 맵, 상품 코드(키)에 따른 상품 정보(값)를 가져와야 하므로 맵을 사용합니다.

❸ 이중 배열, 정해진 크기가 있고 인덱스를 통해 접근해야 하는 경우 배열을 사용합니다. 이 경우 var baduk [19][19]int와 같이 이중 배열을 사용하면 쉽습니다.

❹ 링, 언제나 정해진 만큼의 데이터만 보관하고 그보다 더 큰 데이터가 입력되면 마지막 데이터가 자동 삭제되어야 하는 경우 링을 사용하는 것이 좋습니다. 이 경우 항상 마지막 7초의 데이터만 보관하고 데이터가 더 입력되면 마지막 데이터가 자동으로 삭제되는 형태이기 때문에 링을 사용합니다.

에러 핸들링

□ 학습 목표	Go 언어에서 에러를 다루는 방법을 살펴봅니다.
□ 학습 내용	• 에러 반환 • 패닉 • 복구
□ 에러 핸들링 소개	에러 핸들링error handling은 프로그램의 에러를 처리하는 방법을 말합니다. 프로그램에서 에러는 언제 어디서나 발생할 수 있습니다. 대부분 에러는 프로그래머 실수로 발생하지만 때로는 메모리가 부족하거나 디스크 공간 부족 또는 네트워크 단절이 원인이 되어 발생하기도 합니다. 에러가 발생하면 경우에 따라 빠르게 프로그램을 종료하거나, 적절한 방식으로 처리하여서 프로그램을 계속 실행시킬 수 있습니다.
□ 효과	• 함수에서 에러를 반환하여 처리할 수 있습니다. • 오류를 사전에 빠르게 인지하여 수정합니다. • 복구 가능한 오류를 복구하여 안정적인 프로그램을 만들 수 있습니다.

21.1 에러 반환

에러를 처리하는 가장 기본 방식은 에러를 반환하고 알맞게 처리하는 방식입니다. 예를 들어 ReadFile() 함수로 파일을 읽을 때 해당하는 파일이 없어 에러가 발생했다고 합시다. 이럴 때 프로그램이 강제 종료되는 것보다는 적절한 메시지를 출력하고 다른 파일을 읽거나 임시 파일을 생성한다면 훨씬 사용자 경험이 좋을 겁니다.

파일 내용을 한 줄 읽어서 출력하는 예제를 살펴봅시다. 파일 읽기에 실패하면 파일을 생성한 다음 다시 시도합시다.

ch21/ex21.1/ex21.1.go

```go
package main
import (
    "fmt"
    "os"
    "bufio"
```

```go
)

func ReadFile(filename string) (string, error) {
    file, err := os.Open(filename)          // ❶ 파일 열기
    if err != nil {
        return "", err                       // ❷ 에러 나면 에러 반환
    }
    defer file.Close()                       // ❸ 함수 종료 직전 파일 닫기
    rd := bufio.NewReader(file)              // ❹ 파일 내용 읽기
    line, _ := rd.ReadString('\n')
    return line, nil
}

func WriteFile(filename string, line string) error {
    file, err := os.Create(filename)         // ❺ 파일 생성
    if err != nil {                          // ❻ 에러 나면 에러 반환
        return err
    }
    defer file.Close()
    _, err = fmt.Fprintln(file, line)        // ❼ 파일에 문자열 쓰기
    return err
}

const filename string = "data.txt"

func main() {
    line, err := ReadFile(filename)          // ❽ 파일 읽기 시도
    if err != nil {
        err = WriteFile(filename, "This is WriteFile") // ❾ 파일 생성
        if err != nil {                      // ❿ 에러를 처리
            fmt.Println("파일 생성에 실패했습니다.", err)
            return
        }
        line, err = ReadFile(filename)       // ⓫ 다시 읽기 시도
        if err != nil {
            fmt.Println("파일 읽기에 실패했습니다.", err)
            return
        }
    }
```

```
    fmt.Println("파일내용:", line)          // ⑫ 파일 내용 출력
}
```

파일내용: This is WriteFile

ReadFile() 함수를 살펴봅시다. ReadFile()은 filename에 해당하는 파일을 읽어서 반환하는 함수입니다. 파일 읽기에 실패하면 에러를 두 번째 반환값으로 반환합니다.

❶ os.Open() 함수로 파일을 열어줍니다. 두 번째 반환값인 error로 파일 열기에 성공했는지 실패했는지 알 수 있습니다. ❷ err이 nil이면 성공, 아니면 에러가 발생한 겁니다. 파일 열기에 실패했으므로 호출자에게 에러가 발생했음을 알려줍니다. ❸ file.Close() 함수는 파일 핸들을 닫습니다. defer 키워드를 사용해 호출했으므로 ReadFile() 함수가 종료하기 직전에 반드시 호출됩니다.

❹ bufio.NewReader() 함수로 bufio.Reader 객체를 만듭니다. bufio.Reader 객체는 구분자까지 문자열을 읽어오는 ReadString() 메서드를 가지고 있습니다. 이 메서드를 이용해서 '\n'이 나올 때까지 파일에서 문자열을 읽습니다. 개행을 나타내는 '\n'을 입력했기 때문에 한 줄을 읽게 됩니다. bufio.ReadString()은 첫 번째 반환값으로 읽은 문자열을, 두 번째 반환값으로 error[1]를 반환합니다. 하지만 error는 문자열이 delim 문자로 끝나지 않을 경우에만 에러를 반환합니다. 그래서 밑줄 _을 사용해서 에러를 무시해줬습니다.

WriteFile() 함수를 살펴봅시다. filename에 해당하는 파일을 생성하고 생성한 파일에 line 문자열을 씁니다. ❺ os.Create() 함수는 파일을 생성합니다. 첫 번째 반환값으로 파일 핸들을, 두 번째 반환값으로 에러를 반환합니다. 파일 생성에 실패하면 ❻ 에러를 반환하여 호출자에서 처리를 요청합니다. ❼ fmt.Fprintln() 함수를 사용해 파일 핸들에 문자열과 줄바꿈문자 "\n"를 씁니다. 첫 번째 인수로 Write() 메서드를 가진 io.Writer 인터페이스를 인수로 받습니다. 즉 Write() 메서드를 가진 모든 객체는 Fprintln() 함수 인수로 쓸 수 있습니다. 파일 핸들인 *File 타입 역시 Write() 메서드를 가지고 있기 때문에 인수로 사용할 수 있습니다. 두 번째 인수부터는 쓸 내용이 들어갑니다. fmt.Fprintln() 함수는 첫 번째 반환값으로 쓴 길이를 반환하고 두 번째로 에러 발생 시 에러를 반환합니다. 쓴 길이는 필요없기 때문에 밑줄 _로 무시하고 두 번째 에러만 반환합니다.

1　Go 표준 API 함수에서 어떤 경우에 어떤 에러를 반환하는지 어떻게 알 수 있을까요? 모든 것은 go 패키지 문서에 나와있습니다. go 패키지 문서는 온라인에 공개되어 있습니다. 구글에서 "golang bufio"를 검색하시면 bufio 패키지 문서를 찾아볼 수 있습니다.

마지막으로 main() 함수를 살펴보겠습니다. ❽ ReadFile()로 파일 읽기를 시도합니다. 에러가 발생하면 ❾ WriteFile() 함수를 호출하여 파일을 생성합니다. ❿ 이때도 에러가 발생하면 에러 메시지를 출력하고 프로그램을 종료합니다. 파일 생성에 성공하면 ⓫ ReadFile() 함수로 파일 읽기를 시도합니다. ⓬ 읽은 파일 내용을 출력하면서 프로그램을 종료합니다.

위 예제를 실행하면 data.txt 파일이 생성됩니다. data.txt 내용을 변경하고 다시 예제를 실행하면 변경된 내용이 출력됩니다.

21.1.1 사용자 에러 반환

앞서 예제에서 os 패키지의 Open() 함수와 Create() 함수에서 발생한 에러 처리 방법을 살펴보 았습니다. 이번에는 직접 에러를 만들어서 반환하는 방법을 보겠습니다.

```go
package main
import (
    "fmt"
    "math"
)

func Sqrt(f float64) (float64, error) {
    if f < 0 {
        return 0, fmt.Errorf(
            "제곱근은 양수여야 합니다. f:%g", f) // ❶ f가 음수이면 에러 반환
    }
    return math.Sqrt(f), nil
}

func main() {
    sqrt, err := Sqrt(-2)
    if err != nil {
        fmt.Printf("Error: %v\n", err)   // ❷ 에러 출력
        return
    }
    fmt.Printf("Sqrt(-2) = %v\n", sqrt)
}
```

```
Error: 제곱근은 양수여야 합니다. f:-2
```

Sqrt() 함수는 인수의 제곱근을 반환합니다. 인수 f가 음수이면 에러를 반환합니다. ❶ fmt.
Errorf() 함수를 사용해 에러를 반환했습니다. 이처럼 fmt 패키지의 Errorf() 함수를 이용하면
원하는 에러 메시지를 만들 수 있습니다. 또는 errors 패키지의 New() 함수를 이용해서 error를
생성할 수도 있습니다. New() 함수 형식은 아래와 같습니다. 인수로 문자열을 입력하면 인수와
같은 메시지를 갖는 error를 생성해서 반환합니다.

```
func New(text string) error
```

그래서 아래와 같이 사용할 수 있습니다.

```
import "errors"

errors.New("에러 메시지")
```

❷ 에러가 반환되면 에러 메시지를 출력합니다. Sqrt() 인수로 -2를 넣었기 때문에 에러 메시지
가 출력됐습니다.

21.2 에러 타입

error 타입에 대해서 좀 더 살펴보겠습니다. error는 사실 인터페이스로 문자열을 반환하는
Error() 메서드로 구성되어 있습니다.

```
type error interface {
    Error() string
}
```

즉 어떤 타입이든 문자열을 반환하는 Error() 메서드를 포함하고 있다면 에러로 사용할 수 있습
니다. 이를 이용하면 에러에 더 많은 정보를 포함시킬 수 있습니다.

회원 가입 시 암호 길이를 검사하는 예제를 만들어봅시다.

ch21/ex21.3/ex21.3.go

```
package main
import "fmt"
```

```go
type PasswordError struct {              // ❶ 에러 구조체 선언
    Len            int
    RequireLen  int
}

func (err PasswordError) Error() string {    // ❷ Error() 메서드
    return "암호 길이가 짧습니다."
}

func RegisterAccount(name, password string) error {
    if len(password) < 8 {
        return PasswordError{ len(password), 8 }  // ❸ error 반환
    }

    return nil
}

func main() {
    err := RegisterAccount("myID", "myPw")              // ❹ ID, PW 입력
    if err != nil {                                      // ❺ 에러 확인
        if errInfo, ok := err.(PasswordError); ok {    // ❻ 인터페이스 변환
            fmt.Printf("%v Len:%d RequireLen:%d\n",
                errInfo, errInfo.Len, errInfo.RequireLen)
        }
    } else {
        fmt.Println("회원 가입됐습니다.")
    }
}
```

```
암호 길이가 짧습니다. Len:4 RequireLen:8
```

❶ 암호 길이가 짧을 때 에러 정보를 담을 PasswordError 구조체를 선언했습니다. 이 구조체는 실제 입력한 길이와 필요한 길이를 필드로 가집니다. ❷ PasswordError 구조체 메서드로 Error() 함수를 선언했기 때문에 PasswordError 구조체는 error 인터페이스로 사용될 수 있습니다.

RegisterAccount() 함수는 ❸ 암호 길이가 짧을 때 PasswordError 구조체 정보를 반환합니다. RegisterAccount() 함수의 반환 타입은 error 타입이지만 PasswordError는 error 인터페이스로 쓸 수 있으므로 PasswordError 구조체를 반환할 수 있습니다.

❹ RegisterAccount() 함수로 ID와 PW를 입력합니다. ❺ 반환값이 nil이 아니면 에러가 발생

한 겁니다. ❻ 에러를 PasswordError 타입으로 타입 변환하여 에러 메시지뿐만 아니라 Len과 RequireLen 필드에 접근할 수 있습니다. 인터페이스 변환 성공 여부를 검사합니다. 이렇게 하면 다양한 에러 타입에 알맞게 대응할 수 있습니다.

21.2.1 에러 랩핑

때론 에러를 감싸서 새로운 에러를 만들어야 할 수도 있습니다. 예를 들어 파일에서 텍스트를 읽어서 특정 타입의 데이터로 변환하는 경우 파일 읽기에서 발생하는 에러도 필요하지만 텍스트의 몇 번째 줄의 몇 번째 칸에서 에러가 발생했는지도 알면 더 유용할 겁니다. 이럴 때 파일 읽기에서 발생한 에러를 감싸고 그 바깥에 줄과 칸 정보를 넣으면 됩니다. 어떻게 에러를 감싸고, 어떻게 에러 안에 숨겨진 에러를 풀어내는지 알아보겠습니다.

```
                                                          ch21/ex21.4/ex21.4.go
package main

import (
    "fmt"
    "errors"
    "bufio"
    "strings"
    "strconv"
)

func MultipleFromString(str string) (int, error) {
    scanner := bufio.NewScanner(strings.NewReader(str)) // ❶ 스캐너 생성
    scanner.Split(bufio.ScanWords)                      // ❷ 한 단어씩 끊어 읽기

    pos := 0
    a, n, err := readNextInt(scanner)
    if err != nil {
        return 0, fmt.Errorf("Failed to readNextInt(), pos:%d err:%w", pos, err)
        // ❸ 에러 감싸기
    }

    pos += n + 1
    b, n, err := readNextInt(scanner)
    if err != nil {
        return 0, fmt.Errorf("Failed to readNextInt(), pos:%d err:%w", pos, err)
```

```go
    }
    return a * b, nil
}


// 다음 단어를 읽어서 숫자로 변환하여 반환합니다.
// 변환된 숫자, 읽은 글자 수, 에러를 반환합니다.
func readNextInt(scanner *bufio.Scanner) (int, int, error) {
    if !scanner.Scan() {                        // ❸ 단어 읽기
        return 0, 0, fmt.Errorf("Failed to scan")
    }
    word := scanner.Text()
    number, err := strconv.Atoi(word)              // ❹ 문자열을 숫자로 변환
    if err != nil {
        return 0, 0, fmt.Errorf("Failed to convert word to int, word:%s err:%w",
            word, err)                          // ❺ 에러 감싸기
    }
    return number, len(word), nil
}


func readEq(eq string) {
    rst, err := MultipleFromString(eq)
    if err == nil {
        fmt.Println(rst)
    } else {
        fmt.Println(err)
        var numError *strconv.NumError
        if errors.As(err, &numError) { // ❼ 감싸진 에러가 NumError인지 확인
            fmt.Println("NumberError:", numError)
        }
    }
}


func main() {
    readEq("123 3")
    readEq("123 abc")
}
```

```
369
Failed to readNextInt(), pos:4 err:Failed to convert word to int, word:abc
err:strconv.Atoi: parsing "abc": invalid syntax            ❽
NumberError: strconv.Atoi: parsing "abc": invalid syntax
```

MultipleFromString() 함수는 문자열에서 두 단어를 읽어서 각 숫자로 변환한 뒤 곱한 결과를 반환합니다. 만약 그 과정에서 에러가 발생하면 에러를 반환하게 됩니다. ❶ 한 단어씩 읽는 bufio 패키지의 Scanner를 만들어줍니다. NewScanner() 함수는 io.Reader 인터페이스를 인수로 받기 때문에 string 타입을 io.Reader로 만들어주려고 strings.NewReader() 함수를 사용했습니다. 문자열을 한 줄씩 또는 한 단어씩 끊어 읽고자 할 때 주로 사용되는 구문이니까 기억해두세요. ❷ Scanner 객체의 Split() 메서드를 호출해 어떻게 끊어 읽을지 알려줍니다. bufio.ScanWords를 사용하면 한 단어씩 끊어 읽게 되고 bufio.ScanLines를 사용하면 한 줄씩 끊어 읽게 됩니다.

❸ Scan() 메서드를 통해 첫 번째 단어를 읽어옵니다. 예를 들어 "123"을 읽었다고 합시다. 문자열이기 때문에 int 타입인 숫자로 변경해줘야 합니다. ❹ strconv 패키지의 Atoi() 함수는 문자열을 int 타입으로 변경합니다(같은 패키지의 Itoa() 함수는 반대로 숫자를 문자열로 바꿔줍니다). Atoi() 함수는 숫자로 변경 시 숫자가 아닌 문자가 섞여있는 경우에는 NumberError 타입의 에러를 반환합니다. 에러가 발생한 경우 ❺ fmt.Errorf() 함수의 %w 서식문자를 통해서 에러를 감쌌습니다.

```
fmt.Errorf("Error: %w", err)
```

위와 같이 %w를 사용하면 err를 감싸서 새로운 에러를 반환하게 됩니다. 따라서 다른 정보와 strconv.Atoi() 함수에서 발생한 에러까지 에러 하나로 반환할 수 있게 됩니다. ❻ readNextInt() 함수에서 발생한 에러를 다시 감싸서 pos 정보를 에러에 추가했습니다. ❽ 출력 결과를 보시면 네 번째 글자를 읽을 때 에러가 발생했음을 알 수 있습니다.

그럼 이렇게 감싸진 에러를 다시 꺼내올 때는 어떻게 할까요? errors 패키지의 As() 함수를 이용하면 됩니다. ❼ errors.As()는 err 안에 감싸진 에러 중 두 번째 인수의 타입인 *strconv.NumError로 변환될 수 있는 에러가 있다면 변환하여 값을 넣고 true를 반환하는 함수입니다. 우리가 감싼 에러가 strconv.Atoi() 함수에서 발생한 에러이기 때문에 이 에러는 *strconv.NumError 타입이라서 errors.As() 함수는 true를 반환하고 numError에 *strconv.NumError 타입값을 넣어줍니다. 따라서 감싸진 에러를 검사하고 각 에러 타입별로 다른 처리를 할 수가 있습니다. errors 패키지는 As() 함수 외 단순히 에러 객체 타입인지만 확인하는 Is() 함수도 제공하고 있습니다.

21.3 패닉

패닉panic은 프로그램을 정상 진행시키기 어려운 상황을 만났을 때 프로그램 흐름을 중지시키는 기능입니다. Go 언어는 내장 함수 panic()으로 패닉 기능을 제공합니다. 지금까지 error 인터페이스를 사용해 에러 처리를 했습니다. error 인터페이스를 사용하면 호출자에게 에러가 발생한 이유를 알려줄 수 있었습니다. 그런데 프로그램을 수행하다 보면 예기치 못한 에러에 직면하기도 합니다. 예를 들어 버그가 발생해 잘못된 메모리에 접근하거나 메모리가 부족하면 프로그램이 더는 실행 불가능할 수 있습니다. 이럴 때는 프로그램을 강제 종료해서 문제를 빠르게 파악하는 편을 나을 수도 있습니다. panic() 함수를 사용하면 문제 발생 시점에 프로그램을 바로 종료시켜서 빠르게 문제 발생 시점을 알 수 있습니다. 버그 수정에 유용한 방식입니다. panic() 함수를 이용해서 패닉을 발생시키거나 슬라이스 길이를 넘어서 접근하면 Go 내부에서 패닉이 발생하기도 합니다.

panic() 내장 함수를 호출하고 인수로 에러 메시지를 입력하면 프로그램을 즉시 종료하고 에러 메시지를 출력하고 함수 호출 순서를 나타내는 콜 스택call stack을 표시합니다. 이 정보를 사용해 에러가 발생한 경로를 파악할 수 있습니다.

나눗셈 함수에서 제수가 0이면 panic() 함수를 호출하는 예제를 살펴봅시다.

ch21/ex21.5/ex21.5.go

```go
package main

import "fmt"

func divide(a, b int) {
    if b == 0 {
        panic("b는 0일 수 없습니다")        // ❶ Panic 발생
    }
    fmt.Printf("%d / %d = %d\n", a, b, a/b)
}

func main() {
  divide(9, 3)
  divide(9, 0)                              // ❷ Panic 발생
}
```

```
9 / 3 = 3
panic: b는 0일 수 없습니다

goroutine 1 [running]:
main.divide(0x9, 0x0)
        C:/Users/tucker/go/src/musthaveGo2/ch21/ch23.5/ex21.5.go:8 +0x173
main.main()
        C:/Users/tucker/go/src/musthaveGo2/ch21/ch23.5/ex21.5.go:15 +0x50   ❸
```

❶ divide() 함수의 제수를 나타내는 b가 0이면 panic() 함수를 호출해 프로그램을 강제 종료합니다. panic() 함수의 인수로 에러가 발생한 원인을 적을 수 있습니다. 이를 잘 활용하면 문제가 발생한 이유와 발생한 위치를 빠르게 파악할 수 있습니다.

❷ divide(9, 0) 함수 호출 시 두 번째 인수가 0이기 때문에 panic이 발생했습니다.

❸ 콜 스택이란 panic이 발생한 마지막 함수 위치부터 역순으로 호출 순서를 표시합니다. divide(9, 0) 함수 8번째 라인에서 panic이 발생했고, divide(9, 0) 함수 호출은 main() 함수 15번째 줄이라고 알려주네요.

21.3.1 패닉 생성

앞서 예제와 같이 패닉은 내장 함수 panic()을 사용해서 발생시킬 수 있습니다. 아래는 panic() 함수 선언입니다.

```
func panic(interface{})
```

위와 같이 panic() 내장 함수의 인수로 interface{} 타입 즉 모든 타입을 사용할 수 있습니다. 그래서 아래와 같은 구문이 모두 가능합니다.

```
panic(42)                    // ❶
panic("unreachable")
panic(fmt.Errorf("This is error num:%d", num)
panic(SomeType{SomeData})    // ❷
```

일반적으로 string 타입 메시지나 fmt.Errorf() 함수를 이용해서 만들어진 에러 타입을 주로 사용합니다. 하지만 ❶과 같이 int 타입값을 사용하거나 ❷와 같이 특정 타입 객체를 사용해야도 됩니다.

21.3.2 패닉 전파 그리고 복구

프로그램을 개발할 때는 빠르게 문제점을 파악하고 수정하는 게 중요합니다. 하지만 사용자에게 프로그램이 전달되고 난 뒤에는 문제가 발생하더라도 프로그램이 종료되는 대신 에러 메시지를 표시하고 복구를 시도하는 게 더 나은 선택일 수 있습니다.

게임을 하는 데 게임이 시도 때도 없이 종료되면 곧바로 게임을 삭제하겠죠? 그래서 사용자에게 프로그램이 배포된 이후에는 복구할 수 있는 패닉이라면 복구를 시도하는 게 좋습니다.

panic은 호출 순서를 거슬러 올라가며 전파됩니다. 만약 함수 호출 과정이 main() → f() → g() → h()였고, h() 함수에서 패닉이 발생하면 호출 순서를 거꾸로 올라가면서 g() → f() → main() 함수로 전달됩니다. main() 함수에서까지 복구되지 않으면 프로그램이 그제서야 강제 종료됩니다. 어느 단계에서든 패닉은 복구된 시점부터 프로그램이 계속됩니다. recover() 함수를 호출해 패닉 복구를 할 수 있습니다. recover() 함수가 호출되는 시점에 패닉이 전파 중이면 panic 객체를 반환하고 그렇지 않으면 nil을 반환합니다.

패닉이 전파되는 경로를 파악하고 패닉을 복구하는 예제를 살펴봅시다.

ch21/ex21.6/ex21.6.go

```go
package main

import "fmt"

func f() {
    fmt.Println("f() 함수 시작")
    defer func() {                              // ❹ 패닉 복구
        if r := recover(); r != nil {
            fmt.Println("panic 복구 -", r)
        }
    }()

    g()                                         // ❶ g() -> h() 순서로 호출
```

```go
        fmt.Println("f() 함수 끝")
}

func g() {
    fmt.Printf("9 / 3 = %d\n", h(9, 3))
    fmt.Printf("9 / 0 = %d\n", h(9, 0))          // ❷ h() 함수 호출 - 패닉
}

func h(a, b int) int {
    if b == 0 {
        panic("제수는 0일 수 없습니다.")          // ❸ 패닉 발생!!
    }
    return a / b
}

func main() {
    f()
    fmt.Println("프로그램이 계속 실행됨")          // ❺ 프로그램 실행 지속됨
}
```

```
f() 함수 시작
9 / 3 = 3
panic 복구 - 제수는 0일 수 없습니다.
프로그램이 계속 실행됨
```

❶ main() 함수에서 f() 함수를 호출하고 다시 g() → h() 순서로 함수가 호출됩니다. ⓬ 두 번째 h() 함수 호출 시 두 번째 인수값이 0이라서 패닉이 발생합니다. ❸ h() 함수에 패닉이 발생하여 호출 순서를 거슬러 전파됩니다. 이 경우 g() → f() → main()으로 전파됩니다.

❹ 패닉이 f()까지 전파됐으나 defer를 사용해 함수 종료 전 함수 리터럴(21장 '함수 고급편' 참조)이 실행됩니다. 함수 리터럴 내부에서 recover()를 사용해 패닉 복구를 시도합니다. 전파 중인 패닉이 있으므로 복구가 되고 panic 메시지를 출력합니다.

❺ 패닉이 f() 함수에서 복구됐기 때문에 프로그램이 강제 종료되지 않고 계속 실행됩니다. 그래서 "프로그램이 계속 실행됨" 메시지가 출력됩니다.

 recover()는 제한적으로 사용하는 것이 좋습니다. 패닉이 발생되면 그 즉시 호출 순서를 역순으로 전파하기 때문에 복구가 되더라도 프로그램이 불안정할 수 있습니다. 예를 들어 파일에 데이터를 쓰는 프로그램에서 데이터를 일부만 쓴 상태에서 패닉이 발생하고 다시 복구하면 데이터가 비정상적으로 저장된 상태로 남게 됩니다. 이럴 때는 그냥 복구하지 않거나 데이터가 비정상적으로 남아있지 않도록 확실히 지워줘야 합니다.

복구는 조심해서 사용해야 하고 복구되면 내부 상태를 깨끗하게 정리해서 다른 오류가 발생하지 않도록 해야 합니다.

21.3.3 recover() 결과

내장 함수 recover()는 발생한 panic 객체를 반환해줍니다. 아래는 recover() 함수 선언입니다.

```go
func recover() interface{}
```

앞서 panic() 함수 인수로 interface{} 타입 즉 모든 타입이 가능했듯이 발생한 panic 객체를 반환하는 recover() 역시 interface{} 타입을 반환합니다. 그래서 recover()로 반환한 타입을 실제 사용하려면 다음과 같이 타입 검사를 해야 합니다.

```go
if r, ok := recover().(net.Error); ok {
    fmt.Println("r is net.Error Type")
}
```

위 구문은 발생한 패닉이 net.Error 타입인지 검사해서 처리하는 구문입니다. 발생한 패닉이 특정 타입인지 확인해서 해당 타입 패닉에 대한 처리를 추가하고 싶은 경우 위와 같은 구문을 사용해서 타입 검사를 해야야 합니다.

핵심 요약

1 error 인터페이스를 통해서 에러를 반환합니다.

2 errors.New() 또는 fmt.Errorf()를 사용해 에러를 만들 수 있습니다. 또는 Error() 메서드를 정의해서 나만의 error 객체를 만들 수 있습니다.

3 에러를 감싸고 다시 풀어서 에러를 처리할 수 있습니다.

4 panic() 함수로 프로그램을 즉시 종료하고 recover() 함수로 복구할 수 있습니다.

연습문제

1 구글에 "golang 패키지명"을 적으면 Go 문서에서 해당 패키지 내용을 볼 수 있습니다.
다음은 os 패키지의 Open() 함수에 대한 정의입니다. os 패키지의 Open() 함수는 에러
가 발생할 때 어떤 타입의 에러를 반환하는지 주석을 보고 적어보세요.

```go
// Open opens the named file for reading. If successful, methods on
// the returned file can be used for reading; the associated file
// descriptor has mode O_RDONLY.
// If there is an error, it will be of type *PathError. ❶
func Open(name string) (*File, error) {
    return OpenFile(name, O_RDONLY, 0)
}
```

2 다음 예제의 출력 결과를 쓰세요.

```go
package main
import "fmt"

func Atoi(str string) (int, error) {
    rst := 0
    for _, r := range str {
        if r >= '0' && r <= '9' {
            rst *= 10
            rst += int(r - '0')
        } else {
            return 0, fmt.Errorf("숫자만 입력하세요. 문자:%c", r)
        }
    }
    return rst, nil
}

func main() {
    n, err := Atoi("34cd")
    if err != nil {
```

```go
        fmt.Println(err)
    } else {
        fmt.Println(n)
    }
}
```

3 다음 예제의 출력 결과를 쓰세요.

```go
package main
import "fmt"

func sum(nums ...int) int {
    if len(nums) == 0 {
        panic("nums should be not empty")
    }
    result := 0
    for _, v := range nums {
        result += v
    }
    return result
}

func PrintSum() {
    defer func() {
        if err := recover(); err != nil {  // ❹
            fmt.Println(err)
        }
    }()
    fmt.Println(sum(1, 2, 3, 4, 5))         // ❶
    fmt.Println(sum())                      // ❷
```

```go
    fmt.Println(sum(1, 2, 3))            // ❸
}
func main() {
    PrintSum()
    fmt.Println("end of main")           // ❺
}
```

1 **정답** *os.PathError 타입

해설 os 패키지 문서를 보면 각 함수가 하는 일과 반환 결과 그리고 에러 타입이 주석으로 설명되어 있습니다. Open() 함수의 주석 ❶
을 읽어보면 에러 발생 시 *PathError 타입이 반환됩니다. 따라서 Open() 함수는 에러가 발생하면 PathError의 포인터 타입을
반환합니다. PathError 타입에 별도 패키지가 명시되어 있지 않으므로 PathError 타입은 Open() 함수가 속한 패키지와 같은 os
패키지에 속합니다. 그래서 *os.PathError가 답이 됩니다.

2 **정답**
```
숫자만 입력하세요. 문자:c
```

3 **정답**
```
15
nums should be not empty
end of main
```

해설 먼저 ❶이 실행됩니다. 1부터 5까지 합인 15가 출력됩니다. ❷가 실행될 때 sum() 함수의 nums가 비어있기 때문에 패닉이 발
생해서 result가 계산되지 않고 바로 sum() 함수가 종료됩니다. PrintSum()도 패닉에 의해서 종료됩니다. 그래서 ❸ sum(1, 2,
3) 결과가 출력되지 않습니다. PrintSum() 함수가 종료되기 전에 ❹ defer가 실행됩니다.

❹ defer에서 recover()가 실행되어서 패닉 에러를 가져옵니다. 그래서 에러 메시지를 출력합니다. 패닉이 복구됐기 때문에 프로
그램이 비정상 종료되지 않고 ❺가 실행되어 "end of main"이 출력됩니다.

고루틴과 동시성 프로그래밍

☐ 학습 목표	고루틴의 특징과 사용법, 동시성 프로그래밍 시 주의점을 알아봅니다.
☐ 학습 내용	• 고루틴이란 • 고루틴의 특징 • 동시성 프로그래밍 주의점 • 뮤텍스
☐ 고루틴 소개	고루틴goroutine은 Go 언어에서 관리하는 경량 스레드입니다. 함수나 명령을 동시에 수행할 때 사용합니다. 여러 고루틴을 갖는 프로그램을 코딩하는 것을 동시성 프로그래밍Concurrent Programming이라고 합니다.
☐ 효과	• 고루틴을 이용하면 여러 작업을 동시에 수행할 수 있습니다. • 고루틴은 Go 언어에 내장된 기능으로 외부 라이브러리에 의존하지 않고 동시성 프로그램을 구현할 수 있습니다. • 멀티코어 환경에서 CPU를 더 효율적으로 사용해 빠르게 작업을 완료할 수 있습니다. • 고루틴은 기존 OS 스레드에서 발생되는 컨텍스트 스위칭에 따른 성능 손실을 최소화해서 효율적으로 사용합니다. • 고루틴 간 메모리 간섭으로 인해 발생하는 문제점에 주의해야 합니다.

22.1 스레드란?

고루틴은 경량 스레드로 함수나 명령을 동시에 실행할 때 사용합니다. 프로그램 시작점인 main() 함수 역시 고루틴에 의해서 실행됩니다. 고루틴을 이해하려면 먼저 스레드thread가 무엇인지 알아봐야 합니다. 그런 뒤 이 둘의 관계와 차이점에 대해서는 22.3절 '깊이보기 고루틴의 동작 방법'에서 자세히 살펴보겠습니다.

오늘날 우리는 컴퓨터로 동시에 여러 작업을 합니다. 브라우저로 웹 서핑을 하면서 음악을 재생하고 때론 게임도 플레이할 수 있죠. 한 번에 한 프로세스만 동작시키는 걸 싱글태스킹이라고 하고, 여럿을 동시에 동작시키는 걸 멀티태스킹이라고 합니다. 프로세스는 메모리 공간에 로딩되어 동작하는 프로그램을 말합니다. 프로세스는 스레드를 한 개 이상 가지고 있습니다. 스레드가 하나면 싱글 스레드 프로세스, 여럿이면 멀티 스레드 프로세스라 합니다. 스레드는 프로세스 안의 세부 작업 단위입니다.

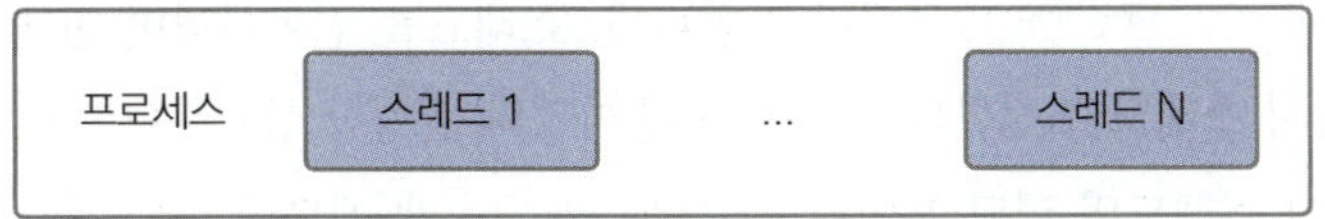

프로세스는 스레드를 하나 이상 포함할 수 있습니다.

스레드는 실행 흐름이라고 볼 수 있습니다. 초기 컴퓨터에서 사용한 천공카드 다발을 스레드로 볼 수 있습니다. 이 명령어가 적힌 종이 다발을 CPU가 한 줄씩 읽어서 수행하는 게 컴퓨터이고 CPU 코어는 한 번에 하나의 명령어 다발 즉 스레드를 수행할 수 있습니다.

원래 CPU 코어는 한 번에 한 명령밖에 수행할 수 없습니다. 그렇다면 CPU 하나에 코어가 여럿이면 동시에 명령을 수행할 수 있겠군요! 그런데 싱글코어 CPU에서도 여러 프로그램을 한꺼번에 실행할 수 있습니다. 어떻게 단일코어 컴퓨터에서 여러 프로그램을 동시에 돌릴 수 있을까요? CPU 코어가 스레드를 빠르게 전환해가면서 수행하면 사용자 입장에서는 마치 동시에 수행하는 것처럼 보이게 됩니다.

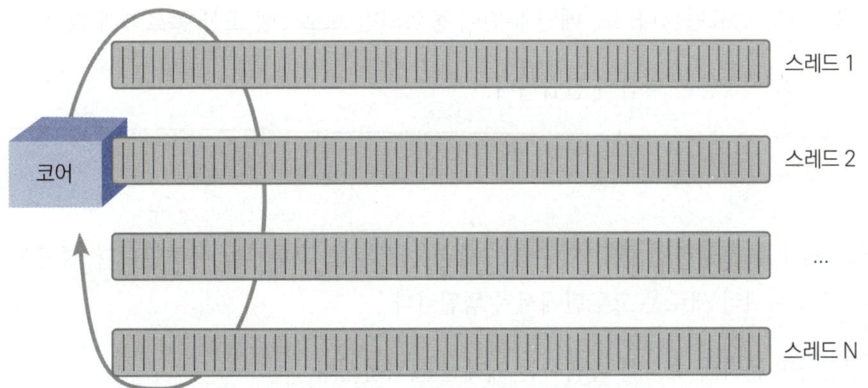

스레드가 CPU 코어를 빠르게 교대로 점유하면 동시에 모든 스레드가 실행되는 것처럼 보입니다.

22.1.1 컨텍스트 스위칭 비용

사람의 뇌도 한 번에 여러 일을 하면 한 가지 일을 할 때보다 집중도도 떨어지고 에너지도 많이 듭니다. 컴퓨터도 마찬가지입니다. CPU 코어가 여러 스레드를 전환하면서 수행하면 더 많은 비용이 듭니다. 이것을 컨텍스트 스위칭context switching 비용이라고 합니다. 스레드를 전환하려면 현재 상태를 보관해야 합니다. 그래야 다시 스레드가 전환되어 돌아올 때 마지막 실행한 상태부터 이어서 실행할 수 있기 때문입니다. 이때 스레드의 명령 포인터instruction pointer, 스택 메모리 등의 정보를 저장하게 되는데 이를 스레드 컨텍스트thread context라고 합니다. 컨텍스트는 우리말로 문맥이라고도 합니다.

스레드가 전환될 때마다 스레드 컨텍스트를 저장하고 복원하기 때문에 스레드 전환 비용이 들게되는 겁니다. 그래서 적정 개수를 넘어 한 번에 너무 많은 스레드를 수행하면 성능이 저하됩니다 (보통 코어 개수의 두 배 이상 스레드를 만들면 스위칭 비용이 많이 발생한다고 말합니다). 하지만 Go 언어에서는 이런 걱정을 할 필요가 없습니다. CPU 코어마다 OS 스레드를 하나만 할당해서 사용하기 때문에 컨텍스트 스위칭 비용이 발생하지 않기 때문입니다.[1]

22.2 고루틴 사용

고루틴 원리를 알아보기에 앞서 사용 방법부터 알아보겠습니다. 모든 프로그램은 고루틴을 최소한 하나는 가지고 있습니다. 바로 메인 루틴입니다. 이 고루틴은 main() 함수와 함께 시작되고, main() 함수가 종료되면 종료됩니다. 또, 메인 루틴이 종료되면 프로그램 또한 종료하게 됩니다.

고루틴을 추가로 생성하는 구문은 다음과 같습니다.

```
go 함수_호출
```

go 키워드를 쓰고 함수를 호출하면 해당 함수를 수행하는 새로운 고루틴을 생성합니다. 호출된 함수는 현재 고루틴이 아니라 새로운 고루틴에서 수행됩니다.

여러 고루틴을 생성하여 문자와 숫자를 출력하는 예제를 살펴봅시다.

---

[1] 22.3절 '읽어보기 고루틴의 동작 방법' 참조

```go
package main
import (
    "fmt"
    "time"
)

func PrintHangul() {
    hanguls := []rune{ '가', '나', '다', '라', '마', '바', '사' }
    for _, v := range hanguls {
        time.Sleep(300 * time.Millisecond)
        fmt.Printf("%c ", v)
    }
}

func PrintNumbers() {
    for i := 1; i <= 5; i++ {
        time.Sleep(400 * time.Millisecond)
        fmt.Printf("%d ", i)
    }
}

func main() {
    go PrintHangul()           ─┐
    go PrintNumbers()          ─┘──── // ❶ 새로운 고루틴 생성

    time.Sleep(3 * time.Second)  // ❷ 3초간 대기
}
```

```
가 1 나 2 다 라 3 마 4 바 5 사
```

❶ go 키워드를 사용해서 고루틴을 생성했습니다. PrintHangul()과 PrintNumbers() 함수는 각기 다른 새로운 고루틴에서 실행되기 때문에 동시[2]에 실행됩니다.

---

[2] 코어 개수가 3개 이상이 되지 않으면 이 세 고루틴을 동시에 실행시킬 코어가 부족해서 동시에 실행되지는 않습니다만, 동시에 실행되는 것처럼 보입니다.

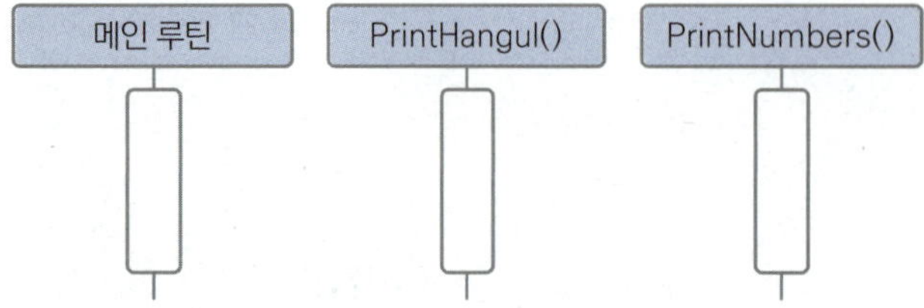

PrintHangul()은 300ms 간격으로 가부터 사까지 출력하고 PrintNumbers()는 400ms 간격으로 1부터 5까지 출력합니다. main() 함수는 총 3초간 대기하게 됩니다.

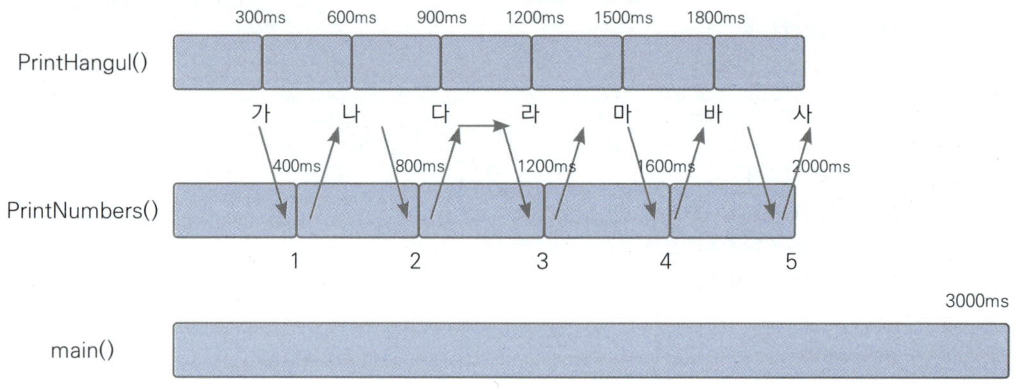

위 그림과 같이 세 고루틴이 동시에 실행된 결과 "가 1 나 2 다 라 3 마 4 바 5 사"가 출력됐습니다.

❷ 메인 루틴에서 PrintHangul()과 PrintNumbers()가 완료될 때까지 3초간 대기합니다. 만약 ❷를 지워서 3초간 대기하지 않고 main() 함수를 바로 종료하면 어떻게 될까요? 앞서 얘기했듯이 프로그램은 메인 함수에서 시작해서 메인 함수에서 끝이 납니다. 메인 함수가 종료되면 아무리 많은 고루틴이 생성되어 있더라도 모두 즉시 종료되고 프로그램이 종료됩니다. 따라서 아무런 결과도 출력되지 않습니다.

22.2.1 서브 고루틴이 종료될 때까지 기다리기

지금은 PrintHangul()과 PrintNumbers() 함수가 걸리는 시간을 알기 때문에 main() 고루틴이 3초를 대기하는 것으로 모든 실행을 보장했습니다. 그러나 늘 함수 실행 시간을 알 수 있는 것은 아닙니다. 그렇다면 어떻게 고루틴이 종료될 때까지 대기할 수 있을까요? 바로 sync 패키지의

WaitGroup 객체를 사용하면 됩니다.

```go
var wg sync.WaitGroup

wg.Add(3)                // 작업 개수 설정
wg.Done()                // 작업이 완료될 때마다 호출
wg.Wait()                // 모든 작업이 완료될 때까지 대기
```

Add() 메서드를 통해 완료해야 하는 작업 개수를 설정하고 각 작업이 완료될 때마다 Done() 메
서드를 호출하여 남은 작업 개수를 하나씩 줄여줍니다. Wait()는 전체 작업이 모두 완료될 때까
지 대기하게 됩니다.

sync.WaitGroup을 이용해서 모든 작업이 완료될 때까지 기다리는 예제를 살펴봅시다.

ch22/ex22.2/ex22.2.go

```go
package main
import (
    "sync"
    "fmt"
 )

var wg sync.WaitGroup                 // ❶ waitGroup 객체

func SumAtoB(a, b int) {
    sum := 0
    for i := a; i <= b; i++ {
        sum += i
    }
    fmt.Printf("%d부터 %d까지 합계는 %d입니다.\n", a, b, sum)
    wg.Done()                         // ❸ 작업이 완료됨을 표시
}

func main() {
    wg.Add(10)                        // ❷ 총 작업 개수 설정
    for i := 0; i < 10; i++ {
        go SumAtoB(1, 1000000000)
    }

    wg.Wait()                         // ❹ 모든 작업이 완료되길 기다림
```

```
    fmt.Println("모든 계산이 완료됐습니다.")
}
```

```
1부터 1000000000까지 합계는 500000000500000000입니다.
1부터 1000000000까지 합계는 500000000500000000입니다.
1부터 1000000000까지 합계는 500000000500000000입니다.
1부터 1000000000까지 합계는 500000000500000000입니다.
1부터 1000000000까지 합계는 500000000500000000입니다.
1부터 1000000000까지 합계는 500000000500000000입니다.
1부터 1000000000까지 합계는 500000000500000000입니다.
1부터 1000000000까지 합계는 500000000500000000입니다.
1부터 1000000000까지 합계는 500000000500000000입니다.
1부터 1000000000까지 합계는 500000000500000000입니다.
모든 계산이 완료됐습니다.
```

❶ main() 함수와 SumAtoB() 함수 양쪽에서 사용할 패키지 전역 변수로 waitGroup 객체를 만들었습니다. ❷ 작업을 시작하기에 앞서 총 작업 개수를 설정합니다. 고루틴을 10개 만들거라서 10을 설정했습니다. ❸ 각 루틴에서 SumAtoB() 함수를 완료할 때 wg.Done()을 호출되어 wg의 남은 작업 개수를 1씩 감소시킵니다. ❹ wg.Wait()를 하면 모든 작업이 완료될 때까지 종료하지 않고 대기합니다. 남은 작업 개수가 0이 되는 순간 Wait() 메서드가 끝나고 다음 줄로 넘어가게 됩니다. 위 예제는 총 10개의 고루틴을 생성하기 때문에 실행하면 순간적으로 많은 연산이 수행되어서 모든 CPU 코어가 매우 바빠집니다. 아래 그림은 제 컴퓨터의 CPU 활동량을 나타낸 그래프입니다. 4 코어 CPU에서 예제를 실행하니 CPU 사용량이 100%가 됐습니다.

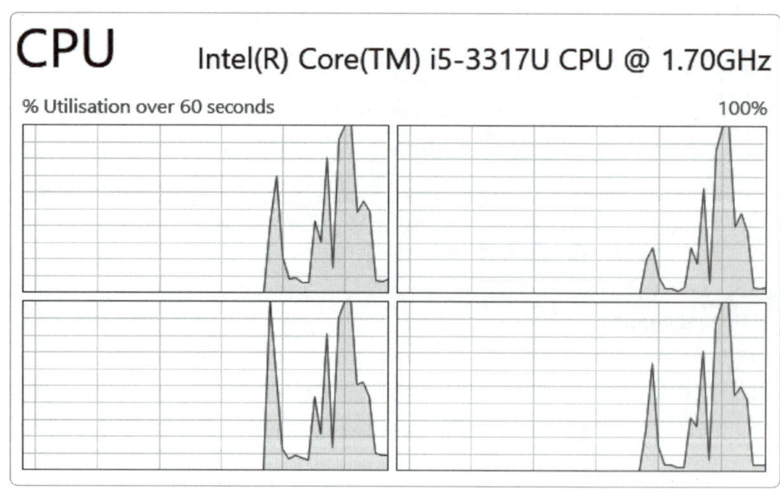

 # 22.3 고루틴의 동작 방법

고루틴은 명령을 수행하는 단일 흐름으로 OS 스레드[3]를 이용하는 경량 스레드$^{lightweight\ thread}$입니다. 이 말이 무엇을 의미하는지 OS 스레드와 고루틴은 무엇이 다른지 그 차이를 알아보겠습니다. Go 언어에서는 CPU 코어, OS 스레드, 고루틴을 서로 조율하여 사용해 고루틴을 효율적으로 다룹니다. 고루틴과 스레드 간의 관계를 알아보기 위해서 2개의 코어를 가진 컴퓨터에서 고루틴이 어떻게 동작하는지 살펴보겠습니다.

22.3.1 고루틴이 하나일 때

모든 명령은 OS 스레드를 통해서 CPU 코어에서 실행됩니다. Go로 만든 프로그램 역시 OS 위에서 돌아가기 때문에 명령을 수행하려면 OS 스레드를 만들어서 명령을 실행해야 합니다. main() 루틴만 존재하면 OS 스레드를 하나 만들어 첫 번째 코어와 연결합니다. 그리고 OS 스레드에서 고루틴을 실행하게 됩니다.

22.3.2 고루틴이 두 개일 때

이때 고루틴이 하나 더 생성된 경우를 살펴보겠습니다. 두 번째 고루틴이 생성되고 첫 번째 코어가 첫 번째 고루틴을 실행하고 있지만, 두 번째 코어가 남아 있기 때문에 두 번째 OS 스레드를 생성하여 두 번째 고루틴을 실행할 수 있습니다.

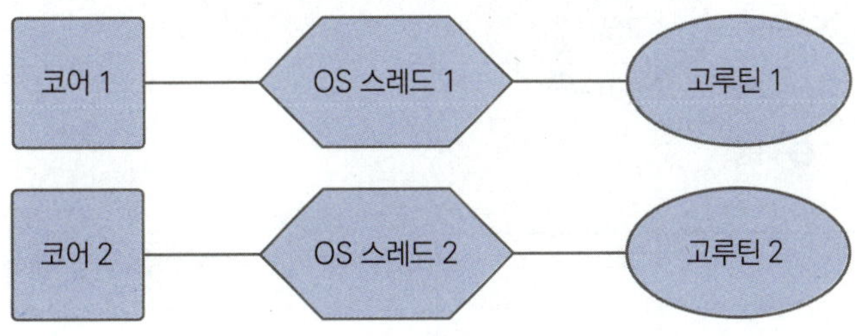

---

[3] 운영체제가 제공하는 스레드를 말합니다.

22.3.3 고루틴이 세 개일 때

이 상황에서 고루틴 하나가 더 생성되면 어떻게 될까요? 현재 첫 번째 코어는 첫 번째 고루틴을 실행 중이고 두 번째 코어는 두 번째 고루틴을 실행 중입니다. 이 컴퓨터의 코어는 2개이기 때문에 남는 코어가 없습니다. 그래서 세 번째 고루틴용 스레드를 만들지 않고 남는 코어가 생길 때까지 대기합니다. 즉 세 번째 고루틴은 남는 코어가 생길까지 실행되지 않고 멈춰있습니다.

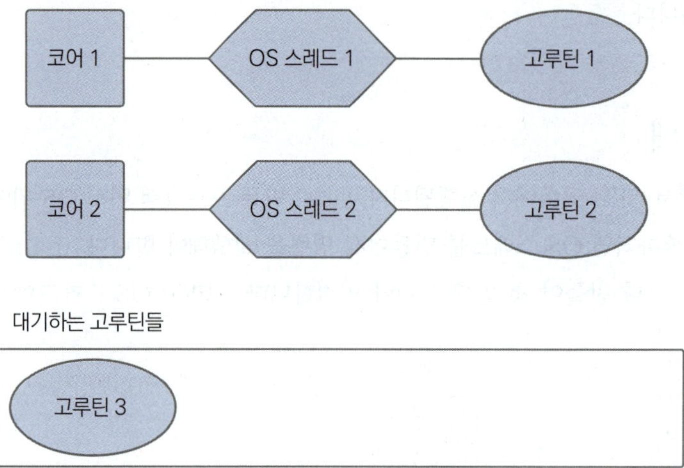

만약 두 번째 고루틴이 모두 실행 완료되면 ❶ 고루틴 2는 사라지게 되고 코어 2가 비게 됩니다. 드디어 대기하던 ❷ 고루틴 3이 실행됩니다.

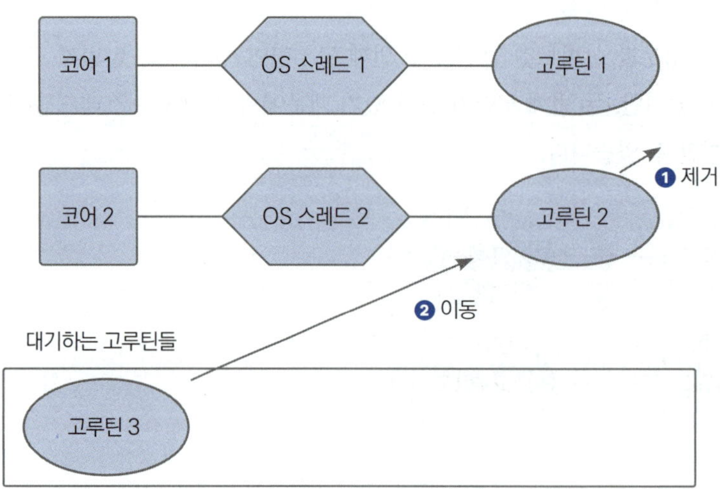

22.3.4 시스템 콜 호출 시

시스템 콜이란 운영체제가 지원하는 서비스를 호출할 때를 말합니다. 대표적으로 네트워크 기능 등이 있습니다. 시스템 콜을 호출하면 운영체제에서 해당 서비스가 완료될 때까지 대기해야 합니다. 예를 들어 네트워크로 데이터를 읽을 때는 데이터가 들어올 때까지 대기 상태가 됩니다.

이런 대기 상태인 고루틴에 CPU 코어와 OS 스레드를 할당하면 CPU 자원 낭비가 발생합니다. 그래서 Go 언어에서는 이런 상태에 들어간 루틴을 대기 상태로 보내고, 실행을 기다리는 다른 루틴에 CPU 코어와 OS 스레드를 할당하여 실행될 수 있게 합니다.

예를 들어 앞서 들은 예에서 세 번째 고루틴이 네트워크 수신 대기 상태라고 가정해봅시다. 고루틴 4가 대기 목록에 있으면 ❶ 고루틴 3이 대기 목록으로 빠지고 ❷ 고루틴 4가 OS 스레드 2를 이용해서 실행됩니다.

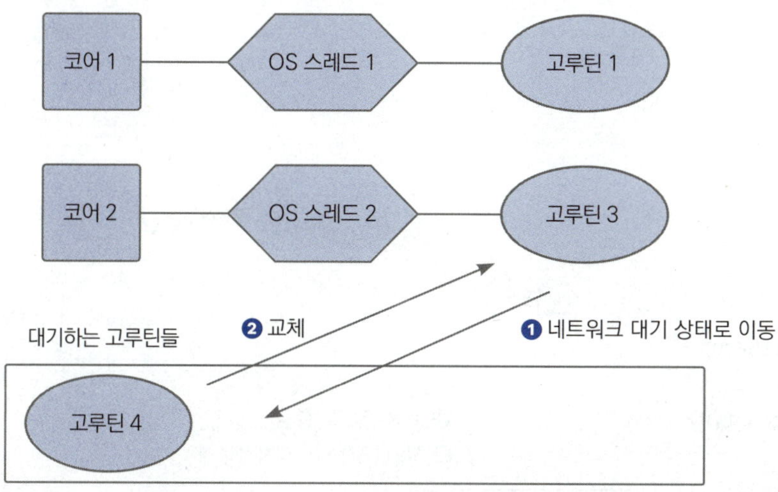

지금까지 고루틴 동작 원리를 살펴봤습니다. 이렇게 실행되면 어떤 장점이 있을까요? 컨텍스트 스위칭 비용이 발생하지 않게 됩니다. 컨텍스트 스위칭은 CPU 코어가 스레드를 변경할 때 발생하는데 고루틴을 이용하면 코어와 스레드는 변경되지 않고 오직 고루틴만 옮겨 다니기 때문입니다. 즉, 코어가 스레드를 변경하지 않기 때문에 컨텍스트 스위칭 비용이 발생하지 않습니다. OS 스레드를 직접 사용하는 다른 언어에서는 스레드 개수가 많아지면 컨텍스트 스위칭 비용이 증가되기 때문에 프로그램 성능이 떨어지지만 Go 언어에서는 고루틴이 증가되어도 컨텍스트 스위칭 비용이 발생하지 않기 때문에 수백, 수천 고루틴을 마음껏 만들어서 쓸 수 있습니다.

22.4 동시성 프로그래밍 주의점

동시성 프로그래밍의 문제점은 동일한 메모리 자원에 여러 고루틴이 접근할 때 발생합니다. 예를 들어 화가가 화분을 놓고 그림을 그리는데 화분 주인이 화분을 치워버리면 그림을 제대로 완성시킬 수 없을 겁니다. 두 사람이 화분이라는 동일 자원에 접근했기 때문에 발생한 문제입니다.

고루틴은 각 CPU 코어에서 별도로 동작하지만 각 화가와 화분 주인의 예제에서처럼 고루틴은 같은 메모리 공간에 동시에 접근해서 값을 변경시킬 수 있습니다. 같은 자원에 여러 고루틴이 접근해서 동시성 문제를 일으키는 예를 살펴보겠습니다.

```go
package main

import (
    "fmt"
    "sync"
    "time"
)

type Account struct {
    Balance int
}

func main() {
    var wg sync.WaitGroup

    account := &Account{0}        // ❶ 0원 잔고 통장
    wg.Add(10)                    // ❷ WaitGroup 객체 생성
    for i := 0; i < 10; i++ {
        go func() {
            for {
                DepositAndWithdraw(account)
            }
            wg.Done()             // ❸ 고루틴 10개 생성
        }()
    }
    wg.Wait()
}
```

```go
func DepositAndWithdraw(account *Account) {
    if account.Balance < 0 {                     // ❹ 잔고가 0 미만이면 패닉
        panic(fmt.Sprintf("Balance should not be negative value: %d",
                          account.Balance))
    }
    account.Balance += 1000                      // ❺ 1000원 입금
    time.Sleep(time.Millisecond)                 // ❻ 잠시 쉬고
    account.Balance -= 1000                      // ❼ 1000원 출금
}
```

```
Panic: Balance should not be negative value: -1000

goroutine 22 [running]:
...
```

여러 고루틴에서 통장에 동시에 접근해 1000원을 입금하고 다시 1000원을 출금해 동시성 문제가 발생하는 코드입니다.

❶ 먼저 잔고가 0원뿐인 통장을 만듭니다. ❷ WaitGroup 객체를 생성합니다. ❸ 함수 리터럴 고루틴 10개를 만듭니다. ❸ 각 고루틴은 DepositAndWithdraw() 함수를 무한히 호출합니다. 즉 생성된 고루틴은 입금과 출금을 무한 반복하게 됩니다.

DepositAndWithdraw() 함수는 ❹ 먼저 잔고가 0원 미만인지 체크합니다. ❺ 잔고가 0 이상이면 1000원을 입금하고 ❻ 1ms 쉬고 ❼ 1000원을 출금합니다.

1000원을 입금하고 1000원을 출금하기 때문에 잔고는 절대 0원 미만으로 내려가서는 안 됩니다. 하지만 이 예제를 실행하고 시간이 지나면 잔고가 0원이 되면서 패닉이 발생하여 프로그램이 종료됩니다.

문제 원인은 ❺ account.Balance += 1000 코드에 있습니다. 이 코드는 먼저 Balance값을 읽고 1000을 더해서 Balance에 다시 저장하는 두 단계로 이뤄집니다. 이때 첫 번째 단계가 완료되기 전에 다른 고루틴이 첫 번째 단계를 수행하면 두 고루틴은 똑같은 값을 읽어서 1000씩 더해다시 Balance에 저장합니다. 즉, 고루틴 2개가 각각 입금을 했는데 한 번 입금한 효과밖에 나지않게 됩니다. 이 상태에서 출금이 각각 이루어지면 잔고가 -가 됩니다.

22.5 뮤텍스를 이용한 동시성 문제 해결

그럼 이런 문제를 어떻게 해결할 수 있을까요? 가장 단순한 해결 방법은 한 고루틴에서 값을 변경할 때 다른 고루틴이 건들지 못하게 하는 겁니다. 뮤텍스^{mutex}를 이용하면 자원 접근 권한을 통제할 수 있습니다.

뮤텍스는 mutual exclusion의 약자입니다. 우리말로 상호 배제로 직역할 수 있습니다. 역할로는 자원 접근 권한이라고 볼 수 있습니다. 예를 들어 칠판 하나에 여러 명이 글씨를 써야 한다고 합시다. 교실 가운데 깃발을 하나 둬서 깃발을 집은 사람에게 칠판에 글씨를 쓸 권한을 주고, 글씨를 다 쓰고 나서 깃발을 반납해야 한다고 규칙을 정하면 글씨를 쓰려는 아이가 많더라도 항상 한 아이만 칠판에 글씨를 쓸 수 있게 됩니다.

뮤텍스 동작 방식도 이와 똑같습니다. 뮤텍스의 Lock() 메서드를 호출해 뮤텍스를 획득할 수 있습니다. 이미 Lock() 메서드를 호출해서 다른 고루틴이 뮤텍스를 획득했다면 나중에 호출한 고루틴은 앞서 획득한 뮤텍스가 반납될 때까지 대기하게 됩니다. 사용 중이던 뮤텍스는 Unlock() 메서드를 호출해서 반납합니다. 이후 대기하던 고루틴 중 하나가 뮤텍스를 획득합니다.

뮤텍스를 사용해 '여러 고루틴이 통장에 동시에 접근해 1000원을 입금하고 다시 1000원을 출금해 동시성 문제'를 해결해봅시다.

```go
package main

import (
    "fmt"
    "sync"
    "time"
)

var mutex sync.Mutex              // ❶ 패키지 전역 변수 뮤텍스

type Account struct {
    Balance int
}

func DepositAndWithdraw(account *Account) {
    mutex.Lock()                  // ❷ 뮤텍스 획득
```

ch22/ex22.4/ex22.4.go

```go
        defer mutex.Unlock()        // ❸ defer를 사용한 Unlock()
        if account.Balance < 0 {
            panic(fmt.Sprintf("Balance should not be negative value: %d",
                            account.Balance))
        }
        account.Balance += 1000
        time.Sleep(time.Millisecond)
        account.Balance -= 1000
    }

    func main() {
        var wg sync.WaitGroup

        account := &Account{0}
        wg.Add(10)
        for i := 0; i < 10; i++ {
            go func() {
                for {
                    DepositAndWithdraw(account)
                }
                wg.Done()
            }()
        }
        wg.Wait()
    }
```

이번 예제는 출력 결과가 없습니다. 아무리 오래 기다려도 패닉은 발생하지 않습니다. 잔고가 절대 0원 미만으로 떨어지지 않기 때문입니다. `Ctrl+C`을 눌러서 프로그램을 강제 종료하고 자세히 코드를 살펴봅시다.

❶ 먼저 패키지 전역 변수로 뮤텍스를 만들었습니다. ❷ DepositAndWithdraw() 함수에서 mutex.Lock() 메서드를 호출해서 뮤텍스를 획득합니다. 만약 다른 고루틴이 이미 뮤텍스를 획득했다면 뮤텍스를 놓을 때까지 기다리게 됩니다. ❸ defer를 사용해서 함수 종료 전에 뮤텍스 Unlock() 메서드가 호출될 수 있도록 보장합니다. 한 번 획득한 뮤텍스는 반드시 Unlock()을 호

출해서 반납해야 한다는 점을 기억해둡시다.

```go
func DepositAndWithdraw(account *Account) {
    mutex.Lock()                      // 뮤텍스를 확보할 때까지 대기
    defer mutex.Unlock()
    account.Balance += 1000           // 이하 로직은 뮤텍스를 확보한
    time.Sleep(time.Millisecond)      // 단 하나의 고루틴만 실행하게 됩니다.
```

뮤텍스는 동시에 고루틴 하나만 확보할 수 있습니다. 따라서 mutex.Lock() 메서드를 먼저 차치한 고루틴만 잔고를 수정할 수 있습니다. 그래서 잔고는 절대 0원 미만으로 내려가지 않게 됩니다.

22.6 뮤텍스와 데드락

뮤텍스를 사용하면 동시성 프로그래밍 문제를 해결할 수 있지만, 또 다른 문제가 발생할 수 있습니다.

첫 번째 문제는 동시성 프로그래밍으로 얻는 성능 향상을 얻을 수 없다는 점입니다. 뮤텍스는 오직 하나의 고루틴만 공유 자원에 접근할 수 있도록 제한합니다. 따라서 여러 고루틴 중 뮤텍스를 획득한 고루틴만 실행됩니다. 성능을 향상시키려고 동시성 프로그램을 구현했지만 성능 향상을 얻지 못하는 아이러니한 문제가 생기게 됩니다.

두 번째 문제는 데드락이 발생할 수 있다는 점입니다. 데드락은 프로그램을 완전히 멈추게 만들어버리는 아주 무서운 문제입니다. 데드락이 발생하는 원인과 해결 방법을 살펴보겠습니다.

테이블 위에 수저와 포크가 하나씩 놓여져 있고 두 사람이 있습니다. 식사는 포크와 수저 모두 들어야지만 할 수 있다고 합시다.

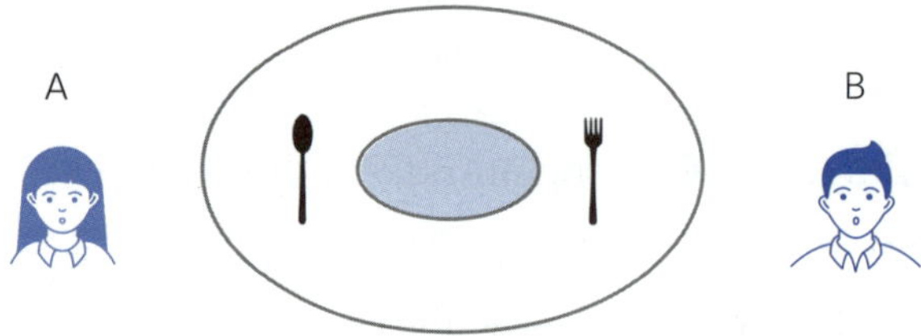

A가 수저를, B가 포크를 먼저 집었습니다.

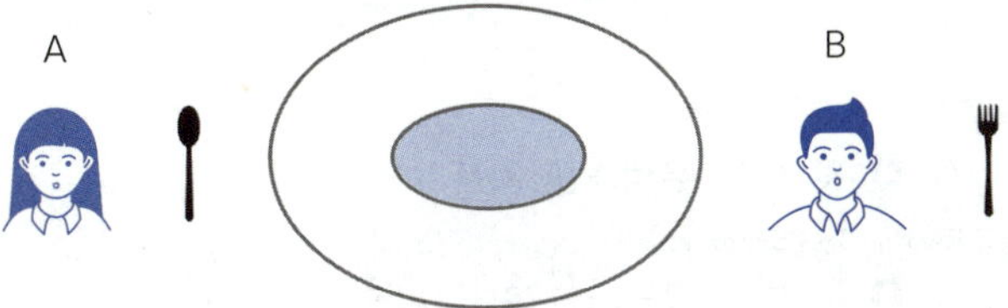

A는 이제 포크를, B는 수저를 집으려 합니다. 하지만 테이블 위에 남은 포크와 수저는 없습니다. A, B 누구도 양보하지 않아 둘 다 밥을 먹지 못하게 됐습니다.

위처럼 어떤 고루틴도 원하는 만큼 뮤텍스를 확보하지 못해서 무한히 대기하게 되는 경우를 데드락이라고 합니다.

포크와 수저를 확보하려 하지만 모두 확보하지 못해서 데드락이 발생하는 경우를 구현합시다.

```go
package main

import (
    "fmt"
    "math/rand"
    "sync"
    "time"
)

var wg sync.WaitGroup

func main() {
    rand.Seed(time.Now().UnixNano())

    wg.Add(2)
    fork := &sync.Mutex{}                                    // ❶ 포크와 수저 뮤텍스
    spoon := &sync.Mutex{}

    go diningProblem("A", fork, spoon, "포크", "수저") // ❷ A는 포크 먼저
    go diningProblem("B", spoon, fork, "수저", "포크") // ❸ B는 수저 먼저
    wg.Wait()
}
```

ch22/ex22.5/ex22.5.go

```go
func diningProblem(name string, first, second *sync.Mutex, firstName,
secondName string) {
    for i := 0; i < 100; i++ {
        fmt.Printf("%s 밥을 먹으려 합니다.\n", name)
        first.Lock()                    // ❹ 첫 번째 뮤텍스를 획득 시도
        fmt.Printf("%s %s 획득\n", name, firstName)
        second.Lock()                   // ❺ 두 번째 뮤텍스를 획득 시도
        fmt.Printf("%s %s 획득\n", name, secondName)

        fmt.Printf("%s 밥을 먹습니다.\n", name)
        time.Sleep(time.Duration(rand.Intn(1000)) * time.Millisecond)

        second.Unlock()                 // ❻ 뮤텍스 반납
        first.Unlock()
    }
    wg.Done()
}
```

```
B 밥을 먹으려 합니다.
B 수저 획득
B 포크 획득
B 밥을 먹습니다.
A 밥을 먹으려 합니다.
A 포크 획득
A 수저 획득
A 밥을 먹습니다.
B 밥을 먹으려 합니다.
A 밥을 먹으려 합니다.
A 포크 획득
B 수저 획득
fatal error: all goroutines are asleep - deadlock!

goroutine 1 [semacquire]:
...
```

❶ 포크와 수저 뮤텍스 두 개를 만듭니다. ❷ A는 포크 먼저 들고 ❸ B는 수저 먼저 듭니다.

diningProblem() 함수에서는 ❹ 첫 번째 뮤텍스와 ❺ 두 번째 뮤텍스를 모두 획득한 경우에 밥을 먹고 ❻ 두 뮤텍스를 반납합니다.

위 실행 예를 보면 A는 포크를 획득했고, B는 수저를 획득했지만 서로 두 번째 뮤텍스를 획득하지 못해 무한히 대기하게 되고, Go 언어에서는 데드락을 감지하고 에러를 반환하게 됩니다.

위 예제는 일부러 데드락을 발생시킨 예입니다. 둘 다 수저 먼저 집고 포크를 집게 만들면 프로그램이 멈추는 문제는 발생하지 않습니다. 하지만 실제 프로그래밍에서는 뮤텍스들이 복잡하게 꼬여 있어서 단순히 순서만 변경해서는 해결할 수 없는 경우가 있습니다. 그래서 데드락 문제는 동시성 프로그래밍에서 해결하기 힘든 난제입니다.

지금까지 내용을 정리해보겠습니다.

- 멀티코어 컴퓨터에서는 여러 고루틴을 사용하여 성능을 향상시킬수 있습니다.
- 하지만 같은 메모리를 여러 고루틴이 접근하면 프로그램이 꼬일 수 있습니다.
- 뮤텍스를 이용하면 동시에 고루틴 하나만 접근하도록 조정해 꼬이는 문제를 막을 수 있다.
- 그러나 뮤텍스를 잘못 사용하면 성능 향상도 못하고 데드락이라는 심각한 문제가 생길 수 있습니다.

그럼 어떻게 해야 할까요? 뮤텍스를 쓰지 않아야 할까요? 뮤텍스가 꼬이지 않도록 좁은 범위에서 데드락에 걸리지 않는지 철저히 확인해서 사용하면 여전히 유용하고 손쉬운 방법입니다.[4]

22.7 또 다른 자원 관리 기법

모든 문제는 같은 자원을 여러 고루틴이 접근하기 때문에 발생합니다. 만약 각 고루틴이 같은 자원에 접근하지 않으면 애당초 문제가 발생하지 않습니다. 즉 여전히 멀티코어의 이점을 얻으면서 뮤텍스를 쓰지 않아도 되어서 뮤텍스로 인한 문제도 발생하지 않게 됩니다.

각 고루틴이 서로 다른 자원에 접근하게 만드는 두 가지 방법이 있습니다.

- 영역을 나누는 방법
- 역할을 나누는 방법

예를 들어 여러 사람이 하나의 종이에 그림을 그린다면, 어떤 식으로든 작업을 나눠야 할 겁니다.

---

4 google cloud profiler와 같은 프로파일링 툴을 이용해서 뮤텍스 검사를 할 수 있습니다. 자세한 사항은 google cloud profiler를 검색하세요.

첫 번째 방법은 영역을 나누는 방법입니다. 종이의 각 영역을 각자에게 나눠서 서로의 영역을 침범하지 않고 그리면 됩니다.

두 번째 방법은 역할을 나누는 겁니다. 밑그림, 배경 스케치, 채색을 각자 맡아 수행한다면 작업자 간 간섭 없이 그림을 완성시킬 수 있습니다.

첫 번째 영역을 나누는 방법을 예제로 알아보겠습니다.

```go
package main

import (
    "fmt"
    "sync"
    "time"
)

type Job interface {                    // ❶ Job 인터페이스
    Do()
}

type SquareJob struct {
    index int
}

func (j *SquareJob) Do() {
    fmt.Printf("%d 작업 시작\n", j.index)  // ❷ 각 작업
    time.Sleep(1 * time.Second)
    fmt.Printf("%d 작업 완료 - 결과: %d\n", j.index, j.index*j.index)
}

func main() {
    var jobList [10]Job

    for i := 0; i < 10; i++ {                    // ❸ 10가지 작업 할당
        jobList[i] = &SquareJob{i}
    }

    var wg sync.WaitGroup
    wg.Add(10)
```

ch22/ex22.6/ex22.6.go

```go
    for i := 0; i < 10; i++ {
        job := jobList[i]                  // ❹ 각 작업을 고루틴으로 실행
        go func() {
            job.Do()
            wg.Done()
        }()
    }
    wg.Wait()
}
```

```
3 작업 시작
1 작업 시작
4 작업 시작
6 작업 시작
7 작업 시작
2 작업 시작
8 작업 시작
5 작업 시작
9 작업 시작
0 작업 시작
1 작업 완료 - 결과: 1
3 작업 완료 - 결과: 9
4 작업 완료 - 결과: 16
6 작업 완료 - 결과: 36
7 작업 완료 - 결과: 49
2 작업 완료 - 결과: 4
5 작업 완료 - 결과: 25
8 작업 완료 - 결과: 64
9 작업 완료 - 결과: 81
0 작업 완료 - 결과: 0
```

10가지 작업을 고루틴 10개로 수행하는 예제입니다.

❶ 각 작업을 나타내는 Job 인터페이스를 정의합니다. Job 인터페이스는 Do() 메서드만 가지고 있습니다. ❷ Job 인터페이스를 구현한 SquareJob 구조체를 만들었습니다. 단순히 1초 대기 후 제곱값을 표시하지만, 실제 프로그램에서는 파일 읽기나 복잡한 계산 등 구체적인 작업이 될 수 있습니다. ❸ 처음에 10가지 작업을 배열에 할당하고 ❹ 각 작업을 각 고루틴으로 실행합니다.

각 고루틴은 할당된 작업만 하므로 고루틴 간 간섭이 발생하지 않습니다. 그래서 뮤텍스가 필요 없습니다. 예를 들면 100개 파일을 읽어서 분석할 때는 파일별로 고루틴을 할당해서 수행하면 되겠죠.

중요한 점은 고루틴 간의 간섭을 없애는 겁니다. 이를 위한 두 번째 방법인 역할을 나누는 방법에 대해서는 다음 장에서 채널과 같이 설명하겠습니다.

핵심 요약

1 고루틴은 경량 스레드로 컨텍스트 스위칭 비용이 발생하지 않습니다.
2 멀티 코어 머신에서는 여러 고루틴을 사용하여 성능을 증가시킬 수 있습니다.
3 여러 고루틴이 같은 메모리 영역을 조정하면 예기치 못한 문제가 발생할 수 있습니다.
4 뮤텍스는 동시에 고루틴 하나만 자원에 접근하도록 조정합니다.
5 뮤텍스를 잘못 사용하면 데드락 문제가 생길 수 있습니다.
6 작업 분할 방식과 역할 분할 방식으로 뮤텍스 없이 동시성 프로그래밍을 할 수 있습니다.

1 다음 중 동시성 프로그래밍에 대한 틀린 설명을 모두 고르시오.

❶ 고루틴은 OS 스레드의 다른 말입니다.

❷ 동시성 프로그래밍을 할 때 뮤텍스는 사용하면 안 됩니다.

❸ 적정 개수 이상의 고루틴을 사용하면 성능상 손해가 매우 심해집니다.

❹ 동시성 프로그래밍을 잘 사용하면 멀티코어 컴퓨터에서 성능을 크게 향상시킵니다.

2 다음 공란을 채우세요.

```go
package main

import (
    "fmt"
    "sync"
    "time"
)

var mutex sync.Mutex
var wg sync.WaitGroup

type Account struct {
    Balance int
}

func DepositAndWithdraw(account *Account) {
    mutex.Lock()                    // 뮤텍스 획득
    defer ❶ ▮▮▮▮▮              // 뮤텍스 반환
    if account.Balance < 0 {
        panic(fmt.Sprintf("Balance should not be negative value: %d",
                        account.Balance))
    }
    account.Balance += 1000
    account.Balance -= 1000
    ❷ ▮▮▮▮▮                        // 작업 완료 표시
}
```

```go
func main() {

    account := &Account{0}
    wg.Add( ❸              )
    for i := 0; i < 10; i++ {
        go func() {
            DepositAndWithdraw(account)
        }()
    }
    wg.Wait()
}
```

1 정답 ❶, ❷, ❸

　　해설 ❶ 고루틴과 OS 스레드는 서로 다른 개념입니다. 고루틴이 OS 스레드를 이용해서 동시성 프로그래밍을 합니다. ❷ 뮤텍스는 동시성 프로그래밍을 할 때 가장 흔하게 사용되는 유용한 방식입니다. 하지만 데드락이나 성능상 손해가 발생할 수 있으니 주의해서 사용해야 합니다. ❸ 고루틴 개수가 증가되어도 OS 스레드 개수는 증가되지 않기 때문에 OS 스레드가 증가되어서 발생하는 컨텍스트 스위칭 비용이 발생하지 않습니다. ❹ 동시성 프로그래밍을 잘 사용하면 멀티코어 컴퓨터에서 성능을 크게 증가시킬 수 있습니다. 여러 코어를 동시에 사용하기 때문입니다.

2 정답 ❶ mutex.Unlock() ❷ wg.Done() ❸ 10

　　해설 ❶ 뮤텍스를 반환할 때 Unlock() 메서드 사용 ❷ wg.Done()하면 남은 작업 개수를 하나 줄여서 작업 완료를 표시합니다. ❸ 총 10개의 고루틴을 생성하므로 작업 완료해야 하는 개수를 10개로 설정합니다.

채널과 컨텍스트

23.1 채널 사용하기

채널channel이란 고루틴끼리 메시지를 전달할 수 있는 메시지 큐입니다. 메시지 큐에 메시지들은 차례대로 쌓이게 되고 메시지를 읽을 때는 맨 처음 온 메시지부터 차례대로 읽게 됩니다.

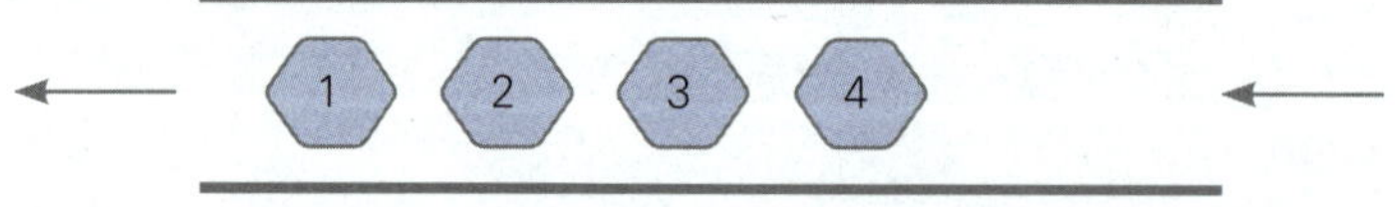

메시지 큐란 메시지가 입력한 순서대로 쌓이는 큐입니다.

23.1.1 채널 인스턴스 생성

채널을 사용하기 위해서는 먼저 채널 인스턴스를 만들어야 합니다.

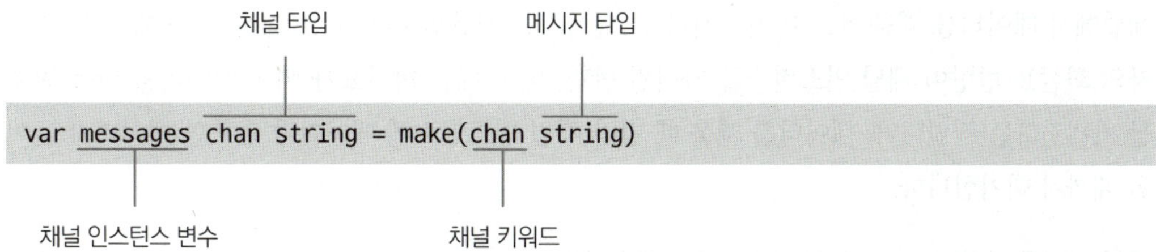

채널은 위와 같이 슬라이스, 맵 등과 같이 make() 함수로 만들 수 있습니다. 채널 타입은 채널 channel을 의미하는 chan과 메시지 타입을 합쳐서 표현합니다. 그래서 chan string은 string 타입 메시지를 전달하는 채널의 타입입니다.

23.1.2 채널에 데이터 넣기

이렇게 만든 채널에 데이터 넣는 방법을 알아보겠습니다.

채널에 데이터를 넣는 데 <- 연산자를 이용합니다. <- 연산자 좌변에 채널 인스턴스를 놓고 우변에 넣을 데이터를 놓으면 우변 데이터를 좌변 채널에 넣게 됩니다. messages 채널 인스턴스는 앞서 string을 받는 채널인 chan string 타입으로 만들었기 때문에 문자열 데이터를 넣습니다.

23.1.3 채널에서 데이터 빼기

자 이제 데이터를 넣었으니 채널에서 데이터를 빼보겠습니다.

채널에서 데이터를 빼올 때도 마찬가지로 <- 연산자를 사용합니다. 다른 점은 넣을 때는 <- 연산자의 화살표 방향이 채널 인스턴스를 가리킨 반면, 뺄 때는 화살표가 빼낸 데이터를 담을 변수를 가리킨다는 점입니다. 데이터를 빼올 때 만약 채널 인스턴스에 데이터가 없으면 데이터가 들어올 때까지 대기합니다.

채널을 사용해서 데이터 하나를 넣고 빼보겠습니다.

```go
package main
import (
    "fmt"
    "sync"
    "time"
)

func main() {
    var wg sync.WaitGroup
    ch := make(chan int)              // ❶ 채널 생성

    wg.Add(1)
    go square(&wg, ch)               // ❷ 고루틴 생성
    ch <- 9                          // ❸ 채널에 데이터 넣음
    wg.Wait()                        // ❹ 작업이 완료되길 기다림
}

func square(wg *sync.WaitGroup, ch chan int) {
    n := <-ch                        // ❺ 데이터 빼옴

    time.Sleep(time.Second)          // 1초 대기
    fmt.Printf("Square: %d\n", n*n)
    wg.Done()
}
```

```
Square: 81
```

❶ 먼저 채널을 생성합니다. 여기서는 int 타입값을 넣고 뺄 수 있는 채널을 생성했습니다.

❷ square() 함수를 실행하는 고루틴을 생성합니다. 그래서 square() 함수는 main() 루틴이 아닌 새로운 고루틴에서 동시에 실행됩니다. square() 함수는 앞서 생성한 채널 인스턴스를 인수로

받아서 ❺ 먼저 채널에서 데이터를 빼오려 시도합니다. 현재 채널에는 아무런 데이터가 없기 때문에 데이터가 들어올 때까지 대기합니다.

❸ main() 루틴에서 채널에 9를 넣었습니다. 이제 채널에 데이터가 들어왔기 때문에 square() 함수에서 데이터를 빼올 수 있고 결괏값을 출력하게 됩니다. ❹ square() 함수에서 wg.Done() 을 통해서 작업이 완료될까지 기다렸다가 프로그램을 종료합니다.

23.1.4 채널 크기

일반적으로 채널을 생성하면 크기가 0인 채널[1]이 만들어집니다. 크기가 0이라는 뜻은 채널에 들어온 데이터를 담아둘 곳이 없다는 얘기가 됩니다.

예를 들어 택배 기사가 택배를 전달하는데, 택배를 담아둘 곳이 없으면 수신자가 와서 가져갈 때까지 택배를 들고 기다려야 할 겁니다. 하지만 택배 보관함이 있고 보관함에 공간이 남아 있으면 보관함에 택배를 넣고 다른 일을 볼 수 있습니다.

채널 크기가 0이란 얘기는 택배 보관함이 없는 경우라고 보시면 됩니다. 즉 데이터를 넣을 때 보관할 곳이 없기 때문에 데이터를 빼갈 때까지 대기하게 됩니다.

채널에서 데이터를 가져가지 않아서 프로그램이 멈추는 경우를 살펴보겠습니다.

```
                                                       ch23/ex23.2/ex23.2.go
package main
import "fmt"


func main() {
```

---

[1] unbuffered channel

```
    ch := make(chan int)              // ❶ 크기 0인 채널 생성

    ch <- 9                           // ❷ main() 함수가 여기서 멈춥니다.
    fmt.Println("Never print")        // ❸ 실행되지 않습니다.
}
```

```
fatal error: all goroutines are asleep - deadlock!

goroutine 1 [chan send]:
main.main()
        ch23/ex23.2/ex23.2.go:9 +0x5f
```

❶ 일반적으로 생성하면 크기 0짜리 채널이 만들어집니다. ❷ 그래서 채널에 데이터를 넣었지만
보관할 곳이 없기 때문에 다른 고루틴에서 데이터를 빼가기를 기다립니다. 하지만 어떤 고루틴도
데이터를 빼가지 않기 때문에 ❸은 실행되지 않고 모든 고루틴이 영원히 대기하게 됩니다. 따라서
deadlock 메시지를 출력하고 프로그램이 강제 종료됩니다.

23.1.5 버퍼를 가진 채널

내부에 데이터를 보관할 수 있는 메모리 영역을 버퍼^{buffer}라고 부릅니다. 그래서 보관함을 가지고
있는 채널을 버퍼를 가진 채널이라고 말합니다. 그럼 버퍼를 가진 채널을 어떻게 만들 수 있을까
요? 단순하게 make() 함수에서 뒤에 버퍼 크기를 적어주면 됩니다.

```
var chan string messages = make(chan string, 2)
```

그래서 위와 같이 채널을 생성하면 버퍼가 2개인 채널이 만들어집니다. 이제 2개까지는 데이터를
보관할 수 있습니다. 그런데 버퍼가 다 차면 어떻게 될까요? 버퍼가 없을 때와 마찬가지로 보관함
에 빈자리에 생길 때까지 대기합니다. 그래서 데이터를 제때 빼가지 않으면, 버퍼가 없을 때처럼
고루틴이 멈추게 됩니다.

23.1.6 채널에서 데이터 대기

ex23.1 예제에서는 데이터 하나를 넣고 뺐습니다. 이번에는 고루틴에서 데이터를 계속 기다리면
서 데이터가 들어오면 작업을 수행하는 예제를 살펴보겠습니다.

```go
package main
import (
    "fmt"
    "sync"
    "time"
)

func square(wg *sync.WaitGroup, ch chan int) {
    for n := range ch {                    // ❷ 데이터를 계속 기다림
        fmt.Printf("Square: %d\n", n*n)
        time.Sleep(time.Second)
    }
    wg.Done()                              // ❹ 실행되지 않음
}

func main() {
    var wg sync.WaitGroup
    ch := make(chan int)

    wg.Add(1)
    go square(&wg, ch)

    for i := 0; i < 10; i++ {
        ch <- i * 2                        // ❶ 데이터를 넣음
    }
    wg.Wait()                              // ❸ 작업 완료를 기다림
}
```

```
Square: 0
Square: 4
Square: 16
Square: 36
Square: 64
Square: 100
Square: 144
Square: 196
Square: 256
Square: 324
fatal error: all goroutines are asleep - deadlock! ❺
```

❶ 채널에 데이터를 10번 넣습니다.

❷ for range 구문을 사용하면 채널에서 데이터를 계속 기다릴 수 있습니다.

```
for n := range ch {
    ...            // ❻
}
```

위와 같이 하면 ch 채널 인스턴스로부터 데이터가 들어오길 기다렸다가 데이터가 들어오면 데이터를 빼내서 n 변수에 값을 복사하고 ❸ for 본문을 실행하게 됩니다.

❸ wg.Wait() 메서드로 작업이 완료되기를 기다립니다. 하지만 for range 구문은 채널에 데이터가 들어오기를 계속 기다리기 때문에 절대 ❹가 실행되지 않고 모든 고루틴이 멈추게 되어 ❺ deadlock이 표시됩니다.

그럼 이 문제를 어떻게 해결할 수 있을까요? 바로 채널을 다 사용하면 close(ch)를 호출해 채널을 닫고 채널이 닫혔음을 알려줘야 합니다. 채널에서 데이터를 모두 빼낸 상태이고 채널이 닫혔으면 for range문을 빠져나가게 됩니다.

```
for n := range ch {  ─────── 채널이 모두 빈 상태에서 닫혔
    ...                      으면 for문을 빠져나갑니다.
}
```

그래서 위 예제의 문제를 수정하면 다음과 같습니다.

ch23/ex23.4/ex23.4.go

```go
package main
import (
    "fmt"
    "sync"
    "time"
)

func square(wg *sync.WaitGroup, ch chan int) {
    for n := range ch {            // ❷ 채널이 닫히면 종료
        fmt.Printf("Square: %d\n", n*n)
        time.Sleep(time.Second)
```

```go
    }
    wg.Done()
}

func main() {
    var wg sync.WaitGroup
    ch := make(chan int)

    wg.Add(1)
    go square(&wg, ch)

    for i := 0; i < 10; i++ {
        ch <- i * 2
    }
    close(ch)                          // ❶ 채널 닫음
    wg.Wait()
}
```

```
Square: 0
Square: 4
Square: 16
Square: 36
Square: 64
Square: 100
Square: 144
Square: 196
Square: 256
Square: 324
```

❶ 데이터를 모두 넣고 채널이 더는 필요없기 때문에 close(ch)를 호출해 닫아줍니다. 그럼
❷ for range에서 데이터를 모두 처리하고 난 다음에 채널이 닫힌 상태이면 for문을 종료해서 프로그램이 정상 종료될 수 있습니다.

Warning 이렇게 채널을 제때 닫아주지 않아서 고루틴에서 데이터를 기다리며 무한 대기하는 경우를 좀비 루틴 또는 고루틴 릭leak이라고 합니다. 아무리 경량 스레드라고 해도 고루틴 또한 메모리와 성능을 차지하기 때문에 이런 좀비 루틴이 많아지면 프로그램 자원을 소모하게 되고 프로그램이 느려지거나 메모리 부족으로 강제 종료될 수 있습니다. 그래서 놀고 있는 고루틴이 없는지 잘 살펴봐야 합니다.

23.1.7 select문

예를 들어 전화 상담사가 전화가 오기를 대기하는 상황에서 만약 전화가 계속 안 오면 어떻게 할까요? 계속 전화기만 쳐다보고 있을 수도 있지만 아니면 다른 서류 작업을 할 수도 있을 겁니다. 이렇게 채널에서 데이터가 들어오기를 대기하는 상황에서 만약 데이터가 들어오지 않으면 다른 작업을 하거나, 아니면 여러 채널을 동시에 대기하고 싶을 때 어떻게 해야 할까요? 바로 select문을 사용해서 대기하면 됩니다.

```
select {
case n := <-ch1:
    ...              // ch1 채널에서 데이터를 빼낼 수 있을 때 실행
case n2 := <-ch2:
    ...              // ch2 채널에서 데이터를 빼낼 수 있을 때 실행
case ...
}
```

select문은 위와 같이 여러 채널을 동시에 기다릴 수 있습니다. 만약 어떤 채널이라도 하나의 채널에서 데이터를 읽어오면 해당 구문을 실행하고 select문이 종료됩니다. 하나의 case만 처리되면 종료되기 때문에 반복해서 데이터를 처리하고 싶다면 for문과 함께 사용해야 합니다.

select를 사용해서 데이터를 읽고 처리하는 예제를 살펴보겠습니다.

ch23/ex23.5/ex23.5.go

```
package main

import (
    "fmt"
    "sync"
    "time"
)

func square(wg *sync.WaitGroup, ch chan int, quit chan bool) {
    for {
        select {                    // ❷ ch와 quit 양쪽을 모두 기다림
        case n := <-ch:
            fmt.Printf("Square: %d\n", n*n)
            time.Sleep(time.Second)
        case <-quit:
```

```go
            wg.Done()
            return
        }
    }
}

func main() {
    var wg sync.WaitGroup
    ch := make(chan int)
    quit := make(chan bool)     // ❶ 종료 채널

    wg.Add(1)
    go square(&wg, ch, quit)

    for i := 0; i < 10; i++ {
        ch <- i * 2
    }

    quit <- true
    wg.Wait()
}
```

```
Square: 0
Square: 4
Square: 16
Square: 36
Square: 64
Square: 100
Square: 144
Square: 196
Square: 256
Square: 324
```

❶ quit 종료 채널을 만들어서 square() 루틴을 만들 때 알려줍니다. ❷ 이제 select문에서 ch
와 quit 채널 모두를 기다립니다. ch 채널을 먼저 시도하기 때문에 ch 채널에서 데이터를 읽을
수 있으면 계속 읽습니다. 그래서 10개의 제곱이 모두 출력되고 quit 채널에서 데이터를 읽어온
다음 square() 함수가 종료됩니다.

23.1.8 일정 간격으로 실행

메시지가 있으면 메시지를 빼와서 실행하고 그렇지 않다면 1초 간격으로 다른 일을 수행해야 한다고 가정해보겠습니다. 이런 경우 어떻게 만들 수 있을까요? time 패키지의 Tick() 함수로 원하는 시간 간격으로 신호를 보내주는 채널을 만들 수 있습니다.

1초 간격으로 메시지를 출력하고 10초 이후 종료되는 프로그램을 만들어봅시다.

```go
                                                    ch23/ex23.6/ex23.6.go
package main

import (
    "fmt"
    "sync"
    "time"
)

func square(wg *sync.WaitGroup, ch chan int) {
    tick := time.Tick(time.Second)          // ❶ 1초 간격 시그널
    terminate := time.After(10*time.Second) // ❷ 10초 이후 시그널

    for {
        select {                            // ❸ tick, terminate, ch 순서로 처리
        case <-tick:
            fmt.Println("Tick")
        case <-terminate:
            fmt.Println("Terminated!")
            wg.Done()
            return
        case n := <-ch:
            fmt.Printf("Square: %d\n", n*n)
            time.Sleep(time.Second)
        }
    }
}

func main() {
    var wg sync.WaitGroup
    ch := make(chan int)
```

```go
    wg.Add(1)
    go square(&wg, ch)

    for i := 0; i < 10; i++ {
        ch <- i * 2
    }
    wg.Wait()
}
```

```
Square: 0
Square: 4
Square: 16
Tick
Square: 36
Square: 64
Square: 100
Tick
Tick
Square: 144
Square: 196
Tick
Square: 256
Square: 324
Tick
Terminated!
```

출력 결과는 실행할 때마다 조금씩 달라질 수 있습니다.

❶ time.Tick()은 일정 시간 간격 주기로 신호를 보내주는 채널을 생성해서 반환하는 함수입니다. 이 함수가 반환한 채널에서 데이터를 읽어오면 일정 시간 간격으로 현재 시각을 나타내는 Time 객체를 반환합니다.

❷ time.After()는 현재 시간 이후로 일정 시간 경과 후에 신호를 보내주는 채널을 생성해서 반환하는 함수입니다. 이 함수가 반환한 채널에서 데이터를 읽으면 일정 시간 경과 후에 현재 시각을 나타내는 Time 객체를 반환합니다.

❸ select문을 이용해서 tick, terminate, ch 순서로 채널에서 데이터 읽기를 시도합니다. tick에서 메시지를 읽어오면 Tick을 출력하고 terminate에서 읽어오면 함수를 종료합니다. tick과

terminate에서 신호를 못 읽으면 ch에서 읽어오게 됩니다. tick은 1초 간격으로 신호를 보내고 10초 이후에는 terminate 신호가 오므로 함수가 종료됩니다.

23.1.9 채널로 생산자 소비자 패턴 구현하기

22장 고루틴에서 뮤텍스를 사용하지 않는 방법 중 첫 번째 방법인 영역을 나누는 방법을 알아봤고, 두 번째 방법인 채널을 이용해서 역할을 나누는 방법을 알아보겠습니다.

예를 들어 자동차 공장에서 자동차를 차체 생산 → 바퀴 설치 → 도색 → 완성 단계를 거쳐 생산한다고 가정합시다. 각 공정에 1초가 걸린다고 보면 자동차 한 대를 만드는 데 3초가 걸릴 겁니다. 그런데 3명이 공정 하나씩 처리하면 첫 차 생산에만 3초가 걸리고 그 뒤론 1초마다 하나씩 생산할 수 있습니다. 이것을 컨베이어 벨트 시스템이라고 합니다.

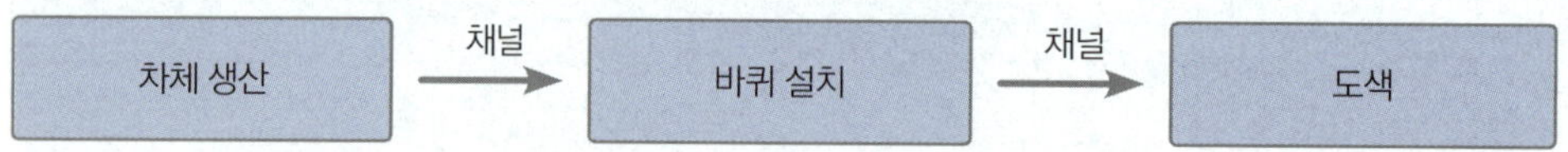

작업자 간 자동차 전달은 컨베이어 벨트를 통해서만 이뤄집니다. 자동차는 데이터, 컨베이어 벨트는 채널로 볼 수 있습니다. 채널을 사용해서 이 과정을 구현해보겠습니다.

```go
package main

import (
    "fmt"
    "sync"
    "time"
)

type Car struct {
    Body  string
    Tire  string
    Color string
}

var wg sync.WaitGroup
var startTime = time.Now()
```

ch23/ex23.7/ex23.7.go

```go
func main() {
    tireCh := make(chan *Car)
    paintCh := make(chan *Car)

    fmt.Printf("Start Factory\n")

    wg.Add(3)
    go MakeBody(tireCh) // ❶ 고루틴 생성
    go InstallTire(tireCh, paintCh)
    go PaintCar(paintCh)

    wg.Wait()
    fmt.Println("Close the factory")
}

func MakeBody(tireCh chan *Car) { // ❷ 차체 생산
    tick := time.Tick(time.Second)
    after := time.After(10 * time.Second)
    for {
        select {
        case <-tick:
            // Make a body
            car := &Car{}
            car.Body = "Sports car"
            tireCh <- car
        case <-after:                // ❸ 10초 뒤 종료
            close(tireCh)
            wg.Done()
            return
        }
    }
}

func InstallTire(tireCh, paintCh chan *Car) { // ❹ 바퀴 설치
    for car := range tireCh {
        // Make a body
        time.Sleep(time.Second)
        car.Tire = "Winter tire"
        paintCh <- car
```

```go
    }
    wg.Done()
    close(paintCh)
}

func PaintCar(paintCh chan *Car) { // ❺ 도색
    for car := range paintCh {
        // Make a body
        time.Sleep(time.Second)
        car.Color = "Red"
        duration := time.Now().Sub(startTime) // ❻ 경과 시간 출력
        fmt.Printf("%.2f Complete Car: %s %s %s\n", duration.Seconds(),
                car.Body, car.Tire, car.Color)
    }
    wg.Done()
}
```

```
Start Factory
3.00 Complete Car: Sports car Winter tire Red
4.00 Complete Car: Sports car Winter tire Red
5.01 Complete Car: Sports car Winter tire Red
6.01 Complete Car: Sports car Winter tire Red
7.01 Complete Car: Sports car Winter tire Red
8.01 Complete Car: Sports car Winter tire Red
9.01 Complete Car: Sports car Winter tire Red
10.01 Complete Car: Sports car Winter tire Red
11.01 Complete Car: Sports car Winter tire Red
12.02 Complete Car: Sports car Winter tire Red
Close the factory
```

❶ MakeBody(), InstallTire(), PaintCar() 고루틴을 생성합니다. 그리고 main() 루틴은 모든 고루틴이 종료될 때까지 대기합니다. ❷ MakeBody()는 1초 간격으로 차체를 생성해서 tireCh 채널에 데이터를 넣어줍니다. 그리고 ❸ 10초 이후에 tireCh 채널을 닫아주고 루틴을 종료합니다. ❹ InstallTire() 루틴은 tireCh 채널에서 데이터를 읽어서 바퀴를 설치하고 paintCh 채널에 넣어줍니다. 만약 tireCh 채널이 닫히면 루틴을 종료하고 paintCh 채널을 닫아줍니다. ❺ PaintCar() 루틴은 paintCh 채널에서 데이터를 읽어서 도색을 하고 완성된 차를 출력해줍니다. paintCh 채널이 닫히면 루틴을 종료합니다. ❻ 차가 완성되면 현재 시각에서 시

작 시각을 빼서 경과 시간을 출력해줍니다.

결과를 보면 첫 차만 3초가 경과됐고 그 뒤론 1초 간격으로 차가 완성됩니다. 이렇게 채널을 이용해서 역할을 나누면 고루틴 하나를 사용할 때보다 더 빠르게 작업을 완료할 수 있고, 뮤텍스도 필요 없습니다.

이와 같이 한쪽에서 데이터를 생성해서 넣어주면 다른 쪽에서 생성된 데이터를 빼서 사용하는 방식을 생산자 소비자 패턴Producer Consumer Pattern[2]이라고 합니다. 이번 예제에서는 MakeBody() 루틴이 생산자, InstallTire() 루틴은 소비자입니다. 또 InstallTire()는 PaintCar() 루틴에 대해서는 생산자가 되는 구조입니다.

23.2 컨텍스트 사용하기

컨텍스트context는 context 패키지에서 제공하는 기능으로 작업을 지시할 때 작업 가능 시간, 작업 취소 등의 조건을 지시할 수 있는 작업 명세서 역할을 합니다. 새로운 고루틴으로 작업을 시작할 때 일정 시간 동안만 작업을 지시하거나 외부에서 작업을 취소할 때 사용합니다. 또한 작업 설정에 관한 데이터를 전달할 수도 있습니다.

23.2.1 작업 취소가 가능한 컨텍스트

작업 취소 기능을 가진 컨텍스트입니다. 이 컨텍스트를 만들어서 작업자에게 전달하면 작업을 지시한 지시자가 원할 때 작업 취소를 알릴 수 있습니다.

작업이 취소될 때까지 1초마다 메시지를 출력하는 고루틴을 만들어봅니다.

```
                                                    ch23/ex23.8/ex23.8.go
package main
import (
    "fmt"
    "sync"
    "time"
    "context"
```

---

[2] 이와 같이 생산자와 소비자가 연속적으로 연결된 형태를 파이프라인 패턴(pipeline pattern)이라고 부르기도 합니다.

```go
)

var wg sync.WaitGroup

func main() {
    wg.Add(1)
    ctx, cancel := context.WithCancel(context.Background())  // ❶ 컨텍스트 생성
    go PrintEverySecond(ctx)
    time.Sleep(5*time.Second)
    cancel()                                                 // ❷ 취소

    wg.Wait()
}

func PrintEverySecond(ctx context.Context) {
    tick := time.Tick(time.Second)
    for {
        select {
        case <-ctx.Done():                                   // ❸ 취소 확인
            wg.Done()
            return
        case <-tick:
            fmt.Println("Tick")
        }
    }
}
```

```
Tick
Tick
Tick
Tick
```

❶ 취소 가능한 컨텍스를 생성합니다. context.WithCancel() 함수로 취소 가능한 컨텍스트를 생성했습니다. 상위 컨텍스트를 인수로 넣으면 그 컨텍스트를 감싼 새로운 컨텍스트를 만들어줍니다. 상위 컨텍스트가 없다면 가장 기본적인 컨텍스트인 context.Background()를 넣어줍니다. context.WithCancel() 함수는 값을 두 개를 반환하는데 첫 번째가 컨텍스트 객체이고 두 번째가 취소 함수입니다. 두 번째 취소 함수를 사용해서 원할 때 취소할 수 있습니다.

❷ main() 함수에서 5초 이후에 취소 함수를 호출해 작업 취소를 알립니다. 그러면 컨텍스트의 Done() 채널에 시그널을 보내 작업자가 작업 취소를 할 수 있도록 알립니다.

❸ PrintEverySecond() 루틴에서 인수로 받은 컨텍스트의 Done() 채널의 시그널이 있는지를 검사합니다. 컨텍스트가 완료될 때 Done() 채널에 시그널을 넣기 때문에 여기서 메시지를 수신하면 고루틴을 종료합니다.

23.2.2 작업 시간을 설정한 컨텍스트

이번에는 일정한 시간 동안만 작업을 지시할 수 있는 컨텍스트를 만들어보겠습니다.

앞서 취소 가능한 컨텍스트와 사용법이 비슷합니다. ex23.8 예제의 ❶ 컨텍스트를 만드는 부분을 다음과 같이 변경하면 3초 뒤에 종료될 겁니다.

```
ctx, cancel := context.WithTimeout(context.Background(), 3*time.Second)
```

context 패키지의 WithTimeout() 함수를 사용해서 작업 시간을 설정할 수 있습니다. 두 번째 인수로 시간을 설정하면 그 시간이 지난 뒤 컨텍스트의 Done() 채널에 시그널을 보내서 작업 종료를 요청합니다. WithTimeout() 함수 역시 두 번째 반환값으로 cancel 함수를 반환하기 때문에 작업 시간 전에 원하면 언제든지 작업 취소를 할 수도 있습니다.

23.2.3 특정 값을 설정한 컨텍스트

때론 작업자에게 작업을 지시할 때 별도 지시사항을 추가하고 싶을 수 있습니다. 그래서 컨텍스트에 특정 키로 값을 읽어올 수 있도록 설정할 수 있습니다. 바로 context.WithValue() 함수를 이용해서 컨텍스트에 값을 설정할 수 있습니다. 예제를 살펴보겠습니다.

ch23/ex23.9/ex23.9.go

```go
package main

import (
    "context"
    "fmt"
    "sync"
)
```

```go
var wg sync.WaitGroup

func main() {
    wg.Add(1)

    ctx := context.WithValue(context.Background(), "number", 9)
    // ❶ 컨텍스트에 값을 추가한다.
    go square(ctx)

    wg.Wait()
}

func square(ctx context.Context) {
    if v := ctx.Value("number"); v != nil { // ❷ 컨텍스트에서 값을 읽기
        n := v.(int)
        fmt.Printf("Square:%d", n*n)
    }
    wg.Done()
}
```

```
Square:81
```

❶ "number"를 키로 값을 9로 설정한 컨텍스트를 만듭니다. 이렇게 만든 컨텍스트를 square() 함수 인수로 넘겨서 값을 사용할 수 있도록 합니다. ❷ 컨텍스트 ctx의 Value() 메서드로 값을 읽어옵니다. Value() 메서드의 반환 타입은 빈 인터페이스입니다. int 타입으로 변환하여 사용합니다.

위 예제는 쉽게 설명하기 위해서 단순한 함수 호출로 만들었지만 컨텍스트에 값을 설정해서 다른 고루틴으로 작업을 지시할 때 외부 지시사항으로 설정할 수 있습니다. 이때 지시자와 작업자 사이에 어떤 키로 어떤 값이 들어올지에 대한 약속이 필요합니다. 위 예제에서는 "number" 키로 int 타입이 설정될 것이란 약속이 main() 함수와 square() 함수 사이에 되어 있다고 보면 됩니다.

그럼 취소도 되면서 값도 설정하는 컨텍스트는 어떻게 만들까요? 컨텍스트를 만들 때 항상 상위 컨텍스트 객체를 인수로 넣어줘야 했습니다. 일반적으로 context.Background()를 넣어줬는데 여기에 이미 만들어진 컨텍스트 객체를 넣어줘도 됩니다. 이를 통해서 여러 값을 설정하거나 기능

을 설정할 수 있습니다.

```go
ctx, cancel := context.WithCancel(context.Background())        // ❶
ctx = context.WithValue(ctx, "number", 9)                      // ❷
ctx = context.WithValue(ctx, "keyword", "Lilly")              // ❸
```

❶ 먼저 취소 기능이 있는 컨텍스트를 만듭니다. 이것을 다시 감싸서 ❷ 값을 설정한 컨텍스트를 만듭니다. ❸ 컨텍스트를 여러 번 감싸서 여러 값을 설정할 수 있습니다.

여기까지 채널과 컨텍스트를 알아봤습니다. Go 언어에서는 채널과 컨텍스트를 통해 동시성 프로그래밍에서 다양하게 활용하고 있습니다. 구글에 "golang concurrency patterns"를 검색해보면 더 많은 활용법을 찾을 수 있습니다.

핵심 요약

1 채널은 고루틴 간 메시지를 전달하는 메시지 큐입니다.

2 채널을 이용해서 뮤텍스 없이 동시성 프로그래밍을 할 수 있습니다.

3 생산자 소비자 패턴은 동시성 프로그래밍에서 많이 사용됩니다. 채널을 이용해서 구현할 수 있습니다.

4 컨텍스트는 작업자에게 일을 지시할 때 사용하는 작업 명세서입니다.

5 컨텍스트를 활용해서 특정 시간 동안 작업을 지시하거나 외부에서 취소할 수 있습니다.

6 채널을 제때 닫아주지 않으면 무한히 대기하는 좀비 루틴들이 생성되어 프로그램 성능이 저하되고 메모리 사용이 계속 증가되는 문제가 발생할 수 있습니다.

1 다음 코드에서 발생하는 데드락 문제를 올바르게 수정한 보기를 고르세요.

```go
package main

import (
    "fmt"
    "time"
)

func printSquare(ch chan int) {    // ❶
    n := <-ch
    fmt.Println(n * n)
}

func main() {
    ch := make(chan int)
    printSquare(ch)                 // ❷

    ch <- 5                         // ❸
    time.Sleep(5 * time.Second)  // ❹
}
```

❶ func printSquare(squareCh chan int)

❷ go printSquare(ch)

❸ n := <-ch

❹ wg.Wait()

2 다음 코드에서 발생하는 데드락 문제를 올바르게 수정한 보기를 고르세요.

```go
package main

import (
    "fmt"
    "sync"
)

var wg sync.WaitGroup

func printSquare(ch chan int) {        // ❶
    for n := range ch {
        fmt.Println(n * n)
    }
    wg.Done()
}

func main() {
    wg.Add(1)
    ch := make(chan int)
    go printSquare(ch)                 // ❷

    for i := 0; i < 5; i++ {           // ❸
        ch <- i * 2
    }
                                       // ❹
    wg.Wait()
}
```

❶ func printSquare(squareCh chan int)

❷ printSquare(ch)

❸ for n := range ch {

❹ close(ch)

3 다음 중 올바른 보기를 고르시오.

❶ 컨텍스트는 고루틴 간의 데이터를 전달하는 메시지 큐입니다.

❷ 채널에는 값을 읽어 가지 않아도 무한히 값을 넣을 수 있습니다.

❸ 채널과 컨텍스트 때문에 Go 언어에서 뮤텍스는 쓸 필요가 없습니다.

❹ Go는 채널, 컨텍스트, 뮤텍스를 통해 동시성 프로그래밍을 잘할 수 있도록 도와줍니다.

1 정답 ❷

해설 채널은 서로 다른 고루틴 간 데이터를 전달하는 메시지 큐입니다. 이 예제에서는 printSquare() 함수 내에서 n := <-ch로 채널에서 값을 읽기를 시도하는데 채널에 아무런 값이 없어 무한 대기하게 되어 데드락이 발생합니다.

2 정답 ❹

해설 for n := range ch { 구문은 ch 채널이 닫히기 전까지 계속해서 채널로부터 값을 읽어옵니다. 채널이 닫히지 않으면 계속 채널에서 값이 들어오기를 기다립니다. 그래서 ❹ 위치에 close(ch)를 적어 채널을 닫아줘야 합니다.

3 정답 ❹

해설 ❶ 컨텍스트는 작업 명세서와 같은 역할로 작업 취소, 타임아웃 등의 기능을 설정할 수 있습니다. ❷ 채널은 버퍼 크기가 정해져 있어서 정해진 크기 이상 입력할 때는 버퍼에 빈 자리가 생길 때까지 대기하게 됩니다. ❸ 채널과 컨텍스트를 쓰더라도 여전히 뮤텍스는 유용한 도구입니다.

제네릭 프로그래밍

☐ **학습 목표**	Go 1.18 버전에 새롭게 추가된 제네릭 프로그래밍을 알아봅니다.
☐ **학습 내용**	• 제네릭 프로그래밍의 필요성 • 제네릭 함수 사용법 • 타입 인터페이스 • 제네릭 타입
☐ **제네릭 소개**	제네릭 프로그래밍은 타입 파라미터를 통해서 하나의 함수나 타입이 여러 타입들에 대해서 동작할 수 있도록 해 코드 재사용성을 늘리는 기법입니다.
☐ **장점**	• 하나의 함수나 타입이 여러 타입에 대해서 동작할 수 있도록 정의할 수 있습니다. • 하나의 코드로 여러 타입에 대해서 재사용할 수 있습니다.

24.1 제네릭 프로그래밍 소개

제네릭 프로그래밍은 Go 1.18 버전에 추가된 기능으로 타입 파라미터를 통해서 하나의 함수나 타입이 여러 타입에 대응해 동작하도록 하는 프로그래밍 기법입니다. 자바나 C++, C#과 같은 다른 언어에서 이미 제공되던 기능으로 많은 프로그래머이 Go에서도 이 기능이 지원되길 기다렸습니다.

코드부터 보면서 이 기능이 왜 필요한지 어떤 때 유용한지 살펴보겠습니다.

```go
func add(a, b int) int {
    return a + b
}
```

이 코드는 int 타입 두 개의 인수를 받아서 그 합을 반환하는 간단한 함수입니다. Go는 강 타입 언어이기 때문에 add() 함수는 오직 int 타입에서만 동작하게 됩니다.

```go
var a float32 = 3.14
var b float32 = 1.43


c := add(a, b)              // build failed
```

그래서 위와 같이 float32 인수로 add() 함수를 호출하면 에러가 발생합니다. 이 문제를 해결하려면 float32에서 동작하는 새로운 함수를 다음과 같이 만들어야 합니다.

```go
func addFloat32(a, b float32) float32 {
    return a + b
}
```

이처럼 int8, int16, float64 등 각 타입별로 함수를 따로 만드는 것은 매우 귀찮은 작업이고, 함수 동작이 바뀐다면 여러 함수를 모두 변경해야 하기 때문에 유지보수도 좋지 않습니다. 제네릭 프로그래밍을 사용하면 이 문제를 다음과 같이 해결할 수 있습니다.

모든 숫자 타입을 사용할 수 있는 add() 함수를 만들어보겠습니다.

ex24/ex24.1/ex24.1.go

```go
package main

import (
    "golang.org/x/exp/constraints"
    "fmt"
)

// ❶ 제네릭 함수 정의
func add[T constraints.Integer | constraints.Float](a, b T) T {
    return a + b
}

func main() {
    var a int = 1
    var b int = 2
    fmt.Println(add(a, b))

    var f1 float64 = 3.14
```

```
    var f2 float64 = 1.43
    fmt.Println(add(f1, f2))
}
```

```
3
4.57
```

위 예제와 같이 하나의 add() 함수를 int 타입과 float64 타입 모두를 사용해서 호출할 수 있습니다.

❶ 라인이 매우 생소해보이실 겁니다. 이 부분 바로 타입 파라미터를 사용해서 제네릭 함수를 정의하는 부분입니다. 이제부터 어떻게 타입 파라미터를 정의하고 사용하는지 함께 알아보겠습니다.

24.2 제네릭 함수

제네릭 함수란 앞서 살펴본 add() 함수처럼 타입 파라미터를 통해서 여러 타입에 대해서 동작하는 함수를 말합니다.

```
func funcName[T constaint](p T) {
```
　　　　　　└── 함수명　　└── 타입 파라미터

제네릭 함수는 위와 같이 정의합니다. func 함수 키워드를 적고 그 뒤 함수명을 적습니다. 그런 다음 대괄호를 열고 타입 파라미터를 적습니다. 타입 파라미터는 파라미터 이름과 타입 제한을 적습니다. 위에서 T가 파라미터 이름이고 constaint 부분이 타입 제한입니다. 타입 파라미터는 필요에 따라 컴마(,) 기호로 구분하여 여러 개를 적을 수 있습니다. 그런 뒤 대괄호를 닫고 소괄호를 열고 일반 함수처럼 입력과 출력을 씁니다. 이때 타입 파라미터에 사용한 타입 파라미터 이름을 특정 타입 대신 사용할 수 있습니다.

```
func Print[T any](a, b T) {
    fmt.Println(a, b)
}
```

위 print() 함수는 제네릭 함수로 하나의 타입 파라미터를 가지고 있고, 이것은 [T any]라고 정의 했습니다. T는 타입 파라미터 이름이고 any는 타입 제한입니다. any는 모든 타입이 다 가능하다 는 뜻입니다.

입력 인수를 두 개를 받는데 a, b 모두 T 타입으로 정의되어 있습니다. T 타입은 앞서 정의한 타입 파라미터이고 이것은 모든 타입이 가능하다는 뜻입니다.

```
Print(1, 2)
Print(3.14, 1.43)
Print("Hello", "World")
```

그래서 위와 같이 타입에 상관없이 Print() 함수를 호출할 수 있습니다. 하지만 다음과 같이 서로 다른 타입의 인수를 사용하면 에러가 발생합니다.

```
Print(1, "Hello")
```

이때 발생하는 에러 메시지는 다음과 같습니다.

```
default type string of "Hello" does not match inferred type int for T
```

"Hello" 인수를 int 타입으로 바꿀수 없다는 뜻입니다. 왜 이런 에러가 발생했을까요? 이것을 이 해하려면 먼저 제네릭 함수가 동작하는 방식을 이해해야 합니다.

24.2.1 제네릭 함수 동작 방식

제네릭 함수의 타입 파라미터는 그 함수가 호출되는 입력 인수에 따라 달라집니다.

Print(1, 2)가 호출될 때 1, 2가 모두 int 타입이므로 T는 int 타입이 됩니다. 이때 Print() 함수 는 다음 함수와 같다고 볼 수 있습니다.

```
func Print(a, b int) {
    fmt.Println(a, b)
}
```

Print("Hello", "World")가 호출될 때는 Print(a, b string)으로 동작하는 거죠.

하지만 Print(1, "Hello")는 서로 다른 타입의 두 인수 모두 T 타입으로 정의되어 있기 때문에 T 타입을 하나의 타입으로 정의할 수 없어 에러가 발생한 겁니다.

이렇게 여러 개의 다른 타입에서도 동작하게 만들고 싶을 때는 각 타입 개수에 맞는 함수 파라미터를 정의해줘야 합니다.

```go
func Print[T1 any, T2 any](a T1, b T2) {
    fmt.Println(a, b)
}
```

T1 타입 파라미터와 T2 타입 파라미터 두 개를 정의하고 a와 b가 각각 T1과 T2 타입이 되도록 선언하면 두 개의 인수가 서로 같은 타입일 필요가 없게 됩니다.

그래서 Print(1, "Hello")를 호출해도 에러가 발생하지 않습니다. 이때 T1은 int 타입이 되고 T2는 string 타입이 됩니다.

하지만 우리는 이미 다양한 타입을 함수 인자로 받을 때 사용하는 다른 방법을 알고 있습니다. 그것은 바로 빈 인터페이스 interface{}를 이용하는 방법입니다.

모든 타입값을 출력하는 제네릭 함수와 인터페이스를 이용한 함수를 살펴봅니다.

```go
                                                              ex24/ex24.2/ex24.2.go
package main

import "fmt"

// ❶ 제네릭 함수를 이용해서 Print() 함수 정의
func Print[T1 any, T2 any](a T1, b T2) {
    fmt.Println(a, b)
}

func Print2(a, b interface{}) {    // ❷ 빈 인터페이스를 이용해서 Print2() 함수 정의
    fmt.Println(a, b)
}

func main() {
    Print(1, 2)
    Print(3.14, 1.43)
    Print("Hello", "World")
```

```
    Print(1, "Hello")

    Print2(1, 2)
    Print2(3.14, 1.43)
    Print2("Hello", "World")
    Print2(1, "Hello")
}
1 2
3.14 1.43
Hello World
1 Hello
1 2
3.14 1.43
Hello World
1 Hello
```

❶ 제네릭 함수를 이용해서 Print() 함수를 정의했습니다. ❷ 빈 인터페이스를 이용해서 Print2() 함수를 정의했습니다.

이처럼 타입 파라미터와 인터페이스는 서로 유사한 면이 많습니다. 하지만 이 둘은 엄연히 다른 개념이고 다른 효과를 가지고 있기 때문에 이 둘을 잘 구분해야 합니다. 이 부분에 대해서는 이 장의 끝에서 살펴보겠습니다.

24.2.2 타입 제한

타입 파라미터의 타입 제한에 대해서 살펴보겠습니다. 앞서 Print[T any](a, b T) 함수에서 타입 제한은 any를 사용했습니다. any는 모든 타입이 다 가능하다는 뜻입니다. 아래 함수를 살펴보겠습니다.

```
func add[T any](a, b T) T {
    return a + b
}
```

add() 함수는 T 타입 파라미터가 정의되어 있고 T 타입 제한은 any입니다. 따라서 a, b 두 개의 인수는 모든 타입할 수 있습니다. 하지만 이 함수는 다음과 같은 빌드 에러가 발생합니다.

```
invalid operation: operator + not defined on a (variable of type T constrained
by any)
```

번역하면, T 타입 제한 any에는 + 연산자가 정의되어 있지 않다는 뜻입니다. T 타입 제한이 any
이기 때문에 모든 타입일 수 있습니다. 어떤 타입이 올지 모르기 때문에 그 타입이 + 연산자가 지
원되는지 알 수 없어 이 에러가 발생한 겁니다. 우리는 특정 조건을 정의해서 그 타입이 + 연산자
를 지원하고 있음을 알려줘야 합니다.

예를 들어서 int8, int16, int32, int64, int 타입에 대해서 동작하는 add() 함수는 다음과 같이
정의될 수 있습니다.

```go
func add[T int8 | int16 | int32 | int64 | int](a, b T) T {
    return a + b
}
```

타입 제한으로 int8 | int16 | int32 | int64 | int를 사용했습니다. 이것은 T 타입이 모든 int
타입이 가능하다는 것을 나타냅니다. 이제 에러가 발생하지 않습니다. 그 이유는 T의 모든 가능한
타입이 모두 + 연산자를 지원하기 때문입니다. 이렇듯 타입의 특정 연산이나 기능을 사용하려면
타입 제한을 통해 그 연산자나 기능이 가능함을 보여줘야 합니다.

하지만 매번 이렇게 조건을 길게 적어주는 건 귀찮겠죠. 그래서 타입 제한만 따로 정의할 수 있습
니다.

```go
// 타입 제한 선언
type Integer interface {
    int8 | int16 | int32 | int64 | int
}

func add(T Integer)(a, b T) T {
    return a + b
}
```

Integer라는 이름으로 int 타입들을 포함한 타입 제한을 정의하고 add() 제네릭 함수에서
Integer 타입 제한을 사용하고 있습니다.

한 가지 재미있는 점은 타입 제한을 정의할 때 interface 키워드를 사용한다는 점입니다.

Go에서 인터페이스 사용하면 특정 메서드를 포함한 객체만 사용할 수 있도록 제한하기 때문에 타입 제한과 유사하다고 볼 수 있습니다. 그래서 Go에서는 타입 제한을 정의할 때 interface 키워드를 사용합니다. 이것에 대해서는 뒷부분에서 더 자세히 살펴보겠습니다.

Go의 golang.org/x/exp/constraints 패키지는 이미 정의된 몇 가지 타입 제한 등을 제공하고 있습니다. 이 제약조건 중에는 모든 uint 계열과 int 계열을 모두 포함한 Integer라는 제약조건과 float32, float64를 포함한 Float라는 제약조건을 정의하고 있습니다.

이제 우리가 처음에 보았던 다음 제네릭 함수를 이해할 수 있게 되었습니다.

```go
func add[T constraints.Integer | constraints.Float](a, b T) T {
    return a + b
}
```

add() 제네릭 함수는 하나의 타입 파라미터 T를 가지고 있고, 이것은 constraints 패키지에 미리 정의된 Integer 제약조건과 Float 제약조건에 맞는 타입 중 하나를 가질 수 있습니다. T 타입의 인수 a, b를 받아서 그 합을 반환하는 함수가 됩니다.

24.2.3 타입 제한 더 알아보기

타입 제한에 대해서 더 살펴보겠습니다. 아래는 constraints 패키지의 Float 타입 제한 정의입니다.

```go
type Float interface {
    ~float32 | ~float64
}
```

한 가지 이상한 점은 float32와 float64 앞에 ~이 붙어 있다는 겁니다. ~는 해당 타입을 기본으로 하는 모든 별칭 타입들까지 포함한다는 얘기입니다.

다음 예제를 통해서 타입 제한에서 별칭 타입이 안 되는 경우를 알아봅니다.

```go
package main

type Integer interface {          // ❶ 타입 제한
    int8 | int16 | int32 | int64 | int
}

func add[T Integer](a, b T) T { // ❷ add() 함수 정의
    return a + b
}

type MyInt int                    // ❸ 별칭 타입 정의

func main() {
    add(1, 2)
    var a MyInt = 3
    var b MyInt = 5
    add(a, b)                     // ❹ 에러 발생
}
```

```
./ex14.3.go:19:5: MyInt does not implement Integer (possibly missing ~ for int
in constraint Integer)
```

❶ int 타입들을 포함한 Integer 타입 제한을 정의했습니다. ❷ 이 제약조건을 사용해서 add() 제네릭 함수를 정의했습니다. 이제 add() 함수는 모든 int 타입들을 인수로 사용할 수 있습니다. ❸ int를 기반으로 하는 MyInt라는 별칭 타입을 정의했습니다. ❹ 출력 결과와 같은 에러가 발생합니다. MyInt 타입이 Integer 타입 제한에 포함되지 않는다는 에러입니다.

모든 별칭 타입까지 포함시키기 위해서는 타입 앞에 ~를 붙여서 표시해주면 됩니다. 다음과 같이 Integer 타입 제한을 수정하면 에러가 발생하지 않습니다.

```go
type Integer interface {
    ~int8 | ~int16 | ~int32 | ~int64 | ~int
}
```

24.2.4 타입 제한에 메서드 조건 더하기

타입 제한 정의가 interface 키워드를 사용하기 때문에 일반 인터페이스처럼 메서드 조건까지 더
할 수 있습니다. 타입 제한에 메서드 조건을 추가한 경우를 살펴봅니다.

```go
package main

import (
    "fmt"
    "hash/fnv"
)

type ComparableHasher interface {           // ❶ 타입 제한 정의
    comparable
    Hash() uint32
}

type MyString string                        // ❷ 별칭 타입 정의

func (s MyString) Hash() uint32 {
    h := fnv.New32a()
    h.Write([]byte(s))
    return h.Sum32()
}

func Equal[T ComparableHasher](a, b T) bool {   // ❸ 제네릭 함수 정의
    if a == b {
        return true
    }
    return a.Hash() == b.Hash()
}

func main() {
    var str1 MyString = "Hello"
    var str2 MyString = "World"
    fmt.Println(Equal(str1, str2))
}
```

```
fale
```

❶ ComparableHasher라는 이름의 타입 제한을 정의했습니다. comparable은 ==, !=를 지원하는 타입들을 정의한 Go 내부 타입 제한입니다. 그리고 이 제한에는 Hash() uint32 메서드를 포함하도록 제한했습니다. 그래서 ComparableHasher는 ==와 !=를 지원하고 Hash() uint32 메서드를 포함한 타입만 가능하게 됩니다.

❷ MyString이란 string 별칭 타입을 정의하고 Hash() uint32 메서드를 포함하도록 했습니다. 이로써 MyString은 ComparableHasher 제한에 만족한 타입이 됩니다.

❸ ComparableHasher 제한을 사용하는 Equal()이라는 제네릭 함수를 정의했습니다. 이 함수는 먼저 == 연산자로 둘이 같은지 확인하고 만약 다를 경우 Hash() 메서드 호출 결과로 다시 한번 확인해서 같은지 확인하는 함수입니다.

이처럼 타입 제한에 일반 인터페이스와 같이 특정 메서드를 포함하도록 제한을 추가할 수 있습니다.

Attention 타입 제한에 메서드 조건을 포함시킬 수 있고, 같은 interface를 사용하지만 둘은 같지 않고 서로 다른 개념입니다. 타입 제한은 제네릭 프로그래밍의 타입 파라미터에서만 사용될 수 있고 일반 인터페이스처럼 사용할 수 없습니다.

```go
func Equal(a, b ComparableHasher) bool { // Error
```

ComparableHasher는 타입 제한을 포함하고 있기 때문에 일반 인터페이스처럼 사용할 수 없어서 에러가 발생합니다. 타입 제한을 포함한 인터페이스는 반드시 타입 파라미터로 정의되어야 합니다. 그래서 다음 코드는 에러가 발생하지 않습니다.

```go
func Equal[T ComparableHasher](a, b T) bool { // OK
```

24.2.5 제네릭 함수 예

이제까지 배운 것을 활용해 간단히 만들어볼 수 있는 제네릭 함수들을 알아보겠습니다. 슬라이스의 각 요소를 돌면서 값을 변경하는 함수를 적용해 새로운 슬라이스를 반환하는 예제입니다.

```go
ex24/ex24.5/ex24.5.go
package main

import (
    "fmt"
    "strings"
    "strconv"
```

```go
)

func Map[F, T any](s []F, f func(F) T) []T {        // ① 제네릭 함수
    rst := make([]T, len(s))
    for i, v := range s {
        rst[i] = f(v)
    }
    return rst
}

func main() {
    // ② 각 값을 두 배씩 증가시키는 슬라이스
    doubled := Map([]int{1, 2, 3}, func(v int) int {
        return v * 2
    })
    // ③ 대문자로 변경하는 슬라이스
    uppered := Map([]string{"hello", "world", "abc"}, func(v string) string {
        return strings.ToUpper(v)
    })
    // ④ 문자열로 변경하는 슬라이스
    tostring := Map([]int{1, 2, 3}, func(v int) string {
        return "str" + strconv.Itoa(v)
    })

    fmt.Println(doubled)
    fmt.Println(uppered)
    fmt.Println(tostring)
}
```

```
[2 4 6]
[HELLO WORLD ABC]
[str1 str2 str3]
```

❶ Map() 제네릭 함수를 정의했습니다. F, T 두 개의 타입 파라미터가 있고, 이 모두는 모든 타입 할 수 있습니다. 함수 인수를 두 개를 받는데 첫 번째 인수는 F 타입 슬라이스이고 두 번째 인수는 함수 타입으로 F 타입값을 받아서 T 타입값을 반환합니다. Map() 함수는 s 슬라이스의 각 요소를 두 번째 인수인 f 함수를 사용해서 변환한 새로운 슬라이스를 반환합니다.

❷ Map() 함수를 이용해서 int 슬라이스의 각 값을 두 배씩 증가시키는 새로운 슬라이스를 만들었습니다. ❸ Map() 함수를 이용해서 string 슬라이스의 각 요소를 대문자로 변경하는 새로운 슬라이스를 만들었습니다. ❹ Map() 함수를 이용해서 int 슬라이스의 각 값을 문자열로 변경하는 새로운 슬라이스를 만들었습니다.

이처럼 하나의 제네릭 함수를 이용해서 여러 가지 다양한 기능으로 활용할 수 있습니다.

24.3 제네릭 타입

타입 파라미터는 함수뿐 아니라 타입 선언 시에도 사용될 수 있습니다.

```go
type Node[T any] struct {
    val T
    next *Node[T]
}
```

Node 구조체는 타입 파라미터를 사용해서 val 필드 타입이 어떤 타입이든 가능하도록 정의하고 있습니다. 타입 파라미터를 이용해서 Node 구조체를 정의하고 메서드를 추가하는 예제를 통해서 이 구조체를 사용하는 법을 살펴보겠습니다.

```go
                                                         ex24/ex24.6/ex24.6.go
package main

import "fmt"

type Node[T any] struct {
    val  T
    next *Node[T]
}

func NewNode[T any](v T) *Node[T] {    // ❶ T 타입의 val 필드값을 갖는 객체 생성
    return &Node[T]{val: v}
}

func (n *Node[T]) Push(v T) *Node[T] { // ❷ Node[T] 타입의 메서드 정의
    node := NewNode(v)
    n.next = node
```

```go
        return node
    }


func main() {
    node1 := NewNode(1)                          // ❸ 객체 생성
    node1.Push(2).Push(3).Push(4)

    for node1 != nil {
        fmt.Print(node1.val, " - ")
        node1 = node1.next
    }
    fmt.Println()


    nodc2 := NewNode("Hi")                        // ❹ 객체 생성
    node2.Push("Hello").Push("How are you")

    for node2 != nil {
        fmt.Print(node2.val, " - ")
        node2 = node2.next
    }
    fmt.Println()
}
```

```
1 - 2 - 3 - 4 -
Hi - Hello - How are you -
```

❶ 제네릭 함수를 사용해서 T 타입의 val 필드값을 갖는 Node 객체를 생성합니다.

❷ Node[T] 타입의 메서드를 정의합니다. 이렇게 제네릭 타입은 타입명 뒤에 [T]와 같이 붙여서 메서드를 추가할 수 있습니다.

```go
type Node[T1 any, T2 any] struct {
    val1 T1
    val2 T2
    next *Node[T]
}


func (n *Node[T1, T2]) Push(val1 T1, val2 T2) *Node[T1, T2] { ... }
```

만약 위와 같이 타입 파라미터가 두 개이면 Node[T1, T2]와 같이 필요한 타입 파라미터를 모두 적어서 메서드를 정의합니다.

❸ NewNode(1)로 새로운 Node 객체를 생성합니다. 1은 int 타입이므로 이때 생성된 node1 변수 타입은 *Node[int]가 됩니다. 따라서 node1 변수의 val 필드 타입은 int가 됩니다. ❹ NewNode("Hi")로 새로운 Node 객체를 생성합니다. "Hi"가 string 타입이므로 이때 생성된 node2 변수 타입은 *Node[string]이 됩니다. 따라서 node2 변수의 val 필드 타입은 string이 됩니다.

24.3.1 인터페이스와 제네릭은 무엇이 다른가?

앞서 살펴본 Node 구조체는 빈 인터페이스를 사용해서 다음과 같이 만들 수 있습니다.

```go
type Node struct {
    val  interface{}
    next *Node
}
```

Go에 제네릭 프로그래밍이 추가되기 전까진 이런 식으로 많이 사용했습니다. 하지만 이처럼 빈 인터페이스를 사용한 경우 val 필드의 타입이 빈 인터페이스 타입 즉 interface{} 타입인 반면 타입 파라미터를 사용한 때에는 실제 구체화된 타입으로 val 필드 타입이 정의되는 점이 다릅니다.

빈 인터페이스와 타입 파라미터를 사용한 방법이 무엇이 다른지 아래 예제를 살펴보겠습니다.

ex24/ex24.7/ex24.7.go

```go
package main

import "fmt"

type NodeType1 struct {            // ❶ 빈 인터페이스를 이용해 정의
    val  interface{}
    next *NodeType1
}

type NodeType2[T any] struct {     // ❷ 타입 파라미터를 사용해서 제네릭 타입
    val  T
    next *NodeType2[T]
```

```go
}

func main() {
    node1 := &NodeType1{val: 1}         // ❸ val 필드값으로 int 타입 사용
    node2 := &NodeType2[int]{val: 2}

    var v1 int = node1.val              // ❹ 에러 발생
    fmt.Println(v1)
    var v2 int = node2.val              // ❺ 문제 없음
    fmt.Println(v2)
}
```

```
./ex14.2.go:21:15: cannot use node1.val (variable of type interface{}) as type
int in variable declaration:
        need type assertion
```

❶ NodeType1 구조체는 빈 인터페이스를 이용해 정의했습니다. ❷ NodeType2 구조체는 타입 파라미터를 사용해서 제네릭 타입으로 정의했습니다. ❸ node1과 node2 변수 모두 val 필드값으로 int 타입값을 사용했습니다.

❹ node1.val 값을 int 변수 v1에 대입할 때 출력 결과와 같은 에러가 발생합니다. 그 이유는 node1.val 값, 즉 NodeType1 구조체의 val 필드 타입은 interface{} 타입이라, 이를 바로 int 타입 변숫값으로 대입할 수 없기 때문입니다. 반면 ❺ 라인은 아무 문제없이 v2 변숫값에 node2.val 값을 대입할 수 있습니다. NodeType2[int] 구조체의 val 필드 타입은 타입 파라미터에 의해서 int 타입으로 정해지기 때문입니다.

❹ 라인의 에러를 없애기 위해서는 다음과 같이 interface{} 타입값을 int 타입으로 타입 변환해야 합니다.

```go
var v1 int = node1.val.(int)
```

이처럼 빈 인터페이스를 이용하면 모든 타입값을 가질 수 있으나 그 값을 사용할 때 실제 타입값으로 타입 변환을 해야 하고, 넣을 때 값의 타입과 뺄 때 값의 타입을 정확히 알고 있어야 한다는 문제가 있습니다. 반면 제네릭 타입을 사용하는 경우 타입 파라미터에 의해서 필드 타입이 결정되므로 값을 사용할 때 타입 변환이 필요 없습니다.

24.3.2 성능 차이

타입 파라미터를 사용할 때와 인터페이스를 사용할 때에는 성능 차이가 발생합니다.

```go
var v1 int = 3
var v2 interface{} = v1          // boxing
var v3 int = v2.(int)            // unboxing
```

위와 같이 기본 타입값을 빈 인터페이스 변수에 대입할 때 Go에서는 빈 인터페이스를 만들어서 기본 타입값을 가리키도록 합니다. 박스에 넣는 것과 같다고 해서 이를 박싱^{Boxing}이라고 합니다. 다시 값을 꺼낼 때는 박스에서 꺼내는 것과 같다고 해서 언박싱^{Unboxing}이라고 합니다. 박싱할 때 빈 인터페이스 객체를 사용하게 됩니다. 박싱과 언박싱을 살펴봅니다.

```go
package main

import "fmt"

func main() {
    var v1 int = 3
    var v2 interface{} = &v1  // boxing
    var v3 int = *(v2.(*int)) // unboxing

    fmt.Printf("v1: %x %T\n", &v1, &v1)
    fmt.Printf("v2: %x %T\n", &v2, &v2)
    fmt.Printf("v3: %x %T\n", &v3, &v3)
}
```

```
v1: c00018a000 *int
v2: c000188050 *interface {}
v3: c00018a008 *int
```

위 예제와 같이 박싱을 한 v2와 v1이 서로 다른 주소값을 가지고 있습니다. 즉, 서로 다른 객체임을 알 수 있습니다.

interface{ }

int

3

박싱한다는 것은 이 그림처럼 빈 인터페이스 박스 안에 실젯값인 int 타입값인 3을 넣는다고 볼 수 있습니다. 즉 값을 감싸는 박스 객체를 만들어야 합니다. 이 값을 감싸는 빈 인터페이스 박스는 크기가 매우 작기 때문에 성능상 큰 문제가 되지 않지만, 많아지면 박싱, 언박싱을 위해서 임시로 사용되는 박스 수가 늘어나기 때문에 문제가 될 수 있습니다.

하지만 제네릭 프로그래밍을 사용하면 타입 파라미터에 의해서 타입이 고정되기 때문에 박싱, 언박싱이 필요 없습니다. 그에 따라 값을 감싸는 임시 박스도 필요 없어서 성능상 이득이 발생합니다. 그렇다면 제네릭을 사용하는 게 무조건 이득일까요? 꼭 그렇지는 않습니다.

```go
func add[T constraints.Integer | constraints.Float](a, b T) T {
    return a + b
}


add(1, 3)
add(3.14, 1.43)
```

24.2절에서 살펴보았던 제네릭 함수 add()를 살펴보겠습니다. add(1, 3)과 add(3.14, 1.43)이 마치 하나의 함수를 서로 다른 타입으로 두 번 호출한 것처럼 보이지만, 사실은 그렇지 않습니다. add(1, 3)은 사실 add[int](1, 3) 함수를 호출한 것이고 add(3.14, 1.43)은 사실 add[float64](3.14, 1.43) 함수를 호출한 겁니다.

제네릭 함수나 타입의 경우 하나의 함수나 타입처럼 보이지만 실제로는 컴파일 타임에 사용한 타입 파라미터별로 새로운 함수나 타입을 생성해서 사용하게 됩니다.

따라서 제네릭 프로그래밍을 많이 사용하면 컴파일 타임에 생성해야 할 함수와 타입 개수가 늘어나고 컴파일 시간도 더 걸리게 됩니다. 또 생성된 코드양이 증가되어 실행 파일 크기가 늘어납니다. 실행 파일 크기는 일반적인 프로그램에서는 문제가 되지 않지만 용량의 제한이 있는 임베디드 프로그램에서는 문제가 될 수 있습니다.

 # 24.4 언제 제네릭 프로그래밍을 사용해야 하는가?

제네릭 프로그래밍은 여러 타입에 대해서 같은 동작을 하는 코드를 하나의 제네릭 함수나 타입으로 표현할 수 있기 때문에 코드 재사용성에 도움이 됩니다. 하지만 제네릭 프로그래밍을 너무 많이 사용하면 코드 가독성이 떨어집니다.

"동작하는 코드 먼저, 제네릭은 나중에"

Go 언어에 특징으로 동작하는 코드를 빠르고 쉽게 만들 수 있도록 해준다는 점이 있습니다. 제네릭 프로그래밍을 할지 안 할지 고민하기보다는 먼저 동작하는 코드에 집중하고 나중에 여러 타입에 공통적으로 쓰이는 부분에 부분적으로 제네릭 프로그래밍을 적용하는 게 좋습니다.

프로그래밍 분야에는 "성급한 최적화가 프로그래밍에서 모든 죄악의 뿌리이다"[1]라는 격언이 있습니다. 필요하지 않는 부분에 신경쓰기보다는 동작하는 코드를 먼저 작성하고 그다음에 최적화나 개선을 해도 늦지 않다는 뜻입니다. 제네릭 프로그래밍 역시 마찬가지입니다. 일반적인 타입이나 구조체를 사용해서 동작하는 코드에 먼저 집중하고 나서 제네릭을 사용해서 도움이 되는 부분이 있다면 그때 적용해도 늦지 않습니다.

24.4.1 제네릭을 사용하기 좋은 곳

제네릭을 어디에 쓰면 좋은지 살펴보겠습니다.

제네릭을 사용하기 좋은 대표적인 곳은 일반적인 자료형에 대해서 공통적으로 사용되는 자료구조Data structure에 사용할 수 있습니다. 트리, 그래프, 리스트, 맵과 같은 자료구조는 일반적인 타입에 대해서 같은 동작을 보장해야 하기 때문에 제네릭을 사용하기 좋습니다. 일반적이라는 뜻을 가진 제네릭Generic이 가장 잘 어울리는 케이스입니다.

다양한 타입에 대해서 비슷한 동작을 하는 경우에도 좋습니다. 어떤 리스트를 순회하면서 값을 변

---

[1] Premature optimization is the root of all evil. (Tony Hoare)

경하는 경우, 그래프를 순회하면서 길찾기를 하는 것과 같이 정해지지 않은 다양한 타입에 대해서 비슷한 동작을 하는 코드가 필요한 경우 제네릭을 사용해서 중복 코드를 없애고 코드 재사용성을 늘릴 수 있습니다. 여러 타입에 대해서 중복된 기능이 필요해서 복사/붙여넣기를 하게 된다면 제네릭을 사용할 기회라고 생각할 수 있습니다.

24.4.2 제네릭을 사용하기 좋지 않은 곳

객체의 타입이 아닌 객체의 기능이 강조되는 곳에서는 제네릭이 아닌 인터페이스를 사용하는 게 좋습니다.

```go
// io package
type Reader interface {
    Read(p []byte) (n int, err error)
}

// bufio package
func NewReader(rd io.Reader) *Reader
```

io 패키지의 Reader 인터페이스와 이를 사용하는 bufio 패키지의 NewReader() 함수가 있습니다. bufio.NewReader() 함수는 인수로 들어오는 io.Reader의 타입이 궁금한 것이 아니라 그 객체가 Read()라는 메서드가 있는지 여부만 중요합니다. 이와 같이 타입이 아니라 객체의 기능이 중요한 곳에서는 제네릭이 아닌 인터페이스를 사용하는 게 좋습니다.

사실 제네릭과 인터페이스는 그 쓰임이 비슷하고 개념이 다를 뿐이라서 어떤 때 제네릭을 쓰고 어떤 때 인터페이스를 쓰라고 확정하기 힘듭니다. 하지만 한 가지 말씀드릴 수 있는 건 앞서 살펴본 제네릭을 사용하기 좋은 곳이 아닌 모든 곳에서 제네릭이 아닌 인터페이스나 다른 방법을 사용하는 게 좋다는 점입니다.

24.5 제네릭을 사용해 만든 유용한 기본 패키지

Go 1.21 버전에서 제네릭을 사용해 만든 slices와 maps라는 기본 패키지가 추가되었습니다. 여기에서 이들 패키지의 사용법을 간단하게 살펴보겠습니다.

24.5.1 slices

slices 패키지는 slice를 다룰 때 사용할 수 있는 여러 가지 유용한 기능을 제공하고 있습니다. 제네릭을 사용해 만들었기 때문에 타입 제한만 만족한다면 어떤 타입의 slices에도 사용할 수 있습니다.

```
func BinarySearch[S ~[]E, E cmp.Ordered](x S, target E) (int, bool)
```

첫 번째로 살펴볼 것은 BinarySearch() 함수입니다. BinarySearch()는 정렬된 슬라이스에서 target값의 위치를 찾는 함수입니다. target을 찾으면 첫 번째 반환값에 찾은 index를 반환하고 두 번째 반환값으로 true를 반환합니다. 만약 찾지 못했다면 정렬된 순서에서 target값이 위치해야 하는 index를 반환하고 두 번째 반환값으로 false를 반환합니다. 그 위치에 target값을 삽입하면 계속 정렬된 상태를 유지할 수 있습니다.

함수 선언을 보면 제네릭을 사용해서 만든 것을 알 수 있습니다. S 타입은 ~[]E 타입으로 []E 타입의 모든 별칭 타입들을 사용할 수 있습니다. E 타입은 cmp.Ordered 타입으로 대소비교가 가능한 타입들만 가능합니다.

즉 BinarySearch 함수는 대소 비교가 가능한 엘리먼트들을 가지고 있는 슬라이스만 사용할 수 있습니다.

```
                                                        ex24/ex24.9/ex24.9.go
package main

import (
    "fmt"
    "slices"
)

func main() {
    names := []string{"Alice", "Bob", "Vera"}
    n, found := slices.BinarySearch(names, "Vera")    // ❶
    fmt.Println("Vera:", n, found)
    n, found = slices.BinarySearch(names, "Bill")     // ❷
    fmt.Println("Bill:", n, found)
}
```
```
Vera: 2 true
Bill: 1 false
```

❶ Vera는 3번째 요솟값이기 때문에 인덱스 2와 true를 반환합니다. ❷ Bill은 names에 포함되어 있지 않습니다. 그래서 두 번째 반환값이 false입니다. Bill은 정렬 순서상 Alice와 Bob 사이에 위치해야 함으로 첫 번째 반환값은 1이 됩니다.

```
func BinarySearchFunc[S ~[]E, E, T any](x S, target T, cmp func(E, T) int) (int,
bool)
```

그럼 엘리먼트 타입이 cmp.Ordered 조건을 만족하지 못하는 슬라이스일 때는 어떻게 해야 할까요? 그 질문에 대한 대답이 바로 BinarySearchFunc() 함수입니다. 함수 선언을 보면 E 타입은 any 타입으로 모든 타입이 다 가능합니다. 찾으려는 값인 T 타입도 모든 타입이 가능합니다.

대신 대소 비교를 할 수 있는 cmp() 함수를 인수로 받아서 대소 비교 처리를 하도록 되어 있습니다. 예제를 통해서 살펴보겠습니다.

ex24/ex24.10/ex24.10.go

```go
package main

import (
    "cmp"
    "fmt"
    "slices"
)

func main() {
    type Person struct {                       // ❶
        Name string
        Age  int
    }
    people := []Person{
        {"Alice", 55},
        {"Bob", 24},
        {"Gopher", 13},
    }
    n, found := slices.BinarySearchFunc(people, "Bob", func(a Person, b
string) int {
        return cmp.Compare(a.Name, b)   // ❷
    })
    fmt.Println("Bob:", n, found)
```

```
}
```
```
Bob: 1 true
```

❶ Person은 구조체 타입으로 대소 비교가 되지 않는 타입입니다. 그래서 []Person 슬라이스 타입은 BinarySearch() 함수를 사용할 수 없습니다. ❷ 대신 BinarySearchFunc() 함수를 사용할 수 있습니다. 흥미로운 점은 찾으려는 값의 타입이 Person 타입이 아니라 string 타입인 "Bob"이라는 문자열이라는 점입니다. 이와 같이 BinarySearchFunc() 함수를 이용하면 요소 타입과 찾으려는 타입이 서로 달라서 사용할 수 있어서 더 유연하게 사용할 수 있습니다.

대소 비교는 cmp 패키지의 Compare를 이용해서 문자열 크기를 비교하고 있습니다.[2]

```go
func Clone[S ~[]E, E any](s S) S
```

Clone() 함수는 슬라이스를 복사해서 한벌 더 만들게 됩니다. 16장 '슬라이스'에서 살펴본 것처럼 슬라이스를 단순 대입하면 위치값만 복사하기 때문에 같은 메모리 주소를 가리키게 됩니다. 같은 값을 갖는 완전히 다른 슬라이스를 만들려면 같은 크기를 갖는 새로운 슬라이스를 만들어서 값을 복사해줘야 합니다.

Clone()은 이것을 손쉽게 한 줄로 처리할 수 있게 해줍니다.

```go
func Compare[S ~[]E, E cmp.Ordered](s1, s2 S) int
```

Compare() 함수는 두 개의 슬라이스를 대소 비교해줍니다. 인덱스 0 즉 첫 번째 요소값부터 비교를 시작합니다. 만약 두 값이 같을 경우 다음 요소값으로 진행합니다. 다를 경우 대소 비교를 해서 s1의 값이 작으면 -1, s1의 값이 크면 1을 반환합니다. 만약 어느 하나의 슬라이스의 모든 요소 값이 다 같다면 짧은 슬라이스가 더 작은 값으로 간주합니다.즉 모든 요소값이 같고 s1의 길이가 짧으면 -1을, s1의 길이가 길면 1을 반환합니다.

이 함수 역시 요소 타입은 cmp.Ordered 타입으로 대소 비교가 가능한 타입니다.

ex24/ex24.11/ex24.11.go

```go
package main
```

---

2   자세한 사항은 cmp 패키지 문서를 참조하세요.

```go
import (
    "fmt"
    "slices"
)

func main() {
    names := []string{"Alice", "Bob", "Vera"}
    fmt.Println("Equal:", slices.Compare(names, []string{"Alice", "Bob", "Vera"}))
    fmt.Println("V < X:", slices.Compare(names, []string{"Alice", "Bob", "Xena"}))
    fmt.Println("V > C:", slices.Compare(names, []string{"Alice", "Bob", "Cat"}))
    fmt.Println("3 > 2:", slices.Compare(names, []string{"Alice", "Bob"}))
}
```

```
Equal: 0
V < X: -1
V > C: 1
3 > 2: 1
```

첫 번째는 모든 요소값이 같고 슬라이스의 길이도 같기 때문에 0을 반환합니다. 두 번째는 마지막
요소값이 다른데 Vera의 V는 Xena의 X보다 작으므로 -1을 반환합니다. 세 번째는 역시 마지막
요소값이 다른데 Vera의 V는 Cat의 C보다 크므로 1을 반환합니다. 네 번째는 두 번째 슬라이스
의 모든 요소값이 같지만 두 번째 슬라이스의 길이가 첫 번째 슬라이스의 길이보다 짧으므로 1을
반환하게 됩니다.

```go
func CompareFunc[S1 ~[]E1, S2 ~[]E2, E1, E2 any](s1 S1, s2 S2, cmp func(E1, E2)
 int) int
```

역시 마찬가지로 대소 비교가 안 되는 요소 타입을 위해서 CompareFunc 함수를 제공하고 있
습니다. 동작 방식은 Compare와 같습니다.

```go
func Concat[S ~[]E, E any](slices ...S) S
```

여러 개의 슬라이스를 합쳐서 하나의 슬라이스로 만들어줍니다.

ex24/ex24.12/ex24.12.go

```go
package main

import (
```

```go
    "fmt"
    "slices"
)

func main() {
    s1 := []int{1, 2, 3}
    s2 := []int{4, 5, 6, 7}
    s3 := []int{8, 9, 10}

    s := slices.Concat(s1, s2, s3) // ❶
    fmt.Println(s)
}
```

```
[1 2 3 4 5 6 7 8 9 10]
```

❶ s1, s2, s3 슬라이스를 하나로 합칩니다.

```go
func Contains[S ~[]E, E comparable](s S, v E) bool
```

슬라이스 안에 특정 요소값이 포함되어 있는지 여부를 반환합니다. 파이썬의 in처럼 슬라이스 안에 값이 포함되어 있는지 여부를 쉽게 쓸 수 있도록 해줍니다.

```go
func ContainsFunc[S ~[]E, E any](s S, f func(E) bool) bool
```

역시 Contains는 == 비교가 가능한 타입만 가능하기 때문에 ContainsFunc()을 제공해서 == 비교가 되지 않는 타입도 쓸 수 있게 해주고 있습니다. 여기 소개된 함수들 외에도 slices 패키지에는 유용한 여러 함수들을 많이 제공되고 있으니 꼭 공식 문서를 확인해보시길 바랍니다.

24.5.2 maps

maps 패키지는 slices 패키지와 비슷하게 map을 다룰 때 사용하기 유용한 기능을 제공하고 있습니다.

```go
func Clone[M ~map[K]V, K comparable, V any](m M) M
```

맵을 복제해서 새로운 맵을 만들어내는 함수입니다. go 언어의 map은 내부에 포인터를 가지고 있기 때문에 단순 대입으로는 맵이 복제되지 않습니다. 그래서 똑같이 복제된 맵을 만들기 위해서는 맵의 요소들을 하나씩 복사해줘야 했습니다.

maps 패키지의 Clone 함수를 사용하면 한 번의 명령으로 맵을 복제할 수 있습니다.

```go
func Copy[M1 ~map[K]V, M2 ~map[K]V, K comparable, V any](dst M1, src M2)
```

Copy() 함수는 두 번째 인수인 src 맵의 모든 요소들의 키와 값을 첫 번째 인수인 dst 맵으로 복사하게 됩니다. 만약 키가 같을 경우 src값으로 덮어쓰게 됩니다.

ex24/ex24.13/ex24.13.go

```go
package main

import (
	"fmt"
	"maps"
)

func main() {
	m1 := map[string]int{
		"one": 1,
		"two": 2,
	}
	m2 := map[string]int{
		"one": 10,
	}

	maps.Copy(m2, m1)        // ❶ copy m1 to m2
	fmt.Println("m2 is:", m2)

	m2["one"] = 100
	fmt.Println("m1 is:", m1)
	fmt.Println("m2 is:", m2)

	m3 := map[string][]int{
		"one": {1, 2, 3},
		"two": {4, 5, 6},
	}
```

```go
    m4 := map[string][]int{
        "one": {7, 8, 9},
    }

    maps.Copy(m4, m3)          // ❷ copy m3 to m4
    fmt.Println("m4 is:", m4)

    m4["one"][0] = 100         // ❸ change m4 value
    fmt.Println("m3 is:", m3)
    fmt.Println("m4 is:", m4)

}
```

```
m2 is: map[one:1 two:2]
m1 is: map[one:1 two:2]
m2 is: map[one:100 two:2]
m4 is: map[one:[1 2 3] two:[4 5 6]]
m3 is: map[one:[100 2 3] two:[4 5 6]]
m4 is: map[one:[100 2 3] two:[4 5 6]]
```

❶ m1의 요소들을 m2로 복사합니다. m2에는 "two"의 키가 없기 때문에 "two":2는 그대로 복사되고 "one"은 값이 덮어쓰여지게 됩니다. ❷ m3의 요소들을 m4로 복사합니다. 출력 결과를 통해 요솟값들이 복사된 것을 확인할 수 있습니다. ❸ m4의 "one" 키의 []int 슬라이스의 첫 번째 요솟값을 100으로 변경합니다.

출력 결과를 보면 m3의 요소값도 변경된 것을 알 수 있습니다. 그 이유는 슬라이스 역시 내부에 포인터를 가지고 있어서 단순 대입으로는 같은 메모리 공간을 가리키게 됩니다. Copy는 대입 연산으로 값을 복사하기 때문에 m3의 "one" 요솟값과 m4의 "one" 요솟값은 같은 메모리 공간을 가리키고 있어서 m4의 "one" 키에 해당하는 슬라이스값의 첫 번째 요솟값을 변경해도 m3의 값도 변경됩니다.

```go
func Equal[M1, M2 ~map[K]V, K, V comparable](m1 M1, m2 M2) bool
```

두 맵이 서로 같은 요솟값들을 가지고 있는지 비교합니다. 모든 요소들의 키와 값이 모두 같아야 합니다. 한 가지 주의할 점은 값의 타입인 V 타입 역사 비교 연산이 가능한 comparable 타입이어야 한다는 점입니다.

그래서 == 연산을 제공하지 않는 타입들은 이 함수를 사용할 수 없습니다.

```go
func EqualFunc[M1 ~map[K]V1, M2 ~map[K]V2, K comparable, V1, V2 any](m1 M1, m2 M2, eq func(V1, V2) bool) bool
```

그래서 == 연산을 제공하지 않는 타입들을 위해서는 EqualFunc() 함수를 사용해야 합니다. 이 함수를 사용하려면 비교 연산을 담당하는 함수를 따로 제공해주면 됩니다. 재밌는 점은 두 맵의 값 타입이 서로 달라도 된다는 점입니다. 즉 == 연산을 제공하는 타입이라도 같은 값타입이 아닐 때에는 역시 EqualFunc() 함수를 사용할 수 있습니다.

ex24/ex24.14/ex24.14.go

```go
package main

import (
    "fmt"
    "maps"
    "strconv"
)

func main() {
    m1 := map[int]string{
        1:    "1",
        10:   "10",
        1000: "1000",
    }
    m2 := map[int]int{
        1:    1,
        10:   10,
        1000: 1000,
    }
    eq := maps.EqualFunc(m1, m2, func(v1 string, v2 int) bool { // ❶
        i1, err := strconv.Atoi(v1)
        if err != nil {
            return false
        }
        return i1 == v2
    })
    fmt.Println(eq)
}
```

❶ m1의 값 타입은 string 타입이고 m2의 값 타입은 int 타입입니다. 그래서 string과 int 모두 == 연산자를 지원하는 타입이라고 해도 Equal 함수를 사용할 수 없습니다. EqualFunc() 함수에서는 strconv.Atoi를 이용해서 string을 int 타입으로 변환해 서로 다른 두 타입을 비교했습니다.

핵심 요약

1 제네릭 프로그래밍은 타입 파라미터를 통해서 하나의 함수나 타입이 여러 타입에 대해서 동작할 수 있도록 해줍니다.

2 타입 제한을 통해서 타입 파라미터로 사용되는 타입을 제한합니다.

3 인터페이스와 제네릭 타입은 각 사용법이 있습니다.

4 동작하는 코드 먼저, 제네릭은 나중에 고민하세요.

1 아래 코드를 보고 질문에 답하세요.

```
func Print[T any](a T) {
    ...
}
```

위와 같은 제네릭 함수를 아래 코드와 같이 호출할 경우 T의 타입을 적으세요.

```
var a int = 100
Print(a)
```

2 제네릭 프로그래밍에 대한 바르지 않은 보기를 고르세요.

❶ 제네릭 프로그래밍은 많이 쓰면 쓸수록 좋다.

❷ 제네릭 프로그래밍은 실행 성능을 떨어트린다.

❸ 여러 타입에 대해 공통적인 기능을 만들 수 있다.

❹ 제네릭은 함수에만 적용가능하다

1 **정답** int 타입 – a의 타입이 int이므로 Print[int](a)가 됩니다.

2 **정답** ❶
  ❷ 제네릭을 많이 사용하면 코드 가독성을 떨어뜨리는 단점이 있으니 필요한 곳에만 쓰는 것을 추천합니다.
  ❸ 제네릭은 실행 성능을 떨어트리지 않고, 컴파일 타임을 증가시킵니다.
  ❹ 제네릭은 함수뿐 아니라 타입 선언 시에도 사용할 수 있습니다.

25

Project
단어 검색 프로그램 만들기

```
ex25.4> .\ex25.4.exe brother *.txt
romeonjuliet.txt
--------------------------------
        636            Mercutio and his brother Valentine;
       2419      Cap. Wife. Tybalt, my cousin! O my brother's child!
       3149        But for the sunset of my brother's son
       4030      John. Holy Franciscan friar, brother, ho!
       4039      John. Going to find a barefoot brother out,
       4054      Laur. Unhappy fortune! By my brotherhood,
       4473      Cap. O brother Montague, give me thy hand.
--------------------------------
```

난이도	★★☆☆
이름	단어 검색 프로그램
예제 위치	ch25/
미션	여러 텍스트 파일에서 원하는 단어를 검색합니다.
조작법	찾길 원하는 텍스트와 텍스트 파일을 인수로 주어 프로그램 실행 • find 찾을단어 대상텍스트파일 예) find word *.txt
주요 패키지	• os, path/filepath, strings, bufio

□ 학습 목표	텍스트 파일 내에 특정 단어가 나오는 위치를 찾는 프로그램을 만들어보겠습니다. 파일 입출력, 패키지 임포트, 고루틴, 채널 기능을 활용합니다.
□ 학습 내용	• 해법
	• 사전지식
	• **STEP 1** 실행 인수 읽고 파일 목록 가져오기
	• **STEP 2** 파일을 열어서 라인 읽기
	• **STEP 3** 파일 검색 프로그램 완성하기
	• 개선하기

25.1 해법

어떻게 구현해야 할지 생각해봅시다. 사용자로부터 파일 경로와 특정 단어를 입력받아서 파일에서 해당 단어를 검색하는 프로그램입니다. 단어가 발견된 라인과 해당 라인 내용을 출력하고 종료하면 됩니다.

1 찾으려는 단어와 파일 경로를 입력받습니다. 프로그램은 입력받은 인수를 읽어서 사용해야 합니다.

2 경로에 해당하는 파일을 찾습니다. 파일 경로는 특정 파일 하나만 나타낼 수도 있고 (와일드카드로 표현되어) 여러 파일을 나타낼 수도 있습니다.

3 파일을 읽고 각 라인에서 해당 단어가 나오는지 확인합니다.

4 특정 단어가 등장하는 라인을 취합하여 마지막으로 결과를 출력해야 합니다.

이를 순서도로 나타내면 다음과 같습니다.

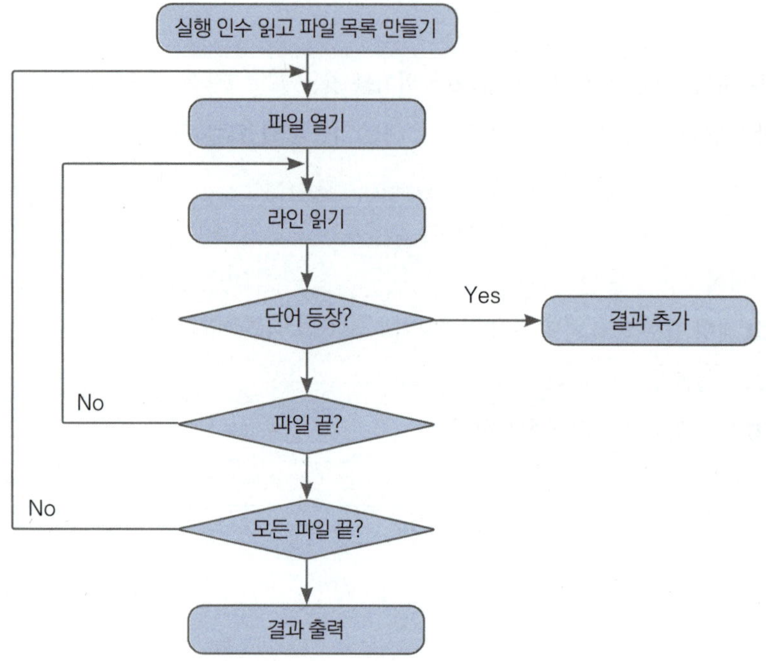

25.2 사전 지식

파일 검색 프로그램을 구현하려면 와일드카드, 실행 인수, 파일 핸들을 알아야 합니다. 여기서 간단히 살펴보고 나서 프로그램을 구현하겠습니다.

25.2.1 와일드카드

파일 경로를 표시할 때 와일드카드를 사용해서 여러 파일을 나타낼 수 있습니다. 와일드카드에 사용하는 문자로는 *와 ?가 있습니다. *는 0개 이상의 아무 문자를 나타내고 ?는 문자 하나를 나타냅니다.

예를 들어 abc*t라고 하면 abc로 시작하고 그 사이에 0개 이상의 아무 문자나 포함되고 마지막으로 t로 끝나는 모든 경로가 해당합니다. 따라서 abcdt, abc234hft, abct가 모두 해당합니다.

ab?d는 어떨까요? ab와 d 사이에 아무 문자나 들어와도 됩니다. 그래서 abcd, ab7d, abtd 모두 ab?d 경로에 해당합니다. 와일드카드는 파일 경로뿐 아니라 다양한 곳에서 사용되기 때문에 알아두면 유용합니다.

*	0개 이상의 아무 문자	예) abc*t =〉 abct, abc34t, abcffdt ...
?	1개의 아무 문자	예) ab?d =〉 abcd, ab2d, abtd ...

25.2.2 os.Args 변수와 실행 인수

보통 터미널 명령을 실행할 때 실행 인수를 넣어서 명령의 행동을 조정합니다. 예를 들어 아래와 같이 파일을 지우는 명령인 del을 실행할 때 del은 실행 명령이 되고 filename은 실행 인수가 됩니다.

Go 언어에서는 os 패키지의 Args 변수를 이용해 실행 인수를 가져올 수 있습니다. Args는 os 패키지의 전역 변수로 각 실행 인수가 []string 슬라이스에 담겨 있습니다.

```
var Args []string
```

os.Args의 첫 번째 항목으로는 실행 명령이 들어갑니다. 두 번째 항목부터 우리가 입력한 인수가 차례대로 들어갑니다. 예를 들어 우리가 만들 프로그램은 두 실행 인수를 받습니다. 첫 번째는 찾을 단어, 두 번째는 파일 경로입니다.

총 반환되는 인수는 3개로 os.Args[0]에는 find, os.Args[1]에는 찾을 단어, os.Args[2]에는 파일 경로가 저장됩니다.

이렇게 실행 인수를 가져온 다음 파일 경로에 해당하는 파일 목록을 가져와야 합니다. 파일 경로는 하나의 파일을 지정할 수도 있지만 ? 혹은 * 같은 와일드카드를 사용해서 여러 파일을 지정할 수도 있습니다.

25.2.3 파일 핸들링

파일을 열고, 읽고, 파일 목록을 가져오는 방법을 알아봅시다.

파일 열기

파일을 열려면 os 패키지의 Open() 함수를 이용해서 파일을 열어 파일 핸들을 가져와야 합니다. name에 해당하는 파일을 읽기 전용으로 열고 *File 타입인 파일 핸들 객체를 반환합니다.

```go
func Open(name string) (*File, error)
```

*File 타입은 io.Reader 인터페이스를 구현하고 있기 때문에 다음에 설명할 bufio 패키지의 NewScanner() 함수를 통해 스캐너 객체를 만들어서 사용할 수 있습니다.

파일 목록 가져오기

path/filepath 패키지의 Glob() 함수를 이용해서 파일 경로에 해당하는 파일 목록을 가져올 수 있습니다. 이 함수의 선언은 다음과 같습니다.

```go
func Glob(pattern string) (matches []string, err error)
```

파일 경로를 넣어주면 경로에 해당하는 파일 리스트를 []string 타입으로 반환합니다.

```go
filespaths, err := filepath.Glob("*.txt")
```

위 구문은 현재 실행 폴더 내 확장자가 txt인 모든 파일 리스트를 반환합니다.

파일 내용 한 줄씩 읽기

파일을 한 줄씩 읽는 데 bufio 패키지의 NewScanner() 함수를 이용합니다. 함수 선언은 다음
과 같습니다.

```
func NewScanner(r io.Reader) *Scanner
```

io.Reader 인터페이스를 구현한 모든 인스턴스를 인수로 사용 가능합니다. *File 객체 또한
io.Reader 인터페이스를 구현하고 있어서 앞서 구한 파일 핸들을 사용해서 스캐너를 만들 수 있
습니다. 스캐너를 이용하면 파일을 한 줄씩 손쉽게 읽어올 수 있습니다.

```
type Scanner
    func (s *Scanner) Scan() bool
    func (s *Scanner) Text() string
```

Scan() 메서드는 다음 줄을 읽어오고 Text()는 읽어온 한 줄을 문자열로 반환합니다. 이 두 메서
드를 이용해서 파일을 한 줄씩 읽어서 해당 줄에 우리가 찾으려는 문자가 있는지 확인합니다.

25.2.4 단어 포함 여부 검사

앞서 읽어온 한 줄 내용 중에 우리가 찾으려는 단어가 있는지 검사하는 데 strings 패키지의
Contains() 함수를 이용하겠습니다.

```
func Contains(s, substr string) bool
```

strings.Contains()는 첫 번째 인수인 s 안에 두 번째 인수인 substr이 포함되어 있는지 여부를
반환하는 함수입니다.

STEP 1 25.3 실행 인수 읽고 파일 목록 가져오기

실행 인수를 읽고 파일 목록을 가져오는 예제를 구현해봅시다.

 01 비주얼 스튜디오 코드를 실행하여 goprojects 폴더를 열어줍니다.

02 goprojects 폴더 아래 ch26 폴더를 만들고 그 아래 ex25.1 폴더를 만들어줍니다.

03 goprojects/ch25/ex25.1 폴더 아래 ex25.1.go 파일을 만들고 다음과 같이 코드를 타이핑하세요.

```go
                                                          ch25/ex25.1ex/25.1.go
package main

import (
    "fmt"
    "os"
    "path/filepath"
)

func main() {
    if len(os.Args) < 3 {                       // ❶ 실행 인수 개수 확인
        fmt.Println("2개 이상의 실행 인수가 필요합니다. ex) ex25.1 word filepath")
        return
    }

    word := os.Args[1]                          // ❷ 실행 인수 가져오기
    files := os.Args[2:]      fmt.Println("찾으려는 단어:", word)
    PrintAllFiles(files)
}

func GetFileList(path string) ([]string, error) {
    return filepath.Glob(path)
}

func PrintAllFiles(files []string) {
    for _, path := range files {
        filelist, err := GetFileList(path)      // ❸ 파일 목록 가져오기
        if err != nil {
            fmt.Println("파일 경로가 잘못되었습니다. err:", err, "path:", path)
            return
        }
        fmt.Println("찾으려는 파일 리스트")
        for _, name := range filelist {
```

```
            fmt.Println(name)
        }
    }
}
```

04 터미널을 열어서 go mod init ch25/ex25.1 명령으로 모듈을 생성합니다.

05 go build로 빌드하세요.

06 ex25.1 word ex*라고 실행해보세요. 찾으려는 단어는 word가 되고 ex로 시작하는 모든 파일 목록이 표시될 겁니다.

```
ex25.1> ex25.1 word ex*              ❹ 실행 예
찾으려는 단어: word
찾으려는 파일 리스트
ex25.1.exe[1]
ex25.1.go
```

❶ 실행 인수 개수를 확인합니다. 첫 번째는 실행 파일명도 인수로 전달되므로 모두 3개이어야 합니다. ❷ 찾을 단어는 os.Args[1]에 위치하고 파일 경로는 os.Args[2] 다음에 위치합니다. 만약 실행 명령을 ex25.1 word ex* *.txt라고 한 경우 os.Args[2]값은 ex*가 되고 os.Args[3]값은 *.txt가 됩니다.[2] ❸ path/filepath 패키지의 Glob() 함수를 호출해서 경로에 해당하는 파일 목록을 가져온 뒤 출력합니다.

STEP 2 25.4 파일을 열어서 라인 읽기

파일 목록을 가져왔으니 이제 각 파일을 열어서 한 줄씩 확인하는 코드를 구현해보겠습니다.

파일을 열고 bufio 패키지의 NewScanner() 함수를 이용해서 스캐너를 만들어서 파일 내용을 한 단어씩 읽어오겠습니다.

---

1 맥OS나 리눅스에서는 ex25.1로 표시됩니다.

2 맥OS나 리눅스에서는 셸 환경에 따라 실행 인수로 각 파일 리스트가 입력되기도 합니다. 즉 ❹와 같이 ex25.1 word ex*을 실행하면 맥OS나 리눅스에서는 os.Args[2]값은 ex25.1이 되고 os.Args[3]값은 ex25.1.go가 됩니다.

아래는 filename에 해당하는 파일을 읽어서 한 단어씩 출력하는 코드입니다.

To Do **01** ex25.1 예제와 같이 ex25.2 폴더를 만듭니다.

02 아래 파일을 깃허브에서 다운받아서 ex25.2 폴더에 복사해옵니다.

- https://github.com/tuckersGo/musthaveGo2/blob/master/ch25/hamlet.txt

03 ex25.2 폴더 아래 ex25.2.go 파일을 생성한 뒤 다음 코드를 타이핑하세요.

```go
                                                    ch25/ex25.2/ex25.2.go
package main

import (
    "fmt"
    "os"
)

func main() {
    PrintFile("hamlet.txt")
}
func PrintFile(filename string) {
    file, err := os.Open(filename)        // ❶ 파일 열기
    if err != nil {
        fmt.Println("파일을 찾을 수 없습니다. ", filename)
        return
    }
    defer file.Close()                    // ❷ 함수 종료 전에 파일 닫기

    scanner := bufio.NewScanner(file)     // ❸ 스캐너를 생성해서 한 줄씩 읽기
    for scanner.Scan() {
        fmt.Println(scanner.Text())
    }
}
```

❶ os.Open()을 통해 파일을 엽니다. 만약 파일이 없으면 에러를 출력합니다. ❷ 이렇게 연 파일은 꼭 닫아줘야 합니다. defer를 이용해서 함수 종료 전에 파일을 닫도록 했습니다. ❸ NewScanner()를 사용해 스캐너를 만들어서 한 줄씩 읽어서 출력합니다.

 # 25.5 파일 검색 프로그램 완성하기

지금까지 구현한 코드 모두를 조합해서 파일 검색 프로그램을 완성하겠습니다.

To Do **01** ex25.1 예제와 같이 ex25.3 폴더를 만듭니다.

02 아래 두 파일을 깃허브에서 다운받아서 ex25.3 폴더에 둡니다.

- https://github.com/tuckersGo/musthaveGo2/blob/master/ch25/hamlet.txt
- https://github.com/tuckersGo/musthaveGo2/blob/master/ch25/romeonjuliet.txt

03 ex25.3 폴더 아래 ex25.3.go 파일을 생성한 뒤 다음 코드를 타이핑하세요. 코드가 깁니다. 조각 코드로 제시하겠습니다.

```
                                                          ch25/ex25.3/ex25.3.go
package main

import (
    "bufio"
    "fmt"
    "os"
    "path/filepath"
    "strings"
)
// 찾은 라인 정보
type LineInfo struct {          // ❶ 찾은 결과 정보
    lineNo int
    line   string
}
// 파일 내 라인 정보
type FindInfo struct {
    filename string
    lines    []LineInfo
}

func main() {
    if len(os.Args) < 3 {
        fmt.Println("2개 이상의 실행 인수가 필요합니다. ex) ex25.3 word filepath")
        return
```

```go
    }

    word := os.Args[1]                        // ❷ 찾으려는 단어
    files := os.Args[2:]
    findInfos := []FindInfo{}
    for _, path := range files {
        // ❸ 파일 찾기
        findInfos = append(findInfos, FindWordInAllFiles(word, path)...)
    }
    for _, findInfo := range findInfos {
        fmt.Println(findInfo.filename)
        fmt.Println("--------------------------------")
        for _, lineInfo := range findInfo.lines {
            fmt.Println("\t", lineInfo.lineNo, "\t", lineInfo.line)
        }
        fmt.Println("--------------------------------")
        fmt.Println()
    }
}
```

❶ 단어가 포함된 한 줄 텍스트 정보를 포함하는 구조체를 선언합니다. ❷ 실행 인수에서 찾으려는 단어와 파일명을 가져옵니다. ❸ 뒤에 만들 FindWordInAllFiles() 함수를 호출해서 파일 내 단어를 찾습니다. 이 함수는 결과로 []FindInfo를 반환하기 때문에 이를 이용해서 탐색 결과를 출력합니다.

```go
func GetFileList(path string) ([]string, error) {
    return filepath.Glob(path)
}


func FindWordInAllFiles(word, path string) []FindInfo {
    findInfos := []FindInfo{}

    filelist, err := GetFileList(path)            // ❶ 파일 리스트 가져오기
    if err != nil {
        fmt.Println("파일 경로가 잘못되었습니다. err:", err, "path:", path)
        return findInfos
    }
```

```go
    for _, filename := range filelist {          // ❷ 각 파일별로 검색
        findInfos = append(findInfos, FindWordInFile(word, filename))
    }
    return findInfos
}

func FindWordInFile(word, filename string) FindInfo {
    findInfo := FindInfo{filename, []LineInfo{}}
    file, err := os.Open(filename)
    if err != nil {
        fmt.Println("파일을 찾을 수 없습니다. ", filename)
        return findInfo
    }
    defer file.Close()

    lineNo := 1
    scanner := bufio.NewScanner(file)            // ❸ 스캐너를 만듭니다.
    for scanner.Scan() {
        line := scanner.Text()
        if strings.Contains(line, word) { // ❹ 한 줄씩 읽으면 단어 포함 여부 검색
            findInfo.lines = append(findInfo.lines, LineInfo{lineNo, line})
        }
        lineNo++
    }
    return findInfo
}
```

❶ filepath의 Glob() 함수를 통해 path에 해당하는 파일 리스트를 가져옵니다. ❷ 파일별로 FindWordInFile() 함수를 실행해서 파일을 검사합니다. FindWordInFile() 함수 내에서는 파일 경로에 해당하는 파일을 열고 ❸ 각 줄을 읽은 뒤 ❹ 그 줄에 원하는 단어가 있는지 검사해서 단어가 있을 경우 결과 리스트에 추가합니다.

04 터미널을 열어서 ex25.3 폴더에서 go mod init ch25/ex25.3로 모듈을 생성합니다.

05 go build로 빌드합니다.

```
ex25.3> .\ex25.3.exe brother *.txt
hamlet.txt
---------------------------------
       267          King. Though yet of Hamlet our dear brother's death
       285            Or thinking by our late dear brother's death
       291            To our most valiant brother. So much for him.
       422            My father's brother, but no more like my father
       606            As watchman to my heart. But, good my brother,
       908            Thus was I, sleeping, by a brother's hand
      1269            Say, Voltemand, what from our brother Norway?.
      2539            A brother's murther! Pray can I not,
      2545            Were thicker than itself with brother's blood,
      2632            You are the Queen, your husband's brother's wife,
      2648            As kill a king, and marry with his brother.
      2677            The counterfeit presentment of two brothers.
      2688            Blasting his wholesome brother. Have you eyes?
      3234            My brother shall know of it; and so I thank you for
                          your good
      3251            Her brother is in secret come from France;
      3975          Ham. I lov'd Ophelia. Forty thousand brothers
      4258            And hurt my brother.
      4269            And will this brother's wager frankly play.
---------------------------------

romeonjuliet.txt
---------------------------------
       636              Mercutio and his brother Valentine;
      2419          Cap. Wife. Tybalt, my cousin! O my brother's child!
      3149            But for the sunset of my brother's son
      4030          John. Holy Franciscan friar, brother, ho!
      4039          John. Going to find a barefoot brother out,
      4054          Laur. Unhappy fortune! By my brotherhood,
      4473          Cap. O brother Montague, give me thy hand.
---------------------------------
```

25.6 개선하기

앞의 구현을 개선해보겠습니다. ex25.2 구현은 모든 파일 검색을 하나의 main() 고루틴에서 실행합니다. 물론, 검색할 파일이 몇 개 안 되면 상관없지만 파일 개수가 늘어나면 검색에 오랜 시간이 듭니다. 고루틴을 사용해서 파일 개수가 늘어도 빠르게 검색되도록 개선해보겠습니다. 각 파일별로 작업을 할당하고 작업이 완료되면 채널을 이용해서 결과를 수집하는 방식을 사용하겠습니다.

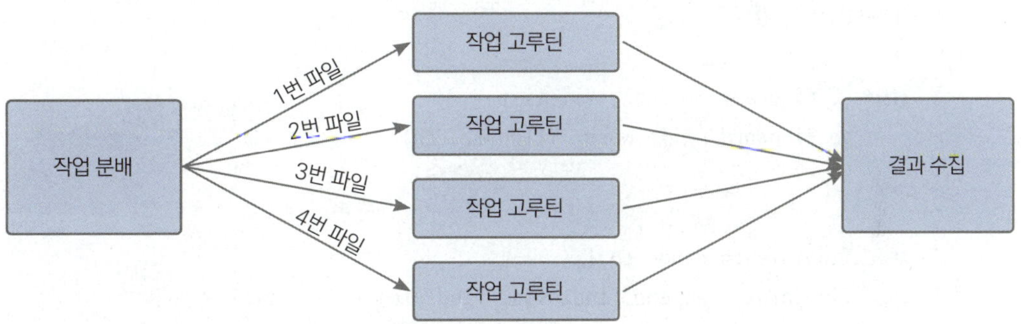

이렇게 작업을 분배하고 다시 거둬들이는 방식을 뿌리고 거두기^Scatter-Gather 방식[3]이라고 합니다. 코드를 통해서 살펴보겠습니다.

To Do **01** ex25.1 예제와 같이 ex25.4 폴더를 만듭니다.

02 아래 두 파일을 깃허브에서 다운받아서 ex25.4 폴더에 복사해옵니다.

- https://github.com/tuckersGo/musthaveGo2/blob/master/ch25/hamlet.txt
- https://github.com/tuckersGo/musthaveGo2/blob/master/ch25/romeonjuliet.txt

03 ex25.4 폴더 아래 ex25.4.go 파일을 생성한 뒤 다음 코드를 타이핑하세요. ex25.4.go 파일은 ex25.3.go와 흡사합니다. main() 함수는 완전히 같고 FindWordInAllFiles() 함수와 FindWordInFile() 함수 구현만 다릅니다. ex25.3.go 파일을 복사해온 다음 이 부분만 고쳐쓰시면 됩니다.

```
func FindWordInAllFiles(word, path string) []FindInfo {
    findInfos := []FindInfo{}
```

---

3 마치 부채살이 퍼졌다가 오므라드는 모양과 같다고 해서 Fan-Out / Fan-In 방식이라고도 합니다.

```go
    filelist, err := filepath.Glob(path) // 실행 인수 가져오기
    if err != nil {
        fmt.Println("파일 경로가 잘못되었습니다. err:", err, "path:", path)
        return findInfos
    }


    ch := make(chan FindInfo)
    cnt := len(filelist)
    recvCnt := 0


    for _, filename := range filelist {
        go FindWordInFile(word, filename, ch)          // ❶ 고루틴 실행
    }


    for findInfo := range ch {
        findInfos = append(findInfos, findInfo)        // ❷ 결과 수집
        recvCnt++
        if recvCnt == cnt {
            // all received
            break
        }
    }
    return findInfos
}

func FindWordInFile(word, filename string, ch chan FindInfo) {
    findInfo := FindInfo{filename, []LineInfo{}}
    file, err := os.Open(filename)
    if err != nil {
        fmt.Println("파일을 찾을 수 없습니다. ", filename)
        ch <- findInfo
        return
    }
    defer file.Close()

    lineNo := 1
```

```go
    scanner := bufio.NewScanner(file)
    for scanner.Scan() {
        line := scanner.Text()
        if strings.Contains(line, word) {
            findInfo.lines = append(findInfo.lines, LineInfo{lineNo, line})
        }
        lineNo++
    }
    ch <- findInfo                          // ❸ 채널에 결과 전송
}
```

❶ FindWordInAllFiles() 함수에서 파일별로 고루틴을 생성해서 FindWordInFile() 함수를 실행합니다. ❷ 이제 채널을 통해서 결과를 수집합니다. 모든 결과가 수집되면 호출자에게 결과를 알려줍니다. ❸ FindWordInFile() 함수는 앞서 예제와 기능은 똑같지만 결과를 채널로 넣는다는 점이 다릅니다.

04 터미널을 열어서 ex25.4 폴더에서 go mod init ch25/ex25.4로 모듈을 생성합니다.

05 go build로 빌드합니다.

06 .\ex25.4.exe brother *.txt 명령을 실행합니다.

```
ex25.4> .\ex25.4.exe brother *.txt
romeonjuliet.txt
--------------------------------
      636            Mercutio and his brother Valentine;
     2419    Cap. Wife. Tybalt, my cousin! O my brother's child!
     3149        But for the sunset of my brother's son
     4030    John. Holy Franciscan friar, brother, ho!
     4039    John. Going to find a barefoot brother out,
     4054    Laur. Unhappy fortune! By my brotherhood,
     4473    Cap. O brother Montague, give me thy hand.
--------------------------------


hamlet.txt
--------------------------------
      267    King. Though yet of Hamlet our dear brother's death
      285        Or thinking by our late dear brother's death
```

```
291        To our most valiant brother. So much for him.
422        My father's brother, but no more like my father
606        As watchman to my heart. But, good my brother,
908        Thus was I, sleeping, by a brother's hand
1269       Say, Voltemand, what from our brother Norway?
2539       A brother's murther! Pray can I not,
2545       Were thicker than itself with brother's blood,
2632       You are the Queen, your husband's brother's wife,
2648       As kill a king, and marry with his brother.
2677       The counterfeit presentment of two brothers.
2688       Blasting his wholesome brother. Have you eyes?
3234       My brother shall know of it; and so I thank you
           for your good
3251       Her brother is in secret come from France;
3975  Ham. I lov'd Ophelia. Forty thousand brothers
4258       And hurt my brother.
4269       And will this brother's wager frankly play.
-----------------------------------
```

실행 결과는 이전 예제와 동일합니다. 하지만 각 파일 검색을 별도 고루틴에서 하다 보니 짧은 내용이 먼저 완료되어 먼저 표시됐습니다.

핵심 요약

1 파일 경로를 표시할 때 와일드카드를 사용해서 여러 파일을 나타낼 수 있습니다. *와 ?가 있습니다.

2 실행 인수의 첫 번째 인수값은 파일명입니다. 따라서 실행 인수를 3개 넣으면 os.Args에 총 4개 값이 저장됩니다.

3 os.Open() 함수를 이용하면 파일을 읽기 전용으로 엽니다. 해당 파일을 다 사용하고 나서는 file.Close() 메서드를 통해 파일 핸들을 닫아줘야 합니다.

4 한 줄씩 읽는 데 bufio 패키지의 Scanner가 유용합니다.

1 하위 폴더 파일까지 모두 포함해서 검색하도록 변경해보세요. 예를 들어 find brother *.txt라고 입력한 경우 현재 폴더 내 파일 중 *.txt인 파일뿐만 아니라 현재 폴더의 하위 폴더는 물론 그 아래 모든 하위 폴더까지 다 합쳐서 *.txt인 파일 목록을 찾아서 단어를 검색하면 됩니다.

Hint path/filepath 패키지의 Walk() 함수를 사용해서 구현하세요.

1 정답

```go
func GetFileList(pattern string) ([]string, error) {
    filelist := []string{}
    err = filepath.Walk(".", func(path string, info os.FileInfo, err error) error { // ❶
        if !info.IsDir() {
            matched, _ := filepath.Match(pattern, info.Name()) // ❷
            if matched {
                filelist = append(filelist, path)
            }
        }
        return nil
    })
    if err != nil {
        return []string{}, err
    }
    return filelist, nil
}
```

해설 ❶ path/filepath 패키지의 Walk() 함수를 사용해 해당 폴더 아래 모든 파일과 폴더를 순회해 두 번째 인수로 받은 함수를 호출합니다. 그래서 첫 번째 인수로 "."를 넣으면 현재 폴더 내 모든 파일과 하위 폴더를 순회하게 됩니다. ❷ 현재 순회하는 항목이 폴더가 아니면 filepath.Match() 함수를 통해서 해당 파일명이 패턴에 부합한지 확인합니다. 맞으면 결과 목록에 추가해줍니다. 전체 코드는 /ch25/ex25.5 폴더에 있습니다.

3단계는 어엿한 Go 언어 프로그래머로 첫발을 내딛을 수 있도록 돕는 데 목적이 있습니다. Go 언어 문법은 이미 다 배웠습니다. 이제 문법을 넘어서 Go 프로그래머로 성장해야 합니다. 지금까지 배운 것을 바탕으로 26장과 27장에서 성능 테스트 및 개선 방법을, 28장에서는 웹 서버를 만듭니다. 그리고 29장에서는 'RESTful API 서버', 30장에서는 '실시간 채팅 프로그램 만들기' 프로젝트를 함께 진행해보고 마무리합니다.

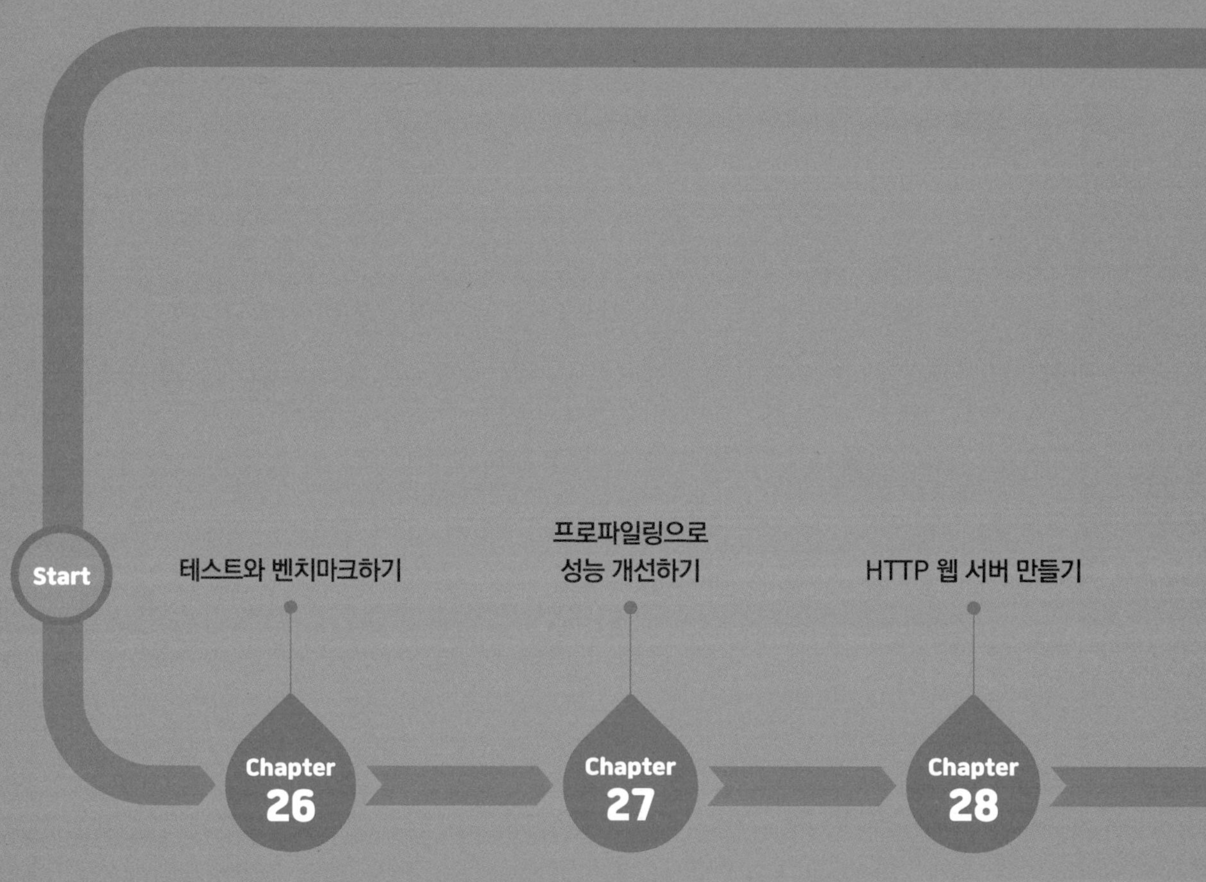

네트워크 서버 개발 및 성능 개선 기법 익히기

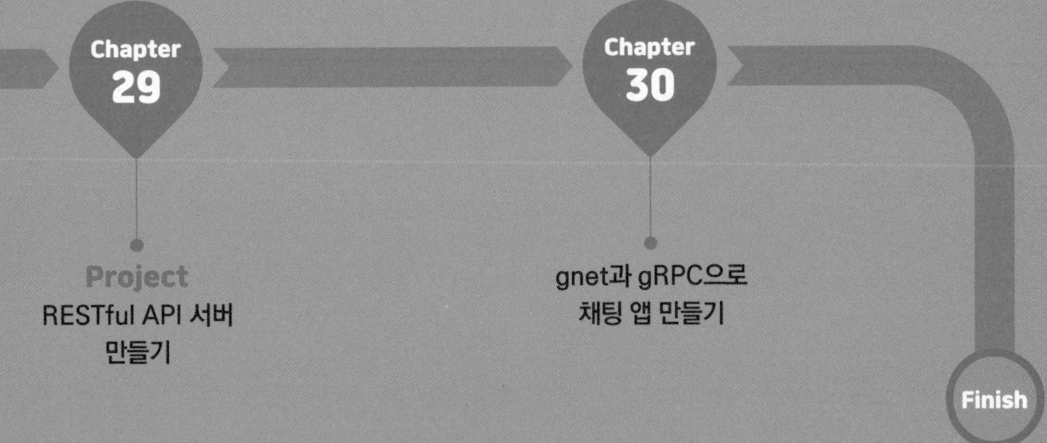

테스트와 벤치마크하기

☐ **학습 목표**	Go 언어에서 테스트 코드와 벤치마크 코드를 작성하는 방법을 알아봅니다.
☐ **학습 내용**	• 테스트 코드 작성법 • 테스트의 중요성 • 벤치마크 코드 작성법
☐ **테스트 코드 & 벤치마크 코드**	테스트 코드는 작성한 코드를 테스트하는 코드입니다. 벤치마크 코드는 코드 로직의 성능을 측정하는 코드입니다. 모든 프로그래머가 버그 없는 고성능 프로그램을 만들고 싶어 합니다. 최선의 방법은 사전에 많은 테스트를 하고 벤치마크 코드를 작성해 성능을 높이는 길뿐입니다. Go 언어는 테스트 코드 작성과 실행을 언어 자체에서 지원합니다.
☐ **테스트 코드 장점**	• 테스트 코드를 손쉽게 작성할 수 있습니다. • go test를 통해 간단하게 전체 테스트를 할 수 있습니다. • 버그를 사전에 방지할 수 있습니다.
☐ **벤치마크 코드의 장점**	• 성능 측정 코드를 손쉽게 작성할 수 있습니다. • 성능 비교를 통해 더 빠른 로직이 무엇인지 알 수 있습니다. • go test -bench 명령으로 성능 검사를 할 수 있습니다.

26.1 테스트 코드

Go 언어는 테스트 코드 작성과 실행을 언어 자체에서 지원합니다. 빠르고 손쉽게 테스트 코드를 작성할 수 있어 버그를 사전에 막는 데 효과적입니다. 3가지 표현 규약을 따라 테스트 코드를 작성해야 하며, go test 명령으로 실행합니다.

작성 규약은 다음과 같습니다.

1 파일명이 _test.go로 끝나야 합니다.

2 testing 패키지를 임포트해야 합니다.

3 테스트 코드는 func TestXxxx(t *testing.T) 형태이어야 합니다.

각 규약을 다음과 같이 해석할 수 있습니다.

1 테스트 코드는 파일명이 _test.go로 끝나는 파일 안에 존재해야 합니다.

2 테스트 코드를 작성하려면 import "testing"으로 testing 패키지를 가져와야 합니다.

3 테스트 코드들은 모두 함수로 묶여 있어야 하고 함수명은 반드시 Test로 시작해야 합니다. Test 다음에 나오는 첫 글자는 대문자여야 합니다. 또한 함수 매개변수는 t *testing.T 하나만 존재해야 합니다.

26.1.1 테스트 코드 작성하기

표현 규약에 맞춰 테스트 코드를 작성해보겠습니다. 테스트 대상 코드를 작성 후 테스트 코드를 작성하겠습니다.

테스트 대상 코드 81을 반환하는 함수

ch26/ex26.1/ex26.1.go

```go
package main

import "fmt"

func square(x int) int {
    return 81
}

func main() {
    fmt.Printf("9 * 9 = %d\n", square(9))
}
```

```
9 * 9 = 81
```

테스트 코드 9의 제곱값이 81임을 테스트하는 코드

ch26/ex26.1/ex28_1_test.go

```go
package main

import "testing"
```

```go
func TestSquare1(t *testing.T) {
    rst := square(9)
    if rst != 81 {
        t.Errorf("square(9) should be 81 but square(9) returns %d", rst) // ❶
    }
}
```

❶ t.Errorf() 메서드에 테스트 실패 시 실패를 알리고 실패 메시지를 넣을 수 있습니다. testing. T 객체의 Error()와 Fail() 메서드를 이용해서 테스트 실패를 알릴 수 있습니다. Error()는 테스트가 실패하면 모든 테스트를 중단하지만, Fail()은 테스트가 실패해도 다른 테스트들을 계속 진행합니다.

테스트 코드를 작성하고 코드를 작성한 폴더의 터미널 창에서 go test를 실행합니다. 또는 비주얼 스튜디오 코드에서 테스트 코드를 작성하면 자동으로 나오는 run package tests(테스트 실행하기) 버튼을 클릭해 실행할 수도 있습니다.

```
1    //ex28/ex28.1/ex28_1_test.go
     [run package tests] run file tests
2    package main
3
4    import (
5        "testing"
6
7        "github.com/stretchr/testify/assert"
8    )
```


출력 결과는 다음과 같습니다.

```
PASS
ok      ex26.1  0.179s
```

테스트가 모두 통과됐고 총 0.179초가 걸렸습니다. 실행 시간은 머신 성능에 따라서 달라질 수 있습니다.

테스트 코드를 하나 더 추가해보겠습니다. ex28_1_test.go 파일 아래쪽에 다음 코드를 추가합니다.

```go
func TestSquare2(t *testing.T) {
    rst := square(3)
    if rst != 9 {
        t.Errorf("square(3) should be 9 but square(3) returns %d", rst)
    }
}
```

터미널에서 go test 명령으로 테스트를 실행합시다. 출력 결과는 다음과 같습니다.

```
--- FAIL: TestSquare2 (0.00s)
    ex28_1_test.go:15: square(3) should be 9 but square(3) returns 81
FAIL
exit status 1
FAIL    ex26.1  0.193s
```

TestSquare2가 실패했고, 9가 나와야 하는데 81이 나온 것을 실패 메시지에서 확인할 수 있습니다. 그 이유는 ex26.1.go 파일에서 square() 함수가 항상 81을 반환하도록 했기 때문입니다. square() 함수를 다음과 같이 고쳐서 다시 테스트를 돌려보겠습니다.


```go
func square(x int) int {
    return x * x
}
```

그러면 모든 테스트가 통과됐다는 메시지가 출력됩니다.

```
PASS
ok      ex26.1  0.165s
```

26.1.2 일부 테스트만 실행하기

go test를 하면 전체 테스트를 모두 실행합니다. -run 플래그를 사용해서 특정 테스트만 실행할 수 있습니다.

예를 들어 go test -run Square2를 입력하면 Square2 테스트만 실행합니다. 또 go test -run Square라고 입력하면 Square로 시작하는 모든 테스트를 실행합니다. 이를 통해서 매번 모든 테스트를 다 할 필요 없이 필요한 테스트만 골라서 실행할 수 있습니다.

지금까지 테스트 코드를 작성하고 실행하는 방법을 알아보았습니다. 테스트는 다다익선입니다. 되도록 많은 테스트 코드를 작성해 빠짐없이 검증해 버그 없는 프로그램을 만드는 데 적극 활용하기 바랍니다.

26.1.3 테스트를 돕는 외부 패키지

테스트 코드 작성을 돕는 외부 패키지인 "stretchr/testify"를 사용해보겠습니다.

"stretchr/testify" 패키지는 테스트하고 테스트 실패를 알릴 수 있는 다양한 함수를 제공합니다. 무엇보다 코드가 간략해서 인기가 높습니다.

터미널을 열어서 go get 명령으로 패키지를 설치합니다.

```
go get github.com/stretchr/testify
```

설치가 완료되면 stretchr/testify 패키지를 사용하도록 ex28_1_test.go 코드를 고쳐보겠습니다.

테스트 코드 stretchr/testify 패키지를 사용해서 square() 함수를 테스트하는 코드

ch26/ex26.1/ex26_1_test.go

```go
package main

import (
    "testing"
    "github.com/stretchr/testify/assert"
)

func TestSquare1(t *testing.T) {
    assert := assert.New(t)                                // ❶ 테스트 객체 생성
    assert.Equal(81, square(9), "square(9) should be 81") // ❷ 테스트 함수 호출
}
```

```go
func TestSquare2(t *testing.T) {
    assert := assert.New(t)
    assert.Equal(9, square(3), "square(3) should be 9")
}
```

❶ t를 인수로 받아 assert 객체를 생성합니다. assert 객체는 테스트 코드를 쉽게 만들 수 있는 다양한 메서드를 포함합니다. ❷ assert 객체에서 제공하는 Equal() 메서드를 사용해 함수 출력을 비교합니다.

Equal() 메서드 외에 NotEqual(), Nil(), NotNil() 등 많은 메서드를 합니다. 테스트를 도와주는 다양한 기능들을 제공하므로 유용하게 이용하시기 바랍니다.

stretchr/testify/assert 패키지에서 제공하는 유용한 함수

stretchr/testify/assert 패키지에서 제공하는 Equal(), Greater(), Len(), NotNilf(), NotEqualf() 메서드는 테스트에 유용한 기능을 제공합니다. 각 기능과 정의를 간략히 정리해뒀습니다.

- Equal() : expected와 actual 두 값을 비교하여 다를 경우 테스트를 실패하고 메시지를 출력합니다.

```go
func Equal(t TestingT, expected, actual interface{}, msgAndArgs
...interface{}) bool
```

- Greater() : e1이 e2보다 크지 않으면 테스트를 실패하고 메시지를 출력합니다.

```go
func Greater(t TestingT, e1 interface{}, e2 interface{}, msgAndArgs
...interface{}) bool
```

- Len() : object의 항목 개수가 length가 아니면 테스트를 실패하고 메시지를 출력합니다.

```go
func Len(t TestingT, object interface{}, length int, msgAndArgs
...interface{}) bool
```

- NotNilf() : object가 nil이면 테스트를 실패하고 메시지를 출력합니다.

```
func NotNilf(t TestingT, object interface{}, msg string, args
...interface{}) bool
```

- NotEqualf() : expected와 actual이 같으면 테스트를 실패하고 메시지를 출력합니다.

```
func NotEqualf(t TestingT, expected interface{}, actual interface{}, msg
string, args ...interface{}) bool
```

stretchr/testify 패키지에서 제공하는 그외 유용한 기능

stretchr/testify 패키지는 mock과 suite 패키지를 제공합니다. mock 패키지는 테스트용 목업을 만든 데 사용합니다. suite 패키지는 테스트 시작과 종료 작업을 도와줍니다.

- mock 패키지 : 모듈의 행동을 가장하는 목업^{mockup} 객체를 제공합니다. 예를 들어 온라인 기능을 테스트할 때 하위 영역인 네트워크 기능까지 모두 테스트하기는 힘듭니다. 네트워크 객체를 가장하는 목업 객체를 만들 때 유용합니다.
- suite 패키지 : 테스트 준비 작업이나 테스트 종료 후 뒤처리 작업을 쉽게 할 수 있도록 도와주는 패키지입니다. 예를 들어 테스트에 특정 파일이 있어야 한다면 테스트 시작 전 임시 파일을 생성하고 테스트 종료 후 생성한 임시 파일을 삭제해주는 작업을 만들 때 유용합니다.

깊이보기 26.2 테스트 주도 개발

테스트의 중요성은 과거에 비해서 점차 커지고 있습니다. 크게 두 가지를 이유로 꼽고 싶습니다. 첫 번째는 과거에 비해서 프로그램 규모가 커졌습니다. 과거에는 한두 명이서 프로그램을 만들었다면, 요즘은 수십 명이서 한 프로젝트에서 협업합니다. 많은 프로그래머가 각자 만든 코드들의 접점이 늘어나게 되므로 예기치 못한 버그도 늘 수밖에 없습니다.

두 번째로 과거에 비해 고가용성^{high availability}에 대한 요구사항이 높아졌습니다. 가용성이란 프로그램이나 웹 서비스가 얼마나 오랫동안 정상 동작하는가를 의미합니다. 대부분 유명한 웹 서비스는 주 7일 24시간 서비스를 기본으로 제공합니다. 무중단 서비스에 대한 사용자 요구가 늘어나면서 서비스를 중단으로 이르게 할 수 있는 치명적인 버그를 줄이는 게 서비스 성패에 큰 역할을 하게 됐습니다.

이런 두 가지 이유로 과거에 비해서 더 많은 그리고 더 촘촘한 테스트가 필요하게 됐습니다.

테스트는 크게 블랙박스 테스트와 화이트박스 테스트로 구분할 수 있습니다.

블랙박스 테스트

블랙박스 테스트란 제품 내부를 오픈하지 않은 상태에서 진행되는 테스트를 말합니다. 사용자 입장에서 테스트한다고 해서 사용성 테스트usability test라고 하기도 합니다. 블랙박스 테스트는 프로그램 내부 코드를 직접 검증하는 게 아니라 프로그램을 실행한 상태로 실행 동작을 검사하는 방식입니다. 프로그래머보다는 전문 테스터, QV, QA 직군에서 주로 담당합니다.

화이트박스 테스트

화이트박스 테스트는 프로그램 내부 코드를 직접 검증하는 방식입니다. 유닛 테스트unit test, 단위 테스트라고 부릅니다. 이 테스트는 프로그래머가 직접 테스트 코드를 작성해서 내부 테스트를 검사하는 방식입니다.

블랙박스 테스트는 내부 코드를 검증하지 않고 제품 전체의 사용성을 검사하는 방식이기 때문에 코드 내부에 잠재되어 있는 버그를 찾는 데 어려움이 있습니다. 반면 화이트박스 테스트는 코드를 직접 검사할 수 있지만 사용자 입장에서 전체 서비스를 검사하는 데 어려움이 있습니다. 따라서 이 두 방식 모두 많이 그리고 꼼꼼하게 진행해야 더 좋은 품질의 제품을 만들 수 있게 됩니다.

화이트박스 테스트에 대해서 좀 더 알아보겠습니다. 테스트는 일반적으로 다음과 같이 진행됩니다.

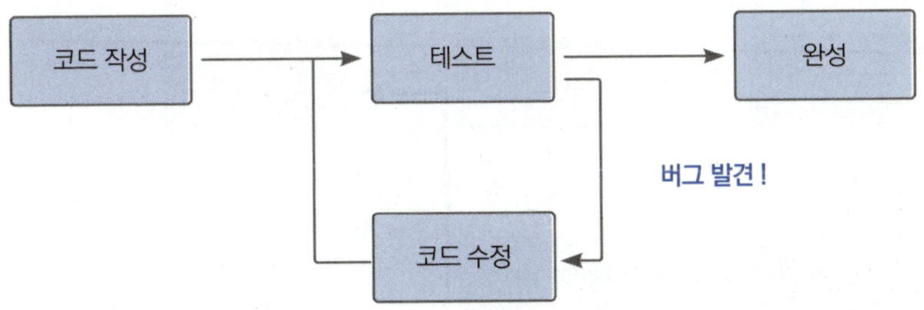

코드 작성 → 테스트하고 버그를 발견 → 코드 수정하는 형태가 전통적인 방식이었습니다. 하지만 이런 방식에는 많은 문제점을 가지고 있습니다.

첫 번째로 빈약한 테스트 케이스가 문제입니다. 테스트는 많을수록 촘촘할수록 더 좋습니다. 코드 작성 이후에 테스트 코드를 작성하다 보면 메인 시나리오에 의존해 테스트하고 예외 상황이나 경계 체크boundary check가 무시되기 쉽습니다.

예를 들어 쇼핑몰을 만든다고 하면 장바구니에 물건을 담아서 결제하는 메인 시나리오를 검증하는 테스트 코드만 만들고, 장바구니에 물건을 담은 상태에서 브라우저를 종료하거나 또는 결제 도중에 장바구니에 담긴 상품이 품절되는 등 예외 상황을 테스트하지 않아서 실제 서비스가 오픈됐을 때 많은 문제가 발생하곤 합니다.

두 번째로 테스트 통과를 목적으로 하는 형식적인 테스트 코드를 작성하기 십상입니다. 테스트의 중요성이 증가되면서 회사 정책으로 테스트 코드 작성을 강제하는 회사가 늘었습니다. 하지만 테스트가 프로젝트 막바지에 몰려있다 보니 마감에 떠밀려 테스트 통과만을 목적으로 테스트 코드를 작성하는 문제가 생기게 됐습니다. 이런 테스트는 효용성이 떨어지게 마련입니다.

테스트 주도 개발

테스트 주도 개발 Test Driven Development, TDD은 이런 문제를 해결하는 대안입니다. 테스트 주도 개발은 테스트 코드 작성 시기를 과감하게 코드 작성 이전으로 옮긴 방식입니다.

제일 먼저 테스트 코드부터 작성합니다. 구현하기 전에 테스트 코드부터 작성하기 때문에 당연히 테스트가 실패합니다. 방금 작성한 테스트를 성공시키는 코드를 작성해서 테스트를 성공시킵니다. 그리고 개선 작업을 통해 코드를 개선합니다. 개선은 SOLID 원칙에 입각해 진행합니다. 이것을 리팩터링refactoring이라고 말합니다. 그 뒤 새로운 테스트 코드를 작성해서 다시 테스트 실패를 만듭니다. 이 과정을 계속 반복하는 게 테스트 주도 개발입니다.

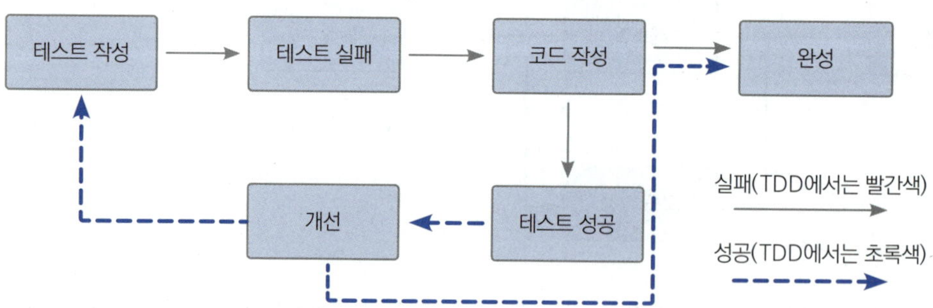

그렇다면 테스트 주도 개발에 어떤 이점이 있는 걸까요?

첫 번째, 테스트 코드가 자연적으로 촘촘해집니다. 테스트 코드를 작성하고 성공으로 만드는 코드를 작성하고 다시 테스트 코드를 작성하는 걸 반복하기 때문에 테스트 코드가 자연스럽게 늘어나게 되고, 허술한 테스트 코드 없이 다양한 경우에 대해서 검증할 수 있습니다.

두 번째, '작은 목표 설정 → 실패 → 달성 → 달성 강화 → 새로운 작은 목표 설정' 절차를 따르기 때문에 개발 자체가 재밌어집니다.

ex26.1에서는 9의 제곱을 검사하는 TestSquare1을 만들어서 테스트했습니다. square() 함수가 고정값 81을 반환하도록 되어 있었기 때문에 TestSquare1은 통과될 수 있었습니다. 그래서 이번에는 3의 제곱을 검사하는 TestSquare2를 만들었습니다. 코드를 수정하기 앞서 테스트 케이스부터 만든 겁니다. square() 함수는 여전히 고정값 81을 반환하기 때문에 테스트가 실패합니다. 그래서 square() 함수를 고쳐서 두 테스트 게이스 모두 통과될 수 있도록 수정했습니다. 이과정은 테스트 코드 작성 → 코드 수정 → 다시 테스트 코드 작성으로 이어집니다. 이러한 과정을 바로 테스트 주도 개발이라고 합니다.

테스트 주도 개발이 등장하고 난 뒤 많은 화제를 불러일으켰습니다. 테스트 주도 개발에 장점이 많지만 모든 영역에서 적용시키기 어렵다는 단점도 있습니다. 하지만 가능한 영역에서 테스트 주도 개발을 적용한다면 좋은 코드를 만드는 원동력이 될 수 있습니다. 거듭 강조하지만 테스트는 많을수록 촘촘할수록 좋습니다.

26.3 벤치마크

Go 언어는 테스트 외 코드 성능을 검사하는 벤치마크 기능도 지원합니다. 마찬가지로 testing 패키지를 통해 제공되고 다음과 같은 표현 규약을 가지고 있습니다.

1 파일명이 _test.go로 끝나야 한다.
2 testing 패키지를 임포트해야 한다.
3 벤치마크 코드는 func BenchmarkXxxx(b *testing.B) 형태이어야 한다.

각 규약을 다음과 같이 해석할 수 있습니다.

1 (테스트 코드와 마찬가지로) 벤치마크 코드는 파일명이 _test.go로 끝나는 파일 안에 존재해야 합니다.

2 테스트 코드와 마찬가지로 testing 패키지를 가져와야 합니다.

3 테스트 코드와 함수 형식이 조금 다르니 주의합시다. Benchmark로 시작해야 하고 그다음 글자는 대문자여야 합니다. 그리고 함수 매개변수 역시 *testing.T 타입이 아니라 *testing. B 타입입니다.

벤치마크 코드를 이용해서 코드 성능을 측정해보겠습니다.

테스트 대상 코드 피보나치 수열 값을 구하는 두 가지 방식(재귀 호출, 반복문)의 함수

```go
                                                       ch26/ex26.2/ex26.2.go
package main

import "fmt"

func fibonacci1(n int) int {
    if n < 0 {
        return 0
    }
    if n < 2 {
        return n
    }
    return fibonacci1(n-1) + fibonacci1(n-2)        // ❶ 재귀 호출
}

func fibonacci2(n int) int {
    if n < 0 {
        return 0
    }
    if n < 2 {
        return n
    }
    one := 1
    two := 0
    rst := 0
    for i := 2; i <= n; i++ {                       // ❷ 반복문
        rst = one + two
        two = one
        one = rst
    }
    return rst
}
```

```go
func main() {
    fmt.Println(fibonacci1(13))
    fmt.Println(fibonacci2(13))
}
```

❶ 재귀 호출을 이용해서 피보나치 수열을 구하는 함수입니다. ❷ 반복문을 활용해서 피보나치 수열을 구하는 함수입니다.

먼저 테스트 코드를 만들어서 우리가 만든 피보나치 수열 함수가 잘 동작하는지 확인해봅니다.

테스트 코드 피보나치 함수 테스트

ch26/ex26.2/ex26_2_test.go

```go
package main

import (
    "testing"
    "github.com/stretchr/testify/assert"
)

func TestFibonacci1(t *testing.T) {
    assert := assert.New(t)

    assert.Equal(0, fibonacci1(-1), "fibonacci1(-1) should be 0")
    assert.Equal(0, fibonacci1(0), "fibonacci1(0) should be 0")
    assert.Equal(1, fibonacci1(1), "fibonacci1(1) should be 1")
    assert.Equal(2, fibonacci1(3), "fibonacci1(2) should be 2")
    assert.Equal(233, fibonacci1(13), "fibonacci1(13) should be 233")
}

func TestFibonacci2(t *testing.T) {
    assert := assert.New(t)

    assert.Equal(0, fibonacci2(-1), "fibonacci2(-1) should be 0")
    assert.Equal(0, fibonacci2(0), "fibonacci2(0) should be 0")
    assert.Equal(1, fibonacci2(1), "fibonacci2(1) should be 1")
    assert.Equal(2, fibonacci2(3), "fibonacci2(2) should be 2")
    assert.Equal(233, fibonacci2(13), "fibonacci2(13) should be 233")
}
```

go test 명령으로 테스트를 실행해 피보나치 수열 함수가 둘 다 잘 동작함을 확인합시다.

```
PASS
ok      ex26.2  0.223s
```

이제 벤치마크 코드를 작성해서 두 함수의 성능을 테스트해보겠습니다.

아래 코드를 위 테스트 파일(ex28_2_test.go)에 추가합시다.

테스트 코드 재귀 호출과 반복문 성능 측정 코드

```go
func BenchmarkFibonacci1(b *testing.B) {
    for i := 0; i < b.N; i++ {          // ❶ b.N만큼 반복
        fibonacci1(20)
    }
}

func BenchmarkFibonacci2(b *testing.B) {
    for i := 0; i < b.N; i++ {
        fibonacci2(20)
    }
}
```

BenchmarkFibonacci1은 fibonacci1(20)을 b.N만큼 반복하는 함수이고, Benchmark Fibonacci2는 fibonacci2(20)을 b.N만큼 반복하는 함수입니다. Go는 N값을 적절히 증가시키면서 충분한 테스트를 해서 함수 성능을 측정합니다.

터미널에서 아래 명령으로 벤치마크 테스트를 실행합니다. 이 명령은 현재 폴더의 모든 테스트와 벤치마크 테스트를 실행하는 명령입니다.

```
go test -bench .
```

실행 결과는 다음과 같습니다. 실제 속도는 컴퓨터 환경마다 다를 수 있습니다.

```
goos: windows
goarch: amd64
pkg: ex26.2
BenchmarkFibonacci1-8                    20476              52062 ns/op
BenchmarkFibonacci2-8                100000000               10.2 ns/op
PASS
ok      ex26.2  2.801s
```

BenchmarkFibonacci1은 한 번 실행에 52062나노초(ns)가 걸렸고, BenchmarkFibonacci2
는 한 번 실행에 10.2나노초(ns)가 걸렸습니다. 즉 재귀 호출을 이용한 방식이 반복문을 사용한 방
식보다 훨씬 느립니다.

이렇게 벤치마크 기능을 이용하면 손쉽게 코드 성능을 측정하고 비교해서 더 나은 성능을 가진 알
고리즘으로 교체할 수 있습니다.

핵심 요약

1 Go 언어 자체에서 테스트 코드 작성과 실행을 지원합니다.

2 테스트 코드 3가지 규칙을 기억하세요.

   ◦ _test.go로 끝나는 파일 안에 존재해야 합니다.

   ◦ testing 패키지를 가져와야 합니다.

   ◦ func TestXxxx(t *testing.T) 형식으로 작성해야 합니다.

3 go test 명령으로 테스트를 실행합니다.

4 테스트는 많을수록 촘촘할수록 좋습니다.

5 테스트 주도 개발은 자연스럽게 테스트 코드들을 작성하게 도와줍니다.

6 벤치마크는 코드 성능을 측정하는 방법입니다.

7 벤치마크 코드는 func BenchmarkXxxx(b *testing.B) 형식으로 작성해야 합니다.

1 테스트와 벤치마크에 대한 설명으로 맞지 않는 것을 모두 고르세요.

❶ 테스트 코드가 있는 파일명은 _testing.go로 끝나야 합니다.

❷ 주요 기능만 테스트하면 충분합니다.

❸ 테스트 함수명은 testXxx로 시작해야 합니다.

❹ 벤치마크 함수 형식은 func BenchmarkXxx(t *testing.T) 형태입니다.

❺ 테스트는 많을수록 좋습니다.

2 다음은 무엇에 대한 설명인지 쓰세요.

> 테스트 코드를 먼저 작성하고 코드를 작성하는 개발법입니다. 테스트 코드를 먼저 작성하기 때문에 자연적으로
> 테스트 코드가 많아지고 촘촘해지는 장점이 있습니다.

3 다음은 문자열을 int 타입 숫자값으로 변경하는 함수입니다. 만약 숫자로 변경하지 못하면
에러가 발생합니다. 이 함수의 기능을 테스트하는 테스트 코드를 작성해보세요. 그리고 이
를 통해서 Atoi 함수 기능을 구현해보세요.

```go
func Atoi(input string) (int, error)
```

1 정답 ❶❷❸❹

해설 ❶ 테스트 코드가 있는 파일명은 _test.go로 끝나야 합니다. ❷ 테스트는 주요 기능뿐 아니라 모든 코드의 모든 기능을 검사해야
합니다. ❸ 테스트 함수명은 TestXxx와 같이 대문자 T로 시작해야 합니다. ❹ 벤치마크 함수 형식은 func BenchmarkXxx(b
*testing.B)로 함수 인수가 *testing.T 타입이 아닌 *testing.B 타입이어야 합니다.

2 정답 테스트 주도 개발

3 정답 테스트 코드

```go
package main

import (
    "testing"
)

func TestAtoi1(t *testing.T) {
    n, err := Atoi("0")
```

```go
        if err != nil {
            t.Fail()
        }
        if n != 0 {
            t.Fail()
        }
}

func TestAtoi2(t *testing.T) {
    n, err := Atoi("1")
    if err != nil {
        t.Fail()
    }
    if n != 1 {
        t.Fail()
    }

    n, err = Atoi("5")
    if err != nil {
        t.Fail()
    }
    if n != 5 {
        t.Fail()
    }
}

func TestAtoi3(t *testing.T) {
    n, err := Atoi("12")
    if err != nil {
        t.Fail()
    }
    if n != 12 {
        t.Fail()
    }
    n, err = Atoi("3523")
    if err != nil {
        t.Fail()
    }
    if n != 3523 {
        t.Fail()
    }
}
func TestAtoi4(t *testing.T) {
    n, err := Atoi("ab34c")
    if err == nil {
```

```go
        t.Fail()
    }

    n, err = Atoi("  3523")
    if err != nil {
        t.Fail()
    }
    if n != 3523 {
        t.Fail()
    }
}

func TestAtoi5(t *testing.T) {
    n, err := Atoi("-12")
    if err != nil {
        t.Fail()
    }
    if n != -12 {
        t.Fail()
    }
}
```

테스트 대상 Atoi() 함수 코드

```go
func Atoi(input string) (int, error) {
    rst := 0
    negative := false
    input = strings.TrimSpace(input)
    if input[0] == '-' {
        negative = true
        input = input[1:]
    }
    for _, c := range input {
        if c >= '0' && c <= '9' {
            rst *= 10
            rst += int(c - '0')
        } else {
            return 0, errors.New("cannot convert to int")
        }
    }
    if negative {
        rst *= -1
    }
    return rst, nil
}
```

프로파일링으로 성능 개선하기

☐ **학습 목표**	프로파일링이란 무엇인지 알아보고 프로파일링 방법을 배웁니다.
☐ **학습 내용**	• 프로파일링 개념 학습 • 프로파일링하는 이유 • 프로파일링으로 성능 개선하기
☐ **프로파일링 소개**	프로파일링이란 프로그램의 성능 지표를 프로그램이 실행 중에 실시간으로 측정 기록하는 것을 말합니다. 프로파일링으로 측정하는 성능 지표는 프로그램 실행 시간, 메모리 사용량, 함수 호출 시간과 빈도, 메모리가 생성되는 시점과 빈도 등이 있습니다. 프로파일링 도구를 통해서 수집된 데이터는 파일 형태로 저장되어서 분석 툴을 사용해 성능 지표들을 분석하게 됩니다. 프로그램의 성능 지표를 수집해 프로그램 성능을 최적화하는 데 주로 사용됩니다. 프로그램 성능이 저하되는 여러 이유가 있지만 대부분의 경우 병목[1] 지점이 발생해 전체 프로그램 성능이 저하되는 경우가 많이 발생합니다. 프로파일링은 이런 병목 지점들과 병목 지점들이 발생하는 원인을 파악하는 데 도움을 주기 때문에 성능 최적화에 가장 기본적인 툴입니다.
☐ **장단점**	• 프로파일링을 통해서 여러 성능 지표를 수집하고 분석할 수 있습니다. • 전체 성능 저하를 일으키는 병목 지점들을 파악할 수 있습니다. • 프로파일링 툴 사용법을 잘 알아서 적절히 사용해야 합니다.

---

[1] 병목이란 병의 좁은 입구를 말하는 것으로 전체 프로그램 성능이 일부 함수나 구간에 제한받는 것을 말합니다. 아무리 다른 부분의 성능이 뛰어나다고 해도 병목점이 발생하면 그로 인해 전체 성능이 저하되는 문제가 발생합니다.

27.1 특정 구간 프로파일링

Go 언어에서 프로파일링 데이터를 수집하는 방법은 몇 가지가 있습니다. 그중에서 특정 구간을 프로파일링하는 법을 살펴보겠습니다. 이 방법은 성능 개선을 원하는 특정 함수나 구간을 조사할 때 유용한 방법입니다.

- 성능 측정을 시작하길 원하는 곳에 pprof.StartCPUProfile() 함수를 콜합니다. 이것으로 성능 측정을 시작합니다.
- 성능 측정을 끝내는 곳에 pprof.StopCPUProfile() 함수를 콜합니다. 이로써 성능 측정을 마무리하고 결과를 저장합니다.

그런 뒤 생성된 파일을 go의 프로파일링 툴인 pprof를 사용해 결과를 분석합니다. 예제를 통해서 살펴보겠습니다.

```go
package main

import (
    "fmt"
    "log"
    "os"
    "runtime/pprof"
    "time"
)

func Fib(n int) int {
    if n == 0 {
        return 0
    } else if n == 1 {
        return 1
    } else {
        return Fib(n-1) + Fib(n-2)
    }
}

func main() {
    // ❶ 프로파일링 결과를 저장할 파일을 만듭니다
    f, err := os.Create("cpu.prof")
    if err != nil {
```

ch27/profiling1/main.go

```go
        log.Fatal(err)
    }
    defer f.Close()
    // ❷ 프로파일링을 시작합니다.
    pprof.StartCPUProfile(f)
    // ❸ 프로그램 종료 전에 프로파일링을 종료합니다
    defer pprof.StopCPUProfile()
    fmt.Println(Fib(50))

    // 10초를 대기합니다.
    time.Sleep(10 * time.Second)
}
12586269025
```

❶ 프로파일링 결과를 저장할 파일 핸들을 만듭니다. ❷ 프로파일링을 시작합니다. 이때 인수로 앞서 만든 파일 핸들을 넣어줍니다. ❸ 프로그램 종료 전에 프로파일링을 종료합니다. 앞서 만든 파일에 프로파일링 결과를 저장하게 됩니다.

프로그램 실행이 종료된 후에 cpu.prof 파일이 생성된 것을 알 수 있습니다. 이제 pprof 툴을 통해서 프로그래밍 결과를 분석합니다. 아래 명령을 실행해 pprof 툴을 시작합니다.

```
go tool pprof cpu.prof
```

pprof 툴을 실행하면 다음과 같은 내용이 출력됩니다.

```
PS C:\Users\kongb\goprojects\profiling> go tool pprof cpu.prof
File: profiling.exe
Build ID: C:\Users\kongb\goprojects\profiling\profiling.exe2023-08-27
16:30:19.3298906 -0700 PDT
Type: cpu
Time: Aug 27, 2023 at 4:30pm (PDT)
Duration: 74.69s, Total samples = 42.86s (57.38%)
Entering interactive mode (type "help" for commands, "o" for options)
(pprof)
```

pprof 툴 콘솔이 실행된 것으로 여기에 명령어를 입력해 분석하게 됩니다. 첫 번째로 top 명령을 실행하겠습니다.

```
(pprof) top
Showing nodes accounting for 42.05s, 98.11% of 42.86s total
Dropped 67 nodes (cum <= 0.21s)
Showing top 10 nodes out of 16
      flat  flat%   sum%        cum   cum%
    41.37s 96.52% 96.52%     41.43s 96.66%  main.Fib
     0.48s  1.12% 97.64%      0.48s  1.12%  runtime.stdcall1
     0.06s  0.14% 97.78%      0.27s  0.63%  runtime/pprof.(*profMap).lookup
     0.03s  0.07% 97.85%      0.26s  0.61%  runtime.findRunnable
     0.03s  0.07% 97.92%      0.51s  1.19%  runtime.semawakeup
     0.03s  0.07% 97.99%      0.61s  1.42%  runtime.wakep
     0.02s 0.047% 98.04%      0.85s  1.98%  runtime.schedule
     0.01s 0.023% 98.06%      0.81s  1.89%  runtime.park_m
     0.01s 0.023% 98.09%      0.55s  1.28%  runtime.startm
     0.01s 0.023% 98.11%      0.28s  0.65%  runtime/pprof.(*profileBuilder).
addCPUData
(pprof)
```

top 명령은 가장 점유율이 높은 순으로 표시해줍니다. 결과에서 알 수 있듯이 Fib() 함수가 전체 중 96.52%를 차지하는 것을 알 수 있습니다. 이로써 어떤 함수가 전체 성능에 가장 많은 영향을 주는지 알 수 있습니다. 즉 Fib() 함수 성능만 개선하면 전체 프로그램 성능이 개선되는 것을 알 수 있습니다.

두 번째 명령어인 web을 실행하겠습니다.

```
(pprof) web
failed to execute dot. Is Graphviz installed? Error: exec: "dot": executable
file not found in %PATH%
```

web을 실행하려면 Graphviz가 설치되어 있어야 한다는 메시지입니다. Graphviz는 그래프를 그릴 수 있는 오픈 소스 프로그램입니다. Graphviz를 설치하겠습니다.

27.1.1 윈도우에서 Graphviz 설치

To Do **01** 윈도우에서는 https://graphviz.org/download/#Widows에서 설치 파일을 다운로드받을 수 있습니다. 최신 버전의 Win64 EXE 인스톨러를 다운로드받습니다.

> **Windows**
>
> - Stable Windows install packages, built with Microsoft Visual Studio 16 2019:
>   - graphviz-8.1.0
>   - graphviz-8.1.0 (32-bit) ZIP archive [sha256] (contains all tools and libraries)
>   - graphviz-8.1.0 (64-bit) EXE installer [sha256]
>   - graphviz-8.1.0 (32-bit) EXE installer [sha256]
>   - graphviz-8.0.5

다운로드받은 설치 파일을 더블클릭해 설치합니다.

02 설치 옵션 중 두 번째를 선택해 Graphviz를 PATH 환경 설정에 추가되게 합니다.

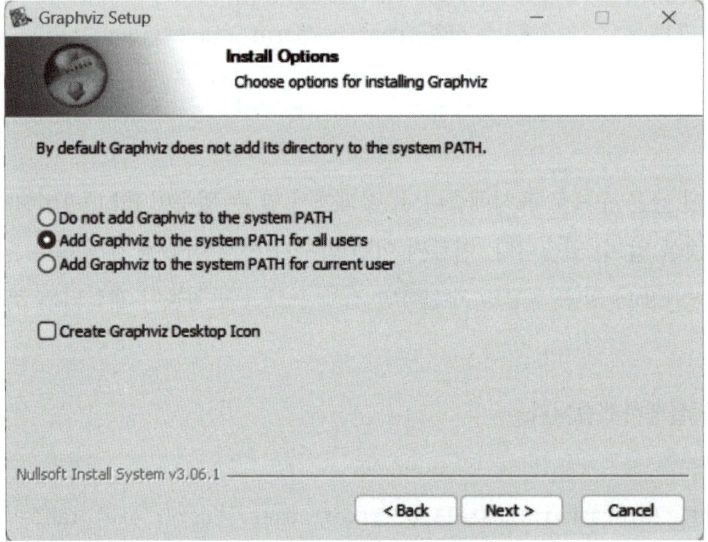

27.1.2 리눅스에서 Graphviz 설치하기

우분투 같은 데비안 계열에서는 다음 명령어로 설치할 수 있습니다.

```
sudo apt install graphviz
```

페도라 계열에서는 다음 명령어를 사용합니다.

```
sudo yum install graphviz
```

27.1.3 맥OS에서 Graphviz 설치하기

다음 명령어로 설치합니다.

```
brew install graphviz
```

27.1.4 Web 실행하기

Graphviz를 설치한 뒤 다시 pprof 툴을 실행해 web 명령을 실행합니다. 그러면 자동으로 인터넷 브라우저가 실행되어 분석 결과가 그래프 형태로 출력됩니다.

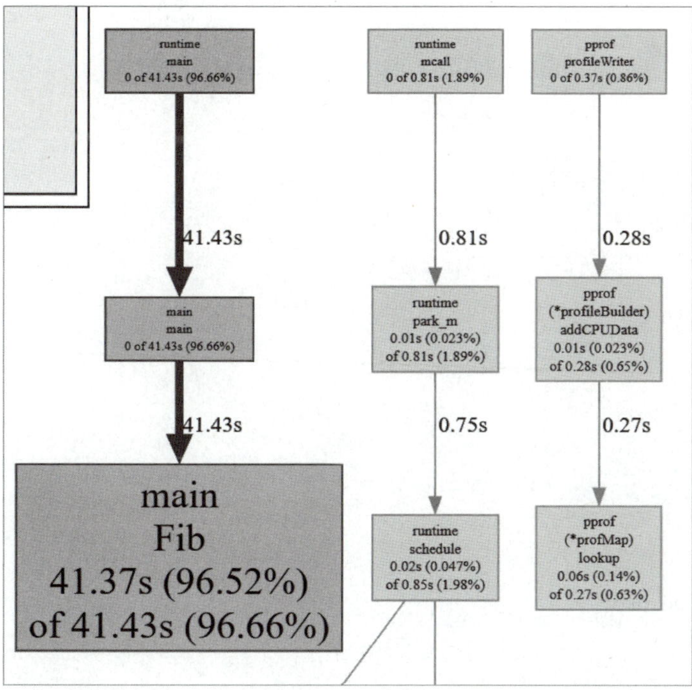

그래프에서 보이는 것과 같이 전체 41.43초의 실행 시간 중 Fib() 함수가 41.37초가 차지해 전체의 96.52%를 차지하는 것을 알 수 있습니다.

자 이제 이 프로그램을 개선하겠습니다.

```go
// ch27/profiling2/main.go
package main

import (
    "fmt"
    "log"
    "os"
    "runtime/pprof"
)
// ❶ 피보나치 결과를 저장할 맵
var fibMap [65535]int

func Fib(n int) int {
    // ❷ 이미 계산했다면 바로 반환합니다.
    f := fibMap[n]
    if f > 0 {
        return f
    }
    if n == 0 {
        return 0
    } else if n == 1 {
        f = 1
    } else {
        f = Fib(n-1) + Fib(n-2)
    }
    // ❸ 결과를 저장합니다.
    fibMap[n] = f
    return f
}

func main() {
    f, err := os.Create("cpu.prof")
    if err != nil {
        log.Fatal(err)
    }
    defer f.Close()
```

```go
    pprof.StartCPUProfile(f)
    defer pprof.StopCPUProfile()
    fmt.Println(Fib(50))
    // 10초를 대기합니다.
    time.Sleep(10 * time.Second)
}
```

```
12586269025
```

결과를 맵에 저장해 이미 계산한 결과가 있다면 바로 반환하도록 개선했습니다. 이와 같이 메모리를 사용해 중간 결과를 저장하는 방식을 다이나믹 프로그래밍 중 메모이징 방식이라고 합니다.

❶ 중간 결과를 저장할 맵을 만듭니다. 최대 65535까지의 결과를 저장합니다. ❷ 이미 맵에 결과가 저장되어 있다면 바로 반환합니다. ❸ 결과를 저장합니다. 이로써 다시 중간 결과를 사용할 수 있습니다.

```
(pprof) top
Showing nodes accounting for 30ms, 100% of 30ms total
Showing top 10 nodes out of 21
      flat  flat%   sum%        cum   cum%
      10ms 33.33% 33.33%       10ms 33.33%  runtime.findRunnable
      10ms 33.33% 66.67%       10ms 33.33%  runtime.stdcall1
      10ms 33.33%   100%       10ms 33.33%  runtime.stdcall4
         0     0%   100%       10ms 33.33%  runtime.(*fixalloc).alloc
         0     0%   100%       10ms 33.33%  runtime.(*mheap).alloc.func1
         0     0%   100%       10ms 33.33%  runtime.(*mheap).allocMSpanLocked
         0     0%   100%       10ms 33.33%  runtime.(*mheap).allocSpan
         0     0%   100%       20ms 66.67%  runtime.mcall
         0     0%   100%       10ms 33.33%  runtime.notewakeup
         0     0%   100%       20ms 66.67%  runtime.park_m
(pprof)
```

top 실행 결과를 보면 Fib() 함수가 상위 결과에서 없어진 것을 알 수 있습니다. 그만큼 Fib() 함수 성능이 개선되었고 그럼으로써 전체 프로그램 성능도 비약적으로 향상된 것을 알 수 있습니다.

27.2 서버에서 프로파일링

일반적으로 웹 서버와 같이 계속 실행되는 서버 프로그램에서는 특정 구간만 프로파일링을 하기가 어렵습니다. 이번에는 계속 상주하고 실행되는 웹 서버에서 프로파일링하는 법을 살펴보겠습니다.

```go
package main

import (
    "math/rand"
    "net/http"
    _ "net/http/pprof"    // ❶ 웹 프로파일링을 실행합니다.
    "time"
)

func main() {
    http.HandleFunc("/log", logHandler)
    http.ListenAndServe(":8080", nil)
}

func logHandler(w http.ResponseWriter, r *http.Request) {
    ch := make(chan int)
    go func() {
        // simulation of a time consuming process like writing logs into db
        time.Sleep(time.Duration(rand.Intn(400)) * time.Millisecond)
        ch <- http.StatusOK
    }()

    select {
    case status := <-ch:
        w.WriteHeader(status)
    case <-time.After(200 * time.Millisecond):
        w.WriteHeader(http.StatusRequestTimeout)
    }
}
```
ch27/webprofiling/main.go

❶ net/http/pprof 패키지를 임포트하면 자동으로 웹 프로파일링이 실행됩니다. 이 패키지는 임포트하면 자동으로 실행되기 때문에 빈 칸 지시자(_)를 통해서 임포트가 사라지지 않도록 해줌

니다.

빌드를 하고 실행하면 웹 서버가 실행됩니다. 웹 브라우저를 실행해 http://localhost:8080/log에 접속하면 '200 Status OK' 또는 '400 Bad Request'가 랜덤하게 발생하는 것을 알 수 있습니다. 이제 웹 브라우저에 http://localhost:8080/debug/pprof/를 입력하면 다음과 같은 프로파일링 화면을 볼 수 있습니다.

```
/debug/pprof/

Set debug=1 as a query parameter to export in legacy text format


Types of profiles available:
Count Profile
5       allocs
0       block
0       cmdline
111     goroutine
5       heap
0       mutex
0       profile
15      threadcreate
0       trace
full goroutine stack dump

Profile Descriptions:

 • allocs:      A sampling of all past memory allocations
 • block:       Stack traces that led to blocking on synchronization primitives
 • cmdline:     The command line invocation of the current program
 • goroutine:   Stack traces of all current goroutines. Use debug=2 as a query parameter to export in the same format as an unrecovered panic.
```

우리가 net/http/pprof 패키지를 임포트했기 때문에 이 프로파일링 페이지가 자동으로 제공됩니다. 메뉴를 하나씩 살펴보겠습니다.

allocs	프로그램에서 할당된 모든 메모리와 어디에서 할당되었는지 소스 위치를 통해 알 수 있게 해줍니다.
block	Mutex나 WaitGroup, 채널 등과 같은 멀티 스레드 환경에서 현재 대기하는 객체들을 보여줍니다.
cmdline	이 프로그램이 실행될 때 어떤 실행 인수로 실행되었는지 보여줍니다.
goroutine	현재 실행되고 있는 모든 고루틴을 보여줍니다.
heap	현재 메모리가 할당되어 사용 중인 객체들을 보여줍니다.

mutex	현재 대기 중인 Mutex의 콜스택을 보여줍니다.
profile	CPU 프로파일링을 시작하고 그 결과를 파일로 다운로드받을 수 있습니다. 프로파일링하는 시간은 seconds 파라미터로 조정하거나 파라미터가 없으면 30초 동안 동작합니다. 프로파일링 결과는 Go 프로파일링 툴을 통해서 분석할 수 있습니다. http://localhost:8080/debug/pprof/profile?seconds=5와 같이 입력하면 5초만 동작하게 됩니다.
threadcreate	새로운 OS 스레드를 생성한 콜스택을 보여줍니다.
trace	트레이스 정보 수집을 시작한 뒤 그 결과를 파일로 다운로드받을 수 있습니다. 트레이스 정보는 Go 프로파일링 툴을 통해서 분석할 수 있습니다.

27.2.1 Hey로 부하 테스트하기

Hey 프로그램을 사용해 웹 서버에 부하를 줘서 테스트하겠습니다. Hey는 웹 서버에 요청을 반복 전송해 웹 서버 성능을 테스트할 때 사용됩니다.

Hey는 https://github.com/rakyll/hey에서 받으셔도 되고 소스 예제 폴더에 포함시켜 뒀으니 그것을 사용하셔도 됩니다. 아래 명령을 실행해 웹 서버에 부하를 줍니다.

```
.\hey.exe http://localhost:8080/log
```

실행 결과를 통해서 웹 서버 요청에 대한 응답 속도를 알 수 있습니다.

```
Summary:
  Total:        0.8360 secs
  Slowest:      0.2259 secs
  Fastest:      0.0148 secs
  Average:      0.1524 secs
  Requests/sec: 239.2377
```

http://localhost:8080/debug/pprof/를 다시 접속하면 allocs나 goroutine 등 여러 수치
들이 변경된 것을 알 수 있습니다.

27.2.2 프로파일링 결과 분석

이제 프로파일링을 하겠습니다. http://localhost:8080/debug/pprof/의 profile을 클릭
해 프로파일링을 실행합니다. 그런뒤 hey를 다시 실행해 부하를 주겠습니다. 30초가 지난 뒤
profile 결과를 다운로드받을 수 있습니다.

프로파일 결과를 다운로드받은 폴더에서 다음 명령을 실행해줍니다.

```
go tool pprof profile
```

뒤의 profile은 다운로드받은 파일명입니다. 다른 이름으로 저장하셨다면 변경한 파일명을 입력
해야 합니다.

pprof 프롬프트에 top5를 입력하면 가장 많은 CPU 실행시간을 차지한 상위 5개의 함수를 볼
수 있습니다.

```
(pprof) top5
Showing nodes accounting for 210ms, 46.67% of 450ms total
Showing top 5 nodes out of 82
      flat  flat%   sum%        cum   cum%
      70ms 15.56% 15.56%       70ms 15.56%  runtime.stdcall1
      60ms 13.33% 28.89%       60ms 13.33%  runtime.cgocall
      40ms  8.89% 37.78%       40ms  8.89%  runtime.stdcall6
      20ms  4.44% 42.22%       20ms  4.44%  runtime.(*waitq).dequeue
      20ms  4.44% 46.67%       20ms  4.44%  runtime.acquirem
(pprof)
```

pprof 프롬프트에 web을 입력하면 앞에서 봤던 것처럼 그래프 형태로 알려줍니다.

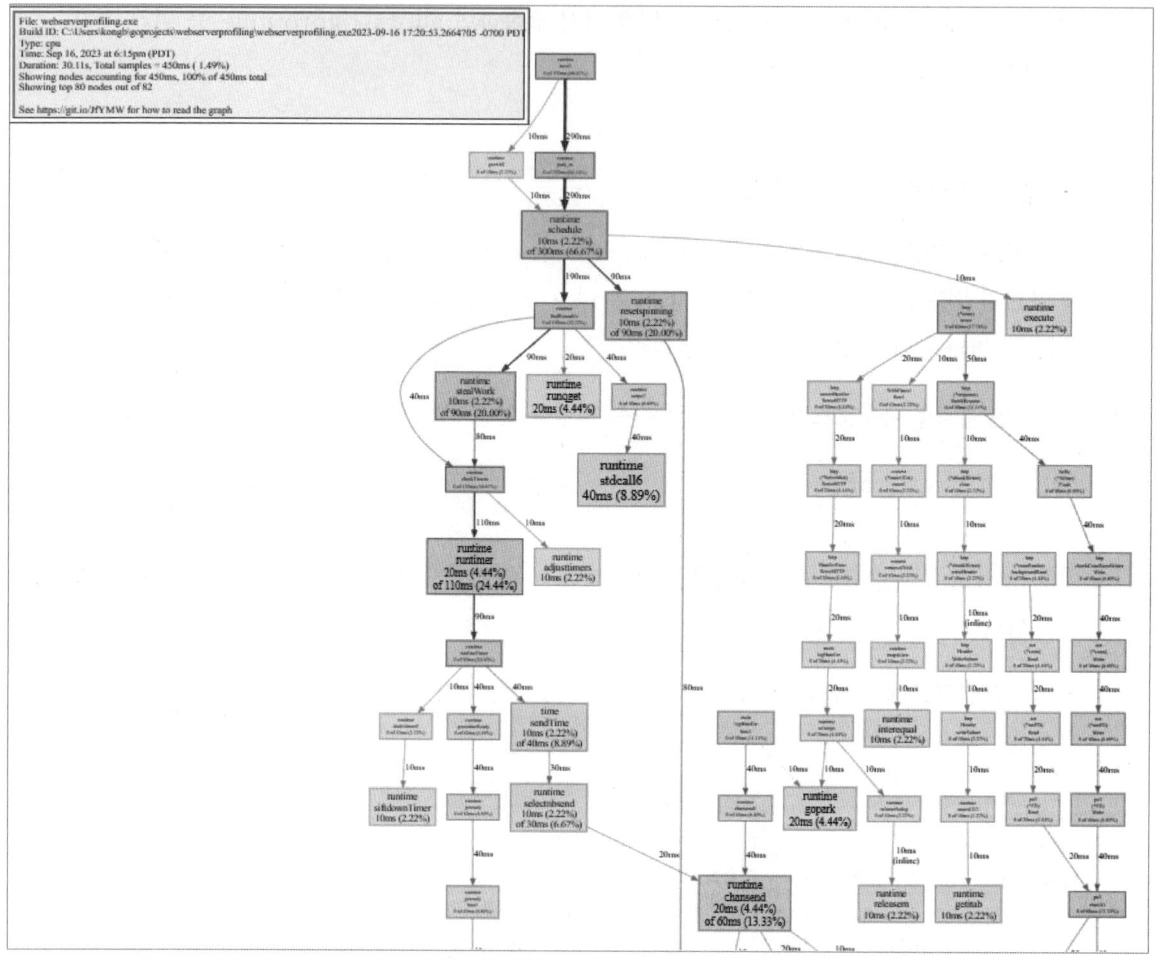

이렇게 프로파일링과 부하테스트를 통해서 우리는 CPU 성능이 어떤 곳에서 주로 사용되는지 알 수 있고 이를 통해 병목점을 발견하고 개선해 전체 성능을 향상시킬 수 있습니다. 프로그래밍에는 80:20 법칙[1]이 적용된다고 합니다. 전체 코드중 20%의 코드가 전체 성능 중 80%를 차지한다고 말합니다. 그래서 프로그램 성능을 증가시키기 위해서 전체 코드를 모두 개선할 필요가 없고 성능 비중이 높은 20% 코드만 찾아내서 개선해도 전체 성능이 크게 향상됩니다. 프로파일링은 성능 비중이 높은 일부 코드를 찾아낼 때 사용되는 툴입니다.

---

1 80%의 결과가 20% 원인에 의해서 발생한다는 파레토 법칙

핵심 요약

1 프로파일링을 통해서 함수별 CPU 사용량을 알 수 있습니다.

2 CPU뿐 아니라 메모리, 고루틴 등 다양한 지표를 얻을 수 있습니다.

3 HTTP 프로파일링 페이지를 통해서 서버 프로그램의 다양한 지표를 얻을 수 있습니다.

4 프로파일링은 프로그램 성능 중 비중이 높은 코드를 찾는 데 도움을 줍니다.

1 다음 보기 중 올바른 것을 고르세요.

❶ 프로파일링만 하면 자동으로 성능이 향상된다.

❷ 프로그램 성능 향상을 위해서는 전체 코드를 모두 개선해야 한다.

❸ 프로파일링 툴은 CPU 성능 지표만 얻을 수 있다.

❹ 프로파일링을 통해 병목점이 되는 코드를 찾을 수 있다.

2 프로파일링 웹 서비스를 하려면 어떤 패키지를 임포트해야 하나요?

❶ "net"

❷ "fmt"

❸ "math/rand"

❹ _ "net/http/pprof"

❺ "time"

1 정답 ❹

❶ 프로파일링을 통해서 성능 지표를 알 수 있지만 자동을 성능을 향상 시켜주지는 않습니다.

❷ 20%의 코드가 80% 성능을 좌우하기 때문에 병목점만 찾아서 개선하면 됩니다.

❸ 프로파일링 툴은 CPU 성능뿐만 아니라 메모리, 고루틴 등 다양한 지표를 제공합니다.

2 정답 ❹ _ "net/http/pprof"

net/http/pprof 패키지를 빈 칸 지시자를 이용해서 임포트하고 웹 서버를 실행하면 자동으로 프로파일링 웹 서비스가 실행됩니다.

Project

HTTP 웹 서버 만들기

(Project) HTTP 웹 서버 만들기

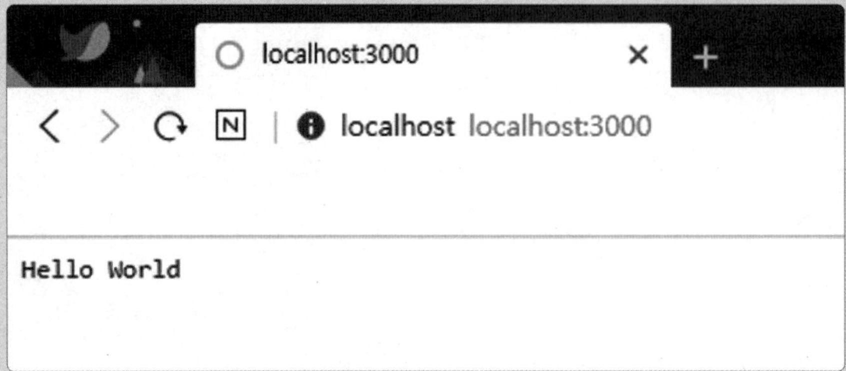

난이도	★★☆☆
이름	HTTP 웹 서버 만들기
예제 위치	ch28/
미션	RESTful API를 이해하고 이를 지원하는 웹 서버 만들기
조작법	1. 웹 서버 실행 2. http://localhost:3000/bar에 접속해 데이터 가져오기 3. http://localhost:3000/gopher.jpg에 접속해 파일 가져오기 4. http://localhost:3000/students에 접속해 학생 데이터 가져오기
주요 패키지	github.com/gorilla/mux

☐ **학습 목표**	Go 언어로 웹 서버를 만들어보고 웹 서버 동작 방식을 이해합니다. HTTP 서버, 파일 서버, HTTPS 서버를 만들고, 테스트하고, JSON 데이터를 전송하는 방법도 알아봅니다.
☐ **학습 내용**	• 웹 서버 만들기 • 인수 쿼리하기 • 파일 서버 만들기 • 웹 서버 테스트하기 • JSON 전송
☐ **HTTP와 HTTPS 소개**	HTTP는 인터넷에서 데이터를 주고받는 통신 프로토콜입니다. 클라이언트/서버 구조에서 클라이언트는 서버에 요청을 하고, 서버는 클라이언트로 응답을 합니다. HTTP는 비연결성 특징이 있습니다. 클라이언트와 서버가 계속 연결되어 있지 않고 요청 후 응답 후 연결을 끊어버립니다. 그래서 이전 상태 정보나 현재 통신 상태가 남아 있지 않습니다. HTTPS는 HTTP의 암호화 통신 버전입니다. HTTP 프로토콜의 기본 통신 포트는 80포트이고 HTTPS 프로토콜의 기본 통신 포트는 443포트입니다.
☐ **Go HTTP 서버 소개**	HTTP 프로토콜을 사용하여 요청에 대한 응답을 하는 서버를 웹 서버 혹은 HTTP 서버라고 합니다. Go는 웹 서버를 쉽게 만들 수 있도록 기본 패키지로 net/http 패키지를 제공합니다.
☐ **장단점**	• HTTP는 비연결성 통신이라 자원 낭비를 줄일 수 있지만, 클라이언트의 상태를 유지할 수 없는 단점이 있습니다. 하지만 쿠키[1]나 세션[2]을 사용하면 상태 정보를 유지할 수 있습니다. • HTTP를 사용하면 다양한 요청에 대한 처리를 할 수 있습니다. • HTTPS를 사용하면 통신 내용을 암호화하므로 더 안전합니다. • Go 언어를 이용해 만든 웹 서버는 뛰어난 성능을 자랑합니다.

---

1 cookie. 클라이언트에서 데이터를 저장/관리하여 상태를 유지하는 기술

2 session. 서버에서 데이터를 저장/관리하여 상태를 유지하는 기술

28.1 HTTP 웹 서버 만들기

Go 언어로 웹 서버를 만드는 방법을 알아보겠습니다. Go 언어에서는 net/http 패키지를 사용하여 손쉽게 웹 서버를 만들 수 있습니다. 몇 줄 안 되는 코드로 강력한 웹 서버를 만들 수 있기 때문에 웹 서버를 만들 때 Go를 자주 사용합니다. Go 언어에서 웹 서버를 만들려면 핸들러 등록과 웹 서버 시작이라는 두 단계로 거쳐야 합니다.

28.1.1 핸들러 등록

각 HTTP 요청 URL 경로에 대응할 수 있는 핸들러를 등록합니다. 우선 핸들러란 각 HTTP 요청 URL이 수신됐을 때 그것을 처리하는 함수 또는 객체라고 보면 됩니다(HTTP 동작 원리는 28.2절 '[깊이보기] HTTP 동작 원리' 참조). 핸들러는 HandleFunc() 함수로 등록할 수 있고, Handle() 함수로는 http.Handler 인터페이스를 구현한 객체를 등록할 수 있습니다. 그러면 URL 경로에 해당하는 HTTP 요청 수신 시 핸들러에 해당하는 함수를 호출하거나 http.Handler 객체의 인터페이스인 ServeHTTP() 메서드를 호출하여서 요청에 따른 로직을 수행할 수 있습니다.

```go
func IndexPathHandler(w http.ResponseWriter, r *http.Request) { // ❶
    ...
}


http.HandleFunc("/", IndexPathHandler)  // ❷
```

예를 들어 ❶ IndexPathHandler() 함수를 정의하고 ❷ http.HandleFunc() 함수로 "/" 경로에 대해서 IndexPathHandler 함수를 등록해두면, "/" 경로에 해당하는 HTTP 요청을 수신할 때 IndexPathHandler() 함수를 호출합니다.

http.Request 구조체 살펴보기

http 패키지의 Request 구조체에는 HTTP 요청 정보가 담겨있습니다. 간단하게 Request 구조체의 주요 필드를 살펴보겠습니다.

```go
type Request struct {
    // HTTP 요청 메서드 정보를 가지고 있습니다.
    // "GET", "POST", "PUT", "DELETE"와 같은 메서드값입니다.
    Method string

    // HTTP 요청을 보낸 URL 정보를 담고 있습니다.
    // URL 정보를 이용해서 URL에 포함된 데이터를 쿼리해올 수 있습니다.
    URL *url.URL

    // HTTP 프로토콜 버전 정보입니다.
    // HTTP 1.0인지 2.0인지를 알아올 수 있습니다.
    Proto         string // "HTTP/1.0"
    ProtoMajor int    // 1
    ProtoMinor int    // 0

    // HTTP 요청 헤더 정보입니다.
    // 만약 헤더가 다음과 같다면
    //
    //    Host: example.com
    // accept-encoding: gzip, deflate
    // Accept-Language: en-us
    // fOO: Bar
    // foo: two
    //
    // 아래와 같이 맵 형태로 변환되어 저장됩니다.
    //
    // Header = map[string][]string{
    //    "Accept-Encoding": {"gzip, deflate"},
    //    "Accept-Language": {"en-us"},
    //    "Foo": {"Bar", "two"},
    // }
    Header Header
```

```go
    // HTTP 요청의 실제 데이터를 담고 있는 바디 정보입니다.
    // io.Reader 인터페이스를 통해서 데이터를 읽어올 수 있습니다.
    // io.Reader에 대해서는 A.3절을 참조하세요.
    Body io.ReadCloser

    // 그외…
    // http.Request는 이외에도 다양한 정보를 포함하고 있습니다.
}
```

28.1.2 웹 서버 시작

이렇게 각 경로에 대한 핸들러 등록을 마치면 본격적으로 웹 서버를 시작하게 됩니다.
ListenAndServe() 함수를 호출해 웹 서버를 시작합니다.

```go
func ListenAndServe(addr string, handler Handler) error
```

첫 번째 인수인 addr은 HTTP 요청을 수신하는 주소를 나타냅니다. 일반적으로 ":3000"과 같
이 요청을 수신하는 포트 번호를 적어주게 됩니다(포트 번호는 28.2절 '**깊이보기** HTTP 동작 원리'
참조).

두 번째 인수는 핸들러 인스턴스를 넣어주게 됩니다. 이 값을 nil로 넣으면 디폴트 핸들러가 실
행됩니다. 패키지 함수인 http.HandleFunc()로 핸들러 함수를 등록할 때는 두 번째 인수로
nil을 넣어줍니다. 새로운 핸들러 인스턴스를 만들어서 두 번째 인수로 넣어주는 예제는 28.4절
'ServeMux 인스턴스 이용하기'에서 살펴보겠습니다.

요청을 받으면 Hello World 문자열을 반환하는 웹 서버를 만듭시다.

ch28/ex28.1/ex28.1.go

```go
package main

import (
    "fmt"
    "net/http"
```

```go
)

func main() {
    http.HandleFunc("/", func(w http.ResponseWriter, r *http.Request) {
        fmt.Fprint(w, "Hello World")          // ❶ 웹 핸들러 등록
    })

    http.ListenAndServe(":3000³", nil)        // ❷ 웹 서버 시작
}
```

이 프로그램을 실행하면 아무런 출력 결과도 없습니다. 웹 브라우저를 연 다음 주소창에 http://localhost:3000을 입력합니다. 그러면 브라우저 화면에 Hello World가 출력됩니다. localhost란 현재 컴퓨터를 나타내는 키워드입니다. http://localhost:3000은 현재 컴퓨터의 3000번 포트에 HTTP 요청을 보내라는 뜻입니다.

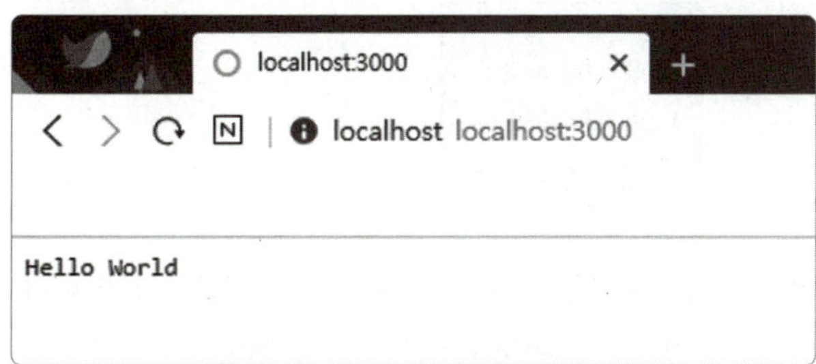

단 여섯 줄 코드로 웹 서버를 만들었습니다. ❶ HandleFunc()를 호출해서 "/" 경로에 해당하는 HTTP 요청 수신 시 호출하는 핸들러 함수를 등록합니다. "/"는 루트 경로로 도메인 주소 외 하위 경로가 없는 경우를 말합니다. 두 번째 인수로 실행할 함수를 입력해줍니다. 이때 함수 정의는 반드시 첫 번째 인수로 http.ResponseWriter를 받고 두 번째 인수로 *http.Request 타입을 받아야 합니다. http.Request에는 클라이언트에서 보낸 메서드(method), 헤더(header), 바디(body) 같은 HTTP 요청 정보를 가지고 있습니다. 여기서는 함수 리터럴을 사용해서 등록했습니다(19.4절 '함수 리터럴' 참조).

---

3 일부 OS에서 기본 포트가 아닌 포트로 웹 서버를 실행하면 차단되는 문제가 있습니다. 이럴 경우 HTTP의 기본 포트인 80포트로 변경해주세요.

이제 웹 서버가 실행되고 "/" 경로에 해당하는 HTTP 요청을 수신하면 이 함수가 실행되게 됩니다.

fmt 패키지의 Fprint()는 출력 스트림에 값을 쓰는 함수입니다. fmt 패키지의 Print() 함수가 표준 출력 스트림으로 출력이 고정되지만, Fprint()는 지정한 출력 스트림에 출력한다는 점이 다릅니다. 여기서는 인수로 받은 http.ResponseWriter 타입을 출력 스트림으로 지정하고 있습니다. http.ResponseWriter 타입에 값을 쓰면 HTTP 응답으로 전송됩니다.

정리하면 루트 경로인 "/"로 HTTP 요청을 받으면 등록한 함수 리터럴이 실행되고, fmt 패키지의 Fprint() 함수를 통해 "Hello World" 메시지가 HTTP 응답으로 전송됩니다.

❸ ListenAndServe() 함수를 호출해 웹 서버를 실행합니다. ListenAndServe()의 첫 번째 인수로 요청을 기다릴 주소를 적어줍니다. 여기서는 3000번 포트에서 요청을 대기합니다. 두 번째 인수로 핸들러 인스턴스를 넣어주게 되는데, nil을 넣어주면 DefaultServeMux를 사용합니다. DefaultServeMux는 http.HandleFunc() 함수를 호출해 등록된 핸들러들을 사용합니다.

웹 서버는 위와 같이 핸들러를 먼저 등록하고 ListenAndServe를 통해서 웹 서버를 시작합니다. 그리고 사용자에 요청을 보내면 등록된 핸들러가 있는지 확인하고 핸들러를 실행합니다.

깊이보기 28.2 HTTP 동작 원리

우리가 웹 브라우저에 https://goldenrabbit.co.kr:3000을 입력한 뒤 enter 키를 눌렀을 때 일어나는 일을 생각해보겠습니다. 도메인은 goldenrabbit.co.kr, 포트 번호는 3000입니다.

웹 브라우저는 먼저 도메인 네임 시스템domain name system, DNS[4]에 도메인에 해당하는 IP 주소[5]를 요청합니다.

IP 주소가 목적지(컴퓨터)를 나타낸다면 포트 번호는 수신한 데이터를 놓을 (컴퓨터 내) 창구와 같습니다. 즉 IP 주소는 컴퓨터 자체를, 포트 번호는 해당 컴퓨터 내 데이터를 수신할 수 있는 창구를 의미한다고 볼 수 있습니다. 참고로 컴퓨터는 0 ~ 65535번 포트를 가지고 있습니다.

포트 번호 없이 https://goldenrabbit.co.kr을 입력하면 어떻게 될까요? 포트 번호를 생략하면 기본 포트 번호로 요청을 전송합니다. HTTP 기본 포트 번호는 80번이고 HTTPS의 기본 포트 번호는 443번입니다. 즉, http://goldenrabbit.co.kr을 입력하면 http://goldenrabbit.co.kr:80으로, https://goldenrabbit.co.kr을 입력하면 https://goldenrabbit.co.kr:443으로 요청을 보냅니다.

https://는 데이터를 보내는 통신 규약으로 HTTPS를 사용하겠다는 것을 나타냅니다. HTTPS는 HTTP 규약에 보안 기능을 추가한 통신 규약입니다. HTTP는 하이퍼텍스트 전송 규약HyperText Transfer Protocol의 약자로 말 그대로 하이퍼텍스트를 전송하는 통신 규약입니다. 하이퍼텍스트란 하이퍼링크를 포함한 멀티미디어 텍스트로 문자뿐 아니라 그림, 이미지 등의 멀티미디어를 포함하고 다른 문서로 연결되는 링크를 제공하는 문서 포맷입니다. 웹에서 하이퍼텍스트 문서를 사용하기 때문에 문자, 이미지, 음악, 동영상 등을 볼 수 있고 링크를 클릭해서 다른 페이지로 연결될 수 있습니다. 이 하이퍼텍스트 문서를 만들 수 있는 문서 포맷이 바로 하이퍼텍스트 마크업 언어HyperText Markup Language의 약자인 HTML 포맷입니다.

웹 서버란 특정 포트에서 대기하며 사용자의 HTTP 요청에 HTTP 응답을 전송하는 서버를 말합니다. 이때 응답은 일반적으로 HTML 문서를 전송합니다.

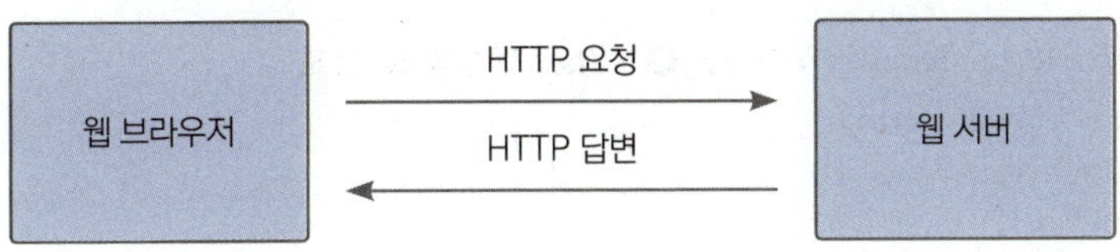

28.3 HTTP 쿼리 인수 사용하기

HTTP 요청에 포함된 쿼리 인수를 읽고 사용하는 방법을 알아보겠습니다. HTTP 요청을 만들때 필요한 인수를 쿼리 인수로 담을 수 있습니다. 쿼리 인수는 URL 끝에 붙여넣는 인수를 말하는 것으로 다음과 같이 표현합니다.

- http://localhost?id=1&name=abcd

쿼리 인수는 위와 같이 입력할 수 있습니다. URL 뒤에 ?를 붙여서 쿼리 인수가 시작됨을 표시하고 각 인수는 key=value 형태로 입력합니다. 2개 이상의 인수를 쓸 때는 &를 사용해서 인수들을 연결합니다. 위 경우 id와 name을 인수로 넣었고 값은 각각 1과 abcd가 됩니다.

이렇게 쿼리 인수가 포함된 HTTP 요청을 이용하는 방법을 알아보겠습니다.

```go
ch28/ex28.2/ex28.2.go
package main

import (
    "fmt"
    "net/http"
    "strconv"
)

func barHandler(w http.ResponseWriter, r *http.Request) {
    values := r.URL.Query()                     // ❶ 쿼리 인수 가져오기
    name := values.Get("name")                  // ❷ 특정 키값이 있는지 확인
    if name == "" {
        name = "World"
    }
    id, _ := strconv.Atoi(values.Get("id")) // ❸ id값을 가져와서 int 타입 변환
    fmt.Fprintf(w, "Hello %s! id:%d", name, id)
}

func main() {
    http.HandleFunc("/bar", barHandler)     // ❹ "/bar" 핸들러 등록
    http.ListenAndServe(":3000", nil)
}
```

위 코드를 빌드하여 실행한 뒤 웹 브라우저에 다음과 같이 입력합니다.

- http://localhost:3000/bar?id=5&name=aaa

그러면 브라우저에 다음과 같은 문구가 출력됩니다.

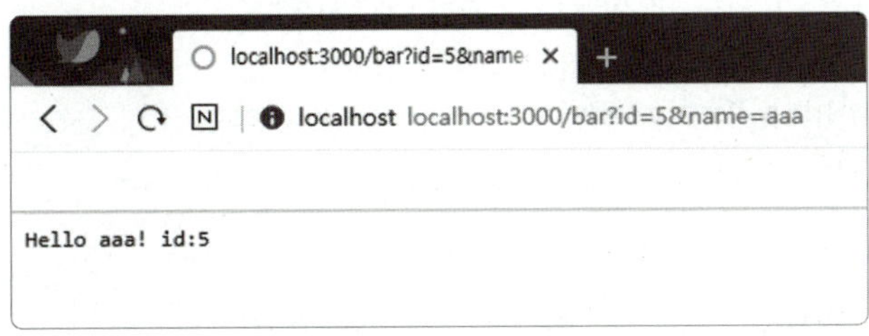

❶ 핸들러 인수인 r *http.Request의 URL의 Query() 메서드로 쿼리 인수를 가져올 수 있습니다. Query() 메서드 결괏값는 Values 타입으로 map[string][]string 타입의 별칭입니다. Values 타입의 Get() 메서드로 쿼리 인숫값을 가져올 수 있습니다.

❷ values.Get("name")로 name 키값의 인숫값을 가져옵니다. ❸ id 키의 쿼리값을 가져옵니다. 쿼리값은 string 타입이므로 strconv.Atoi() 함수를 사용해서 int 타입으로 변경합니다.

❹ "/"경로가 아닌 "/bar" 경로에 핸들러 함수를 등록했습니다. 그래서 http://localhost:3000/bar에 해당하는 HTTP 요청 수신 시 barHandler() 함수가 호출되게 됩니다.

28.4 ServeMux 인스턴스 이용하기

앞서 ListenAndServe() 함수 두 번째 인수로 nil을 넣어서 DefaultServeMux를 사용하는 예제를 보았습니다. DefaultServeMux를 사용하면 http.HandleFunc() 함수 같은 패키지 함수들을 이용해서 등록한 핸들러를 사용하기 때문에 다양한 기능을 추가하기 어려운 문제가 있습니다. 이번 절에서는 새로운 ServeMux 인스턴스를 생성해서 사용하는 방법을 알아보겠습니다.

ch28/ex28.3/ex28.3.go

```go
package main

import (
    "fmt"
    "net/http"
)
```

```go
func main() {
    mux := http.NewServeMux()                                    // ❶ ServeMux 인스턴스 생성
    mux.HandleFunc("/", func(w http.ResponseWriter, r *http.Request) {
        fmt.Fprint(w, "Hello World")                             // ❷ 인스턴스에 핸들러 등록
    })
    mux.HandleFunc("/bar", func(w http.ResponseWriter, r *http.Request) {
        fmt.Fprint(w, "Hello Bar")
    })

    http.ListenAndServe(":3000", mux)                            // ❸ mux 인스턴스 사용
}
```

❶ http.NewServeMux() 함수를 이용해서 새로운 ServeMux 인스턴스를 만듭니다. ❷ 그런 뒤 HandleFunc() 메서드를 이용해서 핸들러 인스턴스에 핸들러를 등록합니다. 이름은 같지만 http.HandleFunc() 함수는 DefaultServeMux에 핸들러를 등록하는 반면, mux.HandleFunc() 메서드는 ServeMux 인스턴스에 핸들러를 등록합니다.

❸ ListenAndServe() 함수를 호출할 때 두 번째 인수로 우리가 만든 ServeMux 인스턴스를 넣어서 DefaultServeMux가 아닌 새로 생성한 인스턴스를 사용하도록 합니다. 이렇게 새로운 ServeMux 인스턴스를 사용하면 핸들러에 다양한 기능을 추가하기가 쉬워집니다. 이에 대해서는 다음 장에 더 자세히 살펴보겠습니다.

> **Mux**
>
> multiplexer멀티플렉서의 약자로 여러 입력 중 하나를 선택해서 반환하는 디지털 장치를 말합니다. 웹 서버는 각 URL에 해당하는 핸들러들을 등록한 다음 HTTP 요청이 왔을 때 URL에 해당하는 핸들러를 선택해서 실행하는 방식입니다. 이 핸들러를 선택하고 실행하는 구조체 이름이 Mux를 제공한다고 해서 ServeMux라고 부릅니다. 비슷한 의미인 라우터router라고 말하기도 합니다.

28.5 파일 서버

웹 서버로 파일을 제공하는 방법을 살펴보겠습니다. 앞서 HTML은 하이퍼텍스트 문서 포맷으로 문자뿐 아니라 이미지나 음악 등 멀티미디어 컨텐츠를 포함할 수 있다고 설명했습니다. HTML 문서가 이미지나 음악 데이터를 직접 포함하는 형태가 아니라 이미지나 음악 파일의 경로 URL을 포함하는 형태로 데이터를 담게 됩니다.

HTML 문서에 이미지를 포함하는 간단한 예를 살펴보겠습니다. 메모장과 같은 텍스트 에디터를 열어서 다음과 같이 입력하고 test.html이라고 저장하겠습니다.

```
<!--ch28/ex28.4/test.html-->
<html>
<body>
<img src="https://golang.org/lib/godoc/images/footer-gopher.jpg"/>
<h1>이것은 Gopher 이미지입니다.</h1>
</body>
</html>
```

test.html을 더블클릭하시면 웹 브라우저에 다음과 같이 이미지가 표시됩니다.

이것은 Gopher 이미지입니다.

test.html 파일은 이미지 데이터를 직접 가지고 있지 않고 ⟨img⟩ 태그의 src값으로 이미지 경로만 가지고 있습니다. 그러면 웹 브라우저는 HTML을 표시하는 데 필요한 이미지 데이터를 다시 HTTP 요청을 통해서 가져오게 됩니다. 이미지 요청을 받은 웹 서버는 이미지 경로에 해당하는 데이터를 반환해줌으로써 웹 브라우저가 화면에 이미지를 표시할 수 있도록 해줍니다.

이와 같이 파일 요청에 대한 응답을 해주는 웹 서버를 만들어보겠습니다.

28.5.1 "/" 경로에 있는 파일 읽어오기

To Do **01** github.com/tuckersGo/musthaveGo2/blob/master/ch28/ex28.4/static/
gopher.jpg 경로의 이미지 파일을 다운로드해서 예제를 만드는 폴더 아래 static 폴더를
만든 뒤 그곳에 복사해줍니다(예를 들어 ch28/ex28.4/ static/gopher.jpg).

02 static 폴더 아래 파일들을 제공하는 파일 서버를 만듭니다.

```
                                                          ch28/ex28.4/ex28.4.go
package main

import "net/http"

func main() {
    http.Handle("/", http.FileServer(http.Dir("static"))) // ❶
    http.ListenAndServe(":3000", nil)
}
```

03 터미널을 열어서 ex28.4 폴더에서 go mod init ch28/ex28.4로 모듈을 생성합니다.

04 go build로 컴파일하고 나서 실행합니다.

05 웹 브라우저에 다음과 같이 입력하면 이미지가 출력됩니다.

```
http://localhost:3000/gopher.jpg
```

이상으로 "/" 경로에 대한 요청이 올 때 static 폴더 아래 있는 파일들을 제공하는 파일 서버
를 만들었습니다.

28.5.2 특정 경로에 있는 파일 읽어오기

그렇다면 다른 경로에 있는 파일은 어떻게 요청할 수 있을까요? 예를 들어 http://localhost:
3000/static/gopher.jpg를 요청했을 때 이미지가 나오도록 하려면 어떻게 해야 할까요?

```
http.Handle("/static/", http.FileServer(http.Dir("static")))
```

ex28.4/ex28.4.go의 ❶을 위와 같이 바꿔도 이미지가 출력되지 않습니다. 경로에 "/static/"이
추가되어서 static/static/gopher.jpg 파일을 찾게 되기 때문입니다. 경로에서 /static/을 제거

해줘야 합니다.

```
http.Handle("/static/", http.StripPrefix("/static/", http.FileServer(http.
 Dir("static"))))
```

http.StripPrefix() 함수로 URL에서 /static/을 제거해줘야 제대로 파일을 찾을 수 있습니다.

이제 test.html을 텍스트 에디터에서 열어서 다음과 같이 수정한 다음 제대로 이미지가 출력되는지 확인합니다.

```
<!--ch28/ex28.4/test.html-->
<html>
<body>
<img src="http://localhost:3000/static/gopher.jpg"/>
<h1>이것은 Gopher 이미지입니다.</h1>
</body>
</html>
```

ex28.4 예제의 웹 서버를 다시 실행한 뒤 위 test.html 파일을 더블클릭하면 이미지가 제대로 출력됩니다. 웹 브라우저가 http://localhost:3000/static/gopher.jpg 경로의 이미지 데이터를 요청하는 HTTP 요청을 보내면 → 웹 서버는 해당 경로의 이미지 데이터를 웹 브라우저로 반환해서 → 웹 브라우저가 이미지를 출력할 수 있게 된 겁니다.

Tip 실제 웹 서비스에서는 파일을 웹 서버에서 직접 전달하는 방식 대신 대부분은 콘텐츠 전송 네트워크(content delivery network, CDN) 서비스를 이용하는 방식으로 제공합니다. CDN 서비스를 이용하면 파일을 사용자에서 가장 가까운 데이터 센터에서 바로 제공하기 때문에 매우 빠르게 파일 데이터를 제공할 수 있습니다.

28.6 웹 서버 테스트 코드 만들기

매번 웹 서버를 빌드하고 실행한 다음 웹 브라우저로 테스트하는 방식은 번거롭습니다. 테스트 코드로 웹 서버 동작을 테스트할 수 있다면 더욱 편리할 겁니다.

웹 서버 테스트 코드를 만듭니다.

```go
package main

import (
    "fmt"
    "net/http"
)

func MakeWebHandler() http.Handler {        // ❶ 핸들러 인스턴스를 생성하는 함수
    mux := http.NewServeMux()
    mux.HandleFunc("/", func(w http.ResponseWriter, r *http.Request) {
        fmt.Fprint(w, "Hello World")
    })
    mux.HandleFunc("/bar", func(w http.ResponseWriter, r *http.Request) {
        fmt.Fprint(w, "Hello Bar")
    })
    return mux
}

func main() {
    http.ListenAndServe(":3000", MakeWebHandler())
}
```

ch28/ex28.5/ex28.5.go

ex28.3 예제와 거의 비슷하지만 핸들러 인스턴스를 만드는 MakeServeMux() 함수를 따로 만든 점이 다릅니다. 이 웹 서버를 테스트하는 테스트 코드를 작성해보겠습니다. ex28_5_test.go 파일을 생성해서 다음과 같이 씁니다.

```go
package main

import (
    "io"
    "net/http"
    "net/http/httptest"
    "testing"
    "github.com/stretchr/testify/assert"
)

func TestIndexHandler(t *testing.T) {
    assert := assert.New(t)
```

ch28/ex28.5/ex28_5_test.go

```go
    res := httptest.NewRecorder()
    req := httptest.NewRequest("GET", "/", nil)    // ❶ / 경로 테스트

    mux := MakeWebHandler()                         // ❷
    mux.ServeHTTP(res, req)

    assert.Equal(http.StatusOK, res.Code)           // ❸ Code 확인
    data, _ := io.ReadAll(res.Body)                 // ❹ 데이터를 읽어서 확인
    assert.Equal("Hello World", string(data))
}

func TesBarHandler(t *testing.T) {
    assert := assert.New(t)

    res := httptest.NewRecorder()
    req := httptest.NewRequest("GET", "/bar", nil)  // ❺ /bar 경로 테스트

    mux := MakeWebHandler()
    mux.ServeHTTP(res, req)

    assert.Equal(http.StatusOK, res.Code)
    data, _ := io.ReadAll(res.Body)
    assert.Equal("Hello Bar", string(data))
}
```

터미널에서 go test를 입력해 실행하면 테스트가 모두 통과될 겁니다. TestIndexHandler() 함수는 인덱스 경로인 "/" 경로 결과를 확인합니다. ❶ httptest 패키지의 NewRequest() 함수를 사용해서 테스트용 "/" 경로 요청 객체를 만듭니다. ❷ MakeServeMux() 함수를 호출하여 ex28.5.go 파일에서 만든 핸들러 인스턴스를 가져와 테스트합니다. 핸들러 인스턴스의 ServeHTTP() 메서드를 호출하여 요청에 대한 결과를 가져옵니다. ❸ 먼저 결과 코드가 http.StatusOK임을 확인합니다. http.StatusOK는 문제 없이 결과를 반환했음을 나타냅니다. ❹ Result 객체의 Body에 결과 데이터가 들어있기 때문에 io.ReadAll() 함수를 이용해서 데이터를 읽어옵니다. 읽은 데이터 타입이 []byte 타입이기 때문에 string으로 타입 변환해서 이 값이 "Hello World"와 같은지 확인합니다.

TestBarHandler() 함수는 /bar 경로를 테스트합니다. ❺ "/bar" 경로에 대한 요청 객체를 만든 뒤 그 결과가 "Hello Bar"와 같은지 확인합니다.

이와 같이 httptest 패키지를 이용하여 웹 서버를 실행해서 웹 브라우저를 사용하지 않아도 테스트할 수 있어서 많은 시간을 아낄 수 있습니다.

28.7 JSON 데이터 전송

HTTP는 하이퍼텍스트 즉 HTML 문서를 전송하는 프로토콜이지만 HTML 문서뿐 아니라 이미지나 다양한 데이터도 전송할 수 있습니다. 이번 절에서는 많이 사용되는 데이터 포맷 중 하나인 JSON 데이터를 전송하는 방법에 대해서 알아보겠습니다.

JSON은 자바스크립트 오브젝트 표기법^{JavaScript Object Notation}의 약자로 말 그대로 자바스크립트에서 오브젝트를 표현하는 방법으로 사용되는 포맷입니다. 하지만 이 표기법이 매우 간단하기 때문에 자바스크립트뿐 아니라 다양한 용도로 광범위하게 사용됩니다.

JSON 표기 규칙은 다음과 같습니다.

- 오브젝트 시작은 {로 표기하고 }로 종료합니다.
- 필드는 "key": value 형태로 표기합니다.
- 각 필드는 ,로 구분합니다.
- 배열은 [ ]로 표기합니다.
- 문자열은 " "로 묶어서 표기합니다.

이것이 JSON 표기법의 전부입니다. 예제 데이터를 통해서 알아보겠습니다. 다음은 Student 타입의 학생 데이터를 JSON 표기로 나타낸 그림입니다. encoding/json 패키지를 통 해 구조체를 JSON 데이터로 변환하고 다시 JSON 데이터를 구조체로 변환할 수 있습니다.

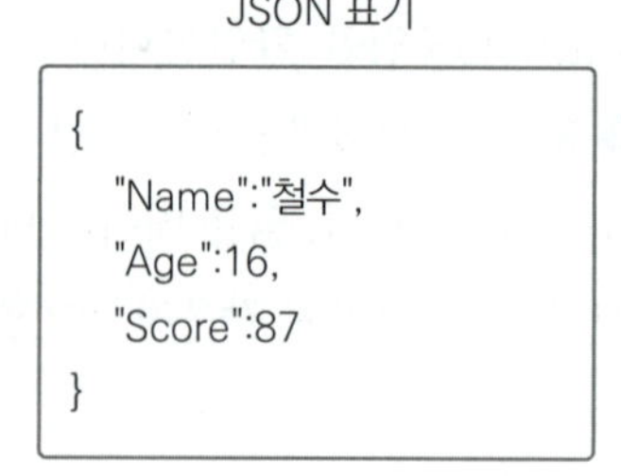

HTTP 요청이 오면 학생 데이터에 해당하는 JSON 데이터를 반환하는 웹 서버를 만들어봅시다.

```go
package main

import (
    "encoding/json"
    "fmt"
    "net/http"
)

type Student struct {
    Name  string
    Age   int
    Score int
}

func MakeWebHandler() http.Handler { // ❶ 핸들러 인스턴스를 생성하는 함수
    mux := http.NewServeMux()
    mux.HandleFunc("/student", StudentHandler)
    return mux
}

func StudentHandler(w http.ResponseWriter, r *http.Request) {
    var student = Student{"aaa", 16, 87}
    data, _ := json.Marshal(student)                 // ❷ Student 객체를 []byte로 변환
    w.Header().Add("content-type", "application/json") // ❸ JSON 포맷임을 표시
    w.WriteHeader(http.StatusOK)
    fmt.Fprint(w, string(data))                      // ❹ 결과 전송
}

func main() {
    http.ListenAndServe(":3000", MakeWebHandler())
}
```
ch28/ex28.6/ex28.6.go

❶ 핸들러 인스턴스를 반환하는 MakeWebHandler() 함수를 만들었습니다. "/student" 경로
에 해당하는 요청이 올 때 StudentHandler() 함수를 호출합니다.

❷ Student 객체를 JSON 포맷으로 변환합니다. 결과는 []byte 타입으로 반환됩니다.
❸ w.Header().Add()를 호출해 결과 포맷이 JSON 포맷임을 표시합니다. ❹ fmt.Fprint() 함

수를 호출해 ResponseWriter로 JSON 데이터를 문자열 타입으로 변환해 사용합니다.

이 웹 서버를 테스트하는 코드를 만들어보겠습니다.

```go
package main

import (
    "encoding/json"
    "net/http"
    "net/http/httptest"
    "testing"

    "github.com/stretchr/testify/assert"
)

func TestJsonHandler(t *testing.T) {
    assert := assert.New(t)

    res := httptest.NewRecorder()
    req := httptest.NewRequest("GET", "/student", nil) // ❶ /student 경로 테스트

    mux := MakeWebHandler()
    mux.ServeHTTP(res, req)

    assert.Equal(http.StatusOK, res.Code)
    student := new(Student)
    err := json.NewDecoder(res.Body).Decode(student)  // ❷ 결과 변환
    assert.Nil(err)                                    // ❸ 결과 확인
    assert.Equal("aaa", student.Name)
    assert.Equal(16, student.Age)
    assert.Equal(87, student.Score)
}
```

ch28/ex28.6/ex29_6_test.go

❶ "/student" 경로에 대한 테스트 요청을 만듭니다. Student 인스턴스를 하나 만든 뒤
❷ json.NewDecoder(res.Body).Decode(student)를 통해 JSON 데이터를 Student 객체
로 변환합니다. ❸ 이렇게 변환한 객체의 값을 확인합니다.

터미널에서 go test를 통해서 테스트가 통과되는지 확인합니다. 기대한 바대로 웹 서버가 잘 동작
하는군요. 이제 웹 브라우저를 통해서 직접 확인해보겠습니다. 터미널에서 go mod init ch28/

ex28.6 명령으로 모듈을 만들고, go build로 실행 파일을 만들고, 웹 서버를 실행한 뒤 웹 브라우저에서 http://localhost:3000/student를 입력합니다.

화면에 아래와 같이 표시될 겁니다. 이게 student 객체를 JSON으로 변환한 결과입니다.

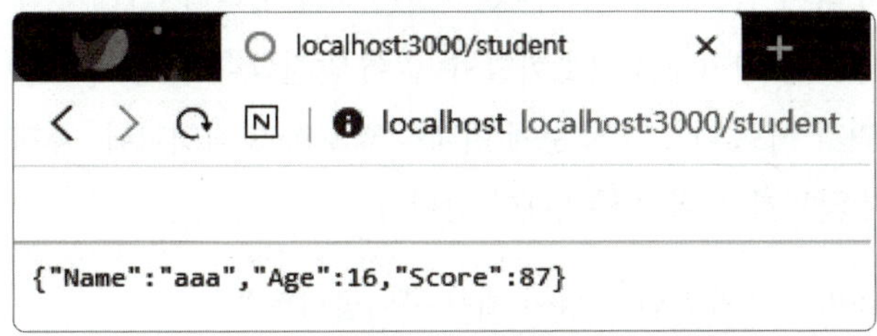

28.8 HTTPS 웹 서버 만들기

HTTPS를 지원하는 웹 서버를 만들어보겠습니다. HTTPS는 HTTP에 보안 기능을 강화한 프로토콜입니다. 본래 HTTP는 보안을 염두에 두지 않고 설계된 프로토콜이라 모든 요청이 평문(일반 문자열)입니다. 그래서 보안에 매우 취약합니다. 특히 스니핑과 같은 해킹으로 HTTP 전문을 볼 수 있어서 비밀번호, 개인정보와 같은 중요 데이터를 보호하지 못하는 문제가 있습니다.

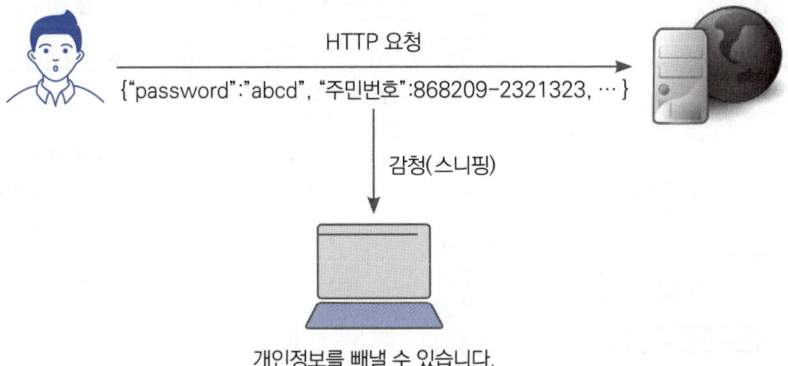

이를 방지하고자 나온 게 HTTPS입니다. HTTPS는 기존 HTTP 요청과 응답을 공개키 암호화 방식을 사용해서 암호화한 프로토콜입니다. 패킷이 암호화되기 때문에 해커가 스니핑을 한다고 해도 어떤 내용인지 알 수 없어서 비밀번호나 개인정보가 노출되지 않게 됩니다.

28.8.1 공개키 암호화 방식

공개키 암호화 방식은 공개키와 비밀키 두 가지 키를 생성해서 공개키는 클라이언트에 알려주고 비밀키는 서버에 비공개 상태로 놔두게 됩니다. 클라이언트에서 HTTPS 요청을 보낼 때 공개키로 암호화하고 서버는 비밀키를 이용해서 다시 원문으로 돌리는 복호화를 하게 됩니다. 그래서 해커가 공개키를 획득한다 해도 비밀키가 없으면 메시지를 복호화할 수 없어 안전합니다. 공개키 암호화 방식은 암호화와 복호화에 쓰이는 키가 서로 다르기 때문에 비대칭 암호화 방식입니다. 공개키 암호화 방식에서는 비밀키가 노출되지 않도록 각별히 주의해야 합니다.

공개키 암호화 원리에 대해서는 칸 아카데미에서 제작한 영상이 매우 유익합니다.[6]

28.8.2 인증서와 키 생성

HTTPS 서버를 실행하려면 인증서와 비밀키를 생성해야 합니다. 본래 인증서는 인증기관[7]에서 발급해야 하지만 개인 프로젝트이기 때문에 셀프 인증을 하겠습니다. 인증서를 발급하려면 openssl 프로그램을 설치해야 하는데 이 프로그램은 우리가 이미 설치한 깃에 포함되어 있습니다. 먼저 컴퓨터 환경설정의 Path에 "C:\Program Files\Git\usr\bin"을 추가합니다. 이 경로는 기본 깃 설치 경로로 만약 깃을 다른 경로에 설치했다면 그 경로로 수정해주셔야 합니다.

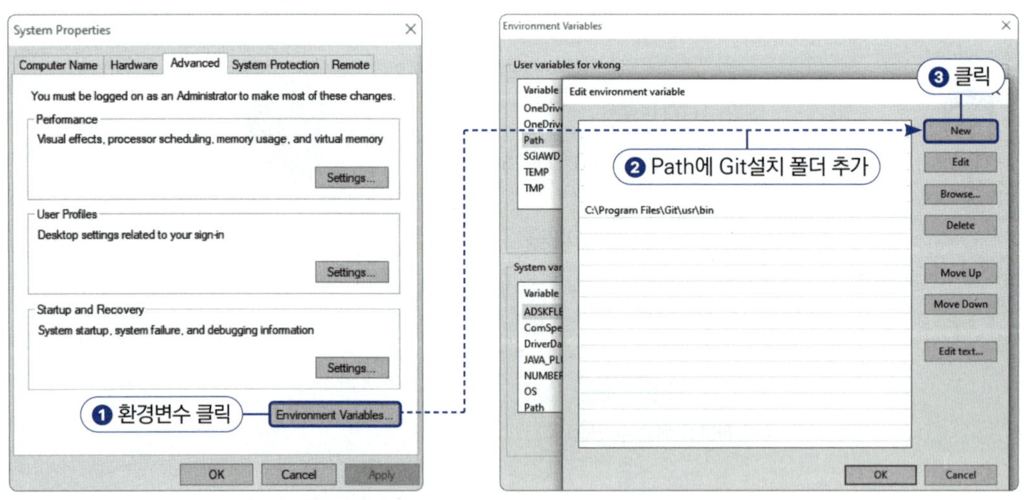

터미널을 실행해서 다음 명령을 실행합니다.

```
openssl req  -new  -newkey rsa:2048  -nodes  -keyout localhost.key  -out
localhost.csr
```

이 명령은 rsa:2048 방식으로 키를 생성해서 비밀키는 localhost.key 파일로 저장하고 인증 파일은 localhost.csr로 저장합니다. 이 인증파일을 인증 기관에 제출해서 인증서인 .crt 파일을 생성하게 됩니다.

Warning localhost.key는 비밀키이기 때문에 절대 누구에게도 공개해서는 안 됩니다. 실제 웹 서비스를 운영할 때는 안전한 별도 저장소에 저장하고 웹 서버 로컬 파일시스템에 저장하지 않는 것을 권장합니다. 그리고 일정한 주기로 교체해주셔야 합니다.

여기서는 셀프 인증을 하겠습니다.

```
openssl  x509  -req  -days 365  -in localhost.csr  -signkey localhost.key  -out
localhost.crt
```

대표적인 인증 알고리즘인 x509를 사용해서 1년짜리 인증서를 발급했습니다. 이 명령을 수행하면 localhost.crt 파일이 생성됩니다. 공개키는 localhost.crt 파일에 포함되어 있습니다. HTTPS 서버를 실행하여 클라이언트 접속 시 클라이언트에 localhost.crt 파일로 인증 정보와 공개키를 전송하게 됩니다.

Warning 개인정보를 수집하고 외부로 공개되는 사이트는 반드시 인증기관을 통해 인증받은 인증서를 사용하도록 법으로 강제하고 있습니다.

왜 인증을 받아야 할까?

공개키 암호화 방식은 통신 내용이 암호화되기 때문에 해커가 통신 내용을 감청해도 안전합니다. 그런데 왜 여기에 또 공인기관의 인증을 받아야 할까요? 그것은 해커가 웹 사이트를 가장할 수 있기 때문입니다. 이것을 피싱phishing 사이트라고 합니다. 예를 들어 겉모양을 은행 사이트와 똑같이 만든 뒤 사용자의 비밀번호와 같은 개인정보를 입력하라고 요청할 수 있습니다. 이때 HTTPS 프로토콜을 지원하기 위해서 해커가 만든 공개키를 클라이언트에 보내서 암호화하라고 할 수 있습니다.

만약 클라이언트에서 이 웹 사이트를 신뢰할 수 있는지 여부를 모른다면 해커가 준 공개키로 패킷을 암호화하게 되고, 해커는 자신이 가진 비밀키로 이것을 복호화해서 알 수 있게 됩니다. 이를 막기 위해서 별도 외부 공인기관을 통해 신뢰할 수 있는 웹사이트인지 인증을 합니다.

웹 사이트 공개키는 외부 공인기관의 비밀키로 다시 암호화되어서 공인기관 내 저장됩니다. 사용자는 인증서를 받게 되고, 그 인증서에는 웹 사이트 공개키 대신 인증정보와 인증기관의 공개키가 들어있어서 인증기관을 통해 웹 사이트 공개키를 요청하게 됩니다. 그럼으로써 클라이언트는 안전하게 인증된 웹 사이트의 공개키를 받게 됩니다.

따라서 피싱 사이트라고 하더라도 해커가 제공한 공개키가 아닌 공인 인증기관에 저장된 웹 사이트 본래의 공개키로 암호화되어서 해커가 볼 수 없게 됩니다.

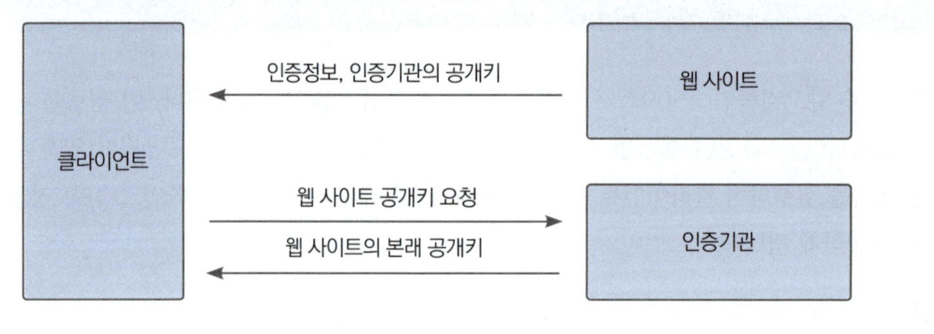

앞서 만든 localhost.csr, localhost.crt, localhost.key 파일을 HTTPS 서버 프로그램 폴더에 복사합니다.

인증서와 비밀키를 이용해서 HTTPS 서버를 실행합니다.

```go
package main

import (
    "fmt"
    "log"
    "net/http"
)

func main() {
```

```go
http.HandleFunc("/", func(w http.ResponseWriter, r *http.Request) {
    fmt.Fprint(w, "Hello World")
})

err := http.ListenAndServeTLS(":3000", "localhost.crt", "localhost.key", nil)
// ❶ HTTPS 서버 시작
if err != nil {
    log.Fatal(err)
}
}
```

코드가 ex28.1과 비슷합니다. 웹 서버를 시작할 때 ListenAndServe() 함수가 아니라 ❶ ListenAndServeTLS() 함수를 사용하고 호출 인수로 인증서와 비밀키 파일을 넣어준다는 점만 달라졌습니다.

서버를 실행하고 웹 브라우저를 실행해서 'https://localhost:3000'으로 접근하면 아래 그림과 같이 경고 화면이 표시됩니다. 공인 기관에서 인증을 받지 않았기 때문에 보안 경고가 뜬 겁니다.

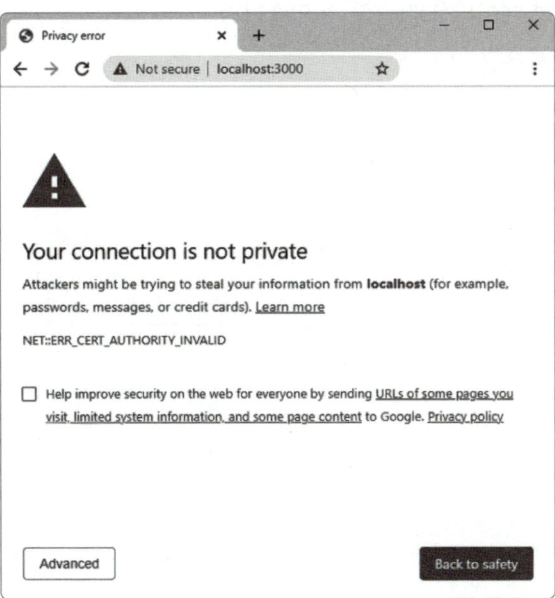

크롬 브라우저에서는 Advanced를 클릭 후 'Proceed to localhost (unsafe)'를 클릭하시면
사이트에 접속할 수 있고 다음과 같이 Hello World가 표시됩니다.

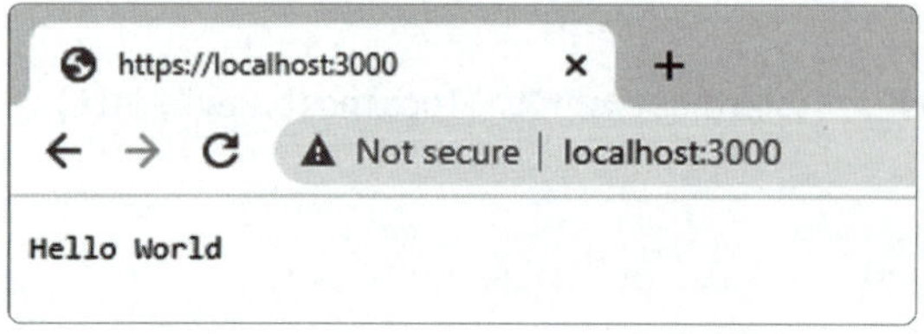

핵심 요약

1 net/http 패키지를 이용해 웹 서버를 손쉽게 만들 수 있습니다.

2 경로별 핸들러를 등록한 뒤 웹 서버를 시작합니다.

3 웹 브라우저에서 경로를 입력하면 HTTP 요청을 서버로 전송합니다.

4 httptest 패키지를 사용해 웹 서버 테스트 코드를 작성할 수 있습니다.

5 HTTP를 통해서 HTML뿐 아니라 다양한 데이터를 전송할 수 있습니다.

6 JSON 포맷은 데이터를 전송할 때 많이 사용됩니다.

연습문제

1 다음 보기 중 올바른 것을 고르세요.

❶ 공개키 암호화 방식을 적용하면 별도의 인증을 받을 필요가 없습니다.

❷ 웹 서버를 만들기 위해서는 ListenAndServe() 함수를 먼저 호출하고 핸들러를 등록해야 합니다.

❸ JSON은 Go 언어만의 데이터를 표기하기 위한 포맷입니다.

❹ Go를 이용하면 쉽고 빠르게 강력한 웹 서버를 만들 수 있습니다.

❺ Go는 HTTPS 서버를 지원하지 않습니다.

2 다음 코드의 공란을 채우세요.

```go
package main

import (
    "fmt"
    ❶
)

func main() {
    http.HandleFunc("/", func(w http.❷             , r *http.Request) {
        fmt.Fprint(w, "Hello World")      // 웹 핸들러 등록
    })

    http.ListenAndServe(":3000", nil)    // 웹 서버 시작
}
```

1 정답 ❹

해설 ❶ 공개키 암호화 방식을 사용하더라도 공개키 자체를 별도 인증기관에서 인증받아야 안전합니다. ❷ 핸들러를 등록하고 그 다음에 ListenAndServe() 함수로 웹 서버를 시작합니다. ❸ JSON은 javascript object notation의 약자로 자바스크립트 언어에서 오브젝트를 표현하는 방법이지만 자바스크립트 외 다양한 곳에서 광범위하게 사용되는 포맷입니다. ❺ Go 언어는 HTTPS 서버를 지원합니다.

2 정답 ❶ "net/http", ❷ ResponseWriter

29

Project

RESTful API 서버 만들기

Project RESTful API 서버 만들기

난이도	★★★☆
이름	RESTful API 서버
예제 위치	ch29/
미션	RESTful API를 이해하고 이를 지원하는 웹 서버 만들기
조작법	1. 웹 서버 실행 2. http://localhost:3000/students에 접속해 학생 데이터 가져오기 3. http://localhost:3000/students/1에 접속해 특정 학생 데이터 가져오기
주요 패키지	github.com/gorilla/mux

#MUSTHAVE

☐ **학습 목표**	RESTful API를 알아보고 RESTful API 서버를 직접 만들어봅니다.
☐ **학습 내용**	• RESTful API 정의 • RESTful API 서버 만들어보기 • 웹 서버 발전 살펴보기 • Gin으로 서버 만들기
☐ **RESTful API 소개**	REST는 자원을 이름으로 구분하여 자원 상태(정보)를 주고받는 소프트웨어 아키텍처입니다. RESTful API는 REST 규약을 따르는 API를 말합니다. 웹 서버에서는 URL과 HTTP 메서드로 데이터와 동작을 정의하는 방식을 의미합니다.
☐ **효과**	• URL과 메서드를 사용해 데이터와 동작을 정의하기 때문에 어디서나 동일한 방식으로 데이터를 처리할 수 있습니다. • 프론트엔드front-end와 백엔드back-end가 분리되면서 자연스럽게 RESTful API가 보편화됐고 데이터 프로바이더로서 웹 서버 역할이 중요해졌습니다. • RESTful API를 사용하면 여러 서버가 동일한 인터페이스로 통신할 수 있어서 수많은 웹 서버로 웹 서비스를 구성하기 쉽습니다. 그로 인해 장애에 더욱 유연하게 대응할 수 있고 손쉽게 유지보수할 수 있습니다.

29.1 해법

RESTful API를 간략히 살펴본 후, RESTful API에 맞는 웹 서버를 구현하겠습니다.

1 gorilla/mux와 같은 RESTful API 웹 서버 제작을 도와주는 패키지를 설치합니다.
2 RESTful API에 맞춰서 웹 핸들러 함수를 만들어줍니다.
3 RESTful API를 테스트하는 테스트 코드를 만듭니다.
4 웹 브라우저로 데이터를 조회합니다.

29.2 사전 지식 : RESTful API

RESTful API[1] 서버를 만들려면 RESTful이 무엇인지 알아야 합니다. REST, 즉 Representational State Transfer를 직역하면 '표현식으로 데이터를 전송한다'는 의미입니다. REST란 로이 필딩Roy Fielding이 2000년에 소개한 웹 아키텍처 형식으로 REST 설계 원칙에 입각한 시스템을 RESTful API라고 부릅니다. REST는 여러 아키텍처 설계 방법을 합친 방식입니다. 여기서 그 모든 원칙을 설명하는 것은 책의 범위를 벗어나므로 간단히 소개하겠습니다. 더 자세한 사항은 구글에서 '웹 API 디자인'을 검색해보세요.

REST를 간단히 말하자면 URL과 메서드로 데이터와 동작을 표현하는 방식입니다. 예를 들어 웹 서버에서 학생 데이터를 가져오는 URL이 아래에 같다고 가정해보겠습니다.

- GET https://somesite.com/getstudent.aspx?id=3

이 URL이 하는 일이 정확히 무엇인지 이해하려면 먼저 getstudent.aspx가 무엇을 하는지 알아야 합니다. 이런 방식의 URL 요청은 자기 표현적[2]이지 못하기 때문에 범용성이 떨어집니다. 반면 다음과 같이 URL을 표현한다고 가정해보겠습니다.

- GET https://somesite.com/students/3

URL과 메서드를 보면 이 요청이 3번 학생 데이터를 가져오는 요청이라는 것을 유추할 수 있습니다. 별도 외부 지식 없이 자기 표현적으로 요청 URL을 생성하고 환경에 구애받지 않고 똑같은 요청에 대해서 똑같은 결과를 보장한다면 범용적인 데이터 제공자data provider로서 동작할 수 있습니다.

HTTP 메서드

HTTP는 GET, POST, PUT, PATCH, DELETE 같은 메서드를 지원합니다. 이들 메서드를 사용해 데이터에 대한 동작을 정의합니다. 예를 들어보겠습니다.

메서드	URL	동작
GET	/students	전체 학생 데이터 반환
GET	/students/id	id에 해당하는 학생 데이터 반환

---

1 RESTful API에 대한 상세 내용은 이 책의 범위에서 벗어나기 때문에 여기서는 간략히 소개하겠습니다.
2 'URL 스스로가 자신의 기능을 표현할 수 있어야 한다'는 의미입니다.

POST	/students	새로운 학생 등록
PUT	/students/id	id에 해당하는 학생 데이터 변경
DELETE	/students/id	id에 해당하는 학생 데이터 삭제

위와 같이 URL과 메서드의 조합으로 데이터와 동작을 정의할 수 있습니다. 어떤 환경에서도 똑같이 메서드와 URL만 조합해서 요청을 만들 수 있기 때문에 범용적으로 사용할 수 있다는 장점이 있습니다.

이를 정리해보면 RESTful API는 다음과 같은 특징을 갖습니다.

1 **자기 표현적인 URL** : URL만으로도 어떤 데이터에 대한 요청인지 알 수 있습니다.
2 **메서드로 행위 표현** : 메서드로 데이터에 대한 행위를 표현합니다. URL과 메서드 조합으로 데이터에 대한 조작을 정의합니다.
3 **서버/클라이언트 구조** : 서버는 데이터 제공자로 존재하고 클라이언트는 데이터 사용자로 동작합니다. 프론트와 백엔드로 분리하고 백엔드는 데이터만 제공하고 프론트에서 데이터를 처리하고 화면에 표시하는 역할을 합니다.
4 **무상태**stateless : 서버는 클라이언트의 상태를 유지하지 않습니다. 서버가 상태를 보관할 필요가 없기 때문에 서버를 손쉽게 교체할 수 있어서 빠른 장애 대응이나 분산 처리에 유용합니다.
5 **캐시 처리**cacheable : REST 구조로 서버가 단순해져서 더 쉽게 캐시 정책을 적용해서 성능을 개선할 수 있습니다.

STEP 1 29.3 RESTful API 서버 만들기

그럼 직접 RESTful API를 만들어보겠습니다. 28장처럼 Go 기본 패키지로 만들 수도 있지만, 그러면 더 번거로운 작업을 해줘야 합니다. 그래서 이번에는 외부 패키지를 설치해서 사용하겠습니다. 이 책에서는 RESTful API를 쉽게 만들 수 있도록 지원해주는 gorilla/mux 패키지[3]를 사용하겠습니다.

---

3 웹 서버 제작을 도와주는 많은 패키지가 있습니다. 특히 그중에서 웹 프레임워크인 gin이 많이 사용됩니다. 이 책에서는 가볍게 쓸 수 있는 gorilla/mux를 사용했습니다. 다른 웹 프레임워크는 16.1.3절 '유용한 패키지 찾기'에서 소개한 적 있는 Awesome Go를 참조하세요.

gorilla/mux를 이용해서 학생 목록을 반환하는 웹 서버를 만들어봅시다. 코드가 깁니다. 조각 코드로 하나하나 구현하며 살펴보겠습니다.

To Do **01** go get 명령을 실행해서 패키지를 설치합니다.

```
go get -u github.com/gorilla/mux
```

02 패키지를 임포트하고 전역 번수를 선언합니다. 패키지 전역 변수인 students는 학생 데이터를 저장하는 맵입니다. Id를 키로 하고 Student 데이터를 저장하기 때문에 map[int] Student 타입이 됩니다.

```go
package main

import (
    "encoding/json"
    "net/http"
    "sort"

    "github.com/gorilla/mux"
)

type Student struct {
    Id    int
    Name  string
    Age   int
    Score int
}

var students map[int]Student             // 학생 목록을 저장하는 맵
var lastId int
```

ch29/ex29.1/ex29.1.go

03 gorilla/mux 패키지를 이용해서 새로운 웹 핸들러를 만들고 임시 학생 데이터 두 개를 생성해 저장해두겠습니다.

```go
func MakeWebHandler() http.Handler {
    mux := mux.NewRouter()                    // ❶ gorilla/mux를 만듭니다.
    mux.HandleFunc("/students", GetStudentListHandler).Methods("GET")
    // -- ❷ 여기에 새로운 핸들러 등록 -- //
```

```go
    students = make(map[int]Student)  // ❸ 임시 데이터 생성
    students[1] = Student{1, "aaa", 16, 87}
    students[2] = Student{2, "bbb", 18, 98}
    lastId = 2

    return mux
}
```

❶ "/students" 요청을 받으면 GetStudentListHandler() 함수가 호출되도록 합니다.
Methods() 메서드를 통해 GET 메서드 요청을 받을 때만 핸들러가 동작하도록 합니다.
❷ 새로운 핸들러를 등록하는 곳입니다.
❸ 임시 학생 데이터 두 개를 생성해서 students에 저장해둡니다. "/students"에 대한
GET 요청을 받으면 GetStudentListHandler() 함수가 호출되고 students 맵에 저장된
학생 데이터로 []Student 타입의 학생 목록을 만듭니다.

04 Id로 정렬하는 인터페이스를 구현합니다.

```go
type Students []Student               // Id로 정렬하는 인터페이스
func (s Students) Len() int {
    return len(s)
}
func (s Students) Swap(i, j int) {
    s[i], s[j] = s[j], s[i]
}
func (s Students) Less(i, j int) bool {
    return s[i].Id < s[j].Id
}
```

05 학생 정보를 가져와 JSON 포맷으로 변경하는 핸들러를 만듭니다.

```go
func GetStudentListHandler(w http.ResponseWriter, r *http.Request) {
    list := make(Students, 0)          // ❶ 학생 목록을 Id로 정렬
    for _, student := range students {
        list = append(list, student)
    }
```

```go
        sort.Sort(list)
        w.WriteHeader(http.StatusOK)
        w.Header().Set("Content-Type", "application/json")
        json.NewEncoder(w).Encode(list) // ❷ JSON 포맷으로 변경
}
```

❶ 맵은 키값에 따라 정렬되지 않고 저장되기 때문에 Id로 정렬합니다.

❷ JSON 포맷으로 변형하여 결과를 씁니다.

06 main() 함수를 만듭니다. 3000번 포트에서 입력을 대기하도록 하겠습니다.

```go
func main() {
        http.ListenAndServe(":3000", MakeWebHandler())
}
```

STEP 2 29.4 테스트 코드 작성하기

To Do **01** 이 웹 서버가 잘 동작하는지를 테스트하는 테스트 코드를 작성해보겠습니다.

ch29/ex29.1/ex29_1_test.go

```go
package main

import (
    "encoding/json"
    "net/http"
    "net/http/httptest"
    "testing"

    "github.com/stretchr/testify/assert"
)

func TestJsonHandler(t *testing.T) {
    assert := assert.New(t)

    res := httptest.NewRecorder()
    req := httptest.NewRequest("GET", "/students", nil)
    // ❶ /students 경로 테스트
```

```go
    mux := MakeWebHandler()
    mux.ServeHTTP(res, req)

    assert.Equal(http.StatusOK, res.Code)
    var list []Student
    err := json.NewDecoder(res.Body).Decode(&list)  // ❷ 결과 변환
    assert.Nil(err)                                  // ❸ 결과 확인
    assert.Equal(2, len(list))
    assert.Equal("aaa", list[0].Name)
    assert.Equal("bbb", list[1].Name)
}
```

02 테스트 코드를 작성한 뒤 go test 명령으로 테스트가 통과되는지 확인합니다.

❶ "/students" 경로에 대한 GET 요청을 만듭니다. 그리고 웹 핸들러를 요청해서 결과가 잘 반환되는지 확인합니다. ❷ 학생 목록 형태로 반환되므로 []Student 타입의 list 변수를 만들어서 JSON을 변환합니다. ❸ 그런 뒤 데이터가 모두 잘 반환되는지 확인합니다.

STEP 3 29.5 특정 학생 데이터 반환하기

이제 특정 Id에 해당하는 학생 데이터를 반환하는 핸들러를 등록해보겠습니다.

To Do 01 패키지 import 목록에 strconv 패키지도 추가해줍니다.

02 앞의 ex29.1.go 파일의 ❸ 자리에 다음 코드를 추가합니다. 이 코드는 메서드 "GET"으로 "/students/" 아래 숫자로 된 경로가 온다면 GetStudentHandler() 함수를 호출하는 핸들러를 등록합니다.

```go
mux.HandleFunc("/students/{id:[0-9]+}", GetStudentHandler).Methods("GET")
```

03 GetStudentHandler() 함수를 추가해보겠습니다. GetStudentListHandler() 함수 다음에 다음 코드를 추가합니다.

```go
func GetStudentHandler(w http.ResponseWriter, r *http.Request) {
    vars := mux.Vars(r)                   // ❶ id를 가져옵니다.
    id, _ := strconv.Atoi(vars["id"])
    student, ok := students[id]
```

```go
    if !ok {
        w.WriteHeader(http.StatusNotFound)
        // ❷ id에 해당하는 학생이 없으면 에러
        return
    }
    w.WriteHeader(http.StatusOK)
    w.Header().Set("Content-Type", "application/json")
    json.NewEncoder(w).Encode(student)
}
```

❶ 핸들러를 등록할 때 경로를 "/students/{id:[0-9]+}"[4]으로 했기 때문에 gorilla/mux에서 자동으로 id값을 내부 맵에 저장합니다. 이렇게 저장한 id값을 읽어오려면 mux.Vars() 함수를 호출하여 인수를 가져온 다음 vars["id"]로 id값을 가져올 수 있습니다. 이 값은 문자열이기 때문에 strconv.Atoi() 함수로 숫자로 변경합니다. 그런 뒤 students 맵에서 id에 해당하는 학생 데이터가 있는지 확인합니다. ❷ 만약 id에 해당하는 학생 데이터가 없다면 응답 코드로 StatusNotFound를 반환하여 데이터가 없음을 알립니다. 데이터가 있다면 학생 데이터를 json 포맷으로 변환하여 반환합니다.

이제 새로 등록한 GetStudentHandler()를 테스트하는 코드를 작성해보겠습니다.

04 ex29_1_test.go 파일에 새로운 테스트 함수인 TestJsonHandler2() 함수를 추가합니다.

```go
func TestJsonHandler2(t *testing.T) {
    assert := assert.New(t)

    var student Student
    mux := MakeWebHandler()
    res := httptest.NewRecorder()
    req := httptest.NewRequest("GET", "/students/1", nil) // ❶ id 1 학생

    mux.ServeHTTP(res, req)
    assert.Equal(http.StatusOK, res.Code)
    err := json.NewDecoder(res.Body).Decode(&student)
    assert.Nil(err)
```

---

4 [0-9]+는 한 개 이상의 숫자라는 의미의 정규표현식(regular expression)입니다. 정규표현식은 이 책에서 다루지 않습니다.

```go
    assert.Equal("aaa", student.Name)

    res = httptest.NewRecorder()
    req = httptest.NewRequest("GET", "/students/2", nil)  // ❷ id 2 학생
    mux.ServeHTTP(res, req)
    assert.Equal(http.StatusOK, res.Code)
    err = json.NewDecoder(res.Body).Decode(&student)
    assert.Nil(err)
    assert.Equal("bbb", student.Name)
}
```

05 go test로 실행해 테스트가 잘 통과되는지 확인합니다.

❶ id 1번 학생 데이터를 가져오는 "/students/1" GET 요청을 만들어서 테스트합니다. 결과 데이터가 Student 타입으로 잘 변환되는지 확인하고 그때 이름이 "aaa"로 오는지 확인합니다. ❷ id 2번 학생 데이터를 테스트하기 위해서 "/students/2" GET 요청을 만들어서 테스트합니다.

06 웹 브라우저로 확인해보겠습니다. go mod init ch29/ex29.2로 모듈을 만들고, go build로 예제를 빌드하고 웹 서버를 실행한 다음 웹 브라우저에서 아래 URL을 접속해봅니다.

- http://localhost:3000/students

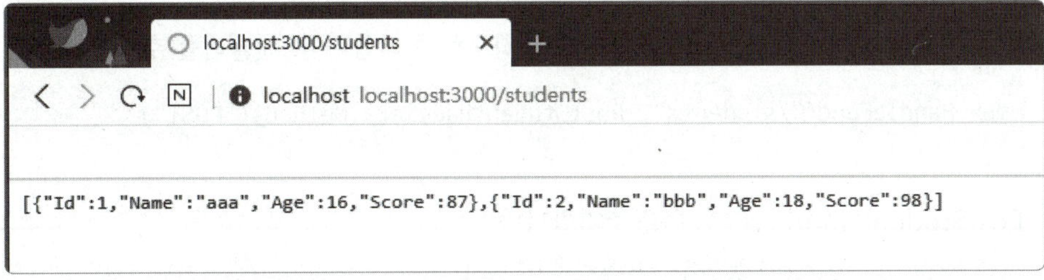

"aaa", "bbb" 학생 데이터가 JSON 형태로 반환됐습니다.

07 이번에는 id가 1번인 학생 데이터를 가져오겠습니다. 웹 브라우저에서 아래 URL을 접속해 봅니다. 아래와 같이 입력하면 id가 1인 학생 데이터가 JSON 형태로 반환됩니다.

- http://localhost:3000/students/1

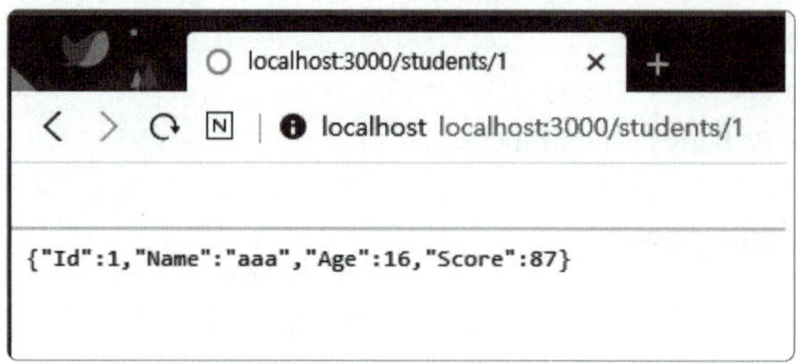

08 이번에는 id로 3을 넣어서 요청해봅시다. ID 3에 해당하는 학생 데이터는 없기 때문에 에러 가 발생할 겁니다.

전체 코드는 예제 폴더 /ch29/ex29.2/ 안에 있습니다.

STEP 4 29.6 학생 데이터 추가/삭제하기

이번에는 학생 데이터를 추가하는 핸들러를 만들어보겠습니다.

To Do **01** 학생 데이터 추가는 "/students" POST 요청으로 처리합니다. 핸들러를 추가합니다.

```go
mux.HandleFunc("/students", PostStudentHandler).Methods("POST")
```

02 PostStudentHandler() 함수를 추가합니다.

```go
func PostStudentHandler(w http.ResponseWriter, r *http.Request) {
    var student Student
    err := json.NewDecoder(r.Body).Decode(&student)  // ❶ JSON 데이터 변환
    if err != nil {
        w.WriteHeader(http.StatusBadRequest)
        return
    }
    lastId++                                // ❷ id를 증가시킨 후 맵에 등록
    student.Id = lastId
```

```go
        students[lastId] = student
        w.WriteHeader(http.StatusCreated)
}
```

❶ 요청에 포함된 JSON 데이터를 Student 타입으로 변환합니다. 만약 변환 과정에서 에러가 발생하면 StatusBadRequest 응답 코드를 알리고 종료합니다. ❷ Id를 증가하여 맵에 등록한 뒤 StatusCreated 응답 코드를 알려서 학생 데이터가 추가됐음을 알립니다.

03 이 핸들러를 테스트하는 테스트 코드를 추가하겠습니다. 역시 ex29_1_test.go 파일에 새로운 테스트 함수인 TestJsonHandler3()를 추가합니다.

```go
func TestJsonHandler3(t *testing.T) {
    assert := assert.New(t)

    var student Student
    mux := MakeWebHandler()
    res := httptest.NewRecorder()
    req := httptest.NewRequest("POST", "/students",
        strings.NewReader(`{"Id":0,"Name":"ccc","Age":15,"Score":78}`))
        // ❶ 새로운 학생 데이터

    mux.ServeHTTP(res, req)
    assert.Equal(http.StatusCreated, res.Code)  // ❷ 응답 코드 검사

    res = httptest.NewRecorder()
    req = httptest.NewRequest("GET", "/students/3", nil)
    // ❸ 추가된 학생 데이터
    mux.ServeHTTP(res, req)
    assert.Equal(http.StatusOK, res.Code)
    err := json.NewDecoder(res.Body).Decode(&student)
    assert.Nil(err)
    assert.Equal("ccc", student.Name)
}
```

❶ "/students" POST 요청을 만들 때 새로운 학생 데이터의 JSON 포맷을 요청에 포함합니다. ❷ 그런 뒤 응답 코드가 StatusCreated로 반환됨을 확인합니다. ❷ 이제 새로 추가된 학생 데이터를 "students/3" GET 요청을 통해서 확인합니다. 새로 추가된 학생 데이터의 이름이 "ccc"임을 확인합니다.

04 학생 데이터 삭제는 "/students/id" DELETE 요청으로 처리합니다. 핸들러를 추가합니다.

```
mux.HandleFunc("/students/{id:[0-9]+}", DeleteStudentHandler).Methods("DELETE")
```

이 코드는 메서드 "DELETE"로 "/students/" 아래 숫자로 된 경로가 온다면 DeleteStudentHandler() 함수를 호출하는 핸들러를 등록합니다.

05 id에 해당하는 학생 데이터를 삭제하는 DeleteStudentHandler() 함수를 구현합니다.

```go
func DeleteStudentHandler(w http.ResponseWriter, r *http.Request) {
    vars := mux.Vars(r)                     // ❶ id를 가져옵니다.
    id, _ := strconv.Atoi(vars["id"])
    _, ok := students[id]
    if !ok {
        w.WriteHeader(http.StatusNotFound)
        // ❷ id에 해당하는 학생이 없으면 에러
        return
    }
    delete(students, id)
    w.WriteHeader(http.StatusOK)  // ❸ StatusOK 반환
}
```

❶ GetStudentHandler()와 마찬가지로 id값을 읽어옵니다.

❷ id에 해당하는 학생이 없으면 에러를 반환하고 있으면 학생 맵에서 삭제해줍니다. 그리고

❸ StatusOK를 반환합니다.

06 삭제 핸들러를 테스트하는 테스트 코드를 추가하겠습니다. 역시 ex29_1_test.go 파일에 새로운 테스트 함수 TestJsonHandler4()를 추가합니다.

```go
func TestJsonHandler4(t *testing.T) {
    assert := assert.New(t)

    mux := MakeWebHandler()
    res := httptest.NewRecorder()
    req := httptest.NewRequest("DELETE", "/students/1", nil)
    // ❶ DELETE 요청

    mux.ServeHTTP(res, req)
    assert.Equal(http.StatusOK, res.Code)                    // ❷ 응답 코드 검사
```

```go
    res = httptest.NewRecorder()
    req = httptest.NewRequest("GET", "/students", nil) // ❸ /students 경로
    mux.ServeHTTP(res, req)

    assert.Equal(http.StatusOK, res.Code)
    var list []Student
    err := json.NewDecoder(res.Body).Decode(&list)
    assert.Nil(err)
    assert.Equal(1, len(list))                                // ❹ 결과 확인
    assert.Equal("bbb", list[0].Name)
}
```

07 go test로 실행해 테스트가 잘 통과되는지 확인합니다.

❶ id 1번 학생의 DELETE 요청을 만듭니다. ❷ OK 응답이 오는지 검사합니다.

❸ /students GET 요청을 보내서 삭제됐는지 확인합니다. ❹ 1번 학생이 삭제됐기 때문에
학생 개수는 1개이어야 하고 이름은 "bbb"임을 확인합니다.

전체 코드는 예제 폴더 /ch29/ex29.3 안에 있습니다.

깊이보기 29.7 RESTful API로의 발전

웹 서버가 RESTful API로 발전하면서 웹 서버에 어떤 변화가 생겼는지 살펴보겠습니다. 과거에
는 웹 서버에서 완전한 HTML 문서를 만들어서 반환했습니다. 웹 브라우저가 하는 일은 웹 서버
로 받아온 HTML 문서를 화면에 그려주는 일만 하면 됐습니다. 이런 방식을 **서버 사이드 렌더링
방식**이라고 합니다.

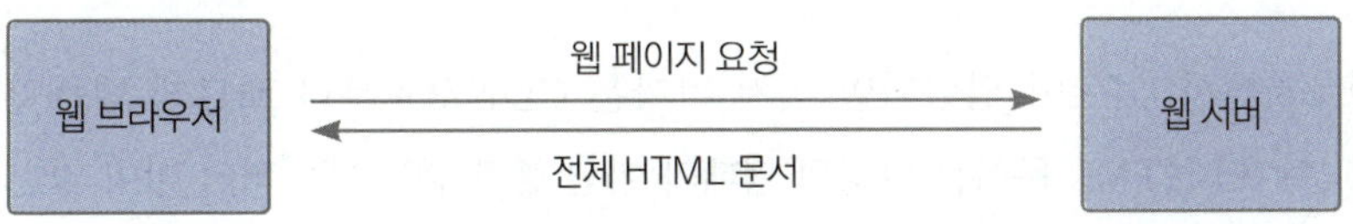

서버 사이드 렌더링 방식은 웹 브라우저에서 URL을 입력하면 웹 서버에 웹페이지를 요청하고 웹
서버는 전체 페이지 HTML을 만들어서 제공하는 방식입니다. 월드와이드웹에 대한 수요가 폭발
적으로 증가함에 따라 서버 사이드 렌더링 방식의 문제점이 드러났습니다.

웹 서버 성능 문제

가장 큰 문제는 웹 서버로 성능 부하가 집중된다는 점입니다. 그래서 요청이 많아지면 웹 서버 성능이 저하되어 느리게 반응하는 문제가 생겼습니다. 사용자들의 빠른 반응에 대한 요구는 날이 갈수록 높아져만 갔습니다. 그러다 보니 다른 방식의 웹 서버가 필요해졌습니다.

다양한 환경에 대한 유연한 대응이 힘들다

스마트폰이 보급하면서 이제 컴퓨터 모니터만이 아니라 어디서나 웹페이지에 접근하는 시대가 되었습니다. 사용자 환경이 다양해지면서 다양한 크기의 디스플레이에서 웹페이지가 그려져야 했고, 웹 브라우저뿐 아니라 단말기나 다양한 디바이스에서 웹 요청이 증가되었습니다. 하지만 웹 서버에서 HTML 문서를 모두 만들어야 하는 상황에서는 이런 다양한 환경에 대한 유연한 대응이 힘들었습니다.

이때 AJAX(비동기 자바스크립트)와 같은 동적 웹 기술이 발전하면서 서버에서 모든 HTML 문서를 만드는 게 아닌 CDN^{Content delivery network, 콘텐츠 전송 네트워크}에서 빠르게 껍데기 문서만 제공하고 내용은 웹 서버에서 데이터를 읽어와서 채우는 **클라이언트 렌더링 방식**으로 변화되었습니다.

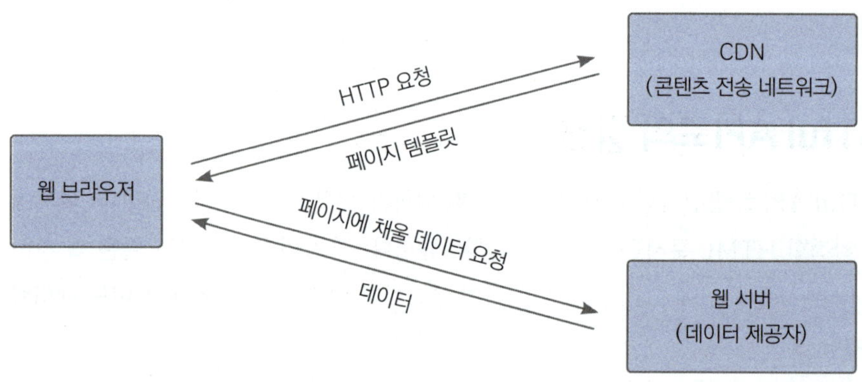

클라이언트인 웹 브라우저에서 URL이 입력되면 먼저 가까운 CDN으로부터 빠르게 템플릿 HTML 문서를 받아옵니다. 이 HTML 문서는 완성된 형태가 아닌 중간 중간 데이터가 비어 있는 형태로 빠르게 전송됩니다. CDN은 데이터를 채울 필요 없이 단순한 파일 서버 형태로 빠르게 사용자에게 일정한 템플릿 HTML 문서를 제공할 수 있습니다.

그리고 나서 웹 브라우저에서 AJAX와 같은 동적 웹 기술을 이용해 페이지를 완성시킬 데이터를 웹 서버로 요청하게 됩니다. 이때 웹 서버는 순수하게 데이터 제공자로서 동작하고 주로 JSON 포맷으로 데이터를 제공합니다. 이렇게 데이터를 받으면 클라이언트에서 HTML 문서를 그때그때 채워서 페이지를 완성하게 됩니다.

그래서 과거에는 웹페이지에 접속할 때 화면 전체가 한꺼번에 그려졌다면 요즘에는 첫 화면은 중간 중간 빈 형태로 빠르게 그려지고 점차 내용이 채워집니다.

클라이언트 렌더링 방식에서 웹 서버는 데이터 제공자로서 동작하기 때문에 범용적인 인터페이스가 필요해졌습니다. 그때 REST가 등장하면서 어떤 환경에서도 URL과 HTTP 메서드만으로 데이터와 동작을 표현하게 됨으로써 범용성을 가질 수 있게 되었습니다.

그 덕분에 네이버, 페이스북 같은 거대 웹 서비스에서 수많은 웹 서버가 범용적인 인터페이스를 이용해서 유기적으로 연결했습니다. 성능 부하를 여러 웹 서버로 분산해 더욱 빠르며, 일부 서버에 장애가 발생해도 전체 서비스는 중단되지 않습니다. 기능 변경 시에도 전체 웹 서버를 변경하지 않고 일부만 변경하면 되므로 유지보수가 더 쉬워졌습니다. 반면, 관리해야 하는 웹 서버 수가 급격히 늘어나서 사람이 일일이 관리할 수준을 벗어났습니다. 각종 자동 관리 툴이 탄생했고, 다양한 툴을 능숙하게 다룰 인력이 필요해졌습니다. 바로 DevOps라는 새로운 직종이 탄생하게 된 겁니다.

29.8 Gin으로 서버 만들기

Gin 프레임워크를 이용해서 만들겠습니다. Gin 프레임워크는 Go 언어에서 가장 대표적인 웹프레임워크입니다. 웹 서버를 만들기 위한 대부분의 기능을 제공하고 빠른 성능을 가지고 있기 때문에 편리하게 사용할 수 있습니다.

```
go get -u github.com/gin-gonic/gin
```

위 콘솔 커맨드를 통해서 설치할 수 있고 아래 명령으로 패키지 임포트합니다.

```
import "github.com/gin-gonic/gin"
```

앞서 제작한 학생 데이터를 가져오는 웹 서버를 Gin을 이용해서 다시 만들겠습니다.

```go
package main

import (
    "net/http"
    "sort"
    "strconv"

    "github.com/gin-gonic/gin"
)

type Student struct {
    Id    int    `json:"id,omitempty"`
    Name  string `json:"name"`
    Age   int    `json:"age"`
    Score int    `json:"score,omitempty"`
}

var students map[int]Student
var lastId int

func SetupHandlers(g *gin.Engine) {
    // ❶ 웹핸들러를 셋팅
    g.GET("/students", GetStudentsHandler)
    g.GET("/student/:id", GetStudentHandler)
    g.POST("/student", PostStudentHandler)
    g.DELETE("/student/:id", DeleteStudentHandler)

    students = make(map[int]Student)
    students[1] = Student{1, "aaa", 16, 87}
    students[2] = Student{2, "bbb", 18, 98}
    lastId = 2
}

type Students []Student // Id로 정렬하는 인터페이스
func (s Students) Len() int {
    return len(s)
}
func (s Students) Swap(i, j int) {
    s[i], s[j] = s[j], s[i]
```

```go
}
func (s Students) Less(i, j int) bool {
    return s[i].Id < s[j].Id
}

func GetStudentsHandler(c *gin.Context) {
    list := make(Students, 0)
    for _, student := range students {
        list = append(list, student)
    }

    sort.Sort(list)
    c.JSON(http.StatusOK, list)  // ❷ JSON 포맷으로 반환
}

func GetStudentHandler(c *gin.Context) {
    idstr := c.Param("id")
    if idstr == "" {
        c.AbortWithStatus(http.StatusBadRequest)
        return
    }
    id, err := strconv.Atoi(idstr)
    if err != nil {
        c.JSON(http.StatusBadRequest, err.Error())
        return
    }
    student, ok := students[id]
    if !ok {
        c.AbortWithStatus(http.StatusNotFound) // ❸ 에러 반환
        return
    }
    c.JSON(http.StatusOK, student)
}

func PostStudentHandler(c *gin.Context) {
    var student Student
    if err := c.ShouldBindJSON(&student); err != nil {
        c.JSON(http.StatusBadRequest, err.Error())
        return
```

```go
        }
        lastId++
        student.Id = lastId
        students[lastId] = student
        c.String(http.StatusCreated, "Success to add id:%d", lastId)
}

func DeleteStudentHandler(c *gin.Context) {
        idstr := c.Param("id")
        if idstr == "" {
                c.AbortWithStatus(http.StatusBadRequest)
                return
        }
        id, err := strconv.Atoi(idstr)
        if err != nil {
                c.JSON(http.StatusBadRequest, err.Error())
                return
        }
        delete(students, id)
        c.String(http.StatusOK, "success to delete")
}

func main() {
        r := gin.Default()
        SetupHandlers(r)
        r.Run(":3000")
}
```

❶ 웹핸들러들을 셋팅합니다.

아래 구문은 /students URL으로 GET 요청이 올 경우 GetStudentsHandler 함수를 호출하라는 구문입니다.

```go
g.GET("/students", GetStudentsHandler)
```

URL에서 파라미터를 읽고 싶을 경우 다음과 같이 파라미터를 설정할 수 있습니다.

```go
g.GET("/student/:id", GetStudentHandler)
```

URL을 통해서 전달된 파라미터는 다음과 같이 읽을 수 있습니다.

```
idstr := c.Param("id")
```

/student URL에 POST 요청이 올 경우 PostStudentHandler 함수를 호출하는 구문입니다.

```
g.POST("/student", PostStudentHandler)
```

POST 요청의 Body 입력으로 오는 JSON 데이터는 다음과 같이 읽을 수 있습니다. Body 데이터에서 Student 구조체 내용을 Json 포맷으로 읽고 만약 에러가 발생하면 에러를 반환하는 구문입니다.

```
var student Student
if err := c.ShouldBindJSON(&student); err != nil {
    c.JSON(http.StatusBadRequest, err.Error())
    return
}
```

❷ 웹 요청에 대한 응답을 Json 형태로 주고 싶을 경우 단순히 gin.Context의 JSON 함수를 호출하면 됩니다.

```
c.JSON(http.StatusOK, list)
```

위와 같이 하면 list 변숫값을 http.StatusOK 응답코드와 함께 Json 형태로 반환하게 됩니다.

❸ 단순 에러 코드만 반환하고 싶을 때는 다음과 같이 하면 됩니다.

```
c.AbortWithStatus(http.StatusNotFound)
```

위와 같이 Gin 프레임워크를 이용하면 손쉽게 핸들러를 등록하고 응답을 줄 수 있습니다. 필요한 모든 것이 Gin 프레임워크 안에 있기 때문에 앞서 "github.com/gorilla/mux"를 이용할 때와 달리 "encoding/json" 패키지를 임포트할 필요가 없습니다.

Gin에는 위 예제에서 설명한 것 외에 많은 기능을 포함하고 있으니까 한 번 다 익혀 두시면 Go 언어로 웹 서버를 만들 때 큰 도움이 될 겁니다.

핵심 요약

1 REST는 여러 웹 아키텍처를 합친 개념입니다.

2 URL로 자기표현식으로 데이터를 나타냅니다.

3 HTTP 메서드로 데이터 동작을 정의합니다.

4 REST를 사용하면 어떤 서비스든지 일관된 표현식으로 표현할 수 있습니다.

5 서버에서 클라이언트 상태를 가지지 않음으로써 클라이언트와 독립적으로 서버가 존재할 수 있고 서버도 언제든지 교체해서 사용할 수 있습니다.

6 RESTful API을 사용하면 서버가 범용적인 데이터 제공자로서 존재할 수 있어서 수많은 서비스 간 유기적인 연결이 가능합니다.

연습문제

1 다음은 빈 칸에 공통적으로 들어갈 단어를 쓰시오.

> ▨▨▨▨는 여러 가지 분산 웹 아키텍처를 합친 개념입니다. 특징으로는 자기표현적인 URL, 메서드를 통한 행동 표현, 무상태, 캐시 활용에 유용합니다. 이 개념에 충실한 웹 서버를 ▨▨▨▨ful API라고 부릅니다.

2 RESTful API에 맞게 다음 요청에 대한 비어있는 동작을 적으세요.

메서드	URL	동작
GET	/news	전체 뉴스 데이터 반환
GET	/news/id	❶
POST	/news	새로운 뉴스 등록
PUT	/news/id	❷
DELETE	/news/id	id에 해당하는 뉴스 데이터 삭제

3 서버 렌더링 방식의 특징이 아닌 것을 모두 고르세요.

❶ 요청이 많아지면 웹 서버의 응답이 느려진다.

❷ 서버 구조가 단순하여 만들기가 쉽다.

❸ URL만 보고서는 어떤 요청인지 유추할 수 없다.

❹ 캐시 사용이 편하다.

❺ 여러 서버로 분산해서 요청을 처리하기 편하다.

1 정답 REST

2 정답 ❶ id에 해당하는 뉴스 데이터 반환 ❷ id에 해당하는 뉴스 업데이트

3 정답 ❹, ❺

해설 ❹ 무상태 구조가 아니기 때문에 캐시 사용이 어렵습니다. ❺ 서버에서 HTML을 렌더링하는 방식이라 여러 서버로 분산하기 어렵습니다.

gnet과 gRPC으로 채팅 앱 만들기

Project gnet과 gRPC으로 채팅 앱 만들기

난이도	★★☆☆
이름	실시간 채팅 클라이언트/서버
예제 위치	ch30/
조작법	먼저 서버를 실행한 다음 2개의 클라이언트를 실행하여 채팅을 합니다.
주요 패키지	gnet, gRPC

□ 학습 목표	gnet과 gRPC를 이용해 실시간 채팅 서버를 만들어봅니다.
□ 학습 내용	• gnet 사용법 • gnet을 이용한 TCP 채팅 서버 제작 • gRPC 사용법 • gRPC를 이용한 채팅 서버 제작
□ 실시간 네트워킹 프로그램	채팅은 실시간 네트워킹 프로그램을 만들 때 가장 기본이 되는 예제입니다. 그만큼 쓸모가 많다는 이야깁니다. gnet을 이용해 TCP 프로토콜을 사용하는 채팅 프로그램을 만들어보고, gRPC를 이용해 채팅 프로그램을 만들어봅니다.
□ 장점	• gnet은 네트워크 프로토콜을 이용한 고성능 서버를 쉽게 제작할 수 있도록 하는 패키지입니다. • gRPC는 손쉽게 서비스를 정의하고 서비스를 호출할 수 있게 도와주는 패키지입니다.

30.1 gnet을 이용해서 echo 서버 제작

gnet은 TCP/UDP와 같은 기본적인 네트워크 프로토콜을 이용한 서버 프로그램을 만들 수 있게 도와주는 오픈 소스 패키지입니다. gnet은 사용이 쉽고 고성능을 자랑합니다.

설치법

아래 커맨드를 실행해 설치합니다.

```
go install github.com/panjf2000/gnet/v2
```

Note 이 책은 v2.3.0 버전을 기준으로 작성되었습니다. v2.3.0 버전을 설치하기 위해서는 다음 커맨드를 실행하세요.

```
go install github.com/panjf2000/gnet/v2@v2.3.0
```

외부 패키지 사용법은 예제를 통해 익히는 것이 가장 빠르기 때문에 Echo 서버를 만들면서 gnet 사용법을 알아보겠습니다. Echo 서버는 클라이언트가 보낸 데이터를 그대로 다시 보내는 서버를 말하는 것으로 가장 간단한 서버 기능을 구현할 때 먼저 만들어보는 서버입니다.

ch30/echo/server/server.go

```go
package main

import (
	"flag"
	"fmt"
	"log"

	gnet "github.com/panjf2000/gnet/v2"
)

type echoServer struct {
	gnet.BuiltinEventEngine

	eng      gnet.Engine
	addr     string
	multicore bool
}

// ❶ OnOpen은 새로운 클라이언트가 접속할 때 호출됩니다.
func (es *echoServer) OnOpen(c gnet.Conn) (out []byte, action gnet.Action){
	log.Printf("client connected. address:%s", c.RemoteAddr().String())
	return nil, gnet.None
}

// ❷ OnClose는 클라이언트 접속을 해제할 때 호출됩니다.
func (es *echoServer) OnClose(c gnet.Conn, err error) (action gnet.Action){
	log.Printf("client disconnected. address:%s",
		c.RemoteAddr().String())
	return gnet.None
}

// ❸ 서버가 시작될 때 호출됩니다.
func (es *echoServer) OnBoot(eng gnet.Engine) gnet.Action {
	es.eng = eng
	log.Printf("echo server with multi-core=%t is listening on %s\n",
```

```go
            es.multicore, es.addr)
        return gnet.None
}


// ❹ 서버가 데이터를 네트워크를 통해서 클라이언트로부터 수신할 때 호출됩니다.
func (es *echoServer) OnTraffic(c gnet.Conn) gnet.Action {
        buf, _ := c.Next(-1)      // 모든 데이터를 읽는다.
        c.Write(buf)              // 읽은 데이터를 다시 전송한다.
        return gnet.None
}


func main() {
        var port int
        var multicore bool

        // ❺
        // Example command: go run echo.go --port 9000 --multicore=true
        flag.IntVar(&port, "port", 9000, "--port 9000")
        flag.BoolVar(&multicore, "multicore", false, "--multicore true")
        flag.Parse()

        // ❻
        echo := &echoServer{
            addr:        fmt.Sprintf("tcp://:%d", port),
            multicore: multicore,
        }
        log.Fatal(gnet.Run(echo, echo.addr, gnet.WithMulticore(multicore)))
}
```

```
2023/06/27 20:03:00 echo server with multi-core=false is listening on
tcp://:9000
```

가장 중요한 ❻부터 살펴보겠습니다. 이 부분은 gnet을 통해서 서버를 실행하는 부분입니다.

gnet.Run() 함수를 호출해서 서버를 실행합니다. Run() 함수는 다음과 같이 세 가지 인수를 받습니다.

```
Run(eventHandler EventHandler, protoAddr string, opts ...Option)
```

첫 번째 인수는 eventHandler입니다. 이것은 EventHandler 인터페이스 타입으로 gnet 내부에서 이벤트들이 클라이언트 접속, 연결 해제, 데이터 수신 등이 발생하면 그에 맞는 메서드를 호출해주게 됩니다. 따라서 EventHandler 인터페이스를 통해서 서버에서 데이터를 수신하거나 클라이언트 접속/해제를 알 수 있습니다.

두 번째 인수는 protoAddr입니다. 이것은 서버가 어떤 프로토콜을 통해서 통신하게 되는지, 또 그 주소는 어디에 바인딩하는지를 나타냅니다.

다음과 같이 하면 TCP 프로토콜을 사용하고 IP주소 192.168.0.10 주소에 9851 포트 번호에 바인딩하게 됩니다. 그럼으로써 IP와 Port에 접속하는 클라이언트와 통신을 하게 될 수 있게 됩니다.

```
"tcp://192.168.0.10:9851"
```

다음과 같이 설정하면 서버 머신에서 바인딩 가능한 모든 네트워크 인터페이스[1]의 9851 포트에 바인딩하게 됩니다.

```
"tcp://:9851"
```

클라이언트는 서버의 네트워크 인터페이스 중 어떤 곳이라도 9851 포트를 통해서 통신을 할 수 있게 됩니다.

```
"udp4://:9851"
```

UDP 프로토콜과 IPv4 프로토콜[2]을 사용하고 9851 포트에 바인딩하게 됩니다.

세 번째는 옵션 리스트 정하게 됩니다. gnet은 다양한 옵션을 제공하는데 여기서는 Multicore 옵션만 적용했습니다. Multicore 옵션을 적용하면 서버가 여러 CPU 코어를 사용해서 동작하게 됩니다. 더 빠른 성능을 가지게 되지만, 멀티 쓰레딩 환경에서 동작하기 때문에 메모리 자원 점유

---

1 네트워크 인터페이스란 머신 내에서 네트워킹이 가능한 하드웨어 인터페이스를 말하는 것으로 IPv4나 IPv6, 가상 네트워킹 또는 그외 네트워크 인터페이스가 될 수 있습니다. 자세한 사항은 이 책의 범위를 넘어가는 것으로 네트워킹 관련 서적을 참조하세요.

2 UDP와 IPv4에 대한 자세한 내용은 네트워킹 관련 서적을 참조하시거나 Tucker Programming 유튜브 채널의 "게임 네트워킹의 이해" 편을 참고해 주세요.

에 대해서 주의해야 합니다.

❺은 flag 패키지를 통해 실행 인수를 읽어오게 됩니다. --port 실행 인수를 통해서 바인딩되는 포트 번호를 변경할 수 있고 --multicore 실행 인수를 통해 multicore 실행 여부를 설정합니다.

```
./ex30.1 --port 8900 --multicore true
```

위와 같이 실행 인수에 옵션을 추가할 수 있게 해줍니다.

이제 서버가 동작하고, 서버에 이벤트가 발생하면 그에 맞는 메서드가 호출됩니다.

❶ OnOpen() 메서드는 서버에 새로운 클라이언트가 접속할 때 호출됩니다. ❷ OnClose()는 클라이언트가 접속을 해제할 때 호출됩니다. ❸ OnBoot()는 서버가 포트에 바인딩되어서 접속을 받기 시작할 때 호출됩니다. ❹ OnTraffic()은 서버가 클라이언트로부터 데이터를 수신 시 호출됩니다.

OnTraffic() 메서드를 보면 받은 데이터를 모두 읽어서 그대로 다시 전송하는 걸 알 수 있습니다.

STEP 1 30.2 클라이언트 제작

자 이제 서버가 준비되었으니 클라이언트를 만들겠습니다. gnet은 서버 제작용 패키지이기 때문에 클라이언트는 gnet이 아닌 go에서 제공하는 기본 네트워크 패키지인 net 패키지를 사용해서 만들겠습니다.

```
                                                    ch30/echo/client/client.go
package main

import (
    "bufio"
    "flag"
    "fmt"
    "log"
    "net"
    "os"
```

```go
)

func main() {
    var port int
    var addr string

    // ❶ 실행 인수를 통해 접속하려는 ip, port를 설정합니다.
    flag.IntVar(&port, "port", 9000, "--port 9000")
    flag.StringVar(&addr, "address", "localhost", "--address localhost")
    flag.Parse()

    // ❷ net 패키지를 이용해서 tcp 연결을 맺습니다.
    tcpAddr, err := net.ResolveTCPAddr("tcp", fmt.Sprintf("%s:%d", addr, port))
    if err != nil {
        log.Fatal("ResolveTCPAddr failed:", err)
    }

    conn, err := net.DialTCP("tcp", nil, tcpAddr)
    if err != nil {
        log.Fatal("Dial failed:", err)
    }

    // ❸ 연결된 conn을 통해 데이터를 읽어서 출력합니다.
    go func() {
        scan := bufio.NewScanner(conn)
        scan.Split(bufio.ScanLines)
        for scan.Scan() {
            fmt.Println(scan.Text())
        }
    }()

    // ❹ 키보드로부터 텍스트를 입력받아 데이터를 전송합니다.
    for {
        inputScan := bufio.NewScanner(os.Stdin)
        inputScan.Split(bufio.ScanLines)
        for inputScan.Scan() {
            if inputScan.Text() == "exit" {
                return
            }
```

```
            conn.Write([]byte(fmt.Sprintf("%s\n", inputScan.Text())))
        }
    }
}
```

```
hi
hi
Hello
Hello
안녕하세요
안녕하세요
```

클라이언트 예제를 실행하려면 앞서 만든 서버를 먼저 실행한 다음 클라이언트 실행해야 합니다. 그러면 위와 같이 내가 입력한 텍스트가 그대로 한 번 더 출력되는 것을 알 수 있습니다. 즉 클라이언트는 한 줄씩 텍스트를 입력받아 서버로 보내면 서버는 받은 데이터를 그대로 다시 클라이언트로 반송하는 것을 알 수 있습니다.

❶ flag 패키지를 이용해서 실행 인수를 통해 접속하려는 곳의 ip 주소와 port 번호를 설정할 수 있습니다.

❷ net 패키지를 이용해서 서버에 접속합니다. net.ResolveTCPAddr 함수는 ip 주소와 port 번호를 통해서 *TcpAddr 객체를 반환합니다. 이렇게 만든 net.DialTCP 함수를 통해서 앞서 만든 *TcpAddr가 가리키는 주소로 접속하고 접속된 연결을 반환합니다. 이렇게 반환된 net.Conn 객체를 통해 데이터를 주고받을 수 있습니다.

❸ 연결된 net.Conn 객체에서 데이터를 읽어서 출력하는 고루틴을 실행합니다. 별도 고루틴으로 실행하는 이유는 키보드로 입력을 받아 데이터를 전송하는 메인 고루틴과 별개로 언제든지 데이터가 수신되면 출력되게 하려면 입니다.

❹ 키보드로 텍스트를 한 줄 입력받아서 연결된 net.Conn 객체를 통해 데이터를 송신합니다. 만약 입력된 텍스트가 "exit" 이면 프로그램을 종료합니다.

30.3 채팅 서버 제작

이렇게 만든 echo 서버를 기반으로 채팅 서버를 만들겠습니다. echo 서버와 채팅 서버의 다른 점은 echo 서버는 수신한 데이터를 수신자에게만 전송하지만 채팅 서버는 연결된 모든 클라이언 트들에게 모두 전송합니다. 이렇게 여러 클라이언트에게 전송하는 것을 방송한다고 말하고 브로 드캐스트^{Broadcast}라고 말하기도 합니다. 클라이언트 보낸 데이터를 모든 클라이언트들에게 브로드 캐스트하는 채팅 서버를 만들어봅니다.

ch30/chat/server/server.go

```go
package main

import (
    "flag"
    "fmt"
    "log"
    "sync"

    gnet "github.com/panjf2000/gnet/v2"
)

type chatServer struct {
    gnet.BuiltinEventEngine

    // ❶ 연결된 커넥션을 보관하는 맵
    cliMap sync.Map
}

func (cs *chatServer) OnOpen(c gnet.Conn) (out []byte, action gnet.Action) {
    log.Printf("client connected. address:%s", c.RemoteAddr().String())
    // ❷ 새로운 연결이 되면 커넥션을 맵에 보관한다.
    cs.cliMap.Store(c, true)
    return nil, gnet.None
}

func (cs *chatServer) OnClose(c gnet.Conn, err error) (action gnet.Action) {
    log.Printf("client disconnected. address:%s", c.RemoteAddr().String())
    // ❸ 연결이 해제되면 맵에서 삭제한다.
    if _, ok := cs.cliMap.LoadAndDelete(c); ok {
        log.Printf("connection removed")
```

```go
    }
    return gnet.None
}

func (cs *chatServer) OnBoot(eng gnet.Engine) gnet.Action {
    log.Printf("chat server is listening\n")
    return gnet.None
}

func (cs *chatServer) OnTraffic(c gnet.Conn) gnet.Action {
    buf, _ := c.Next(-1)
    // ❹ 데이터 수신 시 모든 커넥션에 데이터를 전송한다.
    cs.cliMap.Range(func(key, value any) bool {
        if conn, ok := key.(gnet.Conn); ok {
            conn.AsyncWrite(buf, nil)
        }
        return true
    })
    return gnet.None
}

func main() {
    var port int
    var multicore bool

    // Example command: go run echo.go --port 9000 --multicore=true
    flag.IntVar(&port, "port", 9000, "--port 9000")
    flag.BoolVar(&multicore, "multicore", false, "--multicore true")
    flag.Parse()

    chat := &chatServer{}
    log.Fatal(gnet.Run(chat, fmt.Sprintf("tcp://:%d", port), gnet.
WithMulticore(multicore)))
}
```

```
2023/07/08 08:08:50 chat server is listening
```

❶ 연결된 net.Conn 객체들을 보관하는 맵입니다. 멀티 코어로 동작할 수 있기 때문에 동시성 프로그래밍에 적합한 sync.Map 객체로 생성했습니다.

❷ 새로운 연결이 맺어지면 맵에 보관합니다. sync.Map이기 때문에 별도로 Lock을 잡을 필요가 없습니다.

❸ 연결이 해제되면 맵에서 삭제합니다.

❹ 데이터 수신 시 모든 연결에게 데이터를 브로드캐스트합니다. 이렇게 해서 하나의 클라이언트가 보낸 메시지가 모든 클라이언트에게 보여질 수 있는 채팅 서버를 만들게 됩니다.

 클라이언트는 이미 만든 echo 클라이언트를 그대로 사용하겠습니다. 채팅 서버를 테스트하려면 2개 이상의 클라이언트를 실행해야 합니다. 먼저 서버를 실행한 다음에 클라이언트를 2개 실행해 테스트하겠습니다.

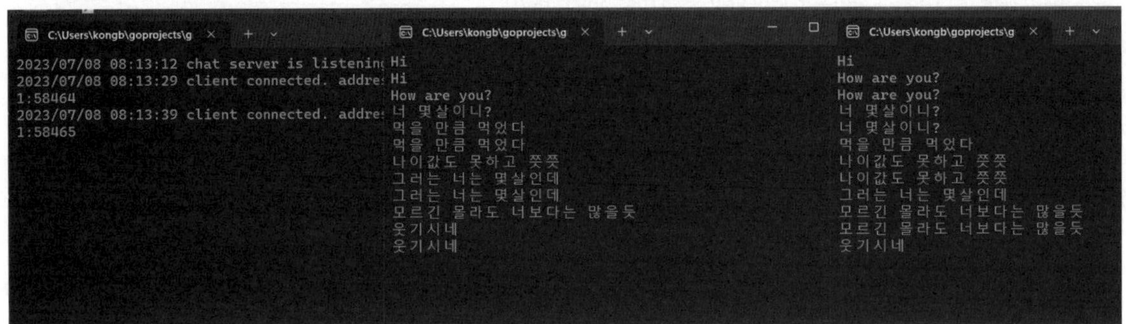

위와 같이 하나의 클라이언트에서 입력한 메시지가 다른 클라이언트에도 보이는 걸 알 수 있습니다.

gnet을 이용해 간단한 채팅 프로그램을 만들어보았습니다. 가장 기본적인 네트워크 프로그램을 만들어본 것으로 이를 기반으로 온라인 게임 같은 네트워크 프로그램을 만들 수가 있습니다. 그러면 이제 gRPC를 이용해서 채팅 프로그램을 만들겠습니다.

30.4 gRPC란?

gRPC란 구글에서 만든 오픈 소스 원격 프로시져 콜Remote Procedure Call 프레임워크입니다. Remote란 단어는 원격이란 뜻으로 현재 프로그램이 실행되고 있는 로컬 컴퓨터가 아닌 네트워크로 연결된 다른 컴퓨터를 말합니다. Procedure는 직역하면 절차라는 뜻으로 간단히 보면 함수라고 볼 수 있습니다. 즉, 컴퓨터에서 어떤 기능을 실행하는 것이라고 보면 됩니다. 그래서 RPC는 네트워크를 통해서 다른 컴퓨터에서 원하는 함수(또는 기능)을 실행하는 것이라고 보면 됩니다. gRPC는 이것을 편하게 하는 프레임워크로 빠른 성능을 자랑합니다. gRPC는 사용이 쉽고 성능이 빠르게 때문에 가장 많이 사용되는 RPC 프레임워크입니다.

30.4.1 프로토버퍼(Protobuf)

gRPC는 내부에서 메시지를 직렬화[Serialize]하려면 프로토버퍼 컴파일러를 사용하고 있습니다. 여기서 직렬화라는 것을 구조체 형태의 데이터를 하나의 바이너리 배열로 바꾸는 과정이라고 보면 됩니다. 역직렬화[Deserialize]는 다시 바이너리 배열을 구조체 형태의 데이터를 역변환하는 과정입니다.

프로토버퍼는 구조체 데이터를 정의하고 그 데이터를 직렬화/역직렬화하는 기능을 제공합니다.

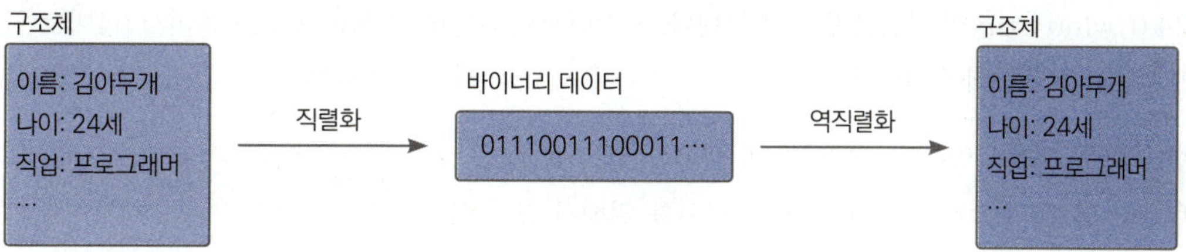

그래서 gRPC를 사용하려면 먼저 프로토버퍼 컴파일러를 설치해야 합니다.

30.4.2 Linux에서 설치

다음 명령을 터미널에 입력해 설치합니다.

```
sudo apt install -y protobuf-compiler
```

다음 명령을 통해서 설치를 확인합니다.

```
protoc --version
```

30.4.3 Mac에서 설치

다음 명령을 터미널에 입력해 설치합니다.

```
brew install protobuf
```

다음 명령을 통해서 설치를 확인합니다.

```
protoc --version
```

30.4.4 Windows에서 설치

https://github.com/protocolbuffers/protobuf/releases/latest에 접속해 최신 버전 윈도우 압축 파일을 다운로드받습니다. 예를 들어서 v24.0 버전의 protoc는 파일명이 protoc-24.0-win64.zip 인 파일을 받아야 합니다. 보시다시피 파일명 끝에 win64가 붙어서 64비트 윈도우용임을 확인해야 합니다.

받은 압축 파일의 압축을 해제합니다. 이때 압축을 해제한 경로를 잘 기억해야 합니다. 저는 편의를 위해서 다음과 같이 C:/protoc에 압축을 해제했습니다.

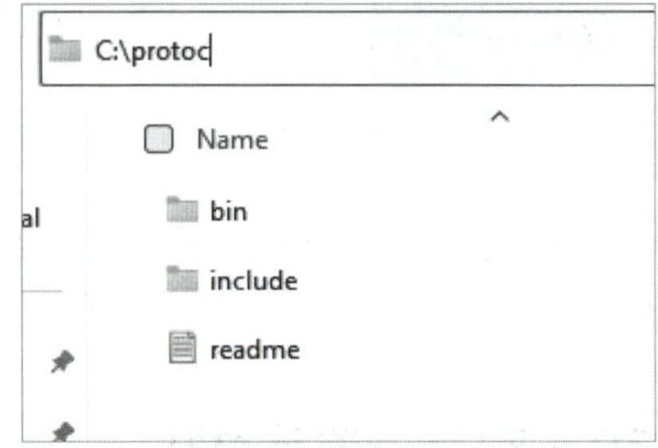

그럼 다음에 시스템 환경 변수 PATH에 해당 경로를 추가해줘야 합니다. 윈도우 검색에서 제어판을 검색해 엽니다. 그런 다음 "고급 시스템 설정"을 클릭합니다. 그다음 환경 변수를 클릭합니다.

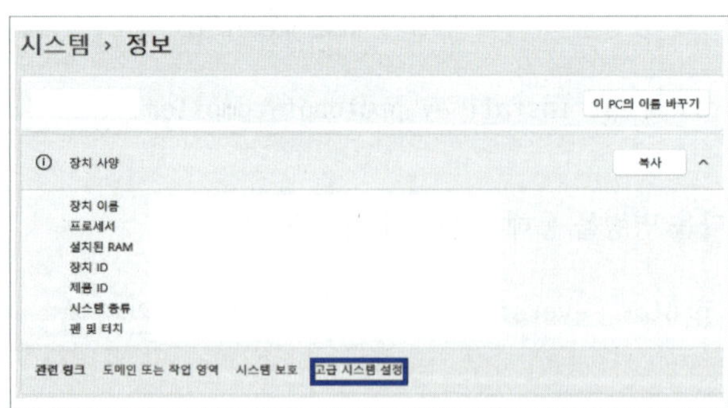

PATH를 검색해 protoc가 설치된 경로에 /bin을 추가한 경로를 추가해줍니다. C:/protoc에 설치한 경우 C:/protoc/bin 경로를 추가하면 됩니다.

윈도우 실행창에 cmd를 입력해 커맨드창을 띄워서 protoc --version 명령줄을 입력해 버전이 제대로 출력되면 설치가 완료된 겁니다.

```
Command Prompt                 ×    +   ∨

Microsoft Windows [Version 10.0.22621.2134]
(c) Microsoft Corporation. All rights reserved.

C:\Users\kongb>protoc --version
libprotoc 23.3
```

30.4.5 protoc-gen-go 설치

protoc 설치 이후 go 파일 생성 시 사용되는 protoc-gen-go 패키지를 설치해야 합니다.

터미널에 다음 커맨드를 입력하여 설치합니다.

```
> go install google.golang.org/protobuf/cmd/protoc-gen-go@latest
> go install google.golang.org/grpc/cmd/protoc-gen-go-grpc@latest
```

30.5 gRPC를 이용한 채팅 프로그램

자 이제 준비가 끝났으니 본격적으로 gRPC를 이용해 채팅 프로그램을 만들겠습니다.

30.5.1 제작 과정

gRPC를 이용해서 채팅 프로그램을 만들기 위해서는 먼저 클라이언트와 서버 간 주고받을 데이터를 정의하는 서비스 정의 파일을 만들어야 합니다. 이 서비스 정의 파일은 프로토버퍼에 정한 형식을 따라야 합니다. 그런 뒤 앞서 설치한 프로토버퍼 컴파일러 프로그램을 통해서 서비스 정의 파일에 정의한 서비스에 해당하는 go 코드를 생성해야 합니다.

이 생성된 go 코드에는 클라이언트와 서버에서 사용할 수 있는 인터페이스 형식이 포함되어 있습니다. 그래서 우리는 이 인터페이스 형식에 맞는 클라이언트와 서버 코드만 만들어주면 프로그램이 완성됩니다.

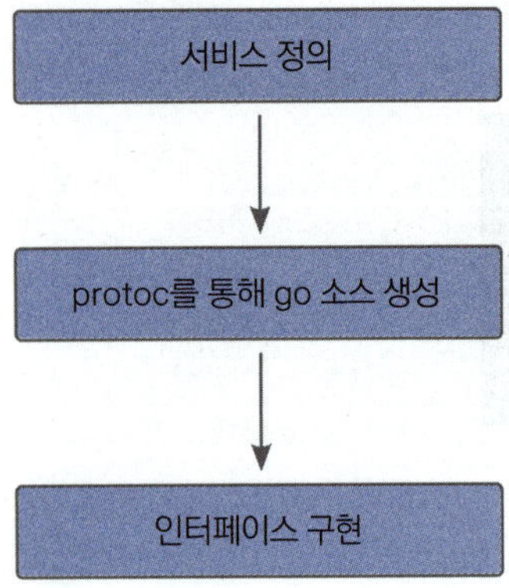

30.5.2 폴더 구조

먼저 프로젝트 폴더 구조부터 만들겠습니다.

프로젝트 이름으로 폴더를 만들어줍니다. 프로젝트 이름은 아무 이름이나 상관없지만 저는 grpcchat이라고 하겠습니다.

그런 뒤 grpcchat 폴더 안에 chatproto, client, server 폴더를 만들어줍니다. chatproto에는 서비스 정의 파일을 만들어주고 client에는 클라이언트 구현, server에는 서버 구현을 만들어줄 예정입니다.

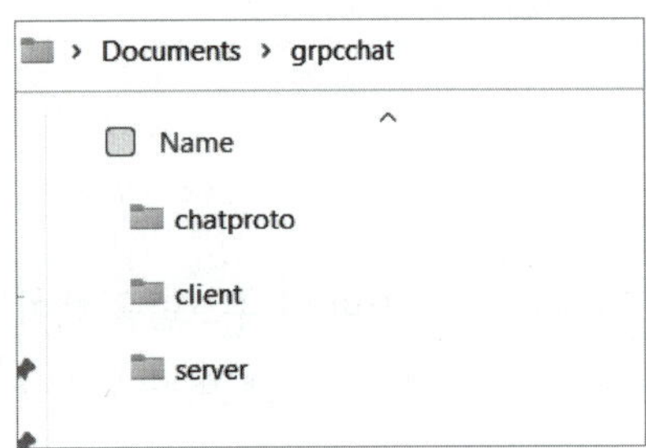

그런 다음 커맨드 창을 열어서 grpcchat 폴더에서 go mod init grpcchat 명령을 실행해 go 모듈을 만들어줍니다.

```
Windows PowerShell
Copyright (C) Microsoft Corporation. All rights reserved.

Install the latest PowerShell for new features and improvements! https://aka.ms

PS C:\Users\kongb\Documents\grpcchat> go mod init grpcchat
go: creating new go.mod: module grpcchat
go: to add module requirements and sums:
        go mod tidy
PS C:\Users\kongb\Documents\grpcchat>
```

명령을 실행하면 grpcchat 폴더에 go.mod 파일이 생성된 것을 알 수 있습니다.

30.5.3 서비스 정의 파일

chatproto 폴더 안에 서비스 정의 파일을 만들어줍니다. 서비스 정의 파일은 클라이언트와 서버 간 통신에 사용되는 구조체와 기능을 정의한 파일로 이곳에 채팅 기능과 통신에 사용될 데이터를 정의합니다.

ch30/grpcchat/chatproto/chatproto.proto

```
syntax = "proto3";

// ❶ 패키지 이름이 들어갑니다.
option go_package = "grpcchat/chatproto";

package chatproto;

// ❷ 서비스 정의입니다. Chat() 함수를 포함하고 있습니다.
service ChatService {
    rpc Chat(stream ChatMsg) returns (stream ChatMsg) {}
}

// ❸ Chat 기능에 사용되는 구조체 정의입니다.
message ChatMsg {
    string sender = 1;
    string message = 2;
}
```

❶ 패키지 이름이 들어갑니다. 서비스가 grpcchat 모듈 아래 chatproto 폴더 안에 정의되어 있기 때문에 grpcchat/chatproto라고 적어줍니다.

❷ 서비스 정의입니다. 지금은 Chat이라는 이름의 함수만 포함되어 있습니다. 만약 다른 기능이 더 필요하면 여기에 함수 정의를 추가하면 됩니다. 함수 정의를 살펴보겠습니다.

```
rpc Chat(stream ChatMsg) returns (stream ChatMsg) {}
```

첫 번째 rpc는 remote procedure call의 약자로 서버에서 실행되는 함수임을 나타내는 키워드입니다.

그다음은 함수 이름이 나옵니다. 이름은 Chat()입니다. 그다음은 입력 인수를 정의합니다. 입력 인수는 ChatMsg라는 구조체가 입력됩니다. ChatMsg는 하단에 정의하고 있습니다. ChatMsg 앞에 stream이라는 키워드가 붙어 있습니다. 이것은 ChatMsg 입력이 스트림 형태로 연속적으로 들어올 수 있음을 나타냅니다. 우리가 채팅 메시지를 한 번만 보낼 것이 아니라 여러 번 반복해서 보낼 것이기 때문에 stream 키워드를 추가했습니다.

returns 키워드를 쓰고 출력 형태를 정의합니다. 출력 역시 ChatMsg라는 구조체 형태로 출력됩니다. 역시 stream 키워드를 통해서 출력 또한 스트림 형태로 여러 번 연속적으로 출력될 수 있음을 정의합니다. 즉 Chat()은 ChatMsg를 여러 번 입력받고 ChatMsg를 여러 번 출력하는 함수임을 알 수 있습니다.

❸ 이제 Chat 기능에 사용되는 ChatMsg 구조체를 정의합니다. message라는 키워드를 통해서 메시지 정의임을 나타냅니다. 제가 구조체라는 용어를 사용했는데 프로토버퍼에서는 메시지라는 용어로 이를 표현합니다. 같은 의미라고 보면 됩니다. ChatMsg 구조체에는 두 개의 필드가 있는 모두 문자열 타입이고 각각 sender와 message라는 이름을 가지고 있습니다.

```
string sender = 1;
string message = 2;
```

한 가지 특이한 점은 뒤에 = 1, = 2와 같이 값이 붙어 있는데 이것은 해당 필드의 초깃값이 아니라 해당 필드가 메시지 어디에 위치하는지를 나타내는 필드의 인덱스입니다. 이것은 프로토버퍼만의 정의로 자세한 내용은 프로토버퍼 문서를 참조하고 여기서는 그냥 1부터 순차적으로 증가하는 번호를 붙여놨다고 보면 됩니다.

이제 서비스 정의가 끝났으니 프로토버퍼 컴파일러를 통해서 go 소스 파일을 생성하겠습니다. 아래 커맨드를 chatproto 폴더에서 실행해 go 소스 파일을 생성합니다.

```
protoc --go_out=. --go_opt=paths=source_relative --go-grpc_out=. --go-grpc_
opt=paths=source_relative chatproto.proto
```

chatproto 폴더 안에 chatproto.pb.go 파일과 chatproto_grpc.pb.go 파일이 생성되었음을 알 수 있습니다.

```
PS C:\Users\kongb\Documents\grpcchat\chatproto> protoc --go_out=. --go_opt=paths=source_relative --go-grpc_out=. --go-gr
pc_opt=paths=source_relative chatproto.proto
PS C:\Users\kongb\Documents\grpcchat\chatproto> ls


    Directory: C:\Users\kongb\Documents\grpcchat\chatproto


Mode                 LastWriteTime         Length Name
----                 -------------         ------ ----
-a----         2023-08-17   7:56 AM          5047 chatproto.pb.go
-a----         2023-08-13   6:13 PM           244 chatproto.proto
-a----         2023-08-17   7:56 AM          4034 chatproto_grpc.pb.go
```

이 두 파일 안에는 클라이언트와 서버 간 통신에 사용하는 구조체 정의와 인터페이스가 포함되어 있습니다. 이제 클라이언트와 서버 구현을 통해서 이 인터페이스만 구현해주면 완성됩니다.

30.5.4 클라이언트 구현

먼저 클라이언트부터 만들겠습니다. client 폴더 아래 client.go 파일을 생성해 만들어줍니다.

ch30/grpcchat/client/client.go

```go
package main

import (
    "bufio"
    "context"
    "flag"
    pb "grpcchat/chatproto"
    "io"
    "log"
    "os"
    "strings"

    "google.golang.org/grpc"
```

```go
    "google.golang.org/grpc/credentials/insecure"
)

// ❶ 실행 인수를 정의합니다.
var id = flag.String("id", "unknown", "The id name")
var serverAddr = flag.String("addr", "localhost:50051", "The server address in
the format of host:port")

func main() {
    flag.Parse()
    // ❷ grpc 서버에 연결합니다.
    conn, err := grpc.Dial(*serverAddr, grpc.WithTransportCredentials(insecure.
NewCredentials()))
    if err != nil {
        log.Fatalf("fail to dial: %v", err)
    }
    defer conn.Close()
    // ❸ Chat 서비스 클라이언트를 실행합니다.
    client := pb.NewChatServiceClient(conn)

    runChat(client)
}

func runChat(client pb.ChatServiceClient) {
    // ❹ Chat 기능을 호출합니다.
    stream, err := client.Chat(context.Background())
    if err != nil {
        log.Fatalf("client.Char failed: %v", err)
    }
    waitc := make(chan struct{})
    go func() {
        for {
            // ❺ 출력 스트림으로 출력값이 나오면 화면에 출력합니다.
            in, err := stream.Recv()
            if err == io.EOF {
                // read done
                close(waitc)
                return
            }
```

```go
        if err != nil {
            log.Fatalf("client.Chat failed: %v", err)
        }
        log.Printf("Sender:%s Message:%s", in.Sender, in.Message)
    }
}()
scanner := bufio.NewScanner(os.Stdin)
for scanner.Scan() {
    msg := scanner.Text()
    if strings.ToLower(msg) == "exit" {
        break
    }
    // ❻ 키보드로 한 줄을 입력받아 입력으로 넣어줍니다.
    stream.Send(&pb.ChatMsg{
        Sender:  *id,
        Message: msg,
    })
}
stream.CloseSend()
<-waitc
}
```

❶ 실행 인수를 통해서 서버 주소와 id값을 정할 수 있도록 실행 인수를 정의합니다.

```
client -id=charlie -addr=127.0.0.1:50051
```

위와 같이 -id, -addr 실행 인수를 통해서 id와 서버 주소를 변경할 수 있습니다.

❷ grpc 서버를 연결합니다. 인증서를 통해서 보안 연결을 할 수 있지만, 여기서는 insecure 기능을 통해서 인증없이 연결하겠습니다. 연결에 성공하면 grpc 통신에 사용할 수 있는 커넥션 객체를 반환합니다.

❸ Chat 서비스 클라이언트를 실행합니다. Chat 서비스를 이용할 수 있는 클라이언트를 실행합니다. 이를 통해서 Chat 서비스가 가지고 있는 모든 기능을 이용할 수 있습니다. 현재는 Chat 기능만 정의되어 있어서 Chat 기능만 이용할 수 있습니다.

❹ Chat 서비스 클라이언트 객체를 통해서 Chat()을 호출합니다. Chat()은 입력도 stream 형

태이고 출력도 stream 형태이기 때문에 입력과 출력이 가능한 stream 객체를 반환하게 됩니다.

❺ 출력 스트림에서 값을 읽어서 화면에 출력합니다. stream으로부터 값을 읽었다는 것은 서버에서 ChatMsg가 전송된다는 의미입니다. 즉 출력이 발생한 것이고 채팅 메시지가 서버로부터 전송된다는 것을 의미합니다. 출력값을 읽어서 화면에 표시해줍니다.

❻ 키보드로 한 줄을 입력받아서 stream으로 전송합니다. 키보드로부터 텍스트를 입력받아서 stream으로 전송합니다. 즉 이것은 새로운 ChatMsg 입력값을 서버로 전송하는 것이고 서버에 채팅 메시지를 전송하는 것을 의미합니다. 서버는 클라이언트로부터 채팅 메시지를 받아서 전체 클라이언트에게 발송하게 됩니다.

go build를 통해서 클라이언트 실행 파일을 생성하면 클라이언트 구현이 끝났습니다. 아쉽게도 서버가 아직 구현되지 않아서 클라이언트 기능을 테스트해볼 수는 없습니다. 이제 서버도 구현하겠습니다.

30.5.5 서버 구현

server 폴더 아래 server.go 파일을 생성해 구현합니다.

```go
                                              ch30/grpcchat/server/server.go
package main

import (
    "flag"
    "fmt"
    "io"
    "log"
    "net"
    "sync"

    pb "grpcchat/chatproto"

    "google.golang.org/grpc"
)

var port = flag.Int("port", 50051, "The server port")

func main() {
```

```go
    flag.Parse()
    // ❶ 연결을 기다립니다.
    lis, err := net.Listen("tcp", fmt.Sprintf("localhost:%d", *port))
    if err != nil {
        log.Fatalf("failed to listen: %v", err)
    }
    grpcServer := grpc.NewServer()
    // ❷ Chat 서비스를 등록합니다.
    pb.RegisterChatServiceServer(grpcServer, newServer())
    grpcServer.Serve(lis)
}

func newServer() *chatServer {
    return &chatServer{}
}


// ❸ Chat 서비스 인터페이스를 구현한 객체입니다.
type chatServer struct {
    pb.UnimplementedChatServiceServer
    mu       sync.Mutex
    streams []pb.ChatService_ChatServer
}

func (s *chatServer) Chat(stream pb.ChatService_ChatServer) error {
    // ❹ streams 리스트에 추가합니다.
    s.mu.Lock()
    s.streams = append(s.streams, stream)
    s.mu.Unlock()

    var err error
    for {
        // ❺ 클라이언트로 전송된 입력값을 읽습니다.
        in, err := stream.Recv()
        if err == io.EOF {
            break
        }
        if err != nil {
            break
        }
```

```go
        // ❻ 전체 클라이언트로 방송합니다.
        s.mu.Lock()
        for _, strm := range s.streams {
            strm.Send(&pb.ChatMsg{
                Sender:  in.Sender,
                Message: in.Message,
            })
        }
        s.mu.Unlock()
    }

    // ❼ 연결이 끊어졌기 때문에 리스트에서 삭제합니다.
    s.mu.Lock()
    for i, strm := range s.streams {
        if strm == stream {
            s.streams = append(s.streams[:i], s.streams[i+1:]...)
            break
        }
    }
    s.mu.Unlock()
    return err
}
```

❶ 연결을 기다립니다. net 패키지의 Listen 기능을 통해 tcp 포트를 열고 클라이언트 연결을 기다립니다. ❷ Chat 서비스를 등록합니다. 이때 Chat 서비스 인터페이스를 구현한 객체를 넣어줘야 합니다. 그러면 gRPC는 Chat 서비스를 시작하고 클라이언트가 보낸 Chat 서비스 요청을 수행하게 됩니다. ❸ Chat 서비스 인터페이스를 구현한 객체를 정의합니다. Chat 기능 구현을 통해 채팅 서비스를 구현할 수 있습니다. ❹ Chat 기능이 호출된다는 것은 클라이언트로부터 Chat 기능이 요청된다는 것이고 입력 스트림과 출력 스트림이 열렸다는 것을 의미합니다. 우리는 클라이언트로 입력된 ChatMsg를 전체 클라이언트로 방송해야 하기 때문에 streams 리스트에 연결된 스트림을 추가해줍니다. 이것은 멀티스레드 환경에서 호출될 수 있기 때문에 뮤텍스를 통해서 락을 걸어줍니다.

❺ 클라이언트로 전송된 입력값을 받습니다. stream.Recv() 메시지를 통해서 클라이언트로 입력된 ChatMsg 입력값을 읽습니다. 클라이언트로부터 입력값이 전송되면 ChatMsg가 반환되고

그렇지 않으면 입력될 때까지 대기합니다. 만약 연결이 끊어졌다면 io.EOF 에러를 반환합니다.

❻ 입력받은 ChatMsg를 전체 클라이언트에게 방송합니다. 앞서 스트림이 연결될 때 리스트에 추가해뒀기 때문에 전체 클라이언트들에게 ChatMsg를 전송할 수 있습니다.

❼ 클라이언트 연결이 끊어지면 리스트에서 삭제합니다. 클라이언트와 연결이 끊어지면 저장해뒀던 리스트에서 삭제해줘야 합니다.

자 이제 서버 구현이 끝났습니다. RPC라는 복잡한 기능을 만들어야 하는 것 치고는 구현이 간단한 것을 알 수 있습니다. 이렇듯 모든 복잡한 부분은 gRPC가 해주기 때문에 우리는 구현 그 자체만 집중할 수 있는 것이 gRPC의 가장 큰 장점입니다.

go build를 통해서 서버 실행 파일을 만들고 테스트를 하겠습니다. 먼저 서버 실행 파일부터 실행해서 서버를 시작합니다. 그다음 명령창을 새로 열어서 클라이언트를 실행합니다. 여러 개의 창을 통해서 여러 개의 클라이언트를 테스트할 수 있습니다.

```
Windows PowerShell
Copyright (C) Microsoft Corporation. All rights reserved.

Install the latest PowerShell for new features and improv

PS C:\Users\kongb\Documents\grpcchat\client> ./client -id
Hi
2023/08/17 08:28:36 Sender:AAA Message:Hi
2023/08/17 08:28:51 Sender:BBB Message:Hello
2023/08/17 08:28:54 Sender:BBB Message:How are you?
Nice to meet you
2023/08/17 08:29:01 Sender:AAA Message:Nice to meet you
How old are you?
2023/08/17 08:29:08 Sender:AAA Message:How old are you?
2023/08/17 08:29:26 Sender:BBB Message:I should be older
```

```
Windows PowerShell
Copyright (C) Microsoft Corporation. All rights reserved.

Install the latest PowerShell for new features and improvements! https://

PS C:\Users\kongb\Documents\grpcchat\client> .\client.exe -id=BBB
Hello
2023/08/17 08:28:51 Sender:BBB Message:Hello
How are you?
2023/08/17 08:28:54 Sender:BBB Message:How are you?
2023/08/17 08:29:01 Sender:AAA Message:Nice to meet you
2023/08/17 08:29:08 Sender:AAA Message:How old are you?
I should be older than you
2023/08/17 08:29:26 Sender:BBB Message:I should be older than you
```

핵심 요약

1 gnet 패키지를 이용하여 TCP/UDP 통신을 할 수 있습니다.

2 gRPC는 구글에서 만든 원격 프로시져 콜 프레임워크입니다.

3 원격 프로시져 콜은 네트워크를 통해 다른 컴퓨터에서 원하는 기능을 실행하는 것이라고 볼 수 있습니다.

4 gRPC는 메시지 직렬화 프로그램으로 기본적으로 프로토버퍼를 사용합니다.

연습문제

1 다음중 올바른 것을 고르세요

❶ gNet으로만 네트워크 통신을 할 수 있다.

❷ TCP/UDP 로만 통신을 할 수 있다.

❸ gRPC는 유일한 원격 프로시져 콜 프레임워크이다.

❹ gRPC는 직렬화 프로그램으로 프로토버퍼를 사용하지만 다른 직렬화 프로그램으로 변경 가능하다.

1 <u>정답</u> **❹** 기본값으로 프로토버퍼를 사용하지만 플랫버퍼 같은 다른 직렬화 프로그램으로 변경가능합니다.

❶ gNet 말고 기본 패키지인 "net" 패키지로도 통신 가능하고 다른 많은 네트워크 패키지들이 있습니다.

❷ TCP/UDP 가 가장 많이 사용되는 프로토콜이지만 다른 프로토콜들도 있습니다.

❸ gRPC가 가장 많이 쓰이는 원격 프로시져 콜 프레임워크이지만 역시 다른 원격 프로시져 콜 프레임워크들이 있습니다.

A

Go 문법 보충 수업

A.1 배열과 슬라이스

슬라이스는 Go 언어에서 주로 동적 배열 용도로 많이 사용됩니다. 즉, 크기가 계속 늘어날 때 슬라이스를 사용합니다. 하지만 슬라이스 본래 정의는 배열 일부분을 가리키는 타입입니다. 배열 포인터라고 볼 수 있습니다. 그래서 슬라이스는 항상 다른 배열의 일부분을 가리키고 있다는 점을 명심해야 합니다.

A.1.1 배열 슬라이싱

배열 슬라이싱을 통해서 슬라이스를 만드는 과정을 살펴보겠습니다.

```
var array [10]int
var slice []int = array[1:3]          // ❶
```

❶ slice는 array 배열을 슬라이싱합니다. array[1:3]에서 첫 번째 1은 슬라이스 시작 위치를 나타냅니다. 즉 array 두 번째 요소부터 슬라이싱합니다. 뒤의 3은 슬라이스를 마치는 인덱스입니다. 시작 위치부터 어디까지 슬라이싱할지를 나타냅니다.

array[1:3]을 잘보면 각 인덱스가 그대로 slice 필드값을 나타내고 있습니다. 슬라이스 구조체는 다음과 같은 필드를 가지고 있습니다.

```
type SliceHeader struct {
    Data uintptr          // 실제 배열을 가리키는 포인터
    Len  int              // 요소 개수
    Cap  int              // 실제 배열 길이
}
```

슬라이싱의 첫 번째 요소는 시작 위치 즉 Data 필드값을 나타냅니다. array[1:3]을 했기 때문에 slice의 Data 필드는 &array[1] 즉 array의 두 번째 요소 메모리 주소를 가집니다.

두 번째 3은 슬라이싱하는 끝 인덱스로 Len 필드값은 **[끝 인덱스 – 처음 인덱스]**로 계산됩니다. 그래서 Len 필드값은 2가 됩니다. 두 개 값으로 슬라이싱하면 세 번째 Cap 필드값은 실제 배열에서 최대 사용 가능한 개수가 됩니다. 그래서 ❶의 결과 slice의 Data는 array의 두 번째 요소 주소이고 Len은 2, Cap은 9가 됩니다.

```go
var array [10]int
var slice []int = array[1:3:5]            // ❶
```

세 개 값을 사용해 슬라이싱하면 세 번째 값을 사용해 Cap 필드값을 구할 수 있습니다. Len과 마찬가지로 이 값에서 처음 인덱스 값을 뺀 값이 Cap값이 되어서 4가 됩니다. 그래서 슬라이싱은 슬라이스 구조체의 각 필드값을 정해주는 것이라고 볼 수 있습니다.

```go
type SliceHeader struct {
    Data uintptr
    Len  int
    Cap  int
}
```

A.1.2 슬라이스를 만드는 다양한 방법

```go
package main                                              // appA/exA1/exA1.go

import (
    "fmt"
)

func main() {
    var array [10]int = [10]int{ 1, 2, 3, 4, 5, 6, 7, 8, 9, 10 }

    var slice1 []int = array[1:5]         // ❶ 배열 슬라이싱
    var slice2 []int = slice1[1:8:9]      // ❷ 슬라이스 슬라이싱
    var slice3 []int = make([]int, 5)     // ❸ make()
    var slice4 []int = make([]int, 0)     // ❹ 길이 0인 슬라이스
    var slice5 []int = []int{ 1, 2, 3, 4, 5 } // ❺ 초기화
    var slice6 []int                      // ❻ 기본값은 nil

    fmt.Println("slice1", slice1)
    fmt.Println("slice2", slice2, cap(slice2))
    fmt.Println("slice3", slice3)
    fmt.Println("slice4", slice4)
    if slice4 != nil {
```

```go
        fmt.Println("slice4 is not nil")
    }
    fmt.Println("slice5", slice5)
    fmt.Println("slice6", slice6)
    if slice6 == nil {
        fmt.Println("slice6 is nil")
    }
}
```

```
slice1 [2 3 4 5]
slice2 [3 4 5 6 7 8 9] 8
slice3 [0 0 0 0 0]
slice4 []
slice4 is not nil
slice5 [1 2 3 4 5]
slice6 []
slice6 is nil
```

❶ 배열을 슬라이싱하면 배열 일부를 가리키는 슬라이스가 반환됩니다.

❷ 배열뿐 아니라 다른 슬라이스를 슬라이싱할 수도 있습니다. 이때는 slice1이 가리키는 배열의 일부를 다시 가리킵니다. 결과적으로 slice1은 array의 두 번째 요소부터 가리키고 있으므로 slice2는 slice1 두 번째 요소인 array 세 번째 요소를 가리키게 됩니다. 그리고 Len은 7(8 - 1)이 되고 Cap은 8(9 - 1)이 됩니다. 보면 slice2는 slice1이 가리키는 범위를 넘어섭니다. 슬라이스를 슬라이싱할 때는 그 슬라이스가 가리키는 배열이 허용하는 한에서 기존 슬라이스 범위를 넘어서 슬라이싱할 수 있습니다. 즉 슬라이싱 기준은 슬라이스가 가리키는 원래 배열이 됩니다.

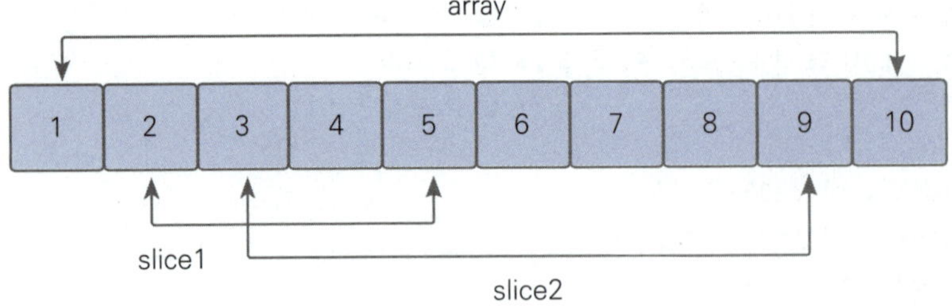

❸ 내장 함수 make()를 호출해 슬라이스를 만듭니다. 길이 5짜리 배열을 만든 뒤 slice3가 가리

키고 있습니다. ❹ make()로 슬라이스를 만들지만 이때는 길이가 0입니다. Go 언어에서는 길이가 0인 배열도 가능합니다. 길이가 0인 배열은 메모리를 차지하지 않고 데이터를 저장할 수도 없습니다만 슬라이스 길이를 특정할 수 없을 때 주로 사용합니다. 주의할 점은 이때 슬라이스는 nil이 아닙니다. 말 그대로 길이가 0인 배열을 가리키기 때문에 값이 nil인 슬라이스와는 다릅니다. 비슷하게 struct{}, interface{}와 같이 빈 구조체, 빈 인터페이스도 만들 수 있습니다. 이들은 비어 있는 객체를 표현할 때 사용합니다.

❺ 슬라이스를 특정 값을 가진 배열로 초기화합니다. 이 경우에는 길이가 5인 배열을 만들어서 슬라이스가 가리키도록 초기화합니다. ❻ 초기화하지 않고 슬라이스를 만들면 값이 nil인 슬라이스를 만듭니다. slice4는 nil이 아니기 때문에 "slice4 is nil" 메시지가 출력되지 않지만 slice6는 값이 nil이라서 "slice6 is nil" 메시지가 출력되니 주의하세요.

슬라이스뿐 아니라 문자열, 맵, 채널도 내부에 실제 데이터를 나타내는 포인터 필드를 가지고 있어서 복사 시 전체 데이터가 복사되지 않습니다.

A.2 for range

for range는 여러 요소를 가진 타입의 각 요소를 순회하는 구문입니다. 어떤 타입이냐에 따라서 각 요소 반환값이 달라집니다. 타입에 따른 요소 반환값을 살펴보겠습니다.

Integer 타입

range 뒤에 integer 타입 값이 오면 0부터 '값 -1'까지 순회합니다.

```go
var n int = 10
for i := range n {
    fmt.Println(i)    // 0부터 9까지 출력
}
```

문자열 타입

문자열 타입이 주어지면 각 문자를 순회합니다. 첫 번째 반환값은 인덱스, 두 번째 반환값은 문자를 나타내는 rune 타입값입니다.

```go
var str := "hello 월드"
for i, c := range str {
    // i는 인덱스, c는 문자값
}
```

i는 int 타입으로 0부터 시작하는 인덱스를 나타내고 c는 rune 타입으로 각 문자값을 나타냅니다. 이 경우에는 각 문자 'h', 'e', 'l', 'l', 'o', ' ', '월', '드'를 순회합니다.

슬라이스 타입

슬라이스 타입일 때는 문자열과 마찬가지로 첫 번째 반환값으로 인덱스가, 두 번째 반환값으로 각 요소값이 옵니다. i는 0부터 시작하는 인덱스가 반환되고 v는 각 요소의 값입니다. 이 경우에는 1, 2, 3, 4, 5를 순회하며 반환됩니다.

```go
var slice := []int{ 1, 2, 3, 4, 5 }
for i, v := range slice {
    // i는 인덱스, v는 요소값
}
```

맵 타입

맵 타입일 때는 첫 번째 반환값으로 키가, 두 번째 반환값으로 키에 해당하는 값이 옵니다. "aaa":1, "bbb":2, "ccc":3 각 요소를 순회하면서 반환합니다. 주의할 점은 키값은 정렬되지 않습니다. 즉, 어떤 키가 먼저 올지 알 수 없습니다.

```go
var m := map[string]int{ "aaa":1, "bbb":2, "ccc":3 }
for k, v := range m {
    // k는 키, v는 키에 해당하는 값
}
```

채널 타입

채널 타입일 때는 채널에서 값이 들어올 때까지 계속 대기합니다. 값이 들어오면 들어온 값을 채널에서 빼내서 반환합니다. 그리고 다시 대기합니다. 이것은 채널이 close()로 닫힐 때까지 계속 반복됩니다.

```
var ch := make(chan int)
for v := range ch {
    // 계속 채널에 값이 들어올 때까지 대기하며 들어온 값을 반환합니다.
}
```

주의할 점은 채널이 닫히기 전까지 계속 대기한다는 점입니다. 그래서 사용하지 않는 채널을 닫아
주지 않으면 좀비 루틴이 만들어질 수 있습니다.

A.3 입출력 처리

5장 'fmt 패키지를 이용한 텍스트 입출력'에서 표준 입출력을 사용한 텍스트 입출력 방법을 다뤘
습니다. 여기서는 Go 언어에서 어떻게 입출력 처리를 다루는지와 fmt.Fprint() 함수를 사용한
입출력 처리를 살펴보겠습니다.

A.3.1 Go 언어에서 입출력을 처리하는 방식

Go 언어는 io 패키지의 Reader, Writer 인터페이스를 사용해서 모든 입출력을 처리합니다.

Reader는 단 하나의 메서드만 정의된 인터페이스입니다.

```
type Reader interface {
    Read(p []byte) (n int, err error)
}
```

Read() 메서드는 기본적으로 읽은 데이터를 저장할 수 있는 byte 슬라이스를 생성해서 넣어주
면 p 슬라이스 크기만큼 데이터를 읽어서 채워줍니다. 만약 p 크기만큼 데이터를 읽지 못하면 읽
을 수 있는 만큼만 읽어서 채웁니다. 총 읽은 크기를 n으로 반환합니다. 만약 데이터를 읽다가 오
류가 발생하면 err를 반환합니다.

인터페이스는 구현을 포함하지 않기 때문에 사실 Read() 메서드 동작은 Reader 인터페이스를
구현한 객체 마음이지만 일반적으로 Go 내부에서 제공하는 파일, 네트워크 등의 Reader 인터페

이스를 구현한 객체들은 모두 위와 같이 동작합니다. 여러분이 제작한 구조체도 Read() 메서드만 구현하면 io.Reader 인터페이스로 사용할 수 있습니다.

Writer 인터페이스도 메서드 하나를 정의합니다.

```go
type Writer interface {
    Write(p []byte) (n int, err error)
}
```

Write() 메서드는 쓰고자 하는 데이터를 p로 넣어주면 쓸 수 있는 만큼 쓰고 쓴 바이트 수를 n으로 반환합니다. 에러 발생 시 에러를 반환합니다.

파일 핸들러인 os.File 객체나 네트워크 연결을 다루는 net.Conn 객체 모두 io.Reader와 io.Writer 인터페이스를 구현하고 있기 때문에 모두 같은 방식으로 다룰 수 있습니다.[1]

io.Reader와 io.Writer 인터페이스는 가장 기본적인 메서드만 제공하기 때문에 바로 사용하기 불편합니다. 그래서 내부에 메모리 버퍼를 가진 bufio의 Reader나 Writer 또는 Scanner를 사용해야 편리하게 이용할 수 있습니다.

bufio.Reader 객체

bufio.Reader 객체는 내부에 메모리 버퍼를 가지고 io.Reader 인스턴스를 편하게 사용할 수 있는 다양한 기능을 제공합니다.

```go
type Reader
    func NewReader(rd io.Reader) *Reader
    func (b *Reader) ReadLine() (line []byte, isPrefix bool, err error)
    func (b *Reader) ReadRune() (r rune, size int, err error)
    func (b *Reader) ReadString(delim byte) (string, error)
```

bufio.Reader 객체는 NewReader() 함수의 인수로 io.Reader를 넣어서 생성할 수 있습니다. Reader 객체는 한 줄을 읽는 ReadLine() 메서드, 하나의 문자를 읽는 ReadRune(), 특정 구분자가 나올 때까지 문자열을 읽는 ReadString() 등의 메서드를 제공합니다.

---

[1] net.Conn은 구체화된 객체는 아니고 역시 인터페이스이지만 Read(), Write()를 포함합니다.

bufio.Scanner 객체

bufio.Scanner 객체는 일정한 패턴으로 io.Reader 인스턴스에서 값을 읽어올 때 사용합니다.

```
type Scanner
    func NewScanner(r io.Reader) *Scanner
    func (s *Scanner) Scan() bool
    func (s *Scanner) Err() error
    func (s *Scanner) Split(split SplitFunc)
    func (s *Scanner) Text() string
```

한 단어 단위 혹은 한 줄 단위로 반복해 읽을 때, 즉 특정 패턴으로 반복해서 읽어야 할 때는 Scanner가 편리합니다. 역시 NewScanner() 함수에 io.Reader를 인수로 사용해서 만들 수 있습니다. Scan() 메서드를 통해서 토큰 읽기를 시도하고 Text()를 통해 읽어온 토큰을 반환합니다. 토큰이란 패턴에 해당하는 만큼 읽어온 문자열을 말합니다. 단어 단위로 읽는 경우에는 한 단어를 말하고 줄 단위로 읽을 때는 한 줄을 말합니다.

Scan()에서 읽기에 실패한 경우 false를 반환합니다. 일반적으로 더 읽을 수 없을 때 false를 반환합니다. 그외의 경우는 Err() 메서드를 통해서 오류를 검사할 수 있습니다.

Scanner를 이용해서 단어 개수를 세는 예제를 살펴봅시다.

appA/exA2/exA2.go

```go
package main

import (
    "bufio"
    "fmt"
    "os"
    "strings"
)

func main() {
    const input = "Now is the winter of our discontent,
        \nMade glorious summer by this sun of York.\n"
    scanner := bufio.NewScanner(strings.NewReader(input)) // ❶ 스캐너 생성
    scanner.Split(bufio.ScanWords) // ❷ 단어 단위로 검색

    count := 0
```

```go
    for scanner.Scan() {              // ❸ 스캔 반복
        count++
    }
    if err := scanner.Err(); err != nil {  // ❹
        fmt.Fprintln(os.Stderr, "reading input:", err)
    }
    fmt.Printf("%d\n", count)
}
```

15

이 코드는 Go bufio 패키지 문서에 포함된 단어 세기 예제입니다(https://golang.org/pkg/bufio/#example_Scanner_words). 이렇듯 공식 패키지 문서에는 예제도 포함되어 있어서 동작을 이해하기 편리합니다.

단어 개수를 찾고자 하는 문자열을 정의한 뒤 그 문자열을 이용해서 스캐너를 만들어줍니다. 스캐너를 생성하는 bufio.NewScanner() 함수는 io.Reader 인터페이스를 인수로 받기 때문에 string 타입을 바로 사용할 수 없습니다. 그래서 ❶ strings.NewReader()를 사용해서 문자열을 io.Reader 인터페이스를 구현한 객체로 변환해서 넣어줬습니다.

기본적으로 Scanner는 한 줄 단위로 토큰을 읽어오게 되고 만약 다른 방식으로 토큰을 읽으려면 Split() 메서드를 이용해 토큰을 구분하는 함수를 등록해야 합니다.

❷ bufio 패키지에서 제공하는 ScanWords() 메서드를 이용해 단어 단위로 읽어옵니다. 본인만의 패턴으로 토큰을 읽고 싶을 때는 사용자 함수를 등록해서 원하는 방식으로 구분지을 수 있습니다.

❸ Scan()을 반복해서 단어 개수를 셉니다. Scan() 메서드가 false를 반환하면 검색을 중지합니다. ❹ 더 읽을 수 없어서 검색이 중단되면 Err() 메서드는 nil을 반환합니다. 그외의 경우는 오류를 출력해줍니다.

bufio.Writer 객체

bufio.Writer 객체는 io.Writer 인스턴스에 문자열을 쓸 때 유용합니다.

```
type Writer
    func NewWriter(w io.Writer) *Writer
    func (b *Writer) WriteString(s string) (int, error)
```

bufio.Writer 객체를 이용해서 io.Writer 인터페이스를 손쉽게 이용할 수 있습니다. 보통 WriteString() 메서드로 문자열을 쓸 때 이용합니다. 하지만 fmt 패키지의 Fprint() 시리즈를 이용하면 더 편하게 원하는 형태로 io.Writer 인스턴스에 문자열을 쓸 수 있습니다.

io.ReadAll() 함수

io.Reader 인스턴스에서 모든 데이터를 읽어올 때 사용하는 함수입니다.

```
func ReadAll(r Reader) ([]byte, error)
```

ReadAll() 함수는 io.Reader 인스턴스인 r에서 모든 데이터를 읽어서 []byte 타입으로 합니다. 에러가 발생하면 error 객체를 반환합니다.

A.3.2 fmt.Fprint() 시리즈 이용하기

fmt.Fprint() 함수는 io.Writer 인스턴스에 원하는 형태의 문자열 쓸 때 사용합니다.

```
func Fprint(w io.Writer, a ...interface{}) (n int, err error)
func Fprintf(w io.Writer, format string, a ...interface{}) (n int, err error)
func Fprintln(w io.Writer, a ...interface{}) (n int, err error)
```

Fprint() 시리즈는 기본적으로 Print() 시리즈와 동작이 같습니다. 다른 점이 있다면 Print() 시리즈는 표준 출력인 os.Stdout에 쓰는 반면 Fprint() 시리즈는 프로그래머가 어떤 io.Writer에 쓸지 정할 수 있다는 점입니다.

Fprintf() 함수를 이용해서 파일에 문자열을 쓰는 예제를 살펴봅시다.

```
                                                            appA/exA3/exA3.go
package main

import (
    "fmt"
```

```go
    "os"
)

func main() {
    f, err := os.Create("output.txt")          // ❶ 파일 생성
    if err != nil {
        fmt.Errorf("Create: %v\n", err)
        return
    }

    defer f.Close()

    const name, age = "Kim", 22
    n, err := fmt.Fprint(f, name, " is ", age, " years old.\n") // ❷

    if err != nil {
        fmt.Errorf("Fprint: %v\n", err)
    }
    fmt.Print(n, " bytes written.\n")
}
```

```
21 bytes written.
```

❶ os 패키지의 Create() 함수를 이용해서 파일을 생성합니다. Create() 함수는 파일이 이미 있으면 삭제하고 새로 파일을 생성합니다. 파일 생성 과정에서 오류 발생 시 에러를 반환하기 때문에 fmt.Errorf() 함수를 이용해서 표준 오류로 출력합니다. 성공할 경우 파일 핸들 객체인 *File를 반환합니다. *File 타입은 io.Writer를 구현하고 있기 때문에 Fprint() 함수의 인수로 사용할수 있습니다.

❷ Fprintf() 함수를 통해 원하는 문자열 형태를 파일에 씁니다. 이렇게 Fprintf() 함수를 이용하면 원하는 포맷으로 io.Writer 객체에 문자열을 쓸 수 있어서 편리합니다.

A.4 알아두면 유용한 go 명령어

Go 언어에서 제공하는 유용한 도구(명령어)를 살펴보겠습니다. go 뒤에 원하는 명령어를 써주면 됩니다.

예를 들어 빌드를 수행하는 도구인 build 명령은 다음과 같이 쓰면 됩니다.

```
go build
```

다음은 go 명령어들입니다. go build나 go test, go get 등은 예제를 통해서 사용해보셨을 겁니다. 나머지 명령어들에 대해서는 이 책에서는 자세히 설명하지 않겠습니다. 자세한 사항은 go help 또는 인터넷 검색을 참조하세요.

표 유용한 go 명령어

명령어	설명
bug	Go 언어 자체의 버그를 리포트할 수 있는 사이트를 브라우저로 접속합니다. 버그 리포트를 시작합니다.
build	패키지를 컴파일합니다.
clean	컴파일 시 생성되는 패키지 목적 파일(object files)들을 삭제합니다.
doc	패키지 문서를 출력합니다. 특정 패키지 설명을 볼 때 유용합니다(A.6절 'go doc' 참조).
env	Go 환경 설정을 출력합니다.
fix	오래된 API를 사용하는 Go 프로그램을 찾아서 새로운 API로 업데이트합니다. 자세한 사항은 go doc cmd/fix를 참조하세요.
fmt	패키지를 리포맷하는 gofmt 툴을 실행합니다. Go 코딩 규약에 맞춰서 소스 코드를 수정해 줍니다.
generate	만약 패키지 파일 안에 파일 생성 절차[2]가 정의되어 있으면 그에 따라서 go 파일을 생성합니다.
get	현재 모듈 패키지 목록에 패키지를 추가하고 다운받습니다.
install	컴파일한 뒤 결과를 GOPATH/bin 경로에 설치합니다.
list	패키지나 모듈 목록을 출력합니다.
mod	새로운 모듈을 만들거나 관리합니다.
run	컴파일한 뒤 결과 프로그램을 실행합니다. 실행 파일을 생성하지 않습니다.

---

2 //go:generate 지시자를 사용해서 파일을 생성할 수 있습니다. 자세한 내용은 https://blog.golang.org/generate를 참조하세요.

test	패키지를 테스트합니다.
tool	특정 go 도구를 실행합니다. go tool [command] 형태로 사용되고 [command]에 도구명을 적어줍니다. cgo, pprof, pack 등 다양한 추가 도구들이 있습니다.
version	go 버전을 출력합니다.
vet	패키지 내 버그로 의심되는 부분을 보고합니다. 자세한 사항은 go doc cmd/vet를 참조하세요.

A.5 cgo로 C 언어 호출하기

cgo는 Go 언어 코드에서 C 언어 함수를 호출을 지원하는 기능입니다. C 언어는 메모리 관리를 프로그래머가 직접 해야 하고 모던 언어에서 제공하는 편리한 기능이 부족하기 때문에 새로운 대규모 프로젝트에서 메인 언어로 사용되긴 힘들지만 역사가 깊고 속도가 빠르기 때문에 라이브러리나 임베디드 프로그램에서 여전히 사용되고 있습니다. 사용법을 간단히 살펴보겠습니다.

아래 프로그램을 빌드하려면 GNU C 컴파일러인 gcc를 설치해야 합니다. 여기서는 간단히 사용 예만 들고 설치 방법[3]은 자세히 설명하지 않겠습니다.

```go
package main                                      appA/exA4/exA4.go

/*
#include <stdlib.h>
*/
import "C"                       // ❶ cgo 기능 사용
import "fmt"

func Random() int {
    return int(C.random())   // ❷ stdlib.h에 정의된 random() 함수 호출
}


func Seed(i int) {
    C.srandom(C.uint(i))
}
```

---

[3] 우분투 리눅스에서는 sudo apt-get install build-essential 명령으로 설치할 수 있습니다. 윈도우에서는 minGW-W64 프로그램을 설치 한 뒤 mingW-W64 터미널에서 빌드할 수 있습니다.

```go
func main() {
    Seed(1)
    fmt.Println(Random())
}
```

```
1804289383
```

❶ import "C"로 cgo 기능을 사용한다고 컴파일러에 알립니다. 컴파일러는 주석으로 표시된 #include ⟨stdlib.h⟩를 읽어서 stdlib.h 헤더 파일을 프로젝트에 추가합니다.

❷ 이제 C 키워드를 사용해서 C 함수를 호출할 수 있습니다. C.random()이라고 쓰면 stdlib.h 헤더 파일에 선언된 random() 함수를 호출합니다.

A.6 go doc

go doc은 패키지 문서를 출력해주는 명령입니다.

```
go doc fmt
```

위 명령을 실행하시면 아래와 같이 fmt 문서를 볼 수 있습니다.

```
package fmt // import "fmt"

Package fmt implements formatted I/O with functions analogous to C's printf
and scanf. The format 'verbs' are derived from C's but are simpler.

... 중략 ...
```

표준 패키지뿐 아니라 우리가 만든 패키지 문서도 볼 수 있습니다.

패키지의 각 요소에 주석으로 설명을 추가할 수 있습니다. 작성 규칙은 간단합니다. 각 요소 위에

---

4 시스템에 따라 다른 메시지가 출력될 수 있습니다.

그 이름으로 시작하는 주석을 추가하면 됩니다.

```go
// CharSize 상수 설명입니다.
const CharSize = 3
```

위와 같이 CharSize에 대한 설명은 그 위에 // CharSize로 시작하는 설명을 달아주면 됩니다.

go doc으로 패키지 문서를 만들어봅시다.

appA/exA5/doc/doc.go

```go
// Package doc This package is example package for
// explaining go doc. You can see the detail of go doc with
// https://pkg.go.dev/golang.org/x/tools/cmd/godoc link.
package doc

import "fmt"

// CharSize 상수 설명입니다.
const CharSize = 3

const (
	// CharColorRed 빨간색 -iota
	CharColorRed = iota
	// CharColorBlue 파란색 -iota
	CharColorBlue
	// CharColorGreen 초록색 - iota
	CharColorGreen
)

// PrintDoc 문서 출력 함수 설명입니다.
func PrintDoc() {

}

// TextDoc 문서 작성 시 구조체 예제입니다.
type TextDoc struct {
	// Msg 내부 메시지입니다.
	Msg string

	// size를 나타냅니다.
	size int
```

```go
}

// NewTextDoc 외부로 공개되는 함수 설명입니다.
func NewTextDoc() *TextDoc {
    return &TextDoc{}
}


// PrintDoc 외부로 공개되는 메서드 설명입니다.
// t.PrintDoc() 같이 사용합니다.
func (t *TextDoc) PrintDoc() {
    fmt.Println("This is TextDoc PrintDoc method")
}
```

이 예제가 있는 appA/exA5/doc 폴더에서 go doc을 실행하면 다음과 같이 표시됩니다.

```
package doc // import "github.com/tuckersGo/musthaveGo2/appA/exA5/doc"

Package doc This package is example package for explaining go doc. You can
see the detail of go doc with
https://pkg.go.dev/golang.org/x/tools/cmd/godoc link.

const CharColorRed = iota ...
const CharSize = 3
func PrintDoc()
type TextDoc struct{ ... }
    func NewTextDoc() *TextDoc
```

위와 같이 패키지 설명과 패키지 외부로 공개되는 함수, 타입, 메서드 등을 볼 수 있습니다.

A.6.1 godoc으로 문서 만들기

go doc 명령으로 패키지 문서를 볼 수 있지만 텍스트 형태로 출력되다 보니 사용하기 불편합니다.
Go 언어에서 공식으로 제공하는 godoc 툴을 이용하면 웹 페이지 형태로 문서를 볼 수 있습니다.

To Do **01** 먼저 아래 명령으로 godoc을 설치해야 합니다.

```
go get golang.org/x/tools/cmd/godoc
```

02 설치한 뒤 아래 명령을 실행합니다.

```
godoc -http=:6060
```

03 웹 브라우저를 열어서 http://localhost:6060에 접속합니다. 아래와 같이 웹 페이지 형태
로 패키지 문서를 볼 수 있습니다.

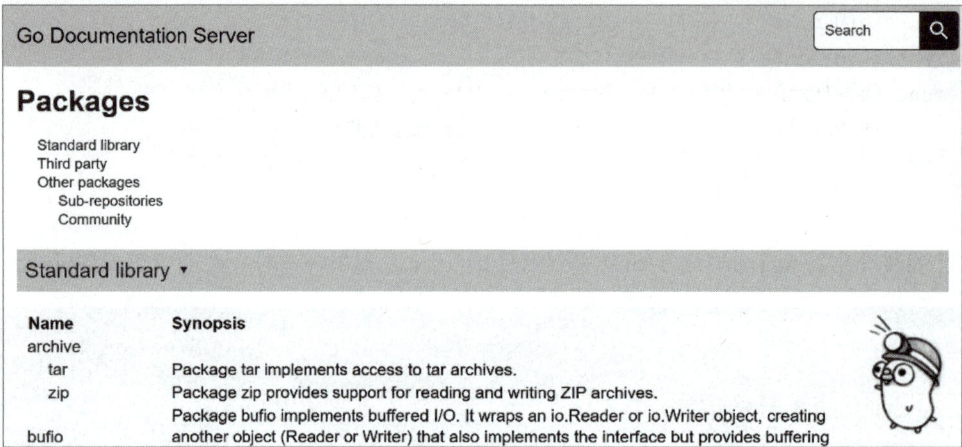

04 Third party 목록을 보면 우리가 만든 doc 패키지도 찾을 수 있습니다. 클릭해보겠습니다.
doc 패키지에 대한 설명과 함수, 메서드에 대한 설명을 볼 수 있습니다.

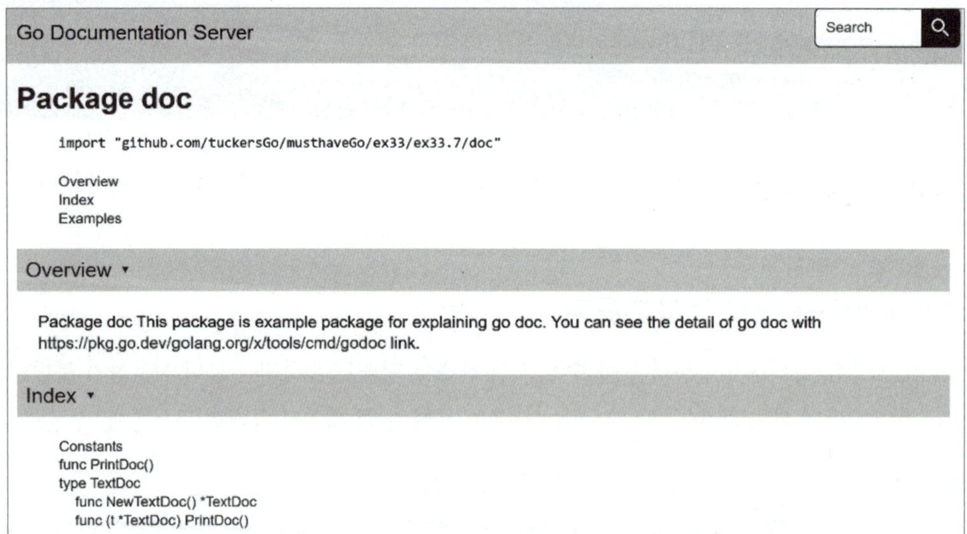

자세히 보면 각 함수와 메서드에 설명이 달려 있습니다. 이렇게 함수와 메서드에 대한 설명을 볼 수 있는 이유는 우리가 함수 시작 전에 함수 이름으로 시작하는 주석을 달아놨기 때문입니다.

```go
// PrintDoc 문서 출력 함수 설명입니다.
func PrintDoc() {
}
```

'// PrintDoc'과 같이 함수명으로 시작하는 주석을 자동으로 인식해서 함수 설명 형태로 만들어줍니다.

05 아래 example_test.go 파일을 추가해보겠습니다.

appA/exA5/doc/example_test.go

```go
package doc_test

import "fmt"

// PrintDoc() 함수에 대한 예제입니다.
func ExamplePrintDoc() {
    fmt.Println("This is package level example")
}

// TextDoc의 PrintDoc() 메서드에 대한 예제입니다.
func ExampleTextDoc_PrintDoc() {
    fmt.Println("This is PrintDoc() example")
}

// TextDoc에 대한 예제입니다.
func ExampleTextDoc_lines() {
    fmt.Println("This is lines() example")
}
```

테스트 파일에 ExampleXxxxx() 형태로 예제 함수를 작성합니다. 메서드에 대한 예제는 타입명_메서드명 형태로 작성할 수 있습니다. 그래서 TextDoc 타입의 PrintDoc() 메서드에 대한 예제는 func ExampleTextDoc_PrintDoc() 형태로 만듭니다.

06 godoc -http=:6060을 다시 실행해서 doc 패키지를 찾아가 봅니다. 아래와 같이 예제까지 추가된 것을 알 수 있습니다.

```
type TextDoc ¶

TextDoc 문서 작성시 구조체 예제입니다.

    type TextDoc struct {
        //Msg 내부 메세지입니다.
        Msg string
        // contains filtered or unexported fields
    }

▼ Example (Lines)

TextDoc에 대한 예제입니다.

Code:

    fmt.Println("This is lines() example")
```

이렇게 godoc을 이용하면 여러분 패키지의 문서 파일을 손쉽게 만들 수 있습니다.

A.7 Embed

Go 1.16 버전에서 새로 추가된 기능으로 특정 파일들을 실행 파일 바이너리 안에 포함시켜서 파일 읽기 성능을 향상시키는 기능입니다. 주로 웹 서버에서 파일을 읽을 때 성능을 향상시키는 용도로 사용합니다.

실행 파일 안에 파일을 추가해서 웹 서버를 실행합시다.

```go
                                                        appA/exA6/exA6.go
package main

import (
    "embed"
    "net/http"
)

// static 폴더 아래 있는 모든 파일을 실행 파일 내에 포함시킵니다.
```

```go
// go:embed static/*
var files embed.FS            // ❶ 파일 추가

func main() {
    http.Dir
    http.Handle("/", http.FileServer(http.FS(files))) // ❷ 파일 서버 실행
    http.ListenAndServe(":3000", nil)
}
```

Go 모듈을 만든 뒤 go build를 해서 실행 파일을 만들어서 실행합니다. 웹 브라우저를 열어서 http://localhost:3000/static/test.html 경로에 접근합니다. 다음과 같은 화면이 표시됩니다.

❶ //go:embed한 뒤 추가하고 싶은 파일 목록을 적어주면 빌드할 때 해당 파일들을 실행 파일 내에 포함시키게 됩니다. 해당 파일들은 files 변수를 통해 접근할 수 있습니다.

이것은 **Gopher** 이미지입니다.

❷ 앞서 포함시킨 파일들을 나타내는 files 변수를 인수로 받아 파일 서버를 실행합니다.

이와 같이 파일들을 실행 파일 내에 포함시키면 프로그램이 실행될 때 포함된 파일 데이터 역시 모두 메모리에 로드됩니다. 따라서 파일 내용을 매우 빠르게 읽어올 수 있습니다. 반면에 실행 파일이 포함된 파일 크기만큼 커져 그만큼 많은 메모리를 차지하게 됩니다. 그리고 파일 내용이 변경될 때마다 다시 빌드를 해줘야 한다는 문제점도 있습니다.

- **장점**
  - 포함된 파일을 빠르게 읽을 수 있습니다.
- **단점**
  - 실행 파일 크기가 늘어나고 메모리 사용량도 늘어납니다.
  - 포함된 파일이 변경될 때마다 다시 빌드해줘야 합니다.

B

생각하는 프로그래밍

B.1 Go는 객체지향 언어인가?

어떤 사람은 Go 언어는 객체지향 언어가 아니라고 말합니다. 그 이유는 객체지향 언어들의 특징인 상속을 지원하지 않기 때문입니다. 결론부터 말씀드리면 Go 언어는 객체지향 언어입니다. 객체지향 언어는 상속 지원 여부보다, 말 그대로 객체 간의 상호작용을 중심으로 한 프로그래밍에 있습니다. Go 언어는 상속을 지원하는 다른 언어보다 발전한 형태의 객체지향 언어입니다. 그 이유는 상속이 객체지향 설계를 깰 수 있는 많은 문제점을 가지고 있는데, 이를 지원하지 않아 문제를 미연에 방지했기 때문입니다.

먼저 상속이 무엇인지 간단히 살펴보겠습니다.

B.1.1 상속

상속^{inheritance}이란 기존 객체를 확장하여 새로운 객체를 정의하는 기능을 말합니다. 프로그래밍을 할 때 공통으로 포함되는 기능을 여러 객체가 공유해야 하는 경우가 발생합니다. 예를 들어 게임을 프로그래밍을 할 때 게임에 등장하는 플레이어 캐릭터, 상점 주인, 몬스터 등이 모두 위치 이동이라는 공통 기능을 가지고 있다고 가정해보겠습니다. 각 객체별로 위치 이동이라는 기능을 따로 만들지 않고 객체 하나에 만들어 두고 플레이어 캐릭터, 상점 주인, 몬스터가 모두 이 객체를 사용하면 편할 겁니다. 이렇게 어떤 공통 기능을 객체 하나로 묶고 나머지 객체를 확장하는 방식이 바로 상속입니다.

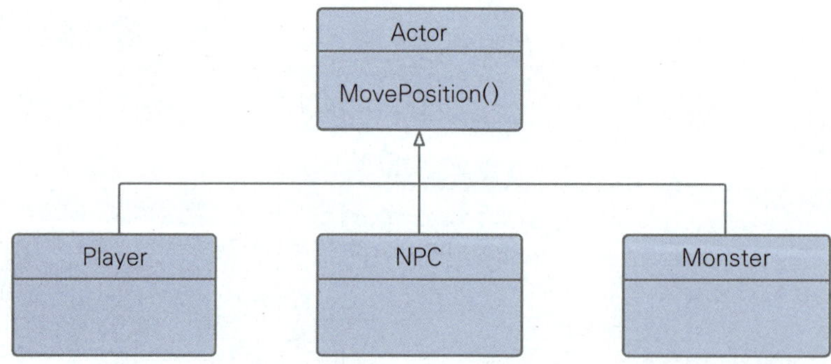

위 그림과 같이 Actor 객체가 MovePosition()이라는 메서드를 가지고 있고, Player, NPC, Monster가 모두 Actor를 상속하고 있으면 Player, NPC, Monster가 각각 MovePosition() 기능을 따로 구현하지 않더라도 MovePosition() 기능을 이용할 수 있게 됩니다.

이때 Player, NPC, Monster가 Actor 객체를 상속했다고 말하고 Actor 객체를 부모 객체, Player, NPC, Monster 객체를 Actor에 대한 자식 객체라고 말합니다.

B.1.2 메서드 오버라이딩

메서드 오버라이딩^{method overriding}이란 자식 객체에서 부모 객체의 메서드 기능을 변경하여 다시 정의하는 행위를 말합니다. Actor의 MovePosition() 기능을 상속해서 사용하지만 때론 자식 객체별로 다른 기능을 하고 싶을 때가 있습니다. 예를 들면 떠벌이 NPC는 이동하면서 주절주절 혼잣말을 하고, 몬스터는 독액을 길에 쏟아서 플레이어를 공격하고 싶을 수 있습니다. 그래서 부모 객체의 메서드를 그대로 사용하는 게 아닌 덮어써서 새로운 기능으로 정의할 수 있도록 한 것이 메서드 오버라이딩입니다.

메서드 오버라이딩를 활용하면 Actor의 MovePosition() 기능도 이용하지만 그 메서드를 확장해서 자식 객체만의 메서드를 만들 수 있습니다. 예제를 유사 코드로 살펴보겠습니다. 유사 코드로 살펴보는 이유는 Go 언어는 상속과 메서드 오버라이딩를 지원하지 않기 때문입니다.

```
class Actor {
    x, y int

    MovePosition() {
        x += 100
        y += 100
    }
}

class NPC extends Actor {

    @override
    MovePosition() {
        Actor.MovePosition()
        Tell("주절주절")
    }
}
```

Actor 객체가 있고 x,y 좌표값을 변경하는 MovePosition() 메서드를 가지고 있습니다. NPC

객체가 Actor 객체를 상속하고 있고 MovePosition() 메서드를 오버라이딩합니다. NPC 객체의 MovePosition() 메서드는 Actor의 MovePosition() 메서드를 먼저 실행하고 그런 뒤 "주절주절" 메시지를 출력합니다.

상속을 간단히 살펴보았습니다. 얼핏 봐서는 굉장히 좋은 기능 같아 보입니다. 실제로도 잘 사용하면 여러 문제를 손쉽게 해결할 수 있는 강력한 기능입니다. 그런데 이 편리한 상속이 어떤 문제점을 있길래 Go 언어에서 지원하지 않는 것인지 살펴보겠습니다.

B.1.3 다이아몬드 상속 문제

다중 상속을 통한 다이아몬드 상속은 상속의 고질적인 문제로써 이 문제를 없애고자 많은 언어가 다중 상속 자체를 금지합니다. 다이아몬드 상속이 왜 문제인지 살펴보겠습니다.

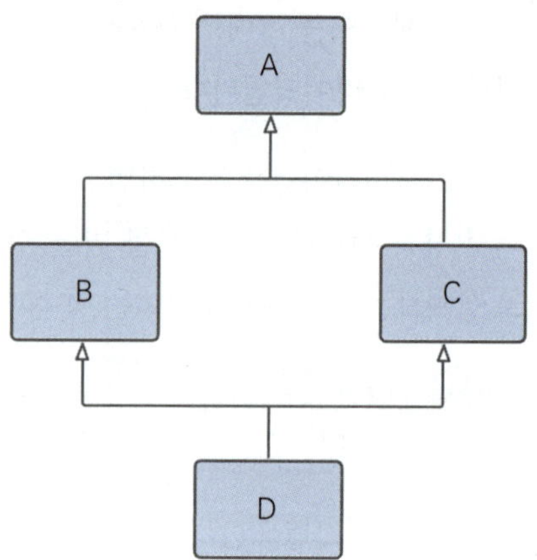

A를 B와 C가 상속합니다. D 클래스가 B와 C를 다중 상속합니다. 만약 A의 동일한 메서드를 B와 C가 따로 오버라이딩하면 과연 D는 B의 메서드와 C의 메서드 오버라이딩 중 어느것을 실행할까요?

또 일부 언어에서는 다중 상속 시 내부 메모리 블록이 이중으로 포함되는 문제가 발생합니다. 이런 이유로 많은 언어에서 다중 상속을 금지합니다. 다중 상속이 허용된 언어라 하더라도 내부 규약으로 다중 상속을 못하게 하는 경우가 많습니다.

B.1.4 상속은 리스코프 치환 원칙을 위배하기 쉽다

상속은 리스코프 치환 원칙을 위배하기 쉽습니다. 오버라이딩으로 부모 클래스의 메서드와 자식 클래스의 오버라이딩한 메서드가 서로 다른 동작을 하도록 만들 수 있습니다.

리스코프 치환 원칙의 정의를 살펴 보겠습니다.

"$q(x)$를 타입 T의 객체 x에 대해 증명할 수 있는 속성이라 하자.
그렇다면 S가 T 하위 타입이라면 $q(y)$는 타입 S의 객체 y에 대해 증명할 수 있어야 한다."

자식 타입 S는 부모 타입 T의 메서드를 오버라이딩해서 다른 동작을 하도록 만들 수 있습니다. 그렇기 때문에 S 타입 인수를 받는 함수 q()에 대해서 S 타입 객체 인스턴스를 사용할 때와 T 타입 객체 인스턴스를 사용할 때 동작이 달라져 리스코프 치환 원칙을 위배할 수 있습니다.

예를 들어보겠습니다. Go 언어는 클래스와 상속을 지원하지 않기 때문에 동작하지 않는 유사 코드 형태로 만들겠습니다.

```
class Rectangle {
    width    int
    height   int

    setWidth(w int) { width = w }
    setHeight(h int) { height = h }
}

class Square extends Rectangle {
    @override
    setWidth(w int) { width = w; height = w; }
    @override
    setHeight(h int) { height = h; width = h; }
}
```

사각형을 나타내는 부모 타입 Rectangle이 있고 정사각형을 나타내는 자식 타입 Square가 부모 타입 Rectangle을 상속합니다. Rectangle에는 setWidth()와 setHeight() 메서드가 있는데 각각 가로 길이와 세로 길이를 설정하는 메서드입니다. 자식 타입 Square가 이들 메서드를 오버라이딩합니다. 정사각형은 가로 길이와 세로 길이가 같기 때문에 하나의 변의 길이가 바뀌면 가로, 세로 모두 바꿔주도록 부모 메서드의 동작을 변경합니다.

이때 아래와 같은 함수가 있다고 보겠습니다.

```
// 화면 가로 크기에 맞게 이미지의 가로 크기를 늘립니다.
func FillScreenWidth(screenSize Rectangle, imageSize *Rectangle) {
    if imageSize.width < screenSize.width {
        imageSize.setWidth(screenSize.width)
    }
}
```

FillScreenWidth() 함수는 화면의 가로를 모두 채우도록 이미지 가로 길이를 늘리는 함수입니다. FillScreenWidth() 함수 입장에서 보면 인수로 들어온 imageSize *Rectangle 객체의 setWidth()를 호출하면 가로 길이만 증가되지 세로 길이에는 변함이 없을 것으로 가정할 겁니다. 하지만 imageSize 객체가 자식 타입인 Square라면 가로 길이가 변할 때 세로 길이까지 같이 변화됩니다. 그런데 FillScreenWidth() 함수 내에서는 그런 사실을 알 수가 없어서 함수 동작이 예기치 않게 변화되어 버그가 발생할 수 있습니다. 이것이 리스코프 치환 원칙을 위배했을 때 생길 수 있는 문제이고 이러한 버그는 매우 찾기 어렵습니다.

상속과 오버라이딩 문제점을 보여주고자 과장한 예입니다만, 실무에서도 얼마든지 위와 같은 문제가 발생할 수 있습니다. 더 큰 문제는 실무 코드는 상속 관계가 더 복잡하게 얽혀 있어서 코드만 봐서는 도저히 어디서 문제가 발생했는지 찾기 어렵다는 데 있습니다.

B.1.5 상속은 강력한 의존 관계를 형성한다

상속을 하게 되면 부모 타입과 자식 타입 간 의존 관계가 형성됩니다. 객체 간 관계는 Is-a 관계와 Has-a 관계[1]로 나타낼 수 있습니다. Is-a 관계는 두 객체가 상속 관계를 맺고 있을 때이고 Has-a 관계는 두 객체가 포함 관계를 맺고 있을 때입니다. 클래스 다이어그램에서 상속 관계는 가운데가 비어 있는 화살표로 나타내고 포함 관계는 속이 찬 마름모로 나타냅니다.

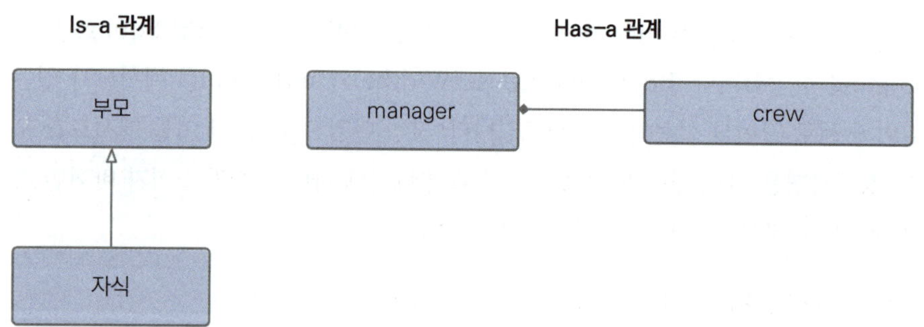

예제를 살펴보겠습니다. 다음 코드 역시 유사 코드입니다.

---

1 한 객체가 다른 객체를 포함하지 않고 사용만 하는 Use-a 관계도 있지만 이 절의 내용과 무관하기 때문에 다루지 않았습니다.

```go
// Parent와 Child는 상속 관계
class Parent {
    ...
}


class Child extends Parent {              // ❶ 상속
    ...
}


// Manager와 Crew는 포함 관계
type Manager struct {                     // ❷ 포함
    crews []*Crew
}

type Crew struct {
    ...
}
```

❶ Child 객체가 Parent 클래스를 상속하고 있기 때문에 상속 관계를 가지고 있습니다. 상속 관계를 Is-a라고 부르는 이유는 Child 객체가 Parent 타입 인스턴스로도 사용될 수 있기 때문입니다. 즉 아래 코드처럼 *Parent 타입을 받는 DoWork() 함수 인수로 *Child 타입 인스턴스를 사용할 수 있기 때문에 "Child **is a** Parent"라고 표현할 수 있습니다.

```go
func DoWork(a *Parent) {
    ...
}


var child *Child
DoWork(child)
```

❷ Manager 타입은 내부 필드로 Crew 인스턴스 리스트를 가지고 있습니다. 그래서 Manager가 Crew를 소유하고 있어서 포함 관계를 맺고 있습니다. 이것은 "Manager **has a** Crew"라고 표현할 수 있어서 Has-a 관계라고 말합니다.

B.1.6 상속 관계는 포함 관계보다 더 의존적이다

일반적으로 상속 관계를 지양하고 포함 관계를 지향해야 한다고 말합니다. 그 이유는 상속 관계가 의존성 문제를 더 많이 일으키기 때문입니다. 게임 프로그래밍의 예를 살펴 보겠습니다.

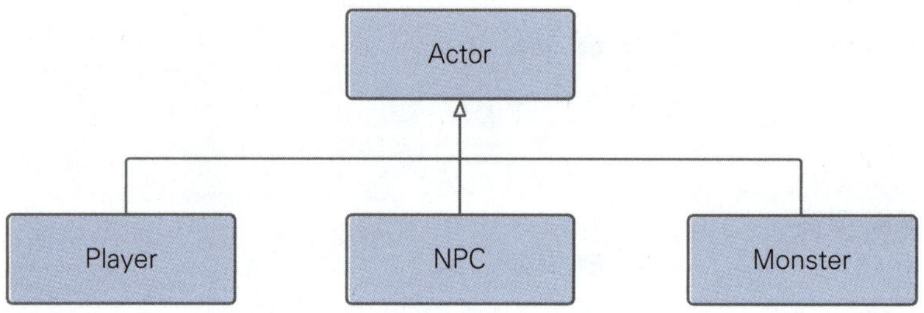

플레이어를 나타내는 Player 객체, 상인과 같은 NPC를 나타내는 NPC 객체, 적을 나타내는 Monster 객체가 있다고 보겠습니다. 이들 객체는 부모 객체인 Actor를 상속합니다. 이때 Player와 NPC만 대화를 할 수 있다고 보겠습니다. 그러면 대화 기능을 부모 객체인 Actor에 구현할 수 없습니다. Actor에 구현하면 자식인 Monster 역시 대화 기능을 가지게 되기 때문입니다. 그래서 대화 기능을 Player와 NPC에 각각 구현해야 합니다. 그러면 중복 코드 문제가 발생합니다. 그 결과로 상속 구조를 다음 그림처럼 바꿨다고 보겠습니다.

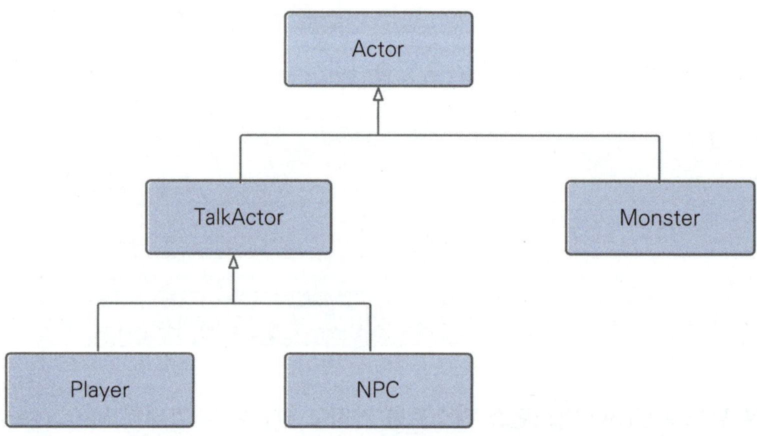

대화 기능을 TalkActor에 구현해서 Actor를 상속하고 대화 가능한 Player와 NPC가 TalkActor를 상속하는 것으로 Player와 NPC만 대화가 가능하고 Monster는 대화를 할 수 없도록 구현했습니다.

만약 이 상태에서 Player와 Monster만 전투 가능하고 NPC는 불가능하도록 구현하고 싶을 때는 어떻게 해야 할까요? BattleActor를 만들어서 Player와 Monster만 상속할까요?

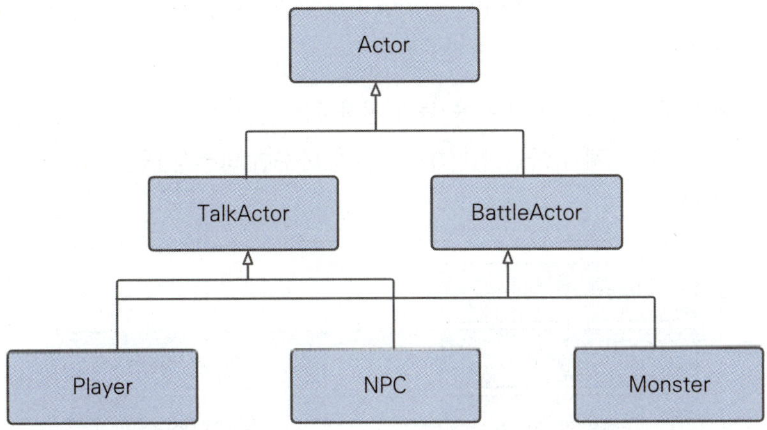

Player가 TalkActor와 BattleActor를 다중 상속합니다. 이것은 그대로 다이아몬드 상속 문제를 일으킵니다. 따라서 이 문제를 쉽게 풀수 있는 방법이 없습니다. 상속이 의존 관계를 만들기 때문입니다. TalkActor를 Player와 NPC가 상속하는 순간, Player와 NPC가 공통의 의존 관계로 묶이게 되어서 TalkActor, Player, NPC 이들 세 객체를 분리하기가 힘들어집니다.

이 문제를 포함 관계로 했을 때는 어떻게 될 것인지 살펴보겠습니다.

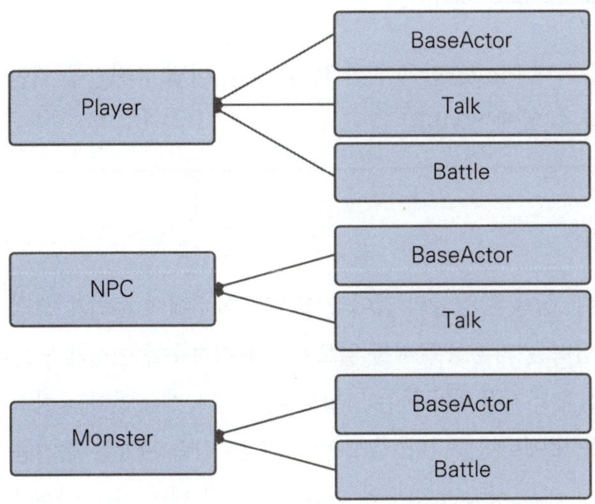

그저 Player가 Talk와 Battle을 담당하는 객체를 포함하고 있고 NPC는 Talk만 Monster는 Battle만 포함하고 있으면 문제는 매우 간단하게 해결됩니다. 한눈에 보기에도 상속 구조보다 깔끔합니다. Player의 Battle 기능과 Monster의 Battle 기능이 달라져도 문제 없습니다. 서로 포함된 객체만 바꿔주면 되기 때문입니다.

포함 관계의 더 큰 장점은 추상 객체로 의존성 역전을 하기 편하다는 점입니다. 위 BaseActor, Battle, Talk 같은 객체를 구체화된 객체가 아닌 인터페이스로만 바꾸면 의존성 역전을 해서 서로 관계를 쉽게 끊어낼 수 있습니다.

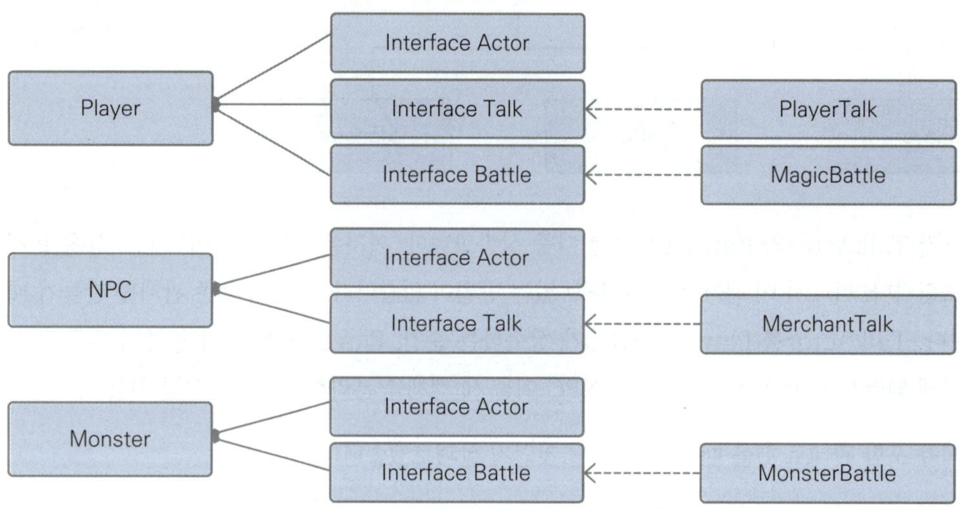

위 그림처럼 추상 계층으로 의존성 역전을 하면 Player만을 위한 Talk 기능, 마법 유저만을 위한 전투 기능 등 다양한 객체로 손쉽게 교체할 수 있게 됩니다.

B.1.7 정리 : 상속은 양날의 검이다

물론, 상속이 무조건 나쁘다는 건 아닙니다. 상속은 양날의 검이라서 저도 실무에서 손쉽게 코딩할 때 많이 사용합니다. 하지만 무분별한 상속은 의존성 문제를 일으켜서 유지보수를 어렵게 만드는 역효과가 있습니다. 그래서 상속은 조심해서 사용해야 하는 양날의 검입니다. Go 언어는 상속 자체를 지원하지 않아서 이런 고민 자체를 없애버렸습니다. Go 언어에서는 상속 관계는 불가능하고 오직 포함 관계만 가능합니다. 그래서 때론 상속만 있으면 편하게 코딩할 텐데 하는 아쉬움이 생길 때마다 상속으로 발생하는 문제점을 미연에 방지하고 포함 관계가 더 유연한 코드를 만든

다는 점을 생각하면서 아쉬움을 달래고 있습니다.

Go 언어에서 상속을 지원하지 않는 건 매우 대담한 결정이고 저는 그 용기에 박수를 보내고 싶고, Go 언어가 업데이트되더라도 상속을 지원하지 않는 결정을 계속 유지했으면 하는 바람입니다.

B.2 구조체에 생성자를 둘 수 있나?

Go 언어에서는 구조체의 생성자 메서드를 지원하지 않습니다. 그래서 구조체 생성 시 초기화 로직을 명시할 수가 없습니다. 일반적으로 패키지를 만들 때 외부에 공개되는 구조체 인스턴스를 생성하는 생성 함수를 만들기도 하지만 꼭 그 생성 함수를 이용해야지만 구조체를 만들 수 있는 건 아닙니다. 예를 들어 bufio 패키지의 Scanner는 Scanner 객체를 생성하는 NewScanner()라는 생성 함수를 제공하지만 그냥 Scanner{}를 해도 객체를 만들 수 있습니다.

```
type Scanner
    func NewScanner(r io.Reader) *Scanner
```

```
var scanner1 = bufio.NewScanner(os.Stdin)   // ❶ 표준 입력을 이용한 스캐너 생성
var scanner2 = &bufio.Scanner{}             // ❷ 동작하지 않는 스캐너 생성
```

❶ bufio.NewScanner() 함수를 이용해서 표준 입력을 이용한 스캐너 객체를 생성합니다. 이렇게 생성하면 내부 구조체 필드가 알맞는 값으로 초기화되어서 스캐너를 이용할 수 있습니다.

❷ bufio.NewScanner() 함수를 이용하지 않고 그냥 구조체를 생성합니다. 이렇게 생성하면 필드가 각 타입의 기본값으로 초기화되어서 제대로 동작하지 않는 스캐너가 생성됩니다.

이렇게 패키지 외부로 공개되는 구조체의 경우 별도의 생성 함수를 제공하더라도 패키지 이용자에게 꼭 생성 함수를 이용하도록 문법적으로 강제할 방법은 없습니다. 그게 해당 객체를 올바르게 생성하는 방법이 아니라도 말이죠.

해결책으로 구조체를 외부로 공개하지 않고 인터페이스만 공개하는 방법이 있습니다. 그러면 생성 함수를 이용하지 않고는 객체 인스턴스를 생성하지 못하도록 강제할 수 있습니다.

내부 구조체를 감추고 인터페이스를 공개함으로써 생성 함수를 강제하는 패키지 예제를 살펴봅시다.

```go
package bankaccount

type Account interface {              // ❶ 공개되는 인터페이스
    Withdraw(money int) int
    Deposit(money int)
    Balance() int
}

func NewAccount() Account {           // ❷ 계좌 생성 함수 - 인터페이스 반환
    return &innerAccount{ balance: 1000 }
}

type innerAccount struct {            // ❸ 공개되지 않는 구조체
    balance int
}

func (a *innerAccount) Withdraw(money int) int {
    a.balance -= money
    return a.balance
}

func (a *innerAccount) Deposit(money int) {
    a.balance += money
}

func (a *innerAccount) Balance() int {
    return a.blanace
}
```
appB/exB1/bankaccount/account.go

❶ 외부로 공개되는 Account 인터페이스를 정의합니다. ❷ 역시 외부로 공개되는 NewAccount() 함수를 통해 Account 인터페이스 인스턴스를 반환합니다. 중요한 점은 구체화된 구조체가 아닌 인터페이스로 반환한다는 점입니다. 그래서 실제 인스턴스 타입은 innerAccount로 생성하지만 외부로 공개되는 구조체가 아니기 때문에 필드에 접근할 수 없고 인터페이스 메서드로만 사용할 수 있습니다.

❸ 실제 계좌 정보를 나타내는 구조체는 외부로 공개하지 않습니다. 이를 통해서 패키지 이용자로 하여금 계좌 인스턴스를 만 때 NewAccount() 함수 이용을 강제할 수 있습니다.

실제 이 패키지를 사용하는 예제를 보겠습니다.


```go
package main

import (
    "fmt"

    "github.com/tuckersGo/musthaveGo2/exB1/bankaccount"
)

func main() {
    account := bankaccount.NewAccount()    // ❶ 계좌 생성
    account.Deposit(1000)
    fmt.Println(account.Balance())
}
```
```
2000
```

❶ bankaccount 내부의 innerAccount 구조체는 외부로 공개되는 구조체가 아니기 때문에 계좌 인스턴스를 생성하려면 NewAccount() 함수를 이용할 수밖에 없습니다.

이와 같은 방법으로 패키지 외부에서 특정 함수를 사용해서 구조체를 생성하도록 강제할 수는 있지만 일반적으로 많이 사용되는 방법은 아닙니다. 구조체를 생성할 때 특정 로직을 강제해야 할 때만 사용하기 바랍니다.

Go 기본 패키지 안에 들어있는 예를 살펴보겠습니다. 아래는 net 패키지의 일부입니다.

```go
type Conn interface
func Dial(network, address string) (Conn, error)
```

net 패키지는 네트워크를 다루는 기본 패키지로 연결Connection을 나타내는 Conn 인터페이스와 연결을 맺는 함수인 Dial()을 제공합니다. net 패키지 이용자는 Dial() 함수를 통해서 네트워크를 연결하고 연결을 나타내는 Conn 인스턴스를 이용해서 데이터를 주고받을 수 있습니다.

Dial() 함수는 실제 내부 연결 구조체를 몰라도 되도록 인터페이스를 공개하고 공개된 인터페이스 객체를 반환하도록 되어 있습니다.

B.3 포인터를 사용해도 복사가 일어나나?

Go 언어에서 변수 간 값의 전달은 타입에 상관없이 항상 복사로 일어납니다. 따라서 대입 연산자 =는 우변의 값을 좌변 변수(메모리 공간)에 복사합니다.


```
a = b
```

예를 들어보겠습니다.

```go
type Student struct {
    name string
    age int
}


var s Student
var p *Student

p = &s              // ❶ s의 메모리 주소를 대입
p.name = "bbb"
```

❶ Student 객체 s의 주소를 Student 포인터 p에 대입합니다. 그럼 p는 s를 가리키게 되고, p의 name을 변경하면 s의 name도 변경됩니다. 이때 p가 s 객체를 가리키니까 ❶ 대입 연산자는 다르게 동작하지 않나 생각할 수 있지만 이때 대입 연산자도 똑같이 우변의 값을 좌변의 메모리 공간에 복사합니다. 이때 값은 &s 즉 s의 메모리 주소이고 이것 또한 숫잣값으로 표현됩니다. 그래서 s의 메모리 주소를 나타내는 숫잣값을 p의 메모리 공간에 복사하게 됩니다. 이렇게 우변의 값이 좌변의 변수가 가리키는 메모리 공간에 복사되는 것은 변수 타입과 상관없이 동일하게 일어납니다.

그럼 얼마큼 복사할 것이냐 하는 문제가 발생합니다. 바로 타입 크기만큼 복사합니다. p의 타입인 *Student는 Student 객체의 메모리 주소를 갖는 타입으로 메모리 주소 크기는 64비트 컴퓨터에서는 64비트(8바이트)가 됩니다. 그래서 8바이트만큼 복사됩니다.

"대입 연산자는 항상 우변의 값을 좌변의 메모리 공간에 복사하고 그 크기는 타입의 크기와 같습니다."

B.3.1 배열과 슬라이스의 복사

배열과 슬라이스의 복사를 살펴봅시다.

appB/exB2/exB2.go

```go
package main

import "fmt"

func main() {
    var array [5]int = [5]int{1, 2, 3, 4, 5}
    var b [5]int
    b = array                // ❶

    var c []int
    // c = array는 안 됩니다.
    c = array[:]             // ❷

    b[0] = 1000
    c[3] = 500

    fmt.Println("array:", array)
    fmt.Println("b:", b)
    fmt.Println("c:", c)
}
```

```
array: [1 2 3 500 5]
b: [1000 2 3 4 5]
c: [1 2 3 500 5]
```

array의 타입은 [5]int입니다. 이것은 int 요소가 5개인 배열입니다. ❶ 같은 타입인 b에 대입 연산자를 이용해서 값을 복사합니다. 그럼 복사되는 크기는 얼마큼일까요? 앞서 살펴보았듯이 타입 크기만큼 복사됩니다. [5]int 타입의 크기는 int 타입 크기 5를 곱한 만큼 즉 int 타입이 64비트 컴퓨터에서 8바이트이기 때문에 총 40바이트가 복사됩니다.

그래서 b는 array 배열의 복사본을 가지게 됩니다.

❷ c는 []int 타입입니다. 이것은 배열이 아니고 슬라이스 타입입니다. 그래서 c = array로 바로 대입할 수 없습니다. 양변의 타입이 서로 같지 않기 때문입니다. 그래서 c = array[:] 이렇게

array 전체를 슬라이싱한 값으로 대입해야 합니다. 그럼 ❷ 이때 얼마큼 복사되는지 살펴보겠습니다.

슬라이스는 다음과 같이 총 3개 필드를 갖는 구조체로 표현됩니다(16장 '슬라이스' 참조).

```go
type SliceHeader struct {
    Data uintptr            // 실제 배열을 가리키는 포인터
    Len  int                // 요소 개수
    Cap  int                // 실제 배열의 길이
}
```

구조체에 대입 연산자를 사용하면 구조체의 모든 필드가 복사됩니다. 즉 Data, Len, Cap 필드가 복사됩니다. 메모리 주소를 나타내는 Data는 64비트 컴퓨터에서 64비트(8바이트)이고 int 타입 역시 8바이트이므로 총 24바이트가 복사됩니다. 즉 슬라이스는 가리키는 배열 크기가 얼마인지 상관없이 대입 연산 시 항상 24바이트가 복사됩니다.

B.3.2 함수 호출 시 인수값 전달

Go 언어는 함수 호출 시 인수값도 항상 복사로 전달됩니다.

함수 호출 시 인수값 전달을 살펴봅시다.

appB/exB3/exB3.go

```go
package main

import "fmt"

func CallbyCopy(n int, b [5]int, s []int) {
    n = 3000
    b[0] = 1000
    s[3] = 500
}

func main() {
    var array [5]int = [5]int{1, 2, 3, 4, 5}
    var c []int
    c = array[:]
    CallbyCopy(100, array, c)           // ❶
```

```go
    fmt.Println("array:", array)
    fmt.Println("c:", c)
}
```

```
array: [1 2 3 500 5]
c: [1 2 3 500 5]
```

❶ CallbyCopy() 함수 호출 시 인수가 총 3개 전달됩니다. Go 언어에서 인수 전달은 항상 복사로 일어납니다. 그래서 함수 내부 변수 n에 100의 값이 복사되고 [5]int 타입인 변수 b에는 array값 즉 [5]int 타입 크기만큼인 40바이트가 복사됩니다. s는 슬라이스 타입이므로 내부 필드인 Data, Len, Cap 값이 복사되어 24바이트가 복사됩니다.

CallbyCopy() 함수 내부 변수인 b는 array의 복사본이라서 배열의 각 요소값은 같지만 서로 다른 배열을 나타냅니다. 그래서 b의 첫 번째 요소값을 변경해도 array의 첫 번째 요소값은 변경되지 않습니다. 반면 main() 함수의 c는 array의 전체를 슬라이싱한 값이고 s 또한 같은 배열을 가리키기 때문에 s의 네 번째 요소값을 변경하면 main() 함수의 c도 변경되고 array도 변경됩니다. 모두 같은 메모리 공간을 가리키고 있기 때문입니다. Go 언어에서는 항상 복사로 값이 전달되고 복사되는 양은 타입 크기와 같다는 점을 명심하세요.

이런 점은 슬라이스 외 맵과 채널도 마찬가지입니다. 맵과 채널 또한 내부에 실제 데이터를 가리키는 포인터 필드를 가지고 있어서 다른 변수로 대입되어도 전체 데이터가 복사되는 게 아닌 포인터만 복사됩니다.

B.4 값 타입을 쓸 것인가? 포인터를 쓸 것인가?

구조체 객체 인스턴스를 값 타입으로 사용해야 할까요 아니면 포인터로 사용해야 할까요? 먼저 값 타입으로 사용한다는 것과 포인터로 사용한다는 것이 무엇이 다른지 살펴보겠습니다.

```go
// 온도를 나타내는 값 타입
type Temperature struct {                                  // ❶ 값 타입
    Value int
    Type string
}
```

```go
// 온도 객체 생성
func NewTemperature(v int, t string) Temperature { // ❷ 값 타입 생성
    return Temperature{ Value: v, Type: t }
}

// 온도 증가
func (t Temperature) Add(v int) Temperature {       // ❸ 값 타입 메서드
    return Temperature{ Value: t.Value + v, Type: t.Type }
}

// 학생을 나타내는 포인터
type Student struct {                               // ❹ 포인터
    Age int
    Name string
}

// 새로운 학생 생성
func NewStudent(age int, name string) *Student {  // ❺ 포인터 생성
    return &Student{ Age: age, Name: name }
}

// 나이 증가
func (s *Student) AddAge(a int) {                   // ❻ 포인터 메서드
    s.Age += a
}
```

Temperature와 Student 선언만 보면 별반 차이가 없습니다. 하지만 메서드들까지 자세히 보면 Temperature는 값 타입으로 사용되는 구조체이고 Student는 포인터로 사용되는 구조체입니다.

❶ Temperature는 값 타입으로 사용되는 구조체인데 그 이유는 우선 새로운 Temperature 객체를 생성하는 ❷ NewTemperature() 함수 반환 타입이 Temperature의 포인터가 아닌 값 타입이고 온도를 더해서 새로운 Temperature를 만드는 ❸ Add() 메서드가 Temperature 값 타입에 포함된 메서드이고 반환값도 값 타입이기 때문입니다.

반면 ❹ Student 구조체는 포인터로 사용됩니다. 마찬가지로 새로운 학생을 생성하는

❺ NewStudent() 함수의 반환 타입이 Student의 포인터이고 학생 나이를 증가시키는 AddAge() 메서드가 Student의 포인터에 포함된 메서드입니다.

그럼 값 타입과 메서드 타입으로 사용될 때 어떤 차이가 있는지 살펴보겠습니다.

B.4.1 성능에는 거의 차이가 없다

복사되는 크기가 다르기는 합니다. 앞서 살펴보았듯이 모든 대입은 복사로 일어나고 복사되는 크기는 타입 크기와 같습니다. 모든 포인터의 크기는 메모리 주소 크기인 8바이트로 고정됩니다. 하지만 값 타입은 모든 필드 크기를 합친 크기가 됩니다. 그래서 포인터로 사용되는 *Student는 복사할 때마다 항상 8바이트씩 복사되지만 값 타입으로 사용되는 Temperature는 Value 필드인 int 크기 8바이트와 string의 내부 필드 크기인 16바이트를 합친 총 24바이트가 복사됩니다. 사실 8바이트와 24바이트면 3배나 차이나서 커보이지만 전체 메모리 공간에 비하면 작고 성능에 미치는 영향도 거의 없습니다. 사실 Go 언어에서는 메모리를 많이 차지하는 슬라이스, 문자열, 맵 등이 모두 내부 포인터를 가지는 형태로 제작되어 있어서 값 복사에 따른 메모리 낭비를 걱정하지 않으셔도 됩니다(하지만 내부 필드로 거대한 배열을 가지고 있으면 얘기가 달라집니다).

그래서 값 타입으로 사용될 때와 포인터로 사용될 때 복사되는 크기 면에서 보면 포인터가 더 효율적이지만 거의 차이가 없다[2]고 볼 수 있습니다.

그럼 왜 값 타입과 포인터를 구분하는 게 중요할까?

B.4.2 객체 성격에 맞춰라

객체가 사람도 아니고 무슨 성격이 다르다는 것인지 언뜻 와닿지 않을 겁니다. Temperature와 Student 객체를 잘 살펴보겠습니다. Temperature는 말 그대로 온도값을 나타냅니다. 중요한 점은 객체의 상태가 변할 때 서로 다른 객체인가 아닌가가 중요합니다. 예를 들어 10도를 나타내는 Temperature가 있을 때 여기에 5도를 더해서 15도를 나타내는 Temperature를 생성한다고 보겠습니다. 그럼 10도의 Temperature 객체와 15도의 Temperature를 같은 객체로 볼 것인가 여부가 값 타입으로 사용하는 게 맞는지 포인터로 사용되는 게 맞는지를 결정합니다. 10도

---

2   성능과 메모리에 민감한 프로젝트에는 이렇게 복사로 발생되는 비용까지 계산해야야 합니다.

와 15도는 엄연히 다르기 때문에 서로 다른 객체가 되는 게 맞을 겁니다. 반면 Student는 다릅니다. 16세인 어떤 학생이 한 살 나이를 더 먹었다고 해서 다른 학생으로 변하지는 않습니다. 즉 내부 상태가 바뀌어도 여전히 객체가 유지되기 때문에 Student는 포인터가 더 어울리게 됩니다.

다른 예제를 보겠습니다. 시각을 나타내는 데 사용되는 time.Time 객체를 살펴보겠습니다.

```go
type Time
    func Now() Time                                      // ❶ 현재 시각을 나타내는 Time 반환
    func (t Time) Add(d Duration) Time
    func (t Time) AddDate(years int, months int, days int) Time
    func (t Time) After(u Time) bool
```

위는 Time 객체가 가지고 있는 메서드 목록입니다. ❶ Now() 함수는 현재 시각을 나타내는 Time 객체를 값 타입으로 반환합니다. 또 모든 메서드가 값 타입에 포함되고 있고, 값 타입을 반환합니다. 그래서 Time 객체는 값 타입으로 사용되는 객체입니다. 2021년 1월1일 00시 00분을 나타내는 Time 객체에 한 달을 더해서 2021년 2월1일 00시 00분을 나타내는 Time 객체를 만들었을 때 서로 다른 객체가 됩니다. 그래서 시각을 나타내는 Time은 값 타입으로 만들어져 있습니다.

그에 반해 포인터로 사용되는 같은 time 패키지의 Timer 객체를 살펴보겠습니다.

```go
type Timer
    func AfterFunc(d Duration, f func()) *Timer
    func NewTimer(d Duration) *Timer
    func (t *Timer) Reset(d Duration) bool
    func (t *Timer) Stop() bool
```

Timer 객체는 일정 시간 이후 함수를 호출하거나 채널을 통해서 알림을 주는 객체입니다. Timer 객체를 반환하는 NewTimer()나 AfterFunc() 함수는 *Timer, 즉 포인터 객체입니다. 또 메서드들 또한 *Timer 타입에 포함되어 있습니다.

30초 이후에 알림을 주는 Timer 객체를 생성한 뒤 이 타이머를 멈추거나 남은 시간을 지연시켰다고 해서 이 Timer 객체가 다른 객체로 변하지는 않습니다. 즉 내부 상태가 변해도 다른 객체로 바뀌지 않기 때문에 Timer 객체는 포인터로 만들어져 있습니다.

사실 Go 언어에서는 어떤 타입이 값 타입인지 포인터인지 강제하고 있지 않습니다. 또 그 둘을 섞어서 사용해도 문법적으로 아무 문제가 없습니다. 말하자면 문법적으로만 보면 값 타입이냐 포인터이냐는 Go 언어에서는 아무런 의미가 없습니다. 다만 프로그래머가 타입을 만들고 메서드를 정의할 때 이 타입을 값 타입으로 사용할지 포인터로 사용할 것인지 정할 뿐입니다. 하지만 값 타입과 포인터는 성격이 다릅니다. 따라서 객체를 정의할 때 둘을 섞어 쓰기보다는 값 타입이나 포인터 중 하나만 사용하는 게 좋습니다.

B.5 구체화된 객체와 관계하라고?

'의존 관계 역전 원칙'에서 구체화된 객체와 관계를 맺지 말고 추상화된 객체와 관계를 맺으라고 설명했습니다. 이번 절에는 그 반대로 구체화된 객체와 관계하라는 얘기를 해보겠습니다.

객체지향 설계가 보편화되지 않았던 시절에 모든 관계를 구체화된 객체들과 맺다 보니 산탄총 수술 문제를 비롯한 많은 문제가 발생했습니다. 오랫동안 서비스된 한 게임은 객체 간 결합도가 너무 높아 계속 억지로 끼워 맞추면서 업데이트하다 보니 '나룻배 위에 항공모함을 얹는다'는 말을 듣기도 했습니다.

오늘날에는 객체지향 설계가 보편화되고 좋은 디자인 패턴들도 사용됩니다. 그래서 앞서 거론한 게임과 같은 문제가 많이 해결됐습니다. 오히려 모든 관계를 추상화하다 보니 객체 간 관계가 감춰져서 코드 동작 구조를 파악하기 어려워지는 문제가 생겨났습니다. 또 추상화된 설계를 강조하다 보니 설계에 너무 많은 정성을 쏟게 되어 프로젝트 일정과 비용이 늘어나는 결과를 만들었습니다. 이렇게 필요없는 오버스펙으로 프로젝트 시간과 비용을 증가시키는 것을 벽에 금 페인트를 칠한 것과 같다고 해서 금칠^{gold painting}이라고 말합니다.

스타트업 프로젝트가 늘어나면서 이제는 프로그래밍 품질도 중요하지만 생산성이 더 중요해졌습니다. 빠르게 만들고 빠르게 시장의 검증을 받는 것이 중요해졌습니다. 그래서 "망할거면 빨리 망하자"라는 신조가 생겨났습니다. 빠르게 제작하고 시장에서 어느 정도 성공을 거두면 그때부터 계속 유지보수하면서 지속적으로 개선되는 프로그래밍이 중요한 시대가 됐습니다.

Go 언어는 덕 타이핑을 지원하기 때문에 구체화된 객체로 빠르게 제작하고 유지보수가 필요할 때마다 기존 객체를 수정하지 않고 인터페이스만 추가해서 의존 관계를 역전시킬 수 있습니다. 즉 높은 생산성과 지속적 개선에 너무 잘맞는 프로그래밍 언어입니다. 적어도 Go 프로그래밍에서는 구체화된 객체와 관계 맺기를 두려워하지 말라고 말할 수 있습니다.

아래와 같이 아이템 구매 기능을 담당하는 모듈이 있다고 해보겠습니다.

```go
package marketplace

import "item"

type Marketplace struct {
}

func NewMarketplace() *Marketplace {
    ...
}

func (m *Marketplace) PurchaseItem() *item.Item {
    ...
}
```

이 모듈을 사용할 때 굳이 인터페이스를 만들지 않고 Marketplace 객체를 바로 사용해서 빠르게 제작합니다.

```go
package main

import (
    "item"
    "marketplace"
)

func main() {
    mp := marketplace.NewMarketplace()
    mp.PurchaseItem()

    ...
}
```

추후에 Marketplace 기능이 확장되거나 다른 업체 서비스로 변경되어서 Marketplace를 아래 패키지로 교체해야 한다고 해보겠습니다.

```go
package marketplaceV2

import "item"

type MarketplaceV2 struct {
}

func NewMarketplace() *MarketplaceV2 {
    ...
}

func (m *MarketplaceV2) PurchaseItem() *item.Item {
    ...
}
```

이제 인터페이스를 만들어서 의존 관계를 역전할 때가 됐습니다. Go 언어는 덕 타이핑을 지원하기 때문에 Markerplace나 MarkerplaceV2를 수정할 필요없이 패키지 이용자 쪽에서 인터페이스를 정의해서 사용할 수 있습니다.

```go
package main

import (
    "item"
    "marketplaceV2"
)

type ItemPurchaser interface {                    // 인터페이스 정의
    PurchaseItem() *item.Item
}

func main() {
    var purchaser ItemPurchaser
    purchaser = marketplaceV2.NewMarketplace()    // ❶
    purchaser.PurchaseItem()
    ...
}
```

모듈 제공자가 아니라 모듈을 이용하는 쪽에서 인터페이스를 정의해서 사용할 수 있습니다.
❶ Markerplace와 MarkerplaceV2 모두 ItemPurchaser 인터페이스를 구현하고 있기 때문
에 어느쪽 객체로도 만들어서 사용할 수 있습니다. 만약 MarketplaceV2의 인터페이스가 기존
Marketplace와 다르더라도 어댑터 패턴[3]을 적용해서 맞춰줄 수 있습니다.

위와 같이 Go 언어에서는 구체화된 객체를 바로 사용해서 빠르게 제작한 다음에 나중에 필요할
때 인터페이스를 통한 의존성 역전을 통해 지속적인 개선을 할 수 있습니다.

B.6 Go 언어 가비지 컬렉터

가비지 컬렉터는 불필요한 메모리를 청소해서 재사용할 수 있게 해줍니다. Go 언어는 가비지 컬
렉터를 지원합니다. C/C++ 언어는 가비지 컬렉터를 지원하지 않기 때문에 메모리를 개발자가 직
접 관리해야 합니다. 이로 인해 메모리를 할당하고 지우지 않아서 메모리가 부족해지는 문제, 이
미 지운 메모리를 다시 지우는 문제, 이미 지운 메모리를 다른 객체가 가리키고 있어서 엉뚱한 데
이터를 가져오는 문제 등이 발생합니다.

C/C++ 이후에 가비지 컬렉터를 지원하는 많은 언어가 등장해서 프로그래머를 메모리 관리로부
터 해방시켜주었습니다. 하지만 가비지 컬렉터에 장점만 있는 것은 아닙니다. 가장 큰 문제는 필
요 없어진 인스턴스를 찾고 메모리를 정리하는 데 CPU를 사용해 성능 저하, 프로그램 멈춤, 사용
메모리 상승 등의 문제가 발생한다는 겁니다.

가비지 컬렉터 알고리즘을 간단히 살펴보고 Go 언어에서 제공하는 가비지 컬렉터에 대해서 알아
보겠습니다.

B.6.1 가비지 컬렉터 알고리즘

가비지 컬렉터에서 사용하는 알고리즘을 살펴보겠습니다.

---

3   adapter pattern. 서로 다른 인터페이스를 맞춰주는 프로그래밍 패턴입니다.

표시하고 지우기

표시하고 지우기^{mark and sweep}은 단순한 알고리즘입니다. 모든 메모리 블록을 검사해서 사용하고 있으면 1, 아니면 0으로 표시한 뒤, 0으로 표시된 모든 메모리 블록을 삭제하는 방식입니다. 구현하기 편하다는 장점이 있지만, 모든 메모리 블록을 전수 검사해야 하기 때문에 CPU 성능이 많이 필요하고, 검사하는 도중 메모리 상태가 변하면 안 되기 때문에 프로그램을 멈추고 검사해야 한다는 단점이 있습니다.

삼색 표시

삼색 표시^{tri-color mark and sweep}는 메모리 블록에 색깔을 칠하는 방식입니다(실제로 색을 칠하는 게 아니라 0, 1, 2로 표시합니다). 표시하고 지우기 방식에서 한 발 더 발전한 방식으로 볼 수 있습니다. 회색은 아직 검사하지 않는 메모리를 나타내고 흰색은 아무도 사용하지 않는 블록, 검은색은 이미 검사가 끝낸 블록을 나타냅니다.

방법은 단순합니다. 아무거나 회색 블록을 찾아서 검은색으로 바꾸고, 그 메모리 블록에서 참조 중인 다른 모든 블록을 회색으로 바꿉니다. 이걸 모든 회색 블록이 없어질 때까지 반복합니다.

그러고 난 뒤 흰색 블록을 삭제하면 됩니다.

예를 들어보겠습니다.

```go
type Student struct {
    name string
    age int
    group *Group
}

var student Student
```

위와 같이 Student 인스턴스를 담은 변수 student가 있다고 해보겠습니다. student 객체 안에 Group 메모리를 가리키는 포인터를 포함하고 있습니다.

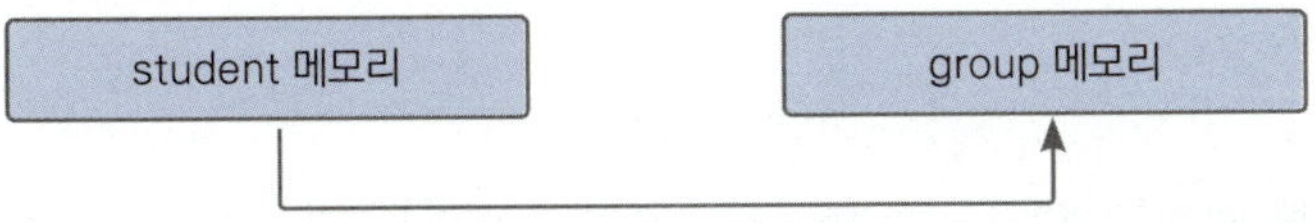

student 인스턴스가 있는 메모리 블록을 검은색으로 바꿀 때 student 객체의 필드인 group이 가리키고 있는 group 메모리 블록을 회색으로 바꿔서 group 메모리를 다음에 검사할 수 있도록 합니다.

이 방식은 프로그램 실행 중에도 검사할 수 있어서 프로그램 멈춤 현상을 줄일 수 있습니다. 단점으로는 모든 메모리 블록을 검사하기 때문에 속도가 느리다는 점과 메모리 상태가 계속 변화하기 때문에 언제 메모리를 삭제할지 정하기 힘들다는 점입니다. 또, 속도가 느리기 때문에 만약 메모리를 삭제하는 속도보다 할당되는 속도가 더 빠르면 메모리가 지속적으로 증가되어서 프로그램을 완전 멈추고 전체 검사를 해야 하는 경우가 생기기도 합니다.

객체 위치 이동

객체 위치 이동moving object은 삭제할 메모리를 표시한 뒤 한쪽으로 몰아서 한꺼번에 삭제하는 방식입니다.

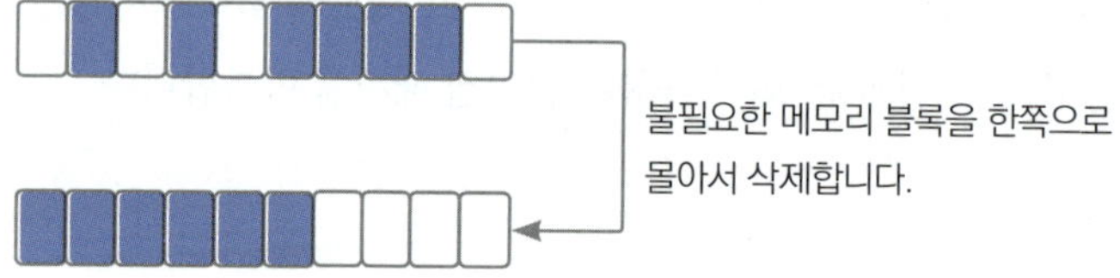

위와 같이 삭제할 메모리를 흰색으로 표시한 뒤 한쪽으로 메모리 블록을 이동한 뒤에 한꺼번에 삭제합니다. 메모리를 몰아서 지우기 때문에 메모리 단편화[4]가 생기지 않는 장점이 있습니다.

반면 메모리 위치 이동이 쉽지 않다는 단점이 있습니다. 객체들은 서로 연관 관계를 가지고 있기 때문에 메모리 블록을 이동시키려면 모든 연관된 블록에 대한 조작을 멈춘 다음에 해야 합니다. 즉 여러 객체에 읽기/쓰기를 제한하고 난 다음에 옮겨야 하기 때문에 CPU 성능이 많이 필요하고 또 프로그래밍 언어 레벨에서 메모리 이동이 쉬운 구조를 가지고 있어야 합니다. Go 언어는 포인터를 직접 사용하는 방식의 언어이기 때문에 위치 이동이 어렵습니다.

---

4 memory fragmentation. 메모리 할당과 해제를 반복하다 보면 마치 구멍이 뚫린 것처럼 메모리가 중간 중간 비게 되어서 메모리 효율성이 떨어지는 문제를 말합니다.

세대 단위 수집

컴퓨터 공학자들은 다년간의 경험을 통해서 '대부분 객체는 할당된 뒤 얼마되지 않아서 삭제된다'는 점을 발견했습니다. 즉 대부분 객체의 수명이 짧다는 겁니다. 그래서 전체 메모리를 검사하는 게 아니라 할당된 지 얼마 안 된 메모리 블록을 먼저 검사하는 방식이 세대 단위 수집 generational garbage collection 방식입니다.

방금 할당된 메모리를 1세대 목록에 집어넣습니다. 1세대 가비지 컬렉터가 돌면 1세대 목록을 검사해서 불필요한 메모리를 삭제합니다. 그리고 살아남은 블록은 2세대 목록으로 옮깁니다. 이런 식으로 3세대, 4세대까지 늘어날 수 있습니다.

1세대 가비지 컬렉터를 자주 돌리고 세대가 깊어질수록 가비지 컬렉터를 돌리는 간격을 늘립니다. 이렇게 하면 세대를 분리했기 때문에 각 가비지 컬렉터 수행 시간이 짧아져서 더 효율적으로 가비지 컬렉팅을 할 수 있습니다.

단점은 구현이 복잡해지는 점과 역시 메모리 블록을 세대별로 이동해야 하는 문제가 발생합니다.

이상 가비지 컬렉팅 방식[5]에 대해서 알아봤습니다. 제가 좋아하는 프로그래밍 격언 중에 《맨먼스 미신》(인사이트, 2015)에서 나온 "늑대인간을 한 방에 죽일 은총알은 없다"는 말이 있습니다. 그 얘기는 적어도 컴퓨터 공학에서 복잡한 문제를 단번에 해결할 수 있는 해결 방법은 존재하지 않는다는 뜻입니다. 가비지 컬렉팅 방식 역시 모두 장점과 단점을 가지고 있습니다. 또 각각 알고리즘의 성격이 달라서 얻는 것이 있으면 잃는 것이 있습니다. 그래서 어떤 방식만 좋고 나머지는 나쁘다라고 할 수 없습니다. 이제 Go 언어에서 사용되는 가비지 컬렉팅 방식에 대해서 살펴보겠습니다.

B.6.2 Go 언어 가비지 컬렉터

Go 언어 가비지 컬렉터는 계속 발전되고 있고 매우 빠른 성능을 자랑하고 있습니다. Go 언어 1.16 버전은 동시성 삼색 표시 수집[6] 방식을 사용합니다. 여러 고루틴에서 병렬로 삼색 검사를 한다는 뜻입니다. 즉 멈춤 시간을 매우 짧게 유지하면서 가비지 컬렉팅을 할 수 있습니다. Go 언어 가비지 컬렉팅은 세대 단위 수집 방식을 사용하지 않습니다. 그래서 메모리 이동에 따른 비용이

---

[5] 가비지 컬렉팅은 매우 복잡하고 계속 발전하고 있습니다. 자세한 이야기는 《THE GARBAGE COLLECTION HANDBAOOK》을 참조하기 바랍니다.

[6] concurrent tri-color mark and sweep garbage collection

발생하지 않습니다. 이 결과 Go 언어 가비지 컬렉터는 한 번 돌때 1ms 미만의 프로그램 멈춤만으로 가비지 컬렉팅을 할 수 있습니다. Go 언어 가비지 컬렉터의 장단점을 살펴보겠습니다.

- **장점**
  - 매우 짧은 멈춤 시간(1ms 이하)
- **단점**
  - 추가 힙 메모리 필요
  - 실행 성능이 저하될 수 있음

삼색 표시 방식이 멈춤 시간을 짧게 유지할 수 있지만, 메모리 할당 속도가 빠르면 프로그램을 멈추고 전체 검사를 해야 할 수도 있기 때문에 Go 언어에서 메모리 할당을 빈번하게 하는 것은 좋지 않습니다.[7] 이 점에 유의해 프로그래밍하기 바랍니다.

B.6.3 쓰레기를 줄이는 방법

쓰레기 분리수거보다 중요한 건 쓰레기 자체를 줄이는 겁니다. 마찬가지로 가비지 컬렉터가 아무리 빨라도 가비지 자체를 줄이는 게 더 효율적입니다. 메모리 쓰레기를 줄이는 방법을 살펴보겠습니다.

1. 불필요한 메모리 할당을 없앤다

쓰레기 대부분이 일회용품이듯 메모리 역시 잠깐 쓰고 버려지는 경우가 대부분입니다. 이러한 임시 메모리 할당을 줄인다면 프로그램 성능을 크게 증가시킬 수 있습니다. 그럼 불필요한 메모리 할당이 언제 일어나는지 살펴보겠습니다.

슬라이스 크기 증가

슬라이스가 append()에 의해서 크기가 증가될 때 2배 크기에 해당하는 배열을 할당해서 사용합니다. 이때 불필요한 메모리 할당이 발생할 수 있습니다. 아래 예제를 보겠습니다.

---

[7] Go뿐 아니라 가비지 컬렉터가 있는 모든 언어에서 빈번한 할당은 좋지 않습니다.

```go
package main

import "fmt"

func main() {
    var slice []int                              // ❶ 0개 cap을 갖는 슬라이스

    slice, allocCnt := append1000times(slice)
    fmt.Println("allocCnt:", allocCnt, "cap:", cap(slice))

    var slice2 = make([]int, 0, 1000)    // ❷ 1000개 cap을 갖는 슬라이스
    slice, allocCnt = append1000times(slice2)
    fmt.Println("allocCnt:", allocCnt, "cap:", cap(slice))
}

func append1000times(slice []int) ([]int, int) {
    var lastCap int = cap(slice)
    var allocCnt int = 0
    for i := 0; i < 1000; i++ {
        slice = append(slice, i)
        if lastCap != cap(slice) { // ❸ capacity가 바뀔 때 allocCnt 증가
            allocCnt++
            lastCap = cap(slice)
        }
    }
    return slice, allocCnt
}
```

```
allocCnt: 11 cap: 1024
allocCnt: 0 cap: 1000
```

❶ capacity 0개를 갖는 슬라이스를 만들어서 요소를 1000번 추가하는 함수인 append1000times() 함수를 호출합니다. ❷ capacity 1000개를 갖는 슬라이스를 만들어서 append1000times() 함수를 호출합니다. ❸ append()를 하고 난 뒤 capacity값이 달라졌다는 얘기는 새로운 배열이 할당됐다는 겁니다.

출력 결과를 보면 capacity 0개를 갖는 슬라이스에 요소를 1000번 추가하면 총 11번 메모리 할당이 일어나는 반면, 이미 capacity가 1000개인 슬라이스에 요소를 1000번 추가하면 메모리

할당이 한 번도 안 일어납니다.

이렇게 발생한 10번의 메모리 할당은 모두 바로 버려지는 메모리 쓰레기입니다. 이런 불필요한 메모리 할당만 없애도 많은 쓰레기가 줄어들 수 있습니다. 그래서 요소 개수가 예상되는 슬라이스를 만들 때는 예상 개수만큼 초기에 할당해 불필요한 메모리 할당을 줄일 수 있습니다.

string 합산

문자열 연산은 프로그래밍에서 빈번하게 발생합니다. 문자열은 불변이기 때문에 문자열 조작은 항상 새로운 메모리 할당을 유발합니다. 문자열을 추가할 때 13장에서 살펴보았듯이 string 합 연산보다는 strings.Builder를 이용하는 게 좋습니다. 또 strings 패키지는 다양한 문자열 조작 기능을 제공하고 있으니 새로 만드는 것보다 strings 패키지를 이용하는 걸 추천합니다.

2. 재활용

메모리 쓰레기 역시 재활용할 수 있습니다. 자주 할당되는 객체를 객체 풀^{pool}에 넣었다가 다시 꺼내 쓰면 됩니다. 이것을 플라이웨이트^{flyweight} 패턴 방식이라고 합니다. 예제를 살펴보겠습니다.

```go
package main

import "fmt"

func main() {
    fac := NewFlyweightFactory(1000)     // ❶ 객체 공장
    for i := 0; i < 1000; i++ {
        obj := fac.Create()              // ❷ 1000번 만들고 버립니다.
        obj.Somedata = "Somedata"
        fac.Dispose(obj)
    }

    fmt.Println("AllocCnt:", fac.AllocCnt)
}


type FlyweightFactory struct {
    pool     []*Flyweight
    AllocCnt int
}
```

appB/exB5/exB5.go

```go
func (fac *FlyweightFactory) Create() *Flyweight {
    var obj *Flyweight
    if len(fac.pool) > 0 {            // ❸ 재활용
        obj, fac.pool = fac.pool[len(fac.pool)-1], fac.pool[:len(fac.pool)-1]
        obj.Reuse()
    } else {
        obj = &Flyweight{}            // ❹ 새로 만듭니다.
        fac.AllocCnt++
    }
    return obj
}

func (fac *FlyweightFactory) Dispose(obj *Flyweight) {  // ❺ 반환
    obj.Dispose()
    fac.pool = append(fac.pool, obj)
}

func NewFlyweightFactory(initSize int) *FlyweightFactory {
    return &FlyweightFactory{pool: make([]*Flyweight, 0, initSize)}
}

type Flyweight struct {
    Somedata    string
    isDisposed bool
}

func (f *Flyweight) Reuse() {
    f.isDisposed = false
}

func (f *Flyweight) Dispose() {
    f.isDisposed = true
}

func (f *Flwweight) IsDisposed() bool {
    return f.isDisposed
}
```

```
AllocCnt: 1
```

❶ Flyweight 객체를 만드는 FlyweightFactory 인스턴스를 만듭니다. Flyweight 객체가 필요할 때 직접 생성하는 게 아니라 FlyweightFactory 인스턴스의 Create() 메서드를 사용합니다. ❷ Create() 메서드로 1000번 만들고 Dispose() 메서드로 바로 버립니다. ❸ FlyweightFactory의 Create() 메서드는 pool을 확인해서 객체가 있으면 새로 생성하지 않고 pool 슬라이스의 맨 마지막에서 빼서 반환합니다. ❹ 만약 없으면 객체를 새로 생성해서 반환합니다. ❺ Dispose() 메서드를 통해 필요 없는 객체를 반환합니다. 반환된 객체는 pool에 추가됩니다.

Flyweight 객체를 총 1000번 공장에서 만들어서 사용했지만 출력 결과를 보면 새로 생성된 객체는 1개뿐입니다. 쓰고 반환하고 다시 빼서 썼기 때문에 객체가 추가로 생성되지 않았습니다.

이렇게 짧게 사용되는 객체 할당을 줄일 수 있지만 플라이웨이트 패턴에는 두 가지 주의점이 있습니다.

1 메모리가 상승하기만 하지 줄어들지 않습니다. 객체가 삭제되는 게 아니라 풀에 반환되기 때문에 한 번 생성된 객체는 사라지지 않습니다. 그래서 프로그램 전체에서 동시에 사용되는 최대 개수만큼 메모리가 유지되는 문제가 있습니다.
2 이미 반환된 객체를 참조할 수 있습니다. 반환된 객체는 삭제된 객체라고 볼 수 있습니다. 만약 다른 객체에서 이미 반환된 객체를 참조하면 이미 삭제된 객체를 참조하는 댕글링 문제가 발생합니다. 그래서 객체를 사용하기 전에 이미 반환된 객체인지를 꼭 확인해야 합니다. 위 예제에서는 IsDisposed() 메서드를 이용해 확인할 수 있습니다.

첫 번째 문제는 반환된 지 오래된 객체를 지우는 방식으로 해결할 수 있지만 두 번째 문제는 해결 방법이 없고 프로그래머가 주의할 수밖에 없습니다. 그래서 플라이웨이트 방식은 자주 할당되지만 다른 객체에서 참조되지 않는 이름 그대로 매우 가벼운 객체들에만 사용해야 합니다.

3. 80 대 20 법칙

80 대 20 법칙은 경제학자인 빌프레도 파레토가 한 말이라서 파레토 법칙이라고도 합니다. 이탈리아 부의 80%를 20% 사람이 차지하고 있다는 것을 관찰한 데에서 유래됐습니다.

프로그래밍에서도 80 대 20 법칙을 적용할 수 있습니다. 예를 들면 '성능의 80%는 20% 코드에서 사용된다'라든가 '메모리의 80%는 20% 객체가 차지한다' 등으로요. 이 법칙이 정말 80% 메모리를 20% 객체가 차지하는가 여부를 증명하는 것이라기보다는 일부 객체가 대부분의 메모리를 차지한다는 뜻으로 해석하는 게 좋습니다.

우리가 일회용품을 줄여야 하지만 어쩔 수 없는 경우에 써야 하는 것처럼 불필요한 메모리 할당을 모두 찾아서 없애야 한다기보다는 많은 메모리를 사용하는 일부 객체의 불필요한 할당을 줄이는 게 훨씬 효율적입니다. 그럼 어떤 객체에 메모리가 얼마나 할당되는지 알아내는 게 중요하겠군요! 각종 프로파일링 툴을 사용하면 알아낼 수 있습니다.

```
go test -cpuprofile cpu.prof -memprofile mem.prof -bench .
```

이 명령으로 벤치마크를 수행해서 사용되는 cpu 사용량 데이터와 메모리 사용량 데이터를 얻어서 분석할 수 있습니다. 또 datadog나 google cloud profiler 등을 통해서 실제 서비스되는 클라우드 머신의 성능을 분석할 수 있습니다.

B.7 Sort 동작 원리

sort.Sort() 함수 정의는 다음과 같습니다.

```
func Sort(data sort.Interface)
```

sort.Interface 인터페이스를 인수로 받습니다. 그럼 sort.Interface는 뭘까요? sort 패키지의 Interface 인터페이스 정의를 살펴봅시다.

```
type Interface interface {
    Len() int                   // 길이 반환
    Less(i, j int) bool   // i번째와 j번째 비교
    Swap(i, j int)        // i번째와 j번째 바꿈
}
```

sort.Sort() 함수가 이 인터페이스를 인수로 받기 때문에 어떤 타입이든지 위 세 메서드만 포함하고 있으면 모두 sort.Sort() 함수 인수로 사용할 수 있습니다. 즉 우리가 정의한 구조체도 위 세 메서드만 포함하고 있다면 Sort 인수로 사용될 수 있습니다.

하지만 []int 슬라이스는 위 세 메서드를 포함하고 있지 않습니다. 그래서 []int 슬라이스 타입을 Sort() 함수 인수로 사용할 수 없습니다. 그럼 []int 슬라이스를 어떻게 위 세 메서드를 포함한 타입으로 만들 수 있을까요? 위 예제에서는 sort.IntSlice(s)를 사용해서 []int 타입 변수인 s를 sort.Interface를 포함한 타입으로 변환합니다. 그래서 다음 두 줄로 []int 슬라이스를 정렬할 수 있습니다.

```
s := []int{5, 2, 6, 3, 1, 4}
sort.Sort(sort.IntSlice(s))
```

그럼 IntSlice()가 어떻게 만들어졌길래 []int 슬라이스를 sort.Interface를 지원하는 타입으로 만들어줄까요?

IntSlice()가 함수 같지만 사실은 별칭 타입입니다. 그래서 IntSlice(s)는 함수 호출이 아니라 s를 IntSlice 타입으로 타입 변환한 겁니다. 이게 어떻게 타입 변환이 됐고 어떻게 sort.Interface 인터페이스를 지원하는지 살펴보죠.

```
type IntSlice []int                         // ❶ []int 별칭 타입

func (p IntSlice) Len() int              { return len(p) }              // ❷ 길이 반환
func (p IntSlice) Less(i, j int) bool { return p[i] < p[j] } // ❸ 비교 결과 반환
func (p IntSlice) Swap(i, j int)        { p[i], p[j] = p[j], p[i] } // ❹ 값 바꾸기
```

생각보다 코드가 간단하죠? ❶ IntSlice 타입은 []int의 별칭 타입입니다. 그래서 []int를 IntSlice로 바로 타입 변환할 수 있습니다. 또 IntSlice는 세 메서드를 가지고 있습니다. 이게 바로 sort.Interface가 요구하는 메서드들입니다. 따라서 sort.Sort() 함수의 인수로 사용될 수 있습니다. 각 메서드는 ❷ 길이를 반환하고 ❸ 값을 비교하고 ❹ 두 값을 바꾸는 것으로 되어 있습니다.

이렇게 단순한 세 메서드만 만들어주면 나머지는 모두 sort.Sort()에서 알아서 해줍니다.

이 책이 좋은 밑거름이 됐으면 좋겠습니다

여기까지 이 책을 따라오신 모든 분들 정말 수고 많이 하셨습니다.

이엿한 Go 언어 프로그래머로 출발하는 데 이 책이 도움이 됐으면 좋겠습니다.

프로그래밍 과정은 학습의 연속입니다. 끝이 아니고 시작임을 명심하고 하나하나 배워나아가길 빕니다. 저 또한 여러분과 같은 길 위에 서 있는 동료입니다.

'천천히 가는 것을 두려워 말고 가다가 멈추는 것을 두려워하라'라는 중국 속담이 있습니다. 때론 내가 너무 늦은 것 같고 주변 사람들이 너무 빨리 뛰어가는 것 같아서 좌절감이 들 때가 있을 겁니다. 하지만 인생에서 늦은 시점은 결코 없다는 점을 명심하시고 포기하지 않고 계속 나아가면 꼭 목표한 곳에 다다를 수 있을 겁니다.

책에서 여러 번 강조했듯이 프로그래밍은 눈으로 배우는 학문이 아니고 손으로 익히는 손기술입니다. 물론 이론도 중요하고 개념도 중요하지만 막상 코딩을 하려면 눈 앞이 깜깜하고 무엇부터 시작해야 할지 모르는 경우가 많습니다. 저는 백견이불여일코라고 말합니다. 백 번 본 것보다는 한 번 코딩한 게 낫다입니다. 예제를 단순히 눈으로 감상하는 데 그치지 말고 직접 타이핑해 코딩 실력을 향상시키기 바랍니다.

과거는 지나갔고 미래는 오지 않았습니다. 그래서 과거를 후회할 필요도 없고 미래를 걱정할 이유도 없습니다. 주어진 오늘 하루를 충실히 살아가시면 분명 원하시는 바를 이룰 수 있을 겁니다. 여러분이 앞으로 프로그래밍의 길을 계속 나아가실 때 이 책이 좋은 밑거름이 됐으면 좋겠습니다.

그럼 모두 행복하세요.

공봉식

Tucker 추천 : Go를 계속 공부하는 데 유용한 정보

- **The Ultimate Go Study Guide**

  Go 내부 동작 원리까지 너무 잘 설명해주는 문서입니다.

- **Tucker의 GoLang 프로그래밍**

  www.youtube.com/c/TuckerProgramming

- **Go 언어 오픈 소스 패키지**

  Go 언어 내부 코드를 살펴보세요. fmt, strings, bufio 등의 코드를 직접 보면 큰 도움이 될 겁니다.

- **깃허브에 있는 Go 언어 오픈 소스 프로젝트**

  관심있는 프로젝트 코드를 직접 살펴보면 실력 향상에 큰 도움이 될 겁니다. 만약 그런 프로젝트에 기여까지 하신다면 취업이나 이직에도 도움이 되겠죠.

감사 인사

먼저 가족에게 감사합니다. 많은 응원과 격려를 해준 아내에게 감사하고 책 쓴다고 많이 놀아주지 못해서 아들에게 미안하고 감사합니다. 베타 리더로 참여해주신 모든 분께 감사합니다. 여러분 덕분에 더욱 좋은 책이 탄생할 수 있게 됐습니다. 책을 출간해준 골드래빗 출판사에 감사합니다. 특히 편집을 맡아주신 최현우 프로님께 감사합니다. 무엇보다 이 책을 읽어주신 모든 독자께 감사하고 응원을 보냅니다.

찾아보기

Tucker의 Go 언어 프로그래밍 2판

Golang 입문부터 HTTPs, RESTful API, Gin, gnet, gRPC
서버 개발, 테스트, 벤치마킹, 프로파일링까지

1판 1쇄 발행 2021년 04월 12일
2판 1쇄 발행 2024년 8월 01일

지은이 공봉식(Tucker)
펴낸이 최현우 · **기획** 최현우 · **편집** 박현규, 김성경, 최혜민
마케팅 버즈 · **피플** 최순주
디자인 Nu:n · **조판** SEMO

펴낸곳 골든래빗(주)
등록 2020년 7월 7일 제 2020-000183호
주소 서울 마포구 양화로 186 LC타워 5층 514호
전화 0505-398-0505 · **팩스** 0505-537-0505
이메일 ask@goldenrabbit.co.kr
홈페이지 www.goldenrabbit.co.kr
SNS facebook.com/goldenrabbit2020

ISBN 979-11-91905-80-9   93000

* 파본은 구입한 서점에서 바꿔드립니다.

우리는 가치가 성장하는 시간을 만듭니다.

골든래빗은 가치가 성장하는 도서를 함께 만드실 저자님을 찾고 있습니다.
내가 할 수 있을까 망설이는 대신, 용기 내어 골든래빗의 문을 두드려보세요.
apply@goldenrabbit.co.kr